나홀로 하는 제2판

민사소송실무

법학박사 김동근
김병모 공저

진원사

제2판 머리말

책을 저술할 때 마다 가장 난감한 사항중의 하나는 당시까지의 모든 사항을 담아 책을 출간하였음에도 불구하고 얼마지나지 아니하여 일부 내용이 개정 또는 폐지되는 등의 이유로 곧바로 출간된 내용 중의 일부가 현실의 법률과 일치하지 않게 되는 점이다.

금번 개정판은 다행이도 출간 전 일부 대법원 심판규칙이 개정되었고, 이를 담게 되었다. 그 내용은 근년 2017. 1. 1.부터 민사소액사건의 범위가 소가 2,000만원 이하에서 3,000만원 이하로 확대된 것으로, 1998년 이후 2,000만원 이하로 유지돼 오던 소액사건 최고액 기준이 19년 만에 증액되는 것이다. 소액사건 기준을 올린 이유는 1998년 대비 국가 경제 규모가 3.5배 가량 성장한데다 2003년 78.8%에 달하딘 진체 민사 본안사건 중 소액사건의 비중이 2015년 69.8%까지 하락하였기 때문이다.

또한 금번 개정판은 초판의 내용이 너무 비대하여 보다 더 핵심적인 내용으로 간략하게 정리가 되었으면 좋겠다라는 독자들의 요청에 따라 전편에 비하여 약 100~150페이지 가량을 줄이며 꼭 알아야 할 핵심적인 내용 위주로 보다 쉽게 이해할 수 있도록 정리를 하였다는데 그 특징이 있기도 하다.

본서는 어떠한 상황에도 최신성이 유지되고 독자들의 눈높이에 맞추어 소송실무를 담당하는 담당자들에게 최적의 길라잡이 역할을 할 것이며, 계속 판을 거듭하는 과정에서도 항상 이를 유지하는 형태로 보완해 나가고자 한다.

마지막으로 본서의 출간을 위하여 여러 모로 아낌없이 조언 및 도움을 주신 여러분들께 이면을 빌어 고마움을 표하며, 어려운 가운데서도 본서의 출간을 위하여 불철주야 노력하신 진원사 양진수 사장님을 비롯하여 편집자 및 여러 인직원들에게도 깊은 감사를 드리는 바입니다.

2017. 10.

저자 **김 동 근** 씀

머 리 말

일반인들은 아직까지도 법률의 문턱이 매우 높아 나홀로 하는 소송은 엄두조차 내기 힘들다고들 하고, 설사 법률을 전공한 자라고 하더라도 소송실무상 필요로 하는 각종 소장(신청서 포함) 작성 및 그 외 소송 진행절차에 관계된 각종 서식을 작성하는 것 자체가 매우 어려워 간혹 서면(또는 서식) 작성시 난처한 상황에 놓이기도 한다는 푸념을 늘어놓기도 한다. 심지어는 막상 어렵게 소장 등의 서류를 작성하여 놓고도 구체적으로 어디를 가서(관할법원) 어떻게 접수(민사과, 형사과, 민사신청과 등 및 접수시 발생하는 인지대, 송달료 등의 계산)를 해야 하는지 조차 정확히 알지 못하여 막막해 하는 사람들도 부지기수다.

이는 법률전문가의 입장에서도 정도의 차이만 있을 뿐 그들 또한 소송 진행상 필요로 하는 서식 및 양식을 정확하게 작성하여 그때그때 제출하는 것이 그리 쉽지는 아니하다고들 한다.

이들의 입장에서 볼 때 무엇보다 절실히 필요한 것은 바로 누군가의 도움이 없이도 나홀로 하는 소송이 가능할 수 있을 정도로 소송 진행절차 및 서식의 작성방법, 법적근거(조문), 관련 판례 등에 관한 사항들이 일목요연한 정리되어 있는 서식집일 것이다.

따라서 위와 같은 현실적인 필요성에 부응하고자 본서는 명실 공히 실무 위주의 주요 이론정리 및 소장서식의 유형별 정리, 소송 집행절차, 준비서면, 답변서, 그 외 각종 신청서, 서식, 신청 집행절차, 관련 법조문, 관련 판례 등을 체계적으로 수록하여 법률·법무 실무자를 비롯하여 법률에 무지한 일반인이라 하더라도 손쉽게 소송실무를 충분히 수행할 수 있도록 하였다.

아울러 법률전문가의 입장에서는 그 절차적 완결성을 높이기 위하여 각 절차 진행에 필요한 각종 서식을 여러 예를 들어 거시하였고, 또한 서식 하단에는 진행절차 즉 인지세, 접수실무, 관련 법조항, 증거방법 등의 핵심적인 사항을 명시하기도 하는 등, 본서를 참조하여 실제적인 재판의 수행에 전혀 불편함이 없도록 구성함을 목적으로 하였다.

아무쪼록 소송 당사자나 관련 실무 종사자 또는 민사소송 및 민사집행법 실무를 연구하려는 독자분들께 본서가 길라잡이 역할을 충분히 해낼 수 있기를 바라고, 다만 다소 미흡하거나 부족한 점은 독자분들의 지도편달을 바라며, 계속 판을 거듭하면서 이를 보완하고자 한다.

또한 본서의 출간을 위하여 많은 자료와 협조를 아낌없이 해주신 법원 및 여러 법무법인(LAW FIRM) 관계자 여러분께 이면을 빌어 고마움을 표시하고자 한다.

끝으로 어려운 가운데에서도 본서의 출판을 위하여 불철주야 노력하신 진원사 양진수 사장님을 비롯하여 편집자 및 여러 임직원들에게도 깊은 감사를 드리는 바이다.

2014. 3.

지자 **김동근** 씀

목 차

제1장 총 론 / 3

제4장 병합소송 / 453

제6장 재심절차 / 597

제7장 간이소송절차 / 609

제8장 기타소송절차 / 645

제9장 강제집행 / 693

제10장 전자소송 / 709

부 록 / 777

민사소송실무

제1장
총 론

제1절 민사소송

Ⅰ. 민사소송의 개념

1. 의 의

민사소송이라 함은 민사사건에 관한 소송을 말한다. 즉 사법적 법률관계에서 발생하는 분쟁(민사사건)을 소송을 통해 해결하여 사권을 보호·실현하려는 재판절차를 의미한다. 사권을 보호·실현하는 절차에는 사권을 확정하는 판결절차, 사권을 보전하는 가압류·가처분절차, 권리를 강제적으로 실현하는 강제집행절차가 있다. 넓은 의미의 민사소송은 이러한 모든 절차를 포함 하지만, 좁은 의미로의 민사소송은 그 중 판결절차만을 의미한다.

➢ TIP(자력구제와 소송절차)

> 자력구제는 청구권을 지키기 위해 권리자가 스스로 사력으로써 구제하는 행위를 말하지만 이러한 자력구제는 사회의 평화를 깨뜨리고 강자만 권리를 실현하는 결과를 가져오기 때문에 원칙적으로 금지되고 그 대신 국가가 사권을 보호 실현하여 주는 소송절차를 두고 있는 것이다. 다만 국가의 구제를 기다릴 수 없는 긴박한 경우에는 예외적으로 자력구제가 허용되는데 예를 들면 점유자는 그 점유를 부정히 침탈 또는 방해하는 행위에 대해 자력으로써 이를 방위할 수 있고 침탈당했을 때 즉시 또는 추적하여 이를 탈환할 수 있다(민 209조).

2. 다른 소송과의 구별

민사소송은 사법적 법률관계를 해결하려는 것이므로, 공법적 법률관계를 해결하려는 행정소송이나 헌법재판과는 다르며, 사인에 대한 국가의 형벌권 행사에 관한 형사소송과도 구별된다. 또한 민사 분쟁 가운데 신분관계에 관한 분쟁을 대상으로 하는 가사소송은 개인 간의 분쟁을 대상으로 한다는 점에서 민사소송과 유사하지만 가사소송법이 따로 마련되어 있어 민사소송과 구별되어 있다. 비송사건은 법원의 관할에 속하는 사건 중 소송절차로 처리하지 않는 사건을 말한다. 형식적으로는 비송사건절차법에서 정한 사건과 그 총칙규정의 적용 또는 준용을 받는 사건을 말한다.

〈소송과 비송의 구별〉

	소 송	비 송
절차개시	소제기로 개시	신청 또는 심판청구로 개시
심리방식	대립당사자 구조하에서 필요적 변론, 공개구술주의	필요적 변론의 부적용, 비공개서면심리주의
재판의 형식	판 결	결 정
불 복	항소, 상고	항 고

3. 소송에 갈음하는 분쟁해결제도

국가권력에 의해 강제적으로 분쟁을 해결하는 소송절차에 갈음하여 당사자의 자주적 의사에 의해 분쟁을 해결하는 절차를 소송에 갈음하는 분쟁해결제도라 하는데 여기에는 화해(당사자가 서로 양보하여 분쟁을 끝내는 것), 조정(제3자가 분쟁에 개입하여 화해로 이끄는 절차), 중재(중재인의 판결에 의해 해결하는 절차) 등이 있다.

	화 해	조 정	중 재
제3자중개	제3자중개 없이 한다	제3자중개가 있다	
해결방식	3자 중개없이 당사자가 서로 합의해 분쟁해결	3자가 당사자가 서로 합의에 이르게 한다.	당사자 의사에 의해 선출된 중재진의 중재판정으로 한다.
조서여부	민법상화해는 계약에 불과하지만 재판상 화해는 조서성립	당사자합의로 조정조서 성립	중재판정으로 중재조서 성립
효 력	조서는 확정판결과 동일한 효력이 있음		

Ⅱ. 민사소송절차의 개요

1. 개 설

광복이후 우리 실정에 맞게 민사소송제도를 전면 개편한 신 민사소송법이 2002. 7. 1.부터 시행되었으며 그 이후에도 지속적으로 신 소송절차의 실현을 위해 여러 가지 새로운 제도를 도입하고 보완하였는데 그 구체적인 실현형태를 보면 소장을 받은 피고가 일정한 30일 내에 답변서를 제출하지 않으면 곧바로 재판을 열어 판결을 선고하는 무변론판결제도, 답변서 제출 이후 서면공방의 장기화가 되는 부작용을 막기 위해 실질적인 답변서가 제출되면 사건을 검토하여 바로 제1회 변론기일(쟁점정리기일로 운영)을 지정하는 등 여러 법제도들 운영하고 있다.

2. 소 제 기

원고가 원고와 피고, 심판대상을 특정하여 기재한 소장을 관할법원에 제출한다. 제1심 관할법원은 지방법원인데 소가가 2억을 초과하는 것은 지방법원 합의부가 맡고 2억 이하는 지방법원 단독판사가 맡는다. 어느 지방법원이 관할권을 가지는가 즉 토지관할은 재판적으로 정해진다.

3. 재판장의 소장심사와 소제기후의 조치

소장이 제1심법원에 제출되면 간단한 심사를 하여 특별한 형식적 하자가 없는 한 그 부본을 즉시 상대방에게 송달하고 30일 이내에 답변서를 제출하도록 최고한다. 그러나 소장이 상대방에게 송달불능이 되면 주소보정명령을 하고 결국 공시송달로 처리될 사건은 공시송달 신청, 공시송달의 실행 및 관련 증거신청을 기일 전에 모두 마치도록 한 다음 곧바로 제1회 변론기일을 지정하여 변론종결이 되도록 한다.

4. 답변서 제출

피고는 소장을 송달받고 30일 이내에 답변서를 법원에 제출하여야 한다. 제출하지 않으면 변론기일이 열리지 않고 피고는 패소판결을 받는 것이 원칙이다(무변론판결제도).

➢ TIP(답변서 제출기한의 도과)

피고가 소장을 송달 받고서 실수로 답변서 제출기한이 지나도록 이를 제출하지 않았다면 원고의 주장을 모두 인용하는 무변론 판결이 선고될 위험성이 있다 그러나 답변서 제출기한이 지난 후 판결이 선고되기 전까지 답변서를 제출하면 지정된 선고기일이 당연 취소되므로 기한이 도과 하였더라도 당황할 필요는 없다. 만일 선고기일 이전에 답변서를 제출하지 아니한 채 선고기일에 출석하더라도 실무적으로 피고가 다투는 의사표명을 한 이상은 재판장은 판결 선고를 하지 않고, 피고에게 답변서를 제출하도록 촉구한 후 선고기일을 연기하거나 그 지정을 취소한 후 피고의 답변서 제출을 기다려 변론준비 절차에 부치는 방식으로 진행 하고 있다.

5. 변론준비절차

(1) 의 의

변론준비절차는 변론기일에 앞서 변론이 효율적이고 집중적으로 실시될 수 있도록 당사자의 주장과 증거를 정리하는 절차로서(법 279조 1항), 주장과 증거를 정리한다는 것은 당사자 간에 다툼이 없는 사실, 즉 불요증사실[1]을 가려내고 다툼 있는 사실 즉 명백히 다투지 않거나 알지 못한다고 진술한 사실에 대해서는 변론기일에 심리하도록 하는 것을 말한다. 이는 공개법정에서 열리는 변론기일에 앞서 미리 쟁점과 증거를 충실하게 정리하여 변론에 상정함으로써 심리의 집중과 효율을 도모하기 위한 것이다.

---

1) 법원에서 당사자가 자백한 사실과 현저한 사실은 증명을 필요로 하지 아니하는데(법 288조), 이러한 사실을 불요증 사실이라 한다.

(2) 예외적 회부

재판장은 피고가 답변서를 제출하면 바로 변론기일을 지정하고 절차를 진행하여야 하고. 다만 사건을 변론준비절차에 부칠 필요가 있는 경우에는 예외적으로 변론준비절차에 회부하게 하였는데 이는 민사소송이 변론기일을 중심으로 진행되게 하여 직접주의와 공개주의에 바탕을 둔 충실한 구술심리를 실현하고 신속한 재판을 도모하려는 것이다.

(3) 준비절차의 진행

1) 변론준비절차는 재판장 등이 필요하면 1회 변론기일 전에 회부하는 것이지만, 청구의 변경, 반소, 참가 등으로 새로운 쟁점의 정리가 필요하게 된 특별한 사정이 있는 때에는 변론기일을 연 뒤에도 사건을 변론준비절차에 부칠 수 있다(법 279조 2항).

2) 변론준비는 일단 준비서면으로 원고와 피고가 공방하면서 진행하고(서면준비절차), 이로도 부족하면 재판장이 당사자를 법원에 출석시켜 쟁점과 증거를 정리할 수 있으며(변론준비기일), 이러한 변론준비절차는 공개법정에서 할 필요가 없다.[2)]

3) 실무상 변론준비절차에서 서면공방의 횟수는 재판장이 정하게 되는데, 재판장이 특별한 지시를 하지 않는 때에는 원고의 소장과 피고의 답변서, 이에 의한 원고의 준비서면정도로 제출을 제한하고, 이후 참여사무관이 재판장에게 기록을 인계하게 된다(이 같은 1회 공방 후 기록인계는 통상적인 사건을 기준으로 잡정적인 기준을 제시한 것일 뿐 개별 사건이나 재판부에 따라 다를 수 있다). 다만 이때 원고의 준비서면에 대해서는 일정한 기한 내 제출이 요구된다. 즉 참여사무관은 피고의 실질적인 답변서를 원고에게 송달한 후 원고로부터 정해진 기간 내에 반박 준비서면이 제출되지 아니하면 바로 기록을 정리하여 재판장에게 인계하여 변론기일을 정하게 하고 있다. 물론 기간 내에 반박 준비서면이 제출되면 이를 피고에게 송달한 후 곧바로 기록을 인계하여 기일을 정한다.

---

2) 변론기일은 일반 공개법정에서 이루어지는 반면 변론준비기일은 준비절차실 또는 장소가 없는 경우 심문실, 조정실과 같은 장소에서 하게 된다.

6. 변론·증거조사절차

(1) 개 설

쟁점과 증거가 준비되면, 변론기일을 정하여 당사자에게 송달하고, 공개법정에서 변론을 연다. 변론이란 변론기일에 수소법원의 공개법정에서 당사자 양쪽이 구술에 의해 판결의 기초가 될 소송자료 즉 사실과 증거를 제출하는 방법으로 소송을 심리하는 절차를 의미하는데 보통 원고는 소장의 청구취지(소송물을 기재한 부분)에 기초하여 인용판결을 구하고 피고는 답변서의 답변취지에 따라 청구기각 판결 등을 구한다.

(2) 변론·증거조사기일

1) '쟁점정리기일'에서는 구두로 사건의 쟁점을 설명하고 서증의 조사, 증인의 채부 및 신문방식의 고지가 이루어지는데 이때 구두로 판사의 사건에 대한 이해를 돕기 위하여 설명 혹은 해명하는 등으로 실질 화된 변론이 가능하다. 통상의 경우 법원이 당사자 본인의 출석을 명한 경우를 제외하고는 소송대리인이 있는 경우 당사자 본인이 쟁점정리기일에 출석할 의무가 없지만 주장과 입증에 대해 쟁점을 정리하고 판사가 궁금해 하는 사실관계를 잘 설명할 필요가 있으므로 사실관계를 잘 알고 있는 당사자가 출석하는 것이 필요하므로 당사자 본인이 출석하여 구두진술을 할 수 있다(민소 282조).

2) '증거조사기일'에는 원칙적으로 사건에 관련된 쌍방의 증인 및 당사자신문 대상자 전원을 한꺼번에 집중적으로 신문하고, 신문을 마친 사건은 그로부터 단기간 내에 판결을 선고하는 구조로 운영하고 있다.

3) 민사소송은 변론주의에 의하기 때문에 법관이 사실과 증거에 대해 직권탐지를 하지 않는 것이 원칙이므로 당사자는 승소를 위해 공격방어방법(사실과 증거)을 제출하여야 한다. 증거는 증인, 문서, 검증물, 감정인, 당사자 그 밖의 증거가 있는데 변론기일 등의 절차가 진행되는 과정에서 쌍방 당사자는 준비서면에 의한 주장의 제출과 더불어 그 주장을 뒷받침하는 증거신청 및 증거의 현출을 모두 마쳐야 한다. 따라서 관련 서증은 원칙적으로 준비서면에 첨부하여 제출하여야 하고, 문서송부촉탁, 사실조회, 검증·

감정신청과 그 촉탁은 물론 증인신청까지도 모두 이 단계에서 마치는 것을 원칙으로 한다.

(3) 화해, 조정에 의한 분쟁해결의 확대

당사자 쌍방이 다투는 사건에 대해서는 위와 같은 절차진행의 과정 중 어느 단계에서든 화해권고결정이나 조정제도를 활용하여 분쟁의 화해적 해결을 시도하고 있다. 특히 수소법원에서 직접 조정을 할 사건은 따로 조정기일을 정하는 방식과 준비절차기일 또는 제1회 변론기일과 함께 조정기일을 동시에 지정하는 방식을 적절하게 선택하여 이용하고 있다.

7. 변론종결 및 판결선고

법관이 사실과 증거에 의해 심증을 형성하면 변론을 종결(결심)하고 판결을 선고한다. 그러나 민사소송은 사적자치의 원칙이 지배하는 사인간의 분쟁을 대상으로 하기 때문에 당사자가 판결 선고 전에 소의 취하, 재판상화해, 조정, 청구의 포기, 인낙 등을 하면 절차는 종료된다.

8. 강제집행절차

판결이 확정된 후 상대방이 임의이행을 하지 않는 한 강제집행절차로 들어간다. ① 금전채권을 집행할 경우에 부동산등은 집행법원에 경매신청을 하여 그 매각대금으로 채권을 꾀하며, 동산은 집행관에게 경매신청을 하여 매각대금으로 만족을 꾀하고 채권은 집행법원에 압류명령을 신청하여 압류하고 전부명령·추심명령 등으로 현금화하여 만족을 꾀한다. ② 비 금전채권을 집행할 경우에는 물건인도청구권의 집행은 집행관이 채무자로부터 빼앗아 채권자에게 인도하고, 대체적 작위채권은 대체집행에 의하며, 비대체적작위채권은 간접강제에 의한다.

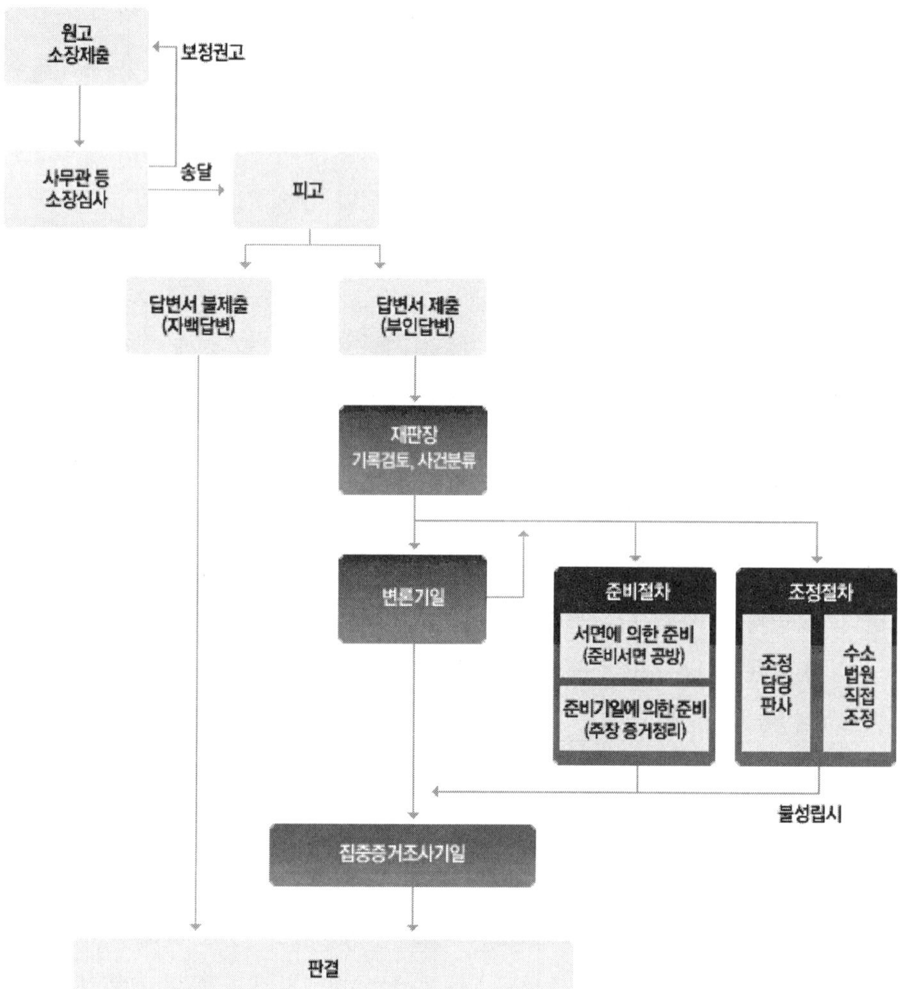
원고
소장제출
보정권고
사무관 등
소장심사
송달
피고
답변서 불제출
(자백답변)
답변서 제출
(부인답변)
재판장
기록검토, 사건분류
변론기일
준비절차
서면에 의한 준비
(준비서면 공방)
준비기일에 의한 준비
(주장 증거정리)
조정절차
조정
담당
판사
수소
법원
직접
조정
불성립시
집중증거조사기일
판결

제2절 소송 이전 단계

Ⅰ. 민사소송의 준비

1. 인적 사항의 파악

소장을 제출하기 전에 상대방의 인적 사항을 주민등록증, 등기사항증명서 등에 의하여 정확하게 확인하여야 한다. 소송의 진행 과정에서 소장의 송달을 위해서 우편물의 송달주소나 전화 번호 등을 알아 둘 필요가 있기 때문이다. 상대방이 개인기업이라면 그 사업자등록증을 통해, 법인기업이라면 등기사항증명서에 의해 그 기업의 중요 사항을 알 수가 있다.

2. 사실관계의 정리

소송을 진행하기 전에 당사자 간의 사실관계를 세밀히 정리한 후 어떤 사실이 법률적으로 의미를 갖는지를 검토하여 주요 법률 사실을 놓치는 일이 없도록 하여야 한다. 또한 소송 진행 중에도 이 같은 노력을 지속하여야 한다.

3. 증거의 확보

당사자 사이에 관련된 증거자료를 모두 확보 한 다음 자기에게 유리한 증서와 불리한 증거를 검토한 후 소에서 상대방에게 주장하려는 주장과 증거들이 모순되는 점은 없는지 확인하고 나아가서는 증인이 될 만한 사람의 말을 미리 들어보고, 현상 등 제생 목서물을 지접 확인하여야 한다. 증거가 되는 문서는 원본을 열람하고 증인의 진술은 후일 기억의 소실이나 진술의 번복을 대비하여 내용의 확인서를 받아 두거나 녹음을 하여 둘 필요가 있다.[3)]

---

3) 통신비밀보호법 제3조는 공개되지 아니한 타인간의 대화를 녹음 또는 청취하지 못하게 하고 있으므로 진술자의 의사에 반하여 녹음을 하여야 하는 경우에 대화의 당사자가 직접 녹음을 하여야 한다. 한편 3인간의 대화에 있어서 그 중 한 사람이 그 대화를 녹음하는 경우는 통신비밀보호법 제3조 1항에 위배되지 않는다(대판 2006. 10. 12. 2006도4981).

4. 법률의 검토

파악한 사실관계에 터 잡아 이에 적용될 실체법을 면밀히 검토하여야 한다. 사회 경제의 복잡화에 따라 양산된 각종 특별법은 많은 경우 민법이나 상법과 같은 기본적 실체법의 규정을 제한하거나 변경하고 있으므로 사안에 적용될 특별법이 있는지 그 내용이 무엇인지를 확인하여야 한다. 법률규정에 대한 해석에 다른 견해가 있을 수 있는 경우에는 실무에서는 판례가 우선적으로 적용되고 있으므로 특히 대법원 판례를 찾아보고 대법원 판례가 없으며 하급심 판례도 선례가 될 수 있으므로 찾아보아야 한다.

5. 처리 방법의 선택

1) 사건에 있어서 목적을 달성하는 데 시간, 비용, 효과 면에서 가장 적합한 방법이 무엇인지 생각 해 보아야 한다. 분쟁 초기나 금액이 크지 않는 경우에는 쉽게 화해할 여지가 있으므로 임의적 화해 가능성도 고려 해 볼 수 있다. 그러나 대부분의 민사 분쟁의 경우 소의 제기 등을 통해 강제 수단을 동원할 수 있는 집행권원의 획득을 필요로 한다. 그러나 비록 강제적 수단에 호소한다 하더라도 상대방의 다투는 정도가 미약한 때에는 소의 제기 외에 제소전화해의 신청(법 385조), 지급명령신청(법 462조) 또는 조정신청을 하여 비용을 절감할 수 있다. 조정 등이 성립하지 아니한 경우 통상의 소로 전환될 수 있어 시간상으로 급박한 사건이 아니라면 적극 시도하여 볼 필요가 있다.

2) 소를 제기하는 것은 특별한 사정이 없는 한 승소판결을 받아 강제집행으로 목적을 달성하려고 하는 것이므로 기각 될 청구를 하여서는 아니 될 것이다. 또한 승소가능성이 있다 하더라도 당사자의 무능력 등으로 강제집행이 불가능하면 당사자의 목적은 달성할 수 없으므로 승소 후에 강제집행을 할 수 있는 방법 즉 보전처분을 미리 검토해 두어야 한다.

6. 부수적 조치의 검토

1) 사건의 처리 방법이 정하여진 경우 이를 실행하기에 앞서 부수적 또는 잠

정적으로 반드시 취하여야 할 실체법 또는 절차법상의 조치가 있는 경우가 있다. 많은 경우 제소 전에 이행의 제공, 최고, 해제, 취소통지 등 실체법상의 의사표시 또는 관념의 통지를 하여 놓을 필요가 있다. 이러한 의사표시의 방법으로 가장 일반적으로 사용되고 있는 것이 내용증명의 방법이다.

2) 또한 소송이후 강제집행의 실효성을 위해 가압류, 가처분 등의 필요한 조치를 하여야 한다. 이러한 조치는 시일이 급박한 경우가 많고 그 조치를 취하여 두지 아니하면 승소하더라도 집행을 못하게 될 수 있으며 강제집행 관련 소송에서 소송 중에 집행이 종료된 경우처럼 소의 이익이 없어져 승소할 사건을 패소하는 경우도 있으므로 본안 소송의 수행 이상으로 유념할 필요가 있다.

Ⅱ. 내용증명

1. 의 의

내용증명우편이란 내용물이 봉인되어 발송되는 일반 등기우편의 경우와 달리 발송인이 그 내용물을 봉인하지 아니한 채 3부를 우체국에 제출하면, 그 중 1부를 우체국에서 보관하고 1부는 수취인에게 발송하고 나머지 1부는 발신인이 가져가기 때문에, 이후 발송인이 수취인에게 어떤 내용의 문서를 언제 발송하였는지 여부를 공적으로 증명하여 줄 수 있는 우편제도를 말한다.

2 내용증명의 작성 및 발송

(1) 작성방법

내용증명을 작성하는데 특정된 형식이 있는 것은 아니고 일반적으로 A4용지에 내용증명, 통지서, 최고서 등 의사표시의 내용에 맞는 제목을 붙이고 그 아래에 수신인의 성명과 주소를 기재한 다음 상대방에게 통지하려는 내용을 기재한 다음 작성 날짜와 발신인의 성명과 주소 그리고 날인을 하면 된다. 내용증명에 별도로 첨부할 서류(계약서, 확인서 등)가 있으며 그 서류 명을 기재한 다음 첨부하면 된다. 내용증명은 발신용 1통, 우체국보관용 1통, 발신자 소지용 1통 총 3부를 작성한다.

(2) 발 송

1) 작성한 내용증명은 3통을 우체국에 편지봉투[4]와 같이 제출하면 우체국은 내용증명의 원본과 등본이 모두 같은지 확인한 다음 내용증명을 몇·월, 몇·일자로 발송하였다는 직인을 찍은 다음 1통은 편지봉투에 넣어 수신인에 발송하고 1통은 발신인에게 돌려주고 나머지 1통은 우체국에서 3년간 보관한다. 따라서 그 사이 본인이 가지고 있는 내용증명을 분실한 경우에는 우체국에 그 등본의 교부를 청구할 수 있다.

2) 우리의 법제도상 의사표시의 대부분은 상대방에게 도달되어야 그 효력이 발생하므로, 내용증명우편을 발송할 때에는 동시에 **배달증명**도 신청해 두는 것이 편리하다. 배달증명 우편으로 보내게 되면 수신인에게 배달되었는지를 발신인에게 서면으로 알려준다.

법원 내에 우체국이 있어 쉽게 이용할 수 있다.

3. 내용증명우편의 효력

내용증명우편은 우체국에서 누가, 누구에게, 언제, 어떤 내용의 문서를 발송하였다는 사실 그 자체만을 증명하여 줄 뿐, 그 내용의 사실여부나 진실성에 대한 부분까지 입증하여 주는 것은 아니다. 다만 이러한 내용증명우편에 대한 상대방의 답신내용은 유력한 증거가 될 수 있고, 또한 발송인이 소송을 위한 다른 입증자료를 가지고 있지 아니한 경우에 상대방이 이러한 내용증명우편을 받고도

---

4) 편지봉투에 보내는 사람 및 받는 사람의 성명과 주소는 내용증명에 기재된 발신인과 수신인의 성명과 주소가 반드시 일치해야 한다. 다르면 우체국에서 받아주지 않으므로 주의해야 한다.

아무런 답변이 없으면, 내용증명의 사실을 묵시적으로 동의한 것으로 보아 이러한 내용증명을 소송의 첨부서류로 이용할 수 있는 것이다(다만, 묵시적으로 동의한 것으로 보는지 여부는 판사의 재량이다).

4. 발송 후 조치

(1) 재증명 청구

내용증명의 발송인 및 수취인은 3년간 발송우체국에 발송인 및 수취인이라는 사실을 증명한 다음 내용증명의 재증명을 청구할 수 있다.

(2) 등본 열람청구

내용증명의 발송인 수취인은 3년까지 발송우체국에 발송인 및 수취인이라는 사실을 증명한 다음 내용증명의 재증명을 청구할 수 있다.

(3) 배달조회

발신인은 배달증명이 아니더라도 인터넷 우체국(http://www.epost.go.kr/)에서 그 배달여부를 확인할 수 있다.

[서식 1] 내용증명

내용증명우편

수신인(임대인) 이 ○ ○
서울시 ○○구 ○○동 123 (5층)

발신인(임차인) 김 ○ ○
서울시 ○○구 ○○동 89 빌리지
○○아파트 101-201호

제 목 주택임대차계약 해지 통보

위 발신인 김○○은 서울시 ○○구 ○○동 89 빌리지 임대아파트 101호에 임차보증금 금 20,000,000원에 거주하고 있는 자인 바, 20○○. ○. ○. 기간이 만료될 예정임에 따라 주택임대차보호법 제6조에 의거, 위 임대차계약의 해지를 통보하오니, 위 기간이 만료되는 즉시 위 임차보증금을 반환하여 주시기 바랍니다.

20○○. ○. ○.

위 통지인 김 ○ ○ (인)

* 첨부서류 : 임대차계약서 사본 1통

이 ○ ○ 귀하

■ 작성·접수방법

1. 수신인과 발신인의 성명, 주소, 내용을 기재한 다음 날짜와 발신인의 성명과 날인을 한다. 내용증명에 별도로 첨부할 서류(계약서, 확인서 등)가 있으며 그 서류명을 기재한다.
2. 발신용 1통, 우체국보관용 1통, 발신자 소지용 1통 총 3부를 작성한다.

[서식 2] 내용증명

내용증명우편

발신인 김 ○ ○
서울시 ○○구 ○○동 40-4 ○○아파트 503호

수신인 ○○창호 이○○
경기도 ○○시 ○○구 ○○3동 12

제 목 채무부존재 통지서

1. 귀하의 하시는 일이 일익 번창하길 바랍니다.

2. 귀하가 2013. 4. 3.자로 발송한 채권양도·양수금 이행 촉구서는 잘 받아 보았습니다. 귀하는 발신인에 대한 ○○종합건설의 채권 6,750,000원을 ○○종합건설로부터 채권양도·양수계약에 따라 인수하였음으로 발신인은 귀하에게 채권양도·양수금 6,750,000원을 지급해야 할 의무가 있다면서 발신인으로 하여금 2013. 4. 17일까지 위 양수금 6,750.000원을 입금하라는 통고를 하였습니다.

3. 그러나 귀하가 양수하였다고 주장하는 발신인에 대한 ○○종합건실의 공사내금 청구재권은 ○○종합긴설이 미시공 및 하지공사로 인한 보수비등으로 모두 징신되이 존재히지 않는 것이며, 오히러 위 공사대금으로도 정산되지 못한 하자공사비를 위 ○○종합건설이 발신인에게 배상해 주어야

합니다.

4. 따라서 귀하가 최고한 양수금 채권은 위 ○○종합건설의 발신인에 대한 공사대금 채권이 있음을 전제로 하는 것인데 위에서 본바와 같이 ○○종합건설의 발신인에 대한 채권은 존재하지 않기 때문에 귀하의 채권도 존재하지 않는 것인 바, 귀하의 최고는 사실과 다른 내용으로 발신인은 귀하에게 지급할 채무가 없음을 통고하는 바입니다.

20○○. ○. ○.

위 발신인 김 ○ ○ (인)

■ 작성·접수방법

1. 수신인과 발신인의 성명, 주소, 내용을 기재한 다음 날짜와 발신인의 성명과 날인을 한다. 내용증명에 별도로 첨부할 서류(계약서, 확인서 등)가 있으며 그 서류명을 기재한다.
2. 발신용 1통, 우체국보관용 1통, 발신자 소지용 1통 총 3부를 작성한다.

Ⅲ. 보전처분

1. 의 의

보전처분은 권리 또는 법률관계에 관한 쟁송이 있을 것을 전제로 하여 이에 대한 판결의 집행을 용이하게 하거나 확정판결이 있을 때 까지 손해가 발생하는 것을 방지할 목적으로 일시적으로 현상을 동결하거나 임시적 법률관계를 형성하게 하는 재판이다. 한마디로 말해서 집행보전 또는 손해방지를 위하여 잠정적 조치를 명하는 재판으로서 보전재판이라고 부르고 이러한 처분을 얻기 위한 절차와 그 당부를 다투는 쟁송절차 및 그 처분의 집행절차를 가리켜 보전 소송절차 또는 보전절차라고 부른다.

2. 보전처분의 종류

(1) 가 압 류

가압류는 금전채권이나 금전으로 확산할 수 있는 채권의 집행을 보전할 목적으로 미리 채무자의 재산을 동결시켜 채무자로부터 그 재산에 대한 처분권을 잠정적으로 빼앗는 집행보전제도이다. 이는 채무자의 일반재산의 감소를 방지하기 위한 것으로서 금전채권이나 금전으로 환산할 수 있는 채권에 대한 보전수단이라는 점에서 다툼의 대상(계쟁물)에 대한 청구권보전을 위해 그 현상변경을 금지하는 가처분과 구별되며 단순히 현상을 동결하는데 그 친다는 점에서 단행적 가처분과 다르다.

실무상 집행의 대상이 되는 재산의 종류에 따라 부동산가압류, 선박·항공기·자동차·건설기계에 대한 가압류, 채권가압류, 유체동산가압류, 그 밖의 재산권에 대한 가압류로 구분하고 있다.

(2) 가 처 분

민사집행법 제4편의 가처분(협의의 가처분)은 금전채권 이외의 권리 또는 법률관계에 관한 확정판결의 집행을 보전하기 위한 집행보전제도로서 다음 두 가지로 나뉜다.

1) 다툼의 대상에 관한 가처분

채권자가 금전채권 이외의 특정 물건이나 권리를 대상으로 하는 청구권을 가지고 있을 때 그 강제집행 시까지 다툼의 대상(계쟁물)이 멸실·처분되는 등 사실상·법률상 변경이 생기는 것을 막기 위하여 다툼의 대상의 현상을 동결시키는 보전처분이다. 청구권을 보전하기 위한 제도임에는 가압류와 같으나 그 청구권이 금전채권이 아니라는 점과 그 대상이 채무자의 일반재산이 아닌 특정 물건이나 권리라는 점에서 가압류와 구별된다.

2) 임시의 지위를 정하기 위한 가처분

당사자 사이에 현재 다툼이 있는 권리 또는 법률관계가 존재하고 그에 대한 확정판결이 있기까지 현상의 진행을 그대로 방치한다면 권리자가 현저한 손해를 입거나 급박한 위험에 처하는 등 소송의 목적을 달성하기 어려운 경우에 그로인한 위험을 방지하기 위해 잠정적으로 권리 또는 법률관계에 관하여 임시의 지위를 주어 그와 같은 손해를 피하거나 위험을 막을 수 있도록 하는 보전처분이다. 가압류 또는 다툼의 대상에 관한 가처분과는 달리 보전하는 권리 또는 법률관계의 종류는 묻지 아니한다.

3) 특수한 가처분

협의의 보전처분에는 포함되지 않으나 권리자의 권리보전을 위하여 잠정적인 처분을 명하는 제도로서 ① 민사소송법 및 민사집행법이 채무자의 보호를 위하여 잠정적 처분을 할 수 있도록 규정한 것으로 재심 또는 상소의 추후보완신청(법 500조), 가집행선고부 판결에 대한 상소 또는 정기금의 지급을 명한 확정판결에 대한 변경의 소(법 501조), 집행문부여에 대한 이의신청(민집 34조), 제3자이의의 소(민집 48조), 등이 제기된 경우에 집행의 일시정지, 취소를 명하거나 담보제공 아래 집행의 속행을 명하는 잠정처분, ② 가사소송법 62조에 의한 판결·심판 또는 조정 전의 사전처분, 가사소송법 63조에 의한 가압류·가처분, ③ 부동산 등기법 90조의 가등기·가처분, 채무자 회생 및 파산에 관한 법률 43조, 44조, 민사조정법 21조, 저작권법 123조 등에 의한 재판선고 전의 각종 처분, ④ 행정소송법 23조의 규정에 의한 행정처분의 집행정지, ⑤ 공무원 범죄에 관한 몰수 특례법 제5장과 마약류 불법거래 방지에 관한 특례법 제6장의 몰수보전 및 추징보전 등이 있다.

3. 담보의 제공 등

(1) 담보의 제공

보전처분은 피보전권리의 존부에 관한 확정적 판단 없이 소명으로 사실을 인정하고 채무자의 재산을 동결하고 일정한 행위를 금지시키거나 임시의 법률관계 등을 형성하는 처분을 하는 것이기 때문에 채무자는 때에 따라서 아무런 의무 없이 손해를 입게 되는 수가 있다. 따라서 비교적 간이한 절차에 따라 채권자에게 채권보전수단을 마련해 주는 대신 나중에 그 보전처분이 잘못된 것으로 밝혀질 경우 채무자가 그 손해를 쉽게 회복할 수 있도록 담보를 마련해 두는 것이 형평에 적합하다.

(2) 담보액의 산정

담보로 제공할 금액은 법원의 재량에 의하여 결정되며 소명의 유무, 보전처분의 종류와 내용 및 그로 인하여 채무자가 입게 될 예상손해액, 채권자와 채무자의 자력 등을 고려하여 산정하므로 피보전권리의 가액과 보전처분 목적물의 가액이 동일한 경우에도 담보액이 서로 다를 수 있는 것이 원칙이다.

보전처분의 종류	산정기준	부동산(자동차, 건설기계)	목적물	
			유체동산	채권 기타 재산권
가압류	청구채권액	1/10	4/5	2/5
처분금지 가처분	목적물가액	1/10	1/3	1/5
점유이전금지 가처분	목적물가액	1/20	1/5	-

[표] 가압류·가처분절차 도해

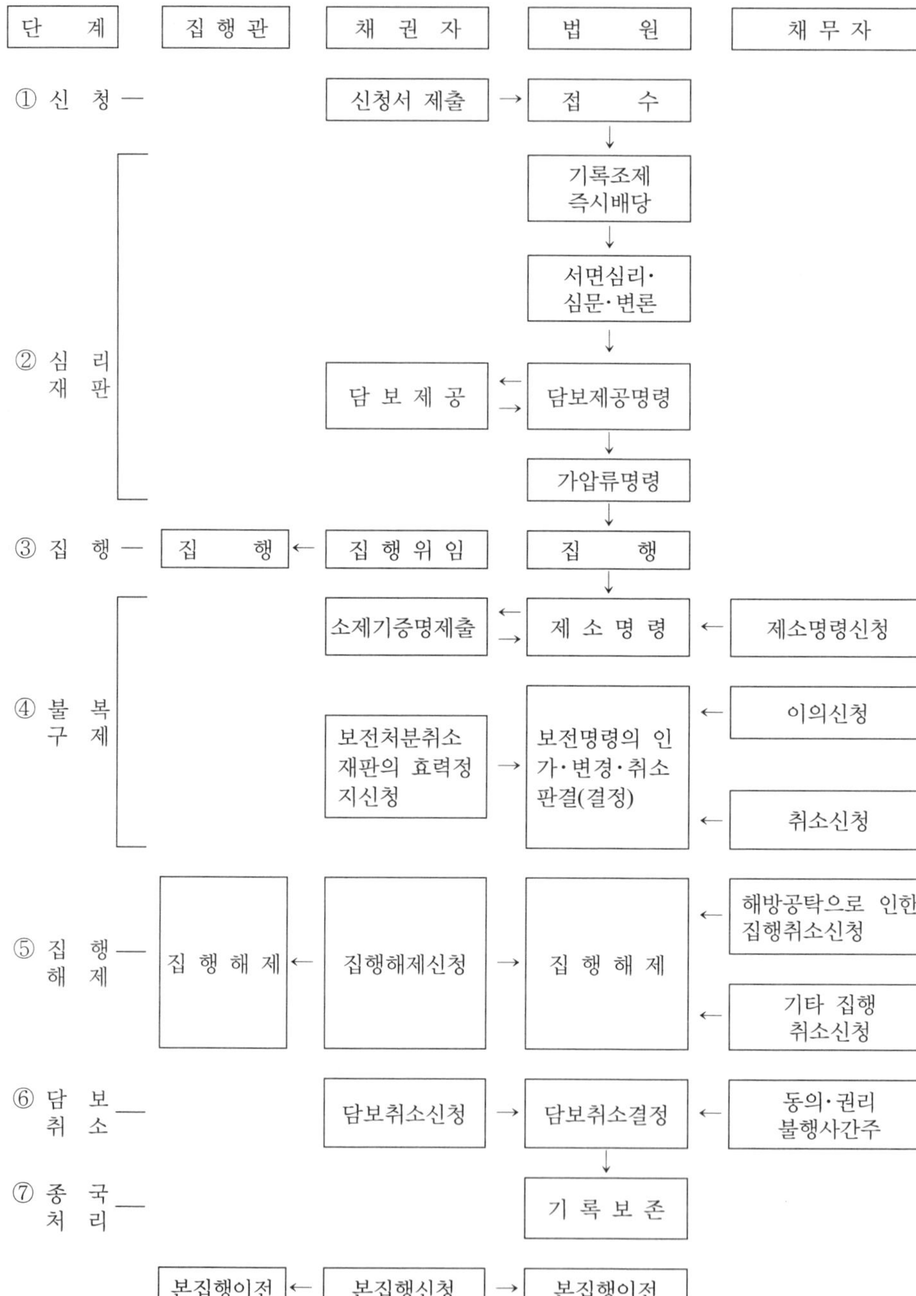

[서식 3] 부동산가압류신청서

부동산가압류신청서

채 권 자 김 ○ ○(721101-1047569)
서울시 ○○구 ○○동 ○○ (T.010-123-456)

채무자 겸 이 ○ ○(640506-1056897)

소 유 자 서울시 ○○구 ○○동 ○○○
(등기부등본산의 주소 : 서울시 ○○구 ○○동○○)

청구채권의 표시 금 30,000,000원(임차보증금반환 청구채권)
가압류할 부동산의 표시 별지목록 부동산 표시와 같음

신 청 취 지

채권자가 채무자에 대하여 가지는 위 청구채권 표시의 채권의 집행을 보전하기 위하여 채무자 소유의 별지목록 기재의 부동산을 가압류한다.
라는 재판을 구합니다.

신 청 이 유

1. 채권자는 20○○. ○. ○. 서울시 ○○구 ○○동 ○○ 소재 채무자 소유의 상기건물에 임차보증금 금 30,000,000원, 기간 24개월(만기 20○○. ○. ○)로 하는 임대차계약을 체결한 후, 위 임차보증금 전액을 지급하고 입주하여 현재까지 학원을 운영해 오고 있는 사실이 있습니다.

2. 그런데 채권자는 위 임대차기간이 만료되어 다른 곳으로 이사하기 위하여 채무자에 대하여 위 임차보증금의 반환을 청구하였으나 채무자가 이에 응하

지 않고 있어, 채권자는 장차 채무자를 상대로 위 임차보증금반환 청구의 소를 준비하고 있으나, 채무자의 재산이라고는 별지목록 기재의 부동산 밖에 없고, 따라서 채무자가 이를 언제 처분하여 버릴지 모르며, 이 재산이 처분되어 버린다면 채권자가 소송에서 승소하더라도 집행할 수 없는 사태가 우려되어 이를 보전하기 위하여 이 건 신청을 하기에 이르렀습니다.

3. 채권자는 가난한 영세민으로서 달리 다른 금원이 없으므로, 담보제공에 대하여는 지급보증위탁계약체결문서의 제출에 의한 담보제공으로 하여 주실 것을 허가하여 주시기 바랍니다.

소 명 방 법

1. 소갑제1호증　　　　임대차계약서 사본
1. 소갑제2호증　　　　부동산등기부등본
1. 소갑제3호증　　　　내용증명우편

첨 부 서 류

1. 위 소명서류　　　　각 1통
1. 가압류신청진술서　　　　1통
1. 부동산 목록　　　　5통
1. 납부서　　　　1통

20○○.　○.　○.

위 채권자　김 ○ ○　(인)

서울중앙지방법원　귀중

■ 작성·접수방법

1. 신청서 1부를 법원에 제출한다. 신청서에는 부동산등기부등본, 가압류신청진술서, 당사자가 법인인 경우 법인등기부등본, 부동산 목록(5통)을 첨부한다.
2. 가압류할 부동산이 있는 시군구청에 등록세과세표준 및 세액신고서를 작성하여 신고하고 등록세고지서를 발급 받아 납부하고 부동산 수마다 증지 3,000원을 첩부해야 한다. 그러나 실무상 신청서를 법원에 제출한 다음 법원으로부터 담보제공 명령이 나오면 그때 보증보험 회사등을 통해 보증보험으로 담보제공을 하면서 등록세, 증지 등도 같이 납부해 처리할 수 있다.
3. 인지는 10,000원 송달료는 22,200원(=당사자2×3회분×3,700원)을 은행에 납부하고 그 납부서를 신청서에 첨부한다.

[첨부서류] 가압류신청 진술서

가압류신청진술서

채권자는 가압류 신청과 관련하여 다음 사실을 진술합니다. 다음의 진술과 관련하여 고의로 누락하거나 허위로 진술한 내용이 발견된 경우에는, 그로 인하여 보정명령 없이 신청이 기각되거나 가압류이의절차에서 불이익을 받을 것임을 잘 알고 있습니다.

20○○. ○. ○.

채권자(대리인) 김 ○ ○ (인)

다 음

1. 피보전권리와 관련하여

가. 채무자가 신청서에 기재한 청구채권을 인정하고 있습니까?

☑ 예

□ 아니오 → 채무자의 주장의 요지 :

나. 채무자가 청구채권과 관련하여 오히려 채권자로부터 받을 채권을

가지고 있다고 주장하고 있습니까?

☐ 예 → 채무자의 주장의 요지 :

☑ 아니오

다. 채권자가 신청서에 기재한 청구금액은 본안소송에서 승소할 수 있는 금액으로 적정하게 산출된 것입니까? (과도한 가압류로 인해 채무자가 손해를 입으면 배상하여야 함)

☑ 예 ☐ 아니오

2. 보전의 필요성과 관련하여

가. 채권자가 채무자의 재산에 대하여 가압류하지 않으면 향후 강제집행이 불가능하거나 매우 곤란해질 사유의 내용은 무엇입니까(필요하면 소명자료를 첨부할 것) : 채무자는 현재 무직으로서, 가압류하고자 하는 위 부동산 이외에는 다른 재산이 없습니다.

나. [유체동산가압류 또는 채권가압류사건인 경우] 채무자에게는 가압류할 부동산이 있습니까?

☐ 예

☐ 아니오 → 채무자의 주소지 소재 부동산등기부등본을 첨부할 것

다. ["예"라고 대답한 경우] 가압류할 부동산이 있다면, 부동산가압류 이외에 유체동산 및 채권가압류신청을 하는 이유는 무엇입니까?

☐ 이미 부동산상의 선순위 담보 등이 부동산가액을 초과함 → 부동산등기부등본 첨부할 것

☐ 기타 사유 → 내용 :

3. 본안소송과 관련하여

가. 채권자는 신청서에 기재한 청구채권의 내용과 관련하여 채무자를 상대로 본안소송을 제기한 사실이 있습니까?

☐ 예 ☑ 아니오

나. ["예"로 대답한 경우]

① 본안소송을 제기한 법원·사건번호·사건명은?

② 현재 진행상황(소송이 계속 중인 경우)은?

③ 소송결과(소송이 종료된 경우)는?

다. ["아니오"로 대답한 경우] 채권자는 본안소송을 제기할 예정입니까?

☑ 예 → 본안소송 제기 예정일 : 20○○. ○월중

□ 아니오

4. 중복가압류와 관련하여

가. 채권자는 이 신청 이전에 채무자를 상대로 동일한 가압류를 신청하여 기각된 적이 있습니까?

□ 예 ☑ 아니오

나. 채권자는 신청서에 기재한 청구채권을 원인으로, 이 신청과 동시에 또는 이 신청 이전에 채무자의 다른 재산에 대하여 가압류를 신청한 적이 있습니까?

□ 예 ☑ 아니오

다. [나.항을 "예"로 대답한 경우]

① 동시 또는 이전에 가압류를 신청한 법원·사건번호·사건명은?

② 현재 진행상황은?

③ 신청결과(취하/각하/인용/기각 등)는?

[서식 4] 채권가압류신청서

채권가압류신청

채 권 자 김 ○ ○(721101-1047569)

서울시 ○○구 ○○동 ○○ (T.010-123-456)

채무자 겸 이 ○ ○(640506-1056897)

서울시 ○○구 ○○동 ○○○

제3채무자 ○○생명보험주식회사

서울 ○○구 ○○동 123

대표이사 김○○

청구채권의 표시 금 3,000,000원(대여금 채권)

가압류할 채권의 표시 별지목록과 같음

신 청 취 지

1. 채무자의 제3채무자에 대한 별지목록 기재의 채권을 가압류한다.
2. 제3채무자는 채무자에게 위 채무의 지급을 하여서는 아니된다.
3. 채무자는 위 채권의 처분과 영수를 하여서는 아니된다.

라는 재판을 구합니다.

신 청 이 유

1. 채권자는 20○○. ○. ○. 채무자에게 금 3,000,000원을 대여하면서 지급일을 20○○. ○. ○.로 한 사실이 있습니다.

2. 그런데 채무자는 위 지급일이 지난 후 채권자의 수차례에 걸친 변제독촉에도 불구하고 아직까지 이를 이행하지 않고 있어 채권자는 장차 대여금 청구소송을 준비 중에 있으나, 채무자가 제3채무자에 대하여 가지는 별지목록 기재의 보험금반환청구 채권을 수령하면 채권자가 본안소송에서 승소하더라도 집행할 재산이 없어 그 실효를 거둘 가능성이 없으므로, 이를 보전하기 위하여 이 건 신청을 하기에 이르렀습니다.

3. 채권자는 가난한 근로자로서 달리 다른 금원이 없으므로 담보제공에 대하여는 지급보증위탁계약체결문서의 제출에 의한 담보제공으로 하여 주실 것을 허가하여 주시기 바랍니다.

소 명 방 법

1. 소갑제1호증　　　　현금지불각서 사본

첨 부 서 류

1. 위 소명서류 각 1통
1. 별지목록(보험금채권 목록) 5통
1. 법인등기부등본 1통
1. 가압류신청진술서 1통
1. 부동산등기부등본 1통
1. 납부서 1통

20○○. ○. ○.

위 채권자 김 ○ ○ (인)

서울중앙지방법원 귀중

■ 작성·접수방법

1. 신청시 1부를 법원에 제출한다. 신청서에는 가압류신청진술서, 당사자가 법인인 경우 법인등기부등본, 채무자 주소지 부동산등기부등본(채무자 소유 부동산이 아니어도 첨부한다), 별지목록(보험금채권)5통 등을 첨부한다.
2. 인지는 10,000원 송달료는 22,200원(=당사자2×3회분×3,700원)을 은행에 납부하고 그 납부서를 신청서에 첨부한다.
3. 담보제공 명령이 법원으로부터 나오면 보증보험 회사등을 통해 보증보험으로 담보제공을 하면 된다.

[서식 5] 부동산가처분신청서

부동산처분금지가처분신청

채 권 자 김 ○ ○ (망 김 △ △의 재산상속임)
서울 서초구 서초동 123
채 무 자 박 ○ ○
서울 강서구 ○○동 ○○

가처분목적물 : 별지목록 기재와 같음
목적물의 가격 : 금 30,000,000원

신 청 취 지

채무자는 별지목록 기재의 토지에 대하여 양도, 전세권, 저당권, 임차권의 설정 기타 일체의 처분행위를 하여서는 아니된다.
라는 재판을 구합니다.

신 청 원 인

1. 별지목록 기재의 부동산은 신청외 망 김△△의 소유였는데, 동인이 20○○. ○. ○. 사망함으로써 위 김△△의 장남인 채권자가 법정상속분에 따라 다른 상속인들과 함께 이를 공동상속함으로써 위 부동산의 공유자가 되었습니다.

2. 그런데 채권자를 비롯한 상속인들이 아직 상속등기를 하지 아니하고 있는 사이에, 채무자는 이미 사망한 위 김△△을 상대로 소유권이전등기 청구의 소를 제기하여 의제자백의 판결을 받은 후 20○○. ○. ○. 서울중앙지방법원 접수 제1234호로 20○○. ○. ○.자 매매를 원인으로 한 소유권이전등기를 경료하였습니다.

3. 그러므로 채무자 명의의 위 소유권이전등기는 사망한 사람을 상대로 한 무효인 판결에 기하여 경료된 원인무효의 등기라고 하겠습니다.

4. 따라서 채권자는 위 부동산의 공유자로서 소유권에 기한 방해제거청구권에 터 잡아 채무자를 상대로 위 소유권이전등기의 말소등기 절차의 이행을 구하는 소를 제기할 준비를 하고 있으나, 본안소송의 계속 중 채무자가 위 부동산을 타에 처분함으로써 나중에 채권자가 본안소송에서 승소하더라도 집행이 곤란하게 될 우려가 있으므로 채권자는 그 승소판결의 집행을 보전하기 위하여 이 사건 가처분신청을 하기에 이르렀습니다.

5. 담보제공에 관하여는 지급보증위탁계약체결문서의 제출로 갈음할 수 있도록 허가하여 주시기 바랍니다.

소 명 방 법

1. 소갑제1호증	토지등기부등본
1. 소갑제2호증	토지대장 등본
1. 소갑제3호증	제적등본
1. 소갑제4호증	가족관계증명서

첨 부 서 류

1. 위 소명방법	각 1통
1. 별지목록	5통
1. 납부서	1통

20○○. ○. ○.

위 채권자 김 ○ ○ (인)

서울중앙지방법원 귀중

■ 작성·접수방법

1. 신청서 1부를 법원에 제출한다, 신청서에는 목록 5부, 부동산등기부등본 1부, 가액산정을 위한 서류(건축물대장, 공시지가확인서등), 당사자가 법인인 경우 법인등기부등본 1부를 첨부한다.
2. 가처분할 부동산이 있는 시군구청에 등록세과세표준 및 세액신고서를 작성하여 신고하고 등록세 고지서를 발급 받아 납부하고 부동산 수마다 증지 3,000원을 첨부해야 한다. 그러나 실무상 신청서를 법원에 제출한 다음 법원으로부터 담보제공 명령이 나오면 그때 보증보험 회사등을 통해 보증보험으로 담보제공을 하면서 등록세, 증지 등도 같이 납부해 처리할 수 있다.
3. 인지는 10,000원 송달료는 22,200원(=당사자2×3회분×3,700원)을 은행에 납부하고 그 납부서를 신청서에 첨부한다.

Ⅳ. 소송기록의 열람·복사

1. 총 설

(1) 의 의

당사자나 이해관계를 소명한 제3자는 대법원 규칙이 정하는 바에 따라 소송기록의 열람·복사를 법원 사무관등에게 신청할 수 있다. 이는 재판의 심리와 판결은 원칙적으로 공개하도록 되어 있는 공개재판주의에 따른 것이다.

(2) 소송기록의 범위

소송기록이라 함은 특정한 사건에 관하여 법원과 당사자가 공통의 자료로 사용할 수 있는 서면으로서 수소법원이 보관하고 있는 것을 총칭한다. 재판기록열람수수료등에관한규칙 2조 2호에서는 재판기록이라 함은 재판사무 등에 관한 문서와 기록, 증거물 기타(도면, 사진, 디스크, 테이프, 필름, 슬라이드, 전자문서 등의 특수매체기록을 포함한다)를 말한다고 규정하고 있다.

2. 신청권자

열람복사를 신청할 수 있는 사람은 ① 당사자, ② 법정대리인 또는 특별대리인, ③ 소송대리인, ④ 이해관계를 소명한 제3자, ⑤ 그 밖에 법령이 허용하는 사람이다. 그러나 당사자로부터 열람·복사의 위임을 받은 사람도 포함되기 때문에 실무상 열람·복사 신청권자는 상당히 광범위 하다고 볼 수 있다. 누구든지(예컨대 장차 사건을 수임하거나 서면작성을 대행할 가능성이 있는 잠재적인 변호사·법무사 사무실의 직원 등) 당사자로부터 위임받았다는 취지의 '위임장'만 제시하면 소송기록의 열람복사를 신청할 수 있다.

3. 신 청

(1) 열람복사 신청

열람복사 신청은 각급 법원 복사 담당직원에게 신청인의 자격을 소명하여 서면으로 하여야 한다.

(2) 수 수 료

사건의 당사자 및 법정대리인. 소송대리인, 변호인, 보조인 등이 그 사건의 계속 중에 재판기록의 열람 복사를 하는 때에는 복사물 1장마다 50원의 수수료를 인지로 납부하여야 한다.

서울중앙지방법원 민사재판기록 통합 열람복사 운영센터

4. 열람복사의 절차

(1) 기록의 인수

복사 담당자는 신청서를 법원사무관 등 또는 기록보존 담당자에게 제시하고 열람복사 대상 기록을 인수한 다음 청구인에게 접수순서 및 열람·복사 일시·장소를 알려준다.

(2) 열람복사의 방식

복사신청인은 법원이 지정한 장소에서 재판기록을 스스로 필사하거나 신청인의 설비를 이용하여, 복사 또는 법원의 복사기 등 법원의 설비를 이용한 복사물의 교부를 신청할 수 있다. 복사신청인이 법원의 복사기를 이용하기 원하는 경우에는 복사 담당자로부터 신청서를 교부받아 1장당 50원으로 계산한 복사비용을 기재하고 수입인지를 붙여야 한다.

소송대리인(변호사 또는 법무법인에 한한다)은 변호사단체가 법원장(지원장)의 허가를 받아 법원 안에 설치된 복사기 등의 설비를 이용하여 복사할 수 있다.

5. 열람·복사 후의 처리

복사 담당자는 열람 복사 완료 후 지체 없이 기록을 법원사무관등에게 반환한다.

<table>
<tr><td colspan="4" rowspan="2">재판기록 열람·복사 신청서</td><td>허</td><td>부</td></tr>
<tr><td></td><td></td></tr>
<tr><td rowspan="3">신 청 인</td><td>성 명</td><td colspan="2">변호사 주○○</td><td>전화번호</td><td>02-592-○○</td></tr>
<tr><td rowspan="2">자 격</td><td colspan="2" rowspan="2">원고의 대리인</td><td>담당사무원</td><td>김○○</td></tr>
<tr><td>소명자료</td><td>사무원증</td></tr>
<tr><td>신 청 구 분</td><td colspan="5">□ 열람 □ 복사</td></tr>
<tr><td rowspan="2">대 상 기 록</td><td colspan="2">사 건 번 호</td><td colspan="2">사 건 명</td><td>재 판 부</td></tr>
<tr><td colspan="2">서울중앙지방법원
20○○가단 123</td><td colspan="2">대여금</td><td>제3민사부</td></tr>
<tr><td>복사할 부분</td><td colspan="5">□ 복사대상 :
기록일체
[□ 복사매수 매]</td></tr>
<tr><td>복 사 방 법</td><td colspan="5">□ 법원 복사기 □ 변호사단체 복사기 □ 신청인 복사설비
□ 필사</td></tr>
<tr><td colspan="6">이와 같이 신청하고 신청인은 열람·복사에 관련된 준수사항을 준수하고 열람·복사의 결과물을 법령상 정당한 용도 이외로 사용하는 경우 민사상, 형사상 모든 책임을 지겠습니다.
20○○년 ○월 ○일
신청인 변호사 주○○ (서명 또는 날인)</td></tr>
<tr><td>비 고
(재판장 지정사항 등)</td><td colspan="5"></td></tr>
<tr><td>영 수 일 시</td><td colspan="3">20○○. 2. 4.</td><td>영 수 인</td><td></td></tr>
<tr><td>신청수수료</td><td colspan="2">□ 500 원 □ 면 제</td><td colspan="3" rowspan="2">(수 입 인 지 첩 부 란)</td></tr>
<tr><td>복 사 비 용</td><td colspan="2">원 (매×50원)</td></tr>
</table>

제2장 소송의 주체

제1절 법 원

Ⅰ. 개 념

1. 의 의

법원이란 넓은 의미로는 재판권을 행사하는 국가기관을 총칭하는 것으로서 법관, 법원사무관, 집행관, 기타 직원을 포함한 사법 관서를 뜻하고, 좁은 의미로는 민사재판권을 행사하는 단독판사와 합의부를 뜻한다.

2. 종 류

민사법원은 대법원, 고등법원, 지방법원이 있고 지방법원 및 가정법원의 사무의 일부를 처리하게 하기 위해 그 관할 구역 안에 지원과 가정지원, 시·군 법원 및 등기소를 두고 있다.

서울중앙지방법원·고등법원

3. 법원의 심급제도

1) 지방법원에서 소가가 2억을 초과하는 사건 등은 합의부가 관할하지만 기타는 단독판사가 관할하는 것이 원칙이다. 우리나라는 3심제를 취하고 있어 합의부 사건은 고등법원이 제2심이 되고 대법원이 3심이 되는 반면 단독사건은 지방법원의 항소부가 제2심법원이 되고 대법원이 제3심이 된다.[5)]

2) 3천만원 이하의 소액사건에 대해서는 상고가 극히 제한되어 있는 반면, 소액사건이외에는 상고할 수 있는 범위가 넓어 상고사건이 폭주하는 문제점이 있다.

Ⅱ. 법관의 제척·기피·회피

1. 의 의

제척·기피·회피는 법관이 자신이 담당하는 사건과 인적 또는 물적으로 특수한 관계에 있을 때 그 사건의 직무집행에서 배제시켜 재판의 공정성에 대한 국민의 신뢰를 보장하기 위한 제도이다(대판 2010. 5. 13. 2009다102254).

2. 구 별

	제 척	기 피	회 피
개 념	법률에 정한 제적사유가 있을 때 법률에 의해 당연히 직무에서 배제	제척사유 외의 불공정한 재판을 할 사유가 있을 때 기피결정에 의해 직무에서 배제	제척·기피 사유가 있을 경우에 법관 스스로 직무를 회피
이 유	제41조 1호 내지 5호[6)]	제척이유 이외에 법관에게 공정한 재판을 기대하기 어려운 사정	제척이나 기피사유가 있는 경우

---

5) 2016. 10. 1.부터 1억원초과 2억원이하 고액단독사건도 고등법원이 아닌 항소부가 제2심법원이 된다. 제주·전주·청주지방법원에 고등법원 원외재판부가 설치되어 있다.

절 차	직권조사사항/제42조 이하에 의해 신청 또는 직권으로 재판함	제43조 이하에 의해 신청으로 재판함	감독권 있는 법원의 허가
효 과	① 법률에 의해 당연히 직무집행에서 배제된다(확인적 성질). ② 법관은 일체의 소송행위에 관여할 수 없다.	① 기피결정에 의해 배제된다(형성적 성질). ② 결정받은 법관은 일체 소송행위에 관여할 수 없다.	① 허가는 재판이 아니므로 ② 허가 후에 관여했어도 효력에 영향이 없다.
간 과 판 결	법관 관여 시 절대적 상고이유, 재심사유	법관 관여 시 절대적 상고이유, 재심사유	법관이 관여했어도 상고이유, 재심사유가 아님

[서식 6] 법관제척 신청서

법 관 제 척 신 청 서

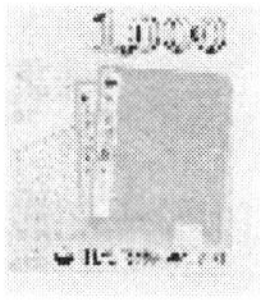

신 청 인 ○ ○ ○
○○시 ○○구 ○○동 ○○번지

신 청 취 지

귀원 20○○가합 1234호 토지소유권확인신청사건에 관하여 재판장 판사 ○○○에 대한 제척은 이유있다.
라는 판결을 구합니다.

---

6) 제41조(제척의 이유) 법관은 다음 각호 가운데 어느 하나에 해당하면 직무집행에서 제척(除斥)된다. 1. 법관 또는 그 배우자나 배우자이었던 사람이 사건의 당사자가 되거나, 사건의 당사자와 공동권리자·공동의무자 또는 상환의무자의 관계에 있는 때, 2. 법관이 당사자와 친족의 관계에 있거나 그러한 관계에 있었을 때, 3. 법관이 사건에 관하여 증언이나 감정(鑑定)을 하였을 때, 4. 법관이 사건당사자의 대리인이었거나 대리인이 된 때, 5. 법관이 불복사건의 이전심급의 재판에 관여하였을 때. 다만, 다른 법원의 촉탁에 따라 그 직무를 수행한 경우에는 그러하지 아니하다.

신 청 이 유

1. 원고는 20○○. ○. ○. 피고에 대해 토지소유권 확인청구의 소를 제기하여 소송중에 있는데 이 사건의 피고인인 ○○○이 동 사건의 재판장 ○○○의 배우자와 인척관계에 있는 것이 밝혀 졌으므로 이는 민사소송법 제37조 제1호 규정에 해당한다 할 것입니다.

2. 따라서 신청인은 위과 같은 이유로 부득이 본 제척의 신청에 이른 것입니다.

소 명 방 법

1. 호적등본 1통
2. 등기부등본 1통

20○○. ○. ○.

위 신청인 ○ ○ ○ (인)

○○지방법원 귀중

■ 작성·접수방법

1. 1,000원의 인지를 첨부하고 송달료를 납부한다.
2. 제척의 신청은 합의법원의 법관에 대한 제척은 그 법관의 소속법원에, 단독판사에 대한 제척은 당해판사에게 신청하고, 제척의 원인과 소명방법은 신청한 날로부터 3일내에 서면으로 제출하여야 한다.
3. 법관은 제척신청을 당한 법관의 소속법원 합의부에서 결정으로 한다.
4. 제척의 이유있다는 결정에 대해서는 불복을 신청할 수 없지만 이유 없다고 하는 결정에 대해서는 즉시항고 할 수 있다.
5. 제척의 신청이 있는 때에는 그 신청에 관하여서 재판이 확정될 때까지 소송절차를 정지하고 다만 종국판결의 선고와 긴급을 요하는 행위에 대해서는 예외로 한다.

[서식 7] 법관기피 신청서

법 관 기 피 신 청 서

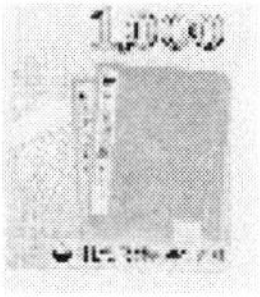

신 청 인 ○ ○ ○
○○시 ○○구 ○○동 ○○번지

귀원 20○○가합 1234호 손해배상청구사건에 관하여 신청인은 아래와 같은 이유로 판사의 기피를 신청합니다.

신 청 취 지

귀원 20○○가합 1234호 손해배상청구사건에 관하여 판사 ○○○에 대한 기피신청은 이유있다.
라는 재판을 구합니다.

신 청 이 유

1. 원고는 20○○. ○. ○. 피고에 대해 손해배상 청구 소송을 제기하여 소송중에 있는데 이 사건이 판사 ○○○는 피고와 같은 동향 출신일뿐만 아니라 대학동문으로서 십여년간 친분이 있습니다.

2. 따라서 이는 본 사건 재판의 공정성을 해하는 중대한 사정이 있는 것이므로 신청인은 민사소송법 제39조 제1항에 의해 이 사건에 관하여 법관 ○○○에 대한 기피를 구하기 위하여 이 사건 신청에 이른 것입니다.

입 증 방 법

1. 동창회명부 1통
2. 향우회원명부 1통

첨 부 서 류

1. 납부서　　　　　　　　　　　　　　　1통

20○○. ○. ○.

위 신청인 ○ ○ ○ (인)

○○지방법원 귀중

■ 작성·접수방법

1. 1,000원의 인지를 첨부하고 송달료를 납부한다.
2. 그 법관의 소속 합의법원이나 당해 단독판사에게 신청서를 1부 제출한다.
3. 기피의 신청이 있을 경우에는 기피된 판사는 감독권이 있는 판사의 허가를 받아 회피할 수 있다(제45조).
4. 기피의 신청이 있는 때에는 그 신청에 관하여서 재판이 확정될 때까지 소송절차를 정지하고 다만 종국판결의 선고와 긴급을 요하는 행위에 대해서는 예외로 한다.

[서식 8] 법관제척신청 각하결정에 대한 즉시항고

즉 시 항 고 장

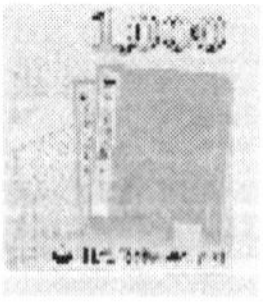
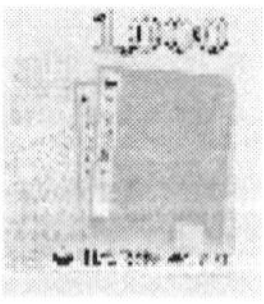

항 고 인　○ ○ ○
　　　　　○○시 ○○구 ○○동 ○○번지

위 항고인은 ○○지방법원 20○○가합 1234호 손해배상청구사건에 관하여 동 법원에서 20○○. ○. ○. 재판장 판사 ○○○에 대한 제척신청 각하의 결정을 하였으나 동 결정에 대하여 불복이므로 다음과 같이 항고를 제기합니다.

원결정의 표시

이 사건 제척신청은 이를 각하한다.
(항고인은 결정문을 20○○. ○. ○. 수령 하였습니다.)

항 고 취 지

원결정을 취소하고 판사 ○○○에 대한 제척의 신청은 그 이유있다.
라는 재판을 구합니다.

항 고 이 유

1. 항고인은 피고에 대하여 ○○지방법원 20○○가합1234호 손해배상청구의 소를 제기하여 심리중 피고가 해당사건 재판장 판사 ○○○의 배우자와 인척관계에 있음으로 인해 항고인의 중요한 증거신청을 각하하는 등 재판의 공정을 방해할 염려가 있어 제척신청을 하였습니다.

2. 그러나 동 법원은 항고인의 제척신청에 대해 제척사유가 되지 않는다 하여 각하하였지만 항고인은 당해 결정에 불복이므로 본 항고에 이른 것입니다.

20○○. ○. ○.

위 항고인 ○ ○ ○ (인)

○○고등법원 귀중

■ 작성·접수방법

1. 항고장에는 민사소송등인지법 11조에 의해 2,000원의 인지를 첨부하고 송달료를 납부한다.
2. 즉시항고이므로 항고장은 결정문을 송달받은 후 1주일 이내에 원심법원에 제출하여야 한다.

Ⅲ. 법원의 관할

1. 의 의

관할이란 우리나라 법원 중에서 여러 법원 사이의 재판권의 분담관계를 정해 놓은 것을 말한다. 우리나라 법원은 대법원 1개, 고등법원 5개, 지방법원 18개로 조직되어 있는데 소제기 또는 상소제기에 관하여 어느 법원이 사건을 담당하는지 분담관계를 정해놓은 것이다. 관할은 재판권을 전제로 하지만 재판권과 구별된다. 즉 재판권은 법원이 국가주권으로서의 사법권을 생사할 수 있는가의 문제임에 반해, 관할은 이미 존재하는 재판권을 어느 법원에서 구체적으로 행사할 것인가의 문제이다. 따라서 재판권이 없는 사건은 부적법 각하되지만, 관할이 없는 사건은 원칙적으로 관할이 있는 법원으로 이송하여야 한다.

2. 토지관할

(1) 의 의

같은 종류의 직분관할에 속하는 사건들(제1심사건)을 소재지를 달리하는 같은 종류의 법원(서울중앙지방법원, 동부지방법원, 북부지방법원등) 중 어떠한 법원에 분장시킬 것인가 하는 관할의 정함을 토지관할이라고 한다. 민사소송법은 토지관할을 결정하는 기준으로서 사건의 당사자 또는 그 권리관계의 장소적 관련지점을 뜻하는 재판적의 개념을 사용하여 이를 법원의 토지관할로 정하고 있다. 즉 재판적이란 어떤 사건 또는 당사자가 일정 지역을 관할하는 법원의 재판권에 복종하게 되는 근거가 되는 관계지점을 의미한다. 재판적에는 사건의 종류나 내용을 불문하고 민사소송에 관하여 일반적인 토지관할을 정하는 **보통재판적**과 사건의 종류나 내용에 따라 한정되는 사건에 한하여 보통재판적과 경합적으로 또는 그 예외로서 인정되는 토지관할을 정하는 **특별재판적**이 있다.

(2) 보통재판적

1) 소제기는 원칙적으로 '**피고**'의 보통재판적이 있는 곳의 법원이 관할하며 보통재판적은 특별재판적과 구별된다. 개인의 경우에는 주소를, 법인의 경우에는 주된 사무소를 의미한다.

자연인	피고의 주소지 관할법원, 주소가 없거나, 주소를 알 수 없는 때에는 거소(현재 사실상 거주), 거소가 없거나 알 수 없는 때에는 최후의 주소지 관할법원에 제출한다.
법 인	법인(사단법인, 재단법인)의 주된 사무소 또는 영업소(본점)소재지, 주된 영업소가 없는 때에는 주된 업무담당자의 주소지 관할법원에 제출한다. 외국법인인 경우에도 국내에 있는 사무소, 영업소 또는 업무담당자의 주소에 의한다.
국 가	국가가 소송당사자로 되는 경우 국가를 대표하는 법무부장관을 대표로 하지만, 공익법무관, 지방검찰청 검사로 하여금 국가소송을 수행하도록 지정할 수 있으며 현실적인 소송서류는 별도 대리인이 없는 한 고등검찰청장에게 송달함
	예) 강남경찰서 경찰관이 불법행위를 하여 원고가 손해배상청구 하는 경우 피 고 대한민국(소관 강남경찰서) 법률상 대표자 법무부장관 황교안 송달장소 : 서울 서초구 서초동 1724 서울고등검찰청검사장

2) 보통재판적을 정할 수 없는 경우에는 대법원이 있는 곳을 보통재판적으로 한다(민소규 6조). 외국국가 또는 국내에 주소 등을 갖지 않은 외국인이나 외국법인 및 마지막 주소를 알 수 없는 내국인을 상대로 하는 경우 대법원 소재지를 보통재판적으로 한다.

(3) 특별재판적

특별재판적은 다른 사건과 무관하게 그 사건에 관해 본래 인정되는 **독립재판적**과 타사건과 관련하여 발생하는 **관련재판적**이 있다.

1) 독립재판적

사무소 또는 영업소에 계속하여 근무하는 자에 대한 소	근무지(사무소, 영업소)가 있는 곳의 법원
재산권에 관한 소(대여금, 물품대금, 임차보증금, 임금, 노임, 손해배상청구, 부당이득반환청구 등).	거소지 또는 의무이행지의 법원에 제기할 수 있다(민법은 지참채무를 원칙으로 하므로 통상 원고로 되는 채권자의 주소나 영업소 소재지 법원이 된다)[7]
어음·수표에 관한 소,	어음, 수표의 지급지 법원(어음에 지급지가 부산 중구 지점으로 되어 있으면, 보통재판적인 채무자 주소지 법원 또는 부산지방법원에 소를 제기할 수 있다)
불법행위에 관한 소	불법행위지(교통사고가 발생한 곳, 폭행 또는 사기를 당한 곳)의 법원
부동산에 관한 소	부동산 소재지의 법원
등기·등록에 관한 소	등기·등록지의 법원
상속이나 유증에 관한 소송	피상속인(사망자)의 주소지의 법원

2) 관련재판적

하나의 소로 여러 개의 청구를 하는 경우 청구의 병합에 관한 요건이 충족되어 있다면 그 중 하나의 청구에 대한 관할권이 있는 한 다른 청구에 대해서도 그 법원에 관할권이 인정된다. 또한 하나의 소로 여러 피고에 대해 청구를 하는 주관적 병합의 경우에도 그 중 1인에 관한 청구에 대해서도 관할권이 있는 한 관할권이 없는 다른 사람에 대한 청구도 그 법원에 관할권이 인정된다(민소 25조 2항).

7) 보통재판적에 의하면 채권자는 채무자의 주소지 법원에 소를 제기하여야 하고 이러한 경우 원고는 재판할때마다 채무자의 주소지 법원으로 가야하는 불편이 있어 민사소송법은 예외적으로 재산권에 관한 소송에 있어서는 의무이행지(지참채무의 원칙상 채권자의 주소)에 소를 제기할 수 있도록 하여 원고에게 유리한 곳을 선택할 수 있게 하고 있다.

〈서울법원관할구역표〉

고등	본원	관할구역
서울고등법원	중앙	강남구,관악구,동작구,서초구,종로구,중구,성북구
	동부	성동구, 광진구, 강동구, 송파구
	남부	영등포구, 강서구, 양천구, 구로구, 금천구
	북부	동대문구, 중랑구, 도봉구, 강북구, 노원구, 노원구
	서부	서대문구, 마포구, 은평구, 용산구

☞ 유의사항

나머지 법원의 관할구역에 대해서는 부록(전국법원 관할구역표) 참조

서울남부지방법원
도봉구
강북구
노원구
은평구
성북구
중랑구
서대문구
종로구
동대문구
강서구
중구
마포구
성동구
광진구
강동구
용산구
양천구
영등포구
동작구
송파구
구로구
강남구
서초구
금천구
관악구

서울북부지방법원
도봉구
강북구
노원구
은평구
성북구
중랑구
서대문구
종로구
동대문구
강서구
중구
마포구
성동구
광진구
강동구
용산구
양천구
영등포구
동작구
송파구
구로구
강남구
서초구
금천구
관악구

서울서부지방법원
도봉구
강북구
노원구
은평구
성북구
중랑구
서대문구
종로구
동대문구
강서구
중구
마포구
성동구
광진구
강동구
용산구
양천구
영등포구
동작구
송파구
구로구
강남구
서초구
금천구
관악구

3. 직분관할

재판권의 여러 작용을 어느 법원의 역할로 분담시킬 것인가를 정한 것을 말한다. 예를 들어 특정사건의 증거보전절차나 가압류 가처분절차는 특정사건이 계속되고 있는 수소법원의 직분이 되고, 강제집행을 실시 할 수 있는 집행법원은 원칙적으로 지방법원 단독판사의 직분이며, 지방법원 1심 재판에 대한 상소·항고의 경우에는 고등법원이, 지방법원 단독판사의 제1심 재판에 대한 항소·항고의 경우에는 지방법원 본원 합의부가 관할하는 것을 말한다.

4. 사물관할

(1) 의 의

법원조직법은 지방법원 및 그 지원의 심판권을 원칙적으로 단독판사가 행사하도록 하면서 예외적으로 합의부가 심판하도록 규정하고 있는데 이와 같이 지방법원 단독판사와 합의부 사이에 제1심 소송사건의 분담을 정한 것을 사물관할이라 한다.

(2) 합의부 심판사건

① 소송목적의 값이 2억을 초과하는 민사사건(다만 약속어음·수표사건, 은행 등 금융기관이 원고인 대여금·구상금·보증금 사건, 자동차 등 운행으로 인한 손해배상사건, 근로자의 업무상재해로 인한 손해배상사건은 합의부 심판사건에서 제외된다).

② 재산권상의 소로서 그 소송목적의 값을 산출할 수 없는 것과 비 재산권을 목적으로 하는 소

③ 지방법원판사에 대한 제척·기피사건

④ 합의부에서 심판할 것을 합의부가 결정한 사건

⑤ 법률에 의해 지방법원 합의부의 권한에 속하는 사건(단독판사의 관할에 속하지 아니하는 제3자이의의 소, 개인이 아닌 채무자의 회생사건·파산사건, 비송사건절차법에서 특히 지방법원 합의부의 관할로 규정한 사건)

(3) 단독사건의 심판사건

① 합의부 심판사건 이외의 사건(우리법제상 제1심 법원으로서 지방법원 및 그 지원의 심판은 단독판사에 의함을 원칙으로 하고 있으므로 위에서 열거한 합의부 심판사건 이외의 사건은 단독판사가 심판하게 된다). 소송사건 이외에 단독판사가 심판하는 사건으로는 독촉절차(민소 375조), 증거보전절차(민소 375조), 제소전화해절차(민소 385조), 공시최고절차(민소 476조), 강제집행절차(민집 3조), 개인채무자에 대한 회생절차파산절차·개인회생절차, 과태료사건(비송 247조) 등이 있다.

② 재정단독사건(소가가 2원원을 초과하는 민사사건이라도 단독판사가 심판할 것으로 합의부가 결정한 사건은 단독사건이 된다).

➢ **사건관할**

심 급	법 원	사 건 관 할
제1심 법원	시·군법원	◦3천만원 이하의 소액사건(소액사건에 해당하는 어음·수표사건·임차권등기명령·공탁사건 포함) ◦화해·독촉·조정사건 ◦협의이혼확인
	지방법원·지원 단독판사	◦2억 이하의 민사사건 ◦다음의 사건 모두(2억원 초과사건 포함) - 약속어음·수표사건 - 은행 등 금융기관이 원고인 대여금·구상금·보증금 사건 - 자동차 등 운행으로 인한 손해배상사건 - 근로자의 업무상재해로 인한 손해배상사건
	지방법원·지원 합의부	◦2억을 초과하는 민사사건 - 단, 약속어음·수표사건, 은행 등이 원고인 대여금·구상금·보증금사건, 자동차 등 운행으로 인한 손해배상사건, 근로자의 업무상재해로 인한 손해배상사건은 제외(→ 단독판사 관할) ◦비재산권상의 소 - 회사관계소송, 비영리법인의 사원권확인·해고무효확인소송, 성명권·초상권 등 인격권에 관한 소송 등 ◦재산권에 관한 소송 중 소가산출 불가능사건 - 상호사용의 금지, 주주대표소송, 무체재산권 소송, 생활방해금지 청구소송 등 ◦지방법원판사의 제척·기피사건

	행정법원	◦행정사건
	특허법원	◦실용신안·의장·상표사건
항소법원	지방법원본원 합의부·강릉지원합의부	◦지방법원·지원 단독판사 사건 중 8천만원 이하의 항소사건
	고등법원	◦지방법원합의부의 항소사건 ◦행정법원의 항소사건 ◦지방법원·지원 단독판사 사건 중 8천만원 초과 항소사건
상고법원	대법원	◦고등법원·항소법원·특허법원의 상고사건 및 재항고사건

5. 시·군법원의 관할

대법원장은 지방법원 또는 그 지원 소속 판사 중에서 그 관할구역 안에 위치한 시·군법원의 판사를 지명하여 시·군법원의 관할 사건을 심판하게 하고 있으며, 시·군법원의 민사소송 관할 사건으로는 ① 소액사건심판법의 적용을 받은 민사사건, ② 화해 독촉 및 조정에 관한 사건을 규정하고 있다.

6. 재정(지정)관할

관할법원이 재판권을 법률상 또는 사실상 행사할 수 없는 때 또는 법원의 관할구역이 분명하지 아니한 때에는 관계된 법원과 공통되는 바로 위의 상급법원이 그 관계된 법원 또는 당사자의 신청에 따라 결정으로 관할법원을 정하게 되는데 이를 지정관할 또는 재정관할이라고 한다(민소 28조 1항).

[서식 9] 관할법원지정신청서

관할법원지정신청서

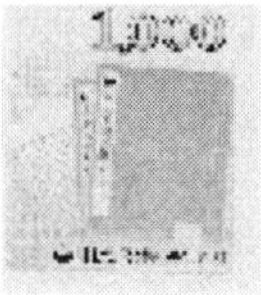

신 청 인　○　○　○ (○○○○○○-○○○○○○○)
　　　　　○○시 ○○구 ○○로 ○○(○○동)
　　　　　(전화번호 : ○○○-○○○○)

피신청인　○　○　○ (○○○○○○-○○○○○○○)
　　　　　○○시 ○○구 ○○로 ○○(○○동)
　　　　　(전화번호 : ○○○-○○○○)

신 청 취 지

신청인은 피신청인을 피고로 하여 제기하려는 손해배상청구사건에 관하여 관할법원의 지정을 신청합니다.

신 청 원 인

1. 신청인은 피신청인에 대해 20○○. ○. ○. ○○고속도로에서 피신청인의 소유 자동차가 신청인 소유 자동차를 충돌시켜 입힌 손해배상을 청구하기 위해 본안 소송을 준비중에 있으나 위 사고지점의 표시가 불분명하여 그 불법행위지인 특별관할법원에 관한 특정이 명확하지 않은 상황입니다.

2. 따라서 신청인은 위과 같은 이유로 관할법원을 구하기 위하여 이 신청에 이른 것입니다.

첨 부 서 류

1. 사고증명서　　　　　　　　　　　　1통

2. 자동차등록부 1통
3. 등기부등본 1통

20○○. ○. ○.

위 신청인 ○ ○ ○ (인)

○○지방법원 귀중

■ 작성·접수방법

1. 1,000원의 인지를 첨부하여야 한다.
2. 신청서는 관계법원에 공통되는 직급상법원에 제출한다.

7. 합의관할

당사자는 일정한 법률관계로 말미암은 소에 관하여 서면으로 한 합의에 의하여 제1심 관할법원을 정할 수 있다(민소 29조). 이 합의는 당사자가 법정의 임의관할과 나른 내용의 관할을 징하겠다는 소송법상의 합의이며 반드시 서면에 의하여야 한다. 다만 특정의 법원의 전속관할로 정하여진 소에 대해 합의관할의 규정을 적용할 수 없다(민소 31조).

[서식 10] 관할합의서

관 할 합 의 서

신 청 인 ○ ○ ○ (○○○○○○-○○○○○○○)

○○시 ○○구 ○○로 ○○(○○동)
(전화번호 : ○○○-○○○○)

피신청인 ○ ○ ○ (○○○○○○-○○○○○○○)
○○시 ○○구 ○○로 ○○(○○동)
(전화번호 : ○○○-○○○○)

위 당사자간 20○○년 ○월 ○일 체결한 ○○계약에 관하여 ○○계약에 의한 소송은 제1심의 관할법원을 ○○지방법원으로 하기로 합의한다.

20○○. ○. ○.

신 청 인 ○ ○ ○ (인)
피신청인 ○ ○ ○ (인)

■ 작성·접수방법

1. 합의에 관한 서식이므로 인지, 송달료등은 첨부하지 않는다.
2. 합의서 1부를 합의된 법원에 제출한다.
3. 관할합의가 있으면 법정관할권은 합의부에 의하여 관할권을 잃으므로 원고가 합의관할이 아닌 법정관할에 소를 제기한 경우 피고는 관할위반의 항변을 제기할 수 있다.

8. 변론관할

변론관할이란 원고가 관할권 없는 법원에 제소하였는데 피고가 이의 없이 본안에 대해 변론하거나 변론준비기일에 진술함으로써 생기는 관할을 의미한다.

9. 전속관할과 임의관할

법률에 특별한 규정으로 특정법원만이 배타적으로 관할을 가지게 하는 것을 전속관할이라 하고, 당사자 간의 합의나 상대방의 변론에 의해 법정관할과 다른 관할을 발생시킬 수 있는 것을 임의관할이라 한다.

➢ **전속관할**

소 송 의 종 류	전 속 관 할 법 원
1. 지급명령신청	◦ 채무자의 보통재판적·근무지·거소지·의무이행지, 어음·수표지급지, 채무자의 사무소·영업소, 불법행위지
2. 재심의 소	◦ 재심을 제기할 판결을 한 법원
3. 증권의 도난·분실·유실로 인한 공시최고 및 제권판결신청	◦ 증권에 표시된 이행지(없으면 발행인의 보통재판적)
4. 할부거래에 관한 소송	◦ 매수인의 주소지
5. 방문판매자·전화권유판매자·다단계판매자와의 거래에 관련된 소	◦ 소비자의 주소지
6. 파산사건·개인회생사건	◦ 채무자의 보통재판적 소재지관할 지방법원의 본원합의부(단, 파산사건의 채무자가 영업자인 경우에는 주된 영업소 소재지의 관할법원)
7. 이혼·혼인무효소송	◦ 부부공통의 주소지 또는 부부공통의 주소지에 일방의 주소지가 있으면 그 주소지→상대방의 주소지→생존한 일방부부의 주소지의 순으로 관할이 됨
8. 친생부인, 인지무효 취소, 부(父)를 정하는 소	◦ 자의 보통재판적소재지
9. 친권행사자 지정·변경, 양육비청구	◦ 상대방의 보통재판적 소재지
10. 청구에 관한 이의의 소	◦ 제1심 판결법원
11. 제3자이의의 소	◦ 집행법원

Ⅳ. 소송의 이송

1. 의 의

소송의 이송이란 어느 법원에 일단 계속된 소송을 그 법원의 재판에 의하여 다른 법원에 이전하는 것을 말한다.

2. 관할위반에 따른 이송

법원은 소송에 대해 관할권이 없다고 인정하는 경우에는(예를 들어 제1심의 소를 고등법원이나 대법원에 잘못 제기한 경우) 결정으로 이를 관할법원(제1심법원)에 이송한다.

3. 재량에 따른 이송

지방법원 단독판사는 관할권이 있더라도 상당하다고 인정하면 직권 또는 당사자의 신청에 따른 결정으로 소송의 전부 또는 일부를 지방법원 합의부에 이송할 수 있다(법 34조 2항).

4. 지적재산권등에 관한 소송의 이송

지적재산권과 국제거래에 관한 소의 경우 전문재판부 제도의 효용을 위해 특별재판적을 인정하고 있지만 그 관할은 전속관할이 아니라 임의관할이므로 당사자가 특별재판적 이외의 법원에 소를 제기할 수 있다. 따라서 이러한 경우 특별재판적을 인정하는 취지를 위해 법원의 직권 또는 당사자의 신청에 의해 특별한 요건 없이 특별재판적이 있는 법원으로 이송할 수 있는 특례를 인정하고 있다(민소 36조 1항).

[서식 11] 소송이송신청서

소 송 이 송 신 청 서

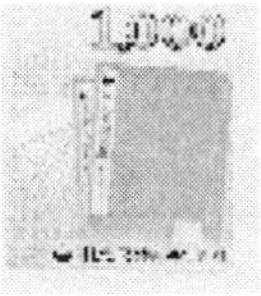

사　　건　　20○○가합 1234　손해배상

원　　고　　○ ○ ○

피　　고　　○ ○ ○

신 청 취 지

본건을 ○○지방법원으로 이송한다.
라는 재판을 구합니다.

신 청 이 유

1. 이 사건은 20○○. ○. ○. ○○고속도로에서 피신청인의 소유 자동차가 신청인 소유 자동차를 충돌시켜 입힌 손해배상을 청구하기 위해 원고가 피고의 주소지 관할 법원인 귀원에 제기한 것입니다.

2. 그러나 이 사건 사고현장 및 목격자의 주소가 ○○에 소재하므로 증인이나 검증등 증거조사뿐만 아니라 소송경제의 측면에서도 불법행위시 관할 법원인 ○○지방법원으로 이송하여 주시기 바랍니다.

첨 부 서 류

1. 사고증명서　　　　1통
2. 주민등록부등본　　　　1통

20○○.　○.　○.

위 원 고 ○ ○ ○ (인)

○○지방법원 귀중

■ 작성·접수방법

1. 인지 1.000원 및 송달료와 기록송부비용의 비용을 납부하여야 한다.
2. 신청서는 현재 소송중인 법원에 제출하며, 변론에서 구술로 신청할 수도 있다.

[서식 12] 이송신청기각결정에 대한 즉시항고

즉 시 항 고 장

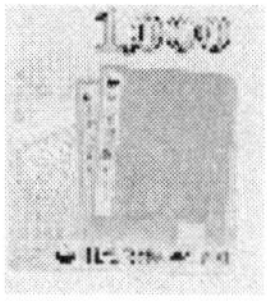
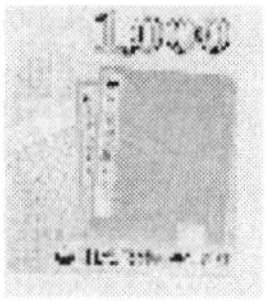

사　　　건　　20○○가합 1234 손해배상

항고인(피고)　　○ ○ ○
　　　　　　　　○○시 ○○구 ○○동 ○○번지

상대방(원고)　　○ ○ ○
　　　　　　　　○○시 ○○구 ○○동 ○○번지

위 사건에 관한 항고인의 이송신청에 대하여 ○○지방법원이 20○○. ○. ○.자로 한 이송신청기각결정에 대하여 불복이므로 항고를 제기합니다.

원결정의 표시

주문 피고의 이 사건에 소송이송신청은 이를 기각한다.
(결정문 송달을 받은 날은 20○○. ○. ○.입니다)

항 고 취 지

원결정을 취소하고 사건을 △△지방법원으로 이송한다는 재판을 바랍니다.

항 고 이 유

1. 원심은 이 사건에서 원고가 주장하는 청구권이 손해배상 청구이고 당사자 간에 별다른 약정이 없기 때문에 원고 주소지에도 관할 있으므로 항고인의 이송신청은 그 이유가 없다는 취지의 판단을 하고 있습니다.

2. 그러나 민사소송법의 관할에 대해서는 불법행위지에 대한 특별규정을 두고 있기 때문에 원심의 이 같은 해석은 잘못된 것으로 취소되어야 할 것입니다.

3. 따라서 상대방의 이송신청은 그 이유가 있는 것이므로 원결정은 취소되어야 할 것인 바, 본 항고에 이른 것입니다.

20○○. ○. ○.

위 항고인 ○ ○ ○ (인)

○○고등법원 귀중

■ 작성·접수방법

1. 항고장에는 민사소송등인지법 11조에 의해 2,000원의 인지를 첨부하고 송달료를 납부한다.
2. 즉시항고이므로 항고장은 결정문을 송달받은 후 1주일 이내에 원심법원에 제출하여야 한다.

제2절 당 사 자

Ⅰ. 의 의

민사소송에서 당사자란 자기의 이름으로 국가에게 권리보호(재판이나 강제집행 등의 재판권 행사)를 요구하는 사람과 상대방을 말한다. 제1심 절차에서는 원고·피고로 제2심 절차에서는 항소인·피항소인으로 제3심 절차에서는 상고인·피상고인으로 재심절차에서는 재심원고·재심피고로 제소 전 화해절차에서는 신청인·상대방으로 강제집행절차에서는 신청인·피신청인으로 불린다.

민사소송에서 당사자가 되기 위해서는 소송의 주체가 될 수 있는 일반적 능력인 당사자능력이 있어야 하고 유효한 소송행위를 하기 위하여 소송능력이 있어야 한다. 아울러 특정 소송사건에 있어서 당사자로서 소송을 수행하고 본안판결을 받기에 적합한 당사자적격을 갖추어야 한다. 당사자능력, 당사자적격은 본안판결을 받기 위한 전제로서 필요한 소송요건의 하나이므로 이것이 결여되면 판결로서 소를 각하하지 않으면 안된다.

Ⅱ. 당사자의 확정 및 당사자표시의 정정

1. 의 의

현실적으로 계속되고 있는 소송사건에 있어서 원고가 누구며, 피고가 누구인가를 명확히 하는 것을 당사자 확정이라 한다. 당사자가 확정되어야만 법원이 그 당사자에게 참여할 기회를 주고, 심리가 종결될 때 그 당사자를 명의인으로 판결을 할 수 있기 때문이다.

2. 당사자확정의 기준

판례는 성명모용 소송 등에서 당사자는 소장에 기재된 표시 및 청구의 내용과 원인사실을 합리적으로 해석하여 확정하여야 한다(대판 1996. 10. 11. 96다3852)고 하면서 다만 제소 전에 사망한 것을 알지 못하고 사망자를 제소한 후 정정한 사건에서 만일 원고가 피고의 사망사실을 알았더라면 그 상속인을 피고로 할 의사였고 다만 표시를 그르친 것이라고 하여 피고의 표시를 사망자로부터 그 상속인으로 표시 정정하는 것을 허용하고 있다(대판 1969. 12. 9. 69다1230).

3. 당사자표시의 정정

(1) 의 의

소제기 당시에 확정된 당사자의 표시에 의문이 있거나 당사자가 정확히 표시되지 않은 경우에 그 표시를 정확히 정정하는 것을 '당사자표시정정'이라 한다. 이는 원칙적으로 당사자의 동일성을 해치지 않는 범위 내에서만 허용된다는 점에서 당사자의 변경과 구별되나 실제에 있어서 양자를 구별하기는 쉽지 않다.

(2) 표시정정의 예

가족관계등록부, 법인등기부, 주민등록표 등 공부상 기재에 비추어 당사자의 이름이 오기나 누락이 명백한 경우에는 표시정정이 허용된다. 예를 들어 가족관계등록부나 주민등록표등에는 '홍길동'이라고 되어 있는데 피고란에 '홍길도'라고 오기한 경우에 '홍길도'에서 '홍길동'으로 표시를 정정할 수 있다.

관련판례

① 이미 사망한 자를 상대로 소를 제기하였다가 그 표시를 재산상속인으로 정정하는 경우(대판 1983. 12. 27. 82다146). ② 공동선조가 동일하고 실질적으로 동일한 단체를 가리키는 종중의 명칭을 변경 또는 정정하는 경우(대판 1999. 4. 13. 98다50722). ③ 2차의 정정에 의하여 당초의 표시로 환원한 경우(대판 1972. 12. 26. 72다2128). ④ 제소자의 의사에 비추어 착오 또는 오기임이 분명한 경우(대판 1999. 4. 27. 99다3150)에 대법원은 당사자 표시정정을 허용하였다.

관련판례

① 새로운 당사자를 추가하는 경우(대판 1974. 7. 16. 73다1190). ② 동일성이 전혀 없는 경우(대판 1970. 3. 10. 69다2161). ③ 법인이나 법인이 아닌 사단과 그 대표자 개인 간 변경의 경우(대판 1986. 9. 23. 85누953). ④ 이미 고유의 의미의 종중인 것으로 확정된 문중의 성격을 종중 유사의 단체로 변경하는 경우(대판 1994. 5. 10. 93다53955). ⑤ 종중원의 자격을 특정 지역 거주자로 제한하는 종중 유사의 단체로 변경하는 경우(대판 1999. 4. 13. 98다50722). ⑥ 비법인 사단인 부락의 구성원 중 일부를 부락으로 경정하는 경우(대판 1994. 5. 24. 92다50232). ⑦ 갑을 공동선조로 하는 종중을 갑의 후손인 을을 공동선조로 하는 종중으로 변경하는 경우(대판 2002. 8. 23. 2001다58870)에 대법원은 당사자 표시정정을 불허하였다.

[서식 13] 당사자표시정정신청서

당사자표시정정신청

사 건 20○○가합 1234 소유권이전등기

원 고 김 ○ ○

피 고 이 ○ ○

위 사건에 관하여 원고는 아래와 같이 표시정정을 신청합니다.

신 청 취 지

위 사건에 관하여 "피고 이○○(661108-1047896) 서울 ○○구 ○○동 12"을 별지 명부 기재와 같이 정정한다.
라는 판결을 구합니다.

신 청 원 인

피고 이○○는 이 사건 소 제기 전인 20○○. ○. ○.에 이미 사망하였으나 사망신고가 되어 있지 않은 관계로 원고는 이를 모르고 피고를 이○○로 표시하였는바, 이는 명백한 잘못이므로 신청취지와 같이 그 상속인들로 표시를 정정합니다.

첨 부 서 류

1. 제적등본	1통
1. 가족관계증명서	3통
1. 기본증명서	1통
1. 친양자입양관계증명서	1통
1. 신칭시부본	3통

20○○. ○. ○.

원 고 김 ○ ○ (인)

○○지방법원 귀중

명 부

피고 1. 최○○(602017-2212365)
서울 ○○구 ○○동 123
1. 김○○(862017-1212365)
서울 ○○구 ○○동 123
1. 김○○(842017-2212365)
서울 ○○구 ○○동 123

■ 작성·접수방법

1. 당사자 표시정정에 따라 청구가 달라지는 경우 청구취지 및 청구원인도 변경하여야 할 필요가 있을 수 있다.

Ⅲ. 당사자의 자격

1. 총 설

당사자가 적법하게 소송을 수행하기 위해서는 당사자능력 당사자적격 소송능력 변론능력 등 네 가지 능력을 갖추어야 한다. 당사자능력, 소송능력은 소송요건인 동시에 소송행위의 유효요건이고 당사적격은 소송요건이며 변론능력은 소송행위의 유효요건일 뿐이다.

2. 당사자능력

(1) 의 의

당사자 능력이란 민법상 권리능력에 대응하는 것으로서 소송의 주체가 될 수 있는 일반적 능력을 의미한다. 이는 사건과 관련이 없이 일반적으로 당사자가 될 수 있는 능력을 의미하므로 특정 사건에 대해 본안판결을 받을 수 있는가 하는 당사자적격(소송수행권)과 구별된다. 당사자 능력은 당사자가 확정된 후 그 확정된 당사자를 기준으로 판단한다.

(2) 당사자 능력자

1) 민법상 권리능력자

법제51조는 당사자능력은 이 법에 특별한 규정이 없으면 민법 그 밖의 법률에 의한다고 규정하고 있으므로 민법상의 권리능력자는 민사소송에서도 당사자능력이 있다.

① 자연인 : 사람은 생존한 동안 권리와 의무의 주체가 되므로(민 3조), 당사자 능력도 갖게 된다.

② 법인 : 법인이면 내국, 외국법인, 영리, 비영리법인, 사단, 재단법인을 불문하고 권리능력이 있으므로 당사자능력도 인정된다. 또한 공법인인 국가, 지방자치단체, 영조물법인이나 공공조합 등도 민법상권리능력이 있으므로 당사자능력이 있다. 그러나 국가의 기관인 행정청은 법인이 아니고 기관에 불과하므로 당사자능력이 없다.

2) 비법인사단·재단의 당사자 능력

법인이 아닌 사단이나 재단은 대표자 또는 관리인이 있는 경우에는 그 사단이나 재단의 이름으로 당사자가 될 수 있다(52조). 이는 구성원 전원을 당사자로 해야 한다면 매우 불편하므로 소송수행의 편의를 위해 비법인사단, 재단 자체에 당사자능력을 인정하여 원고나 피고가 될 수 있게 한 것이다.

3. 당사자 적격

(1) 의 의

당사자적격이란 특정의 소송사건에서 정당한 당사자로서 소송을 수행하고 본안판결을 받기에 적합한 자격을 말한다. 당사자능력과 소송능력이 민법상의 권리능력과 행위능력에 대응하는 개념이라면 당사자적격은 소송수행권자의 귀속지 즉 민법 등 실체법상의 관리처분권에 대응하는 개념이다. 특히 고유필수적 공동소송에서는 합일 확정될 공동소송인 모두가 공동으로만 당사자적격을 가지므로 여러 사람이 공동으로 원고가 되거나 피고가 되지 않으면 당사자적격의 흠으로 부적법하게 된다.

(2) 당사자적격자(정당한 당사자)

1) 이행의 소에서의 당자자적격자

이행의 소에서는 자기가 이행청구권자임을 주장하는 자가 원고적격을 가지고 그로부터 이행위무자로 주장된 자가 피고적격을 가지는 것으로 원고의 주장 자체에 의해 당사자적격 유무가 판가름되며, 원고, 피고가 실제로 이행청구권자이거나 이행의무자임을 요하는 것은 아니다(대판 1994. 6. 14. 94다14797). 이러한 이행청구권이나 이행의무의 존부는 본안에서 판단할 사항이기 때문이다.

2) 확인의 소에서의 당사자적격자

확인의 소에서는 그 청구에 관하여 확인의 이익을 가지는 사람이 원고적격을 그 확인에 대한 반대의 이익을 가지는 사람이 피고적격을 가지게 된다.

관련판례

① 회사의 주주총회결의·이사회결의의 부존재확인·무효확인의 소에서는 회사만이 피고적격을 가진다(대판 1996. 4. 12. 96다6295). ※ 그 결의에서 이사 등 임원으로 선임된 개인은 피고적격이 없다는 취지임.

② 종중의 대의원회결의부존재·무효를 이유로 한 종중대표자 지위확인의 소나, 노동조합과 같은 독립된 단체의 임원선거에 따른 당선자 결정의 무효 여부에 대한 확인을 구하는 소에 있어서도 그 종중만이 피고적격을 가진다(대판 1992. 5. 12. 91다37683).

3) 형성의 소에서의 당사자적격자

형성의 소에서는 각 근거법규 자체에서 원고적격자와 피고적격자를 정해 놓고 있는 경우가 많고, 법규 자체에서 명시되지 않은 때에도 판례에 의해서 제한되고 있는 경우가 있다 예를 들어 주주총회결의취소의 소에서 원고적격자가 주주·이사 또는 감사임은 상법 376조에 규정되어 있고 피고적격자에 관하여는 판례가 회사만으로 제한하고 있다(대판 1982. 9. 14. 80다2425).

4) 고유필요적 공동소송에서의 당사자적격

이행·확인·형성의 소를 불문하고 고유필수적 공동소송에서는 관계되는 여러 사람 전원이 원고 또는 피고가 되어야 하며, 일부가 누락되면 소송수행권 즉 당사자적격이 없어 소가 각하된다. 다만 필수적 공동소송의 추가 규정(법 68조)에 의하여 누락자를 추가하면 소가 적법해 진다.

(3) 제3자의 소송담당

1) 의 의

소송의 목적이 된 실체법상 권리관계의 주체인 자만이 반드시 당사자가 되는 것은 아니고 제3자가 타인의 권리의무에 대하여 소송수행권을 갖고 당사자로 소송을 하는 경우가 있는데 이를 제3자의 소송담당이라 한다. 이는 다시 법정소송담당, 임의적 소송담당, 허가에 의한 소송담당이 있다. 이러한 소송담당자는 다른 사람의 권리관계에 대하여 대신 소송을 수행하지만 자기 이름으로 소송을 수행하므로 다른 사람의 이름으로 소송을 수행하는 대리인과 다르다.

2) 법정 소송담당

권리관계의 주체는 아니지만 제3자가 법률의 규정에 의하여 관리권을 가지게 되어 그 자격에 의하여 당사자로 되는 경우이다. 여기에는 법이 제3자에게 관리처분권을 부여한 결과 소송수행권을 갖게 되는 **'담당자를 위한 소송담당'**(여기에는 채권자대위소송을 하는 채권자, 회사대신 대표소송을 하는 주주등과 같이 제3자가 권리관계 주체와 함께 소송수행권을 갖는 병행형과 파산자대신 소송을 하는 파산관재인, 상속인 대신 유증의 목적물에 관한 소송을 하는 유언집행자와 같이 권리관계주체에 갈음하여 소송수행권을 갖는 갈음형이 있다)과 그러한 관리처분권 없이 일정한 직무에 있는자에게 소송수행권을 갖게 하는 **'직무상의 당사자'**(예를 들어 아들이 죽은 아버지를 상대로 인지청구를 할 때 검사가 피고가 되는 민법 864조, 아버지가 죽은 아들을 상대로 친생부인의 소를 할 때 검사가 피고가 되는 민법 849조)가 있다. 이러한 법정 소송담당으로 당사자가 된 사람은 그 자격을 잃거나 죽은 때에는 그 소송절차는 중단되며 같은 자격을 가진 사람이 소송절차를 수계하여야 한다.

3) 임의적 소송담당

법정소송담당이 본인의 의사와 관계없이 제3자가 법률의 규정에 의하여 소송수행권을 갖는 것이라면 임의적 소송담당이란 권리관계의 주체인자가 그 의사로 제3자에게 자기의 권리에 대하여 소송수행권을 수여한 경우를 말한다. 제53조에 규정된 선정당사자는 공동의 이해관계가 있는 여러 사람가운데에서 선정된 모두를 위하여 소송을 수행할 자를 말하고. 어음법 제18조의 추심위임배서를 받은 피배서인도 임의적 소송담당자이다.

4) 법원의 허가에 의한 소송담당

유가증권의 거래과정에서 다수인에게 피해가 발생한 경우 그 중의 1인 또는 수인이 대표당사자가 되어 수행하는 손해배상청구소송(증권관련집단소송)이나, 사업자가 소비자의 권익과 관련된 기준 규정을 위반하여 소비자의 생명, 신체 또는 재산에 대한 권익을 침해하고 그 침해가 계속되는 경우 소비자권익침해행위의 금지·중지를 구하는 소송(소비자단체소송)에서 대표당사자가 되려거나 단체소송을 하려는 단체는 법원의 허가를 얻어야 한다. 이를 법원의 허가에 의한 소송담당이라 한다.

4. 소송능력

(1) 의 의

소송능력은 당사자로서 유효하게 소송행위를 하거나 받기 위해 갖추어야 할 능력이다. 소송무능력자의 행위를 무효로 처리함으로서 소송에서 자기의 이익을 충분히 주장, 옹호할 능력이 없는 자를 보호하기 위한 제도이다. 민법상 행위능력에 대응한 개념이다.

(2) 소송능력자

법 제51조는 소송은력은 이법에 특별한 규정이 없으면 민법, 그 밖의 법률에 의한다고 규정하여 민법상 행위능력자가 소송능력자가 된다.

(3) 소송무능력자

미성년자와 같이 민법상 행위무능력자는 소송무능력자가 되는 것이 원칙이다. 다만 민법과 다른 점은 민법에서는 미성년자는 법정대리인의 동의가 있으면 혼자 할 수 있지만 소송에서는 법정대리인의 동의가 있어도 소송행위를 할 수 없고 법정대리인에 의해서만 소송행위를 해야 하며, 처분을 허락한 재산에 관한 소송이라도 민법과 달리 혼자 할 수 없다. 다만 미성년자 혼인한 경우에는 소송능력을 가진다.

(4) 소송능력의 소송법적 의의

1) 소송행위의 유효요건

소송능력은 개개의 소송행위를 할 때의 유효요건이다 따라서 소송무능력자의 소송행위는 무효이다. 소송능력에 흠이 있는 경우 법원은 기간을 정하여 이를 보정하도록 한다. 이때의 무효는 유동적 무효이므로 추인이 인정된다(60조).

2) 소송요건

소송능력은 본안판결을 받기위해 필요한 소송요건이며 직권조사사항이다. 흠결이 있는 경우 변론종결시까지 추인 등으로 보정되지 않으면 부적법 각하된다. 소제기한 뒤에 소송능력을 상실한 경우에는 소가 부적법해지는 것은 아니므로 소각하 판결을 할 것이 아니라 소송절차는 법정대리인이 수계할 때 까지 중단된다. 그러나 소송대리인이 있는 경우에는 중단되지 않는다(238조).

[서식 14] 소송능력보정서

보 정 서

사 건 20○○가합 1234호 소유권이전등기청구

원 고 ○○○

피 고 ○○○

이 사건에 관하여 원고는 다음과 같이 소송능력흠결을 보정합니다.

다 음

1. 원고가 20○○. ○. ○. 변호사 ○○○을 원고의 소송대리인으로 선임할 당시에 미성년자로서 소송능력에 흠결이 있었습니다.

2. 그러나 원고가 현재는 성년에 달하였으므로 성년으로서 다시 소송위임장을 제출함과 동시에 그 동안의 소송행위를 모두 추인하고 보정서류를 첨부하여 제출합니다.

첨 부 서 류

1. 가족관계증명서 1통
2. 보정된 소송위임장 1통

20○○. ○. ○.

위 원고 ○ ○ ○ (인)

○○지방법원 귀중

5. 변론능력

(1) 의 의

변론능력은 법원에 출정하여 법원에 대해 유효하게 소송행위를 할 수 있는 능력을 의미한다. 이는 소송을 원할, 신속하게 진행하여 사법제도가 제대로 운영되게 하려는 공익적 제도라는 점에서 소송상 자신의 이익을 옹호할 수 있는 자를 보호하기 위한 소송능력제도와 다르다.

(2) 변론능력자

현행법에서는 본인이 직접 소송하는 본인소송을 허용하고 증권관련 집단소송과 소비자단체소송을 제외하고는 변호사 강제주의를 채택하지 않았으므로 소송능력자는 원칙적으로 변론능력도 가진다.

(3) 변론무능력자

1) 진술금지재판을 받은 자

법원은 소송관계를 분명하게 하기 위해 필요한 진술을 할 수 없는 당사자 또는 대리인의 진술을 금지할 수 있어(법 144조 1항) 이러한 진술금지재판을 받은 자는 그 심급에서는 변론기일에서의 변론능력을 상실한다.

2) 소송대리인중에서 변호사가 아닌 자

변호사가 아니면 소송대리인이 될 수 없어(법 87조) 소송위임에 의한 소송대리인은 변호사자격이 있어야만 변론능력이 인정된다.

3) 발언금지명령을 받은 자

재판장은 그의 명령에 따르지 아니하는 사람의 발언을 금지할 수 있어(법 135조 2항) 이 경우 변론능력을 상실한다.

제3절 소송상의 대리인

Ⅰ. 의 의

소송상의 대리인이라 함은 당사자의 이름으로 소송행위를 하거나 소송행위의 상대방이 될 수 있는 권한이 부여되어 있는 제3자를 말한다. 대리인의 행위는 본인인 당사자에게만 효과가 미치고 대리인 자신에게는 미치지 않는다. 소송상의 대리인은 자기의 의사에 기하여 소송해위를 하는 사람이기 때문에 타인의 소송행위를 사실상 전달하거나 사실상 수령하는데 그치는 사자와 구별되고, 당사자의 이름으로 소송해위를 하는 사람이기 때문에 타인의 권리관계에 관해 자기의 이름으로 소송해위를 하는 제3자의 소송담당의 경우와 구별되며, 자기의 이름으로 하는 소송행위가 타인간의 소송에 효력을 미치는 보조참가인과도 구별된다.

Ⅱ. 법정대리인

1. 의 의

법정대리인이라 함은 본인의 의사에 의하지 아니하고 대리인이 된 사람을 말하는데 일정한 신분관계에 의하여 대리인이 될 수도 있고 법원이나 제3자의 선임행위에 의하여 대리인이 될 수도 있다. 법정대리인에는 **'실체법상의 대리인'**(친권자·후견인)과, **'소송법상의 특별대리인'**(법 62조)이 있다.

2. 실체법상의 법정대리인

법정대리인의 자격에 관한 사항은 민법 기타 법률에 의하므로 실체법에 법정대리인으로 규정된 사람은 소송법으로도 법정대리인이 된다(법 51조). 그 예는 다음과 같다.

① 미성년자의 친권자 또는 후견인
② 후견인
③ 기타 민법상의 특별대리인
④ 법원이 선임한 부재자 재산관리인

3. 소송법상의 특별대리인

(1) 의 의

소송법상의 특별대리인이란 특별한 경우에 당해 소송이나 소송절차에 관하여 법원이 민사소송법의 규정에 따라 선임한 대리인을 가리킨다. 여기서의 특별대리인은 수소법원에 의하여 선임되는 소송법상의 특별대리인이므로 민법 등 실체법에 의하여 기존의 법정대리인과 본인 사이의 이해상반의 경우에 선임되는 특별대리인과 구별하여야 한다. 그런데 판례는 법인이 아닌 사단과 대표자 사이에 이익 상반 사항에 관한 소송행위는 실체법에 의한 특별대리인을 선임하지 않고 소송법상의 특별대리인을 선임하도록 하고 있다(대판 1992. 3. 10. 91다25208).

(2) 요 건

소송무능력자의 법정대리인 또는 법인이나 법인 아니 사단·재단의 대표자나 관리인이 없는 경우 또는 있더라도 대리권 또는 대표권을 행사할 수 없는 경우에는 일정한 신청권자가 수소법원에 특별대리인의 선임을 청구할 수 있다.

① '소송무능력자'에는 사실상 의사능력을 상실한 상태에 있는 사람(대판 1993. 7. 27. 93다8986), 미성년자 등이 포함 된다.
② 법정대리인 또는 대표자·관리인이 없거나 그 권한을 행사할 수 없는 경우여야 한다. 권한을 행사할 수 없는 때라함은 그 행사에 법률상 장애가 있는 경우뿐만 아니라 사실상의 장애(소재불명, 장기여행 등)가 있는 경우도 포함한다.
③ 위와 같은 사람을 상대방(원고)으로 하여 소를 제기하거나, 위와 같은 사람이 소를 제기(원고)할 경우여야 한다. 소제기 전에는 물론 소제기 후에도 신청할 수 있다.
④ 지연으로 인해 손해를 받을 염려가 있어야 한다. 즉 통상의 절차에 의한 법정대리인 또는 대표자·관리인이 선임되기를 기다리다가는 가압류 등의 기회를 상실하고 소멸시효 완성 등으로 손해를 입을 염려가 있는 경우 등이 있어야 한다.

(3) 신 청

소송무능력자, 법인 등을 상대로 소송행위를 하고자 하는 경우에는 그 상대방 당사자가 신청권자이고, 소송무능력자 법인 등이 소송행위를 하고자 하는 경우에는 친족, 이해관계인 또는 검사가 신청권자 이다.

4. 법정대리권의 범위

(1) 권 한

법정대리권의 범위는 특별한 규정이 없는 한 민법 기타 법률에 의하여 정해진다(법 51조).

① 친권자 : 자를 대리하여 소송행위를 할 때에는 아무런 제한 없이 일체의 소송행위를 할 수 있다 따라서 변호사의 선임행위도 할 수 있다.
② 민법상의 특별대리인 : 당해소송에 관하여는 일체의 소송행위를 할 수 있다
③ 무능력자를 위한 특별대리인 : 후견인에 준하여 소송행위를 하기 위해서는 후견인과 같은 권한을 받아야 한다. 즉 법원의 허가를 얻어야 한다.

(2) 공동대리 원칙

법정대리는 이 법에 특별한 규정이 없으면 민법 그 밖의 법률에 따른다. 다라서 대표자나 법정대리인이 수인인 경우에 실체법에 따라 공동대리 요부가 결정된다. 민법상 친권은 부모가 공동으로 행사해야 하고 상법상 공동대표도 대표권을 공동 행사해야 한다. 다만 상대방이 하는 소송행위를 받아들이는 수령은 단독으로 할 수 있으며, 송달은 한 사람에게만 하면 된다는 규정이 있다(법 180조).

Ⅲ. 임의대리인(소송대리인)

1. 의 의

임의대리인이라 함은 본인의 의사에 의하여 대리권이 수여됨으로써 대리인이 된 사람을 의미하는데 대리권의 수여가 본인의 의사에 의한 것인 이상 그 대리권의 수여가 법률상 강제된 경우(법 144조 2항), 이더라고 마찬가지이다. 임의대리인에는 법률상 소송대리인과 소송위임에 의한 소송대리인이 있다.

2. 법률상 소송대리인

법률상 소송대리인이란 업무에 관한 포괄대리권을 갖는 사람에 대해 법률이 그 포괄대리권의 일부로 본인을 위해 업무에 관한 일체의 재판상의 행위까지 즉 소송대리권까지 인정한 대리인을 가리킨다. 대표적인 것은 상법에 규정된 지배인(상법 11조), 선적항외에서의 선장(상법 773조 1항), 공유선박의 선박관리인(상법 761조) 등이 이에 속한다.

3. 소송위임에 의한 소송대리인

(1) 의 의

소송위임에 의한 소송대리인은 특정소송사건의 처리를 위임받은 대리인을 말말하며, 원칙적으로 변호사일 것을 요한다.

(2) 변호사 대리의 원칙

1) 원 칙

원칙적으로 법률상 소송대리인을 제외 한 소송위임에 의한 소송대리인은 변호사 또는 변호사의 업무를 행하는 법무법인·법무조합이 아니면 안 되는데 이를 변호사대리의 원칙이라 한다.

2) 예 외

① 단독사건 : 단독사건에서 당사자와 친족관계 또는 고용계약 등으로 그 사건에 관한 통상 사무를 처리하여 오는 등 일정한 관계에 있는 사람이 법원의 허가를 받은 때에는 변호사가 아니라도 대리인이 될 수 있다(법 88조).

② 형사소송에서의 배상신청 : 형사소송절차에 부대하여 청구하는 배상신청에서도 법원의 허가를 얻어 그 배우자, 직계혈족, 또는 형제자매에게 소송대리하게 할 수 있다(소송촉진법 27조1항).

③ 소액사건(2천만원이하 사건) : 당사자의 배우자, 직계혈족 또는 형제자매는 법원의 허가 없이 소송대리인이 될 수 없다(소액심판법 8조).

④ 가사소송사건 : 가사소송사건은 특별한 경우 대리인을 출석하게 할 수 있는데 이 경우 비변호사가 대리인이 되기 위해서는 재판장의 허가를 요한다(가소법 7조).

⑤ 특허사건 : 변리사는 특허 실용신안 디자인 또는 상표에 관한 소송대리인이 될 수 있다(변리사법 8조).

⑥ 비송사건 : 사건 관계인은 소송능력자로 하여금 소송행위를 대리 시킬 수 있다(비송사건절차법 6조).

4. 소송대리인의 권한

(1) 법률상 소송대리인

지배인, 선장, 선박관리인 등 법률상 소송대리인의 대리권은 실체법이 정하고 있는데 보통 재판상 모든 행위를 할 수 있는 것으로 규정하고 있다.

(2) 소송위임에 의한 소송대리인

소송위임에 의한 소송대리인은 위임받은 사건에 대해 특별수권사항을 제외하고는 소송수행에 필요한 일체의 소송행위를 할 권한을 갖는다. 즉 위임받은 사건에 대해 반소·참가·강제집행·가압류·가처분에 관한 소송행위 등 일체의 소송행위와 변제의 영수를 할 수 있다(법 90조 1항). 그러나 반소, 소의 취하, 화해, 청구의 포기·인낙, 상소의 제기·취하, 복대리인의 선임 등은 본인에게 중대한 영향을 미치므로 특별수권을 받아야 한다.

[서식 15] 소송대리허가신청서

소송대리허가신청서

사　　건　20○○가단1234호　대여금

원　　고　박 ○ ○

피　　고　정 ○ ○

위 당사자간 대여금 청구 사건에 관하여 다음과 같이 원고의 소송대리 허가를 신청하오니 허가하여 주시기 바랍니다.

다　　음

1. 소송대리할 자
   성 명 : 김 ○ ○
   주 소 : 서울 ○○구 ○○로 123-45
   관 계 : 원고의 부

2. 위임 사유
   위 김○○는 원고의 부로서 위 사건에 대한 사실관계에 대하여는 원고보다 더 자세히 알고 있으므로, 위 사람으로 하여금 소송수행을 담당케 함이 적합하다고 생각되어 소송대리허가를 신청하오니 허가하여 주시기 바랍니다.

첨 부 서 류

1. 위임장 1부
2. 가족관계증명서 1부

20○○. ○. ○.

위 원고 박 ○ ○ (인)

서울동부지방법원 귀중

■ 작성·접수방법

1. 신청서 1부를 법원에 제출하는데 위임장도 함께 제출한다. 인지는 첩부하지 않는다.
2. 단독판사가 심리, 재판하는 사건에서는 변호사가 아닌 사람도 법원의 허가를 받아 소송대리인이 될 수 있다(규칙 15조). 따라서 소가 2억원 이하의 단독사건에서 당사자의 배우자, 4촌 이내의 친족으로서 생활관계에 비추어 상당하다고 인정하는 경우, 당사자와 고용 그 밖에 이에 준하는 계약관계를 맺고 그 사건에 관한 통상사무를 처리하는 사람은 법원의 허가를 얻어 소송대리인이 될 수 있다(규칙 15조).
3. 그러나 소액사건인 경우에는 당사자의 배우자, 형제자매, 직계혈족은 법원의 허가 없이 소송대리인이 될 수 있으므로(소액사건심판법 8조), 신청서의 제출없이 위임장만 제출하면 된다.

[서식 16] 소송위임장

소 송 위 임 장

사　　건　20○○가단1234호　대여금

원　　고　박 ○ ○

피　　고　정 ○ ○

위 당사자간 대여금 청구 사건에 관하여 다음의 자에게 소송대리를 위임하고 아래 권한을 수여함.

1) 일체의 소송행위 2) 반소의 제기 및 응소 3) 재판상 및 재판외의 화해 4) 소의 취하 5) 청구의 포기 및 인락 6) 복대리인의 선임 7) 목적물의 수령 8) 공탁물의 납부, 공탁물 및 이자의 반환청구와 수령 9) 담보권의 행사·최고신청·담보취소신청·동 신청에 대한 동의, 담보취소결정문의 수령·동 취소결정에 대한 항고권의 포기 10) 기타 위 사건 관련 일체의 행위

위와 같이 소송대리를 위임합니다.

20○○.　○.　○.

원고　박 ○ ○　(인)

서울동부지방법원　귀중

■ 작성·접수방법

1. 실무상 위임장1부를 소송대리허가신청서 뒤에 첨부하여 제출한다.
2. 친족관계 또는 고용관계를 소명할 수 있는 제적등본, 가족관계증명서, 주민등록등본, 제적증명서를 첨부한다.

제3장
제1심 소송절차

제1절 소송의 개시

Ⅰ. 소의 개념

1. 의 의

소(訴)라 함은 법원에 대하여 일정한 내용의 판결을 해달라는 당사자의 신청을 의미한다. 즉 원고가 피고를 상대방으로 하여 일정한 법원에 대해 특정의 청구의 당부에 관해 심판을 요구하는 소송행위이다.

2. 소의 종류

(1) 이행의 소

이행의 소는 원고의 피고에 대한 이행청구권의 확인과 그 청구의 이행을 명하는 판결을 구하는 소이다.

(2) 확인의 소

확인의 소는 원고의 피고에 대한 다툼이 있는 특정한 권리, 법률관계의 존부를 확정하는 판결을 구하는 소이다.

(3) 형성의 소

형성의 소는 원고의 피고에 대한 형성권의 확인과 법률관계를 변동시키는 판결을 구하는 소이다. 취소권과 해제권과 같은 실체법상 형성권은 권리자의 의사표시만으로 법률관계가 변동되지만, 형성소권은 소로써만 행사할 수 있는 형성권인 바, 형성소권을 실현시키는 소가 형성의 소이다.

3. 소송요건

소송요건이란 소가 적법하기 위하여 구비하여야 할 사항이다. 이러한 소송요건은 소 전체가 적법하기 위한 요건이므로 개별 소송행위가 유효하기 위한 요건 즉 소송행위의 유효요건과 구별된다.

4. 소의 이익

소의 이익은 소송물에 대하여 본안판결을 받을 수 있는 정당한 이익을 말하는 것으로 공익적 견지에서 무익한 소송의 이용을 억제하는 원리로 작용한다.

5. 소 송 물

소송물(소송상의 청구)이란 소송의 객체 즉 심판대상을 말한다(소송목적 또는 소송목적인 권리의무라는 용어를 쓰기도 한다). 이러한 소송물은 ① 절차의 개시 면에서 심판 대상의 결정, 관할의 결정 ② 절차의 진행과정에서 청구의 병합, 소의 변경, 중복소제기 여부 결정 ③ 절차의 종결과정에서 재소금지 범위. 기판력 범위, 시효중단의 범위 결정 등에 있어서 기준이 된다.

Ⅱ. 소의 제기

1. 소제기의 방식(소장제출주의)

(1) 의 의

민사사건의 소송절차는 소의 제기에 의하여 개시되는 바, 소의 제기는 소장을 작성하여 법원에 제출하는 방법에 의하는 것이 원칙이다. 따라서 소를 제기할 경우에는 소장을 법원에 제출하여야 한다. 소송 중의 소(청구의 변경, 반소, 중간확인의 소, 당사자로 참가하는 신청)도 소장에 준하여 각 서면을 제출하여야 하는데 법원에 직접 제출하는 방법 외에 우편제출도 허용된다. 소장을 제출할 경우 후술하는 필요적 기재사항을 모두 기재하고 원고 또는 대리인이 기명날인 또는 서명해야 하며(법 249조 2항), 인지 및 송달비용을 예납해야 한다.

서울중앙지방법원 민사접수 창구

(2) 예 외

3천만원 이하의 소액사건에 관하여는 간이 한 방법에 의하여 소를 제기할 수 있는 특례가 마련되어 있다. 당사자가 법원에 출석하여 구술에 의하여 소를 제기하거나 또는 쌍방이 임의 출석하여 변론함으로써 소를 제기할 수 있으며(제7장 Ⅱ 소액사건심판절차 참고), 독촉(제7장Ⅲ), 조정(제8장Ⅰ), 제소전화해(제8장Ⅱ) 등 다른 절차로부터 소송절차로 이행되는 경우에 소가 제기된 것으로 간주된다. 또한 민사소송에 소장 등을 전자문서로 접수시킬 수 있는 제도가 2011. 5.부터 시행되고 있다(제10장 전자소송).

2. 소장의 기재사항

(1) 필요적 기재사항

소장에는 필요적으로 기재하여야 할 당사자, 법정대리인, 청구취지, 청구원인을 기재하는 외에(법 227조 1항) 당사자 표시에 있어서 주소 뿐 아니라 원고의 연락처(특히, 전화번호 및 이메일)가 필수적으로 기재되어야 한다.

(2) 임의적 기재사항

소장에 기재하지 않아도 소장각하명령을 받지 않는 사항을 의미한다. 소장 제출 후에 준비서면으로 제출하여 될 사항을 소장을 이용하여 미리 기재한 사항이다. 소장의 표제(소장, 반소장, 재심소장 등의 표시를 말함), 사건의 표시(대여금, 계약금 반환 등), 소송대리인, 작성날짜, 법원표시 등이 있고 다음과 같은 공격방어방법[8])도 임의적 기재사항이다. 즉 ① 관할원인 등 소송요건 판단에 필요한 사실 ② 청구를 이유 있게 하는 사실(광의의 청구원인)과 피고가 주장할 것이 명백한 방어방법에 대한 구체적 진술(규칙 62조) ③청구원인에 대응하는 증거방법의 기재(법 254조 4항) 등이다.

소장의 기재사항을 항목에 따라 표시하면 다음과 같다.

순번	필요적기재사항	준비서면적 기재사항	관행적 기재사항
1			표제
2	당사자	성명, 명칭 또는 상호와주소	
3	법정대리인	대리인의 성명과 주소	
4		사건의 표시	
5	청구취지		
6	청구원인	공격 또는 방어의 방법	
7			입증방법의 표시
8		첨부서류의 표시	
9		작성한 날짜	
10		작성자의 기명날인 또는 서명	
11		법원의 표시	

8) 원고가 자기의 청구를 이유 있게 하기위하여 제출하는 소송자료를 공격방법이라 하고, 피고가 원고의 청구를 배척하기 위해 제출하는 소송자료를 방어방법이라고 한다.

Ⅲ. 소장 작성의 방법

1) 소장에는 필요적으로 기재하여야 할 당사자, 법정대리인, 청구취지 및 청구원인을 기재하는 외에 당사자 표시에 있어서 주소 뿐 아니라 원고의 연락처가 필수적으로 기재되어야 한다(필요적 기재사항). 또한 소장에는 준비서면에 관한 규정이 준용되므로(민소 249조 2항), 소송대리인의 성명과 주소를 기재하여야 하는데 당사자 표시와 마찬가지로 소송대리인의 주소 이외에 전화번호 등을 기재할 수 있으며, 원고의 청구를 이유 있게 하기위한 소송자료인 공격방법을 기재할 수도 있다(임의적 기재사항).

2) 실무상 소장은 크게 표지부분, 소장부분, 별지부분으로 구성되는데, 표지부분은 인지를 첨부하기 위하여 관례적으로 붙이는 부분이고, 별지부분은 별지를 써야 할 경우에만 붙인다. 소장부분에는 순서대로 ① 표제(소장), ② 원고·피고의 성명, 주소, 전화번호, ③ 법정대리인의 성명, 주소, 전화번호, ④ 사건명(소송의 제목), ⑤ 청구취지, ⑥ 청구원인, ⑦ 입증방법 ⑧ 첨부서류, ⑨ 작성연월일, ⑩ 원고의 표시·날인, ⑪ 법원명을 기재하고 소송자료를 첨부하면 된다.

3) 소장의 첨부서류로서 피고에게 송달할 소장부본, 대리·대표자격을 증명하는 서류(법정대리인은 가족관계증명서, 법인의 대표자는 법인등기부, 변호사는 위임장)를 제출하여야 한다. 또 부동산에 관한 사건은 그 부동산의 등기사항증명서(2011. 9.부터는 종이등기를 전제로 한 용어가 개편되어 등기부등본이라는 표현도 등기사항증명서로 바뀜), 친족·상속관계사건은 가족관계기록사항에 관한 증명서, 어음 또는 수표사건은 그 어음 또는 수표의 사본을 소장에 붙여야 한다. 그 외에도 소장에는 증거로 될 문서 가운데 중요한 것의 사본을 붙여야 한다(규칙 63조 2항).

4) 실제의 소장형식을 항목별로 표시하면 아래와 같다.

순번	기재사항
1	소　　장
2	원고　　김○○(721105-1012345) 서울 ○○구 ○○동 123

소송대리인 변호사 ○○○
서울 서초구 서초동 ○○
전화 : 545-1234, 팩스 : 545-6547

3 피고 이○○(650612-1012345)
서울 ○○구 ○○동

4 **대여금 청구의 소**

5 **청 구 취 지**

1. 피고는 원고에게 50,000,000원 및 이에 대한 20○○. 10. 2.부터 이 사건 소장 부본 송달일까지는 연 5%의, 그 다음날부터 다 갚는 날까지는 연 15%의 각 비율에 의한 금원을 지급하라.
2. 소송비용은 피고가 부담한다.
3. 제1항은 가집행할 수 있다.

라는 판결을 구합니다.

6 **청 구 원 인**

1. 원고는 20○○. 8. 1. 피고에게 5,000만원을 변제기는 같은 해 10. 1.로 정하였습니다(갑제1호증 차용증 참고).

2. 그렇다면 피고는 원고에게 위 차용금 5,000만원 및 이에 대한 변제기 다음날인 20○○. 10. 2.부터 이 사건 소장부본 송달일까지는 연 5%의, 그 다음날부터 다 갚는 날까지는 연 15%의 각 비율에 의한 지연손해금을 지급할 의무가 있습니다.

7 **입 증 방 법**

1. 갑제 1호증 차용증서

8 **첨 부 서 류**

1. 위 입증방법 2통

	2. 영수필확인서 및 영수필통지서 1통
	3. 송달료납부서 1통
	4. 소장부본 1통
9	20○○. ○. ○.
10	원고의 소송대리인 ○○○
11	**서울중앙지방법원 귀중**

Ⅳ. 형식적 기재사항

1. 「표제」란

소장의 제일 위 부분에 표제로 '소장'이라고 기재한다. 반소의 경우에는 '반소장', 재심청구의 경우에는 '재심소장'이라고 기재한다.

2. 당 사 자

(1) 당사자 본인

1) 당사자는 원고와 피고를 말하며 원고는 민사소송 제1심 절차에서 소송을 제기하는 사람이고 피고는 이에 소를 제기당한 사람을 의미한다.

2) 재판의 효력이 미치는 인적 범위를 확정하고 강제집행의 대상이 되는 자를 특정하기 위하여 당사자(원고·피고)의 성명을 적고, 그 옆에 괄호로 주민등록번호를 정확하게 기재하여 특정하여야 한다. 주민등록번호를 모르면 한자(漢字) 성명을 병기하도록 한다. 원래 주민등록번호나 한자성명은 기재하지 아니하여도 소송을 제기할 수는 있으나, 강제 집행시에 동명이인이 있는 경

우가 많고 주소는 변동의 여지가 많기 때문에 당사자의 특정이 문제될 수 있으므로 동일인의 증명을 위하여 가급적이면 기재하는 것이 좋다.

3) 주소는 성명의 아래 줄에 기재하는데, 원칙적으로 성명의 첫 번째 글자부터 시작하여 기재한다. 주소는 특별시, 광역시의 경우에는 서울, 부산, 광주 등으로 표시하면 되고, 시(市)를 표시할 때에는 도의 표시를 하지 아니하며(예, 논산시), 읍·면에는 소속된 시·군을 표시한다(예, 전남 곡성군 곡성읍). 또한 번지에는 하이픈(-)을 사용한다(예, 12-3).[9] 피고의 주소가 없거나 알 수 없는 경우에는 그가 현재 거주하고 있는 거소를 기재한다. 또한 거소가 없거나 알 수 없는 경우에는 주소불명 또는 소재불명이라고 기재하거나 최후주소를 표시한다. 당사자의 주소와 실제 송달받을 장소가 다른 경우 주소이외에 송달장소를 병기하여 소송서류가 송달받을 장소로 송달되도록 한다. 아울러 송달영수인을 정하여 신고할 수 있다. 당사자의 주소는 당사자의 특정 및 이에 따른 토지관할의 결정과 더불어 소송서류의 송달장소로서의 기능을 하므로 정확하게 기재하여야 한다.

4) 주소 등은 빌딩의 이름, 호실이나 아파트의 동·호수까지 정확하게 기재하여야 하고 송달의 편의를 위해 통, 반이나 우편번호를 기재함은 물론 송달이외의 방법으로도 신속한 연락이 가능하도록 전화번호 또는 팩스번호 등 연락처를 기재할 경우에는 주소아래에 기재하면 된다.

원 고	김 ○ ○(741108-1012345) 서울시 ○○구 ○○동 ○○아파트 108동 102호 전화 : 010-1234-5678 팩스 : 02-123-5678
피 고	이 ○ ○(840511-2012345) 서울시 ○○구 ○○동 ○○번지

9) 도로명 주소로 기재할 경우에는 번지를 기재할 필요가 없으므로 문제가 되지 않는다. 현행법은 2011. 8. 4. 일제시대에 만들어져 시행되어 온 지번주소 체계가 도로명주소체계로 변경되게 되었다. 재판서의 국내주소 표기는 도로명주소, 지번주소, 도로명주소와 지번주소의 병기 등 3가지 방식에 의할 수 있다.

5) 가사사건에서는 주소이외에 등록기준지를 기재한다.

> 원 고　김 ○ ○(741108-1012345)
> 　　　　서울시 ○○구 ○○동 ○○아파트 108동 102호
> 　　　　등록기준지 대전 서구 ○○로 101
> 　　　　전화 : 010-1234-5678 팩스 : 02-123-5678

6) 동일한 지위에 있는 당사자가 다수일 때에는 원고 또는 피고의 표시를 당사자마다 표시하는 예도 있으나 중복기재를 피하고 일련번호를 붙이는 것이 일반적이고, 필요에 따라서는 별도로 당사자 명부를 작성하여 첨부하고 당사자 표시란에는 '별지 원고 명부 기재와 같다'라고 기재할 수 있다.

> 피 고　1. 최○○(840511-2012345)
> 　　　　　서울시 ○○구 ○○○로 25길 23
> 　　　　2. 김○○(651102-1012345)
> 　　　　　서울시 ○○구 ○○길 123

7) 당사자가 외국인이거나, 당사자가 가족관계등록법상의 성명 이외에 통칭, 예명, 외국명 등을 사용하는 경우에는 그것을 별도로 표시한다. 성명을 여러 개를 사용하는 경우에도 같다.

> 피 고　1. 최○○(840511-2012345), 일명 최삼석(崔三石)
> 　　　　　서울시 ○○구 ○○○로 25길 23
> 　　　　2. 안○○(651102-1012345), 미국명 신디(syndy)
> 　　　　　서울시 ○○구 ○○길 123

8) 당사자자 법인이나 기타 단체일 경우에는 상호 또는 명칭과 본점 또는 주사무소의 소재지를 기재한다. 만일 등기기록상의 본점 또는 사무소가 실제와 다를 때에는 이를 표시하여야 한다. 법인 사무소로 송달을 할 수 없는 경

우에는 대표이사의 주소로도 송달을 하여야 한다.

피 고	○○주식회사 서울시 ○○구 ○○로○○길 123 송달장소 서울시 ○○구 ○○로 123 대표이사 김○○

9) 소송물이 등기나 등록에 관계되는 소송에 있어서 당사자의 주소가 등기기록 또는 등록부상의 주소와 다를 때에는 등기기록 등의 주소도 병기한다.

피 고	1. 최○○(840511-20○○○○○) 서울시 ○○구 ○○○로 25길 23 등기등록상 주소 서울시 ○○구 ○○길 123

10) 법인의 상호가 변경되었는데 등기기록에는 종전의 상호로 표시된 채 존속하는 때에는 그것이 동일한 법인임을 명확히 하기 위하여 종전의 상호를 표시하는 것이 좋다.

피 고	○○산업 주식회사(변경전 상호 : △△ 주식회사) 서울시 ○○구 ○○○로 25길 23 대표이사 김○○

11) 소송의 목적이 된 권리 또는 법률관계에 관한 실체법상의 주체가 아니면서 법률의 규정 등에 의하여 관리권을 가지게 되어 그 자격에 의하여 당사자가 되는 회생채무자의 관리인, 파산관재인, 상속재산관리인, 유언집행자, 선정당사자 등 제3자 소송담당의 경우에는 당사자의 표시에 이를 기재한다. 조합의 업무집행조합원이 조합원들로부터 임의적 소송신탁을 받아 조합재산에 관하여 소송을 하는 경우에도 그 자격을 표시한다. 그러나 채권자 대위권

을 행사하는 채권자나 추심권을 행사하는 채권자의 경우 소송 담당 관계를 표시하지 아니하고 그 제3자만을 표기하는 것이 실무 관행이다.

피 고　파산채무자 ○○○의 파산관재인 △△△
원 고　회생채무자 ○○○주식회사 관리인 △△△
원 고　망 ○○○의 유언집행자 △△△
원 고(선정당사자)　○○○
원 고　첨농삼농계의 업무집행조합원 ○○○

(2) 법정대리인

법정대리인 기재는 당해 소송이 대리권 또는 소송수행권이 있는 자에 의하여 적법하게 이루어짐을 명백히 하고 송달 등(법 179조) 소송행위를 하는 주체를 표시하는 역할을 하는 것으로 소장의 필요적 기재사항이다(법 249조). 미성년자인 경우에는 그 법정대리인을 기재하고 법인인 경우에는 대표자를 기재한다. 법정대리인은 당사자의 표시 아래에 대리자격을 표시하여 성명과 주소를 기재한다. 법인의 경우 상법상 대표이사의 경우처럼 법인등기부상에 대표라는 문언이 포함된 경우에는 대표자의 표시를 함 없이 직명만을 기재하나 그 외에는 대표자라는 표시를 한다. 법정대리인의 주소가 본인의 주소와 같거나 본인의 변호사가 선임되어 있으면 법정대리인의 주소를 기재할 필요가 없다.

원 고　김 ○ ○(991108-1012345)
　　　서울시 ○○구 ○○동 ○○아파트 108동 102호
　　　위 원고 김 ○ ○은 미성년자이므로
　　　법정대리인 친권자 부 김△△, 모 이○○
　　　위와같은 주소

원 고　김 ○ ○(691108-1012345)
　　　서울시 ○○구 ○○동 ○○아파트 108동 102호
　　　금치산자이므로 법정대리인 후견인 김△△

서울 강남구 ○○○로 12길 123

원 고 김 ○ ○(421108-1012345)
후주소 서울시 ○○구 ○○동 ○○아파트 108동 102호
부재자이므로 법정대리인 재산관리인 김△△
서울시 ○○구 ○○○로 12길 123

(3) 법인 등의 대표자

1) 법인이나 당사자능력이 인정되는 사단 또는 재단의 대표자는 실제 소송을 수행할 자연인으로서 법정대리인과 같이 취급되므로 소장의 필요적 기재사항에 해당한다. 대표자가 수인인 경우 공동대표의 정함이 있으면 그 전원을 기재하여야 하나 그렇지 않은 경우에는 각자 대표권이 있으므로 현실적으로 소송을 수행할 1인을 기재하면 된다. 법인이나 사단 또는 재단의 경우 그 본점이나 사무소로 송달을 하기 때문에 대표자는 자격과 성명만을 기재하고 주소를 기재하지 않는다. 대표자의 자격에 관하여 법률에 규정이 있는 때는 그 법률상의 직명[10]을 기재한다.

원 고 주식회사 한국외환은행
서울 중구 을지로 25길 ○○
대표이사 ○○○

원 고 ○○ 주식회사
서울시 ○○구 ○○동 ○○
대표이사 김○○

원 고 학교법인 ○○학원
서울시 ○○구 ○○동 ○○
대표자 이사장 김○○

10) 대한석탁공사법 7조, 농업협동조합법 46조, 수산업협동조합법 130조, 한국산업은행법 10조, 중소기업은행법 25조 등

원 고　대한석탄공사
서울시 ○○구 ○○동 ○○
대표자 사장 김○○

당사자가 국가, 지방자치단체일 때에는 대표자의 자격과 성명만을 표시하고 당사자나 대표자의 주소는 표시하지 않는 것이 일반적이나 송달의 편의를 위하여 당사자의 주소를 기재하기도 한다.

피 고　대한민국
법률상 대표자 법무부장관 ○○○

피 고　서울특별시
대표자 시장 ○○○

피 고　용인시장
용인시 ○○○로 ○○○

(4) 소송대리인

1) 소송대리인의 표시는 실제의 소송수행자를 명백히 하고 송달을 용이하게 하기 위하여 요구되는 임의적 기재사항 이므로 소송대리인의 성명과 주소 외에 연락 가능한 전화번호, 팩스번호, 전자우편 주소도 기재하여 법원 및 상대방과의 송달 또는 연락이 용이하도록 하여야 한다.

2) 소송대리인이 변호사가 아닌 경우에는 자격을 지재할 여지가 없으나 변호사나 법무법인 경우에는 꼭 그 자격을 기재하고 다수의 원고를 대리하는 경우 중복하여 기재하지 않고 마지막 부분에 일괄 기재한다.

원 고　1. 김 ○ ○(691108-1012345)
서울시 ○○구 ○○동 ○○아파트 108동 102호
2. 김 △ △(721108-1012345)

> 서울시 ○○구 ○○동 ○○아파트 108동 102호
> 원고들 소송대리인 변호사 △△△
> 서울시 ○○구 ○○동 ○○

3) 소송대리권이 위임에 의하여 발생하지 않고 법령의 규정에 의하여 발생하는 경우에는 그 지위, 자격을 기재하고 주소는 기재하지 않는다. 상법상의 지배인, 농협협동조합중앙회의 집행간부, 대리인, 국가를 당사자로 하는 소송에 있어서의 소송수행자, 각종 특수법인의 등기된 대리인, 선박관리인, 선장 등이 있다.

> 원 고　중소기업은행
> 　　　서울 중구 남대문로 1
> 　　　대표자 은행장 ○○○
> 　　　법률상 대리인 ○○○
>
> 원 고　수산업협동조합중앙회
> 　　　서울 중구 수표로 2
> 　　　대표자 회장 ○○○
> 　　　법률상 대리인 ○○○

(5) 당사자의 호칭방법 및 원고·피고 기재례

소송의 당사자를 호칭하는 방법은 소송의 종류에 따라 다르고, 민사절차 중에서도 보전절차나 판결절차 또는 집행절차별로 각각 다르게 불리어지고 있다. 각 소송절차별로 당사자를 부르는 호칭은 아래 도표와 같다.

1) 소송절차별 당사자의 호칭

구 분	소 송 구 분	당사자의 호칭(소장 기재례)
판결절차	본소	원고·피고
	반소(피고 반소)	반소피고(원고)·반소원고(피고)

	반소(피고들 중 일부반소)	반소피고(원고)·반소원고(피고)·피고
	선정당사자(원고 선정시)	원고(선정당사자)·피고
	선정당사자(피고 선정)	원고·피고(선정당사자)
	항소심(원고 항소)	항소인(원고)·피항소인(피고)
	항소심(피고 항소)	항소인(피고)·피항소인(원고)
	항소심(원·피고 항소)	항소인겸 피항소인(원고)·피항소인겸 항소인(피고)
	부대항소(원고 부대항소)	부대항소인(원고, 피항소인)·부대피항소인(피고, 항소인)
	상고심(원고 상고시)	상고인(원고)·피상고인(피고)
	상고심(피고 상고시)	상고인(피고)·피상고인(원고)
	상고심(원·피고 상고)	상고인 겸 피상고인(원고)·피상고인 겸 상고인(피고)
	재신(원고 재심청구)	재심원고(원고)·재심피고(피고)
	재심(피고 재심청구)	재심원고(피고)·재심피고(원고)
	보전절차	가압류·가처분신청
가사소송	본소	원고·피고
	반소(피고 반소)	반소원고(피고)·반소피고(원고)
가사비송	본소	청구인·상대방
집행절차	강제경매, 임의경매절차	채권자·채무자·소유자
	청구이의·제3자이의 소	원고·피고
기타절차	지급명령신청	채권자·채무자
	제소전화해신청	신청인·피신청인
	소송수계시(원고 사망시)	원고 망 박길동의 소송수계인 1. 김○○, 2. 김△△

2) 원고·피고의 구체적 기재례

가. 기 본 형

원고 박○○(751109-1012345) 서울시 ○○구 ○○동 123

원고 박○○(751109-1012345) 서울시 ○○구 ○○동 123

피고　김○○(7901131-2012345)
　　　○○시 ○○읍 ○○리 12-3

송달장소 ○주 ○구 ○산 ○동 12-5
피고　김○○(7901131-2012345)
　　　○○시 ○○읍 ○○리 12-3

☞ 유의사항

1. 주민등록번호를 알고 있는 경우 기재하도록 한다.
2. 주소는 주민등록상의 주소를 기재하되 송달받을 장소가 달리 있다면 송달장소를 기재한다.
3. 개인사업자는 법인이 아니므로 법인과 같이 기재하면 안되고 개인과 같이 기재하되 주소란 우측에 상호를 기재할 수 있다.

나. 당사자가 여러 명인 경우·소재불명의 경우

원고 1. 박○○(751109-1012345)
　　　　서울시 ○○구 ○○동 123
　　 2. 김○○(7901131-2012345)
　　　　○○시 ○○읍 ○○리 12-3
피고　김△△(7901131-2012345)
　　　○○시 ○○읍 ○○리 12-34

원고　박○○(751109-1012345)
　　　서울시 ○○구 ○○동 123
피고　김○○(7901131-2012345)
　　　현재 소재불명
　　　최후주소 ○○시 ○○읍
　　　○○리 12-34

☞ 유의사항

1. 당사자가 여러 명인 경우 일련번호를 붙여 기재한다.
2. 피고의 주소가 없거나 알 수 없는 경우에는 그가 현재 거주하고 있는 거소를 기재한다. 또한 거소가 없거나 알 수 없는 경우에는 주소불명 또는 소재불명이라고 기재하거나 최후주소를 표시한다.

다. 미성년자·금치산자·한정치산자

원고　김○○(7901131-2012345)
　　　○○시 ○○읍 ○○리 12-3
　　　미성년자이므로 법정대리인
　　　친권자 부 김△△, 모 최△△
피고　김△△(7901131-2012345)
　　　○○시 ○○읍 ○○리 12-34

원고　김○○(7901131-2012345)
　　　○○시 ○○읍 ○○리 12-3
　　　금치산자이므로 법정대리인
　　　후견인 김△△
　　　△△시 △△읍 △△리 44-91
피고　김△△(7901131-2012345)
　　　○○시 ○○읍 ○○리 12-34

☞ 유의사항

1. 법정대리인인 경우 그 관계를 나타낼 수 있는 가족관계증명서등의 서류를 첨부하도록 한다.
2. 법정대리인은 당사자의 표시 아래에 대리자격을 표시하여 성명과 주소를 기재한다.

라. 법인·단체

원고	박ㅇㅇ(751109-1012345) 서울시 ㅇㅇ구 ㅇㅇ동 123
피고	△△ 주식회사 서울 ㅇㅇ구 ㅇㅇ9동 12 대표이사 박ㅇㅇ

원고	박ㅇㅇ(751109-1012345) 서울시 ㅇㅇ구 ㅇㅇ동 123
피고	공주김씨 김인공파 ㅇㅇ종중 서울 ㅇㅇ구 미아 ㅇ동 123 대표자 도유사 정ㅇㅇ

원고	박ㅇㅇ(751109-1012345) 서울시 ㅇㅇ구 ㅇㅇ동 123
피고	학교법인 가톨릭학원 서울 강북구 미아 9동 1798-1 (소관 : 강남성모병원 간호부) 이사장 ㅇㅇㅇ

원고	박ㅇㅇ(751109-1012345) 서울시 ㅇㅇ구 ㅇㅇ동 123
피고	주식회사 우리은행 서울 중구 회현동1가 203 대표이사 이ㅇㅇ, 지점장 김ㅇㅇ (소관 : 논현동지점)

☞ 유의사항

1. 법인인 경우 ① 상호 ② 본점(주된 사무소) ③ 대표자 성명을 기재한다.
2. 소관처가 있으면 주소우측에 소관을 덧붙여 기재한다.
3. 법인등기부등본은 첨부서류로서 제출한다.

마. 국가·지방자치단체

원고	박ㅇㅇ(751109-1012345) 서울시 ㅇㅇ구 ㅇㅇ동 123
피고	대한민국 법률상 대표자 법무부장관 ㅇㅇㅇ

원고	박ㅇㅇ(751109-1012345) 서울시 ㅇㅇ구 ㅇㅇ동 123
피고	서울특별시 대표자 시장(또는 교육감) ㅇㅇㅇ

☞ 유의사항

1. 주소는 기재할 필요 없고 대표자의 자격과 성명만 표시하면 된다.
2. 관공서인 경우 소관처를 반드시 기재한다.
3. 법인과 달리 법인등기부등본 필요 없다.

바. 사찰·학교법인

원고	화백정사
	경남 ○○군 ○○읍 ○○리 1
	특별대리인 이○○
피고	(망 김○○의 재산상속인)
	1. 김○○
	2. 김△△

원고	학교법인 이화학원
	서울시 ○○구 ○○동 123
	대표자 이사장 김△△
피고	별지목록 기재와 같음
	피고들 소송대리인
	변호사 김○○

3. 사건의 표시(사건명)

사건명은 청구취지 및 원인과 아울러 청구의 내용을 요약하여 알려주는 역할을 하는 것으로 법원에서는 이에 기하여 사건명을 부여하고 나아가 사건을 분류하여 전담부등에 배당한다. 따라서 사건명은 필요적 기재사항이 아니지만 원고가 청구한 소송을 특정하고 소송이 어떠한 내용인지 알 수 있도록 하는 의미가 있기 때문에 사건을 대표할 제목을 적으면 된다.

1. 금전지급청구

대여금, 대금, 물품대금, 손해배상(자), 계약금반환, 부당이득금반환, 손실보상금, 청산금, 이익배당금, 차임, 노임, 보수금, 보관금, 위자료, 치료비, 보험금, 수표금, 약속어음금, 약정금, 이득상환금, 양수금, 인수금

2. 인도, 등기 등의 청구

물품인도, 건물(가옥)인도, 토지인도, 소유권이전등기, 근저당권설정등기, 소유권이전등기말소, 근저당권설정등기말소, 가등기말소, 소유권확인, 경계확인, 공유물분할, 통행방해배제

3. 상사관계 청구

주주권확인, 주권인도, 신주발행무효, 증자무효, 주주총회결의부존재확인,

주주총회 결의취소

4. 병합청구

대여금 등, 매매잔대금 등, 약속어음금 등, 토지인도 등, 소유권이전등기 등, 사해행위 취소 등

손해배상청구 사건에 관하여는 대법원예규(재민 86-5)에 따라, 자동차사고로 인한 손해배상의 경우에는 '손해배상(자)'로, 의료소송의 경우에는 '손해배상(의)'로, 근로자의 산재사고로 인한 경우에는 '손해배상(산)'으로, 공해로 인한 소송의 경우에는 '손해배상(공)'으로, 지적소유권으로 인한 손해배상은 '손해배상(지)'로, 기타의 손해배상에 관하여는 '손해배상(기)'로 구분하여 사건표시를 한다.

V. 청구취지

1. 청구취지란

청구취지란 원고가 당해 소송에 있어서 소로써 청구하는 판결의 목적을 말하는 것으로서 소송의 결론 부분을 의미한다. 이는 판결의 주문에 대응하는 것으로서 소송물이 기재되는 부분으로 처분권주의와 관련하여 소송물의 동일성 판단의 기준이 되고, 소가산정, 사물관할, 상소이익, 시효중단범위 등의 판단의 기준이 된다.

2. 청구취지의 표시

(1) 필요적 기재사항

청구취지는 원고가 소장에서 소송의 목적인 권리 또는 법률관계에 관하여

어떠한 내용과 범위의 판결을 구하는 것인가를 표시하는 핵심적인 부분으로 소송의 결론인 판결의 주문에 대응하는 필요적 기재사항이다. 일반적으로 소장의 청구취지란에 소송비용에 관한 재판과 가집행선고의 선고의 신청도 기재하고 있으나 이는 본래적 의미의 청구취지에 해당하는 것은 아니다.

(2) 표시방법

1) 청구취지는 ㉠ 그 사건의 결론부분과, 지연손해금을 지급하라는 내용, ㉡ 소송비용의 부담을 피고로 한다는 내용, ㉢ 가집행할 수 있다는 내용, 그리고 이러한 재판을 구한다는 내용을 순서대로 간략하게 기재하는데, 청구취지는 소장의 다른 부분들과는 달리, 재판의 핵심에 해당하는 중요한 부분이기 때문에 정형적으로 공식화되어 있는 방식에 따라 작성하여야 한다. 이 중 소송비용부담 부분과 가집행선고에 관한 부분은 기재하지 않더라도 법원에서 직권으로 판결주문에 부가해 주기 때문에 반드시 기재해야 하는 것은 아니지만 실무상 기재하고 있는 것은 법원의 직권발동을 촉구하기 위해서 이다.

2) 청구취지는 그대로 인용 되었을 때 목적물에 대하여 강제집행이 가능하도록 구성한다. 강제집행 단계에서 집행목적물의 동일성과 범위를 인식하는데 어려움이 없도록 특정에 유의하여야 한다. 토지나 건물에 관한 소의 제기단계에서 목적물을 특정하기 어려운 때에는 대강의 약도를 사용하여 표기하였다가 변론과정에서 검증·감정을 통해 그 결과에 맞추어 청구취지를 변경하는 방법으로 이를 특정하여야 한다.

3) 소의 종류는 그 청구의 내용에 따라 이행의 소, 확인의 소, 형성의 소로 분류되며 그에 따른 판결도 이행판결, 확인판결, 형성 판결로 분류된다. 따라서 청구취지도 이행판결, 확인판결 형성판결에 따라 청구의 형태와 범위를 분명히 하여 확정할 수 있도록 특정하여야 한다.

3. 이행청구

이행의 소에 있어서는 '피고에는 원고에게 금 10,000,000원을 지급하라', '피고는 원고에게 ㅇㅇ건물을 인도하라'라는 이행명령을 구하는 취지를 간결하게 표시하여야 한다. 청구취지에는 이행할 채무의 종류, 법적성질, 발생원인 등을 나타내지 않고 간결한 표현을 사용하는데 이행판결은 집행력을 가지므로 강제집행의 단계까지 고려하여 그 집행이 가능하도록 구성 한다.

(1) 금전지급청구

1) 기재내용

① 이행청구 중에서 금전의 지급을 청구하는 소에는 대여금 청구 뿐 아니라 노임청구, 약속어음청구, 수표금 청구, 전세보증금 청구, 손해배상청구 등이 있다. 금전의 지급을 구하는 경우에는 그 액수를 명시하여야 하며 구체적인 액수를 밝히지 않고 현 시가 상당의 임대료 또는 법원이 적당하다고 인정하는 금액을 지급하라는 방식의 청구취지는 허용되지 않는다. 다만 금전의 성질 즉 대여금인지, 매매대금인지는 청구원인에서 기재를 하며 되고 청구취지에서는 기재하지 않는다.

② 이자도 부가적으로 청구할 수 있다. 별도의 약정이 있으면 약정된 이자율로 청구하고, 약정된 이자율이 없다면 변제일 다음날부터 민사관계에서는 연 5%,[11] 상사관계에서는 연 6%로[12] 청구할 수 있으며, 소장부본이 송달된 다음날부터 완제일 까지는 연 15%로 청구할 수 있다(소촉법 3조 1항 본문). 약정이자율이 소촉법에 의한 법정이율 연 15%를 초과하는 경우 법정이자율을 초과할 수 있지만 이자제한법상의 최고이자율 연 30%를 초과할 수는 없다.[13] 그런데 민사소송은 처분권주의(소송의 대상 등을 얼마로 할지 등에 관해 당사자의 의사에 따르게 하는 소송이론)에 의해 원고가 이자청구를 아예 포기하고 소송촉진 등에 관한 특례법에서 정하는 법정이율만을 구하는 경우도 실무상 많다.

③ 여러 명(2인 이상)의 피고들에 대하여 중첩적으로 금전의 지급을 구하는 때에는 청구취지를 기재함에 있어서, 그 채무가 분할채무이거나 독립한 채무 등 중첩관계가 없는 경우에는 각 피고별로 그 의무이행액을 명시하여 '각'[14] 지급하라고 표시하면 족하지만, 피고들 사이에 중첩관계가 있는 경우에

11) 제379조(법정이율) 이자있는 채권의 이율은 다른 법률의 규정이나 당사자의 약정이 없으면 연 5분으로 한다.

12) 제54조 (상사법정이율) 상행위로 인한 채무의 법정이율은 연 6분으로 한다.

13) 제2조(이자의 최고한도) ① 금전대차에 관한 계약상의 최고이자율은 연 30퍼센트를 초과하지 아니하는 범위 안에서 대통령령으로 정한다.

14) 피고들 사이에 중첩관계가 있는 경우에는 '각'이라는 표현을 사용해서는 아니된다.

는 반드시 '피고들은 연대하여'(연대채무, 연대보증인채무, 공동차주의 채무, 일상가사로 인한 부부의 공동채무 등), '피고들은 각자'(불가분채무, 부진정연대채무, 단순보증인채무 등), '피고들은 합동하여'(다수의 어음·수표채무) 등의 표시로 피고들의 상호관계와 채무범위를 확정해 주어야 한다(이 경우 피고들 중 누구라도 위 금액을 변제하면 다른 채무자자들에게도 채무소멸의 효과기 미친다). 그러나 피고가 다수인데, 청구취지에 아무런 부가어 없이 "피고들은 원고에게 금 10,000,000원을 지급하라"라고 기재한 경우에는 분할채무의 원칙에 따라 만약 피고가 2인이라면 "피고들은 원고에게 각 금 5,000,000원을 지급하라."와 같은 의미가 된다.

〈각과 각자의 구별〉

피고가 2명인 경우

① "피고들은 각자 금 2백만원을 지급하라"는 원고가 청구하는 금액은 모두 금 200만원이므로 피고 누구에게도 200만원을 변제 받으면 채권만족을 얻게 되는 것을 의미한다.

② "피고들은 각 금 2백만원을 지급하라"는 원고가 청구하는 금전이 모두 4백만원이 된다는 것을 의미한다.

2) 구체적 기재례

〈작성례 1〉 이자청구를 않는 경우

1. 피고는 원고에게 금 10,000,000원 및 위 금원에 대하여 이 소장부본 송달일 다음날부터 완제일까지 연 15%의 비율에 의한 금원을 지급하라.
2. 소송비용은 피고의 부담으로 한다.
3. 제1항은 가집행할 수 있다.

라는 판결을 구합니다.

☞ 유의사항

1. 가장 일반적인 경우로서 소송촉진등에관한특례법에 의하여 소장부본이 송달된 다음날부터 완제일까지는 연 15%의 이자가 적용된다.
2. 금전청구의 소가는 청구금액이므로 소가는 1,000만원이다.

〈작성례 2〉 약정된 이자율을 청구하는 경우

> 1. 피고는 원고에게 금 10,000,000원 및 이에 대한 2013. 2. 1.부터 이 사건 소장 부본 송달일까지는 연 25%의, 소장부본 송달 다음날부터 완제일까지는 연 15%의 각 비율에 의한 금원을 지급하라.
> 2. 소송비용은 피고(들)의 부담으로 한다.
> 3. 제1항은 가집행할 수 있다.
>
> 라는 판결을 구합니다.

☞ 유의사항

1. 변제일부터 소장부본 송달일까지는 약정된 이자율이 적용되고 소장부본 송달일부터는 연 15%의 이자율이 적용된다.
2. 금전청구의 소가는 청구금액이므로 소가는 1,000만원이다.

〈작성례 3〉 민사이자율 연 5%를 청구하는 경우

> 1. 피고는 원고에게 금 10,000,000원 및 위 금원에 대하여 2013. 5. 10.부터 이 사건 소장부본 송달일까지는 연 5%의, 그 다음날부터 완제일까지 연 15%의 각 비율에 의한 금원을 지급하라.
> 2. 소송비용은 피고의 부담으로 한다.
> 3. 제1항은 가집행할 수 있다.
>
> 라는 판결을 구합니다.

☞ 유의사항

1. 약정된 이자율이 없다면 변제일 다음날부터 민사관계에서는 연 5%이자율이 적용되고, 소장부본 송달일부터는 연 15%의 이자율이 적용된다.
2. 금전청구의 소가는 청구금액이므로 소가는 1,000만원이다.

〈작성례 4〉 약정이자율이 기간별로 다른 경우

> 1. 피고는 원고에게 금 10,000,000원 및 위 금원에 대하여 2004. 5. 10.부터 2005. 5. 10.까지 연 8%의, 2005. 5. 11.부터 2009. 7. 20.까지 연 15%의, 2009. 7. 21.부터 이 소장 부본 송달일까지 연 18%의, 그 다음날부터 완제일까지 연 15%의 각 비율에 의한 금원을 지급하라.
> 2. 소송비용은 피고의 부담으로 한다.
> 3. 제1항은 가집행할 수 있다.

라는 판결을 구합니다.

☞ 유의사항

금전청구의 소가는 청구금액이므로 소가는 1,000만원이다.

〈작성례 5〉 금액별로 기산일이 다른 경우

1. 피고는 원고에게 금 10,000,000원 및 그 중 금 6,000,000원에 대하여는 2008. 5. 2.부터, 4,000,000원에 대하여는 2009. 7. 2.부터 각 다 갚는 날까지 연 15%의 비율에 의한 금원을 지급하라.
2. 소송비용은 피고의 부담으로 한다.
3. 제1항은 가집행할 수 있다.

라는 판결을 구합니다.

☞ 유의사항

금전청구의 소가는 청구금액이므로 소가는 1,000만원이다.

〈작성례 6〉 이자나 지연손해금을 원금에 부대하고, 원금에 대해 법정이자 청구하는 경우

1. 피고는 원고에게 금 84,598,000원원 및 이 중 금 65,425,000원에 대하여는 2004. 5. 10.부터 이 소장 부본 송달일까지 연 5%의, 그 다음날부터 완제일까지 연 15%의 각 비율에 의한 금원을 지급하라.
2. 소송비용은 피고의 부담으로 한다.
3. 제1항은 가집행할 수 있다.

라는 판결을 구합니다.

☞ 유의사항

청구취지에 특정된 금액(84,598,000원)에 부대청구 즉 이자나 지연손해금(19,173,000원)이 포함되어 있는 경우에는 부대청구를 제외한 주된 청구금액인 65,425,000원을 소가로 한다.

〈작성례 7〉 원고가 다수이며 청구금액이 다른 경우

1. 피고는 원고 甲에게 금 10,000,000원, 원고 乙에게 20,000,000원, 원고 丙, 丁, 戊에게 각 1,000,000원 및 위 각 금원에 대하여 2008. 8. 15.부터 이 소장 부본송

달일까지 연 5%의, 그 다음날부터 다 갚는 날까지 연 15%의 각 비율에 의한 금원을 각 지급하라.
2. 소송비용은 피고의 부담으로 한다.
3. 제1항은 가집행할 수 있다.
라는 판결을 구합니다.

☞ 유의사항
별개의 주관적 병합으로 소가는 합산의 원칙에 따라 5,000만원이다.

〈작성례 8〉 피고가 다수이면 청구금액이 다른 경우

1. 원고에게,
   가. 피고 甲은 금 10,000,000원 및 이에 대한 2009. 7. 1.부터 다 갚는 날까지 연 5%의 비율에 의한 금원을,
   나. 피고 乙은 5,000,000원 및 이에 대한 2009. 7. 1.부터 다 갚는 날까지 연 15%의 비율에 의한 금원을, 각 지급하라.
2. 소송비용은 피고들의 부담으로 한다.
3. 제1항은 가집행할 수 있다.
라는 판결을 구합니다.

☞ 유의사항
독립된 주관적 병합으로 소가는 합산의 원칙에 따라 6,000만원이다.

1. 원고에게, 피고 甲은 금 10,000,000원, 피고 乙은 금 5,000,000원, 피고 丙, 丁은 각 3,000,000원 및 위 각 금원에 대하여 이 소장 부본송달일 다음날부터 완제일까지 연 15%의 비율에 의한 금원을 각 지급하라.
2. 소송비용은 피고들의 부담으로 한다.
3. 제1항은 가집행할 수 있다.
라는 판결을 구합니다.

☞ 유의사항
독립된 주관적 병합으로 소가는 합산의 원칙에 따라 2천1백만원이다.

〈작성례 9〉 연대채무

1. 피고들은 연대하여 원고에게 금 10,000,000원 및 이에 대하여 2012. 5. 9.부터 2013. 1. 9.까지는 연 14%, 그 다음날부터 2013. 6. 9.까지는 연 17%, 그 다음날부터 이 사건 소장부본 송달일까지는 연 18%의, 그 다음날부터 완제일까지는 연 15%의 각 비율에 의한 금원을 지급하라.
2. 소송비용은 피고들의 부담으로 한다.
3. 제1항은 가집행할 수 있다.

라는 판결을 구합니다.

☞ 유의사항

피고들이 연대하여 청구하는 경우 흡수의 법칙이 적용하므로 소가는 10,000,000원이다.

1. 피고들은 연대하여 원고에게 금 44,000,000원 및 이에 대하여 2013. 5. 9.부터 소장 송달일까지는 연 5%의, 그 다음날부터 완제일까지는 연 15%의 각 비율에 의한 금원을 하라.
2. 소송비용은 피고들의 부담으로 한다.
3. 제1항은 가집행할 수 있다.

라는 판결을 구합니다.

☞ 유의사항

피고들이 연대하여 청구하는 경우 흡수의 법칙이 적용하므로 소가는 44,000,000원이다.

(2) 종류물의 인도청구

1) 기재내용

① 종류물의 지급이나 인도를 구하면서 품명, 수량 외에 품질, 종별 등 목적물의 표준을 특정 표시하여 두지 아니하면 강제집행이 불가능하거나 아니면 원하는 목적물을 받을 수 없게 된다.

② 채무자가 판결에서 명한 종류물을 소유하고 있지 아니하면 강제집행을 할 수가 없어 집행이 가능할 때까지 기다리거나 전보배상 청구를 다시 하여야 하는 불편이 있으므로 종류물의 인도청구를 할 때에는 집행 불능에 대비하여 미리 환산금의 지급을 구하는 대상청구까지 하는 것이 통상이다.

2) 구체적 기재례

〈작성례 1〉 주권의 인도를 청구하는 경우

1. 피고는 원고에게 주식회사 ○○이 발행한 보통주 주당 액면 5,000원짜리 주식 5,000주를 표창하는 주권을 인도하라

☞ 유의사항

주식의 양도는 특별한 사정이 없는 한 주권의 교부로서 하여야 하는 것이므로(상법 336조) 주식 양도 의무 이행은 당해 주식을 표창하는 주권의 인도로서 구한다.

〈작성례 2〉 환산금 지급을 청구하는 경우

1. 피고는 원고에게 백미(2012년산, 철원미, 상등품) 120가마(가마당 80㎏들이) 및 이에 대한 2013. 5. 10.부터 다 갚는 날까지 연 15%의 비율에 의한 백미를 지급하라. 위 백미에 대한 강제집행이 불능일 때에는 백미 1가마당 300,000원의 비율로 환산한 금원을 지급하라.

☞ 유의사항

종류물 인도 청구를 할 경우에는 집행불능에 대비해 환산금 지급을 구하는 것이 일반적이다.

(3) 특정물의 인도청구

1) 기재내용

① 피고가 이행하는데 또는 강제집행 하는데 지장이 없도록 구체적으로 동일성을 인식할 수 있도록 필요한 사항을 명확하게 표시하여야 한다. 토지는 지적 공부에 따라 소재지, 지번, 지번, 지적으로 특정하고, 건물은 실제의 상황에 따라 소재지, 지번, 건물의 구조, 층수, 용도, 건축면적 등을 빠짐없이 정확히 기재 하여 특정하며, 나아가 토지나 건물의 일부를 목적으로 할 때는 별지 도면을 첨부하여 축척, 방위, 거리, 구조 등을 표시함으로서 특정 한다.

② 부동산의 인도, 철거 등의 소송에서는 실제의 상황에 맞도록 목적물을 특정하고 등기기록의 표시가 실제와 일치하지 아니하는 때는 그 내용을 괄호 안에 병기한다. 동산은 소재지 및 명칭과 수량 외에 외형상의 특징을 명기하여 그 내용만으로 집행목적물을 명확히 인식할 수 있도록 하여야 한다.

③ 점유의 이전을 의미하는 용어로는 '인도'를 사용한다. 구법 아래에서는

건물과 같이 그 점유를 이전하기 위하여 집행목적물 내에서 채무자가 점유하던 동산을 그 밖으로 반출함으로써 채권자가 그 점유를 취득할 수 있는 경우에는 인도와 구별하여 '명도'라는 용어를 사용하였으나 현행 민사집행법 제258조 제1항은 '명도'라는 개념을 따로 인정하지 않고 '인도'의 개념에 포함시키고 있다[15]. 건물을 철거하기 위하여 불법 점유자를 쫓아내는 경우처럼 채무자의 점유를 배제함으로써 족하고 채권자가 그 점유를 필요가 없는 때에는 '퇴거'를 구한다(퇴거의 집행은 채무자와 그가 점유하고 있는 물건을 반출함으로써 집행한다. 건물 철거의무에는 퇴거 의무도 포함된 것으로 보므로 철거를 구하면서 그 의무자에게 별도로 퇴거를 구할 필요는 없다).

④ 물건의 인도청구는 이를 직접 또는 간접으로 점유하는 자를 상대로 할 것이고 점유보조자를 상대로 하여서는 아니 된다(기각사유가 됨을 주의). 인도청구의 경우 상대방은 인도를 거부 또는 지연하기 위하여 고의로 점유를 변경함으로 점유이전금지가처분 등으로 점유를 항정(보전처분)하여 두어야 한다. 그럼에도 불구하고 채무자가 점유를 이전한 경우에 가처분채권자는 본안판결의 집행단계에서 승계집행문을 부여 받아서 그 제3자의 점유를 배제할 수 있다.

2) 구체적 기재례

가. 토지인도

〈작성례 1〉 토지전부 인도

1. 피고는 원고에게 서울시 ○○구 ○○동 123 대 200㎡를 인도하라.
2. 소송비용은 피고의 부담으로 한다.
3. 제1항은 가집행할 수 있다.

라는 판결을 구합니다.

---

15) 이때 강제집행의 목적물이 아닌 동산은 집행관이 제거하여 채무자에게 인도하게 되므로 따로 그 동산의 수거 등을 청구할 필요는 없다. 그러나 건물 등 별개의 부동산은 물론 식재된 수목과 같이 집행목적물에 고정되어 있어 이동이 용이하지 아니한 물건이 있는 경우에는 이를 철거 또는 수거하는 별도의 채무명의가 없으면 집행 목적물의 인도 집행을 할 수가 없다(대결 1986. 11. 18. 86마902).

☞ 유의사항

소가는 토지인도를 기준으로 한다. 따라서 개별공시지가×면적×30/100×1/2 = 소가이다

〈작성례 2〉 토지일부 인도

> 1. 피고는 원고에게 서울시 ○○구 ○○동 123 대 200㎡ 중 별지도면 표시 1, 3, 6, 8, 15, 18, 1의 각 점을 순차로 연결한 선내 부분 100㎡를 인도하라.
> 2. 소송비용은 피고의 부담으로 한다.
> 3. 제1항은 가집행할 수 있다.
>
> 라는 판결을 구합니다.

☞ 유의사항

소가는 토지인도를 기준으로 한다. 따라서 개별공시지가×면적×30/100×1/2= 소가이다

〈작성례 3〉 토지 인도 및 건물철거

> 1. 원고에게 별지목록 기재 건물 중 피고 김○○은 별지도면 1, 3, 6, 8, 15, 18, 1의 각 점을 순차로 연결한 선내 (가)부분 60㎡를 철거 및 그 부분 토지를 인도하고, 금 20,000,000원과 2013. 1. 15.부터 위 철거를 마칠때까지 금 500,000원의 비율에 의한 금원을 지급하고, 피고 김○○은 위 (가)부분 건물에서 퇴거하라.
> 2. 소송비용은 피고들의 부담으로 한다.
> 3. 제1항은 가집행할 수 있다.
>
> 라는 판결을 구합니다.

☞ 유의사항

1. 건물소유자에 대한 철거와 점유자 및 세입자에 대한 철거를 구하는 경우 판결에 따른 집행을 하기 위해서는 그 보전처분으로 건물소유자에 대해서는 부동산처분금지가처분을, 점유자에게는 점유금지가처분을 해 놓아야 한다.
2. 토지의 인도가 주된 청구이고 철거나 퇴거, 부당이득금청구는 부대청구이므로 소가는 토지인도를 기준으로 한다. 따라서 개별공시지가×면적×30/100×1/2= 소가이다

나. 건물인도

〈작성례 1〉 건물일부 인도

> 1. 피고는 원고에게 별지 목록 기재 건물 중 별지도면 표시 1, 2, 3, 4, 5, 1의 각 점을

순차로 연결한 선내 ㉮ 부분 방 20㎡를 인도하라.
2. 소송비용은 피고의 부담으로 한다.
3. 제1항은 가집행할 수 있다.
라는 판결을 구합니다.

☞ 유의사항
건물명도의 소가는 =시가표준액×30/100×1/2 이다.

〈작성례 2〉 건물일부 명도 및 부당이득반환청구

1. 피고는 원고에게 별지목록 기재 부동산 1층중 별지도면 표시 1, 2, 3, 4, 5, 1의 각 점을 순차로 연결한 선내 ㉮부분 방 20㎡를 명도하라.
2. 피고는 원고에게 2013. 3. 3.부터 2013. 7. 3,까지는 매월 금 500,000,000원, 2013. 7. 4.부터 위 명도완료일까지는 매월 금 600,000,000원의 각 비율에 의한 금원을 지급하라.
3. 소송비용은 피고의 부담으로 한다.
4. 제1항, 2항은 가집행할 수 있다.
라는 판결을 구합니다.

☞ 유의사항
1. 건물명도의 소가는 =시가표준액×30/100×1/2 이다.
2. 부당이득금은 부대청구이므로 소가에 산입하지 않는다.

〈작성례 3〉 피고가 다수인 경우의 건물명도

1. 원고에게 별지목록 기재 부동산 중 피고 김○○은 별지도면 표시 1, 2, 3, 4, 5, 1의 각 점을 순차로 연결한 선내 (가)부분 20㎡, 피고 김△△은 같은 도면표시 7, 8, 9, 10, 7의 각점을 순차로 연결한 선내 (나)부분 10㎡를 각 명도하라.
2. 소송비용은 피고들 부담으로 한다.
3. 제1항은 가집행할 수 있다.
라는 판결을 구합니다.

☞ 유의사항
1. 건물명도의 소가는 =시가표준액×30/100×1/2 이다.
2. 각 피고간의 소가는 합산의 원칙이 적용되므로 합산해서 계산한다.

다. 퇴거 및 철거

〈작성례 1〉 건물 퇴거 및 철거

> 1. 원고에게 피고 김○○은 별지 제1목록 기재 건물 중 별지 도면 표시 1, 2, 3, 4, 5, 1의 각 점을 순차로 연결한 선내 (가)부분 100㎡에서 퇴거하고, 피고 김△△은 위 건물을 철거하고, 별지 제2목록 기재 토지를 인도하라.
> 2. 소송비용은 피고들 부담으로 한다.
> 3. 제1항은 가집행할 수 있다.
>
> 라는 판결을 구합니다.

☞ 유의사항

토지 = 개별공시지가×면적×30/100

건물 = 시가표준액×30/100

〈작성례 2〉 건물퇴거 및 철거

> 1. 피고는 원고에게 ○○시 ○○구 ○○읍 ○○리 56-1 전 423 지상의 별지 목록 기재 건물 중 별지 도면 1, 2, 3, 4, 5, 1의 각 점을 순차로 연결한 선내 (가)부분 58.9㎡, 같은 도면 표시 6, 7, 8, 9, 6의 각 점을 연결한 선내 (나)부분 56.9㎡에서 각 퇴거하고, 같은 도면 표시 10, 11, 12, 13, 10의 각 점을 연결한 선내 (다)부분 72.9㎡를 철거하라.
> 2. 소송비용은 피고의 부담으로 한다.
> 3. 제1항은 가집행할 수 있다.
>
> 라는 판결을 구합니다.

☞ 유의사항

1. 건물소유자에 대한 철거와 점유자 및 세입자에 대한 철거를 구하는 경우 판결에 따른 집행을 하기 위해서는 그 보전처분으로 건물소유자에 대해서는 부동산처분금지가처분을, 점유자에게는 점유금지가처분을 해 놓아야 한다.
2. 토지의 인도가 주된 청구이고 철거나 퇴거, 부당이득금청구는 부대청구이므로 소가는 토지인도를 기준으로 한다. 따라서 개별공시지가×면적×30/100×1/2= 소가이다.

〈작성례 3〉 담장철거

> 1. 피고는 원고에게 ○○시 ○○구 ○○읍 ○○리 56-1 대 45.6㎡ 중 별지 도면 표시 1, 2, 3, 4, 5, 1의 각 점을 순차로 연결한 선내 10.5㎡ 지상의 시멘트 블록조 스레트 지붕 10.5㎡의 가재기를 철거하라.

2. 소송비용은 피고의 부담으로 한다.

라는 판결을 구합니다.

☞ 유의사항

1. 담장 등 장애물 철거의 경우 담장 등 설치비용의 자료를 근거로 방해배제를 구하는 경우로 보아 담장 등 설치비용의 1/2를 소가로 한다.

〈작성례 4〉 담장철거 및 통로사용방해금지

1. 피고는 원고에게 ○○시 ○○구 ○○읍 ○○리 56-1 도로 45.6㎡ 중 별지 도면 1, 2을 연결하는 선 위의 폭 0.5미터, 길이 10미터의 연와조 담장 및 담장 위의 철책과 별지 도면 표시 1, 2, 6, 7, 1의 각 점을 순차로 연결한 선내에 식재한 ㄱ, ㄴ, ㄷ, ㄹ, ㄱ 각 지점의 수목을 철거하고, 원고가 위 도로 40.5㎡ 별지 도면 표시 (가), (나)부분을 통로로서 사용하는 것을 방해하여서는 아니 된다.
2. 소송비용은 피고의 부담으로 한다.

라는 판결을 구합니다.

☞ 유의사항

1. 담장 등 장애물 철거의 경우 담장 등 설치비용의 자료를 근거로 방해배제를 구하는 경우로 보아 담장 등 설치비용의 1/2를 소가로 한다.
2. 소유권에 기한 통행방해금지청구는 물건의 인도, 명도, 방해금지 등을 구하는 소에 해당하여 목적물 가액의 1/2을 소가로 한다.
   토지(=개별공시지가×면적×30/100)×1/2
3. 흡수법칙이 적용되므로 다액을 소가로 한다.

라. 물품인도

〈작성례 1〉 물품인도 및 대상청구

1. 피고들은 원고에게 별지목록 기재 물건을 인도하라.
2. 위 물건에 대한 인도집행이 불능일 때에는 금 30,000,000원 및 이에 대한 소장부본 송달 다음날부터 완제일까지 연 15%의 비율에 의한 금원을 지급하라.
3. 소송비용은 피고들 부담으로 한다.
4. 제1항, 2항은 가집행할 수 있다.

라는 판결을 구합니다.

☞ 유의사항

1. 토지 = 개별공시지가×면적×30/100

건물 = 시가표준액×30/100
2. 금전청구는 청구금액이 소가이므로 소가는 3천만원
3. 1항과 2항은 흡수의 법칙이 적용되므로 큰 금액이 소가가 된다.

〈작성례 2〉 자동차 인도

1. 피고는 원고에게 별지 목록 기재 자동차 1대를 인도하라. 3. 소송비용은 피고의 부담으로 한다. 4. 제1항은 가집행할 수 있다. 라는 판결을 구합니다.

☞ 유의사항
자동차등록원부 기재사항인 등록번호, 차명, 형식, 차대번호, 원동기형식 등을 표시한다.

(4) 의사의 진술을 구하는 청구(등기청구 등)

1) 기재내용

① 피고에게 일정한 의사의 진술을 명하는 판결은 확정된 때 또는 조건이 있는 경우에는 집행문을 부여한 때에 그 의사의 진술이 있는 것으로 본다. 위 의사표시가 원고가 아닌 제3자에 대하여 할 것인 때에는 별도의 통지절차가 필요하다.

② 원래 등기는 등기권리자와 등기의무자가 쌍방의 공동신청에 의하여 이루어지는 것이 원칙이나 판결에 기한 등기는 승소한 등기권리자 또는 등기의무자가 단독으로 신청할 수 있다. 이 경우 판결은 피고의 등기신청 의사의 진술에 갈음하는 동시에 등기원인을 증명하는 신청정보 기능을 하여 원고는 단독으로 등기신청을 할 수 있다. 부동산에 관한 등기를 신청하는 경우에는 등기원인과 그 연월일을 신청정보의 내용으로 등기소에 제공하여야 하므로 등기에 관한 소송의 청구취지에는 등기의 종류와 내용 이외에 등기원인과 그 연월일까지 표시한다.

③ 그러나 기존등기의 등기원인이 부존재, 무효이거나 취소, 해제 등의 사유로 소멸한 것임을 이유로 하여 말소등기 또는 회복등기절차 이행을 청구할 때에는 청구취지에 등기원인을 기재할 필요가 없다. 위와 같은 말소, 회복등

기를 실행할 때에는 법원의 판결자체가 등기원인으로 기재된다.

④ 신청정보 또는 등기기록의 부동산의 표시가 토지대장, 임야대장 또는 건축물대장과 일치하지 아니하는 경우, 등기관이 보정을 명한날의 다음날까지 신청인이 그 잘못된 부분을 보정하지 않으면 등기신청이 각하된다. 이 경우 원고는 등기기록의 기재에 따라 부동산의 표시를 하고 괄호 등을 이용하여 대장상의 표시를 병기하여 판결을 받은 것이 원칙이다. 판결을 받은 후에는 소유 명의자를 대위하여 대장의 등록사항 정정·변경을 마친 다음 등기기록상 표시변경등기 신청을 함과 동시에 판결에서 명한 등기의 신청을 하여야 한다. 반면에 등기기록의 표시가 실제의 현상과 다르더라도 등기신청에 장애가 되지는 않는다.

2) 구체적 기재례

가. 등기청구

〈작성례 1〉 소유권이전등기(매매)

1. 피고는 원고에게 별지목록 기재 부동산에 대하여 2013. 2. 2. 매매를 원인으로 한 소유권이전등기절차를 이행하라.
2. 소송비용은 피고의 부담으로 한다.

라는 판결을 구합니다.

☞ 유의사항

1. 소유권이전등기의 경우 목적물가액을 소가로 함
2. 토지 = 개별공시지가×면적×30/100
   건물 = 시가표준액×30/100

〈작성례 2〉 소유권이전등기(지분이전)

1. 피고는 원고들에게 별지 목록 기재 부동산 중 각 1/2지분에 관하여 2013. 5. 10. 매매를 원인으로 한 소유권이전등기절차를 이행하라.
2. 소송비용은 피고의 부담으로 한다.

라는 판결을 구합니다.

1. 피고는 원고들에게 별지 제2목록 기재 원고들의 각 지분별로 별지 제1목록 기재 제1

부동산에 대한 1,500분의 754 지분에 관하여, 같은 목록 제2부동산에 대한 1,750분의 953지분에 관하여, 2013. 5. 10. 매매를 원인으로 한 각 소유권이전등기절차를 이행하라.

2. 소송비용은 피고의 부담으로 한다.

라는 판결을 구합니다.

1. 피고는 원고에게 서울시 강남구 삼성동 7-8 대 216㎡에 관하여 별지 상속지분 비율표시와 같이 2013. 5. 10.자 매매를 원인으로 한 소유권이전등기절차를 이행하라
2. 소송비용은 피고의 부담으로 한다.

라는 판결을 구합니다.

☞ 유의사항

1. 소유권이전등기의 경우 목적물가액을 소가로 함
2. 토지 = 개별공시지가×면적×30/100
   건물 = 시가표준액×30/100

〈작성례 3〉 소유권이전등기(진정명의 회복)

1. 피고는 원고에게 별지 목록 기재 토지에 관하여 진정명의회복을 원인으로 한 소유권 이전등기절차를 이행하라.
2. 소송비용은 피고의 부담으로 한다.

라는 판결을 구합니다.

☞ 유의사항

1. 소유권이전등기의 경우 목적물가액을 소가로 함
2. 토지 = 개별공시지가×면적×30/100
   건물 = 시가표준액×30/100

〈작성례 4〉 소유권이전등기(시효취득)

1. 피고는 원고에게 ○○시 ○○면 ○○리 215-568 답 3,256㎡에 관하여 2013. 2. 2. 취득시효완성을 원인으로 한 소유권이전등기절차를 이행하라.
2. 소송비용은 피고의 부담으로 한다.

라는 판결을 구합니다.

☞ 유의사항

1. 소유권이전등기의 경우 목적물가액을 소가로 함
2. 토지 = 개별공시지가×면적×30/100
   건물 = 시가표준액×30/100

〈작성례 5〉 소유권이전등기(취득시효 완성일을 선택적으로 청구)

1. 선택적으로 피고는 원고에게 ○○시 ○○면 ○○리 215-568 답 3,256㎡에 관하여 2013. 2. 2. 또는 같은 해 6. 3. 취득시효완성을 원인으로 한 소유권이전등기절차를 이행하라.
2. 소송비용은 피고의 부담으로 한다.

라는 판결을 구합니다.

☞ 유의사항

1. 소유권이전등기의 경우 목적물가액을 소가로 함
2. 토지 = 개별공시지가×면적×30/100
   건물 = 시가표준액×30/100

〈작성례 6〉 소유권이전등기(대위에 의한 시효취득)

1. 피고는 소외 홍길동에게 ○○시 ○○면 ○○리 215-568 답 3,256㎡에 관하여 2013. 2. 2. 취득시효완성을 원인으로 한 소유권이전등기절차를 이행하라.
2. 소송비용은 피고의 부담으로 한다.

라는 판결을 구합니다.

☞ 유의사항

1. 소유권이전등기의 경우 목적물가액을 소가로 함
2. 토지 = 개별공시지가×면적×30/100
   건물 = 시가표준액×30/100

〈작성례 7〉 소유권이전등기(신탁해지, 대위청구)

1. 피고는 소외 홍길동에게 별지목록 기재 부동산에 관하여 소장부본 송달일자 명의신탁 해지를 원인으로 한 소유권이전등기절차를 이행하라.
2. 소송비용은 피고의 부담으로 한다.

라는 판결을 구합니다.

> 1. 별지목록기재 부동산에 관하여
>   가. 피고 김준형은 피고 이혜영에게 2013. 5. 10. 매매를 원인으로 한,
>   나. 피고 이혜영은 피고 정주형에게 2013. 5. 12. 매매를 원인으로 한,
>   각 소유권이전등기절차를 이행하라.
> 2. 소송비용은 피고들의 부담으로 한다.
>
> 라는 판결을 구합니다.

☞ 유의사항

1. 소유권이전등기의 경우 목적물가액을 소가로 함
2. 토지 = 개별공시지가×면적×30/100
   건물 = 시가표준액×30/100

〈작성례 8〉 소유권이전등기(집합건물법상 매도청구)

> 1. 피고는 원고에게 별지목록 기재 부동산에 관하여 이 사건 소장부본 송달일자 매매를 원인으로 한 소유권이전등기절차를 이행하고, 위 부동산을 명도하라.
> 2. 제1항 명도부분은 가집행할 수 있다.
> 3. 소송비용은 피고의 부담으로 한다.
>
> 라는 판결을 구합니다.
>
> 1. 피고는 원고로부터 금 90,000,000원을 지급받음과 동시에 별지 목록 기재 부동산에 관하여 2013. 5. 10.자 매매를 원인으로 한 소유권이전등기절차를 이행하고, 위 부동산을 명도하라.
> 2. 제1항 명도부분은 가집행할 수 있다.
> 3. 소송비용은 피고의 부담으로 한다.
>
> 라는 판결을 구합니다.

☞ 유의사항

소유권이전등기와 명도청구는 흡수법칙이 적용된다.

〈작성례 9〉 소유권이전등기(주위적, 예비적 청구)

> 1. 주위적 청구취지 : 피고는 원고에게 별지목록 기재 각 부동산에 관하여 1988. 4. 1. 매매를 원인으로 한 소유권이전등기절차를 이행하라.

2. 예비적 청구취지 : 피고는 원고에게 별지목록 기재 각 부동산에 관하여 2008. 5. 1. 취득시효완성을 원인으로 한 소유권이전등기절차를 이행하라.
3. 소송비용은 피고의 부담으로 한다.

라는 판결을 구합니다.

☞ 유의사항

1항과 2항은 흡수의 법칙이 적용된다.

나. 등기말소

〈작성례 1〉 소유권이전등기말소(승낙의 의사표시)

1. 피고 김기동은 원고에게 별지목록 기재 부동산에 관하여 서울중앙지방법원 강남등기소 2013. 5. 10. 접수 제12365호로 마친 소유권이전등기의 말소등기절차를 이행하라.
2. 피고 이경숙은 위 소유권이전등기의 말소등기에 대하여 승낙의 의사표시를 하라.
3. 소송비용은 피고의 부담으로 한다.

라는 판결을 구합니다.

☞ 유의사항

1. 원인무효나 취소등으로 인한 소유권이전등기말소의 경우 목적물가액 1/2을 소가로 함
   토지 소가(=개별공시지가×면적×30/100)에 × 1/2
   건물 소가(=시가표준액×30/100의 1/2)에 × 1/2
2. 승낙의 의사표시 청구 : 소가를 산출할 수 없는 경우이므로 2,000만100원
   (부동산등기법상 권리변경등기, 회복등기, 말소등기를 신청하는 경우에는 등기부상 이해관계 있는 제3자가 있는 경우 그의 승낙서 또는 대항할 수 있는 재판의 등본을 제출하여야 하므로 등기신청인이 제3자의 승낙서를 받지 못할 때에는 그를 상대로 승낙의 의사표시를 청구하게 된다.)
3. 위 1항과 2항은 흡수법칙에 따라 계산한다.
4. 원인무효 말소 청구의 소가 제기되면 법원은 관할 등기소에 예고등기를 촉탁하게 된다.

〈작성례 2〉 소유권이전등기말소(사해행위를 원인으로)

1. 피고와 소외 홍길동 사이에 별지목록 기재 아파트에 관하여 2013. 5. 10. 체결된 증여계약을 취소한다.
2. 피고는 원고에게 별지목록 기재 아파트에 관하여 서울동부지방법원 2013. 5. 15.

접수 제12345호로 경료한 소유권이전등기의 말소등기절차를 이행하라.
3. 소송비용은 피고의 부담으로 한다.
라는 판결을 구합니다.

☞ 유의사항

1. 증여취소는 목적가액(=시가표준액×30/100)과 원고의 채권액 중 낮은 금액이 소가가 된다.
2. 말소청구는 목적가액(=시가표준액×30/100)의 1/2과 원고의 채권액 중 낮은 금액이 소가가 된다.
3. 증여취소와 말소청구 양자간에는 흡수의 법칙이 적용된다.

〈작성례 3〉 소유권이전등기말소(순차로 된 이전등기의 말소)

1. 원고에게, 별지 목록 기재 부동산에 관하여
   가. 피고 홍길동은 서울중앙지방법원 강남등기소 2013. 4. 10. 접수 제12345호로 마친 소유권이전등기의,
   나. 피고 홍○○는 같은 등기소 2013. 5. 10. 접수 제23456호로 마친 소유권이전등기의,
   다. 피고 박○○은 같은 등기소 2013. 6. 10. 접수 제4567호로 마친 소유권이전등기의, 각 말소등기절차를 이행하라.
2. 소송비용은 피고들의 부담으로 한다.

라는 판결을 구합니다.

〈작성례 4〉 소유권이전등기말소(지분말소)

1. 피고는 원고에게 경남 ○○군 ○○면 ○○리 산 50 임야 4,536㎡에 관하여 ○○지방법원 ○○등기소 2013. 5. 10. 접수 2365호로 마친 소유권이전등기 중 소유권 지분 8분의3에 대한 말소등기절차를 이행하라.
2. 소송비용은 피고의 부담으로 한다.

라는 판결을 구합니다.

〈작성례 5〉 가등기말소

1. 피고는 원고에게 별지목록 기재 부동산에 관하여 서울남부지방법원 2013. 5. 10.

접수 제12345호로 경료한 소유권이전청구권 보전가등기의 말소등기절차를 이행하라.
2. 피고 이경숙은 위 소유권이전등기의 말소등기에 대하여 승낙의 의사표시를 하라.
3. 소송비용은 피고의 부담으로 한다.
라는 판결을 구합니다.

☞ 유의사항
1. 본등기 및 가등기 말소는 목적물가액의 1/2이다.
2. 토지(=개별공시지가×면적×30/100)×1/2
 건물(=시가표준액×30/100)×1/2

〈작성례 6〉 가등기말소

1. 피고는 원고에게 원고로부터 30,000,000원을 지급받음과 동시에 별지목록 기재 부동산에 관하여 서울남부지방법원 2013. 5. 10. 접수 제12345호로 경료한 소유권이전청구권가등기의 말소등기절차를 이행하라.
2. 소송비용은 피고의 부담으로 한다.
라는 판결을 구합니다.

〈작성례 7〉 가등기 및 부기등기 말소

1. 원고에게 경남 ○○군 ○○면 ○○리 산 50 임야 4,536㎡에 관하여, 주식회사 ○○건설은 ○○지방법원 ○○등기소 2013. 5. 10. 접수 2365호로 마친 소유권이전등기청구권 가등기의, 피고 황○○은 같은 등기소 2013. 5. 10. 접수 6547호로 마친 위 소유권이전청구권 가등기이전의 부기등기의 각 말소등기절차를 이행하라.
2. 소송비용은 피고들의 부담으로 한다.
라는 판결을 구합니다.

〈작성례 8〉 가등기말소(가등기가처분)

1. 피고들은 원고들에게 별지 제1목록 기재 부동산에 관하여 ○○지방법원 ○○등기소 2013. 5. 10. 접수 2365호로써 같은 법원 2013. 5. 10.자 가등기가처분 결정을 원인으로 한 소유권이전등기청구권보전의 가등기 기입등기의 말소등기절차를, 별지 제2목록 기재 부동산에 관하여 같은 등기소 2013. 5. 21.자 가등기가처분결

정을 원인으로 한 소유권이전청구권보전의 가등기 기입등기의 말소등기절차를 각 이행하라.
2. 소송비용은 피고들의 부담으로 한다.
라는 판결을 구합니다.

다. 채권양도의 통지

〈작성례 1〉 채권양도 통지

1. 피고는 원고에게 별지목록 기재 채권에 관하여 채권양도의 의사표시를 하고, 소외 홍길동(서울 강남구 삼성동 17-2)에게 채권양도의 통지를 하라.
2. 소송비용은 피고의 부담으로 한다.

라는 판결을 구합니다.

채권의 표시

피고가 소외 홍길동에게 대하여 가지는 서울 동대문구 이문동 26-8 쌍용 아파트 108동 201호에 대한 임차보증금 30,000,000원의 반환채권.

☞ 유의사항
1. 양도되는 채권금액을 소가로 한다.
2. 채권을 금액으로 산정할 수 없는 경우에는 2천만 100원을 소가로 한다.

〈작성례 2〉 채권양도 통지 취소

1. 피고와 소외 홍길동(서울 강남구 삼성동 17-2)사이의 별지목록 기재 채권에 관한 2013. 5. 10.자 채권양도양수 계약은 이를 취소한다.
2. 피고는 소외 김기백(서울 은평구 갈현동 265-2)에게 별지목록 기재 채권에 관한 제1항 기재 채권양도양수계약이 취소되었다는 취지의 통지를 하라.
3. 소송비용은 피고의 부담으로 한다.

라는 판결을 구합니다.

☞ 유의사항
1. 채권양도계약취소는 채권양수금액을 한도로 한 원고의 채권액을 소가로 함
2. 취소사실의 통지는 비재산권의 소이므로 소가는 2천만 100원이다.
3. 흡수의 법칙이 적용된다.

라. 토지거래허가신청

〈작성례 1〉 토지거래허가신청

> 1. 피고는 원고에게, 원고와 피고 사이에 2004. 5. 10. 체결된 별지 목록 기재 부동산의 매매계약에 관하여 토지거래허가 신청절차를 이행하라.
> 2. 소송비용은 피고의 부담으로 한다.
>
> 라는 판결을 구합니다.

☞ 유의사항

1. 토지거래허가 신청절차 이행청구는 소가를 산정할 수 없는 경우로서 2천만 100원이다.

〈작성례 2〉 토지거래허가신청(소유권 이전)

> 1. 피고는,
>   가. 원고에게, 별지 목록 기재 토지에 관하여 이천군수에 대하여 2013. 5. 10.자 매매계약을 원인으로 한 토지거래허가 신청절차를 이행하고,
>   나. 위 허가신청에 대한 이천군수의 허가처분이 있으면, 원고로부터 금 40,000,000원을 지급받음과 상환으로, 별지목록 기재 토지에 관하여 원고에게 2013. 5. 10. 매매를 원인으로 한 소유권이전등기절차를 이행하라.
> 2. 소송비용은 피고의 부담으로 한다.
>
> 라는 판결을 구합니다.

☞ 유의사항

1. 토지거래허가 신청절차 이행청구는 소가를 산정할 수 없는 경우로서 2천만 100원이며
2. 소유권이전등기절차 이행청구의 소가는(=개별공시지가×면적×30/100)이다. 상환이행청구와 같이 자기의 청구와 바꿀 것을 조건으로 하는 반대급부(4천만원)는 소가에서 공제하지 않는다.
3. 합산의 원칙이 적용한다.

마. 기타 의사의 진술을 구하는 청구

〈작성례 1〉 수분양자명의변경절차

> 1. 피고는 원고에게 별지 목록 기재 부동산에 관하여 2013. 1. 15. 매매를 원인으로 한 서울특별시의 ○○아파트 수분양자대장상의 수분양자명의변경절차를 이행하라
> 2. 소송비용은 피고의 부담으로 한다.
>
> 라는 판결을 구합니다.

〈작성례 2〉 명의개서절차이행

1. 피고는 원고에게 피고가 발행한 보통주식 70,000주(1주 액면금액 10,000원)에 관하여 원고 명의로 주주명부상의 명의개서절차를 이행하라.
2. 소송비용은 피고의 부담으로 한다.

라는 판결을 구합니다.

(5) 기타 특수한 유형의 이행청구

〈작성례 1〉 부작위(통행금지)

1. 피고들은 ○○시 ○○구 ○○읍 ○○리 56-1 대 569㎡ 중 별지 도면 표시 1, 2, 3, 4, 1의 각 점을 차례로 연결한 선내의 (가)부분 56㎡ 및 같은 도면 표시, 5, 6, 7, 8, 9, 5의 각 점을 차례로 연결한 선내의 (나)부분 68㎡을 통행하여서는 아니된다.
2. 소송비용은 피고들의 부담으로 한다.

라는 판결을 구합니다.

☞ 유의사항

1. 소유권에 기한 통행방해금지청구는 물건의 인도, 명도, 방해금지 등을 구하는 소에 해당하여 목적물 가액의 1/2을 소가로 한다.
2. 토지(=개별공시지가×면적×30/100)×1/2

〈작성례 2〉 부작위(통행방해금지)

1. 피고들은 원고가 ○○시 ○○구 ○○읍 ○○리 56-1 대 569㎡ 중 별지 도면 표시 1, 2, 3, 4, 1의 각 점을 차례로 연결한 56㎡ 부분을 통행하는 것을 방해하여서는 아니 된다.
2. 소송비용은 피고들의 부담으로 한다.

라는 판결을 구합니다.

☞ 유의사항

1. 소유권에 기한 통행방해금지청구는 물건의 인도, 명도, 방해금지 등을 구하는 소에 해당하여 목적물 가액의 1/2을 소가로 한다.
2. 토지(=개별공시지가×면적×30/100)×1/2

〈작성례 3〉 부작위(공사금지)

1. 피고는 서울 강남구 삼성동 12, 12-1, 12-3 각 토지 위에 건축 중인 오피스텔의 축조공사를 중지하고 이를 속행하여서는 아니 된다
2. 소송비용은 피고의 부담으로 한다.

라는 판결을 구합니다.

〈작성례 4〉 반론보도게재청구

1. 피신청인은 이 판결 송달 후 피신청인이 최초로 발행하는 ○○신문 제2면 우측 상단에 별지 기재 반론보도문을, 제목은 24급 고딕 활자로, 내용은 18급 명조 활자로 2다에 걸쳐 게재하라.
2. 소송비용은 피고의 부담으로 한다.

라는 판결을 구합니다.

〈작성례 5〉 반론보도방송청구

1. 피신청인은 이 판결이 송달된 날로부터 5일 이내에 피신청인이 운영하는 ○○텔레비전 방송의 21:00 뉴스프로그램 ○○○뉴스 ○○○의 끝 부분에 별지 기재 반론보도문을, 제목은 24급 고딕 활자로 내용은 18급 명조 활자로 하여 화면에 내보냄과 동시에 음성으로 1회 방송하라.
2. 소송비용은 피고의 부담으로 한다.

라는 판결을 구합니다.

4. 확인의 청구

(1) 기재내용

1) 확인청구는 원고가 피고와의 사이에 다툼이 있는 권리 또는 법률관계에 관하여 법원에 대하여 그 존재 또는 부존재의 확정선언을 구하는 것이므로 청구취지를 선언적인 형태인 '확인한다'라고 기재하고 명령적인 형태인 '확인하라'라고 기재하지 않는다.

2) 확인청구에 있어서는 확인의 대상이 된 권리 또는 법률관계가 특정될 수 있도록 그 종류, 범위, 발생원인 등을 명확히 하여야 하고 목적물도 특정하여 표시하여야 하며 채권확인이나 채무부존재확인의 경우에는 그 발생원인도 기재하여야 한다.

3) 확인의 소송의 대상은 현재의 권리 또는 법률관계에 관한 것이어야 하므로 과거의 법률관계는 확인청구의 대상이 될 수 없지만, 반드시 원고와 피고간의 법률관계에 국한하지는 않으므로 제3자간의 법률관계도 그 대상이 될 수 있다. 또한 법률관계를 증명하는 서면에 대하여는 사실관계임에도 불구하고 예외적으로 그 진부확인의 청구가 허용되고 있다. 위와 같은 문서진부확인청구의 청구취지는 확인의 대상이 되는 문서의 작성일자와 내용을 명확하게 하여야 한다.

(2) 구체적 기재례

1) 임차권 확인

〈작성례 1〉 임차권 확인

1. 별지목록 기재 건물에 관하여 2013. 5. 10.자 원고와 피고 사이의 임대차계약에 기한 기간 2년, 임대보증금 5,000만원, 차임 월300,000원으로 정한 임차권이 원고에게 있음을 확인한다.
2. 소송비용은 피고의 부담으로 한다.

라는 판결을 구합니다.

☞ 유의사항

1. 건물의 임차권 목적물가액(=시가표준액×30/100)의 1/2을 소가로 한다.
2. 보증금은 청구금액(5천만원)을 기준으로 하고 여기에 차임인 매월 30만원은 기간이 확정되지 않은 정기금이므로 기발생분 및 이후 1년 상당의 정기금합산액을 합산한다. 따라서 사례에서 기발생분은 없고 1년상당 정기금액 3백6십만원(=30만원×12)이므로 보증금 소가는 5천3백6십만원이다.
3. 건물에 관한 임차권과 그 임대보증금 및 월차임에 관한 확인의 소로써 임대보증금 및 월차임의 확인은 건물에 대한 임차권확인청구에 의한 원인된 사실로부터 발생하는 경우에 해당하므로 경제적 이익이 동일하거나 중복되는 것에 해당되어 흡수법칙이 적용된다. 따라서 건물 목적물가액의 1/2과 보증금 등 5천3백6십만원 중 다액을 소가로 한다.

2) 부존재 확인

〈작성례 1〉 전부금채권부존재 확인

1. 피고는 원고에 대하여 피고가 서울중앙지방법원 2113타기 1234호 소외 홍길동이 별지목록 부동산에 관한 임대차 종료시 원고로부터 반환받을 임차보증금반환채권에 대하여 한 채권압류 및 전부명령채권 금 30,000,000원은 부존재함을 확인한다.
2. 소송비용은 피고의 부담으로 한다.

라는 판결을 구합니다.

☞ 유의사항

1. 소가는 채무부존재의 금액을 기준으로 한다.
2. 사례에서 소가는 3천만원이 된다.

〈작성례 2〉 채무부존재확인(채무전부)

1. 원고와 피고 사이의 2013. 5. 10.자 금전소비대차계약에 의한 원고의 채무는 존재하지 아니함을 확인한다.
2. 소송비용은 피고의 부담으로 한다.

라는 판결을 구합니다.

☞ 유의사항

1. 소가는 채무부존재의 금액을 기준으로 한다.
2. 원고가 채무액을 특정할 수 없는 경우에는 재산권상의 소로서 소가를 산정할 수 없는 경우로써 2천만 100원이 된다.

〈작성례 3〉 채무부존재확인(일정액초과 부존재)

1. 2013. 5. 10.자 소비대차에 기한 원고의 피고에 대한 채무는 30,000,000원을 초과하지 아니함을 확인한다.
2. 소송비용은 피고의 부담으로 한다.

라는 판결을 구합니다.

☞ 유의사항

1. 일정 금액을 넘어서는 존재하지 않음을 확인하다라는 식으로 채무상환을 기재하여야 하는데 다만 우리 판례는 청구취지의 상한을 기재하지 않아도 적법하게 본다.
2. 소가는 채무부존재의 금액을 기준으로 한다. 따라서 소가는 3천만원이다.

〈작성례 4〉 채무부존재확인(지연손해)

1. 원고의 피고에 대한 물품대금 40,000,000원에 대한 2012. 5. 10.부터 2013. 7. 11.까지의 연 15%의 비율에 의한 금 20,000,000원의 지연손해금 채무는 존재하지 아니함을 확인한다.
2. 소송비용은 피고의 부담으로 한다.

라는 판결을 구합니다.

☞ 유의사항

1. 일정 금액을 넘어서는 존재하지 않음을 확인하다라는 식으로 채무상환을 기재하여야 하는데 다만 우리 판례는 청구취지의 상한을 기재하지 않아도 적법하게 본다.
2. 소가는 채무부존재의 금액을 기준으로 한다. 따라서 소가는 2천만원이다.

〈작성례 5〉 채무부존재확인(근저당권설정등기 말소)

1. 원고의 피고에 대한 2013. 5. 10. 금전소비대차 계약에 기한 40,000,000원의 원금 및 이에 대한 이자채무는 존재하지 아니함을 확인한다.
2. 피고는 원고에게 별지목록 기재 부동산에 관하여 서울중앙지방법원 2013. 5. 10. 접수 제1234호로 경료된 근저당권설정등기의 말소등기절차를 이행하라.
3. 소송비용은 피고의 부담으로 한다.

라는 판결을 구합니다.

☞ 유의사항

1. 채무부존재 확인의 소가는 채무부존재의 금액을 기준으로 한다. 따라서 소가는 4천만원이다.
2. 근저당권 말소는 목적물가액을 한도로 한 채권최고액을 기준으로 한다.
3. 흡수법칙이 적용되어 다액을 소가로 한다.

〈작성례 6〉 채무부존재확인(카드이용 대금)

1. 원고와 피고 사이의 우리카드회원 거래계약에 의한 우리비사카드(카드번호 : 1234-5678-9999)의 별지목록기재 각 이용대금 채무는 존재하지 아니함을 확인한다.
2. 소송비용은 피고의 부담으로 한다.

라는 판결을 구합니다.

☞ 유의사항

원고가 채무액을 특정할 수 없는 경우에는 재산권상의 소로서 소가를 산정할 수 없는 경우로써 2천만 100원이 된다.

3) 무효 확인의 소

〈작성례 1〉 유언 무효 확인의 소

> 1. 소외 망 홍길동이 2013. 5. 10. 공증인가 법무법인○○ 증서 2013년 제12345호 유언공증증서에 의하여 한 '유언자 소유의 별지 제1목록 기재 부동산 및 별지 제2목록 기재 채권과 일본국에 있는 별지 제3목록 기재 부동산 및 채권전부를 유언자의 자인 피고 홍○○에게 유증한다. 유언자는 유언집행자로 피고 홍△△를 지정하였다'라는 취지의 유언은 무효임을 확인한다.
> 2. 소송비용은 피고들의 부담으로 한다.
>
> 라는 판결을 구합니다.

☞ 유의사항

재산권상의 소로서 소가를 산정할 수 없는 경우로써 2천만 100원이 된다.

〈작성례 2〉 해고무효 확인의 소

> 1. 피고의 원고에 대한 2013. 5. 10.자 해고는 무효임을 확인한다.
> 2. 피고는 원고에게 2013. 5. 10.부터 복직시까지 매월 3,000,000원의 비율에 의한 금원을 지급하라.
> 3. 소송비용은 피고의 부담으로 한다.
>
> 라는 판결을 구합니다.

☞ 유의사항

1. 해고무효의 확인은 소가를 산정할 수 없는 경우로써 2천만 100원이 된다.
2. 기간이 확정되지 않은 정기금은 기발생분 및 이후 1년분 정기금 합산액을 기준으로 하므로 사례에서는 기발생분은 없고 1년분 정기금 3천6백만원(=3백만원×12)이 된다.
3. 흡수법칙이 적용되므로 양자중 다액인 가액을 소가로 본다.

〈작성례 3〉 퇴학처분 무효 확인의 소

> 1. 피고가 원고에 대하여 한 2013. 5. 10.자 권고퇴학처분 및 같은 달 30.자 퇴학처분은 무효임을 확인한다.
> 2. 소송비용은 피고의 부담으로 한다.
>
> 라는 판결을 구합니다.

☞ 유의사항

소가를 산정할 수 없는 경우로써 2천만 100원이 된다.

4) 권리 확인

〈작성례 1〉 주위토지통행권 확인의 소

1. 원고에게 별지목록 기재 부동산중 별지 도면표시 1, 2, 3, 4, 5, 1의 각 점을 순차로 연결한 선내 (가)부분 40㎡에 대하여 주위토지 통행권이 있음을 확인한다.
2. 소송비용은 피고의 부담으로 한다.

라는 판결을 구합니다.

☞ 유의사항

통행권은 지역권에 해당하여 승역지가액의 1/3을 소가(=공시지가×면적㎡×30/100×1/3)로 한다.

〈작성례 2〉 주주권 확인의 소

1. 피고 주식회사 한신의 별지목록 기재 주식에 대한 주주권이 원고에게 있음을 확인한다.
2. 선택적으로,
   피고 주식회사 한신은 원고에게 별지목록 기재 주식에 관하여 피고 홍길동에 대한 명의개서를 말소하고 이를 원고에게 명의개서하는 절차를 이행하라.
3. 소송비용은 피고의 부담으로 한다.

라는 판결을 구합니다.

목　　　록

주식의 종류와 수 : 기명식 보통주식 5,000주

1주의 금액 : 10,000원

주주명부상의 명의자 : 홍상범

끝.

☞ 유의사항

1. 주주권 확인의 소가는 확인을 구하는 주권금액이므로 사례에서 5천만원(=5,000×10,000원)이 소가가 된다.
2. 주식명의개서절차이행도 동일한 기준으로 한다.

〈작성례 3〉 소유 확인의 소

> 1. 원고 장○○과 피고 박○○, 김○○ 사이에 있어서 별지 목록 기재 부동산이 원고 장○○의 소유임을 확인한다.
> 2. 소송비용은 피고의 부담으로 한다.
>
> 라는 판결을 구합니다.

〈작성례 4〉 온천권 확인의 소

> 1. 피고는 ○○시 ○○구 ○○읍 ○○리 56-1 대지 중 별지 도면표시 1,2,3,4,5,1의 각 점을 순차로 연결한 선내 (가)부분에서 용출하는 온천사용권이 원고에게 있음을 확인한다.
> 2. 피고는 위 온천을 사용하여서는 아니되고 원고가 위 온천을 사용함에 방해하여서는 아니된다.
> 3. 소송비용은 피고의 부담으로 한다.
>
> 라는 판결을 구합니다.

☞ 유의사항

소가를 산정할 수 없는 경우로써 2천만 100원이 된다.

5) 문서진정, 부진정 성립확인

〈작성례 1〉 사문서 진정성립 확인의 소

> 1. 2013. 5. 10. 피고들 사이에 작성된 별지 사본1 기재의 합의서 및 같은 날 원고와 피고들 사이에 작성된 별지 사본2 기재의 보관증은 각 진정하게 성립된 것임을 확인한다.
> 2. 소송비용은 피고들의 부담으로 한다.
>
> 라는 판결을 구합니다.

☞ 유의사항

1. 증서가 유가증권인 경우 : 액면금액 또는 표창하는 권리의 가액의 1/2로 한다.
2. 유가증권 이외의 증서는 20만원을 소가로 한다.
3. 사례에서는 유가증권이외의 증서이므로 소가는 합의서 20만원, 보관증 20만원 합계 40만원이 된다.

〈작성례 2〉 사문서 부진정성립 확인의 소

1. 원고를 매도인, 피고를 매수인으로 하여 2013. 5. 10.자로 작성된 별지목록 기재내용의 매매계약서는 진정하게 성립된 것이 아님을 확인한다.
2. 소송비용은 피고의 부담으로 한다.

라는 판결을 구합니다.

☞ 유의사항

1. 증서가 유가증권인 경우 : 액면금액 또는 표창하는 권리의 가액의 1/2로 한다.
2. 유가증권 이외의 증서는 20만원을 소가로 한다.

6) 기타 확인의소

〈작성례 1〉 대학원 합격자 확인의 소

1. 원고가 피고 운영의 ○○대학교 대학원이 2013. 5. 10. 실시한 일반대학원 ○○과 박사과정 입학시험의 합격자임을 확인한다.
2. 소송비용은 피고의 부담으로 한다.

라는 판결을 구합니다.

☞ 유의사항

소가를 산정할 수 없는 경우로써 2천만 100원이 된다.

〈작성례 2〉 아파트 분양계약 확인의 소

1. 원고가 별지목록 기재 아파트에 관하여 2013. 5. 10. 피고와 사이에 체결된 분양계약상의 수분양자임을 확인한다.
2. 소송비용은 피고의 부담으로 한다.

라는 판결을 구합니다.

☞ 유의사항

소가를 산정할 수 없는 경우로써 2천만 100원이 된다.

5. 형성의 청구

(1) 기재내용

1) 형성의 소는 법원에 대하여 형성권의 존재를 확정하여 그 내용에 따른 일정한 권리 또는 법률관계를 직접 발생, 변경, 소멸시켜 줄 것을 구하는 소로 법률에 이를 허용하는 규정이 있는 때에만 가능하다. 청구취지는 확인의 소와 같이 선언적 형태를 취한다.

2) '원고와 피고는 이혼한다' 또는 '피고 회사의 2005. 1. 5. 주주총회 결의를 취소한다'와 같이 권리관계의 변동을 구하는 취지를 명확하게 하여야 한다. 다만 형식적 형성의 소(경계확정의 소)에서는 어떠한 내용으로 판결할지 법관의 재량이므로 통상의 소처럼 명확하게 기재할 필요는 없고 기재해도 법원이 구속되지는 않는다.

(2) 구체적 기재례

1) 경계확정

〈작성례 1〉 경계확정의 소

1. 원고 소유의 별지목록 기재 제1토지와 피고 소유의 별지목록 제2토지 사이의 경계선은 별지 도면 표시 1,2,3,4의 각 점을 순차로 연결한 선으로 확정한다.
2. 소송비용은 피고의 부담으로 한다.

라는 판결을 구합니다.

☞ 유의사항

경계확정청구의 소는 다툼이 있는 범위의 토지부분의 가액(=공시지가×면적㎡×30/100)을 소가로 한다.

〈작성례 2〉 경계확정의 소(철거 및 토지인도)

1. 원고 소유의 ○○시 ○○구 ○○동 72-1 대 314㎡와 피고 소유의 같은 동 72-8 대 230㎡와의 경계선은 별지도면 1,2,3,4의 각 점을 순차로 연결한 선으로 확정한다.
2. 피고는 원고에게 위 경계선을 따라 위 같은 동 72-3 대 215㎡ 지상에 축조된 옹벽을 철거하고 별지도면 표시 5,6,7,8,9,5의 각 점을 순차로 연결한 선내 (가)부분

10㎡를 인도하라.
3. 소송비용은 피고의 부담으로 한다.
라는 판결을 구합니다.

☞ 유의사항
1. 경계확정청구의 소는 다툼이 있는 범위의 토지부분의 가액(=공시지가×면적㎡×30/100)을 소가로 한다.
2. 옹벽철거의 소가는 옹벽철거비용×1/2, 토지인도의 소가(=공시지가×면적㎡×30/100×1/2)
3. 흡수법칙이 적용되므로 금액 중 다액을 소가로 한다.

2) 공유물분할

〈작성례 1〉 공유물분할(현물분할)

1. ○○시 ○○구 ○○동 72-1 대 200㎡ 중 별지 도면 표시 1,2,3,4의 각 점을 순차로 연결한 선내 (가)부분 100㎡를 원고의 소유로, 같은 도면표시 2,7,8,9,2의 각 점을 순차로 연결한 선내 (나)부분 100㎡를 피고의 소유로 각 분할한다.
2. 소송비용은 피고의 부담으로 한다.
라는 판결을 구합니다.

☞ 유의사항
공유물 분할의 경우 목적물가액에 원고의 공유지분 비율을 곱하여 산출한 가액의 1/3을 소가로 헌다(=공시지가×면적㎡×30/100×원고의 공유지분 비율×1/3).

〈작성례 2〉 공유물분할(경매)

1. 별지목록 기재 부동산을 경매에 붙여 그 대금에서 경매비용을 공제한 나머지 금액을 원고에게 10분의 6, 피고에게 10분의 4의 각 비율로 배당한다.
2. 소송비용은 피고의 부담으로 한다.
라는 판결을 구합니다.

☞ 유의사항
1. 공유물 분할의 경우 목적물가액에 원고의 공유지분 비율을 곱하여 산출한 가액의 1/3을 소가로 헌다(=공시지가×면적㎡×30/100×원고의 공유지분 비율×1/3).

3) 청구이의

〈작성례 1〉 청구이의의 소(판결)

> 1. 피고의 원고에 대한 서울○○지방법원 2013. 5. 10. 선고 20○○가단1234 대여금 청구사건의 판결에 기한 강제집행은 이를 불허한다.
> 2. 소송비용은 피고의 부담으로 한다.
>
> 라는 판결을 구합니다.

☞ 유의사항

1. 청구이의의 소는 집행력이 배제대상인 집행권원에서 인정된 권리의 가액을 소가로 한다.
2. 사례에서 판결문상의 금액을 소가로 한다.

〈작성례 2〉 청구이의의 소(공정증서)

> 1. 피고의 원고에 대한 공증인가 ○○법무법인 작성 2013년 증서 제1234호 약속어음 공정증서에 기한 강제집행은 이를 불허한다.
> 2. 소송비용은 피고의 부담으로 한다.
>
> 라는 판결을 구합니다.

☞ 유의사항

1. 청구이의의 소는 집행력이 배제대상인 집행권원에서 인정된 권리의 가액을 소가로 한다.
2. 사례에서 공정증서상의 금액을 소가로 한다.

〈작성례 3〉 청구이의의 소(일부배제)

> 1. 피고의 원고에 대한 서울○○지방법원 2013. 5. 10. 선고 20○○가단1234호 대여금 청구사건의 판결에 기한 강제집행은 금 20,000,000원을 초과하는 부분에 한하여 이를 불허한다.
> 2. 소송비용은 피고의 부담으로 한다.
>
> 라는 판결을 구합니다.

☞ 유의사항

1. 청구이의의 소는 집행력이 배제대상인 집행권원에서 인정된 권리의 가액을 소가로 한다.
2. 사례에서 판결문상 2천만원을 초과하는 금액.

〈작성례 4〉 청구이의의 소(사해행위)

1. 주위적 청구취지
   가. 피고의 원고에 대한 공증인가 ○○법무법인 2013년 증서 제1234호로 작성한 약속어음 공정증서에 기한 강제집행은 이를 불허한다.
   나. 소송비용은 피고의 부담으로 한다.
2. 예비적 청구취지
   가. 원고가 2013. 5. 10. 피고에게 한 액면금 20,000,000원, 수취인 피고, 발행지 및 지급지 각 서울특별시, 발행일 2013. 5. 10. 지급기일 일람출급으로 된 약속어음의 발행행위를 취소한다.
   나. 피고는 원고에게 공증인가 ○○법무법인 작성 2013년 증서 제1234호 집행력 있는 공정증서 원본을 인도하라.
   다. 소송비용은 피고의 부담으로 한다.

☞ 유의사항

1. 청구이의의 소는 집행력이 배제대상인 집행권원에서 인정된 권리의 가액을 소가로 한다.
2. 약속어음발행취소의 소가는 유가증권의 액면금액 즉 사례에서는 2천만원이다.
3. 공정증서의 인도는 위 유가증권 금액의 1/2이다.
4. 흡수법칙이 적용된다.

4) 집행정지신청

〈작성례 1〉 집행정지

1. 피신청인의 신청인에 대한 서울○○지방법원 2013차 1234 집행력있는 지급명령확정정본에 기한 강제집행은 위 당사자간의 귀원 20○○가단 1234 청구이의사건의 본안판결 선고시까지 이를 정지한다.
2. 소송비용은 피고의 부담으로 한다.

라는 판결을 구합니다.

☞ 유의사항

인지 : 1,000원이고, 송달료는 2회분 : 14,800원이다.

〈작성례 2〉 집행정지

1. 피신청인의 신청인에 대한 공증인가 합동법무법인 작성 2013년 증서 제1234호 집

> 행력 있는 공정증서 정본에 기한 강제집행은 위 당사자간의 귀원 20○○가소 1234 청구이의사건의 본안판결 선고시까지 이를 정지한다.
> 2. 소송비용은 피고의 부담으로 한다.
> 라는 판결을 구합니다.

☞ 유의사항

인지 : 1,000원이고, 송달료는 2회분 : 14,800원(=당사자2×3,700×2회분)이다.

5) 제3자 이의의 소

〈작성례 1〉 제3자 이의의 소(유체동산 가압류)

> 1. 피고가 소외 홍길동에 대한 서울○○지방법원 2013카단1234호 유체동산 가압류 결정정본에 기하여 2013. 5. 10. 별지 목록 제1 기재 물건들에 대하여 한 가압류집행은 이를 불허한다.
> 2. 소송비용은 피고의 부담으로 한다.
>
> 라는 판결을 구합니다.

〈작성례 2〉 제3자 이의의 소(유체동산 압류)

> 1. 피고가 소외 홍길동에 대한 201○. 5. 10.자 공증인가 ○○법무법인 작성 2012년 증서 1234호 공정증서의 집행력 있는 정본에 기하여 201○. 6. 4. 별지목록 기재 동산에 대하여 한 압류집행은 이를 불허한다.
> 2. 소송비용은 피고의 부담으로 한다.
>
> 라는 판결을 구합니다.

〈작성례 3〉 제3자 이의의 소(채권가압류)

> 1. 피고가 채무자 소외 ○○ 주식회사, 제3채무자 △△ 주식회사로 된 서울중앙지방법원 2013카단1234호 채권가압류결정정본에 기하여 2013. 5. 10.경 한 가압류집행은 이를 불허한다.
> 2. 소송비용은 피고의 부담으로 한다.
>
> 라는 판결을 구합니다.

〈작성례 4〉 제3자 이의의 소(채권본압류)

> 1. 피고가 소외 홍길동에 대한 공증인가 ○○법무법인 2013년 증서 제1234호의 공정증서정본에 기하여 별지 목록 기재 채권에 대하여 한 강제집행은 이를 불허한다.
> 2. 소송비용은 피고의 부담으로 한다.
>
> 라는 판결을 구합니다.

☞ 유의사항

1. 제3자 이의의 소는 집행권원에서 인정된 권리의 가액을 한도로 한 원고의 권리의 가액을 소가로 한다.
2. 예를 들어 원고의 권리가액이 4천만원이고 집행권원에서 인정된 권리가액이 3천만원일 경우 소가는 3천만원이 된다.

6) 제권판결에 대한 불복의 소

〈작성례 1〉 제권판결 불복의 소(수표)

> 1. 서울중앙지방법원이 2013카공 1234호 공시최고 신청사건에 관하여 2013. 5. 10.에 별지 목록기재의 수표에 대하여 선고한 제권판결을 취소한다.
> 2. 위 수표에 대한 공시최고신청을 각하한다.
> 3. 소송비용은 피고의 부담으로 한다.
>
> 라는 판결을 구합니다.

☞ 유의사항

1. 증서의 무효를 위한 공시최고의 제권판결에 대한 불복의 소에서 유가증권의 가액은 액면금액 또는 표창하는 권리의 가액으로 한다.
2. 1항과 2항은 흡수법칙이 적용된다.

〈작성례 2〉 제권판결 불복의 소(약속어음)

> 1. 서울중앙지방법원이 2013카공 1234호 공시최고 신청사건에 관하여 2013. 5. 10.에 별지 목록기재의 약속어음에 대하여 선고한 제권판결을 취소한다.
> 2. 위 수표에 대한 공시최고신청을 각하한다.
> 3. 소송비용은 피고의 부담으로 한다.
>
> 라는 판결을 구합니다.

약속어음의 표시

어음번호 : 자123456

액　　면 : 금 10,000,000원

지급기일 : 201○. 5. 10.

수 취 인 : ○○ 주식회사

발 행 일 : 201○. 10. 10.

발행지및지급지 : 서울특별시

발 행 인 : 주식회사 △△△

지급장소 : 주식회사 우리은행 서초지점

☞ 유의사항

1. 증서의 무효를 위한 공시최고의 제권판결에 대한 불복의 소에서 유가증권의 가액은 액면금액 또는 표창하는 권리의 가액으로 한다.
2. 1항과 2항은 흡수법칙이 적용된다.

7) 사해행위취소의 소

〈작성례 1〉 사해행위 취소의 소(증여)

1. 피고와 소외 홍길동간의 별지목록 기재 부동산에 관한 2013. 5. 10.자 체결된 증여계약은 취소한다.
2. 피고는 소외 홍길동에게 별지목록 기재 부동산에 관하여 서울중앙지방법원 강남등기소 2013. 5. 12. 접수 제1234호로 경료된 소유권이전등기의 말소등기 절차를 이행하라.
3. 소송비용은 피고의 부담으로 한다.

라는 판결을 구합니다.

☞ 유의사항

1. 사행행위 취소의 소가는 취소되는 법률행위의 목적의 가액을 한도로 한 원고의 채권액이므로 목적물 가액과 원고의 채권액 중 낮은 금액을 소가로 한다.
2. 이전등기말소의 소가는 말소청구(목적물가액×1/2)와 원고의 채권액 중 낮은 금액을 소가로 한다.
3. 목적물가액 : 토지(=공시지가×면적㎡×30/100)+건물(=시가표준액×30/100)
4. 1항과 2항은 흡수법칙이 적용되어 다액을 소가로 한다.

〈작성례 2〉 사해행위 취소의 소(매매)

> 1. 피고와 소외 홍길동간의 별지목록 기재 부동산에 관한 2012. 5. 10.자 체결된 매매예약과 2013. 5. 10.자 체결된 매매계약을 취소한다.
> 2. 피고는 원고에게 위 부동산에 관하여 의정부지방법원 등기과 2012. 5. 10. 접수 제1234호로 경료한 소유권이전청구권가등기 및 같은 등기과 2013. 5. 10. 접수 제5678호로 경료한 소유권이전등기의 각 말소등기절차를 이행하라.
> 3. 소송비용은 피고의 부담으로 한다.
>
> 라는 판결을 구합니다.

☞ 유의사항

1. 사행행위 취소의 소가는 취소되는 법률행위의 목적의 가액을 한도로 한 원고의 채권액이므로 목적물 가액과 원고의 채권액 중 낮은 금액을 소가로 한다.
2. 가등기 및 본등기의 말소의 소가는 말소청구(목적물가액×1/2)와 원고의 채권액 중 낮은 금액을 소가로 한다.
   목적물가액 : 토지(=공시지가×면적㎡×30/100)+건물(=시가표준액×30/100)
3. 1항과 2항은 흡수법칙이 적용되어 다액을 소가로 한다.

〈작성례 3〉 사해행위 취소의 소(근저당 설정)

> 1. 피고와 소외 홍길동간의 별지목록 기재 부동산에 관한 2012. 5. 10.자 체결된 근저당권설정계약은 취소한다.
> 2. 피고는 소외 홍길동에게 별지목록 기재 부동산에 관하여 의정부지방법원 등기과 2013. 5. 10. 접수 제1234호로 경료한 근저당권설정등기의 말소등기절차를 이행하라.
> 3. 소송비용은 피고의 부담으로 한다.
>
> 라는 판결을 구합니다.

☞ 유의사항

1. 사행행위 취소의 소가는 취소되는 법률행위의 목적의 가액을 한도로 한 원고의 채권액이므로 목적물 가액과 원고의 채권액 중 낮은 금액을 소가로 한다.
2. 근저당권등기의 말소 소가는 말소청구(목적물가액×1/2)와 원고의 채권액 중 낮은 금액을 소가로 한다.
   목적물가액(=피담보채권액 즉 근저당권채권최고액)
3. 1항과 2항은 흡수법칙이 적용되어 다액을 소가로 한다.

〈작성례 4〉 사해행위 취소의 소(가액배상)

1. 피고와 소외 홍길동간의 별지목록 기재 부동산에 관한 2012. 5. 10.자 체결된 매매 계약은 금 40,000,000원의 한도에서 이를 취소한다. 2. 피고는 원고에게 금 40,000,000원 및 이에 대한 이 판결선고일 다음날부터 완제일까지 연 5%의 비율에 의한 금원을 지급하라. 3. 소송비용은 피고의 부담으로 한다. 라는 판결을 구합니다.

☞ 유의사항

1. 사행행위 취소의 소가는 취소되는 법률행위의 목적의 가액을 한도로 한 원고의 채권액이므로 목적물 가액과 원고의 채권액 중 낮은 금액을 소가로 한다.
2. 가액배상을 청구하는 경우 가액을 소가로 한다.
3. 1항과 2항은 흡수법칙이 적용되어 다액을 소가로 한다.

6. 소송비용

(1) 기재내용

법원이 사건을 완결하는 재판을 할 때에는 반드시 직권으로 그 심급의 소송비용의 부담에 관한 재판을 하여야 하고(법 104조), 당사자에게는 법률상 소송비용 부담의 재판을 구할 신청권이 없으므로 당사자의 신청은 직권발동을 촉구하는 의미밖에 없다. 그러나 실무상의 관행은 소송비용의 부담에 관하여 청구취지의 일부로 기재하고 있다.

(2) 구체적인 기재례

〈작성례 1〉 소송비용

2. 소송비용은 피고가 부담한다. 라는 판결을 구합니다. 2. 소송비용은 피고들의 부담으로 한다. 라는 판결을 구합니다.

7. 가집행의 선고

(1) 기재내용

가집행의 선고는 확정되지 아니한 종국판결에 집행력을 부여하는 형성적 재판으로서 법원은 재산권의 청구에 관한 결정에는 상당한 이유가 없는 한 당사자의 신청 유무를 불문하고 직권으로 이를 선고하도록 되어 있어 소송비용의 결과와 마찬가지로 반드시 이를 신청하여야 하는 것은 아니지만 법원의 직권발동을 촉구하는 의미에서 청구취지에 기재하는 것이 실무상 관행이다.

(2) 구체적인 기재례

〈작성례 1〉 가집행

3. 제1항은 가집행할 수 있다.
라는 판결을 구합니다.

3. 제1항 중 건물인도 부분은 가집행할 수 있다
라는 판결을 구합니다.

8. 병합청구

(1) 기재내용

청구의 병합(객관적 병합)이란 원고가 하나의 소송절차에서 여러 개의 청구를 하는 것으로써 이는 당사자 사이의 여러분 쟁을 한 절차로 처리할 수 있어서 소송경제와 재판의 통일을 도모할 수 있다. 이러한 청구의 병합(객관적 병합)에는 ① 양립하는 여러 개의 청구를 병렬적으로 병합하여 전부에 대해 판결을 구하는 '난순병합'과 ② 양립하는 여러 개의 청구를 택일적으로 병합하여 어느 하나의 인용을 해세조건으로 하여 다른 청구에 대해 심판을 청구하는 '선택석 병합' 그리고 ③ 양립할 수 없는 여러 개의 청구를 순치적으로 병합해 수위석 청구의 인용을 해세조건으로 예비직 청구에 관해 심판을 구하는 '예비적 병합'이 있다.

공동소송(주관적 병합)이란 한 소송절차에서 여러 사람의 원고 또는 피고가 관여하는 소송으로써 소의 주관적 병합 또는 다수당사자소송이라고도 하는데 이러한 주관적 병합에는 ① 공동소송인 전원에 대해 소송목적의 합일확정이 필수적으로 요구되는 '필수적 공동소송'과 ② 공동소송인에 대해 법률상 합일확정의 필요가 없는 '통상공동소송'이 있다.

	병합형태	구체적 사례
객관적 병합	단순병합	매매대금청구와 대여금 청구를 같이하는 경우
	선택적 병합	이혼소송에서 부정한 행위와 혼인을 계속하기 어려운 중대사유를 들어 청구하는 경우
	예비적 병합	주위적 청구가 기각되거나 각하될 것을 대비해서 예비적 청구를 구하는 경우
주관적 병합	단순병합	원고 또는 피고가 2명 이상인 경우
	선택적 병합	원고에게 피고 김○○ 또는 박○○은 금 5백만원을 지급하라
	예비적 병합	주위적 청구: 원고에게 피고 김○○은 금 5백만원을 지급하라 예비적 청구: 원고에게 피고 박○○은 금 5백만원을 지급하라

(2) 구체적 기재례

〈작성례 1〉 병합 청구(객관적 예비적 병합)

주위적으로

1. 피고는 원고에게 별지목록 기재 토지에 관하여 의정부지방법원 등기과 2013. 5. 10. 접수번호 제1234호로 경료된 소유권이전등기의 말소등기절차를 이행하라.
2. 소송비용은 피고의 부담으로 한다.
3. 제1항은 가집행할 수 있다.

예비적으로

1. 피고는 원고에게 별지목록 기재 토지에 관하여 이 사건 소장부본 송달일 명의신탁 해지를 원인으로 한 소유권이전등기절차를 이행하라.
2. 소송비용은 피고의 부담으로 한다.

라는 판결을 구합니다.

〈작성례 2〉 병합 청구(주관적 예비적 병합)

주위적으로
1. 피고 홍길동은 원고에게 금 30,000,000원 및 이 소장부본 송달다음날부터 완제일 까지 연 15%의 비율에 의한 금원을 지급하라.
2. 소송비용은 피고의 부담으로 한다.
3. 제1항은 가집행할 수 있다.

예비적으로
1. 피고 ○○ 주식회사는 원고에게 금 30,000,000원 및 이 소장부본 송달 다음날부터 완제일 까지 연 15%의 비율에 의한 금원을 지급하라.
2. 소송비용은 피고의 부담으로 한다.
3. 제1항은 가집행할 수 있다.

라는 판결을 구합니다.

Ⅵ. 청구원인

1. 총 설

(1) 의 의

청구원인이란 광의의 의미로는 소송물인 권리관계의 발생원인에 해당하는 사실관계 즉 권리근거규정의 요건사실을 말하는 것으로 청구를 이유 있게 하는데 필요한 일체의 사실을 의미하고, 협의의 의미로는 소송물을 특정하기 위해 필요한 사실관계를 말한다.[16)]

(2) 청구원인의 표시

1) 기재내용

① 청구취지와 함께 소송목적인 권리 또는 법률관계를 특정하여 당해 소송

16) 예를 들어 1천만원의 대여금 청구소송에서 대여일, 당사자, 대여금액이 이에 해당한다. 그러나 변제기일 도과는 광의의 청구원인일 뿐이고 협의의 청구원인은 아니다.

에서 원고가 주장·입증하고 법원이 판단하여야 할 사항을 제시하는 것으로서, 소장의 필요적 기재사항이다. 청구원인은 어떠한 권리 또는 법률관계에 기하여 청구에 이르렀는지를 알 수 있도록 특정하여야 하며 피고의 항변이 제출되지 아니한다면 그 내용만으로 원고의 청구가 인용되기에 필요하고도 충분한 사실관계를 기재하여야 한다.

② 소송목적인 권리의 발생 요건에 해당하는 요건사실을 주장·입증할 책임은 변론주의 원칙상 원고에게 있는 것으로 청구원인에서 빠짐없이 이를 기재하여야 하고 이로써 충분하다. 원고가 주장·입증하여야 할 요건사실이 무엇인가는 권리마다 그 발생 규범인 실체법의 내용에 따라 정하여 진다.

2) 기재방식

청구원인의 기재방식에 정형이 있는 것은 아니나 청구원인은 재판 및 판결의 기초가 되는 점에서 일반적으로 사용되는 방식에 따르는 것이 좋다, 보통 육하원칙에 따라 ① 원고가 피고에게(누가), ② 2013. 5. 10.에(언제), ③ 부동산 중계사무실에서(어디서), ④ 아파트 매매를 위해(왜), ⑤ 잔금 1억원을(무엇을), ⑥ 2013. 7. 10.에 지급하기로 하였지만 이를 지급하지 않았다(어떻게).라고 적으면 된다. 이때 보통 청구원인은 내용이 길어질 수 있으므로 재판부가 알아보기 쉽도록 항목을 구분하여 작성하는데 첫째 항은 1. 둘째 항은 (1), 셋째 항은 1), 다섯째 항은 가)와 같이 작성자의 편의대로 하면 되고 달리 정해져 있는 것은 아니다. 그리고 청구원인에서는 원·피고의 당사자외에 증인 등 제3자를 언급할 경우에는 '소외 홍길동'(신청사건의 경우에는 '신청외 홍길동')과 같이 그 앞에 '소외' 또는 '신청외'라는 말을 기재하여 구분하여 사용하고 있다. 가능한한 주어를 변경하지 아니하고 시간적 순서에 따라 기재하며 언어는 법원에 대해 판결을 구하는 것이므로 경어체를 사용하는 것이 좋다. 간접사실에서 추정되는 의견이나 법률적 견해는 사실과 분리하여 기재하여야 하며 법률적 견해는 결론 부분에 소송목적을 특정함에 필요 충분한 정도로 기재하면 된다. 결론 부분은 청구취지 기재의 주문이 나올 수 있는 법률적 견해를 분명히 함으로써 소송목적을 특정하고 나아가 청구원인이 청구취지를 이유 있게 하는 것인지를 스스로 검토하게 하는 것으로 통상 피고를 주어로 하여 결론을 맺는다.

2. 이행청구

(1) 매매대3금 청구

[요건사실]

1. 매매대금만 청구하는 경우

원고는 청구원인으로 매매계약의 체결사실, 즉 "원고는 피고에게 어떤 재산권을 이전하여 주기로 하고, 피고는 일정액의 대금을 지급하기로 한 사실"만 주장하면 된다.

2. 매매대금에 대한 이자를 함께 청구하는 경우

원고가 매도인으로서 매매대금에 대한 이자의 지급을 구하기 위해서는 피고에게 목적물을 매각한 사실과 일정시점에서 피고에게 목적물을 현실적으로 인도한 사실을 주장·입증하면 족하다.

3. 매매대금에 대한 지연이자를 함께 청구하는 경우

원고가 매매계약을 체결한 사실외에 대금지급기한이 도래한 사실 및 목적물을 인도한 사실(소유권이전등기의무의 이행, 이행의 제공 + 손해의 발생 및 범위)을 주장하여야 한다.

[기재례]

청 구 원 인

1. 원고는 시계 도매업을, 피고는 시계 소매업을 각 경영하고 있습니다.
2. 원고는 2012. 2. 1. 피고에게 ○○손목시계(품명 △△) 50개를 대금 500만원에 대금지급기일은 2012. 4. 31.로 정하여 매도하고 같은 날 위 시계 50개를 인도하여 주었습니다.
3. 따라서 피고는 원고에게 매매대금 500만원 및 이에 대한 대금지급기일 나음날인 2012. 5. 1.부터 이 사건 소장 부본 송달일까지는 상법이 정한 연 6%의, 그 다음날부터 다 갚는 날까지는 소송촉진등에 관한 특례법이 정한 연 15%의 각 비율에 의한 지연손해금을 지급할 의무가 있습니다.

■ 작성·접수방법

1. 위 사례는 매매대금청구권과 손해배상청구권 두 가지를 소송물로 하고 있다. 매매대금청구권의 발생요건사실로 계약 당사자, 계약일, 계약목적물, 매매대금 등 계약 내용과 매매 약정을 기재함

으로써 이를 특정한다.
2. 대금지급 지체로 인한 손해배상금을 구하는 경우 이행지체 요건으로 인도사실을 기재하여야 하고 그 기산일을 특정하기 위하여 대금지급기일을 각 명시할 필요가 있으며, 상법 소정의 연 6%의 이율로 청구하기 위하여는 당사자가 상인이거나 매매가 상행위임을 표시하는 기재를 하여야 하나, 민법 소정 연 5%의 비율로 구할 때에는 당사자의 직업을 기재할 필요가 없다.
3. 소송촉진 등에 관한 특례법 소정의 지연손해금을 구하는 경우 그 기산일과 종료일을 명시하고 지연손해금의 발생 근거가 되는 법률을 표시하여 준다.
4. 권리의 발생요건에 아무런 영향이 없는 행위의 동기, 연혁, 경위 등은 기재할 필요가 없고 계약내용 중에서 권리발생요건과 무관하여 쟁점이 되지 아니하는 사실도 장황하게 기재할 필요가 없다.

(2) 약속어음금 청구

[요건사실]

1. 원고측 : 피고의 어음발행 + 어음상 권리의 원고귀속 + 원고의 어음소지
2. 피고측 항변 : 어음법 제17조의 적용을 받는 항변(원인관계 흠결, 어음행위에 관한 의사표시의 하자, 어음외의 특약에 기하여, 대리권, 대표권 남용 등), 보충권 남용항변, 강행법규 위반, 위조, 변조 주장, 융통어음 항변, 교부행위 흠결의 항변, 백지보충권 남용원고는 시계 도매업을, 피고는 시계 소매업을 각 경영하고 있습니다.

[기재례]

청 구 원 인

1. 피고 김○○은 2012. 5. 1. 액면금 3,000만원, 수취인 소외 이○○, 지급기일 2012. 10. 1. 발행지 및 지급지 각 백지, 지급장소 주식회사 △△은행 삼성동 지점으로 된 약속어음 1장을 소외 이○○에게 발행 하였습니다.
   피고 박○○은 소외 이○○, 피고 최○○의 배서가 연속하여 기재된 위 약속어음을 피고 최○○으로부터 교부받아 같은 해 10. 15. 위 어음에 지급거절 증서 작성의무를 면제하는 배서를 하여 원고에게 교부하였습니다.
   원고는 위 어음의 발해지 및 지급지를 각 서울특별시로 보충하여 같은 달 21. 위 지급장소에서 지급제시 하였으나 예금부족으로 지급거절 되었습니다.
2. 이 사건 약속어음의 발행인 란에 기재된 피고 김○○에 의하여 발행된 것으로 추정된다 할 것이고 원고는 형식상 배서의 연속에 아무런 흠이 없는 이 사건 어음을 최종 배서인인 피고 정으로부터 배서 양도 받은 것이므로 이 사건 어음상의 권리를 유효하게 취득하였습니다.

3. 그렇다면 피고들은 합동하여 원고에게 위 약속어음금 3,000만원 및 이에 대하여 위 약속어음의 만기(지급기일)인 2012. 10. 1.부터 이 사건 소장 부본 송달일까지는 어음법 소정 연 6%의 이자를, 그 다음날부터 다 갚는 날까지는 소송촉진 등에 관한 특례법 소정 연 15%의 비율에 의한 지연손해금을 지급할 의무가 있습니다.

■ 작성·접수방법

1. 위 사례는 약속어음의 소지인이 발행인 및 배서인 중 일부를 상대로 어음금, 이자 및 지연손해금을 청구하는 것으로 피고들은 각자가 전액의 지급의무를 부담하고 그 중 어느 한 사람이 지급하면 채무가 소멸하는 어음법상의 합동책임을 부담한다.
2. 발행인에 대한 어음액면금 청구는 피고가 발행한 어음요건을 모두 갖춘 어음을 연속된 배서를 거치거나 또는 어음상 권리를 실질적으로 이전받아 원고가 소지하고 있는 사실을 기재하면 되나 법정이자까지 청구하려면 지급제시 기간 내에 지급 제시한 사실도 기재하여야 한다. 지연손해금도 지급제시를 하여야만 청구가 가능하며, 지급 제시한 다음날부터 이를 청구할 수 있다.
3. 배서인에 대하여 상환청구를 하려면 발행인에 대한 경우와 마찬가지 방법으로 원고가 어음을 소지하고 있는 사실 외에도 지급제시기간 내에 적법하게 지급 제시한 사실과 지급거절증서가 작성되었거나 작성이 면제된 사실을 지재하여야 한다. 어음요건 중 백지 부분에 관하여 보충권을 부여 받은 경우에는 이를 행사하여 보충권의 범위 내에서 어음 원본의 백지 부분을 반드시 보충하여 이를 근거로 청구하여야 한다. 위 2항은 발행인이 위조 주장을 하고 있어 공격방법의 하나로 기재를 한 것으로 청구원인이 필요적 기재사항이 아니나 쟁점의 부각을 위하여 기재한 것이다.
4. 지급제시기간 내에 적법한 지급제시가 있었던 경우에는 비록 만기 후에 제시 되었어도 발행인 및 배서인은 어음금액 외에 만기일부터 어음법 소정 연 6%의 법정이자를 지급하여야 한다. 어음 소지인은 만기전이라도 장래이행의 소의 요건을 갖춘 경우에는 만기에 어음금 및 만기 이후의 법정이자나 지연손해금을 지급하라는 판결을 미리 청구할 수 있다.

(3) 소유권보존등기말소등기 청구

[요건사실]

1. 원고측 : 등기 말소사유의 존재(원시적, 후발적, 절차적, 실체적 하자), 부적법한 등기에 터잡아 이루어진 등기, 중복등기에서 후보존등기 및 이에 터잡은 이전등기
2. 피고측 항변 : 부적법한 등기가 아님, 원고가 진정한 소유자가 아님, 실체적 관리관계에 부합(매수, 소유취득), 부적법성의 치유, 선의의 제3자, 정당한 대리행위 및 추인, 중복등기인 경우 신보존등기가 우효원고는 2013. 2. 10. 별지목록 기재 건물에 관하여 서울 강남구청 제1234호로 건축허가를 받아 원고의 비용으로 이를 완공함으로써 원시적으로 그 소유권을 취득하였습니다.

[기재례]

청 구 원 인

1. 원고는 2013. 2. 10. 별지목록 기재 건물에 관하여 서울 강남구청 제1234호로 건축허가를 받아 원고의 비용으로 이를 완공함으로써 원시적으로 그 소유권을 취득하였습니다.
2. 그런데 피고는 위 건물이 자기의 소유인 듯이 관계 문서들을 위조 행사하여 서울중앙지방법원 등기국 2013. 3. 1. 접수 제1234호로 피고 명의의 소유권보존등기를 마쳤습니다.
3. 그렇다면 피고 명의의 위 등기는 실체적 권리관계없이 마쳐진 원인무효의 등기이므로 피고는 원고에게 위 등기의 말소등기절차를 이행할 의무가 있습니다.

■ 작성·접수방법

1. 등기원인의 무효를 주장하는 등기말소청구 사건이다. 말소등기절차이행을 구하려면 말소를 구하는 등기를 특정하기 위하여 등기소명, 등기 연월일과 접수번호를 기재하여야 한다. 이전등기청구와 달리 등기원인 사실과 그 일자는 기재하지 않아도 된다.
2. 부동산 소유권에 기한 물권적 방해배제청구권 행사의 일환으로 부동산에 관하여 마쳐진 타인명의의 소유권보존등기 말소를 구하려면 먼저 자신에게 말소를 청구할 수 있는 권원이 있음을 적극적으로 주장, 증명하여야 하며 만일 그러한 권원이 있음이 인정되지 않는다면 설사 타인명의의 소유권보존등기가 말소되어야 할 무효의 등기라고 하더라도 청구가 인용될 수 없다. 위 사례는 건물의 소유권에 기한 방해배제청구권을 소송물로 하고 있으므로 원고 소유의 건물에 관하여 무효의 등기가 존재하고 있다는 요건사실을 청구원인으로 기재한다.
3. 등기가 무효인 점은 원고가 주장·입증하여야 하므로 무효의 등기가 이루어지게 된 경위를 구체적으로 주장할 필요가 있다. 토지의 경우 토지조사부에 소유자로 등재되어 있는 자는 재결에 의하여 사정 내용이 변경되었다는 등 반증이 없는 이상 토지 소유자로 사정받아 그 사정이 확정된 것으로 추정되어 토지를 원시적으로 취득하게 되고 소유권보존등기의 추정력은 보존등기 명의인 이외의 자가 당해 토지를 사정받은 것으로 밝혀지면 깨진다. 그러나 사정 이후에 사정명의인이 토지를 다른 사람에게 처분한 사실이 인정된다면 사정명의인 또는 상속인들에게는 소유권보존등기 명의인을 상대로 등기의 말소를 청구할 권원이 없다.
4. 매매계약을 원인으로 한 소유권이전등기 후 매매가 사기에 의한 것임을 이유로 취소하고 등기의 말소를 구하는 경우라면 요건사실로 ① 원, 피고간에 매매계약이 있었고 이에 기하여 피고 명의로 이전등기가 마쳐진 사실, ② 위 매매가 피고의 사기에 의하여 하자 있는 의사표시로 이루어진 사실, ③ 원고가 위 의사표시를 취소하는 의사표시를 하였고 이것이 피고에게 도달한 사실을 기재하고 결론으로 원상회복 또는 소유권에 기한 물권적 청구권에 기하여 청구한다는 취지를 기재하면 된다. 이 경우 사기가 있었는지 여부가 쟁점이 될 가능성이 크므로 그 수단 방법을 구체적으로 적시 하여야 할 것이다. 피고의 매수대금 지급채무의 이행지체를 이유로 원고인 매도인이 매매계약을 해제한 경우에는 ① 원고는 언제 피고와 어떤 매매계약을 체결하고 이에 기하여 소유권이전등기를 하여 준 사실, ② 피고의 채무 불이행 사실, ③ 원고가 이행 또는 이행의 제공을

하고 피고에게 이행할 것을 최고 하였으나 피고가 이행하지 아니하여 이행지체로 인하여 해제권이 발생한 사실, ④ 원고가 언제 어떠한 방법으로 해제권을 행사하여 그 의사표시가 언제 피고에게 도달하였다는 사실을 요건사실로 기재하고 원상회복 또는 소유권에 기하여 등기 말소 청구를 한다는 취지를 기재한다.

(4) 대지인도 등 청구

[요건사실]

1. 원고 소유의 부동산인 사실(피고가 불법하게 점유하고 있다는 사실은 요건사실이 아니고, 적법하게 점유하고 있다는 사실은 피고의 항변사유이다)
2. 피고가 점유 중인 사실

[기재례]

청 구 원 인

1. 원고는 2010. 1. 15. 피고 김○○ 사이에 원고 소유의 별지 목록 기재 대지를 임대 보증금은 5,000만원, 월 차임은 100만원, 임대기간은 2012. 1. 14.까지로 하고, 기간 종료시에는 원상회복하여 반환받기로 약정하여 임대 하였습니다.
2. 피고 김○○는 위 대지 상에 별지 목록 기재 가건물을 축조하여 소유하면서 그 건물을 피고 이○○에게 임대하여 그로 하여금 사용하게 하면서도 2011. 9. 15.부터 차임을 지급하지 아니하고 있는 바. 2012. 1. 14. 기간만료로 위 임대차 계약이 종료 되었습니다.
3. 따라서 원고는 피고 김○○ 에게 위 대지 소유권 및 임대차계약에 기하여 위 가건물의 철거와 대지의 인도 및 2011. 9. 15.부터 위 대지 인도일 까지 월 100만원의 비율에 의한 차임 또는 차임 상당의 부당이득금의 반환을 구할 권리가 있고 피고 이○○에게는 위 대지소유권에 기하여 위 가건물로부터의 퇴거를 청구할 권리가 있습니다.

■ 작성·접수방법

1. 위 사례는 원고가 토지 임대차계약의 종료를 원인으로 토지의 인도, 그 지상 건물의 철거, 차임 및 동액 상당의 부당이득, 건물 임차인의 퇴거를 함께 청구하는 사안이다. 일반적으로 인도·철거·퇴거의 청구는 소유권에 기하여 그 방해배제 또는 반환청구로서 하는 것이 보통이다. 그 목적물의 임차인이나 미등기 건물의 매수인 등과 같이 배타적 사용·수익권이 없는 사람은 점유자에게 직접 인도를 구할 수 없고 임대인이나 매도인 등 배타적 사용·수익권이 있는 사람을

대위하여 청구하여야 하는데 이 경우 점유자의 항변권으로 대항을 받을 수도 있다.

2. 차임은 계약이 존속하는 경우에 청구할 수 있고 계약이 종료되면 차임 상당의 손해배상 또는 부당이득반환 청구를 하여야 하며, 이때 약정차임은 손해배상 또는 부당이득금의 기준으로서의 역할을 한다. 계약기간 만료 후에도 차임 상당의 손해배상 청구를 하려면 원고가 목적물에 대하여 소유권 기타 사용 수익권을 가지고 있어야 한다.
3. 상대방이 동시이행항변권을 가지고 있는 경우에는 손해배상청구를 할 수 없으므로 차임 상당의 부당이득을 청구하여야 할 것이다. 인도나 철거를 구하는 경우 피고가 무자력이어서 차임 청구를 하여도 금전 배상을 받기 어려운 경우가 있으나 이 경우에도 금전 지급에 관한 집행권원을 받아 두는 것이 필요할 때도 있다. 차임 지급 사실은 피고가 입증하여야 하나 차임 청구의 기산일을 확정하기 위하여 언제까지 차임이 지급되었는지 또는 언제부터 차임을 연체하고 있는지를 명백히 기재한다.

(5) 손해배상청구

[요건사실]

1. 원고측 : 인적손해, 물적손해 발생
2. 피고측 항변 : 부제소 합의, 운행자책의 면책요건, 운행자 지위상실의 항변, 사고와 손해사이의 인과관계 부정, 위법소득, 특수하고 우연한 사정 의한 수입 등, 과실상계, 손익상계, 공제항변

[기재례]

청 구 원 인

1. 손해배상책임의 발생

가. 이 사건 교통사고의 발생

피고는 피고 소유의 서울ㅇㅇ가ㅇㅇ호 벤츠 승용차를 운전하는 자이고, 원고는 피고가 운전하는 승용차에 부상당한 피해자입니다.

나. 손해배상책임의 발생경위

피고는 20ㅇㅇ. ㅇ. ㅇ. ㅇㅇ:ㅇㅇ경 혈중 알코올 농도가 2.18%로 만취한 상태에서 서울 ㅇㅇ구 ㅇㅇ동 소재 ㅇㅇ 앞 교차로에서 ㅇㅇ방면으로 좌회전하여 맞은 편 도로로 진입하던 중 ㅇㅇ 방면에서 직진하는 원고의 소나타 승용차의 운전석 문을 들이 받아 원고로 하여금 왼쪽 갈비뼈 두 개가 부러지고 왼팔굽이 골절되는 중상을 입혔습니다.

2. 손해배상책임의 범위

가. 원고에 관한 기초사실

(1) 성별 : 여자

(2) 생년월일 : 1956. 5. 1.

(3) 연령(사고당시) : 51년 7개월(사고발생일 : 2007. 12. 9.)

(4) 기대여명 : 약 31.44년

(5) 직업 : 이건 사고 당시까지 약 20여년간 건축공사장의 줄눈공(일명 : 메지공)으로 종사해 왔음

(6) 소득관계 : 줄눈공의 임금 금 81,493(2007. 하반기. 대한건설협회에서 발행한 월간거래가격표에 의한 줄눈공의 하루 노임)을 적용함. 원고는 통계상 그 임금을 받으며 매달 평균 22일을 일함. 결국 원고의 매월 평균소득은 금 1,792,846원(= 81,493원 × 22일)

(7) 노동능력상실률 : 29%

(8) 가동기간 : 사고일로부터 만60세기 되는 2016. 4. 30.까지 약 101개월(100개월 23일)

(9) 사고로 인한 치료기간

1) 입원치료 : 2007. 12. 9.부터 2008. 6. 13.까지(6개월 5일)

2) 통원치료 : 2008. 6. 14.부터 2009. 12. 3.까지(17개월 20일)

나. 일실수입계산

(1) 입원기간동안 일실수익

2007. 12. 9.부터 2008. 6. 13.까지(6개월 5일)

1) 호프만 수치: 5.9140 + (6.8857 − 5.9140) × 5/30 = 6,0759

2) 위 기간 동안의 일실소득: 6.0759 × 1,792,846원 = 10,893,153원

(2) 입원 후 한시적 장애기간까지 일실수익

2008. 6. 14.부터 2009. 12. 3.까지(17개월 20일)

1) 호프만 수치

2007. 12. 9.부터 2009. 12. 3.까지 호프만수치(22.6774)에서

2007. 12. 9.부터 2008. 6. 13.까지 호프만수치(6.0759)를 뺀

호프만 수치 16.6015(= 22.6774 − 6.0759)

2) 위 기간 동안의 일실소득

16.6015 × [1,792,846원 × 노동능력상실률29%] = 8,031,534원

(3) 일실수입의 합계

10,893,153원 + 8,631,534원 = 19,524,687원

다. 치료비

(1) 기왕치료비 : 금 1,989,822원

원고는 이 사건 사고로 인하여 ○○대학교 ○○병원에서 입원하여 치료를 받으면서 치료비 금 1,989,822원을 부담하였습니다.

(2) 향후치료비 : 금 8,460,000원

○○대학교 ○○병원 성형외과 전문의의 신체감정에 의하여 이 사건 사고로 인하여 생긴 흉터 치료를 위해 두 번의 지방이식수술을 하여야 하고 향후 치료비는 금 8,460,000원이 소요 된다고 합니다.

(3) 치료비 합계 : 10,449,822원(= 1,989,822원 + 8,460,000원)

라. 개호비 : 금 7,870,878원

(1) 인정기간

원고는 2007. 12. 9.부터 2008. 6. 13.까지(6개월 5일) 입원기간 동안 원고는 거동을 할 수 없는 상태였기 때문에 원고의 딸인 ○○○와 ○△△이 돌아가면서 개호를 하였습니다.

(2) 개호비 계산

2007. 12. 9.부터 2008. 6. 13.까지 입원기간(6개월 5일)

(가) 호프만수치 : 5.9140 + (6.8857 − 5.9140) × 5/30 = 6.0759

(나) 위기간의 개호비 : 6.0759 × 1,295,426원(58,883 × 22일) = 7,870,878

마. 위자료 : 금 10,000,000원

원고는 아무런 과실없이 이 사건 교통사고를 당하여 29%에 달하는 노동능력을 상실하여 말할 수 없는 정신적 고통을 받고 있는바, 그렇다면 피고는 원고에게 금 10,000,000원으로 위자함이 상당하다고 사료됩니다.

3. 결 론

따라서 피고는 원고에게 금 47,845,387원 및 이에 대하여 이 사건 발생일인 20○○. ○. ○.부터 이 사건 소장부본 송달일까지는 민법 소정의 연 5%의, 그 다음날부터 완제일까지 소송촉진 등에 관한 특례법 소정의 연 15%의 비율에 의한 금원을 지급할 의무가 있다고 할 것인바, 원고는 위 금원을 지급받기 위하여 이 사건 청구에 이르게 된 것입니다.

■ 작성·접수방법

1. 손해배상(자) 청구의 소에서 청구원인을 기재하는 경우 일반적으로 ① 손해배상책임의 발생부분, ② 손해배상의 범위부분, ③ 결론부분으로 구성한다.

2. 손해배상책임의 발생은 사고 당사자간의 관계, 사고발생 경위, 피고의 불법행위성립요건(고의, 과실)등에 대하여 순차적으로 자세히 기재하면 된다.
3. 손해배상의 범위는 사고로 인해 발생한 구체적 손해에 따라 일실수입, 치료비, 개호비, 위자료, 장례비, 재산상손해 등 손해액을 산정하고, 여기에 과실상계와 손익상계를 하여 구체적인 손해액을 계산하면 된다.

(1) 일실수입

1) 사고당시의 수입액·소득액 기준으로 산정

일실수입은 사고당시의 수입액·소득액을 기준으로 계산하는데 사고당시 종사하고 있는 직업이나 업무로부터 얻고 있는 통상소득을 제1차적 기준으로 산정한다. 그러나 통상소득 이외의 특별손해는 가해자가 알았거나 알 수 있었을 경우에만 포함할 수 있다. 사고당시의 소득액이란 급여소득자의 경우에는 당해 급여를 기준으로 하고, 사업소득자의 경우에는 당해 사업소득을 기준으로 하며, 급여소득자나 사업소득자 중에서 근로소득세의 원천징수가 행하여지지 아니하는 등 급여기준이 일정하지 아니한 영세업체의 근로자(배달원 등)나 일급제 근로자 또는 개인사업주인 피해자의 수입이 주로 사업주 개인의 노무에 의존하고 있으나 개인적인 기여도를 측정하기 곤란한 사업소득자(개인택시운전사) 등의 경우에는 임금구조기본통계조사보고서에 의한 통계소득을 기준으로 하고, 무직자의 경우에는 도시일용노임단가 또는 농촌일용노임단가를 기준으로 산정한다.

2) 가동기간 동안이 수입액·소득액 기준

일실수입은 가동연령이 시작되는 20세(남자의 경우에는 군복무기간 때문에 23세)부터 가동연령이 종료되는 시점까지만 산출한다. 일반적으로 일용노동자의 가동연한은 통상 60세가 될 때까지고, 월 가동일수는 도시일용노동자는 22일, 농촌일용노동자는 25일로 적용하는 것이 실무이다(식물인간 등 예외적인 경우에는 일반인의 통상적인 가동기간 이전에 사망할 수도 있으므로 일실수입 산정시 기대여명을 고려하여야 한다).

3) 입원기간 중의 휴업손해와 입원 외의 기간 중의 일실수입

일실수입이란 사고가 발생하지 아니하였을 경우를 가정하여 사고가 없었더라면 피해자가 장차 얻을 수 있었을 것이라고 예측되는 이익 또는 소득을 의미한다. 실무상 일실수입은 입원기간 중의 일실수입에 해당하는 휴업손해부분(입원기간은 100%의 노동능력상실이 있다고 본다)과 입원기간 외의 기간에 대하여 노동능력상실률(사례에서 29%)에 따른 일실수입부분으로 나누어 계산한다.

4) 구체적인 계산방법

① 기초자료 기재

피해자의 성별, 연령, 직업, 기대여명 등을 기재한다

② 입원기간 중의 일실수입(휴업손해)

피해자의 사고 당시의 소득액에 입원기간에 대한 호프만 수치를 곱한 다음 다시 여기에 100%(입원기간은 100%노동능력상실로 본다)를 곱하여 산출한다.

③ 입원기간 외의 일실수입

입원기간 외의 기간에 대한 휴업손해는 소득액에 당해 입원기간에 대한 호프만 수를 곱한 후, 다시 노동능력상실률(사례에서 29%)을 곱하여 산출한다.

주의할 것은 월단위 호프만 계수표의 호프만 계수는 지연손해금 기산일로부터 해당 월까지 손해가 계속적으로 발생할 것을 전제로 하여 그 동안의 손해를 모두 합산하여 계산하는 수치이므로 이러한 누적 개념이 아니라 미래의 일정시점에서 발생하게 될 1회적 치료비에

대한 청구 등 미래의 일정 시점에서 발생하게 될 손해에 대하여 그 현재가치를 산출하거나, 시간의 흐름에 따라 소득에 차이가 발생하여 구간별로 나누어 현재가치를 산출할 필요가 있는 경우에는 해당 월 또는 해당 구간의 호프만 계수에서 그 이전 월 또는 이전 구간의 호프만 계수를 공제하고 산출하여야 하는 것이다. 이는 구간별 호프만 계수를 적용함에 있어서 원칙이지만, 실무상 착오를 일을킬 수 있어 주의해야 한다.

또한 이러한 문제는 장래의 1회적 성형수술이나 1회적 수술 또는 장래의 보조구 비용 등 장래의 일정 시점에서 소요될 비용을 현재 청구하는 경우도 마찬가지이다. 예컨대, 지연손해금 계산일로부터 20개월 후에 500만원의 성형수술비가 소요된다고 할 경우, 이의 현재가치는 {500만원 × 0.9232(20개월에 해당하는 호프만 계수 19.1719 – 19개월에 해당하는 호프만 계수 18.2487) = 4,616,000원}이 되는 것이다.

한시적 장해의 경우에는 당해 한시적 장해 기간만 산정하면 될 것이다. 기왕증이 있는 경우에는 그 기여도를 감안하여 장해진단서 또는 신체감정서의 노동능력상실률이 계산되어 있으므로 장해진단서 또는 신체감정서에서 기여도가 반영된 노동능력상실률을 적용하면 될 것이다.

(2) 치 료 비

치료비는 기왕치료비와 향후치료비를 기재한다.

(3) 개 호 비

개호란 피해자가 사고로 인하여 타인의 간호나 조력이 필요한 경우, 이에 필요한 간호나 간병 등을 말한다. 개호인은 직업적인 개호인 뿐만 아니라 가족 등이 수시로 도와주는 경우에도 개호에 해당한다. 개호비를 산정하는데 개호기간이 관건이 되는데 그 개호기간이 원고의 사망시까지 계속 요구되는 경우라면 기초사실에서 파악한 기대여명이 그 계산의 기초가 될 것이다. 개호가 필요한지 여부는 의사의 감정결과를 근거로 법원에서 판단하지만 개호사유가 있다면 일반적으로 이를 근거로 청구한다.

(4) 위 자 료

위자료를 얼마로 산정할 것인지에 대하여는 정신적 고통을 측정할 수 없기 때문에 명확한 기준은 없지만 실무상으로는 [금 50,000,000원 × 노동능력상실률 × {1 – (피해자의 과실비율 × 6/10)}]의 산식에 의하여 산출하고 있다.

한시장해의 경우에는 기준이 되는 기한을 10년으로 설정하고 예컨대, 3년 한시장해일 경우 해당 노동능력상실률에 3/10을 곱하여 산정된 노동능력상실률을 위 식에 대입하여 산출한다. 위자료의 산정방법을 좀 더 구체적으로 살펴보면 다음과 같다. 즉, ① 피해자에게 과실이 없는 경우에는, ⓐ 피해자가 사망한 때 : 금 50,000,000원, ⓑ 피해자가 장해를 입어 노동능력을 상실한 때 : {금 50,000,000×노동능력상실률}의 산식에 의하여 산출된 금액이 위자료의 액수가 되고, ② 피해자에게 과실이 있는 경우에는, 위 ①항에 의한 위자료 기준금액에서 피해자의 과실비율 중 10분의 6에 해당하는 부분을 감액한 금액 즉, [위 ①항에 의한 위자료 기준금액(즉, 사망 : 50,000,000원, 장해 : 50,000,000원 × 노동능력상실률) × 1 – {(피해자의 과실비율 × 6/10)}]의 산식에 의하여 산출된 금액이 위자료의 액수가 된다.

예컨대, ① 피해자가 사망하였고, 그의 과실비율이 50%라고 하면, 위자료 액수는 [금 50,000,000원 × 1(사망은 노동능력상실률 100%) × {1 – (0.5 × 6/10)}] = 35,000,000원으로 산출되고, ② 피해자가 상해를 입어 노동능력상실률이 30%에 달하고, 그의 과실비율이 50%라고 하면, [금 50,000,000원 × 0.3(노동능력상실률) × 1 – (0.5 × 6/10)}] = 10,500,000원으로 산출된다.

(5) 생계비 공제

피해자가 사망한 경우에는 그가 생존하였다면 장차 지출하게 되었을 생계비를 지출하지 아니하게 됨으로써 이익을 얻게 되는 것이므로 그의 기대수익에서 이를 공제하여야 한다. 실무상 다양한 피해자별로 구체적인 생계비를 산정하는 것이 곤란하기 때문에 통상 수입(단, 퇴직금·퇴직연금 제외)의 1/3을 공제하고 있다(대판 1991. 8. 13. 91다8890).

(6) 장 례 비

장례비에 대한 손해배상청구는 이를 규제하는 법령의 범위 내에서만 상당인과관계 있는 손해로서 인정된다. 다만, 실무상 장례비용은 실제로 지출된 금액에 불구하고 통상 성인에 대하여는 300만원, 미성년자에 대하여는 250만원～300만원 등으로 정액화하는 추세에 있고, 이를 다툼없는 사실로 하여 처리하고 있다.

(7) 재산상 손해

불법행위로 인하여 피해자의 물건이 손괴되거나 차량이 파손되는 등 재산상 손해가 발생한 경우 이러한 재산상 손해는 수리가 가능한지 여부에 따라. 통상 수리가 가능한 경우에는 그 수리비용이, 수리가 불가능한 경우에는 그 교환가치의 감소액이 통상손해로 된다. 수리가 가능한 경우에는 그 수리비와 영업손실액을 계산하여 기재하면 되고, 수리가 불가능한 경우에는 {(불법행위당시의 시가 −잔존물 가격) × 피해자의 과실비율}의 방식으로 산정된 금액을 손해배상으로 기재하면 된다.

(8) 진단서 발급비용

진단서발급 비용은 불법행위와 상당인과관계 있는 손해로서 그 청구가 인정된다(대판 1967. 10. 31. 66다2185, 1974. 11. 12. 74다483·484). 다만, 감정비용이나 변호사비용은 소송비용 확정결정 절차에 의하여 상환받을 수 있는 것이므로 소송절차에서 청구의 대상이 되는 손해의 범위에 포함되지 아니한다.

(9) 과실상계·손익상계

과실상계란 채무불이행 또는 불법행위에 관하여 채권자(피해자)에게 과실이 있는 때에는 채무자(가해자)에 대한 손해배상의 책임 및 그 금액을 정함에 있어 상계할 수 있다는 것을 의미하고, 손익상계란 채무불이행 또는 불법행위로 인하여 손해를 받은 자가 동일한 원인으로 이익도 얻은 경우에는 그의 손해배상청구액에서 그 이익을 공제하여야 한다는 원칙을 말한다.

과실상계사유와 손익상계사유가 병존한 경우에는 과실상계를 먼저 한 다음에 손익상계를 하여야 한다(대판 1990. 5. 8. 89다카29129, 1996. 1. 23. 95다24340).

3. 확인청구

(1) 채무부존재확인 청구

[요건사실]

1. 소송물인 특정채무의 발생원인사실이 아예 없었다고 주장하는 경우에는 원고는 소송물을 특정할 정도의 주장만 하면되고, 피고가 그 발생원인사실을 주장, 입증하여야 한다,
2. 소송물인 특정채무의 발생원인이 있었지만 그것이 무효 취소되었다거나 또는 발생

한 채무가 사후 소멸되었다는 주장을 하는 경우에는 소멸원인(무효, 취소, 변제, 소멸시효 등)
3. 확인의 이익이 있음을 인정할 수 있는 사실

[기재례]

청 구 원 인

1. 원고는 2012. 1. 10 피고의 피상속인인 소외 망 김○○에게서 2,000만원을 차용한 바 있습니다.
2. 소외 망 김○○은 2013. 5. 10. 사망하고 피고가 단독으로 김○○을 상속하였는데 피고는 위 차용증서 사본을 제시하며 원고에게 위 대여금을 변제할 것을 요구하고 있습니다.
3. 그러나 소외 김○○은 2012. 5. 10. 위 차용금채무를 면제하여 주었으므로 원고의 피고에 대한 위 차용금 채무는 소멸하였고, 원고는 이를 다투는 피고에 대한 관계에서 이를 확인할 필요가 있습니다.

■ 작성·접수방법

1. 채무부존재 확인의 소는 소극적 확인의 소로서 상대방이 이행의 소를 제기한 경우와 원·피고가 반대의 입장에 있을 뿐 이로써 입증책임이 달라지는 것은 아니다. 이 경우 권리의 발생에 관한 주장, 입증 책임은 피고에게 있고 권리의 소멸 또는 권리 발생 장애 사유에 관한 주장·입증 책임은 원고에게 있다.
2. 권리가 발생한 사실이 없음에도 피고가 권리를 주장하는 경우에는 피고에게 주된 입증 책임이 돌아가나 위와 같이 이미 발생한 권리가 소멸하였음을 주장하는 경우 원고가 그 입증을 하여야 한다.

(2) 해고무효 확인 청구

[기재례]

청 구 원 인

1. 원고는 2002. 5. 10. 피고 회사에 입사하여 영업부를 거쳐 2004. 5. 15.부터 경리부에서 성실하게 그 본분을 다하여 근무하여 왔습니다.
2. 피고는 원고가 무단결근을 하고 업무실적이 저조하다는 사유를 내세워 2012. 5. 10.

원고를 해고하고 같은 해 5. 15.경 그 통지를 보내왔으나 원고는 위와 같은 행위를 한 사실이 없고 일부 행위는 해고할 정당한 사유에 해당하지도 않았습니다.

3. 따라서 원고에 대한 위 해고는 정당한 이유가 없는 해고로서 무효이므로 원고는 그 무효확인을 구하기 위하여 이 사건 청구에 이르렀습니다.

■ 작성·접수방법

1. 위 사례 역시 소극적 확인의 소이고 해고 행위는 과거의 법률행위에 불과하여 위 해고로 인하여 부인당하고 있는 현재의 근로관계의 확인을 구하는 것이 확인의 소의 요건에 맞는 것이기는 하나 실무상 해고의 효력을 다투는 경우 해고의 무효확인을 구함으로써 해고 이후 해고로 인하여 발행한 여러 법률관계에 대한 일괄적인 확인의 수단으로 사용되어 왔다.
2. 원고는 해고가 근로기준법 제23조에 위반하여 정당한 이유없이 한 해고로서 무효라고 주장하면 되고 피고가 원고에 대한 해고사유의 존재와 그에 따른 해고의 정당성에 관한 주장입증 책임이 있다. 그러나 실무에 있어서는 소송경제상 피고가 주장한 해고사유가 부당함을 원고가 적극적으로 주장하기도 한다.
3. 해고무효확인과 함께 해고일 이후의 임금 청구를 병합하는 것이 보통이다. 언제까지의 임금을 청구할 것인가가 문제가 되니 해고가 무효라면 원직에 복직될 때까지의 임금을 일부 장래이행의 소로 구할 수 있을 것이다.

4. 형성청구

(1) 주주총회결의 취소청구

[요건사실]

1. 원고가 피고회사의 주주, 이사(청산인, 일시 이사직무집행자, 감사(일시 감사직무집행자)인 사실
2. 주주총회의 소집과 존재 사실
3 주주총회에서 결의가 있었던 사실
4. 그 결의에 취소사유가 있는 사실

[기재례]

청 구 원 인

1. 원고는 피고 회사의 주식 500주를 소유한 주주입니다.

2. 피고 회사는 2013. 1. 28. 각 주주에 대하여 2013. 2. 7. 10:00 피고의 회사의 사무실에서 임시주주총회를 개최한다는 취지의 서면 통지를 발송하였습니다.
3. 피고 회사 임시주주총회는 2013. 2. 7. 10:00 피고 회사의 사무실에서 개최되어 청구취지 기재와 같은 결의를 하였습니다.
4. 그러나 서면으로 주주총회를 소집하려면 총회일로부터 2주전에 각 주주에게 대하여 그 통지를 발송하여야 하는 바(상법 366조 제1항), 위 총회소집의 통지는 2013. 1. 28.에 발송한 것이므로 적법한 기간을 둔 것이 아닙니다.
5. 그렇다면 위 주주총회는 소집절차가 법령과 정관에 위배된 총회이므로 위 총회에서 한 결의는 취소되어야 합니다.

■ 작성·접수방법

1. 주주총회결의취소의 소는 소에 의하여 결의의 취소를 구하는 형성의 소로서 그 요건은 상법제376조에서 규정하고 있다. 즉 총회의 소집절차 또는 결의 방법이 법령 또는 정관에 위반되거나 현저하게 불공정한 때에 주주·이사 또는 감사가 원고로 되어 회사를 피고로 하여 제소한다.
2. 청구원인의 요건사실로 ① 원고와 피고와의 관계(원고적격), ② 주주총회의 소집통지, ③ 그 총회의 결의의 존재, ④ 그 결의의 취소사유의 존재와 결론을 기재하는 형식으로 구성한다.
3. 결의의 날로부터 2개월 내에 제소하여야 하는 것은 소송요건에 해당하지만 이는 객관적으로 판단할 사항으로 청구원인에 그 사실까지 기재할 필요는 없다.
4. 주주총회결의의 하자를 다투는 소송은 회사관계 소송중에서 가장 많이 볼 수 있는 소송으로 그 소송도 결의의 취소, 무효확인, 부존재확인의 세 가지 태양이 있으나 실무상 각기 그 원인의 차이를 분간하기 어려운 때가 많아 청구원인을 병합하여 제소하기도 한다.

(2) 채권자취소 청구

[요건사실]

1. 원고의 甲에 대한 채권이 있는 사실(채권발생의 원인이 되는 사실)
2. 甲이 피고에게 유일한 재산(부동산, 동산 등)을 매도하거나 채무초과상태에서 채권자들 중 한 사람인 피고에게만 근저당권 설정을 해주거나 대물변제한 사실
3. 甲이 원고를 해할 의사(사해의사)가 있었던 사실

[기재례]

청 구 원 인

1. 원고의 신용보증

원고는 소외 갑이 소외 주식회사 ○○은행(○○동지점)으로부터 2007. 8. 31. 5,000만원을 대출받음에 있어 보증기한을 2007. 8. 31.부터 2009. 8. 31.까지로 보증원금 한도액을 5,000만원으로 하여 위 대출원리금의 상환에 대한 신용보증을 하면서 위 갑과의 사이에 원고가 위 보증채무를 이행하였을 때에는 위 갑은 원고에게 위 대위변제금과 이에 대한 변제일 이후의 연 17%의 비율에 의한 지연손해금을 변제하고 위 갑이 어음교환소의 거래정지처분 또는 거래은행의 당좌거래정지처분 등을 받은 경우에는 별도의 통지나 최고 없이도 사전 구상할 수 있도록 하는 내용의 신용보증약정을 체결하고 소외 을은 위 약정에 따른 위 갑의 채무를 연대보증하였습니다.

2. 피보전채권의 성립

원고의 위 신용보증에 기하여 위 갑이 2007. 8. 31. ○○은행으로부터 5,000만원을 변제기는 2009. 8. 31. 이율은 연 13%로 정하여 대출 받았나가 원리금을 상환하지 못한 상태에서 2009. 8. 3. 부도로 거래은행으로부터 당좌거래정지처분을 받게 됨에 따라 원고는 위 ○○은행의 보증채무 이행청구를 받고 2009. 11. 21. 위 경남은행에 위 대출원리금으로 합계 51,834,264원을 대위 변제 하였습니다.

3. 사해행위

소외 을은 위 갑과 고등학교 동창이자 친한 친구로서 그의 부도사실을 전해 듣고 2009. 8. 11. 그의 소유이던 이 사건 부동산에 관하여 ○○지방법원 ○○등기소 접수 제1234호로 언니인 피고 앞으로 2009. 8. 10.자 매매예약을 원인으로 하여 소유권이전청구권가등기를 마쳐 주었다가 같은 등기소 2009. 12. 29. 접수 5678호로 2009. 8. 10.자 매매를 원인으로 위 가등기에 기한 소유권이전 본등기를 마쳐 주었습니다.

당시 위 을은 이 사건 보증채무 외에도 소외 △△은행에 800만원의 차용금 채무를, 위 ○○은행에 2,3247만원 상당의 보증채무를 부담하고 이를 담보하기 위하여 △△은행에 채권최고액 910만원으로 된 2번 근저당권설정 등기를 ○○은행에 채권최고액 2,600만원 및 4,000만원으로 된 4, 5번 각 근저당권설정등기를 마쳐 주어 합계 8,100여만원의 채무를 부담하고 있던 반면, 시가 5,00만원 상당의 이 사건 부동산 외에 달리 소유하는 재산이 없었습니다. 따라서 위 을이 피고와 사이에 이 사건 부동산에 관하여 체결한 매매예약 및 매매계약은 책임재산을 없앰으로써 원고로부터의 강제집행을 면탈하기 위한 사해행위라 할 것이고 피고는 위 을의 언니로 위와 같은 사정을 잘 알면서도 이 사건 부동산을 취득한 악의의 수익자입니다.

4. 취소의 범위 및 원상회복의 방법

다만 이 사건 부동산에 관하여 위 사해행위 당시에 이미 근저당권이 설정되어있어 그 담보채무 잔액 3,047만원(=2,247만원+800만원) 만큼의 채권자들을 위한 책임재산에서 제외되어 있었던 것이므로 이를 제외한 나머지 1,953만원(5,000만원 −3,047만원)의 범위에서 위 사해행위를 취소하고 원상회복 할 것이나 피고가 이미 위 ○○은행에 대한 피담보채무금을 변제하고 2010. 7. 25. 위 은행에 대한 근저당권설정등기를 말소하여 원상회복할 수 없는 경우에 해당하므로 피고는 사해행위로 취소되는 부분에 해당하는 가액을 반환할 의무가 있습니다.

5. 결 론

따라서 피고가 소외 을과 사이에 별지목록 기재 부동산에 관하여 2009. 8. 10.체결한 매매예약 및 매매계약은 1,953만원의 범위에서 취소되어야 하고, 피고는 원상회복으로 원고에게 1,953만원 및 이에 대한 이 판결 확정일 다음날부터 다 갚는 날까지 민법이 정한 연 5%의 비율에 의한 지연손해금을 지급할 의무가 있으므로 원고는 위 사해행위의 취소 및 위 의무의 이행을 구하기 위하여 이 사건 청구에 이르렀습니다.

■ 작성·접수방법

1. 위 사례는 사해행위가 있은 후 수익자가 목적물에 설정되어 있던 근저당권의 피담보채무를 일부 변제하였으므로 가액배상을 구하는 채권자취소송의 청구원인이다.
2. 채무자가 채권자를 해함을 알고 재산권을 목적으로 한 법률행위(사해행위)를 한 때에는 채권자는 소로써 그 취소를 구하 수 있을 뿐 소송상의 공격 또는 방어방법으로는 주장할 수 없다. 채권자자 채권자취소권을 행사하려면 사해행위로 인하여 **이익을 받은 자**나 **전득한 자**를 상대로 그 법률행위의 취소를 청구하는 소송을 제기하여야 되는 것으로서 채무자를 상대로 그 소송을 제기할 수 없으므로 이점을 주의해야 한다.
3. 여러 명의 채권자가 동시에 또는 시기를 달리하여 사해행위취소 및 원상회복청구의 소를 제기하더라도 중복제소는 아니며, 어느 한 채권자가 동일한 사해행위에 관하여 승소판결을 받아 확정되었다는 것만으로 그 후에 다른 채권자의 청구가 권리보호의 이익이 없게 되는 것은 아니다. 다만 그에 기하여 재산이나 가액의 회복을 마친 경우에 비로소 이와 중첩되는 범위에서 권리보호의 이익이 없게 된다.
4. 취소채권자의 채권액 산정기준시기는 사해행위 당시이다. 그러나 사해행위 이후 사실심 변론종결 시까지 발생한 이자나 지연손해금은 포함된다. 가등기에 기한 소유권이전등기의 본등기가 경료된 경우 원인인 법률행위와 본등기의 원인인 법률행위가 명백히 다른 것이 아닌 한 사행행위의 요건 구비 여부는 가등기의 원인된 법률행위 당시를 기준으로 판단하여야 한다.
5. 채권자는 사해행위가 있었다는 사실외에 그 법률행우기가 사해행위 즉 채권의 공동담보가 부족하게 되어 채권을 만족시킬 수 없게 된다는 것까지 안 때로부터 1년 이내에 소를 제기하여야 한다.
6. 사해행위의 취소에 따른 원상회복은 원칙적으로 그 목적물 자체의 반환에 의하여야 하는 바, 이때 사해행위의 목적물이 동산 또는 금전이고 그 현물반환이 가능한 경우에는 채권자는 직접 자기에게 그 목적물의 인도를 청구할 수 있고, 부동산의 경우 수익자나 전득자 명의의 등기 말소를

구하는 것이 원칙이나, 수익자나 전득자인 현재의 등기명의인을 상대로 채무자 앞으로 직접 소유권이전등기절차의 이행을 구할 수도 있다.
7. 저당권이 설정되어 있는 부동산에 대해 사해행위가 있은 후 변제 등에 의하여 저당권설정등기가 말소된 경우에는 원물의 원상회복은 부당하므로 부동산의 가액에서 피담보채무액을 공제한 잔액의 한도 내에서 매매계약의 일부 취소와 그 가액의 배상을 청구하며, 그 가액산정은 사실심 변론종결시를 기준으로 한다.

Ⅶ. 부수적 기재사항

1. 입증방법

(1) 기재내용

소장에는 보통 당해 사건에서 원고의 주장을 뒷받침하여 주고, 피고에게 불리한 여러 가지의 증명자료(서증)들과 소송에 필요한 서류들을 첨부한다. 부동산에 관한 사건은 그 부동산의 등기사항증명서, 친족상속관계 사건은 가족관계기록사항에 관한 증명서, 어음 또는 수표사건은 그 어음 또는 수표의 사본을 소장에 붙여야 하고, 그 외에도 소장에는 증거로 될 문서 가운데 중요한 것은 사본을 붙여야 한다(규칙 63조 2항). 이와 같이 기본적 서증의 사본을 소장에 첨부함으로써 소장의 충실화를 도모하고 상대방으로부터 실질적 내용이 담긴 답변서를 유도함으로써 법원으로 하여금 조기에 사건을 정리하여 쟁점을 파악할 수 있게 해야 한다.

(2) 기재방법

1) 「입증방법」란에는 이러한 서증들을 첨부한 순서대로 기재하면 된다. 그리고 증명자료로 제출된 서증에 대하여는, 이를 누가 제출한 것인지 알아볼 수 있도록, 그 앞에 일정한 부호를 붙여주어야 하는데, 원고가 제출한 서증에는 '갑 제( )호증', 피고가 제출한 서증에는 '을 제( )호증', 당사자 참가인이 제출한 서증에는 '병 제( )호증'이라는 부호를 붙여주면 되고, 서증이 둘 이상인 경우에는 첨부한 순서대로 '갑 제1호증(매매계약서)', '갑 제2호증(토지등기부

등본)', '갑 제3호증(건물등기부등본)' 등과 같이 기재하여 주면 된다.

2) 또한 서증이 상호연관성이 있거나 공통성이 있는 경우 또는 하나의 서증이 여러 장으로 구성되어 있는 경우에는 가지번호를 붙여 구분하면 된다. 예컨대, 첨부할 서증이 동일한 거래처 발행의 여러 장의 영수증인 경우에는 '갑 제1의 1', '갑 제1의 2'와 같은 부호를 붙여주면 되는 것이다. 또한 동일방향의 당사자가 수인인 경우, 예컨대, 원고가 둘 이상인 경우에는 한 명의 원고가 제출하는 서증에는 '갑 가 제1호증', 다른 원고가 제출하는 서증에는 '갑 나 제1호증'과 같은 부호를 붙여 구별하면 된다. 신청사건의 경우에는 소송사건의 서증부호 앞에 '소명(증명보다 낮은 개연성)'을 의미하는 '소'자를 덧붙여 주면 된다(예, 신청인 제출서류 : 소갑 제1호증, 피신청인 제출서류 : 소을 제1호증).

이러한 입증서류가 원본이 아닌 복사 문서인 경우에는 관행상 서증 하단에 '원본과 상위없음 원고 ○○○㊞'이라고 인증하기도 하지만 이러한 인증 없이 사본인 채로 제시하여도 별 상관은 없으며, 서증 우측 여백에 주로 표시하는 '갑제1호증' 등 표시는 수기로 작성하여도 무방하나 실무상 고무인을 주로 사용한다.

3) 소장에 첨부한 입증서류에 대해서는 피고의수에 따른 사본을 함께 첨부하여야 하는 것이 원칙이다. 다만 피고의 수나 첨부서류의 분량이 많거나 다수의 피고들이 동일한 대리인을 선임할 가능성이 있는 등의 특별한 사정이 있는 경우에는 법원의 양해를 얻어 피고로부터 부인 취지의 답변서가 접수된 후에 필요한 수만큼의 사본을 제출하는 방법도 활용된다.

4) 입증방법은 소장에 서증 목록을 표시하나 서증이 많고 이에 따라 입증취지의 기재가 필요할 때에는 증거설명서를 작성 제출한다. 같은 종류의 증거서류가 다수 있을 경우에 무순위로 번호를 부여하지 말고 날짜, 번지 등 일정한 기준에 따라 차례로 번호를 부여하여야 소송의 진행에 편리하다.

(3) 구체적인 기재례

[기재례] 입증방법

입 증 방 법

1. 갑제1호증의1	화재증명원
1. 갑제1호증의2	화재사실확인원
1. 갑제2호증의1내지3	건설기계임대차표준계약서
1. 갑제2호증의4	거래명세서
1. 갑제3호증	사건처분결과증명서
1. 갑제4호증1내지	사진

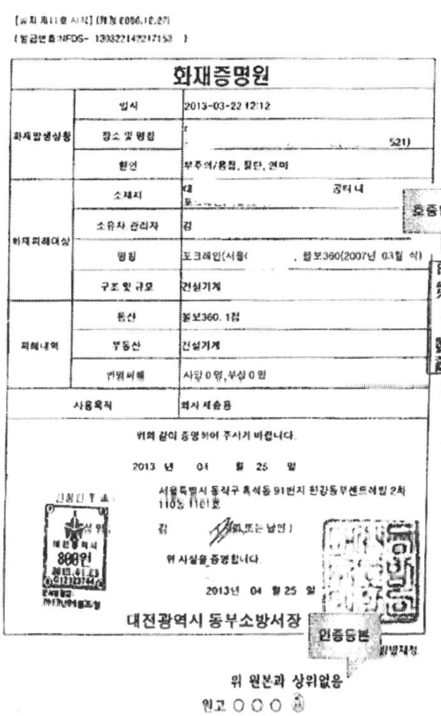

화재증명원

화재발생상황	일시	2013-03-22 12:12
	원인	부주의/용접, 절단, 연마
화재피해대상	소유자 관리자	김
	명칭	도크레인(서울(, 펌보360(2007년 03월 식)
	구조 및 규모	건설기계
피해내역	동산	펌보360. 1점
	부동산	건설기계
	인명피해	사망 0명, 부상 0명
사용목적		회사 제출용

위와 같이 증명하여 주시기 바랍니다.

2013 년 04 월 25 일

위 사실을 증명합니다.

2013년 04 월 25 일

대전광역시 동부소방서장

인증등본

호증번호 甲第1號證1

위 원본과 상위없음

원고 ○○○ ㊞

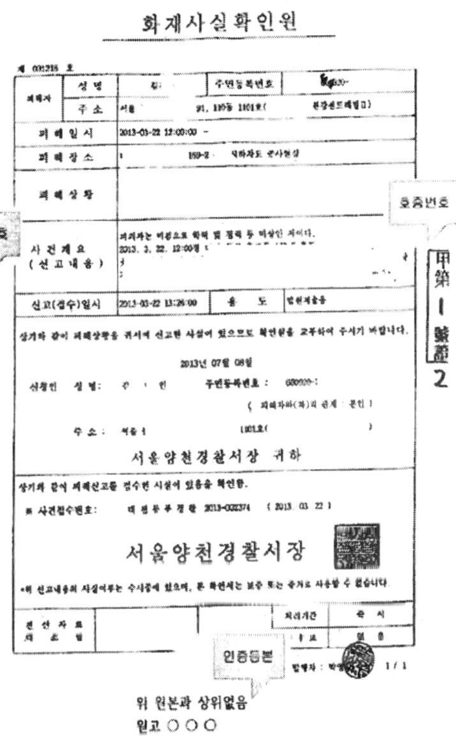

화재사실확인원

피해일시	2013-03-22 12:00:00 ~
신고(접수)일시	2013-03-22 13:26:00

2013년 07월 08일

서울양천경찰서장 귀하

서울양천경찰서장

인증등본

호증번호 甲第1號證2

위 원본과 상위없음

원고 ○○○

2. 첨부서류

(1) 기재방법

1) 소장에 첨부하거나 같이 제출하는 서류의 이름과 그 통수를 기재하는 것으로 후일 소장 접수 시에 어떠한 서류를 제출하였는지를 확인하는 자료가 된다. 소가 제기되면 법원은 소장 부본을 피고에게 송달하여야 하는 것이므로, 소를 제기하는 원고는 피고의 수에 상응하는 소장 부본을 첨부하여 제출하여야 한다. 이때 법원용 소장에는 첨부서류를 모두 첨부하지만 상대방용 부본에는 실무상 첨부서류를 첨부하지 않아도 된다.

2) 건물명도 소송과 같이 청구취지와 원인만으로 소송목적의 값을 산출하기 어려운 소송의 소장에는 별도의 계산이 필요하므로 그 산출자료(소가산출에 필요한 건축물대장, 토지대장, 개별공시지가확인서)도 첨부 하여야 한다.[17]

3) 당사자가 법인인 경우에는 단체의 대표권을 증명하는 법인등기부등본을, 법인 아닌 사단이나 재단의 대표자 또는 관리인에 대해서는 그 대표권이나 관리권을 증명하는 선임결의서나 재직증명서 또는 대표자증명서와 당사자 능력을 판단할 자료(정관, 규약)를 첨부해야 한다.

4) 법정대리인이 있는 경우에는 법정대리권을 증명하는 가족관계증명서 등을 첨부하고, 소송대리인에 의해 소가 제기되는 경우에는 위임장을 첨부한다.

5) 원고가 소장을 제출함에는 인지 외에 송달료를 미리 납부하여야 하므로(규칙 19조) 송달료 수납은행에 이를 납부하고 송달료 납부서를 받아 소장에 첨부하여야 한다. '첨부서류'란에는 소장부본, 송달료·인지납부서 등 소장에 첨부한 서류들을 순서대로 기재하면 된다.

---

17) 실무상 소가 계산이 필요한 경우에는 '소가계산서'를 소장 표지 다음에 첨부해서 제출하고 있다.

(2) 구체적인 기재례

[기재례] 첨부서류

첨 부 서 류	
1. 위 입증자료	1 통
1. 영수필확인서 및 영수필통지서	1 통[18)]
1. 토지대장 등본	1 통
1. 등기사항전부증명서	1 통
1. 납부서	1 통
1. 위임장	1 통
1. 소장 부본	1 통

3. 「작성연월일」란

작성연월일은 소장의 일부로서 타문서와 구별하고 특정하기 위해 기재하는 것으로써 실무상 작성연월일을 기재할 때에는 연, 월, 일이라는 글자는 생략하고, 온점(·)을 찍어 표시하며, 보통 연, 월까지만 적고 일은 공백으로 둔다(예, 2013. 5. .) 소송서류는 법원에 제출하여 접수되지 않는 한 무의미 한 것이므로 실제로 소장을 작성한 날이 아니라 법원에 접수하는 날을 작성일로 기재한다.

4. 작성자의 기명날인 또는 서명

작성자의 기명, 날인이 없으면 작성자 및 진정 작성 여부를 확인하기 어려우므로 소장 등 소송서류에는 작성자가 기명날인 또는 서명을 한다(법 249조 2항). 실무상 소장에는 작성자인 원고의 이름을 적고, 그 옆에 날인을 하고 서류의 일부가 불법적으로 교체되는 것을 예방하기 위해 서류에 간인을 한다. 이는 작성자를 명확하게 하기 위함이다.

18) 영수필확인서 및 영수필통지서는 인지액을 현금 또는 신용카드로 납부하고 그 확인서등을 첨부한 것이다.

[기재례] 원고의 표시날인

20○○. 7. . 원고의 소송대리인 변호사 ○○○ (인)

5. 법원명 표시

마지막으로 당해 소송의 관할법원으로서 소장을 제출하는 법원을 기재한다. 소장을 작성 제출하면서 관할을 위반하여 소송법상의 불이익을 받아서는 안 된다. 그러나 상대방도 원고가 제소한 법원에서 응소하는 것이 유리한 경우 미리 연락하여 관할합의를 하고 원고 소재지에 제소할 수 있으며 이 경우 관할 합의 사실을 기재하여야 한다. 전속관할 사건에서는 합의관할이나 변론관할이 허용되지 않으므로 각별히 유의하여야 한다. 법원을 표시함에 있어서는 소장의 가장 아래 부분에 소장을 제출할 법원명을 적으면서 귀중이라고 기재를 덧붙인다(예, 서울중앙지방법원 귀중).

[기재례] 법원명

서울중앙지방법원 귀중

■ 소장 기재시 주의할 기재례 ■

1. 단위 기호 등

① 청구취지에서 '금원을 기재하는 경우에는 '금 1억원'이라고 하지 않고 '금 100,000,000원'이라고 기재한다. 다만 '금원'이라는 표시는 '돈'이라고 기재하여도 되고, 이율의 표시는 '연 15' 또는 '연 2할'이라고 기재한다.

② ㎡의 한글표기는 '제곱미터'로, 연도와 연월일은 '2014. 1. 10.'로 기재하면 된다.

2. 당사자 표시

① 상대방이 검사인 경우 '검사'라고만 기재하고 검사의 성명은 기재하지 않는다.

② 상대방의 이름과 별명만 알고 구체적인 주민등록번호나 한자성명을 알지 못하

는 경우에는 '피고 조용희(일명 용필)'이라고 기재하여 상대방을 특정한다.

③ 당사자가 지방자치단체인 '구'인 경우에는 '피고 서울특별시 강남구'라고 기재한다. '강남구청' 또는 '강남구청장'이라고 기재하지 않도록 주의하여야 한다.

3. 기 타

① 구 민사소송법에서는 명도와 인도의 개념을 구별하여 따로 사용하였으나, 개정된 민사집행법 제258조 1항은 인도의 개념에 포괄시키고 있으므로, 목적물이 동산이든, 건물 또는 토지이든, 모두 「인도」라는 개념으로 사용하면 된다.

② 토지를 표시하는 경우에 토지대장과 등기부등본상의 표시가 같을 경우에는 별문제 없지만 서로 다른 경우에는 토지대장에 표시되어 있는 것을 기준으로 기재한다.

[서식 17] 소 장

①-① 소장 표지

소 장

원 고 강 ○ ○

피 고 김 ○ ○

건물명도 청구의 소

소송물가액	금 17,399,304원
첨부할 인지액	금 83,200원
첨부한 인지액	금 83,200원
송 달 료	금 111,000원
비 고	

서울중앙지방법원 귀중

①-② 소장 표지 뒷면

소송등 인지의 현금영수필통지서 법원제출용

기번	조작자	수납일	수납점	수납액	법원별 납부번호

법원코드		관서계좌	
납부인사용란 / 금액	팔만삼천이백원	숫자금액	83200
납부인 / 성명	강 0 0	주민(사업자)등록번호	480000 - 1230000
납부인 / 주소	서울시 00구 00동 250-1		
사건 / 사건명	건물명도	사건번호	
사건 / 상대방	김 00		
관할법원	서울중앙지방법원		
심급	1심		

위와 같이 소송등 인지를 현금으로 영수하였음을 통지합니다.

2017년 0월 일

은행 지점

수납인

소송등 인지의 현금납부서(재무기획부 2000. 01 개정) (4-3) 2-700-0287(20.0×13.0) NCR용지54g/m²

송달료 (예납·추납) 납부서 (예납에 동그라미)

* 예납이란 : 사건접수시(신청, 항고, 항소, 상소, 종국된 사건, 제3자의 송달신청 등) 납부 → 사건번호 미기재
* 추납이란 : 사건진행중 송달료 추가납부요청이나 보정명령이 있는 경우 납부하는 우편료 → 사건번호 기재

법원제출용 (3-1)

법원코드					

은행번호

* 납부자께서는 이면 유의사항을 확인하신 후 정확히 기재하여 주십시오.

납부당사자 사용란					
법원명	서울중앙지방법원		사건번호		
성명	강 0 0		금액	106,500	
주소	서울시 00구 00동 250-1				우편번호
잔액환급 계좌번호	①신한은행계좌입금	신한은행 강남 지점	계좌번호	12-34-56789	
	②타은행계좌입금	은행 지점	계좌번호		
	예금주		연락처 전화번호	010-000-0000	

* 환급계좌를 반드시 기재하여 주시기 바랍니다.

법원 사용란	사건번호	연도	사건부호	진행번호		
	전산등록	사건등록(인)	이송등록(인)	수이수등록(인)	재배당등록(인)	기타( )(인)

위 사건에 관하여 송달료를 납부합니다. 2017년 0월 일

서울중앙지방법원 지원 귀중 납부자 강동0 (인)

송달료 (예납·추납) 납부서

☞ 유의사항

실무상 소장표지 뒷면에 법원제출용 납부서 영수증을 호치킷으로 고정해서 제출한다(송달료는 111,000원).

② 소가계산서

<table><tr><td>

소 가 계 산 서

1. 공시지가 : 3,020,000원
2. 구조번호 : 2
3. 용　　도 : 5
4. 지　　역 : 8
5. 건축년도 : 1999년
6. ㎡당가격 : 641,000원
7. 면　　적 : 180.96㎡
8. 계　　산 : 641,000원 × 180.96㎡ × 30/100 × 1 / 2 = 17,399,304원

- 이　　상 -

</td></tr></table>

■ 작성·접수방법

1. 건물명도의 소가를 위해서는 건물시간표준액을 계산하여야 하므로 소장 다음에 그 계산서를 첨부한다. 반면에 대여금 청구와 같이 청구액이 소가인 경우에는 바로 알 수 있기 때문에 따로 소가계산서를 제출하지는 않는다.
2. 건물기사표준액을 계산하기 위해서는 ① 건축물대장 ② 토지대장 또는 개별공시지가확인원 ③ 부동산시가표준액 책자가 필요한데 ①과 ②는 (http://www.minwon.go.kr/) 정부민원포탈 24에서 누구든지 쉽게 발급받을 수 있는 반면 ③ 부동산시가표준액 책자는 별도로 준비해야 한다.
3. 건물시가표준액은 ① 건축물 대장을 통해 건축물 구조(철근콘크리트조)와 건축년도(1999년) 및 건축물용도(점포)를 확인하고, ② 공시지가확인원을 통해 공시지가(3,020,000원)를 확인한다. 이후 ③ 부동산시가표준액 책자에서 공시지가(3,020,000원)에 해당하는 지역번호(8)와 구조번호(철근콘크리트조 2번)에 해당하는 도표를 찾은 다음 이 도표안에서 용도번호(점포 5번)와 건축년도(1951년)에 해당하는 시가표준액(641,000원)을 찾아내면 된다.
4. 계산은 ① 목적물가액(=시가표준액(641,000원)에 × 건물면적(180.96㎡)× 30/100)× ② 소유권에 기한명도(1/2)= 17,399,304원이 된다.

☞ 유의사항

민원24시 싸이트에서 개별공시지가 확인과 건축물대장과 토지대장등을 쉽게 발급받을수 있다.

〈건축물대장〉

일 반 건 축 물 대 장(갑)

장번호 : 1 - 1

고유번호	4122011400-1-01110015	민원24접수번호	20131001 - 47832142	명칭	특이사항
대지위치	시 동	지번 111-15	도로명주소	시 중앙로 2	
※대지면적 ㎡	연면적 115.67㎡	※지역	※지구	※구역	
건축면적 ㎡	용적률산정용 연면적 115.67㎡	주구조 목조	주용도 점포및주택	층수 지하 층/지상 1	
※건폐율 %	※용적률 %	높이 ㎡	지붕 세멘와즙	부속건축물	

구분	층별	구조	용도	면적(㎡)	성명(명칭) 주민등록번호 (부동산등기용등록번호)	주소	소유권 지분	변동일자 변동원인
주1	1	철근콘크리트조	점포 및 주택	180.96	150801-1******	서울시 중구 북창동 27-11	/	1961 소유자등록
		- 이하여백 -				- 이하여백 -		

이 등(초)본은 건축물대장의 원본내용과 틀림없음을 증명합니다.

발급일자 : 2013년 10월 01일

담당자 : 건축과

전 화 : - 2867

시장

※ 표시 항목은 총괄표제부가 있는 경우에는 기재하지 아니합니다.

■ 건축물대장의 기재 및 관리 등에 관한 규칙 [별지 제1호서식] <개정 2013.5.28>
문서확인번호 6165-5892-1896

장번호 : 2 -

고유번호	11400-1-01110015	민원24접수번호	20131001 - 47632142

구분	성명 또는 명칭	면허(등록)번호	※주차장					승강기	허가일자
건축주			구분	옥내	옥외	인근	면제	승용 대 / 비상용 대	착공일자
설계자								※오수정화시설	사용승인일자 19
공사감리자			자주식	대 ㎡	대 ㎡	대 ㎡		형식	관련 지번
공사시공자 (현장관리인)			기계식	대 ㎡	대 ㎡	대 ㎡	대	용량 인용	

건축물 에너지 소비정보 및 그 밖의 인증정보			
에너지효율	에너지성능지표(EPI) 점수	녹색건축 인증	지능형건축물 인증
등급		등급	등급
에너지절감율 %	점	인증점수 점	인증점수 점

변동사항				
변동일자	변동내용 및 원인	변동일자	변동내용 및 원인	그 밖의 기재사항
1999.	건축	1988.05.04	지번정정	

☞ 유의사항

건축물재장을 통해 건축물의 구조용도면적건축연도 등을 확인할 수 있다

문서확인번호: 1380-6185-3801-1022

1/1

개별공시지가 확인서

신청인	성명 (법인)		생년월일 (사업자등록번호)	1962-06-02
	주소	서울특별시 구 동 호		(전화 - -)
용도				

신청대상토지			확인내용			
가격 기준년도	토지소재지	지번	개별공시지가 (원/㎡)	기준일자	공시일자	비고
2011	동	0111-0015	3,030,000	1월 1일 기준	2011-05-31	
2012		0111-0015	[illegible]	1월 1일 기준	2012-05-31	
2013		0111-0015	3,020,000	1월 1일 기준	2013-05-31	
	-- 이하여백 --					

☞ 유의사항

개별공시지가 확인서를 통해 공시지가를 확인할 수 있다

〈부동산시가표준액 표〉

(단위: 천원)

신축건물기준가액: 670,000원　　구조번호: 3　　100　(철근콘크리트조 등)
지역번호: 17 (개별공시지가 3,000,000원 초과 - 4,000,000원 이하)　　위치지수: 118

년도＼용도	30	60	65	74	76	80	90	100	110	115	117	123	125	127	130	135	145	300
2017	237	474	513	585	600	632	711	790	869	909	925	972	988	1,004	1,027	1,067	1,146	2,371
2016	232	464	503	573	588	619	697	774	852	891	906	952	968	983	1,007	1,045	1,123	2,324
2015	227	455	493	561	576	607	683	758	834	872	888	933	948	963	986	1,024	1,100	2,276
2014	222	445	483	549	564	594	668	743	817	854	869	914	928	943	966	1,003	1,077	2,229
2013	218	436	472	538	552	581	654	727	800	836	851	894	909	923	945	981	1,054	2,182
2012	213	426	462	526	540	569	640	711	782	818	832	875	889	903	925	960	1,031	2,134
2011	208	417	452	514	528	556	626	695	765	800	814	855	869	883	904	939	1,008	2,087
2010	203	407	441	503	516	543	611	679	747	781	795	836	849	863	883	917	985	2,039
2009	199	398	431	491	504	531	597	664	730	763	777	816	830	843	863	896	962	1,992
2008	194	388	421	479	492	518	583	648	713	745	758	797	810	823	842	875	940	1,944
2007	189	379	411	468	480	505	569	632	695	727	740	777	790	803	822	853	917	1,897
2006	185	370	400	456	468	493	555	616	678	709	721	758	770	783	801	832	894	1,850
2005	180	360	390	444	456	480	540	600	660	690	703	739	751	763	781	811	871	1,802
2004	175	351	380	432	444	468	526	585	643	672	684	719	731	743	760	789	848	1,755
2003	170	341	370	421	432	455	512	569	626	654	666	700	711	722	740	768	825	1,707
2002	166	332	359	409	420	442	498	553	608	636	647	680	691	702	719	747	802	1,660
2001	161	322	349	397	408	430	483	537	591	618	629	661	672	682	698	725	779	1,612
2000	156	313	339	386	396	417	469	521	573	600	610	641	652	662	678	704	756	1,565
1999	151	303	328	374	384	404	455	505	556	581	592	622	632	642	657	683	733	1,517
1998	147	294	318	362	372	392	441	490	539	563	573	602	612	622	637	661	710	1,470
1997	142	284	308	351	360	379	426	474	521	545	555	583	592	602	616	640	687	1,423

☞ 유의사항

① 건축물 대장을 통해 건축물 구조(철근콘크리트조)와 건축년도(1999년) 및 건축물용도(점포)를 확인하고, ② 공시지가확인원을 통해 공시지가(3,020,000원)를 확인한다. 이후 ③ 부동산시가표준액 책자에서 공시지가(3,020,000원)에 해당하는 지역번호(8)와 구조번호(철근콘크리트조 2번)에 해당하는 도표를 찾은 다음 이 도표 안에서 용도번호(점포 5번)와 건축년도(1951년)에 해당하는 시가표준액(641,000원)을 확인할 수 있다.

부동산시가표준액 책자가 없는 경우에는 로앤비 싸이트(http://www.lawnb.com)에 접속해서 소송도우미를 이용하면 시가표준준액을 쉽게 계산할 수 있다.

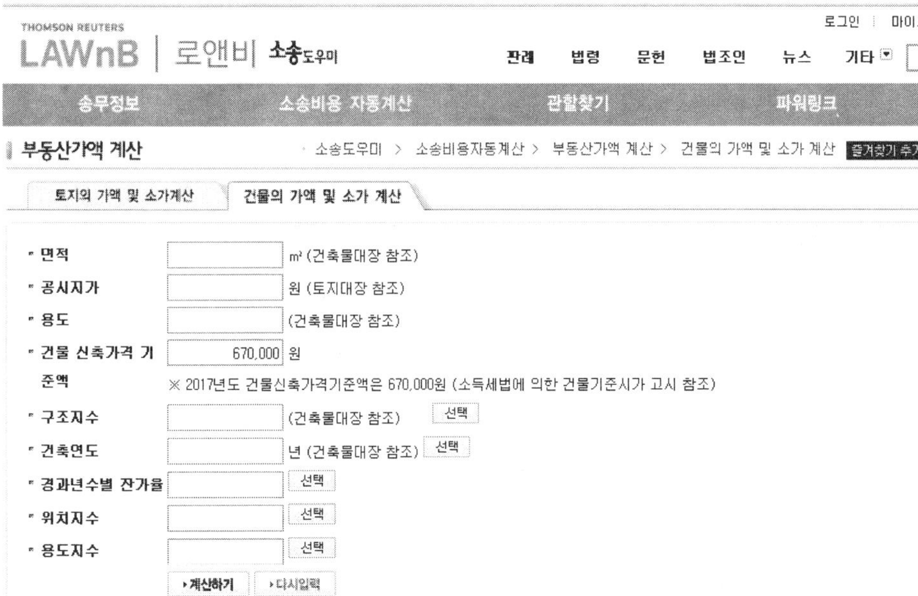

☞ 유의사항

건축물 대장을 통해 알아낸 내용을 위 빈칸에 입력한 후 계산하기를 누르면 쉽게 건물가액을 구할 수 있다.

③ 소장본문

소　　장

원 고　강 ○ ○(48○○○○-123○○○○)
서울시 ○○구 ○○동 250-1

원고의 소송대리인 변호사 송 ○ ○
서울 서초구 서초동 ○○-○○ ○○빌딩 ○○호

피 고　김 ○ ○(41○○○○-200○○○○)
서울시 ○○구 ○○동 111-15, 1층(○○약국)

건물명도 청구의 소

청 구 취 지

1. 피고는 원고에게 별지 목록 기재 부동산 중 1층 180.96㎡(점포)를 명도하라.
2. 소송비용은 피고의 부담으로 한다.
3. 위 제1항은 가집행할 수 있다.

라는 판결을 구합니다.

청 구 원 인

1. 임대차계약의 체결

원고는 별지 목록 기재 부동산(이하 '이 사건 건물'이라 한다.)의 소유자로서 2004. 10. 24. 피고와 이 사건 건물에 대하여, 임대차기간은 2004. 10. 11.부터 2006. 10. 10.까지, 보증금은 100,000,000원, 월 임대료는 3,300,000원으로 하는 임대차계약을 체결하였습니다(갑제1호증 부동산임대차계약서 참조).

2. 원고의 임대차계약의 해지통고

원고와 피고사이에 2004. 10. 24. 체결된 이 사건 임대차계약은 계약만료일인 2006. 10. 11.이 도과 하였지만 그간 묵시적으로 갱신되어 오다가 원고는 2013. 5. 29. 피고에게 해지통고를 하였습니다(갑제2호증 내용증명 참조).

3. 결 론

그렇다면 피고는 원고에게 이 사건 건물을 명도할 의무가 있다 할 것이므로 이 사건 청구에 이른 것입니다.

입 증 방 법

1. 갑제 1호증	부동산임대차계약서
1. 갑제 2호증	내용증명
1. 갑제 3호증	부동산등기부등본

첨 부 서 류

1. 위 입증자료 각 1 통

1. 개별공시지가 확인서 1 통
1. 건축물대장 1 통
1. 납부서 1 통
1. 위임장 1 통

2013. 10. .

원고의 소송대리인
변호사 송 ○ ○ ㊞

서울중앙지방법원 귀중

☞ 유의사항
소장을 모두 작성 한 후 맨 마지막에 작성자의 도장을 날인한다.

입 증 방 법

1. 갑제 1호증	부동산임대차계약서
1. 갑제 2호증	내용증명
1. 갑제 3호증	부동산등기부등본

첨 부 서 류

1. 위 입증자료	각 1통
1. 개별공시지가 확인서	1통
1. 건축물대장	1통
1. 납부서	1통
1. 위임장	1통

2013. 10. .

원고의 소송대리인

변호사 송 ○ ○ (인)

서울중앙지방법원 귀중

☞ 유의사항

위와 같이 소장의 내용이 무단으로 변경되거나 교체되는 것을 방지하기 위해 소장마다 작성자의 도장으로 간인을 한다.

④ 별 지

목 록
1동의 건물의 표시 서울시 ○○구 ○○동 111-15[도로명주소]서울시 ○○구 중앙로 2 철근콘크리트조 스라브즙 5층 점포 및 사무실, 다방, 물탱크실 1층 180.96㎡(점포) 2층 180.96㎡(점포) 3층 180.96㎡(사무실) 4층 180.96㎡(사무실) 5층 29.69㎡(물탱크실) 지층 207.56㎡(다방) - 이 상 -

☞ 유의사항

명도하려는 건물의 표시는 소장 마지막에 별지로 표시하는데 아래와 같이 부동산등기부등본상의 표제부란에 표시되어 있는 소제지번 및 건물번호와 건물내역을 위와같은 목록 형식으로 기재하면 된다.

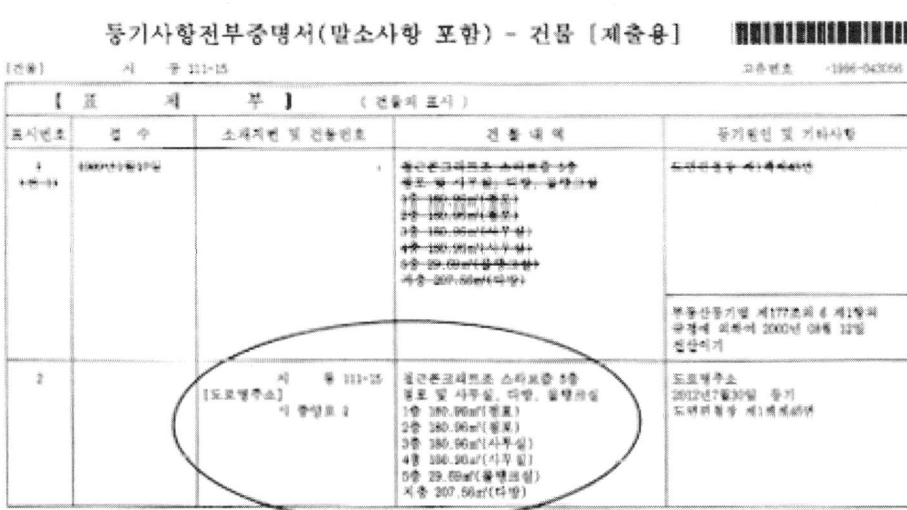

등기사항전부증명서(말소사항 포함) - 건물 [제출용]

[건물] 시 동 111-15 고유번호 [illegible]

【 표 제 부 】 (건물의 표시)

표시번호	접 수	소재지번 및 건물번호	건 물 내 역	등기원인 및 기타사항
[illegible]	[illegible]		[illegible]	[illegible] 부동산등기법 제177조의 6 제1항의 규정에 의하여 2000년 08월 12일 전산이기
2		시 동 111-15 [도로명주소] 시 중앙로 2	철근콘크리트조 스라브즙 5층 점포 및 사무실, 다방, 물탱크실 1층 180.96㎡(점포) 2층 180.96㎡(점포) 3층 180.96㎡(사무실) 4층 180.96㎡(사무실) 5층 29.69㎡(물탱크실) 지층 207.56㎡(다방)	도로명주소 2012년7월30일 등기

⑤ 입증자료

입증자료(원고인 경우 갑호증)를 아래와 같이 호증번호 순서대로(갑제1호증 부동산 임대차계약서, 갑제2호증 내용증명, 갑제3호증 등기사항전부증명서) 첨부한다.

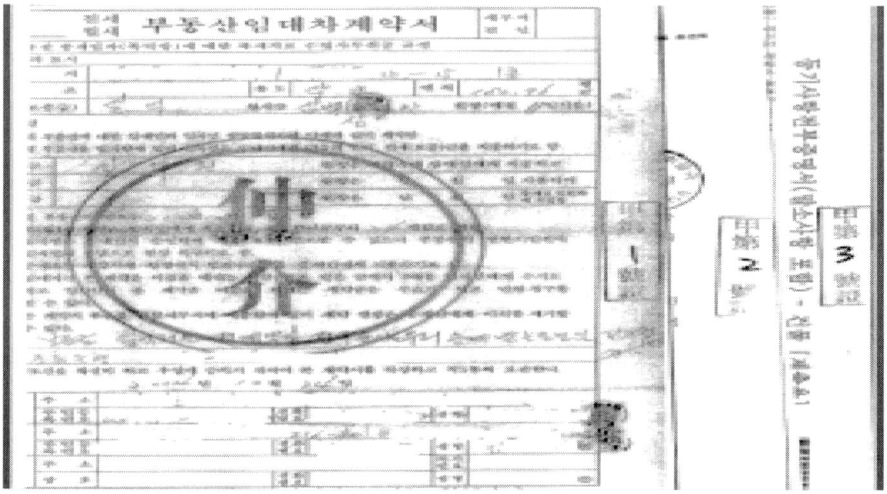
부동산임대차계약서

⑥ 첨부서류

소가계산서 작성시 필요로 하였던 개별공시지가확인서, 건축물대장과 변호사를 선임한 경우에는 위임장을 첨부한다.

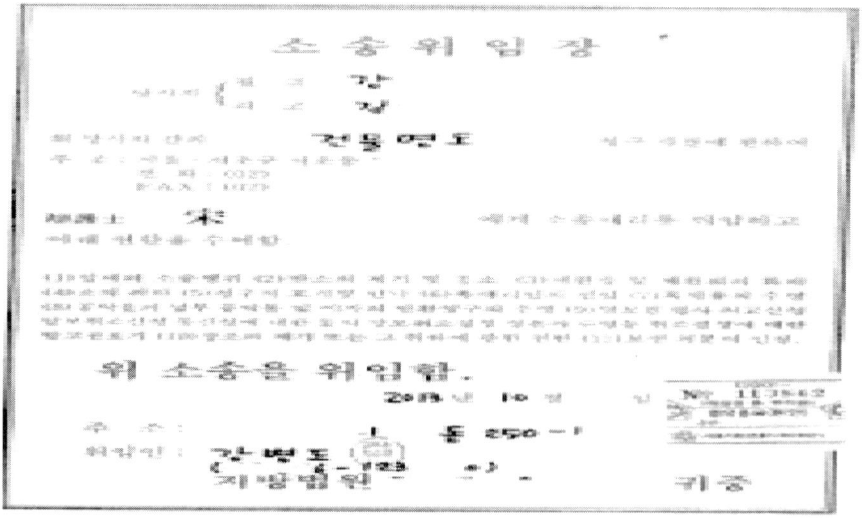
소 송 위 임 장

건물명도

위 소송을 위임함.

귀중

⑦ 부 본

소장을 법원에 제출할 경우 법원에 제출하는 1부와 상대방 수에 따른 부본을 제출하는데 사례와 같이 피고가 1명이면 법원용 1부와 부본 1부 총 2부를 제출한다. 다만 법원용 소장(①~⑥)과 달리 부본에는 ①표지(인지 및 송달료 납부서첨부)와 ②소가계산서 ⑥첨부서류(위임장)를 제외한 나머지 ③소장본문(별지목록있으면 ④별지목록포함)과 ⑤입증자료(갑호증)만으로 구성해서 제출한다.

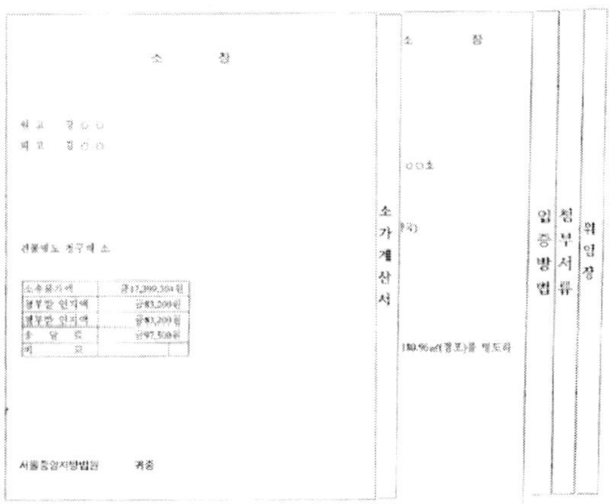

(법원용)

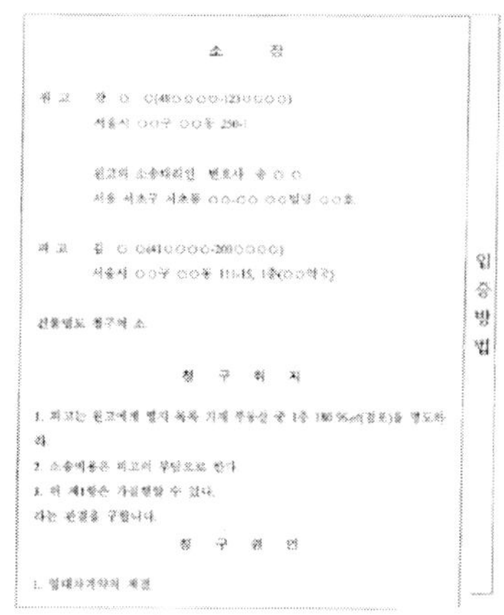

부본(상대방용)

☞ 유의사항

1. 법원용 소장은 ①표지(뒷면에 인지,송달료 영수증 첨부), ② 소가계산서(계산이 필요한 경우에만 첨부한다), ③ 소장원본, ④ 입증자료(갑호증), ⑤ 첨부서류(소송대리인 선임된 경우에는 위임장을 마지막에 첨부한다).
2. 상대방 수에 맞는 부본을 제출하는데 부본은 ① 소장원본, ② 입증방법(갑호증)을 첨부한다.
3. 각 소장에는 원고의 인장으로 간인과 날인을 한다.

[서식 18] 대여금청구소장

소　　　장

원　　고 김 ○ ○(721108-1047568)
　　　　서울시 ○○구 ○○동 123

피　　고 이 ○ ○(740211-1045789)
　　　　서울시 ○○구 ○○동 567

대여금 청구의 소

청 구 취 지

1. 피고는 원고에게 금 5,000,000원 및 위 금원에 대하여 20○○. ○. ○.부터 이 소장부본 송달일까지 연 15%, 그 다음날부터 완제일까지 연 15%의 비율에 의한 금원을 지급하라.
2. 소송비용은 피고의 부담으로 한다.
3. 제1항은 가집행할 수 있다.

라는 판결을 구합니다.

청 구 원 인

1. 원고는 피고에게 20○○. ○. ○ 금 5,000,000원을 대여하여 준 사실이 있었고, 이에 대하여 피고는 20○○. ○. ○. 각서를 써주면서 20○○. ○. ○.까지 금 5,000,000원 전액을 변제하여 주겠다고 약정한 사실이 있었습니다. 그리고 피고는 구두상으로 만약 위 기일까지도 갚지 않을 경우에는 연 15%의 비율에 의한 지연이자도 내겠다고 약정한 사실도 있었습니다.
2. 그런데 피고는 위 지급기일이 지난 뒤, 원고의 수차례에 걸친 변제독촉에

도 불구하고 차일피일 미루면서 아직까지 이를 이행하지 않고 있어 부득이 이 건 소에 이르게 된 것입니다.

입 증 방 법

1. 갑제1호증	차용증 사본
1. 갑제2호증	구두약속사실확인서(김서희)

그 밖의 것은 변론시 수시 제출하겠습니다.

첨 부 서 류

1. 위 입증방법	1통
1. 납부서	1통
1. 소장부본	3통

20○○. ○. ○○.

위 원고 김 ○ ○ (인)

○○지방법원 귀중

[서식 19] 손해배상(자)청구의 소 – 장해, 농촌거주 남자

소 장

원 고 ○ ○ ○ (123456-3456789)

경남 ○○군 ○○읍 ○○리 12

피　　고　○○○○보험주식회사
서울 종로구 ○○로 ○○
대표이사 ○○○

손해배상(자) 청구의 소

청 구 취 지

1. 피고는 원고에게 금 68,104,029원 및 이에 대하여 2004. 7. ○○.부터 이 사건 소장부본 송달일까지 연 5%의, 그 다음날부터 완제일까지 연 15%의 비율에 의한 금원을 지급하라.
2. 소송비용은 피고의 부담으로 한다.
3. 제1항은 가집행할 수 있다

라는 판결을 구합니다.

청 구 원 인

1. 손해배상책임의 발생

가. 당사자들의 관계

소외 정○○는 소외 정△△ 소유의 서울○○○○호 ○○ 승용차를 운전하는 자이고, 피고는 소외 정△△의 보험자로서 원고가 입은 손해를 배상할 책임이 있는 자이며, 원고는 소외 정○○가 운전하는 승용차에 부상당한 피해자입니다.

나. 손해배상책임의 발생경위

소외 정○○는 2004. 7. 16. 16:20경 경남 ○○군 ○○읍 소재 ○○ 앞 노상에서 ○○삼거리 방면으로 좌회전하여 맞은 편 도로로 진입하던 중 ○○삼거리 방면에서 직진하는 원고의 오토바이의 앞부분을 ○○ 승용차의 뒤 후렌다부분으로 충격하여 원고로 하여금 좌원위 상완골골절 및 혈흉, 복막혈증 등의 상해를 입게 하였습니다.

2. 손해배상책임의 범위

가. 일실수입

(1) 기초사실(성별, 연령, 직업 등)

- 1951. 1. 9. 생으로 사고당시(2004. 7. 16.) 농촌지역에 거주하는 만 53세 6개월의 남자
- 일반인의 기대여명 : 25.89년
- 경력 및 수입 : 농촌일용노임
- 노동능력상실률 : 34%
- 가동기간 : 만 60세에 이르는 2011. 1. 9.까지(사고일로부 터 77개월)

(2) 일실수입 계산

(가) 2004. 7. 16.부터 2004. 12. 26.까지 약 5개월(휴업손해)
(입원일이 164일 이나 편의상 5개월로 계산)
금 57,691원(농촌일용노임)×22일×4.9384 = 6,267,827원

(나) 2004. 12. 27.부터 2005. 4. 21.까지 4개월
(퇴원 후 노동능력상실률이 34%인 기간)
금 58,290원(농촌일용노임)×22일×3.8789(=8.8173-4.9384)
×0.34(노동능력상실률) = 1,691,236원

(다) 2005. 4. 22.부터 2005. 6. 26.까지 2개월(휴업손해)
(입원일이 66일이나 편의상 2개월로 계산)
금 58,998원(농촌일용노임)×22일×1.9161(=10.7334-8.8173)
= 2,487,013원

(라) 2005. 6. 27.부터 가동연한인 2011. 1. 9.까지 66개월
금 59,243원(농촌일용노임)×22일×55.9283(=66.6617-10.7334)
×0.34(노동능력상실률)=24.783.934원

(마) 합계 : (가)+(나)+(다)+(라)=금 35,230,010원

나. 치료비

(1) 기왕치료비 : 금 164,497원
원고는 이 사건 사고로 인하여 치료비 금 164,497원을 자비로 부담하였습니다.

(2) 향후치료비 : 금 8,249,950원
원고는 하악우측측절치, 상악우측제1대구치 등을 발치하였고, 발치

후에 상악, 하악 틀니를 하였습니다. 틀니의 사용기간은 10년이며, 향후 1년마다 상악, 하악 reling을 하여야 합니다. reling은 상하악 틀니 각각 15만원, 총 30만원이 소요되며, 5년마다 상하악틀니 치아 교환이 필요하고, 그 치료비는 상하악틀니 각각 80만원, 총 160만원이 소요될 예정입니다.

(가) reling(매년 시행, 1회비용 30만원)

금 300,000원×15.9441=금 4,783,230원

(나) 상, 하악틀니(매 10년마다 시행, 1회 비용 160만원)

금 1,600,000원+{1,600,000원×0.6667(7.9449-7.2782)}

+ {1,600,000원×0.5000(13.6160-13.1160)} = 금 3,466,720원

다. 개호비 : 금 10,859,572원

(1) 인정기간

원고는 2004. 7. 16.부터 같은 해 12. 26.까지 ○○종합병원, ○○학교병원, ○○병원 등에서 치료를 받았고, 2005. 4. 22.부터 같은 해 6. 26.까지 한국대학교병원에 다시 입원하여 치료를 받았습니다. 입원기간 동안 원고는 거동을 할 수 없는 상태였기 때문에 원고의 딸인 정○○와 정△△이 돌아가면서 개호를 하였습니다.

(2) 개호비 계산(이하 '원 미만 및 월미만' 버림)

(가) 2004. 7. 16.부터 2004. 12. 26.까지 약 5개월

(입원일이 164일 이나 편의상 5개월로 계산)

금 52,565원(도시일용노임)×22일×4.9384 = 7,787,609원

(나) 2005. 4. 22.부터 2005. 6. 26.까지 2개월

(입원일이 66일이나 편의상 2개월로 계산)

금 52,585원(도시일용노임)×22일×1.9473(=6.8857-4.9384)

= 3,071,963원

라. 위자료 : 금 13,600,000원

원고는 아무런 과실없이 이 사건 교통사고를 당하여 34%에 달하는 노동능력을 상실하여 말할 수 없는 정신적 고통을 받고 있는바, 그렇다면 피고는 원고에게 금 13,600,000원으로 위자함이 상당하다고 사료됩니다.

3. 결 론

따라서 피고는 원고에게 금 68,104,029원 및 이에 대하여 이 사건 발생일인 2004. 7.○○.부터 이 사건 소장부본 송달일까지는 민법 소정의 연 5%의, 그 다음날부터 완제일까지 소송촉진 등에 관한 특례법 소정의 연 15%의 비율에 의한 금원을 지급할 의무가 있다고 할 것인바, 원고는 위 금원을 지급받기 위하여 이 사건 청구에 이르게 된 것입니다.

입 증 방 법

1. 갑제1호증	주민등록등본
1. 갑제2호증	가족관계증명서
1. 갑제3호증	농협조합원증명서
1. 갑제4호증	교통사고사실확인원
1. 갑제5호증	자동차등록원부
1. 갑제6호증	법인등기부등본
1. 갑제7호증의 1, 2, 3	각 소견서
1. 갑제8호증	후유장애진단서
1. 갑제9호증의 1부터 6까지	각 진료비계산서
1. 갑제10호증	○○○○년 생명표
1. 갑제11호증	농협조사월보
1. 갑제12호증	월간거래가격

첨 부 서 류

1. 위 입증방법	1통
1. 납부서	1통
1. 소장부본	3통

20○○년 ○월 ○○일

위 원고 ○ ○ ○ (인)

ㅇㅇ지방법원 귀중

■ 작성·접수방법

1. 자동차손해배상보장법 제3조, 민법 제750조 참조
2. 관할은 피고 주소지 지방법원에 보통 재판적이 있고(민사소송법 제2조, 3조), 불법행위지에 특별 재판적이 있다(민사소송법 제18조 제1항).
3. 소가는 청구금액에 의하여(인지규칙 제12조 제3호) 산정하며, 부대청구소가는 산입하지 아니한다(민사소송법 제27조 제2항).
4. 청구원인은 ① 사고발생, ② 피고의 과실내용, ③ 손해내역(현재·장래손해, 영업상손해, 위자료), ④ 청구 등으로 구성한다.
5. 소장은 법원용 1부와 상대방용 1부(피고가 1명인 경우)를 제출한다.
6. 인지와 송달료를 납부하고 법원용 납부서를 첨부한다.

Ⅷ. 소송비용(인지대, 소가, 송달료)

1. 인지의 납부

(1) 의 의

정부에 납부할 수수료, 벌금, 과료, 과태료, 소송비용은 수입인지로 납부하게 할 수 있으므로(수입인지에관한법률 5조 2항), 민사소송절차 등에서 소장, 신청서 또는 신청의 취지를 기재한 조서에는 다른 법률에 특별한 규정이 있는 경우를 제외 하고는 소정의 인지를 붙여야 한다. 다만 대법원규칙이 정하는 바에 의하여 인지에 첨부에 갈음하여 인지액 상당의 금액을 현금으로 납부하게 할 수 있다(인지법 1조).

(2) 현금납부의 범위

소장 등에 첨부하거나 보정하여야 할 인지액이 1만원을 초과하는 때에는 신청인등은 그 인지의 첨부 또는 보정에 갈음하여 인지액 상당 금액 전액을 현금으로 납부하여야 한다(인지규칙 27조 1항).[19] 인지액이 1만원 이하인 경우

에도 신청인등은 인지의 첨부에 갈음하여 인지액 상당의 금액을 현금으로 납부할 수 있다.

(3) 현금납부절차

1) 수납은행에 직접 납부

인지액의 현금납부는 송달료 규칙 3조 1항에 규정된 송달료수납은행에 하여야 한다(인지규칙 28조). 신청인등은 수납은행에 가서 납부서, 영수증, 영수필통지서, 영수필확인서에 의하여 현금으로 직접 납부하여야 하고 수납은행으로부터 교부받은 영수필통지서 및 영수필확인서를 소장등에 첨부하여 법원에 제출하여야 한다(인지규칙 29조 1항).

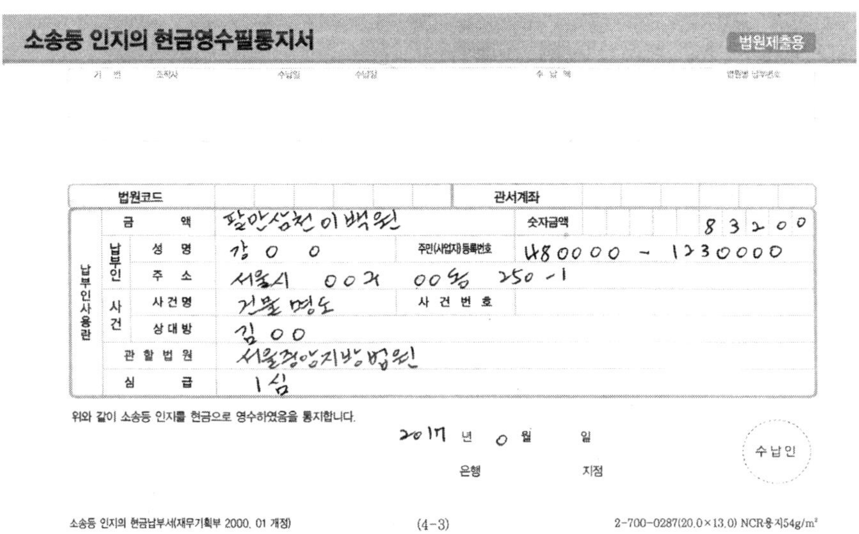
소송등 인지의 현금영수필통지서 법원제출용

법원코드			관서계좌	
금액		팔만삼천이백원	숫자금액	83200
납부인	성명	강 ○ ○	주민(사업자)등록번호	480000 - 1230000
	주소	서울시 ○○구 ○○동 250-1		
사건	사건명	건물명도	사건번호	
	상대방	김 ○○		
관할법원		서울중앙지방법원		
심급		1심		

위와 같이 소송등 인지를 현금으로 영수하였음을 통지합니다.

2017 년 ○ 월 일

은행 지점 수납인

소송등 인지의 현금납부서(재무기획부 2000. 01 개정) (4-3) 2-700-0287(20.0×13.0) NCR용지54g/m²

---

19) 제27조(현금납부의 범위) ① 소장등에 첨부하거나 보정하여야 할 인지액(이미 납부한 인지액이 있는 경우에는 그 합산액)이 1만원 이상인 때에는 그 인지의 첨부 또는 보정에 갈음하여 인지액 상당의 금액 전액을 현금으로 납부하여야 한다. <개정 2004.1.28, 2011.2.22>
② 제1항의 규정에 해당하지 아니하는 경우에도 신청인등은 인지의 첨부에 갈음하여 인지액 상당의 금액을 현금으로 납부할 수 있다. <개정 2001.4.26>
③ 법 제9조(제9조제2항 단서의 경우에는 제외한다)부터 제12조까지에 규정된 신청서 등의 경우에는 제1항 및 제2항을 적용하지 아니한다. <개정 2012.11.30>
④ 시·군법원에 제출하는 소장등에는 인지를 첨부하거나 인지액 상당의 금액을 현금 또는 신용카드 등으로 납부할 수 있다. 다만, 소를 제기하는 경우에 소장에 붙여야 할 인지액이 10만원을 초과하는 화해, 지급명령 또는 조정신청 사건에 대하여 「민사소송법」 제388조, 제472조 또는 「민사조정법」 제36조에 따라 소의 제기가 있는 것으로 보아 인지를 보정하는 경우에는 현금 또는 신용카드 등으로 납부하여야 한다.

☞ 유의사항

2011. 8. 11.부터 인지대가 1만원 이상인 경우 반드시 위와같은 현금영수필확인서로 납부하여야 한다.

2) 인터넷뱅킹에 의한 납부

신청인등은 수납은행의 홈페이지에 개설된 인터넷뱅킹을 이용하여 계좌이체의 방법으로 현금 납부할 수도 있는데, 이 경우 신청인 등은 인터넷뱅킹으로 현금을 납부한 후 출력한 영수필통지서 및 영수필확인서를 소장 등에 첨부하여 법원에 제출하여야 한다.

(4) 인지액 산출 기준

법원 인지액은 법원 서비스에 대한 대가 수수료로써 그 산출의 기준은 소송물가액을 기준으로 한다. 재산권상의 청구인 경우에는 청구금액을 기준으로 하며, 소가를 산정할 수 없는 경우에는 일정 확정금액(2천만100원)을 기준으로 해서 인지를 붙여야 한다.

1) 소 장

소장에는 소송목적의 값에 따라 다음 각 호의 금액 상당의 인지를 붙여야 한다(인지법 2조1항).

구 분	소 송	소 가	인 지 액
제1심	소 장	1천만원 미만	소가 × 0.005
		1천만원 이상 ~ 1억원 미만	(소가 × 0.0045) + 5,000원
		1억원 이상 ~ 10억원 미만	(소가 × 0.004) + 55,000원
		10억원 이상	(소가 × 0.0035) + 555,000원

☞ 유의사항

산출된 인지액이 1,000원 미만인 경우에는 이를 1,000원으로 하고, 100원미만의 단수가 있는 경우에는 이를 절사한다.

> **〈청구취지〉 금전청구**
>
> 피고는 원고에게 금 30,000,000원 및 위 금원에 대하여 이 소장부본 송달일 다음날부터 완제일까지 연 15%의 비율에 의한 금원을 지급하라.
>
> ⇒ 금전청구의 소가는 청구금액이므로 소가는 3,000만원이고, 인지액은 140,000원 [=(소가 3,000만원×0.0045) + 5,000원] 이다.

2) 상 소 장

① 항소장에는 소장의 1.5배액, 상고장에는 2배의 인지를 붙여야 한다(인지법 3조). 다만 고등법원을 1심 사건으로 하여 제기하는 소장에는 1.5배액의 인지를 요구하지 아니하고 통상 1심의 경우와 같이 취급하는 것이 실무이다. 소장에 붙인 인지액이 1,000원 미만이어서 1,000원의 인지를 붙인 경우에는 항소장에는 1,500원, 상고장에는 2.000원의 인지를 붙인다.

② 주의를 요하는 것은 가압류·가처분 사건의 판결에 대한 상소에 있어서는 항소와 상고를 구별하지 아니하고 신청시의 인지액의 배액을 붙여야 한다(인지법 11조).

③ 상소장의 소가는 불복하는 범위를 기준으로 하여 계산하여야 한다.

④ 본소청구보다 소가가 큰 반소가 제기되어 본소청구는 기각되고 반소청구가 인용된 경우에 원고가 패소한 전부에 대해 상소하는 경우 그 상소장의 인지액 계산에 있어 본소청구 기각 부분만 고려할 것이 아니라 반소청구의 인용부분도 고려하여야 한다.

구 분	소 송	인 지 액
항소심	항소장	제1심 소장의 1.5배
상고심	상고장	제1심 소장의 2배

3) 반 소 장

가. 원 칙

반소도 소이기 때문에 그 인지액의 계산도 통상의 소와 마찬가지로 반소제기의 때를 기준으로 반소 자체의 소송목적의 값을 별개로 계산한다. 따라서 제1심에서의 반소장에 붙일 인지액은 소장의 경우와 같은 방법으로 산출하고 항소심에서의 반소 인지액은 1.5배액으로 한다(인지법 4조).

구 분	소 송	소 가	인 지 액
제1심	반소장	1천만원 미만	소가 × 0.005
		1천만원 이상~1억원 미만	(소가 × 0.0045) + 5,000원
		1억원 이상~10억원 미만	(소가 × 0.004) + 55,000원
		10억원 이상	(소가 × 0.0035) + 555,000원

나. 예 외

본소와 목적이 동일한 반소에는 원래 붙여야 할 인지액에서 본소의 소가에 대한 인지액(항소심에서는 그 1.5배액)을 뺀 나머지 액수의 인지를 붙이면 된다(인지법 4조2항).

4) 청구변경신청서

제1심에서의 청구변경신청서에는 변경 후의 청구에 관해 원래 붙여야 할 인지액으로부터 변경 전후의 청구에 관한 인지액을 뺀 나머지 액의 인지를 붙여야 하고 항소심에서의 청구변경 신청서에는 변경 후의 청구에 관하여 원래 붙였어야 할 인지액의 1.5배액으로부터 변경전의 청구에 관한 인지액을 뺀 나머지 액의 인지를 붙여야 한다(인지법 5조).

5) 소송참가신청서

제1심에서 하는 독립당사자 참가와 공동소송참가의 신청서에는 소장에 준하여 소송목적의 값에 따른 액수의 인지를 첨부하여야 하고 항소심에서 하는 위와 같은 참가신청서에는 1.5배의 인지를 부여야 한다.

6) 화해·조정신청 또는 지급명령신청

① 화해신청서와 조정신청서에는 소장의 1/5 인지를 붙여야 하고, 지급명령 신청서는 소장의 1/10의 인지를 붙여야 한다(인지법 7조). 화해신청을 한 때에 소가 제기된 것으로 보는 경우(화해가 성립되지 아니한 당사자의 소제기신청)에는 당해 화해신청인이 소를 제기하는 경우에 소장에 붙여야 할 인지액에서 화해신청서에 붙인 인지액을 뺀 나머지 액의 인지를 보정하여야 한다(인지법 7조 3항). 조정신청을 한 때에 소가 제기된 것으로 보는 경우, 지급명령신청을 한

때에 소가 제기된 것으로 보는 경에도 같은 방법으로 인지보정이 필요하다.

② 여러 사람을 상대로 한 지급명령신청에 대하여 피신청인들 중 1인이 이의신청한 경우에는 그 이의신청인에 대하여 소를 제기한다면 붙여야 할 인지액으로부터 이미 지급명령신청서에 붙인 인지액 중 이의신청인에 해당하는 액[=지급명령신청서에 붙인 인지액 × (이의신청인에 대한 소가 ÷ 피신청인 전원에 대한 소가)]을 공제한 나머지 액을 보정시켜야 한다. 다만 연대채무자 여러 사람에 대한 지급명령신청시에는 채무액 전액(소가)에 대한 1/10의 인지를 납부하였을 것이므로 그 중 1인만이 이의신청한 때에도 채무액 전액을 기준으로 인지의 보정을 하여야 한다. 피신청인이 여러개의 청구에 대한 지급명령 중 일부 청구에 대해서만 이의신청한 경우에도 같은 방법에 따른다.

구 분	소 송	인 지 액
지급명령	지급명령신청서	제1심 소장의 1/10
조정신청	조정신청서	제1심 소장의 1/5
제소전 화해	제소전 화해	제1심 소장의 1/5

7) 재심의 소장

재심의 소장에는 심급에 따라 소장 및 상소장과 같은 금액의 인지를 붙여야 한다(인지법 8조 1항). 민사소송법 220조의 화해, 청구의 포기, 인낙조서에 대한 준재심의 경우에도 같다. 다만 민사소송법 386조의 제소전화해 조서에 대한 준재심의 소장에는 화해신청서와 마찬가지로 통상 소장에 붙일 인지액의 1/5 인지를 붙이면 된다(인지법 8조 2항).

8) 기타의 신청서

가. 30,000원의 정액 인지액

파산신청(채권자가 신청하는 경우에 한함), 회생절차개시, 개인회생절차개시 신청, 그 밖에 이에 준하는 신청 등 주로 도산절차의 신청이 이에 해당한다. 그러나 파산 신청 중 채무자 스스로 파산신청을 하는 경우는 인지액이 1,000원이다.

나. 10,000원의 정액 인지액

「민사집행법」에 따른 가압류·가처분의 신청이나 가압류·가처분 결정에 대한 이의 또는 취소의 신청을 위한 신청서에는 1만원의 인지를 붙여야 한다. 다만, 임시의 지위를 정하기 위한 가처분의 신청 및 그에 대한 이의 또는 취소의 신청은 그 본안의 소에 따른 인지액의 2분의 1에 해당하는 인지를 붙여야 한다. 이 경우 인지액의 상한액은 50만원으로 한다.

다. 5,000원의 정액 인지액

부동산강제경매의 신청, 담보권의 실행을 위한 경매의 신청 기타 법원에 의한 경매의 신청, 강제관리의 신청이나 강제관리의 방법에 의한 가압류집행의 신청, 그 밖에 이에 준하는 신청으로서 대법원규칙으로 정하는 신청 등 주로 부동산 강제집행절차의 신청이 이에 해당한다.

라. 2,000원의 정액 인지액

① 채권의 압류명령 신청 그 밖에 법원에 의한 강제집행신청(부동산강제경매 등 위 2항의 신청 제외)이 이에 해당한다.

② 여러 개의 집행권원에 기하여 1건의 신청으로 채권압류 및 전부명령을 신청한 경우 압류명령은 여러 개의 신청을 편의상 1건으로 신청한 것이므로 집행권원의 수에 상응하는 인지를 첩부하여야 하고 전부명령은 여러 개의 압류된 채권 전체가 하나로서 채권자에게 전부되는 것이므로 1건으로 취급하여 2,000원의 인지를 첩부해야 한다.

③ 가압류·가처분의 신청(가압류·가처분 결정에 대한 이의·취소의 신청 포함), 행정소송법의 규정에 의한 집행정지의 신청, 부동산등기법에 의한 가처분명령의 신청 기타 등기 또는 등록에 관한 법령의 규정에 의한 가등기 또는 가등록의 가처분명령의 신청, 즉시항고로 불복을 신청할 수 있는 결정 또는 명령이 확정된 경우에 하는 준재심의 신청, 그 밖에 이에 준하는 신청으로서 대법원규칙이 정하는 신청의 인지액은 2,000원이다.

마. 1,000원 정액 인지액

공시최고의 신청, 재산명시신청, 채무불이행자명부등재신청, 그 말소신청, 그 밖에 대법원규칙이 정하는 각종 사건부에 등재할 신청이 이에 해당한다.

바. 500원 정액인지액

민사소송등인지규칙 2조 내지 9조에 규정되지 아니한 신청서에는 500원의 인지를 붙여야 한다.

사. 인지액을 정하고 있는 대법원예규

민사사건소송등인지법에서 규정하고 있지 않은 신청서류를 포함해서 각종 민사사건 서류에 붙여야 할 인지액에 대해 '민사서류접수서류에 붙일 인지액 및 그 편철방법 등에 관한 예규'에서 상세히 규정하고 있다.

9) 인지를 붙이지 않는 경우

가. 진술에 해당하는 신청

신청이 아닌 진술은 인지첩부를 요하지 아니한다. 예컨대 답변서, 준비서면, 증거신청서, 당사자신정서 및 선정당사자 변경서 또는 취소서(법 53조), 소송능력보정서(법 59조), 소송행위추인서(법 60조), 법정대리권 등의 증명서와 그 소멸 또는 변경 통지서(법 58조), 소송대리인 사임 또는 해임신고서(법 89조), 소송탈퇴서와 동의서(법 80조), 소송비용계산서(법 110조) 등이 이에 해당한다.

나. 법원의 직권발동을 촉구하는 신청

법원에 대해 일정한 행위를 구하는 신청이지만 그 행위가 법원의 직권사항에 속하는 것으로서 신청은 단지 그 직권의 발동을 촉구함에 불과한 경우에도 인지를 붙이지 아니한다(인지법 10조). 기일의 지정·연기·속행·변경신청(법 165조), 변론의 제한·분리·병합·재개의신청(법 141조) 등이 그 예이다.

다. 지급명령 등에 대한 이의신청

지급명령에 대한 이의신청(법 469조), 이행권고결정에 대한 이의신청(소액법 5조의4), 화해권고결정에 대한 이의신청(법 226조 1항), 강제조정결정에 대한 이의신청 등에도 인지를 붙이지 않는다.

라. 국 가

국가를 당사자로 하는 소송 및 행정소송절차에서 국가는 민사소송등인지법에서 규정한 인지를 첩부하지 아니한다. 그러나 국가가 당사자 일방을 위하여 보조참가하고 있는 소송은 국가를 당사자로 하는 소송이 아니므로 국가가 보조참가인의 자격으로 항소를 제기함에 있어서는 민사소송등인지법 소정의 인지를 붙여야 한다(대판 1969. 10. 18. 69마683).

(5) 인지첩부(현금납부)가 없거나 부족한 경우

1) 보정권고와 보정명령

법원사무관등은 원고·상소인 그 밖의 신청인이 산정, 신고한 소가 또는 첩부인지액이나 납부액이 상당하지 아니하다고 인정한 때에는 신청인등에게 보정을 권고하고야 한다(인지규칙 2조). 접수사무관등은 신청인 등이 권고에도 불구하고 이를 보정하지 않은 경우 기록을 재판부에 보내야 하고 기록을 받은 재판부의 재판장은 소장 등에 첩부된 인지액 또는 그에 갈음한 납부액이 상당하지 아니하다고 인정한 때에는 지체 없이 신청인등에게 인지 또는 납부액의 보정을 명하여야 한다(인지규칙 4조).

관련판례

① 보정기간은 보정을 요하는 인지액의 다과 등을 참작하여 구체적으로 그 기간을 정하여야 하고 보정기간을 지정하지 않은 보정명령은 적법한 명령이라고 할 수 없다(대결 1980. 6. 12. 80마160).

② 원심이 간과한 인지의 미첩 또는 부족을 상급심에서 발견한 때에는 상급심이 보정을 명한다(대판 2002. 11. 26. 2002다48719).

2) 보정의 효과

보정명령에 응하여 인지를 보정하면 신청인 등은 신청제기 당시에 소급하여 적법하게 된다. 설사 보정명령에 정한 보정기간 경과 후라도 각하의 재판을 하지 않고 있는 사이에 보정을 하면 신청 등을 각하할 수 없다. 그러나 기간내 보정을 하지 않아 소장각하명령이 있는 경우에는 이에 대해 즉시항고를 하고 인지를 보정하였더라도 재판을 경정할 수 없다(대판 1968. 7. 29. 68사49).

(6) 인지액의 환급

1) 인지액 환급제도

2004년 개정 민사소송등인지법에서 인지액 환급제도를 도입하였는데 그 취지는 소장 등이 각하되거나 변론종결 전에 소가 취하된 경우 소가 판결이 아닌 청구의 포기, 인낙, 조정, 화해 등으로 종결되는 경우에 납부된 인지액 중 일정액을 당사자에게 돌려줌으로써 역무에 상응하는 수수료 납부원칙을 관철함과 어울러 사법의 대국민 서비스를 제고하려는 것이다.

2) 환급사유

① 소장 등의 각하 : 소장 등에 대한 각하명령이 확정된 때에는 인지액의 환급사유가 된다. 그러나 무변론 소 각하 판결, 상고이유서 미제출로 인한 무변론 상고기각 판결은 환급사유로 되지 않는다.

② 소 취하 또는 상소취하 : 소 취하, 항소취하가 있는 경우 환급사유가 된다. 상고취하의 경우에는 상고이유서 제출기간 경과 전에 취하된 경우에만 해당된다.[20] 소의 일부 취하의 경우 하나의 소로 여러 개의 청구를 하였다가 그 중 일부를 이루는 청구 전부를 취하한 경우에는 환급대상이 되지만, 하나의 청구 중 일부를 감축한 경우는 환급대상이 아니다. 또한 연대보증인인 공동피고 중 일부에 대한 청구를 취하한 경우, 부대청구를 취하한 경우, 객관적 병합 중에서도 흡수주의에 따라 일부를 취하 하더라도 인지액의 변동이 없는 경우에는 환급의 대상이 되지 않는다.

③ 청구의 포기, 인낙 : 종국 판결이라는 본래의 소송목적을 이룬 것은 아니므로 환급사유로 인정한 것이다.

④ 조정, 화해 : 본안사건이 조정, 화해로 종결된 경우에는 환급사유가 된다.

3) 환급금액

환급금액은 소장 등에 붙인 인지액의 1/2에 해당하는 금액이다. 다만 인지액의 2분의 1에 해당하는 금액이 10만원 미만이면 인지액에서 10만원을 빼고 남은 금액의 환급을 청구할 수 있다.

20) 이는 실무상 상고이유서 제출기간이 경과한 다음에 비로서 상고기록을 대법원에서 검토하게 되기 때문이다.

4) 환급절차

가. 환급청구인은 환급받을 예금계좌번호 등을 기재한 인지액환급청구서를 담당 재판부에 제출하여야 한다.

나. 청구서 제출시 ① 담당 재판부 사무관이 환급사유 및 환급금액을 확인해 준 확인서와 ② 영수증사본(현금영수증 또는 현금영수필확인서), ③ 납부인의 주민등록증 앞,뒷면 사본, ④ 납부인 명의의 예금통장 사본을 첨부하여 소장 등을 접수한 법원의 총무과 수입징수관에게 제출하여야 하는데 항소심의 경우에는 접수한 법원과 재판진행법원이 다르기 때문에 항소심재판부로부터 확인서를 받아 원심법원 총무과에 제출하여야 한다.

다. 환급청구인은 납부인이므로 납부인과 원고가 다른 경우에는 납부인이 청구하나 대리인이 대리할 경우에는 납부인의 인감날인된 위임장이 있어야 한다.

[서식 20] 인지의 환급청구서

소송등인지의 환급청구서

사　　건 : 2013 가단 1234 손해배상
납 부 인 : 김 ○ ○(731102 - 10○○○○○)
주　　소 : 서울 ○○구 ○○동 ○아파트 ○동 ○호
납부일자 : 20○○.　○.　○.
수납은행 : ☑ 현금납부(신한은행　서울중앙지방법원지점) ▫ 인지첩부
납부금액 : 300,000원
환급사유 : (▫ 소장·항소장·상고장각하 ☑ 소·항소·상고취하 ▫ 조정·화해
　　　　　▫ 포기·인낙)
환급청구금액 : 150,000원
환급받을 예금계좌

예금계좌	금융기관명	점포명	예금종류	계좌번호	예금주성명
	국민은행		보통	012-34-5678	김○○

청구인은 이 사건에 관하여 인지액의 환급사유가 발생하였으므로 이의 환급을 청구합니다.

첨부서류 : ① 현금으로 납부한 경우에는 영수증 사본 1부
② 주민등록증 앞·뒷면 사본 1부
③ 예금통장 사본 1부
④ 담당 법원사무관의 확인서 1부

20○○. ○. ○.

청구인 김 ○ ○

※ 인지첩부의 경우에는 납부일자란에 소제기 일자를 기재하고, 첨부서류 중 해당되지 않는 것은 줄을 그어 삭제하고 날인하십시오.

(7) 과첩인지의 반환

1) 과첩인지

당사자가 정당한 인지액을 초과하여 첩부한 경우를 말하며 이는 일정한 사유가 발생한 경우에 인지액 중 일정비율을 반환하는 인지액환급과 구별된다.

2) 반환절차

가. 수입인지 첩부시

과첩된 인지자체를 떼어내어 반환받는 것이 원칙이나 바로 반환받을 수 없거나 당사자가 현금반환을 원하는 경우에는 법원은 인지전체를 소인한 후 과오납 통지를 하고 당사자는 총무과 수입징수 업무담당자에게 반환청구를 한다.

나. 현금납부의 경우

과오납 반환통지 후에 총무과 수입징수 업무담당자에게 반환청구를 한다.

3) 소장을 접수하지 않은 경우

인지를 납부하였지만 소장을 접수하지 않은 경우 ① 납부당일에는 바로 수

납은행에 가서 영수증, 현금영수필확인서 및 현금영수필통지서를 갖고서는 직접 반환받을 수 있지만 ② 수납시간이 지난 후에는 납부서에 관할법원으로 기재되어 있는 법원의 총무과 수입인지 업무담당자에게 영수증, 현금영수필확인서를 제출하면서 반환을 청구할 수 있다.

2. 소가(소송목적의 값)

(1) 의 의

소가는 법원조직법 등에서 사물관할을 정하는 표준이 됨과 동시에 소송을 제기하는 경우에 국가에 납부할 수수료로서 첨부할 인지액 산출의 기초가 된다(인지법 2조1항). 소송목적이란 원고가 소에 의해 재판을 구하는 청구의 내용인 권리 또는 법률관계를 말하며 이러한 소송목적의 값을 계산하여 정하는 것은 원고가 청구취지로써 구하는 범위 내에서 원고의 입장에서 보아 전부 승소할 경우에 직접 받게 될 경제적 이익을 객관적으로 평가하여 금액으로 정하게 된다.

(2) 소가 계산의 기본원칙

1) 원 칙

소가의 통일된 기준을 정하기 위하여 민사소송법 26조 1항과 27조의 규정에 의하여 소송목적의 값을 계산하되 대법원규칙으로 소송목적의 값 계산 기준을 정할 수 있도록 하였고(인지법 2조 3항) 이러한 위임에 따라 민사소송등인지규칙이 제정되어 소송목적의 값 계산의 기준을 정하고 있다(인지규칙 2장).

2) 재산권상의 소와 비재산권상의 소

① 재산권상의 소란 물권, 채권, 준물권, 무채재산권 등에 관한 청구를 의미하며 신분권 또는 인격권은 그 자체가 재산권은 아니지만 그에 기하여 발생하는 경제적 이익을 내용으로 하는 권리를 소송목적으로 하는 때에 재산권상의 청구가 된다.

② 비재산권상의 소라 경제적 이익을 직접 내용으로 하지 아니하는 청구를 의미한다. 신분권(혼인무효, 가사소송 등), 인격권, 성명권, 초상권 등에 기한 금

지청구소송과 사단관계소송으로서 사단의 존립이나 의사결정에 관한 소송(회사설립무효, 주주총회결의 부존재)이 포함된다(인지규칙 15조2항).

③ 재산권의 소로서 소가를 산출할 수 없는 것과 비재산권을 목적으로 하는 소송의 소가는 2천만 100원으로 간주하되, 특허소송, 무채재산권에 관한 소가는 5천만원 100원으로 보고 있다.

3) 소가 계산의 기준시

소가는 소를 제기한 때를 기준으로 계산한다(인지규칙 7조). 따라서 소제기 후 소가의 등락이나 가치의 손상 등 사정변경이 있어도 이를 고려할 필요가 없으므로 상소심에 이심된 경우에 상소심은 제1심의 소제기 당시의 소가로 기준을 삼아야 하고 제소전화해, 지급명령이 소송으로 이행된 경우에도 그 신청시에 소급하여 소제기가 의제되므로 그 신청시의 값이 기준으로 된다.

4) 물건 또는 권리의 소가

가. 물건의 소가[21)]

① '선박, 구축물, 차량, 건설기계, 항공기, 입목, 골프회원권, 콘도미니엄회원권, 광업권, 어업권 등' : 시가표준액으로 한다.

② '토지' : 개별공시지가에 30/100을 곱한 금액으로 한다.

③ '건물' : 시가표준액에 30/100을 곱한 금액으로 한다.

---

21) 제9조(물건 등의 가액) ① 토지의 가액은 「부동산 가격공시 및 감정평가에 관한 법률」에 의한 개별공시지가(개별공시지가가 없는 경우에는 시장·군수 또는 구청장이 같은 법 제9조에 따라 국토해양부장관이 제공한 토지가격비준표를 사용하여 산정한 가액)에 100분의 30을 곱하여 산정한 금액으로 한다. <개정 2011.7.28>
② 건물의 가액은 「지방세법 시행령」 제4조제1항제1호의 방식에 의하여 산정한 시가표준액(이 경우 같은 법 시행령 제4조제1항제1호의 건축물은 건물로 한다)에 100분의 30을 곱한 금액으로 한다.
③ 선박·차량·기계장비·입목·항공기·광업권·어업권·골프회원권·승마회원권·콘도미니엄 회원권·종합체육시설 이용회원권 그 밖에 「지방세법」 제10조제2항 단서, 같은 법 시행령 제4조에 따른 시가표준액의 정함이 있는 것의 가액은 그 시가표준액으로 한다. <개정 2011.7.28>
④ 유가증권의 가액은 액면금액 또는 표장하는 권리의 가액으로 하되, 증권거래소에 상장된 증권의 가액은 소 제기 전날의 최종거래가격으로 한다.
⑤ 유가증권 이외의 증서의 가액은 200,000원으로 한다.

■ 건물시가표준액 ■

1. 평가 기준
   건물시가표준액 = 신축건물기준가액 × 구조지수 × 용도지수 × 위치지수 × 경과년수잔가율 × 면적㎡ × 가감산율

2. 실무상 구체적 계산방법
   (1) 건축물물대장(등기부등본)
   건축물구조(철근콘크리트) 및 건축년도(1999년)을 확인한다.

   (2) 공시지가확인원
   공시지가(3.020,000원)를 확인한다.

   (3) 부동산시가표준액 책자
   부동산시가표준액 책자에서 공시지가(3,020,000원)에 해당하는 지역번호(8)와 구조번호(철근콘크리트조 2번)에 해당하는 도표를 찾은 다음 이 도표 안에서 용도번호(점포 5번)와 건축년도(1999년)에 해당하는 건물시가표준액(641,000원)을 찾아내면 된다.

   (4) 계산
   목적물가액[=시가표준액(641,000원)에 × 건물면적(180.96㎡) × 30/100]

④ '유가증권' : 액면금액 또는 표창하는 권리의 값으로 하되 증권거래소에 상장된 증권의 값은 소제기 전날의 최종거래가격으로 하고, 유가증권 이외의 증서의 값은 200,000원으로 한다.

나. 물건에 대한 권리의 소가[22)]

① 소유권 : 그 물건 값

② 점유권 : 그 물건 값의 1/3

③ 지상권 및 임차권 : 목적 물건 값의 1/2

---

22) 제10조(물건에 대한 권리의 가액) ① 물건에 대한 소유권의 가액은 그 물건가액으로 한다.
② 물건에 대한 점유권의 가액은 그 물건가액의 3분의 1로 한다.
③ 지상권 또는 임차권의 가액은 목적물건 가액의 2분의 1로 한다.
④ 지역권의 가액은 승역지 가액의 3분의 1로 한다.
⑤ 담보물권의 가액은 목적물건 가액을 한도로 한 피담보채권의 원본액(근저당권의 경우에는 채권최고액)으로 한다.
⑥ 전세권(채권적전세권을 포함한다)의 가액은 목적물건 가액을 한도로 한 전세금액으로 한다.

④ 지역권 : 승역지 물건 값의 1/3

⑤ 담보물권 : 목적 물건 값을 한도로 한 피담보채권의 원본액(근저당권의 경우에는 채권최고액)

⑥ 전세권 및 채권적 전세 : 목적 물건 값을 한도로 한 전세금액

다. 그 밖의 물건·권리의 소가

위에서 언급하지 아니한 물건 또는 권리의 소가는 소를 제기할 당시의 시장가격으로 하고 시장가격을 알기 어려운 때에는 그 물건 또는 권리의 취득가격, 또는 유사한 물건이나 권리의 시장가격으로 한다(인지규칙 11조).[23]

5) 병합청구의 소가

가. 합산의 원칙

1개의 소로써 수개의 청구를 하는 경우에 그 수개의 청구의 경제적 이익이 독립한 별개의 것인 때에는 합산하여 소가를 산정한다(인지규칙 19조). 예를 들어 사해행위취소와 그 피보전채권인 금전지급청구를 병합하여 청구하는 경우에는 이를 합산하는 것이 실무이다.

나. 흡수 주의

1개의 소로써 주장하는 수개의 청구의 경제적 이익이 동일하거나 중복되는 때에는 중복되는 범위 내에서 흡수되고, 그중 가장 다액인 청구의 가액을 소가로 한다(인지규칙 20조). 예를 들어 ① 소의 선택적·예비적 병합, ② 본래의 청구와 대상청구의 병합, ③ 여러 사람의 연대채무자 또는 주채무자와 보증인이 당사자로 되는 경우, ④ 같은 부동산에 관하여 취득자 및 전득자를 상대로 소유권이전등기말소등기절차의 이행을 구하는 경우, ⑤ 동일한 권원에 기하여 확인의 및 이행청구를 병합한 경우, ⑥ 선택채권의 경우 ⑦ 비재산권상의 소와 관련재산권상의 소가 병합한 경우 등에는 가장 다액의 청구를 소가로 한다.

---

23) 제11조(기타의 물건등의 가액) 제9조 및 제10조에 규정되지 아니한 물건 또는 권리(이하 이 조에서는 "물건등"이라 한다)의 가액은 소를 제기할 당시의 시가로 하고, 시가를 알기 어려운 때에는 그 물건등의 취득가격 또는 유사한 물건등의 시가로 한다.

관련판례

소유권보존등기가 이루어지고 이에 터 잡아 근저당권설정등기가 경료 된 후 그 소유등기명의자가 전전 이전된 동일 부동산에 대하여 소유권보존등기명의자, 근저당권자 및 전득자 등을 공동피고로 하여 제기된 소유권보존등기, 근저당권설정등기, 소유권이전등기의 각 말소를 구하는 소송에 있어서는 1개의 소로써 주장하는 수개의 청구의 경제적 이익이 동일하거나 중복되는 때에 해당하므로 중복되는 범위 내에서 흡수되고 그 중 가장 다액인 청구의 가액을 소가로 할 것이다(대결 1998. 7. 27. 98마938).

다. 부대청구·수단청구 불산입의 원칙

① 부대청구 : 과실·손해배상·위약금 또는 비용의 청구가 소송의 부대목적이 되는 때에는 그 값은 소가에 산입하지 아니한다(법 27조 2항). 그러나 과실 손해배상 등의 청구만을 독립하여 청구하는 경우에는 그 자체만을 별도로 소가로 정할 수밖에 없음은 물론이다. 이자, 약정 지연손해금, 법정 지연손해금, 그 밖에 이와 유사한 내용의 청구가 금전지급청구소송의 부대목적이 되는 경우에는 부대청구에 해당된다. 청구취지에서 특정된 금액에 부대청구가 포함되어 있지 아니한 경우에는 그 특정된 금액을 소가로 하고, 청구취지에 특정된 금액에 부대청구가 포함된 경우에는 위 금액에서 부대청구에 해당하는 금액을 뺀 나머지 금액을 소가로 한다.

〈청구취지〉 청구취지에 특정된 금액에 부대청구가 포함되어 있는 경우

피고는 원고에게 금 84,598,000원원 및 이 중 금 65,425,000원에 대하여는 2004. 5. 10.부터 이 소장 부본 송달일까지 연 5%의, 그 다음날부터 완제일까지 연 15%의 각 비율에 의한 금원을 지급하라.

⇒ 청구취지에 특정된 금액(84,598,000원)에 부대청구 즉 이자나 지연손해금(19,173,000원)이 포함되어 있는 경우에는 부대청구를 제외한 주된 청구금액인 65,425,000원을 소가로 한다.

② 수단청구 : 1개의 청구가 다른 청구의 수단에 불과한 경우에는 특별한 규정이 없는 한 그 값은 소가에 산입하지 않는다(예를 들어 대지인도를 구하기 위해 그 지상 건물의 철거를 동시에 청구하는 경우). 다만 수단인 청구의 값이 주된

청구의 값보다 다액인 경우에는 그 다액을 소가로 한다.

라. 비재산권상의 청구가 병합된 경우

① 1개의 소로써 수개의 비재산권을 목적으로 하는 청구를 병합한 때에는 각 청구의 소가를 합산한다. 다만, 청구의 목적이 1개의 법률관계인 때에는 1개의 소로 본다(인지규칙 22조).

② 1개의 소로써 비재산권을 목적으로 하는 청구와 재산권을 목적으로 하는 청구를 병합한 때에는 각 청구의 소가를 합산한다(인지규칙 23조 1항).

③ 1개의 소로서 비재산권을 목적으로 하는 소송과 그 소송의 원인이 된 사실로부터 발생하는 재산권에 관한 소송을 병합한 경우에는 액수가 많은 소송목적의 값에 따라 인지를 붙인다. 예를 들어 해고무효확인청구와 그 해고가 무효임을 전제로 하는 임금지급청구가 1개의 소로써 병합된 경우가 여기에 해당한다(대판 1994. 8. 31. 94마1390).

〈청구취지〉 기간이 확정되지 않는 정기금 청구의 소

1. 피고가 원고에 대하여 한 2013. 5. 9.자 해고는 무효임을 확인한다.
2. 피고는 원고에게 2013. 5. 9.부터 복직시까지 매월 금 200만원 및 이에 대한 판결선고일 다음날부터 완제일까지 연15%의 비율에 의한 금원을 지급하라.

⇒ ① 해고무효확인은 비재산권상의 소로서 2천만 100원이 소가이다. ② 복직시까지 매월 200만원은 불확정기간 정기금청구에 해당되어 기발생분 해고일(2013. 5. 9.)부터 소제기시까지(2013. 10. 9.)의 5개월간의 1천만원 및 이후 1년 상당의 정기금 2천4백만원(=200만원×12월)의 합산액 3천4백만원이 소가이다. ③ 흡수법칙에 따라 ①, ②항 중 다액인 3천4백만원이 소가가 된다.

④ 수개의 비재산권을 목적으로 하는 청구와 그 원인된 사실로부터 생기는 재산권을 목적으로 하는 청구를 1개의 소로써 제기하는 때에는 그 여러 개의 비재산권상의 청구의 소가의 합산액과 재산권을 목적으로 하는 청구의 소가 중 다액을 소가로 한다(인지규칙 23조 2항).

마. 여러 개의 소장에 의한 소

여러 병합청구의 소가 계산에 있어서 합산, 흡수, 불산입 등의 원칙은 원고가 1개의 소장에 의해 원시적으로 여러 청구를 병합 제기한 경우에만 적용되고, 이와 달리 병합의 요건이 충족되어 있더라도 별개의 소장으로 제소하는 경우에는 적용되지 아니하므로 1개의 소로써 병합 제기할 수 있는 청구를 수개의 소장으로 나누어 소를 제기하는 경우에는 각각 별도로 소가를 산정한다(인지규칙 24조).

6) 상소의 소가

① 항소장(1심소가의 1.5배) 또는 상고장(2배)에 첩부할 인지액은 상소로써 불복하는 범위의 소가를 기준으로 하여 산정한다(인지규칙 25조). 부대항소장 또는 부대상고장에도 이러한 기준이 적용된다(인지규칙 26조). 다만 반소의 제기를 위하여 부대항소하는 경우에는 제1심에서의 반소장에 붙일 인지액의 1.5배액의 인지를 붙여야 하고 소의 변경을 위하여 부대항소하는 경우에는 변경후의 청구에 관한 제1심 인지액의 1.5배액으로 변경전의 청구에 관한 인지액을 뺀 나머지 액의 인지를 붙여야 한다(인지규칙 26조, 인지법 4조).

② 1개의 상소장으로 불복할 수 있는 여러 개의 청구를 별개의 상소장으로 상소한 때에는 독립하여 소가를 계산한다(인지규칙 24조). 따라서 판결 중 지연손해금의 일부에 대하여 항소를 한 경우에는 이를 독립된 소송물로 보고 인지를 계산하여야 한다(대판 1962. 10. 18. 62라11).

③ 양쪽 당사자가 상소한 경우에는 각각 그 불복범위 내에서 별도로 상소의 소가를 계산한다.

(3) 소의 종류에 따른 소가

1) 통상의 소

통상의 소의 소가는 다음 기준에 의하여 계산한다(인지규칙 12조).[24)]

---

24) 제12조(통상의 소) 통상의 소의 소가는 다음 각호에 규정된 가액 또는 기준에 의하여 산정한다.

1. 확인의 소(소극적확인의 소를 포함한다)에 있어서는 권리의 종류에 따라 제10조 및 제11조의 규정에 의한 가액
2. 증서진부확인의 소에 있어서는 그 증서가 유가증권인 경우에는 제9조제4항의 규정에 의한 가액의 2분의 1, 기타의 증서인 경우에는 제9조제5항의 규정에 의한 가액
3. 금전지급청구의 소에 있어서는 청구금액
4. 기간이 확정되지 아니한 정기금청구의 소에 있어서는 기발생분 및 1년분의 정기금 합산액
5. 물건의 인도·명도 또는 방해배제를 구하는 소에 있어서는 다음의 구별에 의한다.

소송의 종류	권 원 구 분	소 가
1. 금전지급청구소송		청구금액(청구금액에 이자 등 부대청구가 포함되면 이를 공제한 금액이 소가)
2. 기간이 확정되지 않은 정기금 청구의 소		기발생분 및 1년분의 정기금 합산액
3. 물건의 인도·명도·방해배제를 구하는 소	소유권·지상권·전세권·임차권·담보물권에 기한 경우	목적물건 가액 × 1/2
	점유권에 기한 경우	목적물건 가액 × 1/3
	계약해지·해제·기간만료에 기한 경우	목적물건 가액 × 1/2
	소유권이전을 목적으로 하는 계약에 기한 동산인도청구	목적물건 가액
4. 건물철거 등 방해배제청구		방해배제를 구하는 범위의 토지부분가액×권원의 종류에 따라 위 「물건의 인도를 구하는 소」와 동일
5. 상린관계상의 청구		부담을 받는 이웃 토지부분의 가액 × 1/3
6. 공유물분할청구		목적물건 가액×공유지분 × 1/3

가. 소유권에 기한 경우에는 목적물건 가액의 2분의 1
나. 지상권·전세권·임차권 또는 담보물권에 기한 경우 또는 그 계약의 해지·해제·계약기간의 만료를 원인으로 하는 경우에는 목적물건 가액의 2분의 1
다. 점유권에 기한 경우에는 목적물건 가액의 3분의 1
라. 소유권의 이전을 목적으로 하는 계약에 기한 동산인도청구의 경우에는 목적물건의 가액

6. 상린관계상의 청구에 있어서는 부담을 받는 이웃 토지 부분의 가액의 3분의 1
7. 공유물분할 청구의 소에 있어서는 목적물건의 가액에 원고의 공유지분 비율을 곱하여 산출한 가액의 3분의 1
8. 경계확정의 소에 있어서는 다툼이 있는 범위의 토지부분의 가액
9. 사해행위취소의 소에 있어서는 취소되는 법률행위의 목적의 가액을 한도로 한 원고의 채권액
10. 기간이 확정되지 아니한 정기금의 지급을 명한 판결을 대상으로 한 「민사소송법」 제252조에 규정된 소에 있어서는 그 소로써 증액 또는 감액을 구하는 부분의 1년간 합산액

7. 경계확정의 소		다툼이 있는 범위의 토지부분의 가액
8. 사해행위취소		취소되는 법률행위의 목적의 가액을 한도로 한 원고의 채권액
9. 확인의 소	소유권	목적물건 가액
	점유권	목적물건 가액 × 1/3
	지상권·임차권	목적물건 가액 × 1/2
	지역권	승역지 가액 × 1/3
	담보물권, 전세권	피담보채권액·전세금 (단, 목적물가액 한도)
	증서진부확인	유가증권(액면금액 × 1/2), 기타증서(200,000원)
	해고무효확인	20,000,100원
10. 정기금판결과 변경의 소		증액 또는 감액을 구하는 부분의 1년간 합산액

〈청구취지〉 기간이 확정되지 않는 정기금 청구의 소

피고는 원고에게 금 15,000,000원을 지급하고, 2013. 5. 9.부터 별지도면표시 1, 2, 3, 4, 1의 각 점을 순차로 연결한 선내 (가)부분 100㎡의 도로 폐쇄일 또는 원고의 소유권 상실일까지 매월 금 200,000원의 비율에 의한 금원을 지급하라.

⇒ 기간이 확정되지 아니한 정기금청구의 소에 있어서는 기발생분(1천5백만원) 및 향후 1년분 정기금[240만원(=20만원×12월)] 합산액 1천7백40만원이 소가가 된다.

〈청구취지〉 물건(건물)의 명도

피고는 원고에게 별지도면표시 1, 2, 3, 4, 1의 각 점을 순차로 연결한 선내 (가)부분 100㎡를 명도하고 2013. 5. 9.부터 위 건물부분의 명도 완료시까지 매월 500,000,000원의 비율에 의한 금원을 지급하라.

⇒ 원고가 건물명도와 연체임료를 청구한 경우로서 ① 소유권에 기한 건물명도의 소가 : 건물의 목적물가액(=시가표준액×30/100)의 1/2을 소가로 한다 ② 월임료는 건물명도 청구에서는 소가에 포함되지 않는다.

〈청구취지〉 채권자(2천만원)의 사해행위의 취소

피고와 소외 김○○간의 별지목록 기재 부동산에 관한 2013. 5. 9.자 매매계약은 취소한다.

⇒ 목적물 가액을 한도로 한 원고의 채권액(2천만원)을 소가로 하므로 예를들어 목적물가액이 1천만원이면 소가는 원고의 채권액(2천만원)보다 낮은 가액인 목적물가액 1천만원이 된다. ※ 목적물가액은 ① 토지가액: 공시지가×면적×30/100 ② 건물가액: 시가표준액×30/100

2) 등기·등록 등 절차에 관한 소

등기 또는 등록 등 절차의 이행을 구하는 소가는 다음에 규정된 값 또는 기준에 의한다(인지규칙 13조).

소송의 종류	권 원 구 분	소 가
등기·등록 절차에 관한 소	가. 소유권이전등기	목적물건 가액(소유권확인, 진정명의회복 청구소송도 동일하다)
	나. 지상권·임차권의 설정·이전등기	목적물건 가액 × 1/2
	다. 담보물권·전세권의 설정·이전	피담보채권액·전세금(목적물가액 한도)
	라. 지역권설정·이전	목적물건(승역지) 가액 × 1/3
	가등기·가등기에 기한 본등기	권리의 종류에 따른 위 가~라의 규정액 × 1/2
	설정 또는 양도계약의 해제·해지로 인한 말소 및 말소회복등기	위 가~라에 의함
	등기원인의 무효·취소로 인한 말소 및 말소회복등기	위 가~라의 규정액 × 1/2
	등기의 인수를 구하는 소	목적물건 가액 × 1/10

〈청구취지〉 설정계약해제, 해지에 의한 근저당권말소

피고는 원고에게 별지목록 기재 부동산에 관하여 서울중앙지방법원 강남등기소 2013. 5. 9. 접수 제1234호로 경료된 근저당권설정등기의 말소등기절차를 이행하라.

⇒ 근저당권 말소는 담보물권의 말소이므로 목적물의 가액을 한도로 한 피담보채

권액(근저당권인 경우 채권최고액)이므로 사례에서 채권최고액이 4천만원이고 목적물가액이 5천만원인 경우에는 보다 낮은 금액인 채권최고액인 4천만원이 소가가 된다.

3) 명예회복을 위한 처분 청구의 소

민법 제764조에 의한 명예회복을 위한 적당한 처분을 구하는 소는 그 처분에 통상 소요되는 비용을 산출할 수 있는 경우에 그 비용을 소가로 하고 그 비용을 산출하기 어려운 경우에는 비재산권상의 소로본다(인지규칙 14조).

4) 회사 등 단체관계소송

주주의 대표소송 또는 이사의 위법행위유지(留止)청구의 소 및 회사에 대한 신주발행유지(留止)청구의 소는 소송목적의 값을 산출할 수 없는 소송으로 보고(인지규칙 15조1항), 그 밖에 회사설립무효·취소, 주주총회결의의 부존재·무효확인·취소, 신주발행무효, 자본감소무효, 합병무효, 회사해산, 이사해임 등 상법의 규정에 의한 회사관계소송은 비재산권을 목적으로 하는 소송으로 보며(인지규칙 15조3항), 회사이외의 단체에 관한 것으로서 위에서 본 상법상의 소에 준하는 소송도 비재산권을 목적으로 하는 소송으로 본다(인지규칙 15조3항). 위와같은 소송의 소가는 모두 5천만 100원으로 간주하지만(인지규칙 18조의2), 해고무효확인의 소는 비재산권을 목적으로 하는 소로 보고(인지규칙 15조4항), 그 소송의 소가를 2천만 100원으로 간주한다(인지규칙 18조의2).

5) 집행법상의 소

민사집행법에 규정된 각종의 소의 소가는 다음에 규정된 값 또는 기준에 의한다(인지규칙 16조).

소송의 종류	권 원 구 분	소 가
집행법상의 소	배당이의의 소	배당증가액
	청구이의의 소	집행력배제의 대상인 집행권원에서 인정된 권리의 가액
	제3자이의의 소	집행권원에서 인정된 권리의 가액을 한도로 한 원고의 권리의 가액

	공유관계부인의 소	원고의 채권액을 한도로 한 목적물건값의 1/2
	집행문부여 또는 집행문부여에 대한 이의의 소	대상인 집행권원에 인정된 권리의 값의 1/10
	집행판결을 구하는 소	외국판결 또는 중재판정에서 인정된 권리의 값의 1/2
	중재판정취소의 소	중재판정에서 인정된 권리의 값

6) 행정소송

행정소송의 소가는 다음에 규정된 값 또는 기준에 의한다(인지규칙 17조).

① 조세 기타 공법상의 금전·유가증권 또는 물건의 납부를 명한 처분의 무효확인 또는 취소를 구하는 소송에 있어서는 그 청구가 인용됨으로써 원고가 납부의무를 면하게 되거나 환급 받게 될 금전·유가증권 또는 물건값의 1/3, 다만 그 금전·유가증권 또는 물건 값이 30억원을 초과하는 경우에는 이를 30억원으로 본다. 그러나 위 단서규정(30억으로 본다)은 각 청구별로 원고가 얻을 값이 30억을 넘을 경우에 이를 30억으로 본다는 것일 뿐 여러 개의 청구를 병합하여 1개의 소를 제기한 경우의 합산액에 대해서는 적용되는 것은 아니므로 여러 개의 청구가 병합된 경우에는 병합된 각 청구별로 먼저 위 단서를 적용하여 계산하되 그 후 각 청구의 값을 합산한 액에 대해서는 30억이 넘더라도 그 액을 기준으로 하여 소가를 계산하여야 한다.

② 체납처분취소의 소에 있어서는 체납처분의 근거가 된 세액을 한도로 한 목적 물건값의 1/3 다만 그 세액 또는 목적 물건값이 30억을 초과하는 경우에는 이를 30억으로 본다.

③ 금전지급청구의 소에 있어서는 청구금액

④ 위 내용 이외의 소송은 비재산권을 목적으로 하는 소송으로 본다.

7) 특허소송

특허법원의 전속관할에 속하는 소송의 소가는 재산권의 소로써 그 소가를 산출할 수 없는 것으로 보고(인지규칙 17조의2) 그 소가를 5천만 100원으로 간주한다(인지규칙 18조의2).

8) 무체재산에 관한 소

무체재산에 관한 소 중 금전의 지급이나 물건의 인도룰 목적으로 하지 아니하는 소는 소가를 산출할 수 없는 소송으로 보고(인지규칙 18조) 그 소가를 5천만 100원으로 간주한다.

9) 회생채권·회생담보권·파산채권 등

회생채권, 회생담보권, 파산채권, 개인회생채권의확정에 관한 소송에 있어서는 회생법원, 파산법원, 개인회생법원이 소가를 정한다.

소송의 종류	소 가
1. 재산권상의 소 중 소가 산출이 불가능한 경우	20,000,100원
2. 비재산권상의 소	20,000,100원
3. 회사·특허소송	50,000,100원
4. 무채재산권에 관한 소 중 금전지급, 물건의 인도를 목적으로 하지 않는 소	50,000,100원

3. 송 달 료

(1) 의 의

송달료는 소송서류를 당사자에게 송달하기 위하여 소용되는 비용을 의미하는데 원칙적으로 당사자의 부담이고, 그 비용을 요하는 소송행위에 관하여 그 비용의 예납이 없으면 법원은 그 행위를 하지 아니할 수 있으므로(법 116조), 상대방에게 송달하여야 하는 소송서류를 제출할 때에는 송달료를 예납하도록 하고 있다. 이러한 송달료는 성질상 민사예납금의 일종이나 다른 민사예납금과는 달리 특수성을 가지기 때문에 법원이 아닌 금융기관에 현금으로 납부하도록 하고 법원의 사건담임자는 송달물을 우체국에 요금후납우편으로 발송하며 우편요금은 금융기관이 우체국에 직접 지급하도록 하고 있다.

(2) 송달료 납부기준

송달료예규에서 정하고 있는 적용대상사건 중 민사소송에 관련된 사건 및 그에 대한 당사자의 송달료 납부기준은 아래의 표와 같다.

※ 1회 송달료 3,700원

구 분	소 송	사건구분	송 달 료
제1심	소 장	소액사건(3,000만원 이하)	10회(2인 기준 74,000원)
		단독사건(3,000만원초과 2억원미만)	15회(2인 기준 111,000원)
		합의사건(2억원 이상)	15회(2인 기준 111,000원)
항소심	항소장		12회(2인 기준 88,800원)
상고심	상고장		8회(2인 기준 59,200원)
지급명령신청			4회(2인 기준 29,600원)
조정신청			5회(2인 기준 37,000원)
제소전 화해			4회(2인 기준 29,600원)

(3) 송달료 납부자

송달료는 원고, 상소인 등 당해 심급절차의 시작을 구하는 당사자가 이를 예납하는데, 원칙적으로 그 사건의 당해 심급절자에 있어서 적극적인 지위에 있는 당사자 즉 원고, 반소원고, 독립당사자참가인, 상소인 등이 이를 예납하여야 하지만, 예외적으로 위와 같은 적극적 당사자가 송달료를 예납하지 않은 경우에는 그 대립당사자가 이를 예납할 수 있다.

(4) 납부절차

1) 수납은행에 현금납부

송달료는 우표가 아닌 현금으로 이를 납부하여야 한다. 다만 법원장은 사건 수, 거리 등을 감안하여 당사자 1인당 송달료 납부기준 2회 이하인 사건의 전부 또는 일부에 대하여 법원 내규로서 송달료를 우표로 납부할 수 있도록 정할 수 있어 이러한 경우 우표로 내는 경우도 있다.

2) 송달료 납부시의 제출

송달료는 반드시 송달료 납부서에 의하여 납부하여야 한다. 납부인은 수납은행에 송달료를 납부하고 송달료 영수증을 교부받아 그 중 아래와 같은 법원용 영수증을 서면에 첨부하여 관할 법원에 제출하여야 한다.

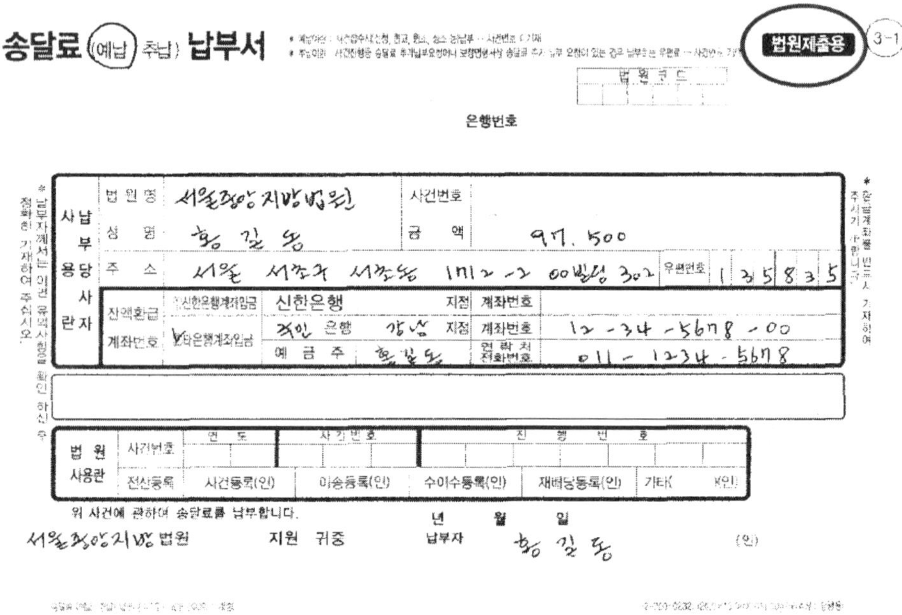
송달료 (예납) 추납) 납부서

법원제출용 (3-1)

법원코드

은행번호

납부당사자	법원명	서울중앙지방법원	사건번호	
	성명	홍길동	금액	97,500
	주소	서울 서초구 서초동 1712-2 00빌딩 302	우편번호	135835
잔액환급 계좌번호	①신한은행계좌입금	신한은행 지점	계좌번호	
	☑타은행계좌입금	국민 은행 강남 지점	계좌번호	12-34-5678-00
		예금주 홍길동	연락처 전화번호	011-1234-5678

법원 사용란	사건번호	연도	사건번호	진행번호
	전산등록	사건등록(인)	이송등록(인) · 수이수등록(인) · 재배당등록(인)	기타( )(인)

위 사건에 관하여 송달료를 납부합니다.

년 월 일

서울중앙지방법원 지원 귀중 납부자 홍길동 (인)

(5) 송달료 잔액의 환급절차

사건이 종결되면 관리은행에서는 송달료잔액환급통지서를 작성한 후 이를 송달료납부인에게 통지하여 납부인으로 하여금 송달료 잔액을 환급받을 수 있게 하고 있다. 보통 해당관리은행은 납부인이 송달료 잔액의 계좌 입금신청을 한 경우에는 신고한 예금계좌에 송달료 잔액을 입금하고, 납부인이 송달료잔액의 계좌입금신청을 하지 아니한 경우에는 납부인에게 송달료잔액 환급통지를 하는데 이 경우 계좌입금수수료와 통지서의 발송비용은 납부인의 부담으로 하고 있다. 송달료잔액환급통지를 받은 납부인은 그 통지서 및 신분증을 지참하여 송달료를 납부한 해당 수납은행 또는 관리은행 전국점포에서 환급받을 수 있다.

(6) 송달료를 오납한 경우

송달료를 잘못 납부한 경우에는 언제든지 송달료 납부서를 반환하고 환급

받을 수 있다. 이는 인지를 현금 납부한 경우 당일에 한해서만 은행에서 환급 처리하는 것과 다르다.

Ⅸ. 소장의 접수방법

1. 소장접수

1) 소장은 인지와 송달료의 비용납부 후에 영수증을 첨부하여 부본과 함께 종합접수실에 접수한다. 이때 접수담당 공무원은 관할, 소가, 첨부 인지액 및 송달료 등이 맞는지 확인한 후 잘못된 부분이 있으면 바로 구술로 흠결을 지적해 줘서 보안하도록 하고 있다. 접수당시 소장접수증명원을 발부 받아 이를 가압류 또는 가처분신청시 같이 제시하여 법원으로부터 쉽게 결성을 받을 수 있다.

2) 접수는 본인이 직접 법원에 방문하여 접수하는 것이 원칙이지만 제출위임장(위임장날인은 인감일 필요는 없다)을 소장에 첨부하여 대리인으로 하여금 접수 하게 할 수 있으며, 우편으로 제출할 수 도 있다.

3) 소장은 대부분 관할법원 종합접수실에 접수를 하는데 서울중앙지방법원은 단독, 합의, 소액 사건을 구분하여 각각 별도로 접수를 받고 있다. 단독과 합의는 동관 1층에 있는 종합민원실에, 소액사건은 2별관 1층 소액사건접수실에 소장을 제출 히여야 한다.

서울중앙지방법원 종합접수실

서울중앙지방법원 2별관 민사소액사건접수실

4) 예외적으로 소가 3천만원 이하의 소액사건의 소는 구술로서 이를 제기할 수 있다(소액사건심판법 4조).

2. 사건번호 및 사건명 부여

1) 소장 그 밖의 신청서 등 사건이 될 서류가 접수되면 사건번호와 사건명을 부여한다. 사건번호와 사건명은 사건을 특정하고 이를 간략히 호칭하기 위하여 부여되는 것으로서 기록번호라고도 하며 각종 소송서류를 제출할 경우에 특정한 사건을 표시할 목적으로 사용된다. 최초에 붙인 사건번호와 사건명은 그 동일성을 유지하게 하기 위하여 그 사건의 종국에 이르기 까지 변경 없이 사용하며 다만 사건명의 잘못이 있음이 분명한 때에는 제1심 종국에 이르기까지 재판장의 허가를 받아 정정할 수 있다.

2) 접수당시 접수공무원으로부터 사건번호를 부여 받아 확인하는 것이 보통이지만 사정상 사건번호를 확인하지 못하거나 하지 않은 경우에는 법원에 비치되어 있는 사건조회용 컴퓨터를 사용하여 인적사항을 입력하는 방법으로 사건번호를 확인할 수 있다. 또한 인터넷 뱅킹을 통한 송달료를 납부한 경우에는 인터넷뱅킹 송달납부 사이트상에 있는 송달료납부결과조회에서 납부자성명과 송달납부서 상단에 기재된 숫자를 입력하여 사건번호를 확인할 수 있다.

서울중앙지방법원 종합접수실에 비치되어 있는 사건조회용 컴퓨터

3. 소장접수증명원의 발급

소송서류를 접수하였을 때에는 그 접수증명원을 교부받을 수 있다. 이를 소접

수증명원 또는 소제기 증명원이라 하는데 증명원 2부를 작성하고 인지 500원을 첨부하여 소장 제출 시 같이 접수하면 그 중 1부에다 증명 확인을 찍어서 되돌려 준다.

[서식 21] 소제기 증명원

소 제 기 증 명 원

사　건　20○○ 가합 123 대여금

원　고　구 ○ ○

피　고　장 ○ ○

위 당사자 간 귀원 20○○ 가합 123 대여금 청구 사건에 관하여 20○○. ○. ○. 귀원에 소가 제기 되었음을 증명하여 주시기 바랍니다.

20○○.　○.　○.

위 원고　구 ○ ○　(인)

○○지방법원 귀중

■ 작성·접수방법

1. 증명원 2부를 작성해서 1부는 법원에 제출하고 1부는 증명을 돌려 받는다
2. 법원에 제출하는 증명원에 인지 500원을 첨부한다.

[접수증명원]

접 수 증 명 원

사 건 : 서울동부지방법원 2017가합103 [전자]매매계약취소 등

원 고 : 이

피 고 : 이 외 1명

증명신청인 : 원고 소송대리인 고

위 사건에 관하여 소장이(가) 2017. 4. 12.자로 접수되었음을 증명합니다.

2017. 4. 12.

서울동부지방법원

법원주사 심

본 증명(문서번호:전자제출제증명(민사) 71206)에 관하여 문의할 사항이 있으시면 02-3480-1715로 문의하시기 바랍니다.

4. 진행상황의 조회

소장접수 이후 사건의 진행상황을 확인하기 위해서 대법원 사이트(www.scourt.go.kr)에 접속하여 나의 사건검색란에 사건번호를 입력하여 진행상황을 쉽게 검색할 수 있다.

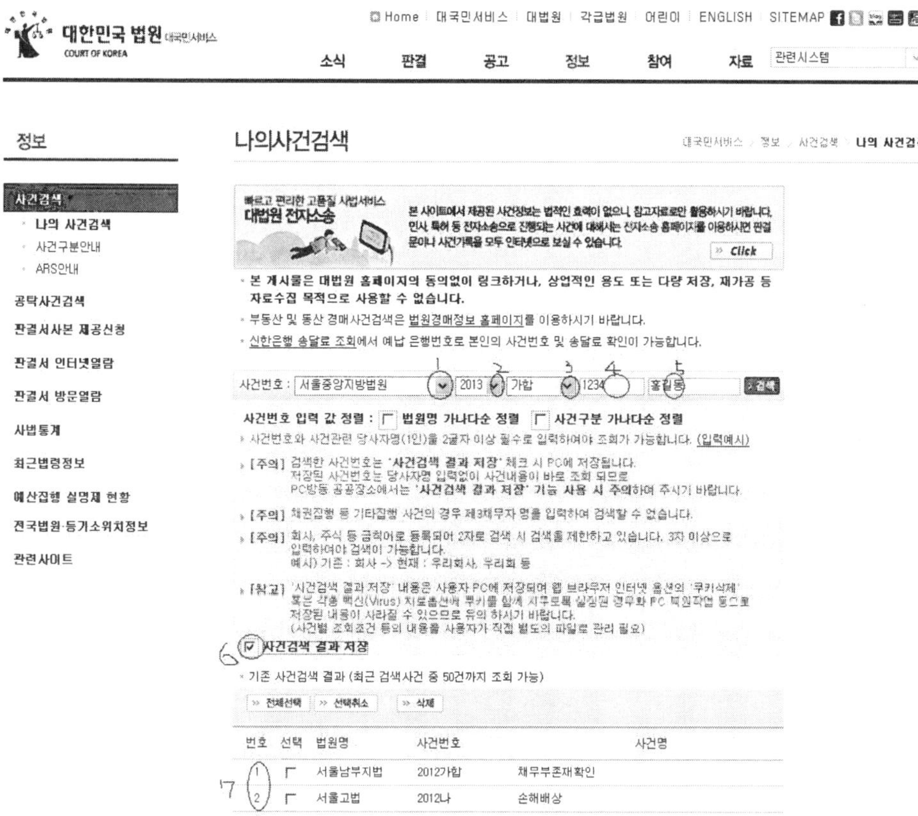

위와 같이 대법원 나의 사건검색 창에 접속해서 1, 2, 2, 4, 순차로 법원 및 사건번호를 선택 또는 입력한 후 5에다 당사자명을 입력하는데 당사자는 원고 또는 피고 중 아무 성명 중 두 글자(홍길) 이상만 입력하고 검색 칸을 누르면 된다. 자신이 검색한 사건을 다음에 와서 쉽게 찾기 위한 방법으로 6번 사건 검색 결과 저장을 클릭해 두면 7번과 같이 이후에 접속할 때마다 기존에 검색해왔던 사건들이 별도로 저장되어 있어 검색을 편리하게 할 수 있다. 사건검색을 하면 다음과 같이 사건일반 내용이 나타난다.

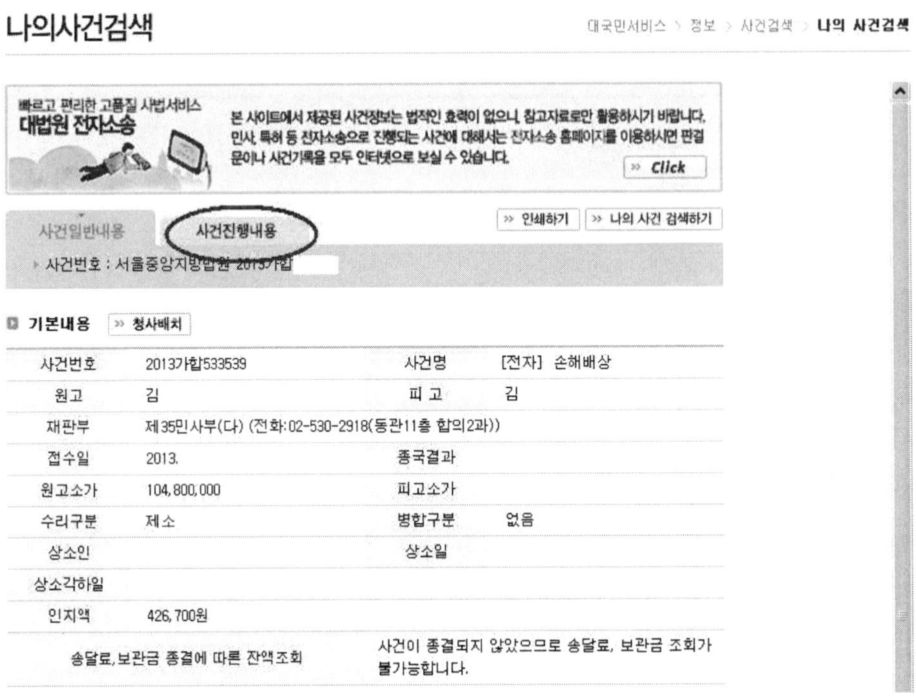

사건번호	2013가합533539	사건명	[전자] 손해배상
원고	김	피 고	김
재판부	제35민사부(다) (전화:02-530-2918(동관11층 합의2과))		
접수일	2013.	종국결과	
원고소가	104,800,000	피고소가	
수리구분	제소	병합구분	없음
상소인		상소일	
상소각하일			
인지액	426,700원		
송달료,보관금 종결에 따른 잔액조회		사건이 종결되지 않았으므로 송달료, 보관금 조회가 불가능합니다.	

위의 일반사건내용 외에 보다 구체적인 사건진행내역을 알고 싶으면 표시된 사건진행내역이라고 쓰여진 부분을 클릭하면 아래와 같은 사건진행내역을 볼 수 있게 된다.

나의사건검색

대국민서비스 > ?

본 사이트에서 제공된 사건정보는 법적인 효력이 없으니, 참고자료로만 활용하시기 바랍니
민사, 특허 등 전자소송으로 진행되는 사건에 대해서는 전자소송 홈페이지를 이용하시면 판
문이나 사건기록을 모두 인터넷으로 보실 수 있습니다.

» Click

사건일반내용 | 사건진행내용 | » 인쇄하기 | » 나의 사건 검색하

▸ 사건번호 : 서울중앙지방법원 2013가합

기본내용

사건번호	2013가합	사건명	[전자] 손해배상
원고	김	피 고	김
재판부	제35민사부(다) (전화:02-530-2918(동관11층 합의2과))		
접수일	2013.07.23	종국결과	

진행내용

전 체

▸ 진행내용에서 제공하는 송달결과는 법적인 효력이 없으며 추후 오송달이나 부적법송달로 판명될 경우 송
결과 정보가 변경될 수 있습니다.

▸ 다음 '확인' 항목을 체크하시면 송달결과를 보실 수 있습니다.

☐ 확인 (하루에 한번 체크)

▸ (단, 2007. 3. 12. 이전에는 재판부에서 등록한 내용에 한하여, 이후에는 우정사업본부로부터 전송된 송달
용에 한하여 조회됨)

일 자	내 용	결 과	공시
2013.07.23	소장접수		
2013.07.23	원고 소송대리인 소송위임장 제출		
2013.07.25	석명준비명령(도과기간확인)		
2013.07.26	원고 소송대리인 변호사 에게 석명준비명령등본 발송	위의 '확인' 항목 체크	
2013.07.31	원고 소송대리인 문서송부촉탁 신청서 제출		
2013.08.06	법원 대전지법에게 문서송부촉탁서(인증등본) 발송	위의 '확인' 항목 체크	
2013.08.06	피고 에게 소장부본/소송안내서 발송	위의 '확인' 항목 체크	
2013.08.13	원고 소송대리인 서증목록 제출		
2013.08.13	원고 소송대리인 서증 제출		

X. 재판장의 소장심사와 소장부본 송달

1. 재판장의 소장심사

(1) 의 의

소장이 접수되어 소송기록화 되면 우선 재판장은 소장의 적식, 즉 방식에 맞는 소장인가를 심사한다. 소장심사의 주체는 합의부의 재판장이나 단독사건의 단독판사이다. 합의사건이라도 재판장이 소장을 심사하는 이유는 그 판단이 매우 간단하여 합의부 전원이 관여할 필요가 없으므로 변론기일이 열리기 전에 재판장 혼자 부적식을 시정하게 하여 소송경제를 도모하려는 것이다.

(2) 보정명령과 불복

1) 보정명령

소장에 기재사항의 흠결이 있거나 인지부족 등이 있을 때 재판장은 상당한 기간을 정하고, 그 기간 이내에 흠을 보정하도록 명하여야 한다(법 254조 1항). 기간을 정하지 않은 보정명령은 위법한데, 실무상 보정기간은 5일 내지 7일간으로 하고 있다. 이러한 보정명령은 변론기일이 열려도 할 수 있다.

2) 보정명령절차

민사소송법상 소장심사권은 재판장에 있으므로 그 보정명령 또한 재판장의 이름으로 해야 하지만, 형식적 심사에 대하여는 재판장의 포괄적 위임에 따라 참여사무관이 바로 보정명령을 하도록 하고 실질적 심사사상에 대해서는 재판장에게 이를 보고한 후에 재판장이 조치하도록 하는 방법을 사용하고 있다. 또한 재판장의 보정명령이 아니라 참여사무관 명의의 보정권고 형식으로 보정명령을 내릴 수도 있다.

3) 보정명령에 대한 불복불가

재판장의 보정명령은 중간 재판이므로 독립하여 항고 등으로 다툴 수 없다 보정명령에 불응하면 소장각하명령을 할 것이고 이에 대해서 즉시항고하면 된다. 소장각하명령의 경우에는 인지의 1/2을 돌려준다(민사소송등인지법 14조).

[서식 22] 보정권고

보 정 권 고

사 건 20○○가합12345호 손해배상
수 신 원고 장 ○ ○

다음 사항을 20○○. 5. 9.까지 보완하여 주시기 바랍니다.

보완할 사항

1. 소장에 인용한 서증사본 제출

20○○. ○. ○.

법원사무관 ○ ○ ○ (인)

※ 문의사항연락처 : 서울중앙지방법원 민사 제3부 법원사무관 ○○○
직통전화 : 501-1234 교환 : 530-1234
팩 스 : 530 2345 email :

[서식 23] 보정명령

서울동부지방법원
보 정 명 령

사 건 20○○카단100 부동산처분금지가처분

채 권 자 구 ○ ○

채 무 자 정 ○ ○ 외 1명

채권자는 이 명령이 송달된 날로부터 7일 안에 흠결사항을 보결하시기 바랍니다.

흠 결 사 항

1. 가. 채무자2. 부분은 이 법원에 관할이 없는 것으로 보이는바, 관할을 소명하시거나 관할이 없다면 이 사건 신청을 취하하고 관할법원에 다시 신청하는 것을 검토하기 바랍니다(이송시 많은 시간이 소요될 수 있습니다).
   나. 피보전권리를 신청이유 중 기재내용과 일치시키기 바랍니다.

20○○. ○. ○.

판 사 도 ○ ○ (인)

※ 보정기간 내에 보정하지 않으시면 신청서가 각하될 수 있습니다.

2. 소장부본 송달(제2절 V. 송달 참조)

(1) 개 설

재판장은 제출된 소장을 심사하여 적식일 경우에 소장부본을 피고에게 송달하여야 한다(규칙 64조 1항). 부본을 피고에게 송달하는 이유는 피고에게 방어준비를 하게 하려는 것이다. 피고에게 소장부본을 송달한 때에 소송계속의 소송법상 효과가 발생한다. 따라서 이후에 동일한 소가 제기되면 중복소제기로 각하된다. 금전청구의 경우에는 소장부본이 송달된 때로부터 지연이자를 연 15%로 하여 피고의 소송지연을 막고 있다.

(2) 주소보정명령

1) 의 의

소장에 기재된 주소가 잘못되어 소장부본이 피고에게 송달되지 아니하면 재판장은 송달이 되지 못한 사유(수취인부재, 폐문부재, 주소불명, 이사불명, 수취인불명 등)를 명시하여 원고로 하여금 피고의 주소를 보정하도록 하는 주소보정명령을 내리고 원고가 응하지 않으면 소장각하명령을 한다(법 254조 1항, 255조 2항).[25]

2) 주소보정

원고가 법원으로부터 주소보정명령을 받으면, 원고는 법원에서 지정하여 준 기간 이내에(실무상 보통 7일) 피고의 주소를 찾아 보정하여야 한다.[26] 주소보정은 주소 보정서라는 별도의 서면에 작성하여 제출하여도 되지만(법원에 서식비치 또는 아래서식), 법원으로부터 송달된 주소보정명령서에 주소보정사항(새주소, 재송달신청, 특별송달신청, 변론기일지정신청)을 기재한 후, 당해 주소보정명령서를 법원에 제출하는 방법으로 하여도 무방하다.

25) 그러나 실질적 기재사항이나 증거관계서류가 첨부되지 않음을 이유로 보정명령을 한 경우에는 이에 응하지 않더라도 소장각하를 할 수 없는 경우가 많다.
26) 7일이라는 기간은 생각보다 짧기 때문에, 보정마감일이 바로 코앞에 닥쳐올 수 있다. 따라서 피고의 주소를 찾기에 시간이 부족하다고 생각되면, 일단 피고의 종전 주소로 재송달신청을 하여 시간을 벌어두는 것이 좋다.

3) 구체적 주소보정방법

가. 주소보정

주소보정은 주소불명(기재된 주소가 불명확한 경우), 수취인불명(당해주소지 수취인이 누군지 알 수 없는 경우), 이사불명(주소지에게 이사한 경우) 등으로 송달이 되지 않는 경우에 원고는 피고의 직장주소나 피고가 실제로 거주하고 있는 주소 또는 피고가 일시적으로 거처하고 있는 친척집 등의 현재의 새 주소를 확인하여 보정하는 것을 말한다.

나. 재송달신청

피고가 종전 주소에 그대로 거주하고 있는데, 일시적으로 출타하여 주간에 송달이 되지 아니한 경우(폐문부재 또는 수취인부재) 또는 고의로 수령을 거부하는 경우(수취인거절)에는 같은 주소지에 다시 한 번 송달을 해달라는 재송달신청을 한다.

다. 특별송달신청

주소보정과 재송달신청은 우편집배원이 송달하지만 특별송달은 이와 달리 집행관이 송달하는 것으로 '야간 및 공휴일특별송달신청'과 '주간특별송달신청'이 있다. 예를 들어 피고가 주간에는 출타하여 야간에만 집에 있다거나, 주중 내내 다른 곳에 있다가 휴일에만 돌아오는 경우라면, '집행관'에 의한 야간특별송달이나 휴일특별송달을 신청한다. 또는 주간에 피고가 주거지에 거주하고 있으면서도 문을 열어주지 아니한다거나 우편물 받기를 거절한 경우 아니면 피고는 없지만 가족들이 거주하고 있는 경우에는 역시 '집행관'에 의한 주간특별송달을 실시한다(유치송달, 보충송달). 이러한 특별송달을 실시할 경우에는 송달료를 납부하여야 하는데, 송달료는 지역에 따라 다소 차이가 있지만 대략 12,000원 ~ 39,000원 정도이다.

라. 공시송달신청(제2절 V.송달 6.공시송달 참조)

피고의 주민등록이 말소되었거나, 주민등록상의 주소지에 주민등록만 하여 놓고 어디에 사는지 알 수 없는 경우와 같이 당사자의 주소, 거소, 기타 송달할 장소를 알 수 없는 경우 재판장 직권으로 또는 당사자의 신청에 의한 공시송달을 한다. 법원에서 공시송달이 허가되면 상대방 피고에 대한 소송소류를 법원 인터넷 게시판에 공시를 하고 2주일(외국은 2개월)이 지나면 송달로 간주하게 되는데 이러한 공시송달은 주소보정이나 재송달신청 또는 특별송달신청의 방법에 의한 보정이 불가능한 경우에만 신청할 수 있으므로 폐문부재, 수취인부재 등으로 송달이 않되 주소보정명령이 내려진 경우에는 바로 공시송달신청을 할 수 없다.

[서식 24] 주소보정서

주 소 보 정 서

사　　건　20○○가단 1234호　대여금

원　　고　상 ○ ○

피　　고　문 ○ ○

위 당사자간 20○○가단 1234호 대여금 청구사건에 관하여 원고는 귀원의 주소보정명령에 따라 피고의 송달주소를 다음과 같이 보정합니다.

다　　음

송달장소 : 서울 강서구 ○○동 ○○아파트 ○동 ○호

20○○. ○. ○.

원고 장○○ (인)

서울중앙지방법원 제○○민사부 귀중

■ 작성·접수방법

1. 주소보정에 대한 첨부서류내지 비용은 없으며 해당법원에 보정서 1부를 제출한다.
2. 법인에 대한 송달보정은 대표이사 개인주소로 할 수 있다.

[서식 25] 특별송달신청(야간 및 공휴일)

야간 및 공휴일 특별송달신청

사　　건　20○○가단1234호　대여금

원　　고　장 ○ ○

피　　고　문 ○ ○

위 당사자간 20○○가단1234호 대여금 청구사건에 관하여 소장부본 등을 피고에게 송달하였으나 송달이 불능인 바, 피고는 업무상 주간에는 그 주소지에 있지 않고 야간 또는 휴일에만 있으므로 귀원 집행관으로 하여금 야간 또는 휴일에 송달하여 주시기 바랍니다.

20○○.　○.　○.

원 고　장 ○ ○　(인)

서울중앙지방법원 제○○민사부　귀중

■ 작성·접수방법

1. 주간특별송달비용(11,000원), 야간특별송달비용(11,500원)은 예납송달료서에서 지출하면 부족

한 경우에는 추납한다.
2. 당해법원에 신청서 1부를 제출한다.

[서식 26] 공시송달 허가신청서

공시송달 허가신청서

사 건 20○○가단 1234호 대여금

원 고 이 ○ ○

피 고 김 ○ ○

위 당사자간 귀원 20○○가단 1234호 대여금 청구 사건에 관하여, 그간 피고에 대한 소장의 부본 및 기타의 서류의 송달이 불능이 되었는 바, 통상의 방법으로는 피고에게 송달 할 방법을 알지 못하여 공시송달하여 주실 것을 신청합니다.

첨 부 서 류

1. 주민등록등(초)본 1통
2. 통장의 물거수확인서 1통
3. 통장의 재직증명서 사본 1통

20○○. ○. ○

위 원고 이 ○ ○ (인)

서울중앙지방법원 귀중

■ 작성·접수방법

1. 인지 및 송달료 등 비용은 없다.
2. 신청서 1통을 진행중인 법원에 제출한다. 보통 법원에 의한 주소보정명령이 오면 공시송달허가신청서에 주소불명자료인 말소된 주민등록등(초)본을 첨부하거나 또는 집행관에 의한 특별송달이 이사불명, 수취인불명등으로 불능이 된 경우 최근의 주민등록초본을 첨부하여 신청한다.

[첨부서류] 불거주확인서

불거주확인서

성 명 김 ○ ○ (7604○○-12○○○○○)

최 후 주 소 ○○시 ○○구 ○○동 ○가 ○○○

위 사람은 위 최후 주소지에 20○○. ○. ○. 전입신고하여 주민등록이 되어 있으나, 현재 위 최후 주소지에 거주하고 있지 아니하며 그 새로운 주소지도 알 수 없는 상태에 있음을 확인합니다.

20○○. ○. ○.

위 확인자 박 ○ ○ (인)

주 소 ○○시 ○○구 ○○동 1가 14-2

직 위 1통장

■ 작성·접수방법

불거주확인서는 불거주자(피고) 주소지 통반장 또는 피고의 친족이나 피고주소지 거주 주민 등의 확인을 받는 것이다.

XI. 특수한 소제기 방식(배상명령제도)

1. 의 의

형사소송에서 피고인에게 특정범죄에 관하여 유죄판결을 선고할 경우에 법원은 직권 또는 피해자나 상속인의 신청에 의하여 피고사건의 범죄행위로 인하여 발생한 직접적인 물적 피해, 치료비 손해 및 위자료의 배상을 명할 수 있다(소송촉진등에 관한 특례법 25조 1항). 형사절차에서 민사소송에 해당하는 손해배상까지 명하여 신속하고 경제적으로 피해자를 구제하려는 것이다.

2. 요 건

1) 제1심 또는 제2심의 형사소송절차에서 폭행죄·상해죄나 재산죄 등 일정한 죄에 관하여 유죄판결을 선고할 경우일 것(동법 25조 1항)

2) 범죄행위로 인하여 발생한 직접적인 물적 피해, 치료비손해 및 위자료일 것(동법 25조 1항)

3) 다음 각 호의 어느 하나에 해당하지 않을 것

1. 피해자의 성명·주소가 분명하지 아니한 경우
2. 피해 금액이 특정되지 아니한 경우
3. 피고인의 배상책임의 유무 또는 그 범위가 명백하지 아니한 경우
4. 배상명령으로 인하여 공판절차가 현저히 지연될 우려가 있거나 형사소송절차에서 배상명령을 하는 것이 타당하지 아니하다고 인정되는 경우

4) 그 피해에 관하여 다른 절차에 의한 손해배상청구가 법원에 계속 중이 아닐 것(동법 26조 7항)

3. 배상명령의 절차

(1) 배상신청

피해자는 제1심 또는 제2심 공판의 변론이 종결될 때까지 사건이 계속(係屬)

된 법원에 제25조에 따른 피해배상을 신청할 수 있다. 이 경우 신청서에 인지(印紙)를 붙이지 아니한다(동법 26조 1항). 배상신청은 민사소송에서의 소의 제기와 동일한 효력(시효중단·기간준수효력)이 있다(동법 8항).

(2) 배상신청에 대한 재판

배상신청이 적법하지 아니한 경우 또는 그 신청이 이유 없거나 배상명령을 함이 상당하지 아니하다고 인정될 때에는 결정(決定)으로 배상신청을 각하(却下)하여야 한다(동법 32조 1항). 배상명령은 유죄판결의 선고와 동시에 하여야 한다. 배상명령은 일정액의 금전 지급을 명함으로써 하고 배상의 대상과 금액을 유죄판결의 주문(主文)에 표시하여야 한다.

(3) 배상명령에 불복

유죄판결에 대한 상소가 제기된 경우에는 배상명령은 피고사건과 함께 상소심(上訴審)으로 이심(移審)된다(동법 33조 1항).

4. 배상명령의 효력

확정된 배상명령 또는 가집행선고가 있는 배상명령이 기재된 유죄판결서의 정본은 「민사집행법」에 따른 강제집행에 관하여는 집행력 있는 민사판결 정본과 동일한 효력이 있다. 이 법에 따른 배상명령이 확정된 경우 피해자는 그 인용된 금액의 범위에서 다른 절차에 따른 손해배상을 청구할 수 없다(동법 34조).

[서식 27] 배상명령신청서

배 상 명 령 신 청

사　　건　　20○○고단○○○호　○○

신 청 인　　○　○　○

○○시 ○○구 ○○길 ○○번지

피 고 인 △ △ △
○○시 ○○구 ○○길 ○○번지

신 청 취 지

1. 피고인 △△△은 배상신청인에게 금 ○○○원을 지급하라.
2. 이 명령은 가집행 할 수 있다.

라는 배상명령을 구합니다.

신 청 원 인

피고인은 20○○. ○. ○.경 소외 □□□에게 피고인 소유의 건물 150평을 임대기간 ○년으로 하여 임대하여 동인으로 하여금 사용수익하게 하고 있었으므로 위 건물을 재차 임대하여 줄 수 없다는 사정을 잘 알면서도, 그 사실을 모르는 배상신청인에게 이를 즉시 임대하여주겠다고 거짓말을 하여 이에 속은 배상신청인과 20○○. ○. ○.경 임대차계약을 체결하여 당일 계약금 ○○○원을 수령하여 이를 편취함으로써 배상신청인에게 동액 상당의 손해를 가하였으므로 그 피해를 보상받기 위하여 본 건 신청에 이르게 된 것입니다.

첨 부 서 류

1. 전세계약서 사본
2. 영수증 사본

20○○. ○. ○.

위 배상신청인 ○ ○ ○ (인)

○○ 지방법원 귀중

■ 작성·접수방법

1. 제출기관 – 사건계속법원(소송촉진등에관한특례법 제25조 1항)
2. 청구기간- 1심 또는 2심 공판의 변론종결시까지(동법 제26조 제1,2항
3. 제출부수 – 신청서 1부 및 상대방수만큼의 부본

제2절 변 론

Ⅰ. 총 설

1. 변론의 개념

(1) 의 의

변론이란 기일에 수소법원의 공개법정에서 당사자 양쪽이 말로 판결의 기초가 되는 소송자료 즉 사실과 증거를 제출하고 이를 법원이 심리하는 절차로써 넓은 의미로는 당사자가 소송자료를 제출하는 것뿐만 아니라 법원의 증거조사와 판결 선고까지도 포함하지만, 좁은 의미로는 당사자가 소송자료 즉 사실과 증거를 제출하는 것만을 의미한다.

(2) 필요적 변론원칙

1) 원 칙

필요적 변론원칙이란 재판 중에서 판결을 하기 위하여 반드시 변론기일을 열어 여기서 행한 구술진술만이 재판의 자료로서 참작되어야 한다는 원칙이다. 판결절차에서는 원칙적으로 필요적 변론에 의하여야 한다(법 134조 1항).

2) 예 외

판결절차라도 예외적으로 무변론 판결을 할 수 있는 경우가 있다.

가. 소송요건 불비

소송요건, 상소요건에 흠결이 있는 경우에 그 흠을 보정할 수 없는 경우에는 변론 없이 판결로 소(또는 상소)를 각하할 수 있다(법 219조, 413조).

나. 소액사건

소액사건에서는 소송기록에 의하여 청구가 이유 없음이 명백하여 기각판결을 하는 때에도 무변론판결을 할 수 있다.

다. 상고심판결

상고법원은 상고장, 상고이유서, 답변서 그 밖의 소송기록에 의하여 변론 없이 판결할 수 있다(법 430조). 상고법원은 법률심으로서 법률위반 여부만 판단하고 본안에 관한 새로운 사실과 증거에 대한 심리를 할 수 없으므로 본안에 관하여 서면심리만으로 판결할 수 있다.

라. 피고의 답변서 부제출

법원은 피고가 답변서를 제출하지 아니한 때에는 청구의 원인이 된 사실을 자백한 것으로 보고 변론 없이 판결할 수 있다. 다만, 직권으로 조사할 사항이 있거나 판결이 선고되기까지 피고가 원고의 청구를 다투는 취지의 답변서를 제출한 경우에는 그러하지 아니하다(법 275조 1항). 피고가 청구의 원인이 된 사실을 모두 자백하는 취지의 답변서를 제출하고 따로 항변을 하지 아니한 때에는 제1항의 규정을 준용한다(법 275조 2항).

■ 임의적 변론 ■

1. 의 의

임의적 변론이란 반드시 변론기일을 열어야 할 필요는 없는 경우에 법원의 재량에 의하여 임의적으로 열수 있는 변론을 말한다. 결정으로 완결할 사건에 대하여는 법원이 변론을 열 것이지 아닌지를 정한다(법 134조 1항). 예를들면 제척기피(법 46조), 관할의 지정(법 28조), 특별대리인의 선임(법 62조), 소송인수(법 82조), 소송비용의 확정(법 110조), 소송구조(법 128조), 필수적공동소송인의 추가(법 68조), 피고의 경정(법 260조), 판결의 경정(법 211조) 등이다.

2. 기일해태의 문제

필요적 변론기일과 달리 임의적 변론에서는 기일해태의 경우에도 불이익을 받지 않는다. 즉 당사자 일방의 불출석의 경우에 진술간주, 자백간주로 처리되지 않고, 쌍방의 불출석의 경우에도 취하가 간주되는 불이익을 받지 않는다.

2. 민사소송에서 심리의 원칙

(1) 공개심리주의

공개심리주의는 일반 공중이 방청할 수 있게 재판의 심리와 판결은 공개한다는 원칙이다(헌법 109조). 이렇게 일반인에게 공개하는 것을 당사자공개와 구별하여 일반 공개주의라고 하는데 이러한 공개주의는 국민에게 재판을 감시시켜 재판의 공정성을 확보하여 재판에 대한 국민의 신뢰를 도모하려는 것이다.

(2) 쌍방심리주의

소송의 심리에 있어서 당사자 쌍방에 평등하게 진술할 기회를 주는 입장을 쌍방심리주의라 한다.

(3) 구술심리주의

구술심리주의는 법원과 당사자의 소송행위, 특히 변론과 증거조사를 말로 하고 말로 한 내용만이 판결의 기초가 될 수 있다는 원칙을 말한다(서면심리주의에 대립되는 원칙이다).

(4) 직접심리주의

직접심리주의는 판결은 기본이 되는 변론에 관여한(즉 구술의 주장을 듣고 증거조사를 행한) 법관이 하여야 한다는 원칙을 말한다(법 204조 1항).

(5) 처분권주의

처분권주의란 절차의 개시, 심판의 대상, 절차의 종결에 관하여 당사자가 결정권을 가진다는 원칙으로서 사적자치의 소송법적 측면이다. 처분권주의는 소송물에 대하여 당사자의 결정(처분)에 맡기는 것이기 때문에 소송자료(사실과 증거)에 대한 수집제출책임을 당사자에게 맡기는 변론주의와 구별된다. 처분권주의와 변론주의를 합하여 당사자주의라고 한다.

(6) 변론주의

변론주의란 소송자료 즉 사실과 증거의 수집·제출의 책임을 당사자에게 맡기고 법원은 당사자가 제출한 소송자료만을 재판의 기초로 삼아야 한다는 원칙이다. 이는 당사자에게 소송자료에 대한 제출책임을 지게 하는 것이 진실발견에 도움이 도며 당사자가 주장하지 않은 사실로 판단할 수 없게 함으로써 더욱 절차보장이 된다는 점에서 인정된다. 소송자료에 대하여 법원이 직권으로 탐지할 수 있는 직권탐지주의에 대응하는 개념이다.

(7) 적시제출주의

적시제출주의란 공격 또는 방어의 방법은 소송의 정도에 따라 적절한 시기에 제출하여야 한다는 원칙이다(법 146조). 수시제출주의로 말미암아 소송이 지연되고 제1심이 경시되자 2002년 개정법은 집중심리를 도모하기 위해 적시제출주의를 채택하였다.

(8) 집중심리주의

집중심리주의란 한 사건에 대해 계속적, 집중적으로 변론을 행하고 심리를 마친 후에 다른 사건의 변론에 들어가는 원칙으로 계속심리주의라고도 한다. 동일기일에 여러 사건의 변론기일을 잡아 여러 사건을 동시에 병행하여 심리하는 병행심리주의의 반대개념이다.

(9) 직권진행주의

직권진행주의란 소송절차를 진행하는 주도권이 법원에 있는 것을 말한다. 우리 민사소송법도 소송물과 소송자료의 제출에 대해서는 당사자주의(처분권주의, 변론주의)를 취하지만, 소송절차의 진행은 직권진행주의를 취하고 있다. 이러한 직권진행주의를 법원의 권능의 면에서 파악하면 소송지휘권이 된다.

Ⅱ. 변론의 준비(기일전 절차)

공개법정에서 변론이 충실하게 이루어지도록 변론전의 준비제도로서 준비서면과 변론준비절차를 마련하고 있다. 이러한 사전 준비절차를 통해서 변론기일에서의 '집중심리'가 실현된다.

1. 답변서제출과 무변론판결

(1) 개 설

원고가 피고를 상대로 하여 소장을 제출한 경우에, 피고가 이에 반박하기 위하여 원고의 본안의 신청을 배척하는 취지를 기재하여 법원에 제출하는 최초의 서면을 답변서라고 한다. 종래 실무에서는 답변서는 단지 피고가 처음으로 제출하는 본안에 관한 답변이 포함된 준비서면을 가리키는 것일 뿐이고 그 자체가 준비서면과 구별되는 어떤 법률적 의미 내지 소송상 효력이 인정되는 것은 아니었으나 2002년 개정법 이후부터의 답변서는 변론기일에서의 진술을 준비하는 준비서면인 동시에 변론기일에서의 진술이전에도 그 차제만으로 무변론 판결을 저지하는 법적 효과를 갖는 서류로 그 성격이 강화되었다.

(2) 답변서 제출의무

1) 공시송달 외의 방법으로 소장부본을 송달받은 피고가 원고의 청구를 다투는 때에는 소장부본을 송달받은 날부터 30일 안에 답변서를 제출하여야 한다. 법원은 피고가 답변서를 제출하지 않은 때에는 청구원인 사실을 자백한 것으로 보고 변론 없이 판결을 할 수 있다. 법원은 소장의 부본을 송달할 때 이러한 취지를 피고에게 알려야 한다(법 256조).

2) 피고가 답변서를 제출하지 아니하거나 제출 하였더라도 그 내용이 무자력 항변이나 기한유예 요청만을 하는 등 실질적으로 원고의 청구를 인정하는 것인 때에는 법원은 무변론판결 선고기일의 지정 또는 제1회 변론기일을 지정하여 당사자에게 통지함에 있어서는 제1회 변론기일과 선고기일을 일괄 지

정하여 통지할 수 있다.

3) 피고가 답변서 기타의 준비서면을 제출하지 아니하고 기일에 출석하지 아니하면 자백한 것으로 간주되어 피고 패소판결을 받을 수가 있고, 합의사건에서는 답변서나 준비서면에 기재하지 아니한 사항은 상대방이 출석하지 않은 변론기일에서는 진술할 수 없다(법 276조).

4) 답변서를 미리 제출하여 두면 변론기일에 피고가 출석하지 아니하더라도 이를 진술 간주하고 원고에게 변론을 명할 수 있고 본안에 관한 답변서나 준비서면이 제출된 후 원고가 소를 취하하고자 하는 경우에는 피고의 동의를 얻어야 하므로 피고는 그 소송을 통하여 유리한 판결을 받을 기회를 갖게 된다.

5) 답변서에는 청구취지에 대한 답변과 청구원인에 대한 답변을 기재하고 소장에 기재된 개개사실에 대한 인정여부, 항변사실과 이를 뒷받침하는 구체적 사실 및 증거방법을 기재하며 중요한 서증의 사본을 첨부하여야 한다(규칙 65조).

[민사소송규칙 제65조(답변서 기재사항 등)]

1. 답변서에는 법 제256조 제4항에서 준용하는 법 제274조 제1항의 각호 및 제2항에 규정된 사항과 청구의 취지에 대한 답변 외에 다음 각호의 사항을 기재하여야 한다.
   ① 소장에 기재된 개개의 사실에 대한 인정 여부
   ② 항변과 이를 뒷받침하는 구체적 사실
   ③ 제1호 및 제2호에 관한 증거방법
2. 답변서에는 제1항 제3호에 따른 증거방법 중 입증이 필요한 사실에 관한 중요한 서증의 사본을 첨부하여야 한다.
3. 제1항 및 제2항의 규정에 어긋나는 답변서가 제출된 때에는 재판장은 법원사무관 등으로 하여금 방식에 맞는 답변서의 제출을 촉구하게 할 수 있다.

(3) 청구취지에 대한 답변(답변취지)

이는 원고의 청구취지에 대응하는 것인데 본안전의 답변과 본안의 답변, 이에 부수하는 신청으로 나누어 볼 수 있다.

1) 본안전의 답변

가. 소송의 이송을 구하는 신청

관할은 직권조사사항이므로 피고의 소송이송신청은 법원의 직권발동을 촉구하는 것에 그친다. 따라서 관할위반 사유가 있는 경우 피고는 이점을 지적하거나 청구취지에 대한 답변으로 '이 사건을 ㅇㅇ법원으로 이송한다'라고 기재하면 족하다. 원고가 선택권을 행사하여 유리한 법원에 소송을 제기하였을 경우 피고는 소송수행상 어느 정도의 불이익을 입게 되는 것은 부득이하지만 피고가 통상 생각할 수 있는 불이익 보다도 현저히 큰 불이익을 입게 된다면 공평의 원칙에 반하게 되므로 그러한 경우 다른 관할법원에 이송하여 줄 것을 신청할 수 있다.

나. 소 각하의 답변

제기된 소송에 소송요건의 흠결이 있으면 소 각하의 신청 즉 '이 사건 소를 각하한다'라는 판결을 구한다. 소송요건의 존부는 법원의 직권조사 사항이므로 피고의 주장이나 신청이 필요한 것은 아니나 법원의 직권발동을 촉구하는 의미가 있으므로 소송요건에 관한 항변도 반드시 검토하여야 한다.

2) 본안의 답변

가. 청구기각 신청

원고의 청구가 이유가 없을 경우 피고는 청구취지에 대한 답변으로 '원고의 청구를 기각한다'라는 판결을 구한다. 원고가 수개의 청구를 병합하여 청구한 경우에는 '원고의 청구를 모두 기각한다' 또는 '원고의 피고 ㅇㅇㅇ에 대한 청구를 기각한다' '이 사건 소 중 ㅇㅇㅇ청구 부분을 기각한다'라는 판결을 구하나, 지연손해금과 같은 부대 청구를 병합한 경우에는 하나의 청구로 보아 그 전부의 기각을 구한다. 원고의 청구 중 일부가 이유 있는 경우에도 그 부분에 관하여 청구의 인낙을 하는 것이 아니라면 인용될 부분을 제외한 나머지 부분에 대하여만 기각을 구하는 것이 아니라 원고의 청구 전부에 대하여 기각을 구한다.

나. 청구 인낙

피고가 원고의 청구를 그대로 받아들여 청구 인낙을 하고 그 취지가 조서에 기재되면 확정판결과 동일한 효력이 있다. 청구인낙은 피고가 변론기일 또는 준비절차 기일에 직접 출석하여 원고의 청구를 인낙한다는 진술을 하는 것이 원칙이다. 그러나 답변서 그 밖의 준비서면에 청구의 포기 또는 인낙의 의사표시가 적혀 있고 공증사무소의 인증을 받은 때에는 그 당사자가 기일에 출석하지 않았더라도 법원이 위 사항을 진술한 것으로 간주하면 그 취지에 따라 청구의 포기 또는 인낙이 성립한다(법 148조 2항).

3) 부수적 신청

가. 소송비용 부담의 신청

피고가 원고 청구기각의 신청을 하는 경우 '소송비용은 원고가 부담 한다'는 신청을 하게 된다. 법원은 직권으로 소송비용 부담에 관한 재판을 하게 되어 있으므로 이 신청은 반드시 필요한 것은 아니지만 소장에서 원고가 이 신청을 하는 것에 대응하여 피고도 답변서에 이 신청을 빠뜨리지 않는 것이 실무의 관례이다. 소송비용은 패소한 당사자가 부담하나 법원은 사정에 따라 승소한 당사자로 하여금 소송비용의 전부나 일부를 부담하게 할 수 있으므로(법 99조) 이에 관한 사항을 적극 주장할 필요가 있다.

나. 가집행면제의 선고

가집행의 선고는 원고의 이익을 보호하기 위하여 붙이는 것으로 피고에게 큰 불이익을 줄 수가 있으므로 민사소송법은 직권 또는 당사자의 신청에 의해 채권 전액의 담보를 제공하고 가집행을 면제 받을 수 있음을 선고할 수 있도록 규정하고 있다(법 213조 2항). 그러나 채권전액을 담보로 제공하여야 하는 관계로 실제로 위 규정에 따른 신청을 하는 경우는 거의 없다. 이 신청은 답변서에만 적으면 된다.

(4) 청구원인에 대한 답변(답변원인)

1) 의 의

원고가 주장하는 요건사실이나 중요한 간접사실에 관하여 피고가 어떠한 점을 다투고 어떠한 점을 인정하는가를 밝히는 것이 청구원인에 대한 답변이다. 우선 원고가 주장하는 사실에 관하여 부인을 하면 원고가 이를 입증하여야 하고, 원고의 주장 사실은 인정하나 권리 발생, 행사에 장애 사유가 있거나 발생한 권리가 소멸하였다고 항변하면 피고가 그 항변사실을 주장·입증하여야 한다.

2) 답변의 방식

① 청구원인에 대한 답변에서는 원고가 소장에서 주장하는 사실에 관하여 인정여부를 개별적으로 밝히면서 인정하지 않는 사실에 대해서는 그 사유를 구체적으로 기재하고 그러한 주장을 증명하기 위한 증거방법과 상대방이 제시한 증거방법에 대한 의견을 제시하면서 관련 서증이나, 인용문서의 사본 등을 입증자료로 첨부하여야 한다.

② 그러나 피고가 답변서를 제출하더라도 구체적인 내용 없이 단순히 '부인한다' 또는 '모른다'라고만 기재한 채 변론기일에 출석하지 아니할 때에는 진정으로 원고의 제소를 방어할 의사가 없다고 인정되어 불이익을 받게 될 수도 있으므로 법원은 이와 같은 내용의 응소 안내서를 피고에게 송달하고 있다.

③ 피고가 '원고의 청구를 일응 부인한다'는 식의 형식적 내용으로 답변서를 작성하여 제출하면 참여사무관 등으로부터는 전화, 팩스 등을 통하여 실질적 내용이 기제 된 답변서의 제출을 촉구 받으며, 재판장으로부터는 일정한 기한 내에 구체적 내용의 답변과 그에 대한 증거방법까지 명시한 답변서를 제출할 것을 명하는 내용의 준비명령을 받게 된다. 그럼에도 피고가 이에 응하지 아니하면 실질적으로 다툴 의사가 없는 것으로 보아 곧바로 변론기일을 지정하여 원고에게 입증을 하게 하는 등 다음 절차로 넘어가게 된다.

(5) 답변서 제출

1) 답변서는 상대방 수(상대방인 원고가 수인이라도 그 대리인이 1인이면 부본은 1통) 만큼의 부본을 첨부하여 제출하는데 인지 등 비용은 첩부하지 않는다. 답변서에 증거방법이 되는 서증이나 답변서 부본 등 다른 서류를 첨부하여 동시에 제출하는 경우 그 표목과 수를 첨부서류란에 기재하고 소송위임장도 답변서에 첨부하여 제출하는 경우 이것도 기재한다. 서증은 을호증으로 번호를 붙여 통상 주장 사실 말미에 괄호를 하고 그 안에 서증번호를 기재하는 방식으로 증거를 원용하고 입증방법이라는 제목하에 을호증의 목록을 기재

한다.

2) 답변서가 제출되면 재판장은 사건을 검토하여 가능한 최단시간 안의 날로 제1회 변론기일을 지정한다(규칙 69조 1항). 다만 사건을 변론준비절차에 부칠 필요가 있는 경우에는 재판장은 사건을 변론준비절차에 부침과 동시에(2002년 전에는 변론준비절차가 예외적 절차였는데 2002년에 원칙적 절차로 되었다가 다시 2008년에 예외적 절차가 된 것이다) 변론준비기일(쟁점정리기일)을 정하고, 기간을 정하여 당사자로 하여금 준비서면 그 밖의 서류를 제출하게 하거나 당사자 사이에 이를 교환하게 하고 주장사실을 증명할 증거를 신청하게 한다(규칙 69조 3항). 변론준비기일에는 쟁점을 정리함과 아울러 증인신문(당사자신문 포함)을 제외한 나머지 증거방법에 대한 증거조사를 마친다. 그 이후에는 변론기일 겸 집중증거조사기일을 열어 증인신문을 하고 곧바로 변론을 종결한다. 답변서가 제출된 후 바로 변론기일을 지정하지 않고 변론준비절차에 회부하는 경우 준비서면 제출에 관한 공방의 횟수는 원칙적으로 원고측 1회, 피고측 1회(피고의 실질적 답변서, 원고의 반박 준비서면)로 한다(대법원 2009. 12. 30. 재판예규 제1292호 사건관리방식에 관한 예규).

(6) 무변론판결(답변서가 제출되지 않은 경우)

1) 의 의

소장의 송달을 받은 피고가 30일 내에 답변서를 제출하지 아니한 때에는 청구의 원인이 된 사실을 자백한 것으로 보고 변론 없이 판결할 수 있다(법 257조 1항).[27)]

2) 무변론판결의 대상

가. 답변서 제출기한 안에 답변서가 제출되지 아니한 사건

답변서가 제출되지 아니한 사건은 불필요하게 변론기일을 열어 당사자에

---

27) 제257조(변론 없이 하는 판결) ① 법원은 피고가 제256조제1항의 답변서를 제출하지 아니한 때에는 청구의 원인이 된 사실을 자백한 것으로 보고 변론 없이 판결할 수 있다. 다만, 직권으로 조사할 사항이 있거나 판결이 선고되기까지 피고가 원고의 청구를 다투는 취지의 답변서를 제출한 경우에는 그러하지 아니하다. ② 피고가 청구의 원인이 된 사실을 모두 자백하는 취지의 답변서를 제출하고 따로 항변을 하지 아니한 때에는 제1항의 규정을 준용한다. ③ 법원은 피고에게 소장의 부본을 송달할 때에 제1항 및 제2항의 규정에 따라 변론 없이 판결을 선고할 기일을 함께 통지할 수 있다.

게 출석의무를 부과하는 것보다 바로 변론 없이 판결을 선고하는 것이 당사자의 의사에 부합하고 소송경제에도 이바지한다는 데에 무변론판결 제도의 도입취지가 있는 만큼 무변론판결에 적합하지 아니한 예외적인 경우가 아니면 바로 판결선고기일을 지정하는 것이 상당하다.

나. 무변론판결이 불가능하거나 적합하지 아니한 사건

① 법률상 또는 성질상 무변론판결을 할 수 없거나 실무운영상 무변론판결에 적합하지 아니한 사건은 변론기일을 지정하여 처리하게 된다. 여기에 해당하는 사건 유형으로는 피고에게 공시송달로 소장부본을 송달한 경우(법 256조), 직권으로 조사할 사항(소송요건의 존부 등)이 있는 경우, 변론주의 원칙의 적용이 일부 배제되는 등 소송의 성질상 무변론판결에 적합하지 아니한 경우(형성소송·가사소송·행정소송)등을 들 수 있다.

② 소액사건의 경우에는 무변론판결에 관한 민사소송법의 규정이 배제되는 것은 아니지만 소액사건심판법은 소가 제기되면 법원은 원칙적으로 이행권고결정을 하도록 하고 있으며 이행권고결정에 대하여 피고가 이의신청을 한 때에는 법원은 바로 변론기일을 지정하여야 하고 이 때에는 원고가 주장한 사실을 다툰 것으로 보게 되므로(소액법 5조의4 5항),[28] 이행권고결정절차에 회부된 소액사건은 무변론판결의 대상이 될 여지가 없다.

③ 또한 지급명령에 대하여 채무자가 이의신청을 한 사건의 경우에는 이의신청을 한 채무자가 지급명령을 송달받은 날로 소급하여 그 때부터 30일안에 답변서를 제출할 의무를 부담한다고 볼 것인지 여부에 관하여 해석상 이론이 있을 수 있는 점, 이행권고결정에 대하여 피고가 이의신청을 한 경우에는 원고가 주장한 사실을 다툰 것으로 보고 있는 소액심판법 5조의4 제5항의 취지 등을 고려할 때, 무변론판결에 적합하지 않다고 할 것이다.

3) 선고기일의 지정

무변론판결의 경우에도 반드시 선고기일을 열어 법정에서 판결을 선고 하여야 한다. 이 경우 법원은 피고에게 소장부본을 송달할 때에 무변론판결의

28) 제5조의4 (이행권고결정에 대한 이의신청) ⑤ 피고가 이의신청을 한 때에는 원고가 주장한 사실을 다툰 것으로 본다.

선고기일을 함께 통지하는 방식이나 답변서 제출 기한이 지난 후에 따로 선고기일을 지정하여 통지하는 방식 중 하나를 선택하게 된다.

4) 지정된 선고기일의 취소

답변서 제출기한이 지난 후 판결이 선고되기까지 답변서가 제출된 경우에는 무변론판결을 선고할 수 없으므로(법 257조 1항), 지정된 선고기일이 취소된다(또는 변론기일로 변경하여 진행한다).

[서식 28] 답변서(제1심)

답 변 서

사 건 20○○가합4567호 양수금
원 고 장 ○ ○
피 고 지 ○ ○

위 사건에 관하여 피고는 다음과 같이 답변합니다.

청구취지에 대한 답변

1. 원고의 청구는 이를 기각한다.
2. 소송비용은 원고의 부담으로 한다.

라는 판결을 구합니다.

청구원인에 대한 답변

1. 원고주장의 요지

원고는 난방시공을 업으로 하는 자로서 소외 주식회사 ○○종합건설의 하도급 공사를 진행하여 공사대금채권을 가지고 있었지만 위 ○○종합건설이 이를 갚지 못한 채 대신 피고에 대하여 가지고 있다는 ○○도 ○○시 ○○동 709-1 근린생활시설 신축공사대금 청구채권 중 84,000,000원을 양도해 주겠다고 하면서 원고에게 채권을 양도였으므로 피고는 위 채권 양수금을 원고에게 지급할 의무가 있다고 주장하고 있습니다.

2. 원고에게 양수되었다는 공사대금 청구채구채권에 대하여

원고가 양수 하였다고 주장하는 피고에 대한 소외 ㅇㅇ종합건설의 공사대금 청구채권은 ㅇㅇ종합건설이 위 공사를 진행함에 있어 공사의 마무리도 제대로 하지 않아 건물 전체의 누수, 지하 주차장 차량 스토퍼 미시공, 지하드레인 보온재 미시공, 옥상 방수공사 미시공 등의 문제가 발생하여 전문가에게 의뢰하여 미시공 및 하자에 대한 공사의 견적을 산출하여 보니 공사잔금보다 하자보수에 들어가는 비용이 더 많이 예상된다 하는 바, 그렇다면 원고의 이 사건 청구의 전제가 되는 피고에 대한 ㅇㅇ종합건설의 공사대금채권은 미시공 및 하자 공사비로 인해 모두 정산되어 존재하지 않는 것이며, 오히려 위 공사대금으로도 정산되지 못한 하자공사비는 ㅇㅇ종합건설이 피고에게 배상해 주어야 하므로, 피고는 현재 ㅇㅇ종합건설을 상대로 서울ㅇㅇ지방법원에 2013 가합 1234 채무부존재확인의 소를 제기하여 하자감정신청을 진행 중에 있습니다(을제1호증 소장 참조).

3. 결 론

원고의 양수금 채권은 위 ㅇㅇ종합건설의 피고에 대한 공사대금 채권이 있음을 전제하는 것인데 위에서 본 바와 같이 ㅇㅇ종합건설의 피고에 대한 채권은 존재하지 않기 때문에 원고의 양수금 채권도 존재하지 않는 다 할 것인 바, 그렇다면 피고에 대한 원고의 이 사건 청구는 모두 근거가 없어 기각 되어야 할 것입니다.

첨 부 서 류

1. 을 제1호증 소장
1. 을 제2호증 내용증명

20ㅇㅇ. ㅇ. ㅇ.

위 피고 문 ㅇ ㅇ (인)

ㅇㅇ지방법원 귀중

■ 작성·접수방법

1. 사건번호, 당사자의 표시를 기재한다. 사건번호 및 당사자들은 피고에게 송달된 소장에 기재되어 있으므로 이를 보고 기재하면 된다.
2. 소장부본을 송달받은 피고는 송달받은 날부터 30일 이내에 답변서를 제출하여야만 무변론판결을 피할 수 있다. 그러나 이 기간을 도과하였다 해서 답변서를 제출하지 못하는 것은 아니므로 무변론판결이 선고되기 전 까지 답변서를 제출하면 되지만 재판장에게 재판지연 또는 불성실한 태도로 보일 수 있기 때문에 될 수 있는 한 기안 안에 제출하는 것이 좋다.
3. 답변서는 법원용 1부와 상대방수(원고 1명)에 맞는 부본을 제출해야 하므로 총 2부(피고가 2명이면 총 3부)를 사건관할 법원 민사접수실에 제출한다. 이후 제출된 부본은 법원이 우편등을 통해 상대방에게 송달한다.
4. 인지등 별도의 비용을 첨부하지는 않는다.

[서식 29] 답변서(항소심)

답 변 서

사 건 20ㅇㅇ나 ㅇㅇㅇㅇ 손해배상(자)

원 고(피항소인) 이 ㅇ ㅇ

피 고(항소인) 주식회사 ㅇㅇ기업

위 사건에 관하여 원고(피항소인)의 소송대리인은 다음과 같이 답변합니다.

다 음

청구취지에 대한 답변

1. 피고(항소인)의 청구를 기각한다.
2. 소송비용은 피고(항소인)의 부담으로 한다.

라는 재판을 구합니다.

청구원인에 대한 답변

1. 원고(피항소인)의 과실여부에 대하여

피고(항소인, 이하 '피고'라고 합니다)는 이 사건 교통사고에 있어서 원고(피항소인, 이하 '원고'라고 합니다.) 측에 어느 정도 과실이 있으므로 이에 대하여 참작을 하지 않은 데에 있어서 원심이 위법하다고 합니다.

그러나 이 사건은 편도 1차로 도로에서 앞지르기 금지구역임에도 불구하고 중앙선을 침범하면서 무리하게 앞지르기를 시도하던 ○○○의 단독과실로 인하여 발생한 사건입니다. 그 외에 원고에게 과실이 있었다는 증거가 없습니다. 결국 피고의 이 부분 주장은 이유 없습니다.

2. 보험금지급에 대하여

피고는 원고가 보험금을 수령하여 간 사실이 있다고 주장하지만 이는 터무니없는 주장으로 전혀 그러한 사실이 없습니다. 이에 대해서는 따로 반론할 여지도 없는 바입니다.

3. 결 론

결국 피고의 주장은 모두 이유 없고 항소를 제기한 이유는 단순히 시간을 끌기 위한 것으로 보입니다. 그러므로 피고의 항소를 기각하여 주시기 바랍니다.

첨 부 서 류

1. 답변서 부본　　　　　　　　　　　　1부

20○○. ○. ○.

원고(피항소인) 소송대리인

변호사 ○ ○ ○ (인)

ㅇㅇ 고등법원 민사 제ㅇ부 귀중

■ 작성·접수방법

1. 소장부본을 송달받은 피고는 송달받은 날부터 30일 이내에 답변서를 제출하여야만 무변론판결을 피할 수 있다. 그러나 이 기간을 도과하였다 해서 답변서를 제출하지 못하는 것은 아니므로 무변론 판결이 선고되기 전 까지 답변서를 제출하면 되지만 재판장에게 재판지연 또는 불성실한 태도로 보일 수 있기 때문에 될 수 있는한 기안 안에 제출하는 것이 좋다.
2. 답변서는 법원용 1부와 상대방수(원고1명)에 맞는 부본을 제출해야 하므로 총 2부(피고가 2명이면 총 3부)를 항소심 법원 접수실에 제출한다. 이후 제출된 부본은 법원이 우편등을 통해 상대방에게 송달한다.
3. 인지등 별도의 비용을 첩부하지 않는다.

2. 준비서면

(1) 의 의

준비서면은 당사자가 변론에서 진술하고자 하는 사항을 미리 기재하여 법원에 제출하는 서면이다. 이는 원·피고 쌍방이 소송이 제기된 후 변론이 종결될 때까지 수시로 법원에 대하여 주장 또는 설명하여야 할 사항을 개진하는 역할을 하는 것으로서 증거절차와 아울러 변론의 핵심이라 할 수 있다. 준비서면에는 공격방어방법에 해당하는 주장은 물론 증거의 탄핵이나 설명, 법률적 견해의 설명 등 법원에 대하여 주장하고자 하는 모든 사항을 기재하여 제출한다. 특히 변론주의 원칙상 법률요건을 충족하기 위한 주요사실에 관한 주장을 누락하여서는 안된다.

(2) 준비서면의 기재사항

1) 기재할 사항

준비서면에는 다음 각 호의 사항을 적고, 당사자 또는 대리인이 기명날인 또는 서명한다. 1. 당사자의 성명·명칭 또는 상호와 주소 2. 대리인의 성명과 주소 3. 사건의 표시 4. 공격 또는 방어의 방법 5. 상대방의 청구와 공격 또는 방어의 방법에 대한 진술 6. 덧붙인 서류의 표시 7. 작성한 날짜 8. 법원의 표시(법 274조 1항). 제4호 및 제5호의 사항에 대하여는 사실상 주장을 증명하기 위한 증거방법과 상대방의 증거방법에 대한 의견을 함께 적어야 한다(법 274조 2항). 제274조는 훈시적 규정으로 위 기재사항에 일부 누락 되거나 잘못된 부분이 있더라도 준비서면으로서 실체를 인정할 수 있다면 그 효력에는 영향이 없다.

2) 기재순서

준비서면의 기재사항을 어떠한 순서로 기재 하는냐 하는 점은 법이 명시한 바 없다. 다만 실무 관행은 서류의 표제, 사건번호, 사건명, 당사자의 표시를 순차로 기재하고 그다음에 어느 당사자가 그 준비서면을 제출하는가를 밝히는 문언과 변론준비의 내용을 기재한 다음, 첨부서류의 표시, 작성연월일, 작성자의 기명날인 다음에 제출처인 법원을 표시한다. 준비서면에는 인지를 붙이지 아니한다. 다만 그 준비서면의 기재에 신청사항이 포함되어 있으면 그 때에는 인지법에 따른 인지를 붙여야 한다.

(3) 준비서면의 실질적 내용

1) 공격 또는 방어방법의 기재

공격방법이란 원고가 그 청구를 유지하기 위하여 제출하는 일체의 사실상, 법률상 소송자료를 말하고 방어방법이란 피고가 그 방어적 신청(소 각하, 청구 기각)을 유지하기 위하여 제출하는 일체의 사실상, 법률상 소송자료를 말한다.

2) 상대방의 청구 및 공격·방어 방법에 대한 진술(주장)

상대방의 공격 또는 방어방법에 대한 진술(주장)은 상대방이 주장하는 개개의 공격 또는 방어방법 즉 청구를 뒷받침하거나 이를 저지하는 요건사실 항변, 재항변 등으로 주장된 사실에 대하여 그 인정 여부를 진술하는 것을 말한다.

3) 인용문서의 첨부

당사자가 소지하는 문서로서 준비서면에 인용한 것은 서증으로 제출하는 것 인지 여부를 불문하고 준비서면에 그 등본 또는 사본을 붙여야 한다. 그러나 문서의 일부만 필요할 때에는 그 부분에 대한 초본을 붙이고 첨부할 문서가 너무 많을 때에는 그 문서를 표시하기만 하고 첨부를 생략할 수 있다. 준비서면에 인용한 문서가 외국어로 작성된 경우에는 국어로 된 번역문을 첨부하여야 한다. 당사자는 상대방의 요구가 있을 때에는 준비서면에 인용한 문서의 원본을 보여주어야 한다.

(4) 준비서면의 제출

1) 준비서면은 당사자가 변론기일에 진술하고자 하는 사항에 관하여 법원과 상대방에게 그 내용을 예고·준비하기 위한 것으로 당사자는 변론을 서면으로 준비하여야 하지만 단독사건의 변론은 서면으로 준비하지 아니할 수 있다. 다만, 상대방이 준비하지 아니하면 진술할 수 없는 사항은 그러하지 아니하다(법 272조). 이 같이 준비서면은 변론준비절차에서 주로 이용된다. 즉 원고가 소장을 제출하면 피고가 답변서를 제출해야 하고 다음은 원고의 반박준비서면, 피고의 재반박 준비서면의 순서로 제출 교환됨으로써 서면에 의한 변론준비절차가 진행된다.

2) 준비서면은 그것에 적힌 사항에 대하여 상대방이 준비하는 데 필요한 기간을 두고 제출하여야 하며, 법원은 상대방에게 그 부본을 송달하여(법 273조) 상대방이 그것을 받아 보고 응답의 준비를 하는 데 필요한 기간을 주어야 한다. 법률상으로는 새로운 공격방어방법을 포함하고 있는 준비서면은 변론기일 또는 변론준비기일의 7일 전까지 상대방에 송달될 수 있게 제출하도록 되어 있지만(규칙 69조의3) 상대방의 답변서 또는 준비서면을 받은 때로부터 3주일 이내에 제출할 것이 요구되고 재판장은 준비서면의 제출기간을 정할 수 있다.

3) 준비서면의 부본은 법원이 상대방에게 송달 하여야 한다. 따라서 상대방이 복수일 때에는 그 수에 따라 부본을 더 제출하여야 하는데 상대방이 수인이라도 대리인이 동일인이면 대리인을 기준으로 부본을 제출하면 된다. 그러나 준비서면을 법정에서 교부 하거나 법원의 송달을 통하지 아니하고 상대방에게 직접 교부한 때는 그 준비서면 원본의 표지에 또는 별도의 영수증에 부본 영수의 취지, 날짜, 수령인의 기명날인을 받아 제출함으로써 송달을 증명하고 부본을 받은 상대방 변호사는 송달 증명 절차에 협력하여야 한다.

(5) 준비서면 부제출의 효과

1) 답변서 부제출시 무변론피고패소판결

앞서 설명한 바와 같이 법원은 피고가 30일 내에 답변서를 제출하지 아니한 때에는 청구의 원인된 사실을 자백한 것으로 보고 변론 없이 판결할 수 있다.

2) 부제출자가 출석한 경우

준비서면에 적지 아니한 사실은 상대방이 출석하지 아니한 때에는 변론에서 주장하지 못한다(법 276조). 이는 불출석 당사자에게 예고 받지 못한 사실에 대해 반박할 기회도 없이 자백간주되는 불이익을 방지하기 위한 규정이다.

3) 부제출자가 불출석한 경우

당사자가 변론기일에 출석하지 아니하는 경우에는 자백간주규정을 준용한다(법 150조 3항).

4) 변론준비절차 종결

당사자가 준비서면 등을 제출하지 아니하면 변론준비절차를 종결하여야 한다(법 284조 1항). 준비서면을 제출하지 않으면 쟁점정리의 목적이 달성될 수 없기 때문이다.

5) 소송비용지출

준비서면에 기재하지 않은 사실이라도 상대방이 출석한 경우에는 변론에서 주장할 수 있지만 예고하지 않아서 상대방이 즉시 답변할 수 없게 된 결과 기일을 속행해야 했다면 당사자는 승소에도 불구하고 소송비용을 부담할 수 있다(법 100조).

(6) 준비서면 제출의 효과

1) 제출자가 출석한 경우

준비서면을 제출하고 출석한 자는 준비서면에 적은 사실에 대하여 상대방이 출석하지 아니한 경우에도 변론에서 주장할 수 있다(법 276조). 준비서면에 적은 사실에 대해서 상대방이 불출석한 경우 또는 출석하여 다투지 않은 경우에 자백간주이익을 얻을 수 있다(법 150조 1항).

2) 제출자가 불출석한 경우

변론기일에 출석하지 아니하거나, 출석하고서도 본안에 관하여 변론하지 아니한 때에는 그가 제출한 소장·답변서, 그 밖의 준비서면에 적혀 있는 사항을 진술한 것으로 보고 출석한 상대방에게 변론을 명할 수 있다(법 148조 1항).

3) 실권효의 배제

변론준비기일에 제출하지 않은 공격방어방법은 그 뒤 변론에서 제출할 수 없음이 원칙이나 준비서면에 적힌 사항은 준비기일에 제출하지 않았어도 변론에서 주장할 수 있다(법 285조 3항).

4) 소취하에 피고의 동의

원고가 소를 취하하려는 경우에 피고가 본안에 관하여 준비서면을 제출한 뒤에는 피고의 동의를 받아야 취하의 효력을 가진다(법 266조 2항).

[서식 30] 준비서면(원고)

준 비 서 면

사 건 20○○가합 1234호 채무부존재

원 고 지 ○ ○

피 고 ○○종합건설 외 1명

위 사건에 관하여 피고 원고는 다음과 같이 변론을 준비합니다.

다 음

1. 피고 ○○종합건설의 원고에 대한 공사대금 채권에 대하여

피고 ○○종합건설은 이 사건 건물 공사를 진행함에 있어 공사를 제대로 하지 않아 건물 전체에 누수, 지하 주차장 차량 스토퍼 미시공, 지하드레인 보온재 미시공, 옥상 방수공사 미시공 등 각종 하자가 건물에 발생하였음에도 불구하고 이러한 하자를 보수해 주지 않았기 때문에 피고 ○○종합건설의 원고에 대한 공사대금 채권은 원고의 피고 ㅇㅇ종합건설에 대한 하자보수에 갈음하는 손해배상채권과 상계되어 존재하지 않게 되었는바, 원고는 이 같은 사실을 입증하고자 이 사건 건물에 대한 하자감정신청을 하였습니다.

2. 원고의 피고 ㅇㅇ종합건설에 대한 하자보수에 갈음하는 손해배상 채권에 관하여

이 사건 건물에 관한 감정인 손ㅇㅇ의 하자보수 공사비 산출에 따르면 피고 ㅇㅇ종합건설이 원고에게 부담하여야 할 하자보수비는 금 217,106,854원(2013. 6. 17.자 감정서 참조) 및 152,862,279원(2013. 7. 11.자 감정보완서 참조) 합계 금 369,969,133원에 이르는 바, 피고 하호종합건설에 대한 원고의 하자보수에 갈음하는 손해배상 채권은 금 339,120,000원에 이른다 할 것입니다.

3. 원고의 피고들에 대한 채무 부존재

원고의 피고 ㅇㅇ종합건설에 대한 공사대금 채무 339,120,000원은 원고의 피고 ㅇㅇ종합건설에 대한 하자보수에 갈음하는 손해배상 채권 369,969,133원과 상계로 인해 그 대등액에서 소멸하였기 때문에 원고의 피고 ㅇㅇ종합건설에 대한 공사대금 채무는 더 이상 존재하지 않게 되었을 뿐만 아니라 피고 김ㅇㅇ의 원고에 대한 채권 또한 피고 ㅇㅇ종합건설의 원고에 대한 공사대금 채권 중 그 일부(금 104,800,000원)를 양도·양수받은 것이므로 그 양도·양수의 전제가 되는 피고 ㅇㅇ종합건설의 채권 자체가 상계로 소멸되어 없어진 이상 피고 김ㅇㅇ의 원고에 대한 채권 또한 당연히 존재하지 않는다 할 것입니다.

4. 결 론.

이와같은 이유로 원고의 피고들에 채무는 모두 소멸되어 없는 것이므로 이 사건 원고의 피고들에 대한 청구는 모두 인용 되어야 할 것입니다.

첨 부 서 류

1. 채권양도양수계약서 1통

20○○. ○. ○.

위 원고 지 ○ ○ (인)

○○지방법원 귀중

■ 작성·접수방법

1. 준비서면에는 ① 사건번호 및 사건명, ② 당사자의 성명·명칭 또는 상호, ③ 공격 또는 방어의 방법 ④ 상대방의 청구와 공격 또는 방어의 방법에 대한 진술 ⑤ 덧붙인 서류의 표시 ⑥ 작성한 날짜 ⑦ 법원의 표시를 기재하는데, ③런 및 ④항의 사항에 대하여는 사실상 주장을 증명하기 위한 증거방법과 상대방의 증거방법에 대한 의견을 함께 적어야 한다.
2. 준비서면은 법원용 1부와 상대방수(피고2명)에 맞는 부본을 제출해야 하므로 총3부를 사건관할 법원 민사접수실에 제출한다. 이후 제출된 부본은 법원이 우편등을 통해 상대방에게 송달한다.
3. 인지등 별도의 비용을 첩부하지 않는다.

[서식 31] 준비서면(피고)

준 비 서 면

사 건 20○○가소 1234호 대여금
원 고 장 ○ ○
피 고 1. 장 ◇ ◇
2. 문 ○ ○

위 사건에 관하여 피고 2. 문○○는 다음과 같이 변론을 준비합니다.

다 음

1. 사고 경위

피고 2. 문○○은 본건 사고 차량인 서울 19로5678호 쏘나타 승용차의 소유자로서, 이 사고가 발생하기 약 1년 8개월 전인 20○○. ○. ○. 경 소외 박○○으로부터 금 1,000만원을 차용하고 그 담보로 위 차량의 점유를 인도하였습니다. 이 때 차량의 열쇠와 자동차등록증까지 함께 교부하였습니다. 그 후 피고 2. 문○○은 사업에 실패하여 위 사고 차량에 대하여는 잊고 있었는데, 본 건 자동차사고가 발생하게 된 것입니다.

2. 운행지배 등의 부존재

위 차량이 사채업자인 소외 박○○에게서 운전자인 피고 1. 정○○에게 이전된 경위는 알 수 없으나, 위 인도에 대하여 피고 2. 문○○의 어떠한 허락도 없었습니다.

피고 2. 문○○이 비록 차량의 소유자이기는 하나 담보로 제공한 차량을 담보권자가 임의로 처분한 후 그 취득자가 일으킨 사고에 대하여까지 그 책임을 차량소유자인 피고 2. 문○○에게 묻는 것은 부당합니다. 담보권자인 소외 박○○이 위 차량을 임의로 처분한 이상 피고 2. 문○○에게는 더 이상 위 차량에 대한 운행지배나 운행이익이 존재하지 아니한다고 보는 것이 타당하다고 생각됩니다.

3. 과실비율의 참작

설령 피고 2. 문○○의 책임이 인정된다고 하더라도, 이 사건의 주된 책임은 주취 중 운전을 한 피고 1. 장○○에게 있는 것이므로, 피고들간의 과실비율 산정시 이를 참작하여 주시기 바랍니다.

첨 부 서 류

1. 담보제공계약서 사본　　　　　1통

20○○. ○. ○.

위 피고 2　문 ○ ○　(인)

서울중앙지방법원　귀중

■ 작성·접수방법

1. 준비서면에는 ① 사건번호 및 사건명, ② 당사자의 성명·명칭 또는 상호, ③ 공격 또는 방어의 방법 ④ 상대방의 청구와 공격 또는 방어의 방법에 대한 진술 ⑤ 덧붙인 서류의 표시 ⑥ 작성한 날짜 ⑦ 법원의 표시를 기재하는데, ③런 및 ④항의 사항에 대하여는 사실상 주장을 증명하기 위한 증거방법과 상대방의 증거방법에 대한 의견을 함께 적어야 한다.
2. 준비서면은 법원용 1부와 상대방수(피고 2명)에 맞는 부본을 제출해야 하므로 총 3부를 사건관할 법원 민사접수실에 제출한다. 이후 제출된 부본은 법원이 우편등을 통해 상대방에게 송달한다.
3. 인지등 별도의 비용을 첨부하지 않는다.

3. 변론준비절차(주장과 증거의 정리절차)

(1) 의 의

변론준비절차는 변론기일에 앞서 변론이 효율적이고 집중적으로 실시될 수 있도록 당사자의 주장과 증거를 정리하는 절차이다(법 279조 1항). 주장과 증거를 정리한다는 것은 당사자 간에 다툼이 없는 사실 즉 불요증사실을 가려내고 다툼이 있는 사실 즉 명백히 다투지나 알지 못한다고 진술한 사실에 대해서는 변론기일에 심문하도록 하는 것이다. 따라서 변론준비절차의 목적은 공개법정에서 열리는 변론기일에 앞서 미리 쟁점과 증거를 정리하여 변론에 상정함으로써 심리의 집중과 효율을 도모하려는데 있다.

(2) 변론준비절차의 진행

1) 진행법관과 법관의 권한

변론준비절차의 진행은 재판장이 담당한다. 합의사건의 경우 재판장은 합의부원을 수명법관으로 지정하여 변론준비절차를 담당하게 할 수 있다(법 280조 2항, 3항). 준비절차에서 증거결정(채부결정)과 증거조사(증인신문과 당사자신문을 제외한)까지 할 수 있으며, 이러한 쟁점정리와 증거조사를 토대로 화해권고(법 145조), 조정, 화해권고결정(법 225조)을 할 수 있다.

2) 서면교환에 의한 변론준비절차

변론준비절차는 기간을 정하여, 당사자로 하여금 준비서면, 그 밖의 서류를 제출하게 하거나 당사자 사이에 이를 교환하게 하고 주장사실을 증명할 증거를 신청하게 하는 방법으로 진행한다(법 280조). 즉 소장, 답변서, 반박준비서면, 재반박준비서면의 제출을 촉구하고 이 과정에서 쟁점이 부각되면 기간을 정하여 증거신청을 하게 한다. 준비서면을 제출할 때 당사자는 다툼이 없는 부분과 있는 부분을 구별해야 하고 법원은 석명권으로 소송관계를 분명히 할 수 있다.

3) 변론준비기일에 의한 변론준비절차

재판장등은 변론준비절차를 진행하는 동안에 주장 및 증거를 정리하기 위하여 필요하다고 인정하는 때에는 변론준비기일을 열어 당사자를 출석하게 할 수 있고 당사자는 변론준비기일이 끝날 때까지 변론의 준비에 필요한 주장과 증거를 정리하여 제출하여야 하며, 재판장등은 변론준비기일이 끝날 때까지 변론의 준비를 위한 모든 처분을 할 수 있다(법 282조).

(3) 변론준비절차를 마친 뒤의 변론 운영

1) 변론에의 상정

당사자는 변론준비기일을 마친 뒤의 변론기일에서 변론준비기일의 결과를 진술하여야 하는데(법 287조 2항) 이를 변론의 상정이라 한다. 변론준비조서를 토대로 진술하고 이로서 그동안 제출된 소장, 답변서, 준비서면의 진술에 갈음한다. 즉 변론의 상정으로 준비절차에서 제출한 주장과 증거가 소송자료가 되는 것이다.

2) 1회 변론기일주의와 계속심리주의

법원은 변론준비절차를 마친 경우에는 첫 변론기일을 거친 뒤 바로 변론을 종결할 수 있도록 하여야 하며, 당사자는 이에 협력하여야 한다(법 287조 1항). 변론준비절차를 거친 사건의 경우 그 심리에 2일 이상이 소요되는 때에는 가능한 한 종결에 이르기까지 매일 변론을 진행하여야 한다(규칙 72조 1항).

3) 정리된 결과에 대한 집중적인 증거조사

변론기일에서는 다툼이 없는 사실에 대한 증거조사, 특히 증인신문과 당사자신문을 집중적으로 하게 된다(법 293조). 이를 위해서는 증인출석이 전제되어야 하는 바, 증인이 정당한 이유 없이 출석하지 아니한 경우의 과태료를 500만원으로 인상하고 이러한 과태료의 재판을 받고도 정당한 사유 없이 다시 출석하지 아니한 때에는 결정으로 증인을 7일 이내의 감치에 처하도록 하고 있다.

Ⅲ. 변론의 실시

1. 변론의 과정

(1) 피고가 답변서를 제출하지 않거나 모두 자백하는 취지의 답변서를 제출하면 변론기일을 열지 않고 무변론원고승소판결을 한다. 그러나 ① 변론준비절차를 거치지 않은 변론기일의 지정사건(2008년 개정으로 이것이 원칙) ② 서면준비절차를 마치고 변론에 들어가는 사건 ③ 서면준비절차와 변론준비기일까지 마치고 변론에 들어가는 사건에서는 변론기일을 열어 ①과 ②의 경우에는 이미 제출된 소장, 답변서, 준비서면을 진술하는 방식을 취하고 ③의 경우에는 변론준비조서를 토대로 그 결과를 진술하는 방식으로 변론이 진행된다.

(2) 변론기일은 직권으로 또는 당사자의 신청에 따라 재판장이 지정하여 통지하는데 변론은 통지된 변론기일에 공개법정에서 행한다. 이때 당사자의 소송행위를 순서에 따라보면 ① 원고가 청구취지에 기재된 대로 본안의 신청을 하고 이에 대하여 상대방이 소각하 또는 청구기각판결을 구하는 반대신청을 한다. ② 다음 원고는 권리발생사실을 주장하고, 이에 대하여 상대방은 부인, 부지, 자백, 침묵중의 하나의 태도를 취한다. ③ 다음 다툼이 있는 사실에 대하여는 자신이 주장하는 사실에 대한 증거를 신청하고, 이에 대하여 상대방은 증거항변으로 대항한다.

[변론기일통지서]

서울중앙지방법원
변론기일통지서

사　　건　　　2014가합154○○ 인도 등

원　　고　　　박 ○○

피　　고　　　박 ○○

위 사건의 변론기일이 다음과 같이 지정되었으니 출석하시기 바랍니다.

일시 :　2017. 10. 31. 14:30
장소 :　민사법정 동관565호(①번 법정출입구 이용)

2017. 10. 11.

법 원 주 사 보　　전 ○ ○

◇ 유 의 사 항 ◇

1.출석할 때에는 신분증을 가져오시고, 이 사건에 관하여 제출할 서면이 있는 경우에는 사건번호 (**2014가합154○○**)를 기재하시기 바랍니다.
2.합의부에서 심리하는 사건은 변호사(지배인 등 법률상 소송대리인 포함)가 아니면 소송대리가 허용되지 않습니다.
3.소송대리인이 선임되어 있더라도 되도록 당사자 본인(당사자가 회사 등 법인 또는 단체인 경우에는 대표자 또는 실무책임자, 당사자가 여러 명인 경우에는 의사결정을 할 수 있는 주된 당사자)도 함께 출석하시기 바랍니다.
4.법원 홈페이지(www.scourt.go.kr)를 이용하시면 재판기일 등 각종 정보를 편리하게 열람할 수 있습니다.
5.사건진행에 관하여 안내를 받고자 하는 경우에는 자동응답전화(ARS)를 이용할 수 있습니다. 자동응답전화 번호는 지역번호 없이 1588-9100입니다(광주, 전남지역에서 타지역 사건을 조회할 때는 02-530-1234입니다). 자동응답전화를 하신 후 곧바로 사건진행안내를 받으려면 '1'+'9'+[000210 2014 002 15441] + '*'를 누르시면 됩니다.

* 주차시설이 협소하오니 대중교통을 이용하여 주시기 바랍니다.

※ 문의사항 연락처 : 서울중앙지방법원 제28민사부 법원주사보 전○○
전화 : 530-1920(동관11층 합의2과)
팩스 : 3477-8107　　　　e-mail :

좌측자리에는 원고석과 원고측 변호사석이 위치하고 있다.

우측자리에는 피고석과 피고측 변호사석이 위치하고 있다.

중앙에 판서석이 위치하고 있다.

2. 변론의 내용

변론은 당사자가 말로 중요한 사실상 또는 법률상 사항에 대하여 진술하거나, 법원이 당사자에게 말로 해당사항을 확인하는 방식으로 한다. 법원은 변론에서 당사자에게 중요한 사실상 또는 법률상 쟁점에 관하여 의견을 진술할 기회를 주어야 한다 라고 하여 구술주의가 실현되도록 하고 있다(규칙 28조).

3. 변론의 정리

법원은 변론의 제한, 분리, 병합을 명하거나 그 명령을 취소할 수 있다(법 141조). 변론의 제한과 분리가 복잡한 사건을 단순화하여 소송지연을 막을 수 있는 수단인 반면, 변론의 병합은 흩어져 있는 관련사건을 하나의 절차로 합쳐서 일거에 해결하여 소송경제를 도모하기 위한 수단이다. 이는 법원의 소송지휘권에 속하므로 당사자에게는 그 신청권이 없는 바, 변론기일에 신청이 있더라도 조서에 기재할 필요가 없으며 신청이 이유 없다고 인정되는 경우에 기각의 재판을 할 필요도 없다. 모두 법원의 재량으로서의 소송지휘권에 기한 재판이므로 당사자는 이에 불복하지 못한다.

4. 변론의 종결과 재개

(1) 변론의 종결

소송절차가 진행된 결과 판결을 할 수 있도록 성숙된 때에는 법원은 변론을 종결하게 되는 바, 이렇게 변론을 종결하기로 하는 것은 성질상 법원의 결정에 해당하며 변론기일에 재판장이 구두로 고지하게 된다. 통상 실무에서는 재판장이 심리를 종결한다는 의미에서 결심한다 라는 용어를 쓴다.

(2) 변론의 재개

변론을 종결하였으나 판결 선고 전에 심리미진 부분이 발견되었다든가 당사자가 미처 주장 혹은 제출하지 못한 주요사실이나 증거를 발견하게 된 경우 법원이 종결된 변론을 다시 열도록 명하는 결정이다(법 142조). 변론의 재개여부는 법원의 재량에 속하는 사항이므로(대판 1987. 12. 8. 86다카1230), 변론재개신청은 법원의 직권발동을 촉구하는 의미밖에 없으며 변론의 재개 여부는 법원의 직권사항이고 당사자에게 신청권이 없으므로 이에 대한 허부의 결정을 할 필요가 없다(대판 1994. 10. 28. 94다39523).

[서식 32] 변론재개신청서

변론재개신청서

사 건 20○○가소1234호 대여금
원 고 장 ○ ○
피 고 문 ○ ○

위 사건에 관하여 원고는 다음과 같이 변론재개를 신청합니다.

다 음

1. 변론종결일 : 20○○. ○. ○.
2. 변론재개신청이유
   위 사건의 증인 박○○에 대하여 원고는 그 동안 백방으로 수소문하였으나 찾지 못하던 중, 최근에 위 증인이 ○○ 교도소에 사기죄로 수감 중인 사실을 알게 되었습니다. 위 증인은 원고가 피고에게 차용증을 받지 아니하고 금전을 대여하여 줄 당시 현장에 있었던 자이므로 반드시 증인으로 신청할 필요가 있고, 이로 인하여 소송절차를 지연시키지 아니하며, 위 증거를 제출하지 못한데 대하여 원고에게 중과실이 없으므로 위 박○○을 증인으로 신문하기 위하여 변론을 재개하여 주시기 바랍니다.

첨 부 서 류

1. 수감증명원 1통

20○○. ○. ○.

위 신청인 장 ○ ○ (인)

○○지방법원 귀중

■ 작성·접수방법

1. 신청서 1부를 담당 재판부에 제출 한다.
2. 인지 등 첩부비용은 없다.

5. 변론조서

(1) 의 의

변론조서는 법원사무관 등이 변론의 경과를 명확하게 기록해서 보존하기 위해서 작성하는 문서이다. 변론조서에 절차진행을 기록함으로써 절차의 명확화를 도모하며 후에 상급심 법관이 원심의 잘못을 판단할 경우에 원심의 변론조서가 그 자료가 된다.

(2) 조서의 증명력

당사자의 주장 또는 자백의 내용, 증인·감정인의 진술내용, 변론의 종결 여부 등 변론의 내용에 관한 조서기재의 증명력에 관하여는 특별한 규정이 없으나 변론조서에는 법원사무관등이 변론의 요지를 기재하고 그 조서에는 재판장이 기명날인함에 비추어 변론의 내용이 조서에 기재되어 있을 때에는 다른 특별한 사정이 없는 한 그 내용이 진실한 것이라고 추정하는 정도의 강한 증명력을 갖는다(대판 2001. 4. 13. 2001다6367).

Ⅳ. 기일 및 기간

1. 기 일

(1) 의 의

기일이란 법원, 당사자, 그 밖의 소송관계인 등이 소송행위를 하기로 정해진 시간을 말한다. 쟁점과 증거를 정리하여 변론을 준비하기 위해 정해진 변론준비기일, 변론하기 위해 정해진 변론기일, 증거조사하기 위해 정해진 증거조사기일, 판결을 선고하기 위해 정해진 판결선고기일 등이 있다.

(2) 기일의 지정

기일은 미리 연월일, 개시시간 및 장소를 밝혀 직권으로 또는 당사자의 신청에 따라 재판장이 지정한다(법 165조 1항). 기일은 필요한 경우에만 공휴일로도 정할 수 있다(법 166조). 소액사건에서는 직장근무자의 편의를 위해서 근무시간이 아닌 야간이나 공휴일에도 제공할 수 있게 하였다.

(3) 기일지정 신청

1) 법원이 사건을 심리하지 않고 오랫동안 방치할 때

이 경우 법원의 소송지연을 견제하기 위해 당사자가 심리를 계속해 달라고 기일지정신청을 할 수 있다. 다만 기일지정은 법원의 직권에 속하는 것이므로 촉구하는 의미밖에 없다.

2) 소송종료효력을 다툴 때

예를 들어 소의 취하가 부존재 또는 무효라는 것을 주장하는 당사자는 기일지정신청을 할 수 있고 이 경우에는 당사자에게 신청권이 인정되는 경우이므로 변론을 열어 종국판결로 신청에 대하여 재판을 하여야 한다.

3) 소 취하 간주를 막기 위한 경우

당사자가 2회 불출석 후 소 취하 간주되는 것을 막기 위하여 1개월 내에 기일지정신청을 할 수 있다(법 268조 2항).

[서식 33] 변론기일지정신청서

변론기일지정신청

사　　건　　20○○가단1234호　토지인도
원　　고　　장 ○ ○
피　　고　　문 ○ ○

위 사건에 관하여 20○○. ○. ○. 10:00. 제1차 변론기일에 쌍방불출석으로 인하여 다음 기일은 추후 지정하기로 되어 있으나 아직도 제2차 변론기일이 지정되지 아니한 바, 빠른 시일 내에 변론기일을 지정하여 신속히 재판을 진행하여 주실 것을 신청합니다.

20○○.　○.　○.

위 원고　장 ○ ○　(인)

서울중앙지방법원　귀중

■ 작성·접수방법

1. 기일지정신청서 1부를 해당 법원 접수실에 제출한다.
2. 인지등 별도의 비용을 첨부하지 않는다.

(4) 기일의 변경

기일의 변경이라 함은 기일을 개시하기 전에 그 지정을 취소하고 대신 새로운 기일을 지정하는 것을 말한다. 기일을 개시한 후 아무런 소송행위를 하지 아니하고 새로 다음 기일을 지정하는 '기일의 연기'와 구별되며, 기일을 개시하여 소송행위를 하였으나 완결을 하지 못하여 다음기일을 지정하는 '속행'과도 구별된다.

[서식 34] 변론기일변경신청서

변론기일변경신청

사 건 20○○가단 1234호 토지인도

원 고 장 ○ ○

피 고 문 ○ ○

위 사건에 관하여 변론기일이 20○○. ○. ○. 10:00로 지정되었는바, 피고가 현재 입원중이어서 부득이 위 변론기일에 출석하기 곤란하므로 변론기일을 다음으로 변경하여 주시기 바랍니다.

첨 부 서 류

1. 입원사실확인원 1통

20○○. ○. ○.

위 신청인(피고) 문 ○ ○ (인)

서울중앙지방법원 귀중

■ 작성·접수방법

1. 변론기일변경 신청서 1부를 해당 법원 접수실에 제출한다.
2. 인지등 별도의 비용을 첨부하지 않는다.

[서식 35] 변론기일변경신청서(상대방 동의)

변론기일변경신청

사 건 20○○가단1234호 토지인도
원 고 장 ○ ○
피 고 문 ○ ○

위 사건에 관하여 20○○. ○. ○. 16 : 30에 변론기일이 지정되었으나, 증인의 병원 일정으로 인해 부득이 이번에 한하여 양측 모두 가능한 시간인 20○○. 8. 25.이나 그 이후로 위 변론기일 기간을 변경하여 주시기 바랍니다.

첨 부 서 류

1. 입원사실확인원 1통

20○○. ○. ○.

위 피고의 소송대리인
변호사 김 ○ ○ (인)
위 동의함.
원고의 소송대리인
법무법인 ○○
담당변호사 한 ○ ○ (인)

서울중앙지방법원 귀중

■ 작성·접수방법

1. 변론기일변경 신청서 1부를 해당 법원 접수실에 제출한다.
2. 당사자간에 소송대리인이 있는 경우에는 실무상 신청서에 상대방도 기일변경에 동의한다는 날인을 팩스등을 통해 받아서 제출하고 있다.
3. 인지등 별도의 비용을 첩부하지 않는다.

(5) 기일의 통지

기일은 기일통지서 또는 출석 요구서를 송달하여 통지한다. 다만 그 사건으로 출석한 사람에게는 기일을 직접 고지하면 된다(법 167조 1항). 당사자에게 적법한 통지를 하지 않고 기일을 진행하면 위법하지만 변론기일에 임의 출석하여 변론을 하면서 그 변론기일의 불소환을 이의하지 아니하면 이의권의 상실로 그 하자는 치유된다(대판 1984. 4. 24. 82므14).

(6) 기일의 실시

1) 기일 개시

소송지휘권을 가진 재판장 등이 지정된 일시에 지정된 장소(법정에서 시행할 기일이면 그 법정, 법정 외에서 시행할 기일이면 그 장소)에서 사건과 당사자의 이름을 부름으로써 시작된다(법 169조).

2) 기일 진행

양쪽 당사자에 대한 기일의 통지가 적법하게 된 때에는 재판자의 소송지휘에 의하여 목적한 소송행위의 진행에 들어가게 되는데 변론기일의 경우에는 변론의 진행이 개시된다(법 135조 1항).

(7) 기일의 해태

1) 의 의

기일의 해태란 당사자가 적법한 기일통지를 받고도 필요적 변론기일에 불출석하거나 출석하여도 변론하지 않은 경우를 말한다.

2) 양쪽 당사자의 결석에 대한 처리(취하간주제도)

사 례

원고와 그의 대리인, 피고가 모두 2017. 5. 10. 16:00로 지정된 변론준비기일에 1회 불출석한 적이 있으나 변론준비기일은 종료되었다. 그 후 2017. 6.10. 17:00로 지정된 제1회 변론기일에 원고와 그의 대리인은 출석하지 않고 피고는 출석하였지만 변론은 전혀 하지 않았다. 그 후 변론기일에는 양당사자측이 모두 출석 변론하였다가, 2017. 7. 10. 14:00에 지정된 변론기일에 양당사자측이 모두 출석하지 않았다

가. 양쪽 당사자의 결석과 취하간주의 의의

양쪽 당사자가 적법한 기일통지를 받고도 필요적 변론기일에 불출석하거나 출석하여도 변론하지 않은 경우에 민사소송법은 2회 내지 3회 불출석일 경우에 취하간주로 처리한다(법 268조).

나. 취하간주의 요건

① 양쪽의 1회 결석

양쪽 당사자가 변론기일에 불출석 또는 출석했더라도 무변론일 것

② 양쪽의 2회 결석

1회 결석 후에 새 변론기일 또는 그 뒤 변론기일에 양쪽 당사자가 불출석 또는 출석했더라도 무변론일 것

③ 1월 이내에 기일지정신청을 하지 아니하거나 그 뒤의 변론기일에 양쪽 당사자가 불출석 또는 출석했더라도 무변론일 것

다. 효 과

위 요건이 충족되면 소를 취하한 것으로 본다(법 268조).[29] 따라서 마치 소를 취하한 것처럼 소송계속의 효과는 모두 소급하여 소멸한다. 청구별로 취하 여부를 판단하므로 본소 계속 중에 양쪽이 1회 결석하고 소송중의 소(소의 추가적 변경, 반소, 중간확인의 소)가 병합된 후 다시 양쪽이 또 결석한 한 다음, 기일지정신청을 하지 않았다면, 본소만 취하 간주된다(가분적 일부취하 간주).

라. 사 례

변론준비기일의 1회 불출석과 변론기일의 2회 불출석의 경우에 준비기일의 불출석 효과가 승계되어 3회 불출석으로 처리될 수 있는 가에 대해 다수설과 판례(대판 2006. 10. 27. 2004다69581)는 승계되지 않는다고 보므로 사례는 쌍방이 3회 불출석 한 것으로 볼 수 없고 2회 불출석한 것으로서 이 경우에 실무적으로 법원은 신 기일을 지정하지 않고 사실상 휴지상태로 들어간다. 그 후 당사자가 1개월 이내에 기일지정신청을 하지 않거나 그 후 기일에도 또 쌍방이 불출석한 경우에 소 취하가 있는 것으로 된다.

---

29) 이를 쌍불취하라고 한다. 이는 제286조에 의하여 변론준비기일에도 준용된다.

3) 한쪽 당사자의 결석에 대한 처리

사 례

원고는 피고를 상대로 매도사실을 주장하면서 1억원의 매매대금지급청구의 소를 제기하였고 이에 법원은 소장과 제1회 변론기일 통지서를 피고에게 송달하였는데 기일에 원고만 출석하고 피고는 출석하지 않았다. ① 피고의 준비서면에 매수사실을 인정한다는 내용이 기재되어 있는 경우에 어떻게 처리되는 가? ② 준비서면에 청구를 인낙하고 원고가 요구하는 대로 1억원을 지급하겠다고 적혀 있다면 법원은 어떻게 처리하는 가?

가. 한쪽 당사자의 결석과 진술간주제도

① 의 의

원고 또는 피고가 기일에 출석하지 않거나 출석하고도 본안에 관해 변론하지 아니한 때는 제출한 소장, 답변서, 그 밖의 준비서면에 적힌 사항을 진술한 것으로 보고 출석한 상대방에게 변론을 명할 수 있다(법 148조 1항). 설문에서 피고가 서면을 제출하고 불출석 했으므로 서면에 기재한 사항을 진술한 것으로 즉 자백 또는 인낙으로 처리할 수 있는지 문제된다.

② 진술간주의 요건

㉠ 변론기일의 불출석 또는 무변론일 것 : 변론기일은 첫 기일뿐만 아니라 속행기일을 포함한다. 항소심기일, 파기환송 후의 항소심 기일에도 적용된다.

㉡ 소장, 답변서 기타 준비서면의 제출 : 명칭에도 불구하고 실질적으로 준비서면인 것으로 인정되면 그 기재사항은 진술한 것으로 간주된다.

③ 진술간주의 효과

그가 제출한 소장, 답변서, 준비서면에 적혀 있는 사항을 진술한 것으로 보고 출석한 상대방에게 변론을 명할 수 있다(법 148조 1항). 동 규정에 의하면 변론기일에 한쪽 당사자가 불출석한 경우에 변론을 진행하느냐 기일을 연기하느냐는 법원의 재량에 속하나, 출석한 당사자만으로 변론을 진행할 때에는 반드시 불출석한 당사자가 제출한 소장, 답변서, 준비서면에 적혀 있는 사항을 진술한 것으로 보아야 한다(대판 2008. 5. 8. 2008다2690).

④ 사 안

첫 번째의 경우 을은 매수사실을 진술한 것으로 간주된다. 다만 이와 같이 매수사실을 자백하는 서면을 진술간주하면 재판상 자백인지 자백간주인지에 대해서는 견해가 대립하고 있지만 출석했어도 자백할 것이 분명하므로 재판상 자백으로 처리해야 한다. 즉 사례에서 법원은 자백에 따라서 사실을 인정해야 한다.

두 번째의 경우 즉 서면에 의한 인낙을 인정할 수 있는가 아니면 청구를 인낙하는 경우에는 변론에서의 출석진술을 요하는가에 견해가 대립하는데 기일출석의 노력, 시간, 비용을 면해주려는 진술간주제도의 취지나 소송경제 측면에서 볼 때 포기, 인낙의 구술진술이 요구된다는 것은 바람직하지 않다고 보아야 한다(다수설). 따라서 서면에 의한 청구인낙이 인정된다고 보며 법원은 1억원의 지급에 관한 인낙조서를 작성하고 소송을 종료하여야한다(법 220조).

4) 한쪽 당사자의 결석과 자백간주

사 례

피고가 준비서면도 제출하지 않고 변론기일에 결석하자 법원은 원고에게 변론을 명하고 심리를 종결한 후 매매사실에 관해 피고의 자백을 간주하여 원고승소판결을 선고했다. 이후 항소심에서 피고가 매매사실을 부인할 수 있는가?

가. 의 의

공시송달에 의하지 않은 적법한 기일통지를 받은 당사자가 답변서, 준비서면 등을 제출하지 않고 당해 변론기일에 출석하지 않은 경우에는 마치 출석한 당사자의 주장사실에 대하여 출석하여 명백히 다투지 않은 경우처럼 자백한 것으로 간주된다(법 150조 3항).

나. 불출석으로 인한 자백간주의 요건

① 불출석한 당사자가 상대방의 주장사실을 다투는 답변서, 기타 준비서면을 제출하지 않고,

② 당사자가 공시송달에 의하지 않은 적법한 기일통지를 받았음에도 불구하고 불출석한 경우이어야 한다.

③ 자백간주는 원·피고 쌍방에 적용된다.

다. 자백간주의 효과

자백간주의 효과로서 법원에 대한 구속력이 생겨 법원은 그 사실을 판결의

기초로 삼지 않으면 안된다. 그러나 재판상 자백과 달리 당사자에 대한 구속력이 생기지 않으므로 당사자는 자백 간주되어도 그 뒤 사실심에서 그 사실을 다툼으로서 자백간주의 효과를 번복할 수 있다.

라. 사 례

자백간주는 당사자에 대한 구속력이 없어 제1심에서 자백간주가 되었어도 항소심의 변론종결시까지 피고가 이를 다투(철회)면 자백간주의 효과가 배제된다. 따라서 피고는 자백의 취소사유(철회사유)를 주장 입증하지 않으면 피고는 자백에 반하는 사실을 제출할 수 없다.

2. 쟁점정리기일

(1) 의 의

쟁점정리라함은 법원과 당사자가 분쟁의 요점을 명확하게 가려내고 다툼이 있는 사실관계를 정리함으로써 입증의 대상을 특정 하는 것을 의미한다. 즉 원고의 소송물에 관한 실체법의 요건사실을 기준으로 하여 다툼이 없는 사실과 다툼이 있는 사실을 구별하여 다툼이 있는 사실에 관하여 증거조사, 특히 증인이 필요한 사실(쟁점)을 명확히 하는 것을 말한다.

(2) 절 차

1) 사전절차

가. 기일통지와 출석명령

보통의 기일통지는 당사자의 출석권을 보장하기 위한 것임에 비하여 출석명령은 법원이 당사자의 기일출석이 반드시 필요하다고 판단하여 당사자에게 출석의무를 부과하는 것이다.

나. 기일진행시간

기일의 지정은 다른 사건과 시차를 두고 소환하는 방식을 취하며 가능한 시간대를 세분화하여 재판부의 시간 손실을 최소화하기 위하여 30분단위로 2~3건을 진행하게 된다.

다. 이해관계인의 대동

당사자는 꼭 필요한 경우에는 이해관계인을 대동하여 당사자와의 관계, 당해 사건에서의 이해관계 등 참석의 필요성을 설명하여 기일을 진행할 수 있다(법 282조 3항).

2) 당사자 주장의 정리

재판장은 쟁점정리 기일이 시작되면 당사자 본인을 호명하여 당사자 본인의 출석여부를 확인한 다음 이전에 제출한 소장, 답변서, 준비서면 등을 진술하게 한다. 이후 재판장은 구체적인 쟁점을 정리해 나가면서 다툼이 있는 사실과 없는 사실을 확인해 나간다. 다툼이 있는 사실 즉 증거조사에 의해 증명될 사실을 당사자와 사이에 명확하게 확인하기 위해 구체적 쟁점에 관하여 당사자 본인들의 진술을 듣는다. 재판장은 쟁점을 정리한 다음 더 이상 주장할 사실이 있는지 여부를 확인한다.

3) 증거정리

쟁점정리기일에는 당사자의 주장과 함께 증거관계를 정리하는 것을 목표로 하므로 증인신문(집중증거조사)을 제외한 나머지 증거방법에 대한 증거조사를 완료하는 것을 원칙으로 한다.

가. 증거조사

사실조회, 검증, 감정신청은 쟁점정리기일 전에 이루어지고 특별한 사정이 없는 한 신청 직후 채부를 결정하여 시행하는 것이 원칙이므로 쟁점정리기일에는 법원에 도착한 사실조회, 검증 또는 감정결과에 대한 의견진술의 기회를 갖게 된다. 즉 증거조사결과 이익이 되는 경우 원용하겠다라고 답할 수 있고 결과를 수용할 수 없는 경우에는 재신청을 요구할 수 있다.

나. 증인신문신청

집중증거조사기일에서 일괄하여 증인신문을 하게 되는데 이를 위하여 증인신문 신청도 일괄하여 신청하도록 하여야 하며 재판장은 쟁점정리기일에 신청된 증인에 대한 채부를 일괄하여 결정, 고지한다. 즉 증인의 채부결정과 함께 개별증인별로 입증취지, 증인과 당사자의 관계 등을 고려하여 ㉠ 증인진술서 방식, ㉡ 증인신문사항제출방식, ㉢ 서면에 의한 증언방식 중 하나의 증인조사방식을 선택하여 고지한다.

다. 증거신청

쟁점정리기일(준비절차기일 또는 제1회 변론기일)에서 쌍방의 주장과 함께 증거관계에 대한 정리를 마쳐야 하므로 그 이전에 인증에 대한 조사(증인신문 및 당사자신문)를 제외한 모든 증거신청 및 증거자료의 현출이 완료되는 것이 원칙이다. 그러나 실무상 쟁점정리기일(첫 기일)에서 쟁점과 증거의 문제가 현실로 제기된다는 점에서 첫 변론기일 이후에 증거 신청하는 것이 실무상 현실이다.

3. 집중증거조사기일

(1) 의 의

집중증거조사기일은 당사자의 주장과 증거를 정리한 다음에 증인 및 당사자 신문을 집중적으로 실시하는 기일을 말한다. 즉 주로 증인신문을 위하여 운영되는 기일로서 증인신문기일에 들어가는 사건은 사건번호와 관계없이 주장과 증거관계에 관한 정리가 완료되는 순서로 지정하게 된다.

(2) 절 차

1) 집중증거조사기일에서는 증인 전원을 하나의 기일에 집중하여 신문하는 것을 원칙으로 한다. 증인의 수나 신문사항에 비추어 그 심리에 2일 이상이 소요되는 경우에는 연속하는 기일에 계속하여 변론을 진행하여야 하며 법정사정이나 불출석 증인의 소환 등의 문제로 연속하는 기일에 변론을 진행할 수 없는 사정이 있는 경우에도 가능한 최단 기일 내의 날짜로 지정한다. 또한 집중증거조사기일에서는 단위 사건별 증인신문 소요시간이 상당히 길어질 것으로 예상되므로 사건별로 보다 세분화된 시간단위로 시차제소환을 하고 있다. 현재의 오후 2시, 4시와 같은 지정방식을 30분 단위 또는 1시간 단위로 보다 세분화하여 지정하되 당사자나 증인 등의 불출석이나 출석지연으로 인한 재판부의 시간 낭비를 줄이기 위하여 1시간 단위로 2건 정도를 동시에 지정하는 방안으로 운용되고 있다.

2) 쟁점정리기일을 준비절차기일 방식으로 진행한 사건에서는 집중증거조사기일이 동시에 제1회 변론기일을 겸하게 되므로 준비절차결과의 변론상정 및 증거결정과 마치지 못한 다른 증거에 대한 증거절차를 마친 후의 증인신문을 실시하게 된다.

(3) 증인신문(제3절 증거. Ⅲ. 증인신문. 참조)

4. 기 간

(1) 의 의

기간은 소송행위 등을 하여야 할 일정한 시점으로부터 다른 시점까지의 시간적 공간을 말한다.

(2) 종 류

1) 행위기간과 유예기간

① 행위기간이란 특정행위를 해야 하고 그 후에는 행위 할 수 없도록 한 기간으로서 소송을 신속하고 명확하게 하기 위한 것이다(답변서 제출기간, 공격방어방법제출기간, 상소기간, 재심기간 등). ② 유예기간이란 특정 행위를 할지에 대하여 유예를 두는 기간으로서 당사자에게 숙고하고 준비할 기회를 주려는 것이다(예를 들면 첫 공시송달은 공시송달을 실시한 날부터 2주가 지나야 효력이 생긴다 등).

2) 법정기간과 재정기간

① 법정기간이란 법률에 의하여 정해진 기간으로서 답변서제출기간, 상소기간, 재심기간등이 있다. ② 재정기간이란 재판에 의하여 정해진 기간으로서 능력보정기간, 소장보정기간, 공격·방어방법제출기간등이 있다.

3) 불변기간과 통상기간

① 불변기간이란 법률이 불변기간으로 한다라고 규정한 기간으로서 늘이고 줄일 수 없는 기간을 말한다(상소기간, 재심기간, 화해권고결정에 대한 이의신청기간 등). ② 그 밖의 기간이 통상기간이다.

(3) 기간의 계산

1) 기간의 계산은 민법에 따른다(법 170조). 즉 시, 분, 초로 정한 기간은 즉시로부터 기산하여 소정의 시간이 만료된 때를 종기로 한다(민 156조). 일, 주, 월 또는 연으로 정한 기간은 초일 불산입의 원칙에 따라 초일의 다음날부터 기산한다(민 157조). 예컨대 소장의 보정기간은 보정명령 송달일의 다음날부터 항소기간은 판결송달일의 다음날부터 기산한다. 다만 기간이 당일 오전 영시부터 시작하는 경우에는 초일을 산입하므로 판결 등 재판서의 정본이 송달불능 되어 공시송달을 한 경우에는 공시송달을 실시한 다음날부터 기산하여 2주일이 지난 다음날의 영시에 송달의 효력이 발생하므로 이에 대한 상소기간은 초일을 산입하여 기산한다.

2) 기간의 종기는 소정 기간 말일의 종료시가 된다(민 160조). 기간을 주, 월, 연으로 정한 때에는 역(曆)에 의하여 계산하여야 하므로 최후의 주, 월, 연에서 그 기산일에 해당하는 널의 진일로 기간이 만료한다. 예컨대 3월 15일을 기산일로 하여 6개월이라고 하는 때에는 최후의 월인 9월에서 그 기산일에 해당하는 날인 15일의 전날 즉 14일이 기간의 말일이 된다. 기간의 말일이 공휴일에 해당한 때에는 기간은 그 익일로 만료한다(민 161조).

(4) 기간의 진행

기간을 정하는 재판에 시작되는 때를 정하지 아니한 경우에 그 기간은 재판의 효력이 생긴 때부터 진행한다(법 171조). 소송절차의 중단 또는 중지는 기간의 진행을 정지시키며 소송절차의 수계사실을 통지한 때 또는 소송절차를 다시진행한 때부터 전체기간이 새로이 진행된다(법 247조).

(5) 기간의 신축

기간은 당사자 기타 소송관계인이 특정의 소송행위를 하거나 기일에 있어서 소송행위의 준비를 하기 위한 시간이므로 그 길이가 부적당하다면 법정기간인가 재정기간인가를 묻지 아니하고 법원이 이를 늘이거나 줄일 수 있다(법 172조). 그러나 불변기간은 주로 재판에 대한 불복신청기간으로서 사건처리의 신속, 명확을 기하기 위하여 일정하게 할 필요가 있으므로 그에 대한 신축은 허용되지 않고 다만 법원소재지로부터 주소 또는 거소가 멀리 떨어진 곳에 있는 사람을 위하여 부가기간을 정할 수 있다. 법원이 부가기간을 정하면 원래의 기간과 일체가 되어 합한 전 기간이 불변기간이 된다.

(6) 불변기간의 추후보완

1) 의 의

불변기간의 해태의 경우 소권상실, 판결확정 등 불이익을 입게 되므로 그 불이익을 구제하기 위해 당사자가 책임질 수 없는 사유로 말미암아 불변기간을 지킬 수 없었던 경우에는 그 사유가 없어진 날부터 2주 이내에 게을리 한 소송행위를 보완할 수 있는 소송행위의 추후보완 제도를 마련하고 있다(법 173조).

2) 요 건

가. 대 상

불변기간에 한한다. 따라서 통상기간은 추완대상이 아니다. 다만 법률로 불변기간으로 되어 있지는 않은 상고이유서제출기간, 재항고이유서제출기간을 도과한 경우에 판례는 추후보완을 인정하지 않는다.

나. 사 유

당사자가 책임질 수 없는 사유로 불변기간을 지킬 수 없었던 경우여야 한다.

관련판례

① 법원 무권대리인의 잘못이 있는 경우(대판 1996. 5. 31. 94다55774), 우편집배원이 원고의 마을사람에게 주었는데 원고에게 전달되지 않은 경우에는 추후보완을 긍정했다(대결 1962. 2. 8. 4293민상397).

② 소송대리인(유권대리인)이 판결정본의 송달을 받고도 당사자에게 그 사실을 알려주지 아니하여 기간을 지키지 못한 경우처럼 그 책임이 소송대리인에게 있는 이상 본인에게 과실이 없다 하더라도 추후보완은 허용되지 않으며(대판 1984. 6. 14. 84다카744) 그 대리인의 보조인에게 과실이 있는 경우에도 마찬가지이다(대판 1999. 6. 11. 99다9622). 여행이나 지방출장, 질병치료를 위한 출타 중에도 가족에게 송달된 이상 기간을 지키지 못한 경우에도 추후보완을 부정했다.

3) 절 차

가. 추후보완기간

추후보완은 그 장애사유가 없어진 때부터 2주일 내에 하여야 한다.

나. 추후보완신청

추후보완할 수 있는 자는 그 사유가 있는 자에 한하며 해태된 소송행위를 본래의 방식으로 하면 된다. 예를 들면 항소제기를 추후보완하려면 항소장을 제출한다.

4) 심 판

추후보완신청이 있으면 법원은 해태된 소송행위의 당부판단을 하고 추후보완신청이 이유 없으면 신청을 부적법 각하한다.

5) 효 력

추후보완행위를 하는 것만으로는 불변기간 도과에 따른 판결의 형식적 확정력이 해소되지 않는다. 즉 추후보완행위가 상소라도 그 불복을 신청한 판결의 집행력, 기판력에 아무런 영향이 없다 따라서 상소추후보완의 경우 확정판결의 집행을 저지하려면 제55조에 의한 별도의 집행정지결정을 요한다.

V. 송 달

시 례

원고가 피고를 상대로 대여금청구의 소를 제기하였다. 이후 피고는 변론기일에 출석하여 지난 변론기일에 불출석한 이유는 자신이 부재중인 동안 집으로 송달된 소장 및 변론기일통지서를 아들(만 15세 고등학교 1학년)이 수령하고 이 사실을 자신에게 전달하지 않아 발생한 것이므로 송달이 무효라고 주장하였다?

1. 의 의

송달이란 법원이 당사자 기타 소송관계인에게 소송서류(소장, 상소장, 판결정본 등)를 법정의 방식에 따라 교부하여 그 내용을 알 수 있게 하는 통지행위이다. 송달도 재판권 행사이므로 재판권이 면제되는 치외법권자에 대해서는 임의 수령하지 않는 한 송달할 수 없고 송달은 이 법에 특별한 규정이 없으면 법원이 직권으로 하는 것이 원칙이다.

2. 송달서류

송달은 특별한 규정이 없으면 송달받을 사람에게(원본이 아니라) 서류의 등본 또는 부본을 교부하여야 한다(법 178조 1항). 다만 기일통지서, 출석요구서는 원본을 판결은 정본을 송달한다. 송달할 서류를 법원에 제출할 경우에는 송달에 필요한 수만큼의 부본(법원용1부+상대방수)을 제출하여야 한다(규칙 48조).

3. 송달받을 사람

(1) 법정대리인

1) 소송무능력자에게 할 송달은 그의 법정대리인에게 한다(법 179조). 단체에게 할 송달도 법정대리에 준해 대표자에게 한다(법 64조). 이 경우에 송달은 받을 사람의 주소, 거소, 영업소 또는 사무소에서 한다(법 183조).

2) 국가소송에 있어서 국가에 대한 송달은 수소법원에 대응하는 검찰청(수소법원이 지방법원지원인 경우에는 지방검찰청을 말한다)의 장에게 한다. 다만 고등검찰청 소재지의 지방법원에 소가 제기된 경우에는 그 소재지 고등검찰청의 장에게 송달한다. 소송수행자 또는 소송대리인이 있는 경우에는 소송수행자 또는 소송대리인에게 송달한다.

(2) 소송대리인

1) 송달받을 당사자가 소송을 위임한 경우에는 소송대리인이 송달받을 사람이다. 그러나 소송대리인이 있는 경우에도 당사자 본인에게 한 서류의 송달은 적절하지는 않지만 유효하다(대판 1970. 6. 5. 70마325).

2) 여러 사람이 공동으로 소송대리권을 행사하는 경우의 송달은 그 가운데 한 사람에게 하면 된다(법 180조). 다만 공동대리인들이 송달을 받을 대리인 한 사람을 지정하여 신고한 때에는 지정된 대리인에게 송달하여야 한다(규칙 49조).

(3) 법규상 송달수령권이 있는 사람

교도소, 구치소 또는 국가경찰관서의 유치장에 체포, 구속 또는 유치된 사람에게 할 송달은 교도소 구치소 또는 국가 경찰관서의 장에게 한다(법 182조).

(4) 신고 된 송달수령인

당사자 법정대리인 또는 소송대리인은 주소 등 외의 장소를 송달받을 장소로 정하여 법원에 신고 할 수 있다. 이 경우에는 송달영수인을 정하여 신고할 수 있다(법 184조).

4. 송달실시방법

(1) 교부송달

1) 의 의

송달은 특별한 규정이 없으면 송달받을 사람에게 서류의 등본 또는 부본을 교부하여야 한다(법 178조 1항). 이를 교부송달원칙이라고 한다.

2) 수소 등에서의 교부송달

송달을 받을 사람의 주소, 거소, 영업소 또는 사무소에서 한다. 법정대리인 대표자에게 송달할 때에도 법정대리인 대표자의 주소, 거소에서 한다.

3) 근무지에서의 교부송달

주소 등의 장소를 알지 못하거나 그 장소에서 송달할 수 없는 때에는 송달받을 사람이 고용, 위임 그 밖에 법률상 행위로 취업하고 있는 다른 사람의 주소 등에서 송달할 수 있다.

4) 출회송달

송달받을 사람의 주소 등 또는 근무 장소가 국내에 없거나 알 수 없는 때에는 그를 만나는 장소에서 송달할 수 있다(법 183조).

(2) 보충송달

1) 의 의

송달장소에서 송달 받을 자를 만나지 못한 경우에 다른 사람에게 대신 송달하는 것이다.

2) 주소 등에서의 보충송달

① 근무장소 외의 송달할 장소(주소 등)에서 송달받을 사람을 만나지 못한 때에는 그 사무원 피용자 또는 동거인으로서 사리를 분별할 지능이 있는 사람에게 서류를 교부할 수 있다(법 186조 1항). 사무원 또는 동거인에게 교부된 때 송달의 효력이 발생하고 송달받은 자에게 교부되었는지 묻지 않는다(대판 1984. 6. 26. 84누405).

② 이때 동거인이란 송달받을 사람과 같은 세대에 속하여 생계를 같이 하는 사람을 말한다(대결 2000. 2. 14. 2000마5732). 따라서 사례의 경우 아들은 사리를 분별할 지능이 있는 사람이고 같은 세대에 속하여 생계를 같이 하는 사람이므로 피고의 부재중에 보충송달을 받을 수 있는 동거인에 해당되므로 피고에게 교부되었는지 여부를 묻지 않고 송달은 유효하므로 피고의 주장은 부당하다.

③ 사무원, 피용자란 반드시 송달받을 사람과 고용관계에 있어야 하는 것은 아니고 평소 본인을 위하여 사무 등을 보조하는 자이면 충분하다(대판 2010. 10. 14. 2010다48455). 합동법률사무소의 사무원은 소속변호사 전원을 위한 사무원이므로 피용자에 해당한다.

3) 근무장소에서의 보충송달

근무장소에서 송달받을 사람을 만나지 못한 때에는 사용자 또는 사용자의 법정대리인이나 피용자 그 밖의 종업원으로서 사리를 분별할 지능이 있는 사람이 서류의 수령을 거부하지 아니하면 그에게 서류를 교부할 수 있다(법 186조 2항).

(3) 유치송달

서류를 송달받을 사람 또는 주소 등에서의 보충송달의 규정에 의하여 서류를 넘겨받을 사람이 정당한 사유 없이 송달받기를 거부하는 때에는 송달할 장소에 서류를 놓아둘 수 있다(법 186조 3항).

(4) 등기우편에 의한 발송송달

보충, 유치송달 규정에 따라 송달할 수 없는 때에는 법원사무관등은 서류를 등기우편 등 대법원규칙이 정하는 방법으로 발송할 수 있다(법 187조). 또 주소변경신고를 하지 아니한 사람에게 송달할 서류는 달리 송달할 장소를 알 수 없는 경우 종전에 송달받던 장소에 대법원규칙이 정하는 방법으로 발송할 수 있다. 법원사무관등이 소송서류를 등기우편의 방법으로 발송하면 되는 송달로서 발송한 때에 송달된 것으로 본다.

(5) 민사소송상 특례

1) 간이통지방법에 의한 송달 등

가. 간이 통지방법에 송달

법원은 대법원규칙이 정하는 간이 한 방법에 따라 기일을 통지할 수 있다. 이 경우 기일에 출석하지 아니한 당사자, 증인 또는 감정인 등에 대하여 법률상의 제재, 그 밖에 기일을 게을리 함에 따른 불이익을 줄 수 없다. 기일의 간이통지는 전화, 팩시밀리, 보통우편, 또는 전자우편으로 하거나 그 밖에 상당하다고 인정되는 방법으로 할 수 있다(규칙 45조). 이는 우편집배원이 아닌 법원사무관이 행한다.

나. 전자송달

법원사무관등은 전산정보처리시스템에 의하여 전자적으로 송달하거나 통지할 수 있다. 이때 송달은 법원사무관등이 송달할 전자문서를 전산정보처리시스템에 등재하고 그 사실을 송달받을 자에게 전자적으로 통지하는 방법으로 한다. 송달 받은 자가 등재된 전자문서를 확인한 때에 송달된 것으로 본다.

2) 민사소송규칙의 송달특례

가. 변호사인 소송대리인에 대한 송달

변호사인 소송대리인에 대한 송달은 법원사무관등이 전화, 팩시밀리, 전자우편 또는 휴대전화 문자전송을 이용하여 할 수 있다.

나. 변호사 사이에서의 직접송달

양쪽 당사자가 변호사를 소송대리인으로 선임한 경우 한쪽 변호사가 다른 쪽 변호사에게 송달될 서류의 부본을 교부하거나 팩시밀리 또는 전자우편으로 보내고 그 사실을 법원에 증명한 때에는 송달의 효력이 있다(규칙 47조).

5. 주소보정

소장의 부본을 송달할 수 없는 경우에는 재판장은 상당한 기간을 정하여 보정할 것을 명하고 기간 내에 이를 보정하지 아니하는 때에는 소장을 각하하도록 되어 있다(법 255조 2항). 각하 명령에 대하여는 즉시항고할 수 있으나 각하 명령이 송달 된 이후에 주소를 보정하는 것은 즉시항고 사유가 되지 아니한다.

항소장의 부본을 송달할 수 없는 경우에는 항소심 재판장은 항소인에게 상당한 기간을 정하여 그 기간 내에 흠을 보정하도록 명하여야 하고 위 기간 내에 흠을 보정하지 아니한 때에는 항소심 재판장은 명령으로 항소장을 각하하여야 하고 이는 상고심에도 준용되며 상소장이 각하되는 경우 원심 재판이 확정되므로 특히 유의하여야 한다.

[송달불능시의 주소보정 방법]

송달불능사유	불능의 원인	주소보정 방법
수취인 부재	송달받을 본인이 장기여행 중이거나 군입대, 교도소 수감 등으로 송달을 받을 수 없는 경우	여행지나 군부대, 교도소의 주소를 알아내어 보정신고
폐문 부재	문을 잠그고 아무도 집에 없는 경우	같은 장소로 재송달을 신청하거나 집행관에 의한 주간 또는 야간 특별송달을 신청
수취인 불명	송달장소에서 송달받을 사람을 전혀 찾을 수 없는 경우	새로운 송달장소를 알아내 보정→불가능시 공시송달 신청
주소 불명	번지 기재가 누락되거나 아파트의 동·호수를 기재하지 않은 등으로 송달장소를 찾을 수 없는 경우	정확한 주소를 알아내 보정신고

이사 불명	송달받을 사람이 이사하였으나 그 이사한 곳을 알 수 없는 경우	새로운 송달장소를 알아내 보정→불가능시 공시송달 신청

6. 공시송달

(1) 의 의

당사자의 주소 또는 근무장소를 알 수 없어 통상의 송달이 불가능한 경우 법원사무관등이 송달서류를 보관하고 그 사유를 법원게시판에 게시하거나 관보, 공보, 신문게재하거나 인터넷 등 전자통신매체를 이용하여 공시하는 송달방법이다(법 194조 1항). 실무상 통상의 송달방법으로 송달을 받던 자가 뒤에 행방불명되어 송달불능에 이른 때 직권으로 공시송달을 명하는 것이 보통이다.

(2) 요 긴

1) 당사자의 주소 등 또는 근무장소를 알 수 없는 경우(따라서 주소를 알 수 있지만 폐문부재의 경우는 공시송달 불가) 또는 외국에서 하여야 할 송달에 관하여 규정에 따를 수 없거나 이에 따라도 효력이 없을 것으로 인정되는 경우에 재판장은 직권으로 또는 당사자의 신청에 따라 공시송달을 명할 수 있다(법 194조 1항). 즉 피고가 그 주소지에 주민등록전입만 해놓고 실제 살고 있지 않거나, 피고가 행방불명되어 살만한 곳을 알아내지 못한 경우, 주민등록이 직권말소 되어 주소를 찾을 수 없는 경우, 외국 거주자의 경우에 촉탁송달을 하기가 어려운 것으로 인정되는 때 등 모든 수단으로 피고의 주소나 거소 기타 송달할 장소를 알아내지 못한 경우 마지막으로 하는 송달방법이다.

2) 공시송달은 주소보정이나 재송달신청 또는 특별송달신청의 방법에 의한 보정이 불가능한 경우에 신청한다. 따라서 수취인부재, 수취인거절의 사유 등으로 송달이 안되어 보정명령이 내려진 경우는 공시송달허가 신청을 할 수 없다고 보아야 한다.

(3) 절 차

1) 공시송달신청

① 피고의 주민등록초본

주민등록초본은 아무나 떼어 주는 것은 아니지만, 원고가 소제기증명원이나 주소보정명령서를 가지고 동사무소나 읍사무소에 가면 피고의 주민등록초본을 교부받을 수 있다. 만약 주민등록이 말소되었을 경우에는 말소자주민등록초본(3개월 이내에 발급된 것)을 발부받아 첨부하면 되는데, 말소자주민등록초본에 의하여 공시송달을 실시하는 경우에는 아래와 같은 통·반장의 불거주확인서가 없어도 가능하다.

② 통·반장의 불거주확인서 및 재직증명서 사본을 첨부

피고의 주민등록초본상에 나와 있는 최후 주소지의 통·반장을 찾아가 불거주확인서를 발급받고, 통·반장의 재직증명서 사본을 교부받아 첨부하여야 한다. 만약 통·반장이 불거주확인서를 발급하여 주지 아니할 경우에는 이를 강요할 방법이 없으므로, 인근거주자(세입자 또는 집주인 등)의 불거주확인서를 첨부하여 공시송달을 신청하는 수밖에 없다.

③ 가사소송의 경우에는 공시송달

가사소송의 경우에 공시송달을 실시하려면, 법원에서는 다음과 같은 서류를 요구하고 있다. 즉, ㉠ 피고의 말소된 주민등록등·초본, ㉡ 피고의 친족(부모, 형제자매)이 작성한 피고에 대한 소재불명확인서 및 그 작성자의 인감증명과 가족관계증명서, ㉢ 위 소재불명확인서를 받을 수 없을 때에는 원고가 작성한 사유서 및 피고의 부모나 형제자매의 가족관계증명서와 주민등록등본이 다. 그러나 이러한 서류들을 갖추기가 힘들기 때문에, 보통은 원고가 작성한 소재불명확인서와 통·반장의 불거주확인서 및 재직증명서를 첨부하여 공시송달을 신청하고 있는 것이 실무이다.

④ 공시송달신청서를 작성하고, 위 첨부서류를 첨부한 후 법원에 제출한다

공시송달을 신청하려면 공시송달신청서를 작성하고, 이에 피고의 주민등록초본과 그 주민등록지의 통·반장의 불거주확인서 및 재직증명서 사본을 각 1통씩 첨부하여 법원에 제출하면 된다(단, 가사소송의 경우에는 위 ③항에서 언급

한 바와 같다).

2) 재 판

① 원고가 공시송달신청을 한 때에는 법원은 공시송달 요건에 해당하는지를 검토한 후 소명이 부족한 경우에는 보정권고 또는 업무 연락 등을 통하여 원고에게 소명자료 등을 보정할 석을 권고하고 만일 요건에 해당한다고 판단되면 즉시 사건기록과 함께 재판장에게 보고하여 공시송달결정을 진행한다.

② 요건에 대한 소명자료를 불거주확인서와 주민등록등본 또는 주민등록말소자초본등으로 실무상 제한하는 경향이 종래에 있었으나 불거주확인서는 현실적으로 그 제출을 강제하기 어려우며, 주민등록말소자초본 또한 주민등록법상의 직권말소절차를 거쳐야 하므로 그 절차가 까다롭다는 문제점이 있어서 법원은 집행관 또는 법정경위가 실시한 특별송달 송달통지서에 송달불능사유가 구체적으로 적혀져 있는 경우에는 이를 공시송달의 소명자료로 활용하고 있다.

③ 재판장은 직권으로 또는 당사자의 신청에 따라 공시송달을 명할 수 있다(법 194조 1항). 재판형식은 명령이며, 기각한 결정이나 명령에 불복하면 항고 할 수 있다(법 439조).

3) 공시송달방법

법원사무관등이 송달서류를 보관하고 그 사유를 법원게시판에 게시하거나, 관보, 공보, 신문게재하거나, 인터넷 등 전자통신매체를 이용하여 공시한다(규칙 54조). 현재는 대법원 홈페이지에 공시하고 있다.

(4) 효 과

1) 첫 공시송달은 게시한 날부터 2주가 지나야 효력이 생긴다. 다만 같은 당사자에게 하는 그 뒤의 공시송달은 실시한 다음 날부터 효력이 생긴다(법 196조 1항). 외국에서 할 송달에 대한 공시송달은 2개월로 한다(법 196조 2항). 따라서 이후의 공시송달은 게시판 게시한 다음날 송달의 효력이 발생하나, 이미 판결선고 이전 변론기일을 공시송달로 진행한 경우 판결정본에 대한 공시송달의 효력은 게시한 다음날 효력이 발생하여 이로서 14일이 경과하여야

판결이 확정된다. 또한 공시송달의 효력은 해당일 0시에 발생하는 것이므로 초일을 산입하여 기간을 계산한다.

2) 공시송달 받은 사람에게는 불출석 한 경우에도 불출석자백간주, 소취하간주 규정이 적용되지 않고, 30일 안에 답변서를 제출할 의무도 없으므로 답변서 부제출에 의해 자백간주 규정도 적용되지 않는다. 공시송달사건은 변론준비절차를 거칠 필요가 없으며, 화해권고결정 및 이행권고결정, 지급명령신청, 증인감정인데 대한 소환장의 송달, 제3채무자에 대한 진술최고 등은 공시송달에 의할 수 없다.

[서식 36] 공시송달 허가신청서

공시송달 허가신청서

사 건 20○○가단 1234호 손해배상

원 고 이 ○ ○

피 고 김 ○ ○

위 당사자간 귀원 20○○가단 1234호 손해배상 청구사건에 관하여 원고는 피고 김 ○ ○에 대한 보정명령을 받고, 2회에 걸쳐 특별송달을 하였으나 모두 "폐문부재"로 송달불능되었는 바, 실제 거주지를 확인할 방법이 없으므로 부득이 공시송달방법에 의한 송달을 허가하여 주시기 바랍니다.

첨 부 서 류

1. 주민등록등(초)본 1통
2. 사유서 1통

20○○. ○. ○.

위 원 고 이 ○ ○ (인)

의정부지방법원 귀중

■ 작성·접수방법

1. 인지 및 송달료 등 비용은 없다.
2. 신청서 1통을 진행중인 법원에 제출한다. 보통 법원에 의한 주소보정명령이 오면 공시송달허가신청서에 주소불명자료인 말소된 주민등록등(초)본을 첨부하거나 또는 집행관에 의한 특별송달이 이사불명, 수취인불명등으로 불능이 된 경우 최근의 주민등록초본을 첨부하여 신청한다.

[첨부서류] 불거주확인서

불거주확인서

대 상 자 이 ○ ○
대구광역시 북구 ○동 ○○○

본인은 위 불거주 확인대상자의 주소지에 거주하고 있는 바, 위의 자는 위 주소지에 거주하고 있지 않음을 확인합니다. 만일 이 사실과 다를시 법의 엄중한 책임을 질것을 각오 합니다.

첨 부 서 류

1. 인감증명서 또는 주민등록등본(통장위촉장) 1통

20○○. ○. ○.

위 확인자 김 ○ ○(720221-1012345)

대구광역시 북구 ○○동 ○○○

■ 작성·접수방법

불거주확인서는 불거주자(피고)의 주소지 통반장 또는 피고의 친족이나 피고주소지 거주 주민 등의 확인을 받는 것이다.

[서식 37] 공시송달 허가신청서

공시송달 허가신청서

사　　건　20○○가단1234호　대여금
원　　고　김○○
피　　고　이○○

위 당사자간 귀원 20○○가단1234호 대여금 청구 사건에 관하여, 그간 피고에 대한 소장의 부본 및 기타의 서류의 송달이 불능이 되었는 바, 통상의 방법으로는 피고에게 송달 할 방법을 알지 못하여 공시송달하여 주실 것을 신청합니다.

첨 부 서 류

1. 주민등록등(초)본　　1통
2. 통장의 불거주확인서　　1통
3. 통장의 재직증명서 사본　　1통

20○○. ○. ○.

위 원 고 김 ○ ○ (인)

서울중앙지방법원 귀중

■ 작성·접수방법

1. 인지 및 송달료 등 비용은 없다.
2. 신청서 1통을 진행중인 법원에 제출한다. 보통 법원에 의한 주소보정명령이 오면 공시송달허가신청서에 주소불명자료인 말소된 주민등록등(초)본을 첨부하거나 또는 집행관에 의한 특별송달이 이사불명, 수취인불명등으로 불능이 된 경우 최근의 주민등록초본을 첨부하여 신청한다.

[첨부서류] 불거주확인서

불거주확인서

성 명 이 ○ ○ (7604○○-1012345)

최 후 주 소 ○○시 ○○구 ○○동 ○가 ○○○

위 사람은 위 최후 주소지에 20○○. ○. ○. 전입신고하여 주민등록이 되어 있으나, 현재 위 최후 주소지에 거주하고 있지 아니하며 그 새로운 주소지도 알 수 없는 상태에 있음을 확인합니다.

20○○. ○. ○.

위 확인자 박 ○ ○ (인)

주 소 ○○시 ○○구 ○○동 ○○

직　　위 3통장

■ 작성·접수방법

불거주확인서는 불거주자(피고)의 주소지 통반장 또는 피고의 친족이나 피고주소지 거주 주민 등의 확인을 받는 것이다.

7. 송달의 하자

(1) 의　의

송달이 법정 방식에 위반한 경우 예컨대 송달받을 사람이 아닌 자에게 송달, 수령권자가 아닌 자에게 송달, 송달장소 아닌 곳에서 송달, 송달방법 위반 등을 말한다. 이러한 송달의 하자가 있는 경우에는 송달은 원칙적으로 무효이다. 다만 ① 공시송달은 명령이라는 재판형식으로 이루어지므로 요건에 흠이 있어도 유효이고 ② 우편송달통지서에 집배원의 날인이 없는 경우에도 유효이며, ③ 수령권자가 아닌 자가 교부 받았어도 동거자나 본인에게 전달한 경우에도 유효하다.

(2) 무효인 경우에 하자의 치유

① 추인으로 하자가 치유될 수도 있다. ② 송달규정은 절차규정이고 대부분의 송달규정은 임의규정이므로 이의권의 포기, 상실에 의해 하자가 치유된다. 그러나 상소기간과 같은 불변기간은 강행규정이다 따라서 그 불변기간의 기산점이 되는 판결정본 송달 규정도 역시 강행규정이다. 그 결과 판결정본 송달의 하자는 이의권포기, 상실에 의하여 하자가 치유되지 않는다.

Ⅵ. 소송절차의 정지

1. 총 설

소송절차의 정지라 함은 소송이 계속된 후 그 종료 전에 소송절차가 법률상 진행되지 않는 상태를 말한다. 그 사유는 법률에 개별적으로 규정되어 있으며 따라서 기일의 미지정, 판결선고의 지연 등으로 소송절차가 사실상 정지된 경우와 구별된다.

당사자 일방이 사망, 소송능력 상실, 파산선고 등의 사유가 생겨 소송해위를 하는 것이 불가능하게 되었음에도 불구하고 소송절차를 계속 진행시키는 것은 쌍방심문주의에 반하므로 절차를 정지하는 것이다.

2. 소송절차의 중단

(1) 의 의

중단이라 함은 당사자나 소송수행자에게 소송수행이 불가능한 사유가 생겼을 때 새로운 당사자나 소송수행자가 나타나 소송을 수행할 때까지 법률상 당연히 절차의 진행이 정지되는 것을 말한다.

(2) 중단사유

1) 소송 중 당사자가 사망한 경우(법 233조)

2) 소송 중 법인의 합병이나 분할로 권리의무가 승계된 경우(법 234조)

3) 소송중 당사자가 소송능력을 잃은 때, 법정대리인이 숙거나 대리권을 잃은 때(법 235조)

4) 신탁재산에 대한 수탁자의 임무가 끝난 경우(법 236조)

5) 소송 중 소송담당자의 자격상실 또는 선정당사자전원의 자격상실의 경우(법 237조)

6) 당사자의 파산(법 239조), 파산재단에 관한 소송에 있어서의 파산절차의 해지(법 240조)

(3) 중단의 해소

소송절차의 중단은 당사자의 수계신청 또는 법원의 속행명령에 의하여 해소되는데 해소되면 소송절차가 다시 진행된다.

[서식 38] 소송절차 수계신청서(피고 사망에 따른 상속인의 수계신청)

소송절차 수계 신청서

사　　건　　20○○가합 1234호　소유권이전등기
원　　고　　김 ○ ○
피　　고　　이 ○ ○
피신청인　　이 △ △(680123-2012345)
　　　　　　서울시 ○○구 ○○동 ○○

위 사건에 관하여 피고가 20○○. ○. ○. 사망하여 소송절차가 중단되었으나, 피신청인이 피고의 재산을 단독으로 상속하였으므로 피신청인으로 하여금 소송절차를 수계하도록 하여 주시기 바랍니다.

첨부서류(소명자료)

1. 기본증명서　　1통
1. 가족관계증명서　　1통
1. 친양자입양관계증명서　　1통
1. 제적등본　　1통

20○○.　○.　○.

원고의 소송대리인

변호사 ○ ○ ○

서울○○지방법원 제○○민사부 귀중

■ 작성·접수방법

1. 당사자가 사망한 때(법 233조) 상속인, 수증자, 유언집행자, 상속재산관리인 등이 승계인이 된다.
2. 신청서 1부와 상대방 수 부본을 사건 재판부에 제출하고 신청인이 당사자의 상속인 등 이라는 사실을 입증하는 자료를 첨부서류로 같이 제출한다.
3. 인지등 별도의 비용을 첩부하지 않는다.

3. 소송절차의 중지

(1) 의 의

중지라 함은 법원이나 당사자에게 소송을 진행할 수 없는 사유가 생겼거나 진행에 부적당한 사유가 생겼을 때 법률상 당연히 또는 법원의 결정에 의하여 절차의 진행이 정지되는 것을 말한다. 당사자 또는 소송수행자의 교체가 없다는 점에서 중단과 다르다.

(2) 당연중지

천재지변, 그 밖의 사고로 법원이 직무를 수행할 수 없을 경우에 소송절차는 그 사고가 소멸될 때까지 중지된다(법 245조). 이때에는 따로 결정의 필요가 없으며 중지는 당연히 발생하고 직무집행 불능상태가 소멸함과 동시에 중지도 해소된다.

(3) 재판에 의한 중지

법원은 직무를 행할 수 있으나 당사자가 일정하지 아니한 기간 동안 소송행위를 할 수 없는 장애사유가 생긴 경우에는 법원은 결정으로 소송절차를 중지하도록 명할 수 있다(법 246조 1항). 예를 들면 전쟁 기타의 사유로 교통이 두절

되어 당분간 회복될 전망이 보이지 않거나 또는 당사자가 납치되었다거나 중병 등으로 법원에 출석은 물론 법원이나 변호사와의 통신 연락을 행할 수 없게 된 때이다. 재판에 의한 중지는 직권발동을 촉구하는 의미에서의 신청 또는 직권으로 법원의 결정에 의하여 발생하며, 그 취소결정에 의해 해소된다.

4. 소송절차 정지의 효과

(1) 당사자와 법원의 소송행위는 무효

1) 원 칙

절차의 정지 중에는 원칙적으로 소송해위를 할 수 없다. 그 동안에 행하여진 당사자의 소송행위와 법원의 소송행위(기일지정과 통지, 증거조사 등)는 원칙적으로 무효이다.

2) 예 외

① 당사자는 ㉠ 소송대리인의 선임과 해임, ㉡ 소송구조신청, ㉢ 수계신청은 유효하게 할 수 있다.

② 법원도 판결의 선고는 소송절차가 중단된 중에도 할 수 있다(법 247조 1항). 즉 변론종결 후에 중단사유가 생긴 때에는 소송수계절차 없이 판결을 선고할 수 있으며 소송대리인의 유무에 관계없이 종전의 당사자를 그대로 표시하면 된다(대판 1989. 9. 26. 87므13).

(2) 기간의 진행

소송절차의 중단 또는 중지는 기간의 진행을 정지시키며, 소송절차의 수계사실을 통지한 때 또는 소송절차를 다시 진행한 때부터 전제기간이 새로이 진행된다.

제3절 증 거

Ⅰ. 총 설

사 례

갑은 을을 상대로 원인무효를 이유로 소유권이전등기의 말소를 청구하면서 을이 소송에서 자백해 주면 대가를 충분히 지급해 주겠다고 하여 합의해 주었다. 그런데 을의 자백으로 갑이 승소하였으나 갑이 합의에 관해 모르는 일이라며 대금지급을 거절하자 을은 항소하고 항소심에서 자신의 소유권을 주장하기 위해 위 합의하는 대화내용을 갑의 허락 없이 몰래 녹음한 녹음테이프를 증거로 제출하였다. 이 경우 을의 주장이 인정될 수 있는가?

1. 증거의 필요성

구체적 사실이 현저한 사실이거나 다툼이 없는 사실일 경우에는 그 사실을 그대로 인정하여 판결의 기초로 하면 되지만 다툼 있는 사실은 재판의 객관성과 신뢰를 확보하기 위하여 증거로 확정해야 한다. 따라서 증거는 승소를 위해 필요한 것이므로 소송이 벌어지기 전에 증거를 확보하여 두면 승소가능성이 높아지기 때문에 증거확보는 분쟁을 미연에 방지하는 기능도 한다.

2. 증거능력과 증거력

(1) 증거능력

1) 의 의

유형물이 증거방법으로서 증거조사의 대상이 될 수 있는 자격을 말한다. 형사소송에서는 증거능력을 엄격히 제한하고 있지만, 민사소송에서는 원칙적으로 증거능력의 제한이 없다. 따라서 소제기 후에 다툼이 있는 사실을 증명하기 위하여 작성된 문서나 전문증거도 증거능력이 있다. 그러나 예외가 있다. 당사자와 법정대리인은 증인능력이 없고(법 367조, 372조), 대리권의 증명은 서면으로만 해야 하고 다른 증거방법은 증거능력이 없으며(법 58조, 89조),

선서하지 않은 감정인에 의한 신체감정결과는 증거능력이 없다(대판 1982. 8. 24. 82다카317).

2) 위법하게 수집된 증거의 증거능력

가. 문제의 소재

동의 없는 무단녹음과 무단복사, 무단촬영, 무단 인터넷 정보수집 등으로 위법하게 수집한 증거의 경우에 위법수집으로 인해 손해배상청구나 형사소추의 원인이 될 수 있으나, 위법수집증거 자체의 민사상 증거능력에 관해 증거능력을 제한하여야 하는 가에 대해 견해가 대립하고 있다.

나. 판　례

민사소송법이 증거에 관해 자유심증주의를 채택하고 있기 때문에 상대방의 부지 중 비밀로 대화를 녹음한 녹음테이프를 위법으로 수집되었다는 이유만으로 증거능력이 없다고 단정할 수 없고 그 채증여부는 법원의 재량에 의할 것이라고 판시하여 긍정설의 입장이다(대판 1981. 4. 14. 80다2314).

다. 사　례

판례의 태도에 따르면 법원이 녹음테이프를 증거조사하여 을의 주장을 인정할지 여부는 법원의 재량에 의하기 때문에 을의 주장을 인정할 수 있다.

(2) 증 거 력

특정한 증거자료가 요증사실의 인정에 이바지하는 정도를 말한다. 즉 어느 정도 법관에게 확신을 주는가를 말하며 증거가치 또는 증명력이라고도 한다. 증거력은 다시 형식적 증거력과 실질적 증거력으로 나누어지는데 증거력은 자유로운 심증으로 논리와 경험의 법칙에 따라 판단한다(법 202조).

Ⅱ. 증거조사의 개시와 실시

1. 개 설

증거조사라 함은 법관의 심증형성을 위하여 법정의 절차에 따라 인적·물적 증거의 내용을 오관의 작용에 의하여 법정의 절차에 따라 인적·물적 증거의 내용을 오관의 작용에 의하여 지각하는 법원의 소송행위이다. 고유의 증거조사 이외에 그 준비로서 또는 그 실시에 즈음하여 여러 가지 행위가 행하여지는데(예를 들어 당사자의 증거신청, 증거조사결정과 원용 등, 법원의 증거 채부결정, 증인출석요구, 문서송부촉탁 등), 이 같이 증거조사와 관련하여 행하여지는 법원 및 당사자의 행위를 합쳐 증거조사절차라 한다. 증거조사절차는 ① 증거의 신청 → ② 증거의 채부결정 → ③ 증거조사의 실시 → ④ 증거조사의 결과에 의한 심증형성의 순으로 진행된다.

2. 증거신청

(1) 의 의

증거신청이란 특정한 사실에 대하여 법원에 특정 증거방법에 대한 조사를 요구하는 소송행위이다. 변론주의에서는 원칙적으로 당사자의 증거신청이 있어야 증거조사 할 수 있고 직권증거조사는 보충적으로만 허용된다.

(2) 신청의 요건

증거신청도 소송행위이므로 소송행위 일반원칙에 따른다. 따라서 소송능력과 대리인이 할 경우에는 대리권이 필요하고 신청에 조건과 기한을 붙일 수 없다.

(3) 방 식

신청은 특별한 규정이 없는 한 서면 또는 말로 할 수 있다(법 161조 1항). 다만 증거를 신청할 때에는 증거방법을 구체적으로 특정하여야 한다. 증인신문을 신청할 때에는 증인의 이름·주소·연락처·직업·증인과 당사자의 관계, 증인이 사건에 관여하거나 내용을 알게 된 경위를 밝히고(법 308조), 이와 더불어 사항의 개요와 희망하는 증인신문 방식과 그 이유를 밝혀야 하며 나아가 증인이 채택되면 신문방법에 따라 증인신문사항이 적힌 서면(규칙 80조)이나 증인진술 등을 제출하여야 한다. 당사자 신문을 신청한 때에는 당사자 신문사항이 적힌 서면(규칙 119조), 감정을 신청한 때에는 감정사항을 적은 서면(규칙 101조), 서증을 신청한 때에는 문서의 제목·작성자 및 작성일을 밝히고 사본을 함께 재출하여야 하며(규칙 105조), 문서제출명령을 신청할 때에는 문서의 표시와 취지 및 문서를 가진 사람, 증명할 사실, 문서를 제출하여야 하는 의무의 원인을 밝혀야 하며(법 345조), 검증을 신청할 때에는 검증의 목적을 표시하여야 한다(법 364조).

(4) 증거비용의 예납과 국고대납절차

1) 증거조사에 비용이 필요한 경우 비용을 필요로 하는 소송행위에 대하여 법원은 당사자에게 그 비용을 미리 내게 할 수 있다(법 116조). 비용예납자는 증거조사를 위한 증인, 감정인, 통역인 등에 대한 여비, 일당, 숙박료 및 감정인, 통역인 등에 대한 보수와 법원외에서의 증거조사를 위한 법관, 그 밖의 법원공무원의 여비, 숙박료는 증거조사를 신청한 당사자인 경우가 보통이나(규칙 19조), 직권에 의한 증거조사의 경우에는 그 증거조사로 이익을 받을 당사자가 그 비용을 부담하되 어느 당사자가 이익을 받을지 분명하지 아니한 때에는 원고가 이를 부담하여야 한다.

2) 당사자가 증거비용을 예납하지 않은 경우 법원은 증거조사를 하지 아니할 수 있다. 그러나 ① 예납의무자가 그 비용을 예납하지 아니하여 소송절차의 진행 또는 종료 후의 사무처리가 현저히 곤란한 때에는 그 소송비용을 국고에서 대납 받아 지출할 수 있고(규칙 20조), ② 민사소송법 128조 이하의 규정에 의하여 소송구조결정을 받은 당사자에 대해서는 재판비용의 지급이 유예된다.

(5) 증거신청의 시기

1) 소장 또는 답변서 제출하면서 증거신청 : 원고는 소장을 제출할 때 청구

원인사실의 증명에 필요한 증거방법을 함께 제출하여야 한다. 재판장은 원고가 소장에 인용한 서증의 등본 또는 사본을 붙이지 아니한 경우에는 이를 제출하도록 명할 수 있다(법 254조 4항).

2) 변론준비절차에서 증거신청 : 증거의 신청과 조사는 변론기일 전에도 할 수 있다(법 289조 2항).

3) 변론기일에서의 증거신청 : 답변서 제출 이후에 바로 변론기일을 정하는 것이 원칙이므로 준비절차에서의 증거신청보다는 변론기일에서의 증거신청이 주로 이루어 질 것이다.

(6) 증거신청의 철회

증거신청은 법원의 증거조사가 시작되기 전에는 철회할 수 있다. 그러나 증거조사가 개시되면 그 증거자료가 상대방에게 유리하게 이용될 수 있으므로(증거공통의 원칙), 철회할 수 없는 것이 원칙이고 다만 상대방의 동의가 있는 경우에만 철회할 수 있다.

3. 직권증거조사

(1) 의 의

직권증거조사란 당사자의 증거신청 없이 직권으로 증거를 조사하는 것을 말한다. 직권탐지주의가 적용되는 절차에서 즉 가사소송과 행정소송에서는 원칙적으로 직권증거조사가 허용되지만 민사소송에서는 당사자가 신청한 증거에 의하여 심증을 얻을 수 없거나 그 밖에 필요하다고 인정한 때에 직권으로 할 수 있어 보충적(예비적) 직권증거조사가 원칙이다.

(2) 절 차

모든 증거방법을 조사할 수 있으며, 법원은 증거조사에 이익을 받을 자에게 비용예납을 명한다. 다만 직권증거조사에 의해 이익을 받을 자가 불명이면 원고가 예납의무자가 된다(규칙 19조 1항).

(3) 효 과

직권증거조사의 결과도 신청에 의한 증거조사의 결과와 마찬가지로 증거자료가 된다.

4. 증거조사의 실시

(1) 의 의

증거조사에는 증인신문, 감정, 서증, 검증, 당사자신문, 그 밖에 증거에 대한 조사의 6가지 증거조사가 있으며, 증거조사의 절차 및 결과는 변론(준비)기일에 증거조사를 한 경우에는 변론(준비)조서에, 그렇지 않은 경우에는 증거조사기일의 조서에 기재하여야 한다(법 160조). 증거조사를 함에 있어서는 집중심리주의와 직접심리주의의 요청에 부합되도록 하여야 한다.

(2) 증거조사의 집중심리주의

증인신문과 당사자신문은 당사자의 주장과 증거를 정리한 뒤 집중적으로 하여야 한다(법 293조). 2008년 개정법에 의해 준비절차가 아닌 변론기일 지정이 원칙이 되었으므로 원칙적으로 변론기일에 주장과 증거를 정리하고 그 후 집중적인 증거조사를 한다. 그러나 예외적으로 변론준비절차에서는 사실과 증거를 정리하면서 감정, 서증, 검증 등의 증거조사까지 실시하고 증인신청과 당사자신문신청에 대한 채부결정을 한 다음에, 변론기일에는 증인신문과 당사자신문을 집중적으로 실시하여 집중심리를 도모하고 있다.

Ⅲ. 증인신문

1. 의 의

증인은 과거에 경험하여 알게 된 사실을 법원에 보고할 것을 명령받은 사람으로서 당사자 및 법정대리인 이외의 제3자를 말하고, 증인신문은 이러한 증인으로부터 증언이라는 증거자료를 확보하는 증거조사를 말한다. 민사소송에서 증인은 서증과 더불어 증거방법의 핵심을 이루고 있다. 증언은 증인의 인격, 기억력, 사건 및 당사자에 대한 입장, 의도 등에 의하여 그 내용이 달라질 수 있기 때문에 서증에 비하여 증명력이 훨씬 떨어지지만, 서증이 없거나 불충분·불명료하거나 그 기재와 반대의 사실이 있었음을 입증하기 위하여 필요불가결한 증거방법이 되는 경우가 많다.

2. 증인신청과 채부결정

(1) 신 청

1) 서면신청의 원칙

① 증인신문을 신청하는 때에는 증인의 이름, 주소, 연락처, 직업, 증인과 당사자의 관계, 증인이 사건에 관여하거나 내용을 알게 된 경위, 증인신문에 필요한 시간과 증인의 출석을 확보하기 위한 협력방안을 밝혀야 한다(규칙 75조). 재판장은 기일에 들어가기에 앞서 쌍방의 필요한 증인이 신청되어 있는지 여부를 점검하고, 증인신청이 누락되어 있다고 판단되는 때에는 당사자 또는 대리인에게 연락하여 증인에 대한 신청을 서면으로 마치도록 촉구하기도 한다.

② 증인신문을 신청한 당사자는 법원이 정한 기한(보통 증인신문기일 10일 전)까지 상대방의 수에 3(합의부에서는 상대방의 수에 4)을 더한 통수의 증인신문사항을 적은 서면을 제출하여야 한다. 다만 79조의 규정에 따라 증인진술서를 제출하는 경우로서 법원이 증인신문사항을 제출할 필요가 없다고 인정하는 때에는 그러하지 아니하다(규칙 80조). 그런데 실무상 기일에 구두로 증인신청을 재대하는 경우도 많으므로 다음 신문기일로 변론기일을 진행한다면 증인신청서와 함께 증인신문사항을 신문기일 10일 전까지 제출하면 된다.

③ 증인으로부터 증인여비포기서를 받아 제출한 경우를 제외하고는 3~5만원 정도(논산지원 기준 39,000원)의 증인여비를 예납하여야 한다.

2) 일괄신청의 원칙

증인신문은 부득이한 사정이 없는 한 일괄하여 신청하여야 한다. 여기서 일괄신청이라는 것은 동일한 기회에 모든 증인을 한 번에 신청하여야 한다는 의미가 아니라 쟁점정리절차가 끝나기 전까지 당사자가 예정하고 있는 증인 전부에 대하여 신청절차를 마쳐야 한다는 의미이다. 다만 집중증거조사는 주장 및 쟁점이 정리된 후 한꺼번에 증거조사를 실시함으로써 심리를 충실화한다는 취지이므로 통상적인 심리방식으로 접근하기 어려운 사건 등 일정한 경우에는 예외를 허용하고 있다(예를 들어 의료과오소송·공해소송·소비자소송 등과 같이 사안이 복잡하고 다수 이해관계인이 있는 사건).

(2) 채부결정

1) 법원은 쟁정정리기일에 신청된 증인에 대한 채부를 일괄하여 결정, 고지한다. 쟁점정리기일에 비로서 채부결정을 하는 이유는 쟁점정리과정에서 당사자 사이의 다툼이 정리되어 증인신문이 필요 없게 될 수도 있고 증인의 일괄 집중신문을 위해 법원과 당사자가 기일진행 및 증인출석 확보방안에 관해 협의할 필요가 있기 때문이다.

2) 법원은 증인의 채부 결정과 함께 개별 증인별로 입증취지 및 당사자의 관계 등을 고려하여 ① 증인진술서 제출 방식, ② 증인신문사항 제출방식, ③ 서면에 의한 증언 방식 중 하나의 증인조사방식을 선택하여 쌍방에게 고지한다.

[서식 39] 증인신청서

증 인 신 청 서

1. 사 건 : 20○ ○가합 1234 소유권이전등기
2. 증인의 표시

성 명	김 ○ ○	직 업	주부
주민등록번호	7506○○-162○○○○		
주 소	서울 ○○구 ○○동 ○○번지		
전 화 번 호	010-1234-5678		

원·피고와의 관계	원고 처의 친구(고등학교 동창)

3. 증인이 이 사건에 관여하거나 그 내용을 알게된 경위
   이 사건 임대차 계약을 체결할 당시 원고, 원고의 처와 함께 계약현장에 있었음.
4. 신문할 사항의 개요
   ① 이 사건 임대차 계약 당시의 정황
   ② 임대차 계약서를 이중으로 작성한 이유
   ③ 기타
5. 기타 참고사항
   위 매매대금을 지급한 이후 이 사건 부동산을 이전하였다는 사실을 들은 바 없다는 사실.

20○○. ○. ○.

위 원고 장 ○ ○ (인)

○○지방법원 제○○민사부 귀중

■ 작성·접수방법

1. 증인을 신청하는 때에는 증인의 이름, 주소, 연락처, 직업, 증인과 당사자의 관계, 증인이 사건에 관여하거나 내용을 알게 된 경위, 증인신문에 필요한 시간과 증인의 출석을 확보하기 위한 협력방안을 밝혀야 한다(규칙 75조). 여러 명의 증인을 신청할 경우 증인별로 각 증인신청서를 작성한 후 각 1부씩 법원에 제출한다.
2. 재판장은 기일에 들어가기에 앞서 쌍방의 필요한 증인이 신청되어 있는지 여부를 점검하고, 증인신청이 누락되어 있다고 판단되는 때에는 당사자 또는 대리인에게 연락하여 증인에 대한 신청을 서면으로 마치도록 촉구하기도 한다.
3. 신문사항은 증인신청시 제출 이후 변론기일 때 채택여부를 고지받은 후 법원이 정한 기한(보통 증인신문기일 10일 전)까지 제출하는 것이 원칙이지만 신청서 제출시 같이 첨부해서 제출할 수 있다. 보통 단독사건인 경우 상대방수에 3통을(합의부에서는 상대방의 수에 4)더한 숫자만큼의 증인신문사항을 적은 서면을 법원에 제출하여야 하고 증인이 지정된 기일에 출석할 수 있도록

필요한 조치를 하여야 한다. 다만 실무상 기일에 구두로 증인신청을 채택하는 경우도 많으므로 다음 신문기일로 변론기일을 진행한다면 증인신청서와 함께 증인신문사항을 신문기일 10일전까지 제출하면 된다.

4. 인지비용은 없지만 증인여비는 예납하여야 한다. 다만 실무상 신청인측 증인인 경우에는 신청서에 '증인대동, 여비직불'이라고 기재하고 별도의 증인비용을 재판부에 납부하지 않아도 되지만, 제3자 또는 상대측 증인을 신청하는 경우에는 증인여비를 예납하여야 하므로 재판부에 사전에 문의를 하여서 여비를 알아낸 후 그 비용을 납부하고 아래와 같은 법원보관용 납부서를 제출한다.

법원보관금납부서(법원보관용)

<table>
<tr><td rowspan="6">납
부
당
사
자
사
용
란</td><td>법 원 명</td><td>서울중앙
지방법원</td><td>사건번호</td><td>20○○가단1234호</td></tr>
<tr><td>납부금액</td><td>39,000원</td><td>보관금종류</td><td>☑민사예납금 □경매예납금
□경매보증금 □경락대금 □기타</td></tr>
<tr><td>납 부
당사자</td><td>장 ○ ○</td><td>주민등록번호
사업자등록번호</td><td>740521-1012345</td></tr>
<tr><td>주 소</td><td colspan="3">우편번호(12345) 전화번호(010-345-1234)
서울 강남구 ○○동 129-4 ○○아파트 ○○동 ○○호</td></tr>
<tr><td rowspan="2">잔액환급
계좌번호</td><td colspan="3"></td></tr>
<tr><td colspan="3"></td></tr>
</table>

[서식 40] 증인신청서

증 인 신 청 서

사 건 20○ ○가단 1234 소유권이전등기말소
원 고 장 ○ ○
피 고 문 ○ ○

위 당사자간 귀원 20○ ○가단 1234 소유권이전등기말소 청구 사건에 관하여, 원고는 다음과 같이 증인을 신청합니다.

다　　　음

1. 증인의 표시 : 박 ○ ○(750614-1012345)
　　　　　　　○○시 ○○동 123-456
2. 신 문 사 항 : 별지신문사항 기재와 같습니다.
3. 증인대동, 여비직불

20○○. ○. ○.

위 원고 장 ○ ○ (인)

○○지방법원 제○○민사부 귀중

[첨부서류] 증인신문사항

20○○가단 1234 소유권이전등기말소

증인 박○○에 대한 증인신문사항

1. 증인은 피고가 본건 토지에 관하여 특소법으로 소유권이전등기를 경료할 당시에 피고가 원고로부터 본 건 토지를 매수한 사실이 있다고 보증을 서 준 적이 있지요?
2. 증인은 갑 제3호증 사실확인서를 작성하여 준 사실이 있지요?
3. 원고와 피고간의 매매사실을 보증하여 줄 당시에 그 사실을 확인하여 보고 보증을 서준 것은 아니지요?
4. 기 타

■ 작성·접수방법

1. 증인을 신청하는 때에는 증인의 이름, 주소, 연락처, 직업, 증인과 당사자의 관계, 증인이 사건에 관여하거나 내용을 알게 된 경위, 증인신문에 필요한 시간과 증인의 출석을 확보하기 위한 협력방안을 밝혀야 한다(규칙 75조). 여러 명의 증인을 신청할 경우 증인별로 각 증인신청서를 작성한 후 각 1부씩 법원에 제출한다.
2. 재판장은 기일에 들어가기에 앞서 쌍방의 필요한 증인이 신청되어 있는지 여부를 점검하고, 증인신청이 누락되어 있다고 판단되는 때에는 당사자 또는 대리인에게 연락하여 증인에 대한 신청을 서면으로 마치도록 촉구하기도 한다.
3. 신문사항은 증인신청서 제출이후 변론기일 때 채택여부를 고지받은 후 법원이 정한 기한(보통 증인신문기일 10일 전)까지 제출하는 것이 원칙이지만 신청서 제출시 같이 첨부해서 제출할 수 있다. 보통 단독사건인 경우 상대방수에 3통을(합의부에서는 상대방의 수에 4)더한 숫자만큼의 증인신문사항을 적은 서면을 법원에 제출하여야 하고 증인이 지정된 기일에 출석할 수 있도록 필요한 조치를 하여야 한다. 다만 실무상 기일에 구두로 증인신청을 채택하는 경우도 많으므로 다음 신문기일로 변론기일을 진행한다면 증인신청서와 함께 증인신문사항을 신문기일 10일전까지 제출하면 된다.
4. 인지비용은 없지만 증인여비는 예납하여야 한다. 다만 실무상 신청인측 증인인 경우에는 신청서에 '증인대동, 여비직불'이라고 기재하고 별도의 증인비용을 재판부에 납부하지 않아도 되지만, 제3자 또는 상대측 증인을 신청하는 경우에는 증인여비를 예납하여야 하므로 재판부에 사전에 문의를 하여서 여비를 알아낸 후 그 비용을 납부하고 아래와 같은 법원보관용 납부서를 제출한다.

법원보관금납부서(법원보관용)

<table>
<tr><td rowspan="6">납
부
당
사
자
사
용
란</td><td>법 원 명</td><td>서울중앙
지방법원</td><td>사건번호</td><td>20○○가단1234호</td></tr>
<tr><td>납부금액</td><td>39,000원</td><td>보관금종류</td><td>☑민사예납금 □경매예납금
□경매보증금 □경락대금 □기타</td></tr>
<tr><td>납 부
당사자</td><td>장 ○ ○</td><td>주민등록번호
사업자등록번호</td><td>740521-1012345</td></tr>
<tr><td>주 소</td><td colspan="3">우편번호(12345) 전화번호(010-345-1234)
서울 강남구 ○○동 129-4 ○○아파트 ○○동 ○○호</td></tr>
<tr><td rowspan="2">잔액환급
계좌번호</td><td colspan="3"></td></tr>
<tr><td colspan="3"></td></tr>
</table>

3. 증인의무

(1) 의 의

우리나라의 재판권에 속하는 사람은 원칙적으로 모두 증인의무 즉 출석의무, 선서의무, 진술의무를 진다. 이는 공법상의 의무이므로 정당한 이유 없이 응하지 아니하면 과태료가 부고되거나 감치되고(법 311조, 318조), 구인될 수 있다(법 312조). 증인이 출석요구를 받고 기일에 출석할 수 없을 경우에는 바로 그 사유를 밝혀 신고하여야 한다(규칙 83조). 이러한 신고를 하지 않으면 불출석에 대한 제재를 가함에 있어 불리한 정상으로 고려될 수 있다.

[서식 41] 증인출석요구서

서울○○지방법원
증인출석요구서

귀하

사　건　20○○가합 12345호　토지인도

원　고　김 ○ ○

피　고　이 ○ ○

신문사항요지 : 별지와 같음(이미 증인진술서나 증언에 갈음하는 서면을 제출한 때에는 그와 관련된 내용)

위 사건에 관하여 귀하를 증인으로 채택하여 신문하게 되었으므로 아래·일시장소에 출석하시기 바랍니다.

20○○. ○. ○.

법원 사무관 ○ ○ ○ (인)

유 의 사 항

1. 부득이 위 기일에 출석할 수 없는 경우에는 그 사유를 밝혀 신속히 신고하시기 바랍니다. 이러한 신고를 하지 아니하면 정당한 사유없이 출석하지 아니한 것으로 인정되어 아래와 같은 법률상 제재를 받을 수 있습니다.
2. 정당한 사유없이 기일에 출석하지 아니한 때에는 법원은 500만원 이하의 과태료를 부과하고 강제구인할 수 있으며 과태료를 부과받고도 정당한 사유 없이 다시 출석하지 아니한 때에는 7일 이내의 감치에 처할 수 있습니다. 또한 법원은 위와 같은 불출석으로 인한 소송비용의 부담을 명할 수 있습니다.
3. 출석한 때에는 본인확인 및 증인여비지급을 위하여 신분증과 도장을 가져오시고 이 사건에 관하여 법원에 제출하는 서류에는 사건번호를 기재하시기 바랍니다(금융기관의 업무종료 등으로 증인여비가 지급되지 못할 경우에는 증인의 신청에 따라 지정 예금계좌로 입금하는 경우가 있으므로 계좌번호도 미리 준비하여 출석하면 편리합니다).

※ 문의사항 연락처 : 서울○○지방법원 제2민사부 법원사무관 ○○○
전 화 : (02) 530-1234
팩 스 : (02) 530-5678 email : ○○scourt.go.kr

[서식 42] 증인불출석신고서

증인불출석신고서

사 건 20○○가단1234호 손해배상
원 고 장 ○○
피 고 문 ○○

위 당사자간 귀원 20○○가단1234호 손해배상 청구사건에 관하여 20○○. ○. ○. 16 : 00 귀원 4호 법정에 증인으로서 출석하라는 소환장을 받은 바 있으나 증인은 2013. 2. 교통사고를 당하여 현재 삼성의료원에서 입원가료 중에 있어 출석할 수 없으므로 이에 신고합니다.

첨 부 서 류

1. 교통사고증명서 1통

20○○. ○. ○.

증인 이 ○ ○ (인)

서울중앙지방법원 귀중

■ 작성·접수방법

1. 신고서 1부를 출석을 요구한 재판부에 제출한다.
2. 인지등 첩부 비용은 없다
3. 불출석 사유를 입증할 서류등을 첨부한다.

(2) 불출석 증인에 대한 재제

1) 소송비용 부담과 과태료 부과

증인이 정당한 사유 없이 출석하지 아니한 때 법원은 결정으로 증인에게 이로 말미암아 소송비용을 부담하도록 명하고 500만원 이하의 과태료에 처한다(법 311조).

2) 감 치

법원은 증인이 과태료의 제재를 받고도 정당한 사유 없이 다시 출석하지 아니한 때에는 결정으로 증인을 7일 이내의 감치에 처한다. 감치의 재판을 받은 증인이 감치의 집행 중에 증언을 한 때에는 법원은 바로 감치결정을 취소한다.

3) 구 인

법원은 정당한 사유 없이 출석하지 아니한 증인을 구인하도록 명할 수 있다(법 312조). 이 경우 구속영장을 발부받아야 한다.

[서식 43] 증인구인신청서

증인구인신청서

사　　건　　　20○○가단 1234호　손해배상
원　　고　　　장 ○○
피　　고　　　문 ○○

위 사건에 관하여 아래 증인은 20○○. ○. ○. ○○:○○ 기일에 출석하여야할 취지의 적법한 소환을 받고도 정당한 사유 없이 출석하지 아니하므로 다음 기일에 증인에 대하여 구인절차를 취하여 줄 것을 신청합니다.

아　　　　래

이름 : 권 ○○(691109-1048○○○)
주소 : 서울시 종로구 ○○동 ○○번지
전화 : 02-548-1234(010-123-5678)

20○○.　○.　○.

위 원고　장 ○ ○　(인)

서울중앙지방법원　귀중

■ 작성·접수방법

1. 신청서 1부를 해당 재판부에 제출한다.

2. 인지등 첩부 비용은 없다
3. 재판부에서 구인결정을 하면 그 집행을 위한 비용을 예납하여야 한다.

4. 증인조사방식

(1) 개 설

당사자의 증인신청에 따라 증인이 채택된 경우에는 증인신청한 당사자는 증인신문기일 전에 증인진술서 또는 증인신문사항을 기재한 서면을 미리 제출하게 하여 신문기일에 있어서 상대방이 충분히 반대신문을 할 수 있도록 보장하고 있다. 또 증거조사에서 직접주의와 반대신문권 보장을 위해 증인신문은 공개법정에서 함이 원칙이나 출석증언이 불편하거나 반대신문권이 문제되지 않는 경우에 서면증언제도가 필요하다.

	증인진술서	증인신문사항	서면증언
취 지	증언할 내용을 미리 제시하게 한 후 법정에서 실질적인 반대신문이 가능하도록 하여 충실하고 효율적인 증인신문이 되게 하려고 법원이 요구		증인의 출석부담을 경감하기 위하여 출석 증언에 갈음하는 제도로서 법원이 요구
제출자	증인신청한 당사자		증 인
서면성질	서 증	증인신문할 사항 예고	증 언
제출 후 절차	법정에서의 증언을 전제로 하는 것으로서 법정에의 증인의 출석과 진술이 뒤따른다.		법정에서의 증언에 갈음하는 것으로서 변론에서 현출되면서 증거조사절차가 끝난다.

(2) 증인진술서 제출 방식

1) 의 의

종래 교호신문방식에 따른 증인신문의 상당수가 형식적·비효율적으로 운영된 점을 개선하기 위해 증인진술서제도를 도입하였다. 증인진술서란 증인이 증언할 내용을 기재한 서면으로 법원은 효율적인 증인신문을 위하여 필요하다고 인정하는 때에는 증인을 신청한 당사자에게 증인진술서를 제출하게 할 수 있다(규칙 79조). 이는 미리 증언할 내용을 상대방에게 송달케 하고 법정에서는 쟁점사항에 한정하여 주신문을 하고 나머지 입증사실에 관하여는 위 증인진술서가 사실대로 작성되었다는 취지의 증언을 함으로써 실질적인 증인신문(반대신문)이 가능하도록 하려는 것으로 보통 증인신청한 당사자 측 증인에 이용된다.

2) 증인진술서의 형식

증인진술서의 형식에 관하여는 특별한 제한이 없지만 부득이한 사정이 없는 한 법원이 정한 안내서의 양식을 따르는 것이 바람직하다. 진술서에는 형식적 기재사항으로 사건번호, 증인의 이름, 주소 및 전화번호 등을 기재하며 말미에는 진술서를 작성한 날짜를 적고 작성자가 서명날인을 하여야 한다.

3) 증인진술서 제출

증인진술서 제출명령은 증인이 아니라 증인을 신청한 당사자를 상대로 발령되므로 명령을 받은 당사자는 법원이 정한 기한까지(실무상 증인신문기일 1주 내지 10일 전까지를 제출기한으로 정하는 예가 많다) 원본과 상대방수에 2(합의부에서는 3)를 더한 만큼의 사본을 제출해야 한다(동조 3항). 증인진술서에는 증인이 증언할 내용을 그 시간 순서에 따라 적고 증인이 서명날인 하여 법원에 제출하여야 하는데 이는 진술서의 진정성과 진실성을 담보하기 위한 것이다(동조 2항). 이후 법원사무관등은 사본 1통을 증인신문 기일 전에 상대방에게 송달한다.

4) 증인진술서를 이용한 증인신문

증인이 출석한 경우에는 집중증거조사기일에 이를 서증으로 채택하지만 증인진술서를 작성한 증인이 불출석한 경우에는 그 증인진술서를 서증으로 채택하면 상대방의 반대신문권이 사실상 침해되는 결과가 되므로 원칙적으로 서증으로도 채택하지 않는다.

[서식 44] 증인진술서

증 인 진 술 서

사 건 20○○가단99986호 토지인도
원 고 장 ○○
피 고 문 ○○

진술인(증인)의 인적사항

이름 : 권 ○○(691109-1012345)
주소 : 서울시 종로구 ○○동 ○○번지
전화 : 02-548-1234(010-123-5678)

1. 진술인은 20○○.년경 친한 친구로부터 피고를 소개 받았는데 진술인이 장사를 하는 관계로 급전이 필요할 때가 많아 그 무렵부터 여러 차례 피고로부터 돈을 빌리게 되었고, 개인적으로도 친하게 지내왔습니다.

2. 그러던 중 피고가 20○○. 1.경부터 자신의 아들 이름으로 소유하고 있는 봉천 30동 ○○아파트 101동 201호를 팔려고 한다면서 진술인에게도 혹시 주위에 살 사람이 있으며 소개하여 달라고 한 사실이 있습니다.

3. 진술인은 20○○. 4.경 피고로부터 빌린 차용금의 이자를 갚으러 피고의 집에 갔다가 그곳에 와 있던 원고를 처음 보게 되었습니다. 그 날 원고와 피고는 그 자리에서 위 아파트의 매매관계에 관하여 이야기를 나누었던 것으로 기억하는데, 그 날 계약서를 작성하였는지는 모릅니다.

4. 진술인은 그 며칠 뒤쯤 피고로부터 위 아파트를 원고에게 팔았다고 하는 이야기를 전화로 듣고 잘되었구나 생각하고 있었습니다, 그런데 그 후 보름쯤인가 지난 다음에 피고를 길거리에서 우연히 만났는데, 피고가 하는 말이 원고가 위 아파트를 살 수 없게 되었으니 제발 계약금을 되돌려 달라고 사정사정을 하여 할 수 없이 그 절반만 돌려주고 서로 없던 일로 하기

로 하였다는 이야기를 들은 사실이 있습니다. 그 무렵이나 그 후에 원고를 만난 사실이 없습니다.

이 상의 내용은 모두 진실임을 서약하며, 이 진술서에 적은 사항의 신문을 위하여 법원이 출석요구를 하는 때에는 법정에 출석하여 증인할 것을 약속 합니다.

20○○. ○. ○.

진술인 권 ○ ○ (인)

■ 작성·접수방법

1. 원본과 상대방수에 2(합의부에서는 3)를 더한 만큼의 부본을 해당 재판부에 제출한다.
2. 사건번호, 사건명, 증인의 이름, 주소 및 전화번호(특히 일과 중에 연락가능한 전화번호)등을 기재하며 끝에는 작성한 날짜를 적고 작성자가 서명날인을 한다.
3. 본문에는 증언할 내용을 사건 진행의 시간적 경과에 따라 기재하되 자신이 직접 경험하지 아니한 사실을 기재할 때에는 그 사실을 알게된 근거를 구체적으로 밝힌다.

(3) 증인신문사항 제출 방식

1) 의 의

증인신문사항이란 증인신문신청이 채택된 경우에 제출해야 하는 증인신문사항을 적은 서면을 말하며(규칙 80조), 이는 증인신문 할 내용을 미리 상대방에게 개시함으로서 증인신문기일에 증인신문 할 때 상대방의 실질적인 반대신문이 가능하게 하려는 것이다. 증인진술서의 제출을 명함이 상당하지 아니한 사건 예를 들면 ① 그 증인이 이른바 적대적 증인이거나 신청인의 지배영역 내에 있지 아니한 중립적 증인인 경우, ② 증인이 글을 읽거나 쓸 수 없는 경우, ③ 사건이나 증인의 특성상 그 증언내용을 미리 밝히는 것이 사건의 공정한 해결을 위하여 상당하지 아니한 경우 등에는 증인진술서 대신 증인신문사항을 제출 하도록 한다.

2) 증인신문사항 제출

작성과 제출할 당사자는 당사자이다. 즉 증인신문을 신청한 당사자는 법원이 정한 기한까지 상대방의 수에 3(합의부 4)을 더한 통수의 증인신문사항을 적은 서면을 제출하여야 하고 법원사무관등은 이를 증인신문기일전에 상대방에게 송달하여야 상대방도 반대신문을 준비하게 한다. 반대신문사항도 서면을 미리 작성하고 부본을 준비하여 반대신문 전에 법정에서 재판부에 2통을 제출하고 상대방에게 1통을 교부한다.

관련판례

증인신문사항은 신문사항의 예고로서 상대방이 미리 교부 받지 못하였다고 하더라도 지체없이 이의하지 않으면 이의권의 포기로서 그 하자가 치유된다(대판 2001. 10. 12. 2001다35372).

3) 제출이후의 절차

신청한 당사자가 증인신문사항이 기재된 서면에 따라 주신문(신청인이 신청한 신문내용을 증인에게 신문하는 절차)하고 이에 대해 증인이 증언한 후 상대방의 반대신문(상대방이 증인에게 주신문에 대한 반대의 신문을 하는 절차) 다시 신청한 당사자의 재주신문(반대신문에 대한 신청인의 재심문절차), 그리고 재반대신문(재주신문에 대해 상대방이 하는 신문절차)이 이어진다. 재판장은 위 신문절차가 진행하는 도중에 언제든지 필요한 신문을 할 수 있다(판사의 보충신문).

[서식 45] 증인신문사항

20○○가합 1234호 계약금반환

증인 김○○에 대한 신문사항

1. (갑제2호증을 제시하고)
   이것은 당시 증인과 원고가 작성한 합의서의 인증서로서 위 합의서 4항에서 증인이 원고에게 교부하는 주권이 위조된 것일 경우 민, 형사상 모든 책임을 진다는 내용이 있는데 그것은 증인이 제시한 주권이 정당하다는 것을 나타내기 위함이었지요?

2. 원고가 증인과 합의를 하게 된데는 증인이 제기한 소송으로 인해 원고가 ○○ 주식회사로부터 교부받은 주권에 설정된 질권을 해제하여 현금화 하기 위한 것이었지요?
3. 이 사건 주권은 김○○가 가지고 나왔는데도 ○○주식회사에 대한 소를 증인 명으로 제기한 이유는 무엇인가요?
4. 증인이 ○○주식회사를 상대로 소를 제기하기 전에 증인과 피고등은 법무법인 ○○에서 먼저 법률검토를 받았는데 주로 이 사건 ○○화학의 구주권과 원고의 관계에 대하여 검토가 이루어졌던 것은 사실이지요?
5. 그것은 소송은 비록 ○○주식회사를 상대로 하지만 그 사건의 실질적 이해 당사자를 원고로 보았기 때문이지요?
6. 기타.

■ 작성·접수방법

1. 신문사항에는 ① 증인과 당사자간의 관계, ② 증인이 이 사건과 관련된 경위, ③ 증인이 경험한 사실에 대한 질문 ④ 중요서증을 제시하고 서증과 관련된 질문 ⑤ 중요 쟁점에 관한 질문 ⑥ 기타(신문사항에는 없지만 신문기일 당시에 새로이 신문할 사항이 발생하는 경우를 위해)과 같이 증명할 사항과 이에 관련된 내용등을 논리적으로 잘 기재하면 된다.
2. 신문은 개별적이고 구체적으로 하여야 하지만 ① 증인을 모욕하거나 증인의 명예를 해치는 내용의 신문, ② 규정에 어긋나는 신문, ③ 의견의 진술을 구하는 신문, ④ 증인이 직접 경험하지 아니한 사항에 관하여 진술을 구하는 신문에 대해서는 재판장은 직권 또는 당사자의 신청에 의해 제한할 수 있다(규칙95조).
3. 주신문은 증명할 사항과 이에 관련된 사항에 관하여 하며, 유도신문은 원칙적으로 금지된다. 다만 ① 증인과 당사자의 관계, 증인의 경력, 교우관계 등 실질적인 신문에 앞서 미리 밝혀둘 필요가 있는 준비적인 사항에 관한 신문의 경우, ② 증인이 주신문을 하는 사람에 대하여 적의 또는 반감을 보이는 경우, ③ 증인이 종전의 진술과 상반되는 진술을 하는 때에 그 종전 진술에 관한 신문의 경우, ④ 그 밖에 유도신문이 필요한 특별한 사정이 있는 경우에는 그러하지 아니한다(규칙 91조)
4. 신문사항은 다른 서면과 달리 신청인의 날인이나 간인을 하지 않는다.
5. 신문사항은 증인신청서 제출이후 변론기일 때 채택여부를 고지받은 후 법원이 정한 기한(보통 증인신문기일 10일 전)까지 제출하는 것이 원칙이지만 신청서 제출시 같이 첨부해서 제출할 수 있다. 보통 단독사건인 경우 상대방수에 3통을(합의부에서는 상대방의 수에 4)더한 숫자만큼의 증인신문사항을 적은 서면을 법원에 제출하여야 한다. 다만 실무상 기일에 구두로 증인신청을

채택하는 경우도 많으므로 다음 신문기일로 변론기일을 진행한다면 증인신청서와 함께 증인신문사항을 신문기일 10일전 까지 제출하면 된다.

[서식 46] 증인신문사항

20○○가합 1234호 계약금반환

증인 김○○에 대한 반대신문사항

1. (주신문 1-2항 관련)
   가. 이 사건 토지에 대한 매매계약 체결은 피고회사내 소외 이○○봉의 사무실에서 이루어 졌으며, 그 계약당시 참석한 사람은 매도인측에서는 위 이○○과 증인이있고, 매수인측으로는 법무사와 원고회사의 이○○ 사장, 소외 강○○ 이었지요?
   나. 당시 입회하였던 위 이○○은 피고회사 및 이 사건 부동산과는 어떤 관계에 있던 사람인가요?
2. (주신문 1-3항 관련)
   당시 원고회사는 주사무소 이전 및 영업부지 확보 목적으로 발전가능성이 있었던 이 사건 토지를 매수 하였던 것인데 증인도 이와 같은 사실을 알고 있었지요?
3. (주신문 1-6 내지 1-7항 관련)
   가. 이 사건 매매계약은 피고회사에서 작성해온 내용대로 체결 된 것이지요?
   나. 원고가 수정을 요구하여 반영된 것은 계약서의 어느 부분인가요?
4. (주신문 1-9항 관련)
   가. 이 사건 부동산 매매계약서 특약사항 제3조에서 농협이자 상환금액 중 916평에 대한 이자를 명도하기 전까지 원고회사도 2분의 1을 부담하기로 한 것은, 피고가 명도전에 등기를 해준다는 전제가 있었기 때문이지요?
   나. 그런데 피고측에서 이 사건 계약을 주도하였던 이○○은 해외로 출국하였고, 약속하였던 가압류나 저당문제도 정리되지 않았으며 이전등

기도 이루어지지 않은 것은 사실이지요?

5. (주신문 1-10항 관련)

가. 이 사건 매매계약은 소외 대한토지신탁에 신탁되어 있음을 전제로 체결 된 것이지만 당시 신탁계약의 내용은 알려주지 않았지요?

나. (갑제 4호증을 제시하고) 이것이 이 사건 토지에 대한 부동산처분신탁계약서인데 이 사건 매매계약체결 당시 피고가 원고에게 제시 한 바 없고 증인도 본 사실이 없지요?

다. 이 부동산처분신탁계약서에는 채권금액 금 214억 5천만원을 우선수익자인 석○○에게 보장하는 등 이 사건 부동산 매매계약과 관련해서 매우 중요한 내용이 기재되어 있지만 매수인에게 알려주지 않았고 그날 석○○라는 사람의 이름조차 거론 된 바 없지요?

라. 증인은 위 석○○가 이 사건 부동산에 대하여 어떠한 권한이나 권리를 갖고 있는지 알고 있는 내용이 있나요?

6. (주신문 2항 관련)

피고는 잔급지급일인 2011. 9. 30.경 이후 이 사건 토지에 대한 지분소유권이전등기에 필요한 서류만을 준비한 채 원고에게 잔금지급을 촉구하였다는 것인데, 그렇지만 그 서류를 원고에게 제시하거나 사본하여 송부한 사실은 없지요?

7. (주신문 3-2항 관련)

원고의 요청에 따라 2011. 11. 11. 피고가 법무사 사무소에 방문하여 원고에게 잔금지급을 요청하였을 때, 원고가 잔금지급을 거절한 것은 당시 돈이 없어서가 아니라 이 사건 토지에 설정되어 있었던 압류 및 가압류 해지와 이자부담에 관한 문제 등이 해결되지 않았기 때문이었지요?

8. (주신문 3-3항 관련)

증인은 원고가 거래처로부터 지급받은 납품가가 15%이상 삭감되어 계약잔금 및 매매잔대금을 피고에게 지급하지 못하고 있다는 애기를 누구로부터, 언제, 어디에서 들었나요?

9. (주신문 5-1항 관련)

위 강○○는 원고측에서 골치가 아프니 2억원만 주면 계약을 없던 일로 할 수 있다하여 그 의사를 전한적은 있어도 위약금을 말한적은 없다는데 증인이 직접 들었던 것은 아니지요?

10. 현재 이 사건 부동산은 김○○에게 귀속되어 동인이 팔기 위해 다니고 있다는데 그것은 사실이지요?

11. 이 사건 부동산은 2012. 2. 8.자로 신탁계약이 해지되어 위 김○○에 귀속된 것으로 되어있는데 현재도 이 사건 부동산에 대하여 피고에게 권리가 남아 있는가요?

12. 기타.

■ 작성·접수방법

1. 신문사항에는 ① 증인과 당사자간의 관계, ② 증인이 이 사건과 관련된 경위, ③ 증인이 경험한 사실에 대한 질문 ④ 중요서증을 제시하고 서증과 관련된 질문 ⑤ 중요 쟁점에 관한 질문 ⑥ 기타(신문사항에는 없지만 신문기일 당시에 새로이 신문할 사항이 발생하는 경우를 위해)과 같이 증명할 사항과 이에 관련된 내용등을 논리적으로 잘 기재하면 된다.
2. 신문은 개별적이고 구체적으로 하여야 하지만 ① 증인을 모욕하거나 증인의 명예를 해치는 내용의 신문, ② 규정에 어긋나는 신문, ③ 의견의 진술을 구하는 신문, ④ 증인이 직접 경험하지 아니한 사항에 관하여 진술을 구하는 신문에 대해서는 재판장은 직권 또는 당사자의 신청에 의해 제한할 수 있다(규칙95조).
3. 반대신문은 주신문에 나타난 사항과 이에 관련된 사항에 관하여 하며, 반대신문에서 필요한 때에는 유도신문을 할 수 있다. 그러나 재판장은 유도신문의 방법이 상당하지 아니하다고 인정하는 때에는 제한할 수 있다. 반대신문의 기회에 주신문에 나타나지 아니한 새로운 사항에 관하여 신문하고자 하는 때에는 재판장의 허가를 받아야 한다(규칙 92조).
4. 신문사항은 다른 서면과 달리 신청인의 날인이나 간인을 하지 않는다.
5. 신문사항은 증인신청서 제출이후 변론기일 때 채택여부를 고지받은 후 법원이 정한 기한(보통 증인신문기일 10일 전)까지 제출하는 것이 원칙이지만 신청서 제출시 같이 첨부해서 제출할 수 있다. 보통 단독사건인 경우 상대방수에 3통을(합의부에서는 상대방의 수에 4)더한 숫자만큼의 증인신문사항을 적은 서면을 법원에 제출하여야 한다. 다만 실무상 기일에 구두로 증인신청을 채택하는 경우도 많으므로 다음 신문기일로 변론기일을 진행한다면 증인신청서와 함께 증인신문사항을 신문기일 10일전 까지 제출하면 된다.

(4) 서면에 의한 증언방식

1) 의 의

출석하기 어려운 증인이 출석 증언에 갈음하여 제출하는 서면을 서면증언이라 한다. 즉 법원은 증인과 증명할 사항의 내용 등을 고려하여 상당하다고 인정하는 때에는 출석, 증언에 갈음하여 증언할 사항을 적은 서면을 제출하게 할 수 있다(법 310조 1항). 주로 공시송달사건, 피고가 형식적인 답변서만 제출하고 출석하지 않은 경우처럼 상대방의 반대신문권 보장의 필요성이 크지 않은 경우 주로 이용된다.

2) 서면증언의 제출

이러한 서면에 의한 증언제도도 공정증서에 의한 증언과 마찬가지로 법원의 직권으로 명하는 것이므로 증인이 스스로 서면에 의하여 증언하겠다고 신청할 수는 없다. 다만, 증인이 법정에 나가지 못하는 나름대로의 사유를 소명하여 서면에 의한 증언을 할 수 있도록 법원에 직권발동을 촉구하는 것은 가능하며, 따라서 법정에 나가기 힘든 증인으로서는 그러한 소명서류와 함께 증언 내용을 기재한 서면을 제출함으로써 서면에 의한 증언의 효과를 달성할 수 있는 것이다.

3) 제출이후의 절차

법원에 제출 된 서면증언은 변론기일에 현출됨으로써 증언으로서의 효력을 갖는다. 그 현출절차는 법원이 서면증언의 도착사실을 고지하고 당사자들에게 그에 대한 의견진술의 기회를 부여하는 방식으로 하고 신청한 당사자가 원용할 필요는 없다.

[서식 47] 서면증언요구서

서울중앙지방법원
제2민사부
서면증언요구서

귀하

사 건	20○ ○가합 12345호 토지인도
원 고	장 ○ ○
피 고	홍 ○ ○

위 사건에 관하여 귀하를 증인으로 채택하여 신문하게 되었습니다. 다만 귀하에 대해서는 민사소송법 제310조 제1항에 따라 법원에 출석·증언하는 대신 서면증언에 의하기로 하였으므로, 20○○. ○. ○.까지 별지 신문사항(요지)에 대하여 증언할 사항을 적은 서면을 제출하기기 바랍니다.

20○○. ○. ○.

법원 사무관 ○ ○ ○ (인)

※ 문의사항 연락처 : 서울중앙지방법원 제2민사부 법원사무관 ○○○
전 화 : (02) 530-1234
팩 스 : (02) 530-5678 email: ○○scourt.go.kr

[서식 48] 서면증언

서 면 증 언

사 건 20○○가합 1234호 토지인도
원 고 장 ○ ○
피 고 홍 ○ ○

증인의 인적사항

이름 : 권 ○○(691○○○-1012345)
주소 : 서울시 ○○구 ○○동 ○○번지
전화 : 02-548-1234(010-123-5678)

1. 본인이 증언할 사항은 첨부한 서면의 해당조항의 여백에 직접 기재하였습

니다.
2. 본인이 기재한 내용은 모두 진실임을 서약하며, 법원이 출석을 요구하는 때에는 법정에 출석하여 증언할 것을 약속합니다.

※ 첨부 : 신문사항에 대한 답변서

20○○. ○. ○.

증인 권 ○ ○ (인)

서울중앙지방법원 제2민사부 귀중

■ 작성·접수방법

1. 법원은 사전에 증인에게 ㉠ 증인에 대한 신문사항 또는 신문사항의 요지, ㉡ 법원이 출석요구를 하는 때에는 법원에 출석, 증언하여야 한다는 취지 ㉢ 제출기한을 정한 때에는 그 취지를 기재하여 증인에게 고지한다.
2. 증인은 서면증언서에 법원이 미리 보낸 신문사항에 대한 증언사항을 기재하여 1부를 법원에 제출하면 되는데 재판장의 별도의 지시가 없는 한 서면증언서를 공정증서로 하거나 인증을 받을 필요는 없다.
3. 법원에 제출한 서면증언은 변론기일에 현출됨으로써 증언으로서의 효력을 갖는다. 그 현출절차는 법원이 서면증언의 도착사실을 고지하고 당사자들에게 그에 대한 의견진술의 기회를 부여하는 방식으로 하고 신청한 당사자가 원용할 필요는 없다. 다만 상대방의 이의가 있거나 필요한 경우 증인으로 출석, 증언할 수 있다.

5. 증인의 소환 및 출석

종래에 증인을 신청한 당사자가 대동하여 법정에 출석시킬 수 있을 때는 증인신청서에 '증인대동, 여비 직불'이라고 기재하여 제출한 후 신청한 당사자가 증인과 같이 법원에 출석하는 방식을 많이 사용하였다. 그러나 증인의 출석 여부를 당사자에게 의존하고 불출석의 경우에 제재를 할 수 없어 현재는 위와 같은 방식을 지양하고 여비의 예납과 법원에 의한 소환을 권장하고 있다.

증인이 상대편 사람이거나 당사자가 임의로 대동할 수 없는 때에는 법원을 통하여 출석시켜야 하므로 증인신청서의 접수와 동시에 증인 소환에 필요한 비용(여비 등)을 예납하여 법원으로 하여금 증인을 소환하도록 하여야 한다.

증인이 소환장을 받고도 정당한 사유 없이 출석하지 아니하는 때는 법원은 결정으로 증인에게 이로 말미암은 소송비용을 부담하도록 명하고 500만원 이하의 과태료에 처하고 그럼에도 다시 출석하지 아니한 때에는 7일 이내의 감치에 처할 수 있을 뿐만 아니라, 구인하도록 명할 수 있다.

6. 증인신문방법

(1) 교호신문원칙

교호신문제하에서 증인신문은 증인을 신청한 당사자가 먼저 하고 다음에 다른 당사자가 하고 그 후에 재판장이 신문한다(법 327조). 따라서 원칙적으로 ① 증인신문의 신청을 한 당사자의 신문(주신문), ② 상대방의 신문(반대신문), ③ 증인신문신청을 한 당사자의 재신문(재주신문)의 순서로 진행되며, 그 이후의 신문(재반대신문, 재재주신문)부터는 재판장의 허가를 얻은 경우에 한하여 허용된다(규칙 89조). 재판장은 원칙적으로 양쪽 당사자의 신문이 끝난 후 증인을 신문할 수 있고(보충신문), 또한 재판장은 필요하다고 인정하면 당사자의 신문 도중에 언제든지 증인을 신문할 수 있다(법 327조).

(2) 격리신문원칙

두 사람 이상의 증인을 신문하는 경우에는 증인은 따로따로 신문하여야 한다. 신문하지 아니한 증인이 법정 안에 있을 때에는 법정에서 나가도록 명하여야 한다(법 328조, 격리신문). 다만 필요하다고 인정한 때에는 신문할 증인을 법정 안에 머무르게 할 수 있다. 모든 증인을 한 기일에 집중 심리하는 현재의 방식에서는 증인을 서로 분리할 필요성이 있는 경우를 제외하고는 모든 증인을 재정시킨 상태에서 신문을 실시하는 방향으로 운영함이 상당하다.

(3) 구술심문원칙

증인의 증언은 법정에 출석하여 말로 하여야 하며 서류에 의하여 진술하지 못한다(법 331조). 그러나 당사자는 재판장의 허가를 받아 문서, 도면, 사진, 모형, 장치 그 밖의 물건을 이용하여 신문할 수 있다(규칙 96조).

Ⅳ. 감 정

사 례

원고는 피고를 상대로 일실이익 1억원의 손해배상청구의 소를 제기하였고 원심법원은 우상박부절단상을 입은 원고의 도시일반근로자로서의 노동능력상실률을 정하면서 90%의 노동능력 감퇴가 있다는 내용의 ㅇㅇ병원 병원장의 신체감정촉탁결과를 배척하고 70%의 노동능력을 상실하였다고 인정한 원심의 판결은?

1. 의 의

감정이란 법관의 판단능력을 보충하기 위하여 전문적 지식과 경험을 가진 자로 하여금 법규나 경험칙(대전제에 관한 감정) 또는 이를 구체적 사실에 적용하여 얻은 사실판단(구체적 사실판단에 관한 감정)을 법원에 보고하게 하는 증거조사이다. 이러한 감정에는 이때 보고된 사실판단을 감정의 결과(감정의견)라 하고 법원으로부터 감정을 명령받은 사람을 감정인이라 한다.

하나의 대상에 대해서 검증도 해야 하고 감정도 해야 할 필요가 있는 경우에는 각각을 따로 할 필요 없이 검증·감정신청을 할 수 있다(예컨대 건물의 건축이 이웃 대지를 침범한 한 경우 경계현황측정과 검증을 동시에 신청). 대부분 부동산 관련 분쟁에서 검증 및 감정신청이 이루어지는데 이는 재판장으로 하여금 현장을 방문케 하고 정확한 것은 감정인에게 의뢰하도록 하여 한 번에 사건에 대해 파악하게 하기 위함이다.

관련판례

감정은 인증의 일종이므로 감정인이 작성한 감정서는 서증으로 취급해서는 안 된다. 그러나 소송 외에서 당사자가 직접 의뢰하여 작성된 감정서가 법원에 제출되었을 때에는 서증으로써 법원이 이를 합리적이라고 인정하면 사실인정의 자료가 될 수 있다(대판 1999. 7. 13. 97다57979).

2. 감정절차

(1) 감정신청

1) 원칙적으로 증인신문규정을 준용한다(법 333조).[30] 당사자의 신청에 의해 행하는 것이 원칙이지만 당사자가 신청한 증거에 의하여 심증을 얻을 수 없을 경우에는 직권으로 감정을 명할 수 있다(법 292조).

2) 감정을 신청하는 때에는 감정을 구하는 사항을 적은 서면을 함께 제출하여야 하고 서면은 상대에게 송달하여야 한다(규칙 101조). 감정신청서에는 감정인의 자격, 감정대상, 감정할 사항 및 입증취지를 표시한다.

3) 감정인은 법원에서 지정하므로 감정신청을 하면서 감정인을 지정할 필요는 없다. 어떤 자격을 가진 자 중에서 감정인을 선정하여 달라는 취지의 기재를 하거나 감정이 특수 분야에 관한 것으로 법원에서 적당한 감정인을 발굴하기 어려운 경우에는 감정 신청인 측에서 적극적으로 감정인을 추천할 수 있으나 어느 경우이건 법원을 구속하는 것은 아니다(법 335조).

4) 감정을 신청하려면 「감정료의 산정에 관한 예규(재일 91-3)」에 규정된 소정의 감정료를 예납하여야 한다. 실무상으로는 재판장이 감정인에게 미리 전화 등으로 감정사항을 알려 주고 감정료의 개산액(概算額)을 물어보아 신청인에게 이를 예납하게 한 후 감정인이 완성된 감정서를 제출하면 그 때 재판장이 감정료를 결정하여 지급하고 있다. 분야별로 감정료산정의 기준을 보면 ① 측량감정료(㉠ 건물현황측량 : 1동당 시지역 138,600원, 군지역 105,490원, ㉡ 토지경계측량 : 1필지당 시지역 235,620원, 군지역 180,180원. 지적측량업무 수수료산정 규정), ② 시가 등 감정료(20만원~500만원. 감정평가업자의 보수에 관한 기준), ③ 문

30) 그러나 대체성이 있어 불출석에 대한 제재나 구인절차는 준용되지 않는다(법 333조).

서감정료(25만원~35만원. 재일 91-3 제13조 감정평가업자의 보수에 관한 기준), ④ 신체감정료(과목당 15만원. 재일 91-3 제15조), ⑤ 건물하자감정(약 350만원) 등과 같다. 한편 감정인에게 지급할 여비일당숙박료 역시 신청인에게 예납시켰다가 감정인신문 당일에 지급하는 것이 원칙이나 대부분의 경우 감정인은 여비 등을 감정료에 포함시키고 따로 청구하지 않고 있다. 따라서 개산액을 물어보는 단계에서 그 포함여부를 분명히 하는 것이 좋다.

➢ TIP(감정이 필요한 사건유형과 감정방법의 예)

① 손해배상(자)·(산) : 신체감정
② 손해배상(의) : 진료기록감정(과실유무)·신체감정
③ 보험금 : 보험사고의 내용에 따라 신체감정 또는 시가감정
④ 공유물분할·경계확정 : 측량감정
⑤ 부당이득금 : 측량감정(점유부분 특정), 시가감정(임료)
⑥ 지료 등 : 시가감정(임료)
⑦ 건물인도·건물철거토지인도 등 : 측량감정·유익비감정

(2) 채부결정

법원은 감정이 필요하다고 판단되면 채택결정을 한다.

(3) 감정인 지정

1) 감정인의 선임은 관련 예규에 감정인 지정방법이 있거나 당사자가 합의하여 감정인 선임신청을 하는 경우 또는 법원이 적당한 자를 알고 있는 경우에는 그에 따르게 되나, 그 이외의 경우에는 공정을 기하기 위하여 유관단체에 재판장이 추천을 의뢰하고, 그 추천에 의하여 감정인을 선임하는 것이 보통이다.

2) 신체감정에 관하여는 「신체감정에 있어서 감정인 선정과 감정절차 등에 관한 예규(재민 97-4)」, 측량감정에 관하여는 「측량감정에 있어서 감정방법과 감정인 선정 등에 관한 예규(재민 97-3)」, 시가·임료감정에 관하여는 「부동산 시가 등 감정인의 선정 등에 관한 예규(재민 97-2)」, 하자보수비·유익비 등의

감정에 관하여는 「공사비 등 감정인의 선정 등에 관한 예규(재민 97-5)」가 제정되어 있다.

3. 감정인의 기피

1) 감정인이 성실하게 감정할 수 없는 사정이 있는 때에는 당사자가 기피신청을 할 수 있다(법 336조). 당사자는 법원의 감정인지정결정 자체에 대해서는 불복할 수 없고 오로지 기피신청을 할 수 있을 뿐이다.

2) 감정인에 대한 기피는 그 이유를 밝혀 신청하여야 한다(규칙 102조). 기피신청에 대한 재판은 결정의 형식으로 하며 당사자의 심문 여부, 감정인의 의견진술 기회 부여 등은 법원의 재량에 속한다. 기피하는 정당한 이유가 있다고 한 결정에 대해서는 불복할 수 없고 이유가 없다고 한 결정에 대해서만 즉시항고 할 수 있다(법 337조 3항).

4. 감정의 촉탁

법원은 필요하다고 인정하는 경우에 공공기관, 학교, 그 밖에 상당한 설비가 있는 단체 또는 외국의 공공기관에 감정을 촉탁할 수 있다. 감정에 관하여 감정인에게 감정을 명할 것인지 감정촉탁을 할 것인지는 법원이 직권으로 정할 사항이지 당사자의 신청여하에 좌우될 사항은 아니다.

5. 감정결과의 채택

1) 재판장은 감정인으로 하여금 서면이나 말로써 의견을 진술하게 할 수 있고 여러 감정인에게 감정을 명하는 경우에는 다 함께 또는 따로따로 의견을 진술하게 할 수 있다(법 339조). 감정인의 의견진술이 있으면 법원은 감정 결과를 법정에 현출시켜 당사자에게 변론의 기회를 준다. 법정에 현출된 이상 당사자가 원용한다는 진술을 하지 않아도 증거자료로 사용할 수 있지만(대판 1976. 6. 22. 75다2227), 실무에서는 감정결과에 대한 법원의 판단을 받기 위하여 감정결과가 유리한 당사자 측에서 이를 원용한다는 진술을 하는 것이 보통이다.

2) 감정결과를 현실적으로 증거로 채용하느냐는 다른 증거와 마찬가지로 법관의 자유 심증에 의한다(법 202조). 따라서 사례에서 원심법원이 자유 심증주의 원칙상 노동능력 상실률을 정함에 있어 90%의 감퇴가 있었다는 병원장의 신체감정촉탁결과를 배척하고 여러 조건들을 참작하여 70%의 노동능력을 상실했다고 인정한 원심판결은 정당하다(대판 1987. 10. 13. 87다카1613).

[서식 49] 감정신청서

감 정 신 청

사　　건　20○○가단 1234　손해배상(기)
원　　고　장 ○ ○
피　　고　문 ○ ○

위 사건에 관하여 원고는 다음과 같이 감정을 신청합니다.

다　　　음

1. 감정 목적물
   원고가 피고로부터 구입한 온풍기를 대신하여 피고로부터 새로이 교환받아 원고 소유의 포도나무비닐하우스에 설치한 온풍기 2대
2. 감정할 사항
   가. 위 온풍기를 장시간 작동시킬 경우, 분진 또는 매연이 비닐하우스 내에 발생할 수 있는지 여부
   나. 위 온풍기를 작동시킬 경우, 비닐하우스 내에 전반적으로 포도의 생육에 필요한 적정온도를 유지할 수 있는지 여부
   다. 위 온풍기 닥트 내에 있는 분진의 성분이 온풍기 내부재료 혹은 온풍기 연료와 일치하는지 여부

20○.　○.　○.

위 원고 장 ○ ○ (인)

○ ○지방법원 귀중

[서식 50] 감정신청서

감 정 신 청 서

사　　건　　20○ ○가합 1234호　채무부존재확인
원　　고　　장 ○ ○
피　　고　　문 ○ ○

위 당사자간 귀원 20○ ○가합 1234 채무부존재확인 청구사건에 관하여 원고의 소송대리인은 주장사실을 입증하기 위하여 다음과 같이 감정을 신청합니다.

다　　음

1. 감정의 목적물
   경기도 부천시 소사구 심곡본동 ○○ 외 5필지상의 건물.
2. 감정할 사항
   별지와 같음.
3. 감정의 목적
   위 건물에 대한 하자 및 미시공 부분을 감정해서 공사대금과 정산 하고자 합니다.
4. 감정인 선임의견
   감정의 공정성을 확보하기 위해 귀 법원의 판단에 일임하겠습니다.

20○○. ○. ○.

원고의 소송대리인
변호사 송 ○ ○

서울남부지방법원 제○○민사부 귀중

〈별지〉

감 정 사 항

1. 옥상누수
   1) 콘크리트 공사 : 철근콘크리트 공사가 수밀하게 되지 않아 누수가 발생하였는지 여부와 발생하였다면 누수방지에 필요한 보수방법과 공사비용
   2) 방수공사 미시공 : 옥상에 우레탄 방수시공을 하지 않았는지 여부와 옥상 누수방지에 필요한 방수공법과 그 공사비용

2. 지하주차장 누수
   1) 지하보호벽 : 방수 및 구배유도파이프의 미시공으로 인해 지하보호벽 내부의 물이 유도 되지 않아 누수가 발생 했는지 여부와 그러한 누수방지에 필요한 보수방법과 그 공사비용
   2) 트렌치 미설치 : 주차장 주위에 트렌치가 설치되어 있지 않아 물이 흐르더라도 트렌치 쪽으로 유도될 수 없어 집수정으로 물이 모이지 않는지 여부와 트렌치 시공시 소요되는 공사비용

■ 작성·접수방법

1. 감정의 목적물 : 감정을 할 대상(건물등)이나 피감정인을 기재한다.
2. 감정할 사항 : 신청인이 감정인에게 요구하는 감정사항을 구체적으로 열거하여 기재하면 된다.

3. 감정의 목적 : 법원으로 하여금 감정이 필요한 이유 즉 감정을 통하여 입증하고자 하는 사실을 간단하게 기재하면 된다.
4. 감정인의 선임의견 : 통상 귀원이 지정하는 감정인의 의견에 따름이라고 기재하고 있다.

■ 작성·접수방법

1. 감정신청서 1부를 법원에 제출한다. 감정사항이 있는 경우 별지로 첨부하되 별지는 법원용 이외에 감정기관의 수에 맞게 별지를 추가로 첨부한다.
2. 인지, 송달료는 없다.
3. 감정비용은 담당 재판부에 문의해서 그 액수를 확인하고 법원보관금으로 예납한 다음 납부서를 담당 재판부에 제출 한다. 보통 담당 재판부는 감정채택여부를 신청인에게 고지하면서 감정료의 납부방법도 고지하는데, 감정은 해당 전문가에게 의뢰하고 감정사항에 따라 법원도 해당 전문가에게 필요비용에 관한 의견을 들어서 액수를 정하는 경우가 많으므로 법원이 감정신청서를 우선 제출받고 후에 감정비용이 산출되면 알려주는 경우가 많다.
4. 감정인의 선임은 관련 예규에 감정인 지정방법이 있거나 당사자가 합의하여 감정인 선임신청을 하는 경우 또는 법원이 적당한 자를 알고 있는 경우에는 그에 따르게 되나, 그 이외의 경우에는 공정을 기하기 위하여 유관단체에 재판장이 추천을 의뢰하고, 그 추천에 의하여 감정인을 선임하는 것이 보통이다.
5. 감정인의 의견진술이 있으면 법원은 감정 결과를 법정에 현출시켜 당사자에게 변론의 기회를 준다. 법정에 현출된 이상 당사자가 원용한다는 진술을 하지 않아도 증거자료로 사용할 수 있지만(대판 1976. 6. 22. 75다2227), 실무에서는 감정결과에 대한 법원의 판단을 받기 위하여 감정결과가 유리한 당사자 측에서 이를 원용한다는 진술을 하는 것이 보통이다.
6. 그러나 감정결과에 이의가 있는 경우에는 재감정신청을 신청하거나 보완감정신청등을 할 수 있다.

[서식 51] 신체감정촉탁신청서

신체감정촉탁신청서

사 건 20○○가합 1234호 손해배상

원 고 장 ○○

피 고 주식회사 ○○화재

위 당사자간 귀원 20○○가합 1234 손해배상 청구사건에 관하여 원고의 소송대리인은 주장사실을 입증하기 위하여 다음과 같이 신체감정촉탁을 신청합니다.

다　　　음

1. 피감정인의 표시
   박 ○ ○(721109-1012345)
   경기도 ○○시 ○○구 ○○동 ○○.
2. 감정할 사항
   별지와 같음.
3. 신체감정의 목적
   원고의 이 사건 20○○. ○. ○. 교통사고로 인한 상해의 정도, 휴유증, 노동능력상실정도 등을 파악하여 손해배상액을 산정 하고자 합니다.
4. 감정인 선임의견
   감정의 공정성을 확보하기 위해 귀 법원의 판단에 일임하겠습니다.

* 첨부서류 : 진단서 1통

20○○. ○. ○.

원고의 소송대리인
변호사 송 ○ ○

서울중앙지방법원 제○○민사부 귀중

〈별지〉

감 정 사 항

위 피감정인의 위 20○○. ○. ○.자 교통사고로 인한 부상에 관하여

(1) 부상의 부위 및 정도

(2) 현재의 자각적 증상의 유무 및 있다면 그 내용과 정도

(3) 현재의 타각적 증세의 유무 및 있다면 그 내용과 정도

(4) 현재의 병적증상이 위 일자의 사고로 인한 것인지 여부

(5) 향후 치료가 필요하다면 그 치료의 내용과 치료시기 및 기간, 그리고 치료비 예상액

(6) 피감정인에게 보조장구가 필요하다면 그 보조구의 종류, 필요기간, 소요개수, 수명 및 단가와 그 보조구의 사용으로 개선될 수 있는 거동의 정도 및 착용훈련기간이 필요한 경우에는 그 훈련기간

(7) 개호인이 필요한지 여부, 필요하다면 ① 개호내용(음식물섭취, 착탈의, 대소변, 체위변경 등) ② 개호내용에 비추어 의료전문가의 개호가 필요한지, 또는 보통 성인남녀의 개호로 족한지의 여부 및 개호인은 몇 명이 필요한지(의료전문가가 필요하다면 그 비용)

(8) 치료종결후(향후치료포함) 피감정인에게 후유증이 남게 될 것인지 여부

가. 어떠한 후유증이(구체적으로) 남게 되는지의 여부

나. 그것이 영구적인지 혹은 개선가능한 것인지의 여부

다. 이로 인하여 신체장해가 예상되는지(신체장해라 함은 치료종결로 증상이 고정되었거나 향후치료를 한다 하더라도 영구적으로 개선불가능한 후유증이란 점을 고려한 것)와 그 장해내용(운동장해, 기능장해가 있는 경우 이를 구체적으로 표시할 것)

라. 위 신체장해가 맥브라이드 노동능력상실평가표의 각 어느 항목에 해당하는지, 만일 적절한 해당항목이 없을 경우 준용항목, 또는 어느 항목의 몇%정도에 해당하는 것으로 봄이 상당한지를 표시

마. 피감정인이 도시일용노동자로 종사하는 경우 그 노동능력의 상실정도(%로 표시)

(9) 기타 참고사항

■ 작성·접수방법

1. 감정의 목적물 : 감정을 할 대상(건물등)이나 피감정인을 기재한다.
2. 감정할 사항 : 신청인이 감정인에게 요구하는 감정사항을 구체적으로 열거하여 기재하면 된다.
3. 감정의 목적 : 법원으로 하여금 감정이 필요한 이유 즉 감정을 통하여 입증하고자 하는 사실을 간단하게 기재하면 된다.
4. 감정인의 선임의견 : 통상 귀원이 지정하는 감정인의 의견에 따름이라고 기재하고 있다.

■ 작성·접수방법

1. 감정신청서 1부를 법원에 제출한다. 감정사항이 있는 경우 별지로 첨부하되 별지는 법원용 이외에 감정기관의 수에 맞게 별지를 추가로 첨부한다.
2. 인지, 송달료는 없다.
3. 감정비용은 담당 재판부에 문의해서 그 액수를 확인하고 법원보관금으로 예납한 다음 납부서를 담당 재판부에 제출 한다. 보통 담당 재판부는 감정채택여부를 신청인에게 고지하면서 감정료의 납부방법도 고지하는데, 감정은 해당 전문가에게 의뢰하고 감정사항에 따라 법원도 해당 전문가에게 필요비용에 관한 의견을 들어서 액수를 정하는 경우가 많으므로 법원이 감정신청서를 우선 제출받고 후에 감정비용이 산출되면 알려주는 경우가 많다.
4. 감정인의 선임은 관련 예규에 감정인 지정방법이 있거나 당사자가 합의하여 감정인 선임신청을 하는 경우 또는 법원이 적당한 자를 알고 있는 경우에는 그에 따르게 되나, 그 이외의 경우에는 공정을 기하기 위하여 유관단체에 재판장이 추천을 의뢰하고, 그 추천에 의하여 감정인을 선임하는 것이 보통이다.
5. 감정인의 의견진술이 있으면 법원은 감정 결과를 법정에 현출시켜 당사자에게 변론의 기회를 준다. 법정에 현출된 이상 당사자가 원용한다는 진술을 하지 않아도 증거자료로 사용할 수 있지만 (대판 1976. 6. 22. 75다2227), 실무에서는 감정결과에 대한 법원의 판단을 받기 위하여 감정결과가 유리한 당사자 측에서 이를 원용한다는 진술을 하는 것이 보통이다.
6. 그러나 감정결과에 이의가 있는 경우에는 재감정신청을 신청하거나 보완감정신청등을 할 수 있다.

[서식 52] 감정보완촉탁신청서

감정보완촉탁신청서

사　　건　　　20○○가합 1234호　손해배상

원 고 장 ○ ○
피 고 주식회사 ○ ○화재

위 당사자간 귀원 20○ ○가합 1234호 손해배상 청구사건에 관하여 피고들의 소송대리인은 감정인이 20○ ○. ○. ○.자에 제출한 감정서에 의문점이 있어 다음과 같이 감정보완을 신청하오니 촉탁하여 주시기 바랍니다.

다 음

1. 감정보완 촉탁할 곳
   감정인 : 이○ ○
   주 소 : 경기도 ○ ○시 ○ ○구 ○ ○동 2102번지 4층
   연락처 : 전화 : 031-○ ○ ○-○ ○ ○ ○, 팩스 : 031-○ ○-○ ○ ○ ○

2. 감정보완 할 사항
   서울 중앙지방법원 제○ ○민사부에 계류중인 20○ ○가합 1234호 손해배상 사건과 관련하여 감정인께서 20○ ○가합 1234호 손해배상. 6. 20.자에 제출하신 감정서 항목 중 모순이 있거나 불명료한 점이 있어 아래와 같이 감정보완 사실조회를 신청하오니 감정인께서는 비록 피고의 주장사항이 감정인의 기준이나 견해와 다르다 하더라도 최종 판단은 법원이 할 것이므로 자신의 견해를 밝힘은 물론 피고가 신청한 항목에 대하여 반드시 금액으로 보완하여 회신하여 주시기 바랍니다.

아 래

Ⅰ. 서 설
이 사건 아파트는 20○ ○가합 1234호 손해배상. 7. 27. 관할 시청으로부터 사용검사를 필한 이 후, 시공자인 피고 ○ ○건설은 단지내에 하자 보수팀을 상주시키며 성실히 하자보수에 임하여 왔으나, 이 사건 원고인 입주자대표회의는 피고 ○ ○건설이 하자보수를 게을리 하였다고 주장하며 사용검사일로부터 3년이 경과한 20○ ○. 7. 22.자에 소송을 제기하였고, 사용검사일로부터 3년 6개월이 경과한 시점인 20○ ○. 2. 14.자에 하자감

정이 개시되어 20○○. 6. 20.자에 감정보고서가 제출되었습니다.

한편, 경기도 ○○시 ○○동에 위치한 3개동 132세대 규모이고 사용검사 후 3년여 기간이 경과한 이 사건 아파트에 대한 보수비 산정에 있어 귀 감정인의 감정서에 일부 불명료하거나 모순된 점이 발견되어 이하에서는 그 문제점에 대하여 살펴보도록 하겠습니다.

Ⅱ. 공용부분

1. <고용8> 10동, 102동 흙에 접한 지하층 외벽 액체방수 2차 부실시공(금 12,516,200원

가. 감정의견.

감정서 30면에서 "도면검토 결고 도면상 표기는 액체방수 2차로 표기되어 있으나 과거 액체방수 1차, 2차로 구분되어질 당시의 표기방법으로 현재는 이에 대하 구분이 사라진 상태이며, 현재 액체방수에 대한 구분은 액체방수 1종, 2종으로 구분되어지며, 과거 액체방수 2차와 현재 액체방수 1종과 동일한 상태로 볼 수 있다. 10동, 102동 지하 pit 벽체 및 지하주차장 회벽 방수층에 대한 코어채취 결과를 검토한 결과, 방수층의 시공두께는 액체방수 1종의 평균 두께인 12.0mm에 미달하는 평균두께 7.0mm내외(보호몰탈+액체방수)인 것으로 조사되었다. 지하주차장 외벽 및 지하 벽체에 누수 및 방수결함에 의한 특별한 손상은 없는 것으로 조사되어 기준두께에 미달되는 재료비의 차액을 산정한다"라는 의견을 제시하였습니다.

나. 사용검사도면, 건축표준시방서에는 액체방수 두께 및 보호몰탈 시공여부에 대하여 표기되어 있지 않음.

감정인은 101, 102동 흙에 접한 지하층 외벽 액체방수 및 보호몰탈 시공여부에 대한 근거자료로 제시한 사용검사도면 A-064-01 '주단면도(24평형)'와 사용검사도면 A-65 '주단면도(33평형)'을 아래 그림1과 같이 살펴보면 액체방수 및 보호몰탈 두께 표기가 없는 것을 확인할 수 있습니다.

<조회할 사항 1-1>

감정인께서는 이 사건 아파트의 사용검사도면 및 건축공사 표준시방서에 표기되어 있지 않은 액체방수 및 보호몰탈 두께, 보호몰탈 시공여부에 대하여 주관적 판단에 따라 공사비를 산정하는 것은 부당하다 판단

되는데, 이에 대하여 견해를 밝혀주시고, 피고의 주장이 타당하다면 공사비를 제외 후 회신하여 주시기 바랍니다.

다. 감정의견과 다른 보수비 산출은 부당함.

설사 피고와 의견을 달리하여 보수비를 산출하더라도 감정인은 감정의견에서 기준두께에 미달되는 재료비의 차액을 산정한다는 의견을 제시하였으나 감정서 부록 '내역서'를 아래 표2에서 살펴보면 액체방수 및 보호몰탈에 대하여 기준두께에 미달되는 부분의 공사비를 산출하고 있으며 이는 재료비차액 산정을 제시하였던 감정의견과 다른 보수비 산출로 부당하며, 액체방수 및 보호몰탈 두께로 인한 노무비는 차이가 없으므로 당연히 재료비만 차액을 산정하는 것이 타당하다 사료됩니다.

<조회할 사항 1-2>

감정인께서는 지하층 외벽에 대한 액체방수 및 보호몰탈 두께부족에 대하여 감정의견과 다른 보수비 산출은 부당하다 판단되는 바, 재료비 차액만을 산정한 가액은 얼마인지 산정하여 주시기 바랍니다.

20○○. ○. ○.

원고의 소송대리인

변호사 송 ○ ○

서울중앙지방법원 제○○민사부 귀중

〈작성례 1〉 문서감정

1. 감정의 목적물

   피고가 제출한 을제4호증 계약서

2. 감정할 사항

   위 을제4호증 계약서상 원고의 날인이 위조되었는지 여부.

3. 감정의 목적

   을제4호증 계약서가 피고가 위조한 것임을 입증 하고자 합니다.

4. 감정인 선임의견
   감정의 공정성을 확보하기 위하여 귀 법원의 판단에 일임하겠습니다.

〈작성례 2〉 문서감정

1. 감정의 목적물
   갑제2호증 매매계약서
2. 감정할 사항
   문서에 기재된 날인이 위조되었는지 여부
3. 감정의 목적
   원고가 제출한 갑제2호증 매매계약서가 위조된 것임을 입증 하고자 함.
4. 감정인 선임의견
   감정의 공정성을 확보하기 위하여 귀 법원의 판단에 일임하겠습니다.

〈작성례 3〉 필적감정

1. 감정의 목적물
   1) 갑제2호증 매매계약서 원본
   2) 갑제5호증 영수증
2. 감정할 사항
   갑제2호증 매매계약서에 기재된 필적이, 갑제9호증 영수증상에 기재된 필적과 동일한지 여부
3. 감정의 목적
   원고가 제출한 갑제9호증 영수증이 위조된 것임을 입증 하고자 함.
4. 감정인 선임의견
   감정의 공정성을 확보하기 위하여 귀 법원의 판단에 일임하겠습니다.

〈작성례 4〉 필적감정

1. 감정할 문서의 표시
   확인서 및 재정보증서

2. 감정할 사항
위 감정할 문서가 동일인의 필적인지 여부
3. 감정의 목적
원고가 제출한 갑제10호증 확인서 및 재정보증서가 위조된 것임을 입증 하고자 함.
4. 감정인 선임의견
감정의 공정성을 확보하기 위하여 귀 법원의 판단에 일임하겠습니다.

〈작성례 5〉 필적감정

1. 감정의 목적물
피고 최○○이 작성한 것으로 되어 있는 지급보증서(갑제2호증의 1, 2)
2. 감정할 사항
1) 위 문서의 지급보증인으로 되어 있는 피고 최○○의 필적이 동일인의 필적인지 여부를 감정하고자 함.
2) 위 문서의 지급보증인으로 되어 있는 피고 최○○의 지문이 동일인의 지문인지 여부를 감정하고자 함.
3. 감정 방법
위 지급보증서 원본은 원고가 소지하고 있는바, 위 문서의 소지자로부터 원본을 제출 받아 해당부분의 필적 및 지문이 피고 최○○의 필적 및 지문을 대조하는 방법으로 감정하여 주시기 바랍니다.
4. 감정인 선임의견
감정의 공정성을 확보하기 위하여 귀 법원의 판단에 일임하겠습니다.

〈작성례 6〉 인영감정

1. 감정할 인영의 표시
예금거래신청서상의 변경전 인감 및 첨부된 어음·수표용지 수령증상에 날인된 인영
2. 감정할 사항
위 감정할 인영이 동일한 도장에 의해 날인된 인영인지 여부
3. 감정의 목적
예금거래신청서상의 변경 전 인감 및 첨부된 어음·수표용지 수령증상에 날인된 인영이 동일하다는 사실을 명백히 함에 있습니다.

4. 감정인 선임의견
감정의 공정성을 확보하기 위하여 귀 법원의 판단에 일임하겠습니다.

〈작성례 7〉 신체감정

1. 감정의 목적
원고 ○○○의 사고로 인한 상해의 정도, 후유증, 노동능력상실정도 등을 파악하여 손해배상액을 산정하기 위함.
2. 피감정인의 표시
○○○(1972. 7. 23. 생)
서울시 영등포구 ○○동 ○○번지
3. 감정할 사항
피감정인이 2013. 5. 10. 발생한 교통사고로 인하여 입은 상해와 관련하여
1) 부상의 부위와 정도
2) 현재의 자각적 증상의 유무 및 있다면 그 내용과 정도
3) 현재의 타각적 증세의 유무 및 있다면 그 내용과 정도
4) 현재의 병적증상이 위 일자의 사고로 인한 것인지 여부
5) 향후 치료가 필요하다면 그 치료의 내용과 치료기간 및 소요치료비 예상액
6) 피감정인에게 특별히 개호인을 붙일 필요가 있는지 여부, 있다면 개호인을 붙여야 할 기간과 개호인 비용(개호인 업무내용이 도시일용 보통 인부가 담당할 수 있는 것일 때에는 그 취지를 기재요망)
7) 피감정인이 보조기구를 필요로 할 때에는 보조기구의 소요개수와 개당수명 및 그 단가
8) 위의 상해가 피감정인의 평균수명에 영향이 있는지의 여부, 있다면 예상되는 수명의 단축기간
9) 치료종결 후(향후치료 포함) 피감정인에게 후유증이 남게 될 것인지 여부
가. 어떠한 후유증이(구체적으로) 남게 되는지의 여부
나. 그것이 영구적인지 혹은 개선가능한 것인지의 여부
다. 이로 인하여 신체장해가 예상되는지(신체장해라 함은 치료종결로 증상이 고정되었거나 향후치료를 한다 하더라도 영구적으로 개선불가능한 후유증이란 점을 고려한 것)와 그 장해내용(운동장해, 기능장해가 있는 경우 이를 구체적으로 표시할 것)
라. 위 신체장해가 맥브라이드 노동능력상실평가표와 국가배상법시행령 별표 노동

력상실률표의 각 어느 항목에 해당하는지, 만일 적절한 해당항목이 없을 경우 준용항목, 또는 어느 항목의 몇%정도에 해당하는 것으로 봄이 상당한지를 표시

마. 피감정인이 도시일용노동자로 종사하는 경우 그 노동능력의 상실정도(%로 표시)

10) 기타 필요한 사항

4. 감정할 과목
정형외과

〈작성례 8〉 신체감정

1. 감정의 목적
이 사건 원고 ○○○에 대한 피고의 국가유공자등록거부처분이 부당하다는 것을 입증하기 위함.

2. 피감정인의 표시
성 명 : 한○○
주민등록번호 : 8610○○-11141○○
주 소 : 경북 ○○시 ○○면 ○○리 13

3. 감정할 사항
위 피감정인은 '추간판탈출증(L4-5, L5-S1)' 진단을 받고 내시경하 추간판제거술(L4-5)을 받았는 바, 위 피감정인의 현재 상태가 국가유공자등예우및지원에관한법률에 의할 경우 별지의 상이등급구분표상 해당하는 등급은?

4. 감정할 과목
정형외과

5. 감정인 선임의견
귀원이 지정하는 정형외과의사

〈작성례 9〉 정신감정

1. 감정의 목적
피고의 정신 장애 질환이 호전될 가망성이 없다는 것을 확인하여 이 사건에서의 피고의 이혼사유를 입증하고자 합니다.

2. 피감정인의 표시
○○○(670911-2089123)

서울시 영등포구 ○○동 ○○번지

3. 감정할 사항
   1) 망상성 장애의 질환을 가지고 있는 피감정인의 현 증상이 어떠한지
   2) 피감정인의 증상이 호전될 가능성이 있는지 여부
   3) 호전될 가능성이 있다면 현재는 별거중인 피감정인이 다시 혼인 생활을 하는 경우 위 증상이 다시 나타날 가능성이 있는지 여부

4. 감정인 선임의견
   귀원이 지정하는 정신감정의사

〈작성례 10〉 (굴착)측량감정

1. 감정의 목적물
   서울 서초구 서초동 ○○1 대지 560.5 평방미터
2. 감정할 사항
   위 토지중 피고들이 실제로 점유사용하고 있는 면적 및 실제사용하고 있는 위치상황을 굴착하여 특정.
3. 감정의 목적
   각 피고들의 실제 점유 사용하는 면적의 확인.
4. 감정인 선임의견
   감정의 공정성을 확보하기 위하여 귀 법원의 판단에 일임하겠습니다.

〈작성례 11〉 측량감정

1. 감정의 목적물
   서울 ○○구 ○○동 ○○번지 지상 원고의 소유건물 중 1층 85.8㎡
2. 감정할 사항
   위 원고의 소유건물 중 피고 임차부분을 특정하여주시기 바랍니다.
3. 감정의 목적
   피고의 임차목적물 부분을 특정하여 명도대상을 정확히 하기 위함.
4. 감정인 선임의견
   감정의 공정성을 확보하기 위하여 귀 법원의 판단에 일임하겠습니다.

〈작성례 12〉 측량감정

1. 감정 목적물
   파주시 ○○동 ○○리 ○○의4 대지 3,172.20㎡중, 별지 도면표시 1,2,8,7,1의 각 점을 순차로 연결한 선내 "나"부분, 같은 도면표시 2,3,9,8,2의 각점을 순차로 연결한 선내 "다"부분, 같은 도면표시 3,4,5,6,7,8,9,3의 각점을 순차로 연결한 선내 "가"부분
2. 감정할 사항
   위 감정목적물에 대한 각 위치 및 면적을 측량하여 감정도면상에 특정하여 표시할것.
3. 감정의 목적
   위 "가", "나", "다"의 각 위치 및 면적을 명백히 함에 있습니다.
4. 감정인 선임의견
   감정의 공정성을 확보하기 위하여 귀 법원의 판단에 일임하겠습니다.

〈작성례 13〉점유현황감정

1. 감정의 목적물
   서울시 서대문구 홍은동 산 11-17 소재 이건 계쟁토지와 피고 소유의 건물
2. 감정할 사항
   피고가 소유의 의사로 점유사용하고 있는 이건 계쟁토지와 피고 소유의 건물의 위치, 점유현황, 점유개시 시기.
3. 감정의 목적
   이건 계쟁토지와 피고 소유의 건물을 피고가 점유개시한 시기와 점유현황 및 시가를 명백히 함에 있습니다.
4. 감정인 선임의견
   감정의 공정성을 확보하기 위하여 귀 법원의 판단에 일임하겠습니다.

〈작성례 14〉 지료감정

1. 감정의 목적물
   서울 ○○구 ○○동 ○○번지 대 185.8㎡
2. 감정할 사항
   위 감정목적물의 2014년부터 2017년 11월까지의 연도별 지료

3. 감정의 목적
이 사건에서 원고의 손해배상 청구 금액을 산정하기 위함.
4. 감정인 선임의견
감정의 공정성을 확보하기 위하여 귀 법원의 판단에 일임하겠습니다.

〈작성례 15〉 임료감정

1. 감정의 목적물
서울 ○○구 ○○동 ○○번지 대 185.8㎡
2. 감정할 사항
위 감정목적물의 2017. 1, 1부터 2017. 12. 31.까지의 월 임대료
3. 감정의 목적
피고가 원고의 토지를 무단 사용함으로써 원고로부터 부당이득한 금액을 산정하기 위함.
4. 감정인 선임의견
감정의 공정성을 확보하기 위하여 귀 법원의 판단에 일임하겠습니다.

〈작성례 16〉 시가감정

1. 감정의 목적물
서울 ○○구 ○○동 20의 1 일원반포자이 1상가 2층 213호 93.608㎡
2. 감정 할 사항
위 감정 목적물들에 대한 현재의 시가를 정확히 산출함에 있는바, 감정방법은 거래사례비교법을 원칙으로 하되 만일 거래사례가 없다면 현재 임대차계약이 체결되어 있는 상태이므로 수익환원법을 적용하여 시가를 감정하여 주시기 바랍니다.
3. 감정의 목적
감정 목적물에 대한 현재의 시가를 확인하고자 함.
4. 감정인 선임의견
감정의 공정성을 확보하기 위하여 귀 법원의 판단에 일임하겠습니다.

〈작성례 17〉 원상복구비감정

1. 감정의 목적물
   서울 ○○구 ○○동 ○○번지 지상 원고 소유의 철근콘크리트조 단층 주택 305.7 ㎡
2. 감정할 사항
   위 건물의 파손 부분의 원상복구 비용.
3. 감정의 목적
   원고 소유 건물의 원상복구에 관한 비용을 산정하기 위함.
4. 감정인 선임의견
   감정의 공정성을 확보하기 위하여 귀 법원의 판단에 일임하겠습니다.

〈작성례 18〉 기성고감정

1. 감정의 목적물
   서울 ○○구 ○○동 ○○번지 상의 지상건물
2. 감정할 사항
   위 건물에 대한 기성고.
3. 감정의 목적
   이 사건 공사대금의 금액을 산정하기 위함.
4. 감정인 선임의견
   감정의 공정성을 확보하기 위하여 귀 법원의 판단에 일임하겠습니다.

〈작성례 19〉 유전인자감정

1. 감정의 대상
   사건본인 김○○
2. 감정할 사항
   원고와 피고, 사건본인 김○○의 혈액체취에 의한 혈액형의 검사 등 유전인자의 검사, 기타 상당하다고 인정되는 방법을 통하여 피고와 사건본인 김○○이 친자관계에 있는지를 감정하고자함.
3. 감정의 목적
   사건본인 공유신이 피고의 친자임을 확인하고자 함.

4. 감정인 선임의견
감정의 공정성을 확보하기 위하여 귀 법원의 판단에 일임하겠습니다.

〈작성례 20〉 진료기록감정사항

감 정 사 항

1. 기초사실
   가. 피고병원에 내원하기 전 환자의 병력
   나. 내원 당시의 증상
   다. 위 병력 및 증상을 기초로 피고병원 의사들이 내린 진단 결과
   라. 환자에 대하여 시행한 검사의 종류 및 결과
   마. (소규모 병원일 경우) 피고병원에 소속된 의사의 수 및 전공과목, 간호사, 간호조무사의 수, 병실의 개수, 진료기기의 구비여부
2. 진료감정과 관련
   가. 피고병원 의사들의 과실여부에 대한 양 당사자의 주장을 제출한 소장, 준비서면 등(뒤에 첨부됨)에 기초하여 의학적으로 간략하게 정리요망
      ① 환자측 주장
      ② 병원측 주장
   나. 긴급성의 유무(치료가 시간적으로 긴급을 요하였는지 또는 치료과정이 극히 위험하거나 그대로 방치할 수 없어 치료를 시작한 것인지 여부) 및 그 정도
   다. 내원 당시의 임상의학수준(의학문헌)에 기초하여
      ① 내원 당시의 증상에 대한 일반적인 치료방법의 내용 및 필요성, 예후 및 예상되는 위험과 부작용, 그 발생확률(%)
      ② 피고병원 의사들이 환자에 대하여 시행한 외과적, 내과적 치료를 포함한 모든 진료행위의 결과(특히 위 진료행위 중 이 사건의 의학적 핵심이 되는 부분에 관하여 시간적 순서에 따라 기재요망)
      ③ 위 진료과정(진단, 검사, 치료, 경과관찰 등)에서 일반적으로 의사들이 주의하여야 할 점(특히 위 진료행위 중 이 사건의 의학적인 핵심이 되는 부분에 관하여 중점적으로 설명 요망)
   라. 위 다.의 ②, ③항에 비추어 볼 때 결과적으로 피고병원 의사들의 진료가 적절하였는지 여부, 부적절하였다면 구체적으로 어떠한 점을 지적할 수 있는지

3. 본건 진료행위 중 발생한 나쁜 결과 및 현재의 나쁜 결과와 관련하여
   가. 위 각 나쁜 결과에 대한 의학적 진단명, 일반적인 발생원인, 각 원인별 발생가능성 및 정도(%)
   나. 진료 당시의 의학수준에 비추어,
      ① 위 원인 중 본건 진료행위와 관련성이 있는 것, 그 이유
      위 원인 중 본건 진료행위와 관련성이 없는 것, 그 이유
      ② 위와 같은 예방조치를 취하였을 경우 위 각 나쁜 결과의 발생을 막을 수 있었는지 여부 및 막을 수 있는 확률(%)
4. 기왕증과 관련
   가. 환자가 피고병원에 내원하기 전 기왕증이 있었는지 여부, 있었다면 그 의학적 진단명
   나. 기왕증이 있었다면 위 기왕증이 환자의 현 증상에 영향을 미쳤는지 여부 및 그 정도(%)
   다. 일반적으로 위 기왕증은 완치가 가능한 것인지 여부
   라. 완치가 불가능하다면 적절한 치료를 마친 상태에서 일반적으로 위 기왕증 자체만으로 노동능력의 상실, 기대여명의 단축을 예상할 수 있는지 여부, 예상가능하다면 구체적인 예상수치〈노동능력상실의 경우 그 상실 정도를 맥브라이드표에 의해 산정하여 수치(%)로 표시 요망〉
5. 기타 당사자 쌍방이 제출한 감정사항(위 내용과 중복되지 않는 범위 내에서 답변 요망)
   〈참고〉 병명 등 의학용어는 가급적 국어, 한자어, 외래어를 병기하여 주시고 간단한 개념설명을 덧붙여 주시기 바랍니다.
   예) 한랭감(psychroesthesia, 신체의 일부가 따뜻하지만 차게 느끼는 상태)

[서식 53] 감정인기피신청서

감정인기피신청

사　　건　20○○가단 123　손해배상(자)
원　　고　○○○

피 고 ◇◇◇

당사자간의 위 사건에 관한 피고의 감정신청에 대하여 감정인 ▣▣▣으로 선임되었으나, 위 ▣▣▣에게는 신청이유의 기재와 같이 성실한 감정을 방해하는 사정이 있으므로 원고는 이에 감정인 기피를 신청합니다.

신 청 취 지

원고 ○○○, 피고 ◇◇◇간의 귀원 20○○가단123 손해배상(자) 사건에 관하여 20○○. ○. ○. 동 법원이 선임한 감정인 ▣▣▣에 대한 원고의 기피는 그 이유 있다.
라는 재판을 구합니다.

신 청 이 유

위 사건에 관하여 지정된 감정인 ▣▣▣는 피고회사의 자문의로 성실한 감정을 하기에 지장이 있으므로, 위 감정인의 감정사항에 관하여 의견의 진술을 하기 전에 원고는 기피의 신청을 합니다.

소 명 방 법

1. 녹취록 1통

20○○. ○. ○.

위 원고 ○○○ (서명 또는 날인)

○○지방법원 귀중

V. 서 증

사 례

원고는 피고를 상대로 1억원의 지급을 청구하는 소를 제기하면서 피고가 연대보증인으로 되어있는 계약서의 사본을 제출하였지만 피고가 원고에게 그 원본제출을 요구하면서 원본의 존재 및 원본의 성립의 진정에 대해 이의를 제기하는 경우?

1. 개 설

(1) 서증의 의의

서증은 '문서'를 열람하여 그에 '기재된 내용'을 증거자료로 하기 위한 증거조사이다. 문서의 기재내용을 자료로 하려는 것이 서증이므로 문서의 외형존재 자체를 자료로 하려는 검증과 구별하여야 한다. 예를 들어 매매사실을 증명하기 위하여 제출된 계약서는 서증의 대상이지만, 위조사실을 증명하기 위해 제출한 계약서는 검증의 대상이다.

(2) 문서의 종류

1) 원본·정본·등본·초본

원본이란 문서 그 자체를 말하고, **등본**은 원본의 기재내용을 전부 복사한 것이고, 초본은 원본 가운데 관계있는 특정 부분만 복사한 것이다. 특히 인증기관이 공증한 등본을 **인증등본**이라고 한다(예를 들어 등기부등본). **정본**은 원본에 갈음하여 원본과 동일한 효력이 인정되는 등본인데, 이것은 원본을 보존하고 원본과 같은 효력이 있는 것을 교부하여야 할 경우에 쓰인다(예를 들어 판결, 결정, 명령 등의 정본). 부본은 송달에 이용하기 위해 만들어진 등본이다(예를 들어 소장부본). 정본·등본·초본은 원본의 전부 또는 일부를 복사한 것이므로 모두 사본이다. 법원에 문서를 제출하거나 보낼 때에는 원본, 정본, 또는 인증이 있는 등본으로 하여야 한다(법 355조 1항).

2) 공문서·사문서

문서는 작성주체 및 권한에 따라 공문서, 사문서, 공사병용문서로 나뉜다. 공문서는 공무원이 그 직무권한 내의 사항에 대하여 작성한 문서이고, 사문서는 공문서 이외의 문서이다. 공문서 중 공증인과 같이 공증권한을 가진자가 작성한 것을 공정증서라 한다. 사문서에 공무원이 직무상 일정한 사항을 기입해주는 공·사병존문서는 공증서 부분의 성립으로 사문서 부분의 진정성립을 추정할 수 없다.

3) 처분문서·보고문서[31)]

증명하고자 하는 법률행위(처분)가 그 문서자체에 의하여 이루어진 경우를 처분문서(예를 들어 판결문, 행정통지서, 계약서, 약정서, 납세고지서, 통지서 등)라고 하며, 작성자가 보고 듣고 느끼고 판단한 바를 기재한 문서를 보고문서(예를 들어 가족관계증명서, 진단서, 편지, 영수증, 일기 등)라고 한다.

(3) 증거능력 및 증거력

1) 사본을 제출할 경우 그 증거능력과 증거력이 문제 되는 바, ① 사본을 원본으로 제출(사본자체를 믿어 달라)하는 경우에는 355조에 위반되지 않지만 사본자체가 원본으로 조사되는 것이므로 사본의 증거력이 문제되는데 이 경우 증거에 의해 사본과 같은 원본의 존재와 진정성립이 인정되면 사본내용의 실질적 증거력을 인정할 수 있다. 반면에 ② 사본을 원본에 갈음해 제출(원본을 믿어 달라)하는 경우에는 355조에 위반되므로 상대방이 사본으로서 원본에 대용함에 이의가 없고 또 원본의 존재와 성립을 인정한다는 진술을 한 경우에 제출이 가능하며 사본이 원본에 갈음해 조사되므로 원본의 증거력이 문제된다.

2) 사례에서 원고가 계약서 사본을 원본으로 제출하는 경우에는 355조 1항의 위반이 아니므로 상대방의 동의가 필요 없지만, 사본이 원본이 제출된 것과 같은 실질적 증거력이 인정되려면 증거에 의하여 사본과 같은 원본이 존재하고 그 원본이 진정하게 성립하였음이 인정되어야 한다.

---

31) 민사소송에서는 증거능력의 제한이 없으므로 각종문서 뿐만 아니라 복사본도 증거능력이 인정된다.

관련판례

상대방이 그 문서의 진정성립을 적극적으로 다투거나 그 서증의 진정성립에 석연치 않은 점이 있을 때 그 서증의 진정성립 여부가 쟁점이 된 때 또는 그 서증이 당해 사건의 쟁점이 되는 주요사실을 인정하는 자료로 쓰이는데 상대방이 그 증거능력을 다툴 때에는 그 문서가 어떠한 이유로 증거능력이 있는 것인지 설시하는 것이 옳을 것이고 사문서의 경우 그것이 어떠한 증거에 의하여 진정성립이 인정된 것인지 잘 알아보기 어려운 경우에도 그 근거를 분명히 밝혀서 설시하여야 할 것이며 그렇지 아니하면 이유의 불비가 될 수 있을 것이다(대판 1993. 12. 7. 93다41914).

2. 서증의 신청

서증을 증거조사하려면 당사자가 증명하고자 하는 사실에 관하여 증거방법이 될 문서를 특정하여 법원에 그 열람을 구하는 행위 즉 신청을 하여야 한다. 서증의 신청은 ① 신청자가 가지고 있는 문서는 직접 제출하는 방법으로, ② 상대방·제3자가 가지고 있는 것으로서 제출의무가 있는 문서는 그에 대한 문서제출명령을 신청하는 방법으로(법 343조), ③ 소지자에게 제출의무가 없는 문서는 그에 대한 문서송부촉탁을 신청하는 방법으로(법 352조), ④ 소지자에 대한 송부촉탁이 어려운 문서는 소재 장소에서의 서증조사를 신청하는 방법으로(법 297조) 한다.

3. 직접 문서를 제출하는 방식

(1) 의 의

서증을 신청하는 자가 스스로 가지고 있는 문서이면 법원에 직접 문서를 제출하는 방식으로 한다(법 343조). 법원에 문서를 제출하거나 보낼 때에는 원본, 정본, 또는 인증이 있는 등본으로 하여야 한다(법 355조 1항).

(2) 제출의 시기

서증은 소장, 답변서, 준비서면 등 주장서면에 그 사본을 첨부하여 제출하는 것을 원칙으로 하며 제출된 서증의 사본은 그 주장서면과 함께 상대방에게 송부하여 미리 검토할 기회를 부여한다. 재판장은 당사자의 의견을 들어 증거를 신청할 기간을 정할 수 있고 이 경우 정당한 사유가 없는 한 위 기간을 넘기 때에는 증거를 신청하거나 제출할 수 없는데(법 147조), 문서를 제출하는 방식으로 서증을 신청하는 경우에는 위 기간이 끝나기 전에 서증의 사본을 제출하여야 한다(규칙 108조).

(3) 방 법

1) 현실적 제출

서증의 신청은 법원 밖에서 증거조사를 하는 경우를 제외하고는 당사자가 변론기일에 출석하여 현실적으로 제출하는 방법으로 한다. 서증이 첨부된 소장 또는 준비서면 등이 진술되는 경우에도 마찬가지이다(대판 1991. 11. 8. 91다15775).

2) 문서의 형식

문서의 제출은 원본으로 하는 것이 원칙이나 원본이 없거나 원본이 불가능할 경우에는 정본 또는 인증등본으로 할 수 있다(법 355조 1항). 법원은 필요하다고 인정하는 때에는 원본을 제출하도록 명할 수 있고 당사자로 하여금 그 인용한 문서의 등본 또는 초본을 제출하게 할 수 있다.

3) 상대방 수의 사본 제출 의무

서증을 제출하는 때에는 상대방의 수에 1을 더한 통수의 사본을 제출하도록 하고 그 제출 시기는 서증신청을 함과 동시에 제출함을 원칙으로 하되 상당한 이유가 있는 때에는 법원은 기간을 정하여 사후에 제출하게 할 수 있다.

4) 서증부호의 부여

① 원고가 제출하는 호증은 '갑호증'으로 피고가 제출하는 서증은 '을호증'으로 당사자가 참가인은 '병호증'으로 각 번호로 특정하여 제출한다.

② 복수의 서증이 서로 관련되어 있거나 같은 종류일 경우에는 모번호에 가지번호를 붙여서 표시하여 함께 제출한다.

갑제1호증의 1내지3	각 영수증
갑제2호증의 1	내용증명
갑제2호증의 2	첨부서류

③ 당사자가 여러 명인 경우에는 가, 나, 다,~의 가지번호를 붙여서 표시한다. 예를 들어 피고가 갑, 을, 병이 있는 경우에 다음과 같다.

피고 갑의 호증

을 가 제1호증	매매계약서
을 가 제2호증	내용증명

피고 을의 호증

을 나 제1호증	세금계산서
을 나 제2호증	편지

피고 병의 호증

을 나 제1호증	입금표
을 다 제2호증	합의서

④ 1심 2심 소송이 진행되는 동안에는 번호를 계속해서 부여해서 서증을 제출하면 되고, 실무상 호증표시는 고무인을 사용하고 있지만 고무인이 없는 경우에는 수기로 표시하여 기재하여도 상관없다.

[서식 54] 서증목록

서 증 목 록

사　건　20○○가합1234호 손해배상
원　고　장○○
피　고　문○○

위 사건에 대하여 원고의 대리인은 다음과 같이 서증을제출합니다

다　　음

1. 갑제 10호증　　　자금지원약정서
1. 갑제 11호증　　　인증서

20○○.　○.　○.

원 고　○ ○ ○　(인)

서울○○지방법원 제○○민사부 귀중

■ 작성·접수방법

1. 법원에 서증만을 제출하는 경우에 서증목록 2부(상대방 1명인 경우)를 제출한다.
2. 인지 등 첩부비용 없다

(4) 증거설명서의 제출

재판장은 서증의 내용을 이해하기 어렵거나 서증의 수가 방대한 경우 또는 서증의 입증취지가 불명확한 경우에는 당사자에게 서증과 증명할 사실의 관

계를 구체적으로 밝힌 설명서를 제출할 것을 명할 수 있다(규칙 106조 1항).

[서식 55] 증거설명서

증 거 설 명 서

사　건　20○○가합 1234호　소유권이전등기
원　고　김 ○ ○
피　고　정 ○ ○

위 당사자간 귀원 20○○가합 1234호 소유권이전등기 청구사건에 관하여 원고는 다음과 같이 증거설명서를 제출합니다.

다　　음

호증	서증명	작성일	작성자	입증취지	비고
갑1	매매계약서	20○○.1.3.	원고	원고와 피고를 대리한 김○○ 사이에 체결된 매매계약서	
2	등기사항 전부증명서			사건 토지를 피고를 대리한 김○○이 매도한 적이 있다는 사실	
3	“				
4-1	영수증	20○○.3.7.	원고	계약금 지급사실	
4-2	″	20○○.3.7.		중도금 지급사실	
4-3	“	20○○.1.3.		잔금 지급사실	
5	각서사본	20○○.9.6.	피고	피고가 이 사건 계약을 인정한 후 원고에게 등기를 넘겨주기로 약속한 사실	피고 소지
6	제적등본			피고와 김○○ 사이의 신분관계	

20○○.　○.　○.

원 고 김 ○ ○ (인)

서울○○지방법원 제○○민사부 귀중

■ 작성·접수방법

1. 법원의 서증설명에 대한 지시나 명령이 있을 경우 제출한다.
2. 증거설명서는 1부를 제출하면 인지등 비용은 없다.
3. 문서의 제목, 작성연월일, 작성자 및 입증취지 외에 원본의 소지 여부등을 기재하고, 입증취지는 입증의 대상인 주요사실을 기재하는 외에 사안에 따라서는 작성경위나 당해 서증으로 구체적으로 입증하려는 간접사실을 함께 기재한다.

(5) 서증인부

1) 개 설

당사자나 대리인은 상대방이 제출한 중요 서증에 대한 의견을 준비서면 등을 통해 미리 밝혀야 한다. 따라서 상대방이 증거로 제출한 서류가 위조나 변조된 것인지를 확인하는 절차를 서증인부라 한다. 즉 서증의 인부란 상대가 제출한 서증이 위조되었는가를 밝히는 절차로써 그 답변형식은 원칙적으로 성립인정, 부인, 부지의 3가지 형식이 있다.

2) 성립인정

문서가 위조되지 않아 진정한 문서임을 인정한다는 것이다. 그러나 성립인정을 한다고 하여 상대방 주장을 인정하는 자백의 효과가 있는 것은 아니기 때문에 이 경우 위조되지 않았다는 의미로 보면 된다(예를 들어 상대방으로부터 계약서를 수령하였다고 인정하여도 그 계약서의 거짓내용까지 진실한 것으로 취급되는 것은 아니다).

3) 부 인

부인이란 제출된 서증이 위조된 것이라고 진술하는 것으로 그 위조여부에 대한 구체적 진술에 따라 법원은 소송상 취급을 달리한다. ① 날인된 인영이 자신의 인영이 아니라고 부인하는 경우, ② 백지에 날인해 주었는데 임의로 내용을 보충한 경우라고 주장하는 경우, ③ 날인된 인영은 자신의 인장이지만 다른 사람이 임의로 날인한 것이라거나, 인장 외에 나머지 부분이 임의로 변조하였다고 주장하는 경우가 있는데 그 중 ③의 경우는 문서자체의 진정한 작성이 추정되므로 부인하는 자가 임의날인과 변조사실을 구체적으로 입증하지 못하면 진정한 문서로 취급되므로 주의하여야 한다.

4) 부 지

제3자가 작성한 문서라서 그 것이 진정한 문서인지를 알지 못하는 경우 부지라고 한다. 따라서 자신 명의의 문서에 대해서는 부지라고 할 수 없으며 자신이 작성한 것이라고 인정하든가(성립인정), 아니면 위조 된 것이라고(부인) 해야 한다.

5) 부분인정

공문서 부분과 사문서 부분이 혼재하는 경우(예를 들어 공증서나 등기필증)에는 '공문서부분 인정, 사문서부분 부인'이라는 형식으로 서증인부를 할 수 있는데 이를 부분인부라 한다. 한편 내용증명우편과 같이 공문서 부분이 우체국접수인등 날인에 불과한 경우에는 '공문서부분 성립인정, 수령사실인정'이라거나 '공문서부분인정, 수령사실부인'과 같이 하기도 한다.

[서식 56] 서증인부서

을호증인부서

사 건 20○○가합 1234호 공사대금
원 고 김 ○ ○
피 고 박 ○ ○

위 당사자간 귀원 20○○가합 1234호 공사대금 청구사건에 관하여 원고는 다음과 같이 피고가 제출한 서증에 대하여 인부를 합니다.

다 음

호 증	서증명	인 부
을제1호증	공사도급계약서	성립인정, 이익으로 원용
을제2호증	입출금내역서	성립인정, 이익으로 원용
을제3호증	인증서	공성부분 성립인정
을제4호증의1	내용증명	공성부분 성립인정, 수령사실부인
을제4호증의2	내용증명	공성부분 성립인정, 입증취지부인
을제5호증	합의서	부 지

20○○. ○. ○.

원 고 김 ○ ○ (인)

서울중앙지방법원 제○○민사부 귀중

■ 작성·접수방법

1. 인부방식은 ① 성립인정 ② 부인 ③ 부지 ④ 부분인정에 따라 작성한다.
2. 인부서는 법원용 1부와 상대방수(1명) 부본 합계 2부를 민사접수처에 제출한다.
3. 인지등 첩부비용은 없다.

4. 문서제출명령신청

(1) 의 의

문서제출명령신청은 상대방 또는 제3자가 가지고 있는 제출의무 있는 문서에 대하여 그 문서의 재출명령을 구하는 신청이다(법 343조). 이는 어느 문서를 서증으로 제출하고자 하나 이를 상대방 또는 제3자가 소지하고 있기 때문에 직접 제출할 수 없는 당사자가 그에 대한 문서제출명령을 구하는 신청을 힘으로써 서증의 신청을 할 수 있게 하고, 문서제출의무자의 범위를 일반적으로 넓게 규정하여 본인의 입증을 위하여 필요하다면 문서제출명령신청을 적극적으로 활용할 수 있게 하였다.

(2) 대 상

1) 당사자와 문서 사이에 특별한 관계가 있는 문서(법 344조 1항)

가. 인용문서

소송에서 자기를 위한 증거로 또는 주장을 명백히 하기 위하여 끌어 쓴 인용문서라면 상대방에게 이용하게 하는 것이 형평에 부합하기 때문에 제출명령의 대상으로 하고 있다.

나. 인도열람문서

신청자가 소지자에 대하여 인도나 열람을 구할 수 있는 사법상 청구권이 있는 문서로서 계약에 기한 것이든 법률규정에 의한 것이든 관계없다. 반면에 공법상의 청구권이 있는 경우에는 이에 터 잡아 열람할 수 있으므로 구태여 문서제출명령을 구할 필요가 없다.

다. 이익문서와 법률관계문서

이익문서란 신청자의 이익을 위하여 작성된 문서(유언서, 영수증 등)를 말하며, 법률관계문서란 신청자와 소지자 사이의 법률관계에 관하여 작성된 문서(계약서 등)를 말한다. 그러나 이러한 법률관계문서라도 ① 공무원의 직무상 비밀이 적혀 있어 동의를 받아야 하는데 받지 아니한 문서, ② 문서소지자나 근친자에 대하여 형사소추·치욕이 될 314조의 증언거부사유가 적혀있는 문서, ③ 직무 직업상 비밀이 될 315조의 증언거부사유가 적혀 있고 비밀유지의무가 면제되지 아니한 문서의 경우에는 소지자가 제출을 거부할 수 있다(법 344조 1항 3호).

2) 일빈직 제출의무로 확장(법 344조 2항)

종래 규정은 당사자와 문서 사이에 특별한 관계가 있는 경우에만 열거적으로 제출의무를 부과하였지만 현행 민사소송법은 이와 독립하여 당사자와 특별한 관계에 있는 문서에 해당하지 않는 문서라도 원칙적으로 문서소지자는 이를 제출할 의무를 지도록 하고 있다. 다만 다음의 문서는 예외적으로 제출을 거부할 수 있다.

가. 공무원 또는 공무원이었던 사람이 그 직무에 관련해 보관하거나 가지고 있는 문서.

문서제출명령 신청자의 문서소지자에 대한 인도나 열람청구권을 사법상 권리로 제한함으로써 공문서의 경우에는 원칙적으로 문서제출명령의 대상이 되지 않도록 규정하고 있으므로 공문서에 대해서는 따로 문서송부촉탁제도를 이용하거나, 공공기관의 정보공개에 관한 법률에 따라 당사자가 행정관청에 공개신청을 하여야 한다(대결 2010. 1. 19. 2008마546).

나. 문서소지자나 근친자에 대해 형사소추, 치욕이 될 314조의 증언거부사유가 적혀 있는 문서.

다. 직무 직업상 비밀이 될 315조의 증언거부사유가 적혀 있는 문서.

라. 오로지 문서를 가진 사람이 이용하기 위한 문서(일기장, 편지, 자기사용문서, 내부사용문서).

(3) 신 청

문서제출명령신청은 문서의 표시와 취지, 가진 사람, 증명할 사실, 문서를 제출하여야 하는 의무의 원인을 밝혀 서면으로 하여야 한다(법 345조, 규칙 110조). 상대방은 이에 관하여 의견이 있는 때에는 이를 적은 서면을 법원에 제출할 수 있다(규칙 110조 2항). 문서제출명령 신청서에는 문서의 표시, 문서의 취지, 문서의 소지자, 증명할 사실, 문서제출의무의 원인을 명시하여야 한다. 실무에서는 상대방 당사자가 문서제출의무자인 경우에 그 당사자로 하여금 임의제출을 하게하고 이에 불응하는 경우 문서제출명령을 발한다.

(4) 심리와 재판

문서제출명령신청이 있으면 법원은 그 문서의 소지 여부 및 문서제출의무의 존부를 심리하여 문서제출신청에 정당한 이유가 있다고 인정한 때에는 결정으로 문서를 가진 사람에게 그 제출을 명할 수 있다(법 347조 1항, 3항). 이러한 문서제출의 신청에 관한 결정에 대하여는 즉시항고를 할 수 있다(법 348조). 한편 문서제출의 신청이 문서의 일부에 대하여만 이유 있다고 인정한 때에는 그 부분만의 제출을 명하여야 하며, 일부와 나머지 부분을 나누는 것이 불가능한 경우에는 일부를 가리고 제출하는 방법, 인증등본이나 사본을 제출하는 방법 등이 고려된다.

관련판례

① 문서제출명령을 하려면 문서의 소재와 소지가 증명되어야 하는데 그 증명책임은 원칙적으로 신청인에게 있다(대결 1995. 5. 3. 95마415).

② 문서제출명령이 있어도 그 문서가 법원에 제출되기 전 까지는 그 신청을 철회함에 상대방의 동의를 요하지 않는다(대판 1971. 3. 23. 70다3013).

(5) 부제출 또는 사용방해의 효과

당사자가 문서제출명령을 받고도 불응한 경우 또는 상대방의 사용을 방해할 목적으로 제출의무 있는 문서를 훼손하여 버리거나 이를 사용할 수 없게 한 때에는 법원은 문서기재에 대한 상대방의 주장을 진실한 것으로 인정할 수 있다(법 349조). 다만 이는 진짜 문서가 존재하였다는 존재 자체에 관한 진실을 의미하는 것이지 상대방이 입증하려는 사실(요증사실)까지 진실이라는 것을 의미하지는 않지만 대개 재판장이 진실한 사실이었을 것이라고 믿는 심증을 갖게 되는 것은 어쩔 수 없는 것이므로 불응한 경우 사실적 불이익을 감수해야 한다. 그러나 제3자가 제출명령을 받고서도 불응한 경우에는 원고 주장사실이 진실한 것으로 인정할 수 없으며 500만원 이하의 과태료 제재가 따른다. 이에 대해 즉시항고 할 수 있다(법 351조).

(6) 제출된 문서의 서증으로서의 제출

제출명령에 의해 법원에 제출된 문서를 변론기일에 서증으로 제출할 것인지 여부는 당사자가 임의로 결정할 수 있다. 법원에 제출된 문서라도 당사자가 서증으로 제출하여야 증거로 삼을 수 있다.

[서식 57] 문서제출명령신청서

문서제출명령신청서

사　　건　20○○가합 1234호　부동산소유권이전등기 말소 등
원　　고　박 ○ ○
피　　고　이 ○ ○

위 사건에 관하여 원고의 소송대리인은 다음과 같이 문서제출명령을 하여 줄 것을 신청 합니다.

다　　　음

1. 문서의 표시 및 소지자
   피고가 소지하고 있는
   가. 원고와 피고 사이에 20○○. ○. ○. 체결한 금전소비대차계약서 1통
   나. 원고와 피고 사이에 20○○. ○. ○. 체결한 서울 ○○구 ○○동 123 대지 ○○㎡에 관한 매도증서 1통
   다. 원고가 피고에게 교부한 위 대지에 관한 약정서 1통

2. 문서의 취지
   원고가 20○○. ○. ○. 피고에게 ○○○만원을 차용하였을 때 이 사건 부동산을 양도담보로 제공하였는데 위 각 문서는 원고가 피고에게 동 원금 및 이자를 완제하였을 때에는 즉시 소유권을 반환한다는 특약이 기재되어 있는 문서입니다.

3. 입증취지
   이 사건 부동산은 피고의 주장과 같이 대물변제로 소유권 이전한 것이 아니라 양도담보로 제공한 사실을 입증하고자 합니다.

20○○.　○.　○.

위 원고 박 ○ ○ (인)

서울○○지방법원 귀중

■ 작성·접수방법

1. 문서제출명령 신청서의 내용에는 ① 문서의 표시, ② 문서의 취지, ③ 문서의 소지자 ④ 증명할 사실(입증취지)이 나타야 한다.
2. 신청서는 1부를 법원에 제출한다.
3. 인지등 별도의 비용을 첩부하지 않는다.

[서식 58] 문서제출명령신청서

문서제출명령신청서

사 건 20○○가합 12345호 손해배상
원 고 장 ○ ○
피 고 재단법인 ○○의료원

위 당사자간 귀원 20○○가합 1234 손해배상 청구사건에 관하여 원고는 주장사실을 입증하기 위하여 다음과 같이 문서제출명령을 신청합니다.

다 음

1. 문서의 표시
   20○○. ○. ○. 피고재단 산하 서울 ○○구 ○○동 ○○번지 소재 ○○병원에 입원하여 수술가료 중 사망한 소외 망 ○○○에 대하여 동 병원이 한 치료행위에 관한 의료차트 일체

2. 문서의 취지
   위 문서에서는 위 의료행위의 과실에 관한 증거가 될 의료행위 과정의 상

세한 기재내용이 있습니다.

3. 문서를 가진 사람
   피고 재단법인 ○○의료원이 가지고 있습니다.

4. 증명할 사실
   위피고산하 위 병원 담당의사들이 의료행위 중 과실로 말미암아 피해자 소외 망 ○○○가 사망한 사실을 입증하고 자 합니다.

20○○. ○. ○.

위 원고 장 ○ ○

서울중앙지방법원 제○○민사부 귀중

■ 작성·접수방법

1. 문서제출명령 신청서의 내용에는 ① 문서의 표시, ② 문서의 취지, ③ 문서의 소지자 ④ 증명할 사실이 나타야 한다.
2. 신청서는 1부를 법원에 제출한다.
3. 인지등 별도의 비용을 첩부하지 않는다.

〈작성례 1〉

1. 문서의 표시 및 소지자
   피고 재단법인 ○○의료원 산하 서울 강남구 역삼동 123 소재 ○○병원에 입원하여 수술치료 중 20○○. 1. 21. 사망한 소외 망 이○○에 대하여 동 병원의 치료행위에 관한 의료차트일체
2. 문서의 취지
   위 문서에는 위 의료행위의 과실에 관한 증거가 될, 의료행위 과정의 상세한 기재내용이 있습니다.
3. 증명할 사실
   위 피고 산하 위 병원 담당 의사들이 의료행위 중 과실로 말미암아 피해자 소외 망

이기수가 사망한 사실을 입증코자 합니다.

〈작성례 2〉

1. 문서의 표시와 소지자
   피고가 소지하고 있는 이 사건 대치유수지 테마체육공원 조성 비.티.엘 민간투자사업 시행자 지정 신청시 평가를 받기 위하여 주식회사 ○○건설과 주식회사 ○○건설산업이 제출하였던 사업계획서 등의 사본
2. 문서제출의무
   위 문서는 원고들의 주장사실을 입증하기 위하여 반드시 필요한 것이므로, 공정한 재판을 위하여 피고에게 제출할 의무가 있습니다.

〈작성례 3〉

1. 문서의 표시
   가. 원고 회사 부산지점 약국2팀의 20○○. 4.부터 20○○. 5.까지의 색인표
   나. 20○○년, 20○○년 영업부 기본 운영 계획
   다. 원고 회사와 거래하는 부산 소재 아래 약국의 거래원장 사본
      (1) ○○한빛 : 전산번호 - 613280
      (2) ○○마트 : 전산번호 - 610680
      (3) ○○지리산 : 전산번호 - 612792
2. 문서제출의무
   위 문서들은 원고 회사에게 있는 것으로 피고들의 주장사실을 입증하기 위하여 거래처를 확인하고 실제 미수금 잔액과 원고 회사에 기록된 거래원장을 대조하기 위하여 꼭 필요한 것이므로 공정한 재판을 위하여 원고 회사는 소지하고 있는 이 문서를 제출할 의무가 있습니다.
3. 입증취지
   피고 임○○가 원고 회사에 근무하면서 거래처인 약국에서 약품대금을 수금하여 실제와 다르게 수금실적을 보고하기는 하였으나 개인적으로 횡령한 것은 아님을 입증하고, 원고 회사에서 지급하는 판매장려금은 영업사원들에게 지급되는 것이 아니라 거래 약국에 지급하는 것임을 입증하고자 함.

〈작성례 4〉

1. 문서의 표시
   원·피고간에 20○○. 5. 10. 작성한 합의서
2. 문서의 취지
   위 약정서는 피고가 20○○. ○. ○. 원고 소유의 건물을 손괴한 손해배상금으로 금 10,000,000원을 지급하겠다는 합의 내용이 기재되어 있습니다.
3. 문서의 소지자
   피고 김○○이 소지하고 있습니다.
4. 증명할 사실
   원고가 이 사건증거로 제시한 갑제4호증의 합의금액이 원고가 임의로 작성한 것이 아님을 입증하고자 합니다.

〈작성례 5〉

1. 문서의 표시 및 소지자
   피고 이○○이 소지하고 있는 금전출납부 일체
2. 문서의 취지
   위 문서에는 피고가 원고로부터 대여받은 금원에 대한 금전출납기재 내용이 있습니다.
3. 증명할 사실
   피고가 원고로부터 대여금을 받은 사실을 입증하고자 합니다.

〈작성례 6〉

1. 문서의 표시
   피고 회사의 정관
2. 문서의 취지
   피고회사의 주주총회 및 이사회의 소집권자 및 의결정족수에 관한 규정이 기재되어 있습니다.
3. 문서의 소지자
   피고 ○○주식회사가 소지하고 있습니다.
4. 증명할 사실
   피고 회사의 20○○. ○. ○. 이사 홍○○의 선임을 위한 주주총회가 권한 없는 자에 의해 소집되고 의결정족수가 안되는 주주에 의해 이루어진 사실을 입증하고자 합니다.

〈작성례 7〉

1. 문서의 표시 및 소지자
   소외 망 ○○○이 20○○. ○. ○.작성한 유언장.
2. 문서의 취지
   위 유언장에는 소외 망 ○○○이 원고에게 이 사건 토지를 증여한 취지의 기재내용이 있습니다.
3. 문서의 소지자
   현재 변호사 송○○(서울 ○○구 ○○동 ○○○)이 보관하고 있습니다.
4. 증명할 사실
   위 문서는 피고의 망부 ○○○이 원고에게 이 사건 토지를 증여하였으므로 원고가 이 사건 토지에 관해 징당한 소유권이 있다는 사실을 입증하고자 합니다.

〈작성례 8〉

1. 문서의 표시
   원고 정○○이 피고 ○○주택개발 주식회사에 재직하면서 매월 지급받은 급여가 입금된 원고 정○○ 명의의 예금거래계좌의 20○○. 12. 1.부터 20○○. 5. 31.까지의 예금거래내역.
2. 문서제출의무
   위 문서는 원고 정○○만이 발급받을 수 있는바, 피고의 주장사실을 입증하여 공정한 재판을 하고자 꼭 필요한 것이므로 원고 정○○이 발급받아 제출할 의무가 있습니다.
3 증명할 사실
   원고 정○○이 20○○. 12. 4.부터 20○○. 5. 31.까지 피고 ○○수백개발 주식회사에 재직하면서 매월 지급받은 급여를 확인하고자 합니다.

[서식 59] 문서제출결정

○○법원

결　　정

사　건　20○○가합 12345호　손해배상
원　고　장 ○ ○
피　고　재단법인 ○○의료원

주　　문

문서소지인은 이 결정을 받은 날부터 ○일내에 다음문서를 이 법원에 제출하라.

문서의 표시 :

이　　유

이 사건 신청이 이유 있으므로 주문과 같이 결정한다.

20○○.　○.　○.

판사　○ ○ ○　(인)

5. 문서송부촉탁신청

(1) 의 의

문서송부촉탁이란 문서소지자가 제출의무가 없는 경우에 문서를 가지고 있는 사람에게 그 문서를 법원에 보내도록 촉탁할 것을 신청함으로써 하는 서증신청이다(법 352조).

(2) 대 상

국가기관·법인·병원 등이 보관하는 문서를 서증으로 제출하고자 할 경우에 흔히 이용된다. 문서가 법원이나 검찰청 등에서 보관하고 있는 특정사건의 기록 전부라도 상관없다. 문서소지자가 당해 사건의 당사자일 때에는 전술한 문서제출명령에 의함이 원칙이고 문서송부촉탁을 하는 것은 적절하지 못한다. 또한 등기부·가족관계등록부 등과 같이 법령상 문서의 정본 또는 등본의 교부청구권이 보장되어 있는 경우에는 문서송부촉탁을 할 수 없다(법 352조).

(3) 신 청

문서송부촉탁은 법원·검찰청 기타의 공공기관이 보관하고 있는 기록의 일부에 대하여도 할 수 있다(규칙 113조). 송부촉탁의 신청은 변론기일에서 할 수 있으나 증거신청의 일종이므로 기일 전에도 할 수 있다(법 289조 2항). 문서송부촉탁신청을 하면 법원에서 인증등본을 송부하여 줄 것을 촉탁하거나(규칙 113조 2항), 송부촉탁을 받은 기관에서 인증등본을 송부하면 되므로(법 355조) 굳이 인증등본을 송부하여 줄 것을 신청할 필요는 없으나 실무에서는 문서인증등본의 송부를 바라는 취지를 명시하기도 한다.

(4) 재 판

법원은 문서송부촉탁신청이 부당하면 기각하고 정당하면 채택결정을 한다. 법원으로부터 문서의 송부를 촉탁 받은 사람이 문서를 보관하고 있지 아니하거나 촉탁에 따를 수 없는 사정이 있는 때에는 법원에 그 사유를 통지하여야 한다(법 352조의2).

(5) 문서송부

문서의 송부를 촉탁 받은 제3자는 정당한 사유가 없는 한 이에 협력하여야 할 의무를 부담하며, 문서를 송부할 경우에는 원본이나 정본 또는 인증있는 등본으로 하야야 함이 원칙이고, 만약 문서를 보관하고 있지 아니하거나 송부촉탁에 응할 수 없는 경우에는 그 사유를 법원에 신고하여야 한다(민소법

352조의2). 다만, 제3자가 문서송부촉탁에 응하지 아니한다고 하여 특별한 제재가 뒤따르는 것은 아니다. 따라서 실무상 사인에 대하여 송부촉탁하는 경우는 거의 없고 공공기관 등이 보관하는 문서를 이용하려는 경우에 대부분 이용된다. 송부촉탁에 소지인이 응하지 아니한 경우에는 당사자는 법원 밖 서증조사를 신청하거나 소지인이 제출의무 있는 자라면 문서제출명령을 신청하여 그 목적을 달성할 수밖에 없다.

(6) 인증등본송부촉탁제도

문서송부촉탁의 일종으로 「**인증등본송부촉탁제도**」가 있다 이는 형사기록이나 재판기록 등과 같이 분량이 많은 경우에, 그 전체에 대하여 송부촉탁하게 되면 시간도 오래 걸리고 필요 없는 부분까지 촉탁하게 되어 복사비용 등의 낭비가 될 수 있기 때문에 문서송부촉탁인이 문서를 보관하고 있는 법원이나 검찰청에 직접 가서 **필요한 부분만 지정**하고, 이에 따라 해당 법원이나 검찰청에서 그 지정된 부분만 복사하여 인증을 한 후 법원에 송부하도록 하는 제도로써 실무에서 많이 활용되고 있다(민소규 114조 1항).

(7) 송부문서 도착 후의 처리

송부촉탁에 의해 법원에 제출된 문서라도 당사자가 서증으로 제출하여야 증거로 삼을 수 있다. 따라서 송부촉탁문서가 도착하였음을 통지받은 당사자는 즉시 송부된 문서의 열람을 구하여 그 문서 중 서증으로 제출할 것을 선정한 후 법원 제출용 및 상대방 교부용의 사본을 만들어 서증으로 제출하여야 한다. 그러나 송부된 문서가 원본이 아닌 인증등본인 경우에는 그 자체가 서증사본의 성격을 띠고 있으므로 법원용 사본을 별도로 제출할 필요 없고 인증등본을 기록에 가철한 후 서증의 부호 및 번호를 위 인증등본에 부기하고 제출할 서증의 표목만 제출하면 된다.

[서식 60] 문서송부촉탁신청서

문서송부촉탁신청서

사　　건　20○○가합 1234호　소유권이전등기말소 등
원　　고　박 ○ ○
피　　고　정 ○ ○

위 사건에 관하여 원고는 주장사실을 입증하기 위하여 다음과 같이 문서송부촉탁을 신청합니다.

다　　음

1. 송부촉탁할 기관
   서울중앙지방법원 등기국
2. 문서의 표시
   서울 ○○구 ○○동 123 대 ○○㎡에 관하여 위 등기국 20○○. ○. ○. 접수 1234호로 한 소유권이전등기 신청서류 전부
3. 입증취지
   위조 서류에 의하여 소유권이전등기가 되었음을 입증하고자 함.

20○○. ○. ○.

위 원고　박 ○ ○　(인)

서울중앙지방법원 민사제3단독　귀중

■ 작성·접수방법

1. 문서송부촉탁 신청서의 내용에는 ① 송부촉탁할 기관(문서의 보관처), ② 문서의 표시(송부촉탁할

문서), ③ 입증취지(송부촉탁의 목적)을 기재하여야 한다.
2. 신청서는 1부를 법원에 제출한다.
3. 인지등 별도의 비용을 첨부하지 않는다.
4. 법원은 문서송부촉탁신청이 부당하면 기각하지만 반면에 정당하면 채택결정을 하고 촉탁서를 문서보관기관에 송부한다.
5. 법원으로부터 문서의 송부를 촉탁 받은 사람은 정당한 사유가 없는 한 이에 협력하여야 할 의무를 부담한다. 다만 문서를 보관하고 있지 아니하거나 촉탁에 따를 수 없는 사정이 있는 때에는 법원에 그 사유를 통지 한다.
6. 다만 제3자가 문서송부촉탁에 응하지 아니한다고 하여 특별한 제재가 뒤따르는 것은 아니기 때문에 제3자가 응하지 않은 경우에는 다시 문서제출명령을 신청하거나 법원외 서증조사를 신청하는 방법으로 서증신청을 해야 한다.
7. 문서가 송부된 경우에는 담당 재판부가 이를 신청인에게 고지하거나 신청인이 대법원 사건 검색을 등을 통해 송부를 인지 한 다음 담당 재판부에 기록 열람(복사)신청을 하여 이를 획득한 다음 이중 신청인에게 유리한 부분을 서증으로 제출한다.

[서식 61] 문서송부촉탁신청서

문서송부촉탁신청서

사　　건　20○○가단 1234호　손해배상(자)
원　　고　박 ○ ○
피　　고　정 ○ ○

위 사건에 관하여 원고는 주장사실을 입증하기 위하여 다음과 같이 문서송부촉탁을 신청합니다.

다　　　음

1. 문서의 보관처
서울중앙지방검찰청 집행과 보존계

2. 송부촉탁할 문서
서울중앙지방검찰청 20○○형제 1234호 피의자 정○○에 대한 교통사고처리특례법위반 사건 기록일체

3. 송부촉탁의 목적
   본 건 교통사고가 피고의 과실에 의해 발생한 사실 및 기타 사고의 정황이나 피해상황 등을 입증하고자 함.

4. 위 문서의 원본을 복사하여 인증등본을 표시한 후 송부하여 주시기 바랍니다.

20○○. ○. ○.

위 원고 박 ○ ○ (인)

서울중앙지방법원 민사 제3단독 귀중

■ 작성·접수방법

1. 문서송부촉탁 신청서의 내용에는 ① 문서의 보관처, ② 송부촉탁할 문서, ③ 송부촉탁의 목적을 기재하여야 한다.
2. 신청서는 1부를 법원에 제출한다.
3. 인지등 별도의 비용을 첩부하지 않는다.
4. 법원은 문서송부촉탁신청이 부당하면 기각하지만 반면에 정당하면 채택결정을 하고 촉탁서를 문서보관기관에 송부한다.
5. 법원으로부터 문서의 송부를 촉탁 받은 사람은 정당한 사유가 없는 한 이에 협력하여야 할 의무를 부담한다. 다만 문서를 보관하고 있지 아니하거나 촉탁에 따를 수 없는 사정이 있는 때에는 법원에 그 사유를 통지 한다.
6. 다만 제3자가 문서송부촉탁에 응하지 아니한다고 하여 특별한 제재가 뒤따르는 것은 아니기 때문에 제3자가 응하지 않은 경우에는 다시 문서제출명령을 신청하거나 법원외 서증조사를 신청하는 방법으로 서증신청을 해야 한다.
7. 문서가 송부된 경우에는 담당 재판부가 이를 신청인에게 고지하거나 신청인이 대법원 사건 검색을 등을 통해 송부를 인지 한 다음 담당 재판부에 기록 열람(복사)신청을 하여 이를 획득한 다음 이중 신청인에게 유리한 부분을 서증으로 제출한다.

[서식 62] 인증등본송부촉탁신청서

인증등본송부촉탁신청서

사　　건 20○○가단1234호 손해배상(자)
원　　고 박 ○ ○
피　　고 이 ○ ○

위 사건에 관하여 원고는 다음과 같이 인증등본송부촉탁을 신청합니다.

다　　음

1. 기록보관 공공기관 : ○○지검 ○○지청 집행과 보존계
2. 송부촉탁할 기록
   ○○지검 ○○지청 20○○형제5678호 피고인 이○○에 대한 교통사고처리특례법위반 사건 기록 중, 원고가 지정하는 부분의 인증등본 각 1통씩을 촉탁하여 주시기 바랍니다.
3. 증명하고자 하는 사실
   본 건 교통사고가 피고의 과실에 의해 발생한 사실 및 기타 사고의 정황이나 피해상황 등을 입증하고자 함.

20○○. ○. ○.

위 원고 박 ○ ○ (인)

○○지방법원 ○○지원 귀중

■ 작성·접수방법

1. 인증등본송부촉탁 신청서의 내용에는 ① 송부촉탁할 장소, ② 송부촉탁할 기록, ③ 송부촉탁의

목적 등을 기재하여야 한다.
2. 신청서는 1부를 법원에 제출한다.
3. 인지등 별도의 비용을 첨부하지 않는다.
4. 법원은 송부촉탁신청이 부당하면 기각하지만 반면에 정당하면 채택결정을 하고 촉탁서를 문서보관기관에 송부한다.
5. 촉탁서가 송달된 후 당사자는 문서보관기관에 예를 들어 법원 재판부나 검찰에 직접 방문하여 인증 등본할 기록 범위를 지정 한 다음 복사비용을 인지등으로 납부 하면 문서보관기관은 이를 인증등본하여 그 기록을 법원에 송부해 준다.
6. 문서가 송부된 경우에는 담당 재판부가 이를 신청인에게 고지하거나 신청인이 대법원 사건 검색을 등을 통해 송부를 인지 한 다음 담당 재판부에 기록 열람(복사)신청을 하여 이를 획득한 다음 이중 신청인에게 유리한 부분을 서증으로 제출한다.

〈작성례 1〉

1. 송부촉탁할 장소
   수원지방법원 성남지원 광주등기소
2. 송부촉탁할 기록
   1) 경기도 광주시 오포읍 양벌리 산○○
      ① 20○○년 2월4일 제52○○호로 접수된 등기명의인표시변경등기 신청서와 첨부된 관련 서류 일체
      ② 2013년 1월 28일 제63○○호로 접수된 등기명의인표시변경등기 신청서와 첨부된 관련 서류 일체
   2) 경기도 광주시 오포읍 양벌리 산○○
      20○○년 1월 28일 제63○○호로 접수된 등기명의인표시변경등기 신청서와 첨부된 관련서류 일체
   3) 경기도 광주시 오포읍 양벌리 ○○
      20○○년 1월 28일 제63○○호로 접수된 등기명의인표시변경등기 신청서와 첨부된 관련서류 일체
   4) 경기도 광주시 오포읍 양벌리 ○○
      20○○년 1월 28일 제63○○호로 접수된 등기명의인표시변경등기 신청서와 첨부된 관련서류 일체
   5) 경기도 광주시 오포읍 양벌리 ○○
      20○○년 1월 28일 제63○○호로 접수된 등기명의인표시변경등기 신청서와 첨부된 관련서류 일체
3. 송부촉탁의 목적
   원고가 이 사건증거로 제시한 부동산등기부등기부들이 원고가 위조한 서류로 이루

어 진 것을 입증하고자 합니다.

〈작성례 2〉

1. 송부촉탁할 장소
   서울○○지방법원 ○○등기소
2. 송부촉탁할 문서
   서울 ○○구 ○○동 ○○번지 20○○. ○. ○. 접수번호 제○○○호 소유권이전등기 신청서류 일체
3. 송부촉탁의 목적
   원고가 이 사건증거로 제시한 매매계약서가 원고가 위조한 서류로 이루어 진 것을 입증하고자 합니다.

〈작성례 3〉

1. 송부촉탁할 장소
   서울남부지방법원 기록보존계
2. 송부촉탁할 기록
   서울남부지방법원 20○○가합205○○호, 서울고등법원 20○○나565○○호, 대법원 20○○다422○○호 청구이의 사건에 대한 소송기록 일체
3. 송부촉탁의 목적
   원고가 이 사건 부당이득금반환청구 사건의 전제가 된 사실들을 입증하고자 합니다.

〈작성례 4〉

1. 송부촉탁할 장소
   ① 춘천지방법원 제1민사부
   ② 수원지방법원 민사 제24단독
   ③ 서울고등법원 제17민사부
2. 송부촉탁할 기록
   ① 춘천지방법원 제1민사부에 대하여
      춘천지방법원 20○○나1676 소유권지분이전등기 청구사건에 대한 소송기록 일체
   ② 수원지방법원 민사 제24단독에 대하여
      수원지방법원 20○○가단8378 배당이의 청구사건에 대한 소송기록 일체

③ 서울고등법원 제17민사부에 대하여
서울고등법원 20○○나3437 약정금 청구사건에 대한 소송기록 일체

3. 송부촉탁의 목적
원고의 이 사건 손해배상 청구 사건의 피해 사실들을 입증하고자 합니다.

〈작성례 5〉

1. 송부촉탁할 장소
서울○○지방법원 기록보존계
2. 송부촉탁할 문서
서울○○지방 검찰청 20○○형제1234호 기록일체
3. 송부촉탁의 목적
원고의 피고에 대한 손해배상 청구 사건과 관련된 피고의 불법행위책임을 입증하고자 합니다.

〈작성례 6〉

1. 송부촉탁할 장소
서울○○지방법원 형사○단독
2. 송부촉탁할 문서
피고인 김○○에 관한 서울○○지방법원 20○○고단1234호 사기 사건의 기록 일체
3. 송부촉탁의 목적
피고가 이 사건증거로 제시한 을제3호증이 화약서가 위조된 문서임을 입증하고자 합니다.

〈작성례 7〉

1. 송부촉탁할 장소
○○ 주식회사
서울 ○○구 ○○동 ○○번지 ○○빌딩 501호
2. 송부촉탁할 문서
원고가 피고에게 차용금으로 지급하였다는 20○○. ○. ○.부터 ○. ○.까지의 입금자료 일체

3. 송부촉탁의 목적
   피고가 20○○. ○. ○.경부터 원고로부터 1억원의 금전을 차용한 사실을 입증하고자 합니다.

〈작성례 8〉

1. 송부촉탁할 장소
   근로복지공단 ○○지사
   서울 ○○구 ○○동 ○○번지 ○○빌딩 ○○호
2. 송부촉탁할 문서
   가. 재 해 자 : ○○○(711011-1012345)
   나. 사 업 장 : ○○건설 주식회사
   다. 산재기록 : 20○○. ○. ○.자 산재기록 일체
3. 송부촉탁의 목적
   원고의 산재로 인한 피해 사실을 입증하고자 합니다.

〈작성례 9〉

1. 송부촉탁할 장소
   수원지방법원 안양지원 형사 제4단독
2. 송부촉탁할 기록
   수원지방법원 안양지원 20○○고단○○○ 업무상횡령 등 사건에 대한 소송기록 중증인신문조서
3. 송부촉탁의 목적
   피고가 원고에게 임금을 제때 지급하지 않았다는 사실을 입증하고자 합니다.

〈작성례 10〉

1. 송부촉탁할 장소
   국민은행 테헤란로지점
   주 소 : 서울특별시 강남구 역삼1동 702-22(테헤란로 321)
2. 송부촉탁할 문서
   귀 사업소에서 채무자 박○○(560614-2012345)에 대한 부동산 담보대출을 위해

서 20○○. 6. 1. 조사하고 20○○. 6. 10.작성한 파주시 ○○동 65-5 대 288㎡와 같은 동 65-33 대 25㎡ 및 양 지상 5층 건물에 대한 감정평가서 사본을 송부하여 주시기 바랍니다.

3. 송부촉탁의 목적
원고들은 파주시 ○○동 65-5 대 288㎡와 같은 동 65-33 대 25㎡ 및 양 지상 5층 건물의 명의자였던 피고들이 이 사건 부동산 토지 313㎡ 중 60㎡가 도로로 사용되고 있는 사실에 대해 원고들에게 고의로 알리지 않은 채 313㎡ 전부를 대지로 계산하여 도로사용에 해당하는 60㎡에 해당하는 대지와 도로의 시가 차액만큼의 손해를 원고들에게 입혔는바, 그 구체적인 도로사용 현황에 대한 내용을 입증하고자 합니다.

6. 법원 밖 서증조사

(1) 의 의

법원 밖 서증조사란 제3자가 가지고 있는 문서를 문서제출명령(법 343조)이나, 문서송부촉탁(법 352조)의 방법에 의해 서증으로 신청할 수 없거나 신청하기 어려운 사정이 있는 때에는 법원이 그 문서가 있는 장소에서 서증의 신청을 받아 조사하는 것을 말한다. 즉 문서제출명령의 대상도 아니고 송부촉탁도 어려운 문서는 그 문서가 있는 장소에서 서증의 신청을 받아 조사 할 수 있다(규칙 112조 1항).[32] 예를 들어 미완결수사사건의 기록이나 기소중지 된 수사기록 등 촉탁에 따른 문서의 송부를 기다릴 시간적 여유가 없거나 외부유출이 어려운 문서가 대상이 된다.

(2) 법원 밖 서증조사의 실시

1) 문서의 지정 및 복사

증거조사는 문서가 있는 장소에서 문서를 읽는 방법으로 한다. 신청인은 문서 소재 장소에서 서증조사기일이 열리면 법정에서의 서증신청 방식과 마

32) 제112조(문서가 있는 장소에서의 서증신청 등) ① 제3자가 가지고 있는 문서를 법 제343조 또는 법 제352조가 규정하는 방법에 따라 서증으로 신청할 수 없거나 신청하기 어려운 사정이 있는 때에는 법원은 그 문서가 있는 장소에서 서증의 신청을 받아 조사할 수 있다. ② 제1항의 경우 신청인은 서증으로 신청한 문서의 사본을 법원에 제출하여야 한다.

찬가지로 서증조사기일에 참여하여 보관중인 문서 중 서증으로 신청할 문서를 개별적으로 지정하고 서증부호와 번호를 붙인 후 사본을 제출한다. 재판장은 신청인이 지정한 서증 부분을 문서보관 장소의 담당 직원에게 복사하게 하고 서증 사본 1통식을 직접 재판장에게 제출할 것을 요청하며, 그 밖에 당사자 소지용 또는 상대방 교부용의 복사청구에는 응하지 아니한다.

2) 문서사본의 제출 및 인부

신청인은 서증으로 신청한 문서의 사본을 법원에 제출하여야 한다(규칙 112조 2항).[33] 법원 밖 서증조사의 경우 증거조사는 문서가 있는 장소에서 실시하게 되므로 그 조사결과를 기록에 나타내고 상대방의 방어권을 보장해 주기 위하여 서증으로 신청한 문서의 사본을 소송기록에 첨부할 필요가 있는 것이다.

[서식 63] 법정외 서증조사 신청서

법정외 서증조사 신청서

사　　건　20○○가단 1234호　손해배상(자)
원　　고　박 ○ ○
피　　고　정 ○ ○

위 사건에 관하여 원고는 주장사실을 입증하기 위하여 다음과 같이 법정외 서증조사를 신청합니다.

다　　　음

1. 서증조사 장소
   서울지방검찰청 ○○과

33) 실무에서는 서증조사 현장에서 즉시 사본하여 제출하는 것이 곤란하므로 현장에서는 서증으로 제출할 문서를 열람·확인한 후 그 문서를 복사하여 서증 부호와 번호를 붙여 다음 변론기일에 법원에 제출함과 동시에 아울러 상대방에게 부본을 교부한다.

2. 조사할 기록
   서울지방검찰청 ○형제 ○○호 피의자 ○○○등에 대한 사기 등 사건기록
3. 증명할 사항
   피고가 갑제1호증의 차용증서를 위조한 사실을 입증하고자 함.

20○○. ○. ○.

위 원고 박 ○ ○ (인)

서울중앙지방법원 귀중

■ 작성·접수방법

1. 조사 신청서의 내용에는 ① 조사할 장소, ② 조사할 기록, ③ 증명할 사항을 기재하여야 한다.
2. 신청서는 1부를 법원에 제출한다.
3. 인지등 별도의 비용을 첩부하지 않는다.
4. 법원으로부터 법정외 조사가 선택되면 조사에 따른 비용을 예납해야 한다.
5. 서증조사 기일이 지정되면 조사할 장소에서 당사자들이 출석한 후 조사할 기록 중 서증으로 하고자 하는 부분을 등사한 후 서증으로 제출하면 된다.

Ⅵ. 사실조회(조사·송부의 촉탁)

1. 의 의

사실조회란 공공기관, 학교, 그 밖의 단체, 개인, 또는 외국의 공공기관에게 그 업무에 속하는 특정사항에 관한 조사 또는 보관중인 문서의 등본, 사본의 송부를 촉탁함으로써 증거를 수집하는 절차를 말한다(법 294조). 실질은 증인신문등과 마찬가지의 독립한 증거방법이다. 충분한 물적·인적 설비나 자료를 가지고 있는 국가 또는 공공단체의 기관이나 회사등 공사의 단체에 소송상 다툼이 된

사실의 진부를 판단하는데 필요한 자료에 대한 조사나 보고를 촉탁하여 결과를 회신케 하는 것이 훨씬 능률적이므로 실무에서는 당사자의 신청 또는 직권에 의한 증거결정에 의하여 활발하게 이용되고 있다. 예를 들면 모년, 모일 모 지방에서의 강우량을 기상대에 조사 보고하도록 촉탁하거나, 과거의 상품시세를 상공회의소에 조사 보고하도록 촉탁하거나, 금융거래정보나 과세정보를 금융기관 또는 세무공무원에 대하여 제출하도록 요구하는 것 등으로 실무상으로는 '사실조회'라는 용어를 많이 사용한다.

2. 사실조회절차

(1) 신 청

사실조회도 당사자의 신청 또는 직권으로 할 수 있다(법 140조).

(2) 결 정

사실조회를 하기로 하는 증거결정을 한 때에는 재판장 명의로 사실조회서를 작성하여 발송한다.

(3) 비용지급

법원은 신청인 또는 조사로 인하여 이익을 받을 당사자에게 조사에 소요되는 비용의 예납을 명할 수 있고 그 이익을 받을 당사자가 불명한 때에는 원고에게 그 예납을 명할 수 있다.

3. 사실조회의 결과

1) 조사촉탁의 결과를 증거로 하기 위하여 당사자의 원용은 필요 없고 법원이 이를 변론에 현출하여 당사자에게 의견진술의 기회를 주면 족하다(대판 1982. 8. 24. 81누270). 유리한 당사자는 이를 원용하면 족하고 서증으로 제출할 필요는 없으나 조사회보서에 첨부서류로 보내온 문서에 대하여는 서증으로 제출할 필요가 있는 경우도 있다. 조사회보서의 내용이 불분명한 경우에는 다시 조사촉탁을 할 수도 있고 관련자로 하여금 직접 법원에 나와서 설명하게 할 수도 있다.

여기서의 문서의 등본, 사본의 송부촉탁은 조사촉탁의 한 방법으로 이용되는 것이므로 서증의 한 방법으로서의 문서송부의 촉탁과 다르다. 따라서 조사, 송부촉탁결과를 서증으로 제출할 필요가 없다.

[서식 64] 사실조회촉탁신청서

사실조회촉탁신청서

사 건 20○○가단 1234호 손해배상(기)
원 고 박 ○ ○ 외 12
피 고 ○○ 주식회사

위 사건에 관하여 원고들은 다음과 같이 사실조회촉탁을 신청합니다.

다 음

1. 조회할 기관
   국립농산물검사소

2. 조회할 사항
   경기도 ○○시 ○○읍 123 인근 논(중등답)의 20○○부터 20○○년까지 100㎡당 연간 벼 수확량

3. 사실조회의 목적
   20○○년 피고 회사 공장이 설치된 후 그 공장에서 흘러나오는 폐유에 의하여 원고들 소유 논의 벼농사 수확량이 소장 청구원인 제3항 기재와 같이 감소된 사실을 입증하고자 합니다.

20○○. ○. ○.

위 피고 박 ○ ○ (인)

○○지방법원 ○○지원 귀중

■ 작성·접수방법

1. 사실조회촉탁 신청서의 내용에는 ① 조회할 기관(촉탁처), ② 조회할 사항(촉탁사항), ③ 사실조회의 목적(촉탁의 목적)을 기재하여야 한다.
2. 신청서는 1부를 법원에 제출한다.
3. 인지 등 별도의 비용을 첩부하지 않는다.
4. 사실조회는 촉탁의 상대방이 용이하게 조사할 수 있는 사실에 대하여 조회하고 조사할 내용이 촉탁의 상대방의 특별한 지식과 경험을 필요로 하는 것이거나 촉탁의 상대방의 전문적인 의견을 구하는 것일 때에는 감정촉탁의 방법으로 한다.
5. 법원은 사실조회를 하기로 하는 증거결정을 한 때에는 재판장 명의로 사실조회서를 작성하여 촉탁처에 발송한다.
6. 회신이 도착 된 경우에는 담당 재판부에 기록 열람(복사)신청을 하여 이를 복사 한 다음 이 것이 자신에게 유리한 것이라면 변론기일에서 이익으로써 원용하겠다고 진술하면 되고 따로 서증으로 제출할 필요는 없다. 왜냐하면 촉탁의 결과를 증거로 하기 위하여 당사자의 원용은 필요 없고 법원이 이를 변론에 현출하여 당사자에게 의견진술의 기회를 주면 족하기 때문이다(대판 1982. 8. 24. 81누270).

〈작성례 1〉

1. 촉 탁 처

① 강남세무서
서울 강남구 학동로 425

② 서초세무서
서울 강남구 테헤란로 114

③ 울산세무서
울산 남구 갈밭로 49

④ 동울산세무서
울산 북구 사청2길 7

2. 촉탁사항

① 강남세무서에 대하여
귀 세무서 관할에 소재한 주식회사 아이씨○○(서울 강남구 역삼동○○-23 아이씨○○빌딩, 대표이사 김○○)에서 정○○이 갑근세로 신고 및 납부한

내역.

② 서초세무서에 대하여

귀 세무서 관할에 소재한 ○○씨앤디 주식회사(서울 서초구 ○○동 ○○-○, 대표이사 박○○)에서 20○○. 6. 1.부터 20○○. 7. 30.까지 재직한 정○○(711014-1012345)이 갑근세로 신고 및 납부한 내역.

③ 울산세무서에 대하여

귀 세무서 관할에 소재한 ○○주택 주식회사(울산 남구 ○○동 ○○-○ ○○빌딩 4층, 대표이사 정○○)에서 20○○. 7. 311.부터 20○○. 7. 30.까지 재직한 정○○(711014-1012345)이 갑근세로 신고 및 납부한 내역.

④ 동울산세무서에 대하여

귀 세무서 관할에 소재한 ○○주택개발 주식회사(620-○○-○○415)에서 20○○. 12. 1.부터 20○○. 5. 31.까지 재직한 정○○(711014-1012345)이 갑근세로 신고 및 납부한 내역.

3. 촉탁의 목적

원고의 피고에 대한 손해배상 청구 사건과 관련된 피고의 불법행위책임을 입증하고자 합니다.

〈작성례 2〉

1. 조회할 곳

1) 주식회사 신한은행

서울 중구 태평로 태평로 2가 120번지 대경빌딩

2) 주식회사 우리은행

서울특별시 중구 회현동1가 203번지 1-203,

2. 조회할 사항

1) 주식회사 신한은행에 대하여

① 귀 은행에서 발행한 아래의 수표에 관하여 현재 귀 은행이 아닌 타 은행이 아래의 수표를 회수하여 보관하고 있다면 해당 은행을 알려 주시기 바랍니다.

② 귀 은행이 아래의 수표를 회수하여 보관하고 있다면 아래 각 수표의 앞, 뒷면 사본을 송부해 주시고, 만일 위 각 수표금이 계좌 입금되었다면 입금된 계좌의 명의자에 관한 인적사항을 송부하여 주시기 바랍니다.

수 표 번 호	수 표 금 액	발 행 일 자	발 행 지 점
바가06146459	10,000,000원	20○○. 12. 27.	동수원지점

2) 주식회사 우리은행에 대하여

① 귀 은행에서 발행한 아래의 수표에 관하여 현재 귀 은행이 아닌 타 은 행이 아래의 수표를 회수하여 보관하고 있다면 해당 은행을 알려 주시기 바랍니다.

② 귀 은행이 아래의 수표를 회수하여 보관하고 있다면 아래 각 수표의 앞, 뒷면 사본을 송부해 주시고, 만일 위 각 수표금이 계좌 입금 되었다면 입금된 계좌의 명의자에 관한 인적사항을 송부하여 주시기 바랍니다.

수 표 번 호	수 표 금 액	발 행 일 자	발 행 지 점
바가06146796	10,000,000원	20○○. 12. 27.	동수원지점

3. 사실조회의 목적

원고의 피고에 대한 손해배상 청구 사건과 관련된 피고의 불법행위책임을 입증하고자 합니다.

〈작성례 3〉

1. 조회할 곳

서초세무서

서울 강남구 테헤란로 114(역삼동 824) 우편번호 : 135-753

2. 조회할 사항

귀 세무서의 관할에 주소를 둔 납세의무자 김○○(주민등록번호 : 7201○○-○○24920), 주소 : 서울 ○○구 ○○동 725 방배○○아파트 바동 ○○호)이 20○○. 1. 1.부터 20○○. 12. 31.까지 신고한 종합소득세에 관한 내역과 세액에 대하여 송부하여 주시기 바랍니다.

3. 조회의 목적

일체의 수입이 없다는 피고의 주장이 거짓이라는 것을 입증하고자 합니다.

〈작성례 4〉

1. 조회할 곳

남인천세무서

인천 남동구 인하로 548

2. 조회할 사항

귀 세무서 관할에 소재한 주식회사 ○○종합건축사사무소(사업자등록번호 : 138-

○○-133○○, 204-○○-390○○)가 20○○. 6. 1.부터 현재까지 신고한 부가세 중 주식회사 에스엔건설(대표이사 김○○), 주식회사 ○○공영 (대표이사 정○○), ○○기술산업 주식회사(대표이사 박○○), 주식회사 ○○아이엠씨(대표이사 백○○), 주식회사 ○○이앤씨(대표이사 박○○), 주식회사 ○○테크(대표이사 장○○), 주식회사 ○○건설(대표이사 권○○)에게 발행한 세금계산서 사본을 제출하여 주시기 바랍니다.

3. 조회의 목적

피고가 원고회사에게 입힌 구체적인 손해를 입증하기 위해서입니다.

〈작성례 5〉

1. 촉탁할 곳.

주식회사 ○○

서울특별시 ○○구 ○○동 13-25

2. 촉탁 할 사항.

가. 귀사가 회생 계획에 따른 출자전환을 통하여 (주)한국외환은행에 배정한 ① 주식수 및 ② 1주당 액면가격

나. 귀사가 (주)한국외환은행에 신주를 배정한 후에 감자를 실시 한 사실이 있는지 여부

다. 감자를 실시한 사실이 있다면 감자 후 (주) 한국외환은행이 최종적으로 보유한 ① 주식수 및 ② 1주당 액면가격

라. (주)한국외환은행이 이 사건 회생채권의 출자전환으로 취득하였다고 하는 122,656주가 처음 출자전환으로 배정받은 주식인지 아니면 감자를 실시한 이후의 주식수인지

마. (주) 한국외환은행에 대한 회생담보 채무중 담보권이 실행되어 변제된 것이 있는지 여부(원고가 시인하고 있는 담보 주식의 매각 대금 금 2,955,050,562원이 변제에 충당 되었는지 여부).

바. 담부권이 실행되어 변제된 것이 있다면 담부실행 내용과 변제충당 내역에 대하여

3. 촉탁의 목적.

원고는 피고가 회생채권뿐만 아니라 회생담보권에 대해서도 보증책임을 부담하는데 이 사건 회생담보권 및 회생채권 중 담보주식의 매각대금 금 2,955,050,562원 및 회생채권의 출자전환으로 인해 취득한 122,656주의 한국자신평가의 평가금액 금 1,607,774,848원만(=122,656주×13,108원/주)이 변제되었을 뿐 나머지 회생

채권은 그대로 존속하고 있다고 주장하는 바, 원고의 이와 같은 주장의 진위 여부를 증거에 의하여 확인하고자 합니다.

〈작성례 6〉

1. 촉탁할 곳.

○○도시개발 주식회사

서울특별시 강남구 삼성동 ○○-17

2. 촉탁 할 사항.

가. 귀사가 피고 허○○과 2011. 11. 25. 경기도 ○○시 ○○읍 ○○리 764 ○○시티 113동 202호(이하 '이 사건 부동산'이라 합니다)에 대하여 임대차보증금 1억 2천만원으로 하는 임대차계약(이하 '이 사건 임대차계약'이라 합니다)을 체결하였는지 여부

나. 귀사는 이 사건 임대차 계약 체결 당시 피고 허○○에게 이 사건 부동산이 이미 주식회사 ○○에게 분양하기로 되어 있기 때문에 임대인을 주식회사 ○○으로 해두면 후에 계약서를 변경하지 않고도 임대차계약관계를 그대로 유지할 수 있으므로 임대인 명의를 귀사가 아닌 주식회사 주선으로 할 것을 권유한 사실이 있는지 여부

다. 귀사의 권유에 따라 피고 허○○은 편의상 임대인을 귀사가 아닌 주식회사 ○○으로 하는 임대차계약서를 20○○. 11. 25. 작성하였는지 여부

라. 귀사와 주식회사 ○○간에 이 사건 임대차계약일 이후인 20○○. 12. 17. 이 사건 부동산에 대한 분양계약을 체결한 사실이 있는지 여부

마. 피고 허○○이 이 사건 임대차계약에 따른 보증금 1억2천만원을 20○○. 1. 26.까지 귀사에 지급하고 이 사건 부동산의 열쇠를 받아 이 사건 부동산에 입주하였는지 여부

3. 촉탁목적.

피고 허○○은 ○○도시개발 주식회사와 이 사건 부동산 임대차계약 체결 당시 ○○도시개발 주식회사의 권유로 편의상 임대인을 이 사건 부동산을 분양 받을 예정이라는 주식회사 주선으로 하였을 뿐 실제 이 사건 임대차계약상의 임대인은 ○○도시개발 주식회사라는 사실을 입증하고자 합니다.

4. 금융거래정보·과세정보 등 제출명령

1) 법원이 금융기관 또는 세무공무원에 대하여 금융거래정보나 과세정보의 제출명령을 할 수 있다. 금융실명거래 및 비밀보장에 관한 법률 제4조 1항,[34] 국세기본법 제81조의13 제1항,[35] 민사소송법에 근거하여 사실조회, 문서제출명령, 문서송부촉탁을 할 수 있다.

2) 금융기관은 법원의 제출명령에 의하여 거래정보를 제공한 경우에는 거래정보 제공사실을 명의인에게 서면으로 통보하여야 하고, 그 비용은 거래정보 등의 제공을 요구하는 자가 부담하여야 하므로 법원은 제출명령의 신청인 신청인이 없는 경우에는 제출명령으로 이익을 받을 당사자, 이익을 받을 당사자가 불명할 때에는 원고에게 통보비용의 예납을 명한다.

[서식 65] 금융정부자류제출명령신청

금융정보자료제출명령신청

사　　건　20○○가단 1234호　손해배상(기)
원　　고　박 ○ ○
피　　고　정 ○ ○

---

34) ① 금융회사등에 종사하는 자는 명의인(신탁의 경우에는 위탁자 또는 수익자를 말한다)의 서면상의 요구나 동의를 받지 아니하고는 그 금융거래의 내용에 대한 정보 또는 자료(이하 "거래정보등"이라 한다)를 타인에게 제공하거나 누설하여서는 아니 되며, 누구든지 금융회사등에 종사하는 자에게 거래정보등의 제공을 요구하여서는 아니 된다. 다만, 다음 각 호의 어느 하나에 해당하는 경우로서 그 사용 목적에 필요한 최소한의 범위에서 거래정보등을 제공하거나 그 제공을 요구하는 경우에는 그러하지 아니하다. <개정 2013.5.28>
1. 법원의 제출명령 또는 법관이 발부한 영장에 따른 거래정보등의 제공

35) 제81조의13(비밀 유지) ① 세무공무원은 납세자가 세법에서 정한 납세의무를 이행하기 위하여 제출한 자료나 국세의 부과 징수를 위하여 업무상 취득한 자료 등(이하 "과세정보"라 한다)을 타인에게 제공 또는 누설하거나 목적 외의 용도로 사용해서는 아니 된다. 다만, 다음 각 호의 어느 하나에 해당하는 경우에는 그 사용 목적에 맞는 범위에서 납세자의 과세정보를 제공할 수 있다.
3. 법원의 제출명령 또는 법관이 발부한 영장에 의하여 과세정보를 요구하는 경우

위 사건에 관하여 원고는 다음과 같이 금융자료제출명령을 신청합니다.

1. 금융자료 제출 명령 기관

① 금융감독원
서울특별시 영등포구 여의대로 38
② 주식회사 하나은행
서울특별시 중구 을지로 35 (을지로1가)
③ 엘지카드(신한카드) 주식회사
서울특별시 중구 소공로 70 (충무로1가)
④ 월곡신용협동조합
서울특별시 성북구 오패산로 98 로만플라자(하월곡동) 로만프라자 101호
⑤ 농업협동조합중앙회
서울특별시 중구 충정로1가 75-1번지
⑥ 삼성생명보험 주식회사
서울특별시 중구 세종대로 55 (태평로2가)

2. 금융자료의 내용

① 금융감독원
박ㅇㅇ(591014-1012345)의
가. 20ㅇㅇ. 1. 1.부터 20ㅇㅇ. 12. 31.까지의 각 금융기관(은행, 보험사, 신용협동조합, 농협, 카드사 등 포함)에 대한 부채 내역.
나. 위 박ㅇㅇ은 위 기간 동안 신용등급이 어떠하였는지요.
다. 정ㅇㅇ(740708-1012345)가 20ㅇㅇ. 1. 1.부터 20ㅇㅇ. 12. 31.까지의 기간 동안 계좌를 개설했던 금융기관을 알려주시기 바랍니다.

②-⑥ 각 금융회사
박ㅇㅇ(591014-1012345)에게
가. 금원을 대출한 사실이 있는지요. (있다면) 대출일자와 대출금액은 얼마인지요.
나. 위 대출금에 대한 원금과 이자의 연체내역은 어떠한지요.
다. 위 대출금에 대한 원금과 이자의 회수내역은 어떠한지요.

라. 대출 이후부터 매년 위 박○○의 신용등급은 어떠하였는지요.

3. 신청의 목적

① 금융감독원

원고 박○○이 이 사건 차용을 할 당시의 신용상태를 확인하고 피고 정영기의 대여 당시의 금융거래내역을 확인하여 대여금을 입증하기 위함입니다.

②-⑥ 각 금융회사

원고 박○○의 이 사건 대출 당시에 2천만원을 빌릴 수 있는 신용상태였는지 확인하기 위함입니다.

20○○. ○. ○.

위 원고 박 ○ ○ (인)

○○지방법원 ○○지원 귀중

■ 작성·접수방법

1. 금융정보자료제출명령 신청서의 내용에는 ① 자료제출요청기관, ② 금융자료의 내용, ③ 신청의 목적을 기재하여야 한다.
2. 신청서는 1부를 법원에 제출한다.
3. 인지등 별도의 비용을 첨부하지 않는다.
4. 당사자는 재판에 필요한 금융거래 내역들을 금융정보거래 제출명령의 방법으로 얻을 수 있다.
5. 금융정보자료가 법원에 도착 된 경우에는 담당 재판부에 기록 열람(복사)신청을 하여 이를 복사한다.

〈작성례 1〉

1. 금융정보자료 제출명령 기관

주식회사 하나은행

서울특별시 중구 을지로 35(을지로1가)

2. 금융자료의 내용
주식회사 하나은행 ○○지점에서 피고가 20○○. ○. ○. 제출 한 근저당권부 대출신청서와 관련서류 일체

3. 신청의 목적
피고 소유의 이 사건 부동산에 설정되어 있는 저당권이 허위로 작성되어 있다는 사실을 입증하기 위함

〈작성례 2〉

1. 금융정보자료 제출명령 기관
주식회사 국민은행 ○○지점
서울특별시 ○○구 ○○로 12

2. 금융자료의 내용
주식회사 국민은행 ○○지점에서 ○○ 발행한 수표 제123456호 이면에 배서되어 있는 내용의 사본

3. 신청의 목적
원고가 피고에게 20○○. ○. ○. 계약금으로 1억원을 지급하였다는 사실을 입증하기 위함

Ⅶ. 검 증

1. 의 의

검증이란 법관이 직접 자기의 오관의 작용에 의하여 사물의 외형을 보고, 듣고, 느낀 결과를 증거자료로 하는 증거조사방법이다. 예컨대 토지의 경계확정청구 사건이나 건물인도청구 사건 및 토지인도청구 사건에서 계쟁토지 부분이나 경계선의 상황을 본다든지 교통사고로 인한 손해배상청구 사건에서 사고가 발생하였던 현장의 상황을 보는 경우 등이 이에 해당한다. 검증에는 현장검증, 녹음테이프·비디오테이프검증 등이 그 주류를 이루고 있는데 검증의 대상이 되는 사물을 검증물이라고 한다.

2. 검증신청의 방법

1) 검증도 원칙적으로 당사자의 신청에 의함이 원칙이다. 당사자가 검증을 신청하고자 하는 때에는 검증의 목적을 표시하여 신청하여야 하고(법 364조). 또 증명할 사실의 관계를 구체적으로 밝혀야 한다(규칙 74조).

2) 검증할 목적물을 제출하거나 보내는 데에는 서증신청 규정을 준용한다(법 366조 1항). 따라서 검증신청자가 검증물을 소지하고 있는 경우 직접법원에 제출하고 상대방 또는 제3자가 소지하고 있는 경우에는 제출명령을 신청하여야 한다.

3) 검증에 비용이 필요한 경우(현장에 나가서 검증을 행하는 경우에는 법관 및 법원사무관등의 여비, 숙박료에 해당하는 비용이 필요함에 반해 법정에서 검증을 하는 경우에는 특별한 비용이 없음), 이러한 재판부의 현장검증 출장비(약 82,000원)는 법원의 예납명령에 따라 신청 당사자가 예납하여야 한다. 직권으로 검증을 할 경우에는 그 검증으로 이익을 받을 당사자에게 예납을 명하고 이익을 받을 당사자가 분명하지 아니하면 원고에게 예납을 명한다(규칙 19조).

4) 법관으로 하여금 검증을 의뢰하면서 동시에 감정인으로 하여금 감정을 실시하는 경우에는 검증 및 감정신청을 할 수 있다.

3. 검증절차

(1) 증거의 채부결정

검증은 직권 또는 당사자의 신청에 의한 증거결정으로 시작된다. 법원은 검증을 위하여 필요한 경우에는 법원의 허가를 받아 남의 토지, 주거, 관리중인 가옥, 건조물, 항공기, 선박, 차량, 그 밖의 시설물 안에 들어갈 수 있다. 이 경우 저항을 받은 때에는 국가경찰공무원에게 원조를 요청할 수 있다(법 366조 3항).

(2) 기일의 지정 및 출석요구

검증기일은 재판장 또는 수명법관이 정하고 변론기일에 검증을 할 때에는 그 기일은 변론기일인 동시에 증거조사기일이 된다. 검증기일에는 당사자에게 출석을 요구하여 참여의 기회를 준다.

(3) 검증의 실시

검증의 주재는 법관이 하고 법원사무관등은 증거조사절차가 적법히 시행되었다는 것을 조서의 작성을 통해 기록·공증한다.

(4) 검증목적물의 제출

서증과의 구별을 위하여 원고가 제출한 것은 「검갑 제○호증」 피고가 제출한 「검을 제○호증」으로 각 표시 된다.[36]

4. 검증시 수인의무

(1) 수인의무

명문의 규정은 없지만 증인과 마찬가지로 정당한 사유가 없는 한 검증이 시행될 경우에 검증을 참고 받아들일 공법상 의무가 있다고 하여야 한다. 따라서 부동산에의 출입, 혈액의 채취, 신체검사, 정신상태의 진찰 등의 검증절차를 승인할 의무가 있다.

(2) 수인의무 위반

법원은 상대방 또는 제3자 소지의 물건에 대한 제출을 명할 수 있고, 사람의 신체 등을 검증할 때는 그 출석을 명할 수도 있다. 이 경우 당사자가 제출명령이나 출석명령을 준수하지 않는 경우에는 수인의무 위반으로서 검증물의 존재와 상태에 관한 상대방의 주장을 진실한 것으로 인정할 수 있다. 제3자가 정당한 사유 없이 제출명령에 따르지 아니한 때에는 법원은 결정으로 200만원 이하의 과태료에 처한다. 이 결정에 대하여는 즉시 항고할 수 있다(법 366조 2항). 검증목적물의 제출을 거부할 수 있는 정당한 사유에 관하여는 명문의 규정이 없어 그 범위가 문제되나 증언거부사유를 유추 적용할 수 있을 것이다.

---

36) 실무상 검증 목적물은 기록과 같이 보관하기 어려운 경우가 대부분이어서 부호를 붙여 제출하는 것 보다 이를 촬영한 서증으로 제출하거나 검증조서의 일부로 편철되게 된다.

[서식 66] 검증신청서

현장검증신청

사　　건　20○○가단 1234 손해배상(기)
원　　고　김 ○ ○
피　　고　이 ○ ○

위 사건에 관하여 원고는 다음과 같이 현장검증을 신청합니다.

다　　　음

1. 검증 목적물
   ○○시 ○○면 ○○구 12 소재 원고 소유의 비닐하우스 3동
2. 검증할 사항
   위 비닐하우스 내에 설치된 피고회사 제조 온풍기의 상태와 원고가 식재한 농작물의 착과상태의 검증
3. 검증의 목적
   이 사건에서 피고회사의 온풍기로 인해 발생한 원고의 피해 상황을 입증하기 위함.

첨 부 서 류

1. 현장약도　　1통

20○○. ○. ○.

위 원고 장 ○ ○ (인)

○○지방법원 ○○지원 귀중

■ 작성·접수방법

1. 검증신청서의 내용에는 ① 검증목적물, ② 검증할 사항, ③ 검증의 목적을 기재하여야 한다.
2. 신청서는 1부를 법원에 제출한다.
3. 인지등 별도의 비용을 첩부하지 않는다.
4. 담당재판부로부터 검증이 채택되면 신청인은 법원의 예납명령에 따라 검증여비를 법원 보관금으로 납부하여야 한다.
5. 검증기일이 지정되면 그 기일에 맞춰 검증하는 현장에 출석하면 된다. 다만 당사자가 검증기일에 출석하지 않더라도 검증할 수 있으므로 검증기일에 참석하여 불이익을 받지 않도록 하는 것이 좋다.
6. 이후 검증을 통해 나온 사실이 자신에게 유리한 경우라면 변론기일에서 이를 원용하면 된다.

[서식 67] 검증신청서

현장 검증 신청서

사　　건　20○○가합 1234호　건물철거 및 대지인도
원　　고　김 ○ ○
피　　고　이 ○ ○

위 사건에 관하여 원고는 다음과 같이 현장검증을 신청합니다.

다　　음

1. 검증할 장소
   서울 강남구 삼성동 ○○번지 대지 340㎡ 및 위 지상의 가건물
2. 검증할 사항
   원고가 소유하는 대지의 지번이 ○○번지임을 확인하고 피고가 점유하고 있는 가건물의 현황검증
3. 검증 목적
   이 사건의 피고가 원고 소유의 대지를 불법점유 사용하고 있는 사실 확인

및 원고의 주장사실을 명백히 하는데 있음

20○○. ○. ○.

위 원고 김 ○ ○ (인)

서울중앙지방법원 귀중

■ 작성·접수방법

1. 검증신청서의 내용에는 ① 검증할 장소, ② 검증할 사항, ③ 검증의 목적을 기재하여야 한다.
2. 신청서는 1부를 법원에 제출한다.
3. 인지등 별도의 비용을 첩부하지 않는다.
4. 담당재판부로부터 검증이 채택되면 신청인은 법원의 예납명령에 따라 검증여비를 법원 보관금으로 납부하여야 한다.
5. 검승기일이 지정되면 그 기일에 맞춰 검증하는 현장에 출석하면 된다. 다만 당사자가 검증기일에 출석하지 않더라도 검증할 수 있으므로 검증기일에 참석하여 불이익을 받지 않도록 하는 것이 좋다.
6. 이후 검증을 통해 나온 사실이 자신에게 유리한 경우라면 변론기일에서 이를 원용하면 된다.

[서식 68] 검증 및 감정신청서

검증 및 감정 신청서

사　　건　20○○가합 1234호 손해배상
원　　고　김 ○ ○
피　　고　이 ○ ○

위 당사자간 귀원 20○○가합 1234호 손해배상 청구사건에 관하여 원고는 주장사실을 입증하기 위하여 다음과 같이 검증 및 감정을 신청합니다.

다　　　음

1. 검정

가. 검증목적물

서울 ○○구 ○○동 ○○지상 원고 소유 건물 및 위 건물 서쪽에 인접하여 피고가 건축중인 건물

나. 검증사항

(1) 원고 소유 건물의 경사·파손의 위치, 정도

(2) 원고 소유 건물의 지반이 내려앉은 상황

(3) 피고의 건축 현장 현황, 지하 굴착 정도 등

다. 입증취지

피고의 이 사건 건물 신축공사에 의하여 원고 소유의 건물이 소장 청구원인 제3항 기재와 같이 손괴된 사실

2. 감정

가. 감정목적물

서울 ○○구 ○○동 ○○ 목조 기와지붕 단층주택 120㎡

나. 감정사항

위 감정 목적물의 파손 부분을 원상대로 복구하고 내려앉은 지반을 원상복구하기 위한 방법 및 그 경비, 원상회복이 불가능하다면 이로 인하여 건물이 감가된 가액

다. 감정인 : 전문자격을 가진 사람 중에서 귀 법원이 지정하는 사람

라. 입증취지

원고 소유 건물과 그 지반의 파손부분을 원상대로 복구하기 위한 방법과 그 비용

20○○.　○.　○.

위 원고　이 ○ ○　(인)

○○지방법원　귀중

■ 작성·접수방법

1. 검증신청서의 내용에는 ① 검증 및 감정의 목적물, ② 검증 및 감정할 사항, ③ 검증 및 감정의 목적을 기재하여야 한다.
2. 신청서는 1부를 법원에 제출한다.
3. 인지등 별도의 비용을 첨부하지 않는다.
4. 담당재판부로부터 검증이 채택되면 신청인은 법원의 예납명령에 따라 검증여비를 법원 보관금으로 납부하여야 한다.
5. 검증기일이 지정되면 그 기일에 맞춰 검증하는 현장에 출석하면 된다. 다만 당사자가 검증기일에 출석하지 않더라도 검증할 수 있으므로 검증기일에 참석하여 불이익을 받지 않도록 하는 것이 좋다.
6. 이후 검증을 통해 나온 사실이 자신에게 유리한 경우라면 변론기일에서 이를 원용하면 된다.

〈작성례 1〉

1. 검증 목적물

피고 한국방송공사가 제작한 20○○. ○. 20.자 "○○중계" 방송 녹화분 비디오 테잎 1개.

2. 검증목적 및 검증으로 입증하려는 사항

피고가 탤런트 출신 전 국회의원 ○○○씨를 간통혐의로 고소한 원고와의 인터뷰 내용을 방송 보도하는 과정에서, 원고의 음성을 그대로 방송한 점, 피고 공사가 원고의 이름을 실명으로 밝히고, 원고의 얼굴을 정면 또는 측면을 편집 보도한 점, 원고가 소외 ○○○을 상대로 고소한 고소장을 화면으로 확대보도하면서 원고의 실명이 그대로 방송된 점을 입증하고자함.

〈작성례 2〉

1. 검증 목적물

피고 한국방송공사가 제작한 20○○. ○. 20.자 "○○중계" 방송 녹화분 비디오 테잎 1개.

2. 검증 할 사항

서울시 ○○구 ○○동 ○○거리 교차로

3. 검증목적

피고의 승용자가 원고의 승용자보다 교차로에 선진입하였다는 점을 입증하고자 합니다.

Ⅷ. 당사자 신문

사 례

미성년자인 '갑'이 의사 '을'로부터 수술을 받은 후 그 부작용으로 후유증을 앓고 있다면서 '갑'의 친권자인 '병'이 의사를 상대로 손해배상 청구의 소를 제기하였는데, '갑'의 친권자인 '병'이 의사의 의료상의 과실 있는 행위를 증명하기 위하여 다른 증거조사에 앞서 "갑'의 신문을 구하는 증거신청을 할 수 있는지?

1. 의 의

당사자 신문이란 당사자본인을 증거방법으로 하여 그가 경험한 사실에 대해 진술하게 하여 증거자료를 얻는 증거조사이다(법 367조). 당사자신문을 받는 경우의 당사자는 증거조사의 객체로서 증거방법이기 때문에 여기에서 그의 진술은 증인의 증언과 마찬가지로 증거자료인 것이지 소송자료가 아니다(대판 1981. 8. 11. 81다262). 그러나 이와 달리 법원의 석명에 대하여 당사자본인이 진술하는 것은 주장의 보충이지 당사자신문이 아니다.

2. 당사자신문의 요건

(1) 대 상

당사자신문에서는 소송자료를 제출하는 것이 아니므로 소송무능력자도 당사자신문의 대상이 된다. 당사자뿐만 아니라 법정대리인, 법인 등의 대표자도 당사자신문절차로 신문하고 증인신문절차로 신문하지 않는다(법 367, 372조).

관련판례

당사자 본인으로 신문하여야 함에도 증인으로 심문한 경우 상대방이 지체없이 이의하지 아니하면 이의권의 포기·상실로 인하여 그 하자가 치유된다(대판 1992. 10. 27. 92다32463).

(2) 보충성의 폐지

1) 2002년 개정법 367조는 법원의 심증과 상관없이 소송의 어느 단계에서도 당사자본인을 신문할 수 있도록 당사자신문의 보충성[37]을 폐지하고 당사자의 진술의 진실성을 담보하기 위해 신문 전에 반드시 선서하도록 하였다. 선서한 뒤에 거짓진술을 하면 증인의 경우에는 형법상의 위증죄로 되지만 당사자의 경우에는 500만원 이하의 과태료의 제재를 받도록 규정하였다.

2) 사례의 경우 증거방법으로서의 보충성이 폐지되었으므로 다른 증거조사에 앞서 당사자신문을 신청할 수 있다.

3. 법원의 당사자신문 채택 및 주요사실 인정여부

1) 법원이 당사자신문 신청을 채택하여야 하는지 여부 즉 증거의 채택여부는 법원의 재량이다. 그러나 증거가 당사자가 주장하는 사실에 대한 유일한 증거인 때에는 법원은 신청을 반드시 채택하여야 한다(법 290조).

2) 당사자신문의 결과인 진술의 증거가치를 평가, 판단하는 것은 다른 증거와 마찬가지로 법관의 자유심증에 의한 판단에 맡길 문제이고, 2002년 개정법은 증거방법으로서의 보충성도 폐지하였으므로 당사자신문도 일단 적법하게 채택되면 완전한 가치가 있는 증거방법이므로 그 결과만으로 계쟁사실을 인정할 수 있다고 하여야 한다.

4. 당사자신문의 절차

(1) 신 청

당사자신문은 직권으로 또는 당사자의 신청에 따라 할 수 있다. 상대방 당사자의 신문을 구하는 것이 일반적이나 당사자가 자기의 신문을 구하는 것도 가능하다. 당사자가 신청할 때 신청서에 인지를 첩부할 필요는 없다. 증인신문에 관한 규정이 준용되므로(법 373조) 신청한 당사자는 법원이 정한 기한까

37) 당사자심문의 증거방법으로서의 보충성은 2002년 개정법 전의 민사소송법이 취한 입장으로 다른 증거조사에 의하여 쟁점사실에 관하여 누구의 주장이 옳은지 충분한 심증을 얻지 못한 때에 한해 당사자본인을 신문할 수 있다는 것을 말한다.

지 상대방의 수에 3(합의부는 4)을 더한 통수의 당사자신문사항을 기재한 서면을 제출하여야 한다(규칙 119조).

(2) 심 문

구체적으로 ① 선서(구두로 허위의 진술을 하지 않겠다고 선언하는 절차), ② 인정신문(당사자 본인인지 재판장이 확인하는 절차) ③ 주신문(신청인이 하는 신문절차) ④ 보충신문(재판장이 신문절차 도중에 필요할 경우 하는 신문절차) 등으로 진행된다.

5. 효 과

당사자신문에서 당사자의 진술은 증인의 증언과 마찬가지로 증거자료인 것이지 소송주체로서 하는 진술로서의 소송자료가 아니다(대판 1981. 8. 11. 81다262). 따라서 당사자신문 과정에서 상대방의 주장사실과 일치하는 부분이 있어도 이는 자백이 아니다.

[서식 69] 당사자본인신문신청

당사자본인신문 신청서

사 건 20○○가합1234호 대여금
원 고 김 ○ ○
피 고 이 ○ ○

위 당사자간 귀원 20○○가합1234호 대여금 청구사건에 관하여 피고는 주장 사실을 입증하기 위하여 다음과 같이 원고 본인에 대한 당사자 신문을 신청합니다.

다 음

1. 본인의 표시
   성 명 : 이 ○ ○ (720622-1012345)

연락처 : 010-○○○○-○○○○
주　소 : 서울 ○○구 ○○동 ○○아파트 102동 1602호
2. 당사자본인신문사항 : 별지와 같음

20○○. ○. ○.

위 피고 이 ○ ○ (인)

○○지방법원 귀중

[서식 70] 증인신문사항

20○○가합1234호 계약금반환

당사자본인 김○○ 신문사항

1. 원고는 20○○. 5. 1. 밤 10:00경 서초동 교대역 부근 ○○ 호텔 409호에서 피고에게 사업자금 명목으로 20,000,000원을 빌려준 사실이 있지요?
2. 원고는 당시 피고의 이름은 알지 못하고 단지 두 사람 중 키가 큰 사람과 일을 했다고 기억 할 뿐이지요?
3. 당시 위 409호의 조명은 밝은 편이 아니었고 돈을 빌려 줄 당시에 불을 껐다면서요?
4. 변제 기간이 만료될 즈음에 피고가 원고에게 변제기간 연장을 요청하였으나 원고가 이를 거절한 적이 있지요?
5. 또한 변제기인 20○○. 9. 3.에 원고가 피고에게 대여금을 돌려달라고 하자 피고는 한 달만 말미를 주면 어떻게든 구해서 주겠다고 말하였지요?
6. 기타.

■ 작성·접수방법

1. 당사자신문 신청서 1부를 담당 재판부에 제출한다.
2. 인지등 첩부비용은 없다.
3. 당사자본인 신문을 채택여부는 법원의 재량이다. 그러나 증거가 당사자가 주장하는 사실에 대한 유일한 증거인 때에는 법원은 신청을 반드시 채택하여야 한다(법 290조).
4. 법원으로부터 신문 채택의 고지가 있으면 기일 전 10일 전까지 상대방수 더하기 3의 신문사항을 법원에 제출한다.

Ⅸ. 그 밖의 증거

1. 의 의

도면·사진·녹음테이프·비디오테이프·컴퓨터용 자기디스크 그 밖에 정보를 담기 위하여 만들어진 물건으로서 문서가 아닌 증거의 조사에 관한 사항은 대법원 규칙으로 정한다(법 374조). 도면 사진 그 밖에 정보를 담기 위하여 만들어진 물건으로서 문서가 아닌 증거의 조사에 관하여도 특별한 규정이 없으면 이를 준용한다(규칙 122조).

2. 자기디스크 등에 기억된 문자정보 등에 관한 증거조사

컴퓨터용 자기디스크, 광디스크 그 밖에 이와 비슷한 정보저장매체에 기억된 문자정보를 증거자료로 하는 경우에는 읽을 수 있도록 출력한 문서를 제출할 수 있다. 자기 디스크 등에 기억된 문자정보를 증거로 하는 경우에 증거조사를 신청한 당사자는 법원이 명하거나 상대방이 요구한 때에는 자기디스크 등에 입력한 사람과 입력한 일시 출력한 사람과 출력한 일시를 밝혀야 한다. 자기디스크 등에 기억된 정보가 도면·사진 등에 관한 것인 때에도 이를 준용한다(규칙 120조).

3. 음성영상자료 등에 대한 증거조사

1) 녹음녹화테이프 컴퓨터용 자기디스크 광디스크 그 밖에 이와 비슷한 방법으로 음성이나 영상을 녹음 또는 녹화하여 재생할 수 있는 매체에 대한 증거조사를 신청하는 때에는 음성이나 영상이 녹음 등이 된 사람, 녹음 등을 한 사람 및 녹음 등을 한 일시, 장소를 밝혀야 한다(규칙 121조).

2) 녹음테이프 등에 대한 증거조사를 신청한 당사자는 법원이 명하거나 상대방이 요구한 때에는 녹음테이프 등의 녹취서, 그 밖에 그 내용을 설명하는 서면을 제출하여야 한다(규칙 121조 3항).

X. 증거보전

사 례

미성년자인 '갑'이 의사 '을'로부터 수술을 받은 후 그 부작용으로 후유증을 앓고 있다면서 '갑'의 친권자인 '병'이 의사를 상대로 손해배상 청구의 소를 제기하려고 '을'이 보유하고 있는 '갑'에 대한 진료기록부를 증거로 확보하려고 하는데 그 방안은 무엇인가?

1. 의 의

소송을 제기할 예정이거나 이미 소장을 제출하여 놓은 상태에서, 그 소송에 필수적인 증인이 중병이 들어 곧 사망할 지경에 이르렀다거나(예를 들어 의료소송), 아니면 곧 외국으로 떠나버리려 하는 상황이 발생하거나 또는 당해 소송에 꼭 필요한 검증물이 시일을 지체하면 멸실되거나 부패하여 변경될 우려가 있는 경우와 같이 급박한 상황임에도 불구하고 정상적인 절차를 밟아 소송절차에서 증거조사를 하려고 하면 때를 놓치는 경우가 많다. 따라서 소송절차에서 본래의 증거조사기일 전에 미리 증거조사를 하지 아니하면 그 증거를 사용하기 곤란할 사정이 있다고 인정할 때 본안의 소송절차와는 별도로 미리 증거조사를 하여 그 결과를 확보하여 두는 판결절차의 부수절차로서 증거보전절차를 두고 있다(법 375조).

2. 증거보전요건

(1) 대 상

증거보전의 대상이 되는 것은 모든 증거방법이다. 증인신문, 감정, 서증조사, 문서제출명령, 문서송부촉탁, 검증은 물론 당사자본인신문도 가능하다.

(2) 미리 조사하지 아니하면 증거를 사용하기 곤란한 사정이 있어야 한다.

1) 증거보전의 필요성

증거보전이 허용되기 위해서는 증거보전의 필요성이 있어야 한다(법 375조). 증거보전의 필요성은 미리 증거조사를 하지 않으면 증거방법 자체의 사용이 불가능하거나 현저히 경비가 증가하여 사실상 증거조사가 곤란한 경우에 인정된다. 미리란 함은 소제기 전은 물론 소송계속 중이라도 본래의 증거조사의 실시 전이라는 뜻으로 소송절차의 진행 상황에 따라 판단하여야 한다.

2) 필요성의 소명

증거보전의 사유(필요성)는 소명하여야 한다(법 377조 2항). 그런데 보전의 필요성을 어느 정도 소명해야 하는지에 대해서는 구체적 소명 필요설과 불요설(완화설)의 대립이 있다.

3) 사 례

갑이 진료기록부를 증거로 확보하기 위한 방안으로는 증거보전신청과 문서제출명령신청을 하는 방법을 생각할 수 있다. 사례에서 갑이 증거보전신청을 하려면 보전필요성을 소명하여야 하는데 엄격설에 의하면 진료기록부의 변조가능성이 구체적 사실로 소명되어야 허용될 것이고 완화설에 따르면 진료기록부를 의사측에서 지배한다는 사실만으로도 갑의 증거보전신청이 허용될 것이다.

3. 증거보전 절차

(1) 신 청

증거보전의 신청은 서면으로 하여야 한다. 신청서에는 ① 상대방의 표시,

그러나 상대방을 지정할 수 없는 경우(예컨대 도주 교통사고의 경우)에도 증거보전 신청을 할 수 있는데 이 경우에는 법원에서 상대방이 될 사람을 위해 특별대리인을 선임한다. ② 증명할 사실, ③ 보전하고자 하는 증거, ④ 증거보전의 사유에 관한 소명자료를 붙여야 한다(규칙 124조).

(2) 관할법원

① 소제기 뒤에 증거보전신청을 하는 경우에는 그 증거를 사용할 심급의 법원에 하여야 하고, 제1심 법원이 변론을 종결한 때에는 변론재개의 신청과 함께 증거보전신청을 하는 경우가 아니면 제2심 법원이 관할법원이 된다. ② 소제기 전에 증거보전신청을 하는 경우에는 신문을 받을 사람(증인, 감정인, 당사자 등)이나 문서를 가진 사람의 거소 또는 검증하고자 하는 목적물이 있는 곳을 관할 하는 지방법원에서 하여야 한다(법 376조 1항). ③그러나 급박한 경우에는 소 제기 뒤에도 소 제기 전에 증거보전신청을 하는 경우의 관할법원에 신청할 수 있다(법 376조 2항).

(3) 비용의 납부

인지대 1,000원, 송달료 22,200원(3,700원×3회×2인)을 납부하여야 한다. 신청인이 소송구조를 받은 경우가 아니라면 그 증거조사비용을 예납하여야 한다. 증거보전의 비용은 소송비용의 일부가 되므로 그 부담은 소송비용의 재판에서 일괄하여 정하여 진다.

(4) 법원의 결정

소송이 계속된 중에는 직권으로 증거보전을 결정할 수 있다(법 379조). 그러나 실무상 그러한 경우는 거의 없다. 증거보전의 신청에 대하여 법원은 변론 없이 그 허부의 결정을 하여야 한다. 증거보전신청을 받아들이는 결정에 대하여는 불복신청을 하지 못하지만, 이를 각하하는 결정에 대해서는 신청인이 항고할 수 있다(법 439조).

4. 증거보전의 효력

증거보전결과를 변론에 상정하고 변론조서에 기재함으로써 소송자료가 된다. 증거보전절차에서 신문한 증인을 당사자가 변론에서 다시 신문하고자 신청한 때에는 법원은 그 증인을 신문하여야 한다(법 384조).

[서식 71] 증거보전신청서

증거보전신청

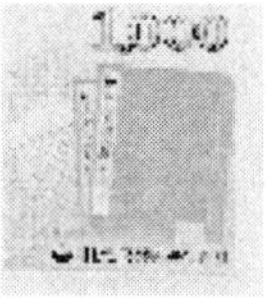

신 청 인　　박 ○ ○(741025-1012345)
　　　　　　서울시 ○○구 ○○동 125

피신청인　　정 ○ ○(750905-1012345)
　　　　　　서울시 ○○구 ○○동 256

신청인은 피신청인을 상대로 손해배상청구소송을 준비하고 있는데, 아래와 같이 증거보전의 사유가 있어 증인의 신문을 구합니다.

① 증명할 사실
　신청인이 상대방으로부터 20○○. ○. ○. 별지 목록 기재의 물건을 대금 ○○○만원에 매수한 사실

② 증인의 표시
　증인 : 김 ○ ○(721108-1012345)
　주소 : 서울시 ○○구 ○○동 123호(○○병원)
　* 위 증인은 현재 위함으로 위 병원에 입원 중이므로 임상 신문을 하여 주시기 바랍니다.

③ 증인신문사항
　별지 기재와 같음.

신 청 이 유

1. 신청인은 20○○. ○. ○. 상대방에게서 별지 목록 기재 물건을 매수하고 그 대금까지 지급하였으나(입금증 참조) 상대방이 매매사실을 부인하며 그 인도를 거절하므로 상대방을 상대로 하여 인도청구의 소를 제기하려고 합니다.
2. 위 매매계약은 위 증인의 중개 및 입회로 이루어져 위 증인이 유일하게 그 내용을 알고 있습니다.
3. 그런데 위 증인은 20○○. ○. ○. 우암 말기 진단을 받고 위 병원에 입원 중인 바, 최근 병세가 악화되어 곧 사망할지도 모르므로 조속히 신문을 하여 두지 아니하면 본안소송에서 증인신문을 할 수 없게 될 사정이 있습니다.

소 명 방 법

1. 입금증 1통
1. 진단서 1통

첨 부 서 류

1. 위 소명방법 1통

20○○. ○. ○.

위 신청인 박 ○ ○ (인)

서울○○지방법원 귀중

■ 작성·접수방법

1. 증거보전 신청서의 제출은 ① 소제기 뒤에 증거보전신청을 하는 경우에는 그 증거를 사용할

심급의 법원에 하여야 하고, ② 소제기 전에 증거보전신청을 하는 경우에는 신문을 받을 사람(증인, 감정인, 당사자 등)이나 문서를 가진 사람의 거소 또는 검증하고자 하는 목적물이 있는 곳을 관할하는 지방법원에서 하여야 한다(법 376조 1항). ③ 그러나 급박한 경우에는 소 제기 뒤에도 소 제기 전에 증거보전신청을 하는 경우의 관할법원에 신청할 수 있다(법 376조 2항). 1부를 담당 재판부에 제출한다.

2. 신청서에는 증거보전의 사유에 관한 소명자료를 붙여야 하고(규칙 124조), 인지대 1,000원, 송달료 22,200원(3,700원×3회×2인)을 납부하여야 한다.

제4절 소송의 종료

Ⅰ. 총 설

1. 소송종료사유

소송은 법원의 종국재판(소장각하명령, 소각하판결, 청구기각·청구인용판결)으로 종료될 수도 있고 처분권주의원칙상 당사자의 행위(취하,[38] 포기·인낙, 화해)에 의해 소송이 종료되기도 한다. 또 대립당사자구조가 소멸된 경우(원고가 피고를 상속하거나 합병하는 경우)에도 소송이 종료된다.

2. 소송종료선언

소송종료선언이란 계속 중이던 소송이 유효하게 종료되었음을 확인하는 종국판결이다. 종래 판례에 의해 발전되어온 제도이나 민사소송규칙에서 명문으로 규정하게 되었다(규칙 67조,[39] 68조). 소송종료선언은 소송판결이며, 종국판결이고,

38) 원고 또는 원·피고가 불출석 하는 것을 쌍불이라 하는데 2회 쌍불이 있는 경우에는 1개월 내에 기일지정신청을 하지 않으면 취하 간주된다.

39) 제67조(소취하의 효력을 다투는 절차) ① 소의 취하가 부존재 또는 무효라는 것을 주장하는 당사자는 기일지정신청을 할 수 있다. ② 제1항의 신청이 있는 때에는 법원은 변론을 열어 신청사유에 관하여 심리하여야 한다. ③ 법원이 제2항의 규정에 따라 심리한 결과 신청이 이유 없다고 인정하는 경우에는 판결로 소송의 종료를 선언하여야 하고, 신청이 이유 있다고 인정하는 경우에는 취하 당시의 소송정도에 따라 필요한 절차를 계속하여

확인판결이다. 종국판결이므로 상소가 허용되고, 소송판결이므로 소송종료선언 후 소를 취하한 경우에도 재소금지의 제재를 받지 않는다.

확정판결, 소의 취하, 청구의 포기 등에 의하여 소송이 종료되었음에도 불구하고 이를 간과하고 심리를 계속 진행한 사실이 발견된 경우 법원은 직권으로 소송종료선언을 한다.

Ⅱ. 소의 취하

사 례

갑은 을을 상대로 A토지소유권확인의 소를 제기하면서 A토지가 아버지로부터 증여받은 것이라고 주장하였지만 1심법원은 증여받은 사실이 인정되지 않는다면서 기각판결을 선고하였고 이에 갑은 항소를 하였지만 이후 항소심에서 소를 취하하였다. 갑은 다시 아버지로부터 상속받은 것이라고 하면서 을을 상대로 토지인도청구의 소를 제기할 수 있는가?

1. 개 설

(1) 의 의

소의 취하란 원고가 제기한 소의 전부 또는 일부를 철회하는 법원에 대한 일방적 의사표시이다. 소의 취하는 소송계속의 소급적 소멸이라는 소송법상의 효과가 발생하는 소송행위이다.

(2) 구 별

〈소의 취하와 청구의 포기〉

	소의 취하	청구의 포기
법적 성격	원고가 제기한 소의 전부 또는 일부를 철회하는 법원에 대한 일방적 의사표시	원고가 자기의 소송상의 청구가 이유 없음을 자인하는 법원에 대한 일방적 의사표시

진행하고 중간판결 또는 종국판결에 그 판단을 표시하여야 한다.

<table>
<tr><td rowspan="3">성립요건</td><td colspan="2">당사자능력과 소송능력이 필요하면, 대리인이 대리할 경우에 대리권 필요
조건이나 기한 불가
소송계송중 어느 때나 할 수 있다</td></tr>
<tr><td>직권탐지주의 적용받는 소송(가사, 행정, 선거)에서도 가능</td><td>직권탐지주의 적용받는 소송에서는 허용되지 않음</td></tr>
<tr><td>준비서면제출, 진술, 변론 뒤에는 상대방의 동의 받아야 함</td><td>상대방의 동의 필요하지 않다</td></tr>
<tr><td rowspan="2">효과</td><td colspan="2">소송은 종료되므로 이를 간과한 채 심리가 속행되면 당사자의 이의나 법원의 직권에 의해 판결로서 소송종료선언을 하여야 한다.</td></tr>
<tr><td>종국판결 후에 취하한 경우에는 당사자는 제소할 수 없다</td><td>청구포기가 조서화 되면 확정판결과 동일한 효력이 있어 기판력이 생겨 후소 제기시 기판력에 의해 각하</td></tr>
</table>

관련판례

청구의 감축(소변경)이 소의 일부취하인지 청구의 일부포기인지 불분명한 경우에는 원고에게 이익이 되는 소의 일부 취하로 볼 것이다(대판 2005다19477).

〈소의 취하와 상소의 취하〉

	소의 취하	상소의 취하
법적성격	소 자체를 철회하는 소송행위	상소를 철회하는 소송행위
효 과	소 자체를 철회하므로 이미 선고된 판결까지 효력이 없어진다.	상소를 제기하지 않았던 것으로 하는 것이므로 상소를 취하하면 원심판결이 확정

2. 요 건

(1) 당사자에 관한 요건

소이 취하는 소송행위이기 때문에 당사자가 소를 취하하려면 당사자능력과 소송능력이 필요하며 대리인이 대리할 경우에는 소송법상 대리권이 필요하다. 다만 미성년자가 제기한 부적법한 소는 스스로 혼자 유효하게 취하할 수 있다. 고유필수적 공동소송에서는 전원이 취하를 하지 않으면 효력이 없다.

(2) 소송물에 대한 요건

소의 취하는 가사소송, 행정소송, 선거소송과 같이 소송물의 자료수집에 있어서 직권탐지주의의 적용을 받는 소송에서도 자유롭게 할 수 있다.

(3) 의사표시의 부관

소취하는 소송행위이므로 민법상의 법률행위 규정이 적용될 수 없으며 기한이나 조건을 붙여서는 안된다.

(4) 피고의 동의

상대방이 본안에 관하여 준비서면을 제출하거나 변론준비기일에 진술하거나 변론을 한 뒤에는 상대방의 동의를 받아야 효력을 가진다(법 266조 2항).

(5) 시 기

소취하는 원고의 소제기 후 판결이 확정되기까지 어느 때라도 할 수 있다(법 266조 1항). 또한 판결이 선고 된 후에라도 상소기간 내에 피고 동의하에 소취하서를 제출하면 소취하와 함께 소송이 종료된다.

3. 소취하의 방식

소송이 계속된 법원에 취하서를 제출하여야 한다. 다만 변론기일에는 말에 의한 소의 취하도 가능하다(법 266조 3항). 취하서는 법원용 1부와 상대방 수의 부본을 제출하는데 만약 상대방의 동의가 있거나 소장 송달전이라면 법원용 1부만 제출하면 된다.

소취하에 대한 상대방의 동의도 서면 또는 말로 한다. 상대방의 동의 여부가 분명하지 아니한 경우에는 취하의 서면이나 조서등본이 송달된 날로부터 2주 이내에 말로 취하할 때에는 출석한 날로부터 2주 이내에 이의를 하지 않으면 소의 취하에 동의한 것으로 본다(법 266조 6항).

4. 소취하의 효과

(1) 효력의 발생시기

상대방이 본안에 관해 응소하기 전에 소를 취하한 경우에는 소취하서를 법원에 제출 한 때 또는 말로 소를 취하한다고 한 때에 효과가 발생한다. 그러나 상대방이 본안에 관해 응소를 한 후에 소를 취하한 경우에는 상대방이 이를 동의한 때 또는 동의가 있다고 간주되는 때에 효과가 발생한다.

(2) 소송계속의 소멸

소가 취하되면 처음부터 소송이 계속되지 않은 것처럼 소송이 종료된다. 취하를 간과한 채 심리가 속행된 때에는 당사자의 이의나 법원의 직권으로 소송종료선언을 한다.

(3) 재소의 금지

1) 본안에 대한 종국판결이 있은 뒤에 소를 취하한 사람은 같은 소를 제기하지 못한다(법 267조 2항). 판결이 확정되기 전에는 상소심에서도 소취하를 할 수 있지만 본안의 종국판결 후에 취하를 하고 다시 제소하는 것을 금지하는 것은 소취하로 인하여 그 동안 판결에 들인 법원의 노력이 무용화되고 종국판결이 당사자에 의하여 농락당하는 것을 방지하기 위한 것이다(대판 2009. 6. 25. 2009다22037).

2) 사례에서 갑이 본안판결 후 소를 취하하고 후소를 제기하였으므로 후소가 재소금지원칙에 저촉되는지 문제되는데 후소가 전소 소송물을 선결문제로 하는 경우에 재소하는 것은 전소의 법률관계에 대하여 다시 심판을 구하는 것이므로 후소는 재소금지원칙에 저촉되어 부적법 각하된다. 그런데 사례처럼 확인의 소는 다툼이 있는 권리관계의 공권적 확정을 목적으로 하며 청구원인을 고려할 필요가 없으므로 전소가 증여에 기한 소유권확인청구이고 후소가 상속에 의한 소유권이더라도 선결관계에 있고 따라서 후소는 부적법하다고 할 것이다.

5. 소의 취하간주

실제로는 소를 취하하지는 않았지만 소를 취하한 것으로 간주되는 경우가 있다.

(1) 쌍방불출석

적법한 기일통지서를 받았음에도 불구하고 양쪽당사자가[40] 필요적 변론기일에 2회 출석하지 않고 1월내에 기일지정신청을 하지 않거나 지정신청을 하고 쌍방이 또 불출석한 경우에는 소가 취하된 것으로 본다(법 268조).

(2) 피고의 경정

피고 경정 신청을 허가하는 결정을 한 때에는 종전의 피고에 대한 소는 취하된 것으로 본다(법 261조 4항).

(3) 증권관련집단소송

소송절차의 중단 후 1년 이내에 수계신청이 없는 때에는 소가 취하된 것으로 본다(증권관련집단소송법 24조 3항).

[서식 72] 소취하서

소 취 하 서

사 건 20○○가단 1234호 매매대금
원 고 장 ○ ○
피 고 문 ○ ○

위 당사자간 귀원 20○○가단 1234호 매매대금 청구사건에 관하여 원고는 이 사건 소를 전부 취하합니다.

---

40) 원칙상 쌍불이란 원고·피고 둘 다 불출석하는 것을 의미하지만 취하간주는 피고에게 이익이 되는 것이기 때문에 실무상 원고만 출석하지 않는 경우에도 쌍불로 처리된다.

20○○. ○. ○.

위 원고 장 ○ ○ (인)

○○지방법원 귀중

■ 작성·접수방법

1. 소취하서 2부를 담당 재판부에 제출한다.
2. 취하서는 상대인 피고가 동의하여야 효력이 있기 때문에 소취하동의서 1부를 제출해야 하지만 동의서를 제출하지 않더라도 피고에게 소취하서가 송달된 날부터 2주 내에 피고가 이의를 하지 않으면 취하에 동의한 것으로 간주되기 때문에 취하의 효력이 발생한다.
3. 인지등 첩부비용은 없다.

[서식 73] 소취하동의서

소 취 하 동 의 서

사 건 20○○가단1234호 매매대금
원 고 장 ○ ○
피 고 문 ○ ○

위 당사자간 귀원 20○○가단1234호 매매대금 청구사건에 관하여 원고는 20○○. ○. ○.자로 이 사건 소를 취하 하였는바, 피고는 이에 동의합니다.

20○○. ○. ○.

위 피고 문 ○ ○ (인)

○○지방법원 귀중

[서식 74] 소취하서

소 취 하 서

사　건　20○○가단1234호 매매대금
원　고　장 ○ ○
피　고　문 ○ ○

위 당사자간 귀원 20○○가단1234호 매매대금 청구사건에 관하여 원고는 이 사건 소를 전부 취하합니다.

20○○. ○. ○.

위 원고의 소송대리인
변호사 주 ○ ○ (인)

위 동의함

피고들의 소송대리인
변호사 이 ○ ○ (인)

○○지방법원 귀중

■ 작성·접수방법

1. 소취하서 2부를 담당 재판부에 제출한다.
2. 취하서는 상대인 피고가 동의하여야 효력이 있기 때문에 실무상 상대방에게 소송대리인(변호사)이 있는 경우에는 팩스등의 방법으로 동의 날인을 받아 제출한다.
3. 인지등 첩부비용은 없다.

[서식 75] 소일부취하서

소 일 부 취 하 서

사　　건　20○○가단 1234호　매매대금
원　　고　장 ○ ○
피　　고　문 ○ ○

위 당사자간 귀원 20○○가단 1234호 매매대금 청구사건에 관하여 원고는 청구취지 중 제1항 부분을 취하합니다.

20○○.　○.　○.

위 원고　장 ○ ○　(인)

○○지방법원　귀중

■ 작성·접수방법

1. 소취하서 2부를 담당 재판부에 제출한다.
2. 취하서는 상대인 피고가 동의하여야 효력이 있기 때문에 소취하동의서 1부를 제출해야 하지만 동의서를 제출하지 않더라도 피고에게 소취하서가 송달된 날부터 2주 내에 피고가 이의를 하지 않으면 취하에 동의한 것으로 간주되기 때문에 취하의 효력이 발생한다.
3. 인지등 첩부비용은 없다.

[서식 76] 소취하에 대한 이의신청서

소취하에 대한 이의신청서

사　　건　　20○○가단 1234호　매매대금
원　　고　　장 ○ ○
피　　고　　문 ○ ○

위 당사자간 귀원 20○○가단 1234호 매매대금 청구사건에 관하여 원고는 이 사건 소를 전부 취하 하였는 바, 피고는 원고의 이 같은 소 취하에 동의할 수 없으므로 이의를 신청합니다(피고는 20○○. ○. ○. 소취하서를 송달받았습니다).

20○○.　○.　○.

위 피고　문 ○ ○　(인)

○○지방법원　귀중

■ 작성·접수방법

1. 피고가 원고의 소취하서를 송달받은 후에는 2주일 내에 소취하의 이의를 신청할 수 있다. 따라서 피고는 재판에서 승소할 수 있다고 확신하면 2주이내에 이의신청을 하고 재판을 진행하고 그렇지 않다면 이의신청 하지 않은 채 2주일이 경과하면 소취하의 효력이 발생하게 된다.
2. 이의신청서는 2부를 담당재판부에 제출하고 첩부비용은 없다.

Ⅲ. 청구의 포기·인낙

1. 의 의

청구의 포기는 변론기일(준비기일)에서 원고가 자기의 소송상 청구가 이유 없음을 스스로 인정하는 법원에 대한 일방적 의사표시이며, 청구의 인낙은 변론기일(준비기일)에서 피고가 소송상 청구가 이유 있음을 스스로 인정하는 법원에 대한 일방적 의사표시이다. 이러한 의사표시를 조서에 기재하면 이로써 소송이 종료되며, 청구의 포기·인낙을 변론조서·변론준비기일조서에 적은 때에는 그 조서는 확정판결과 같은 효력을 가진다(법 220조). 포기는 원고만, 인낙은 피고만 할 수 있다.

2. 절 차

(1) 시 기

청구의 포기·인낙은 소송계속 중이면 변론기일이든 준비기일이든 상고심이든 아무 때나 할 수 있다. 변론종결 또는 판결선고 뒤에는 포기·인낙을 위한 변론기일지정신청을 한 뒤에 지정된 기일에서 할 수 있다. 청구의 포기·인낙은 원고의 청구를 전제로 하고 있으므로 원고가 소장을 진술한 이후에도 할 수 있다.

(2) 방 식

청구의 포기·인낙은 변론기일 또는 변론준비기일에 말로 진술하는 것이 원칙이다. 청구의 포기·인낙은 법원에 대한 일방적인진술(단독행위)이므로 상대방이 출석하지 않아도 가능하고 상대방의 승낙을 요하지도 않는다.

3. 효 과

(1) 소송종료효

소송상 청구중에 포기나 인낙이 된 부분은 소송이 종료된다. 이를 간과하고 심리가 속행된 경우에는 당사자의 신청 또는 직권으로 소송종료선언을 한다. 포기나 인낙을 한 당사자는 패소자로서 소송비용을 부담하는 것이 원칙이며 그 액수에 대하여는 따로 결정으로 재판한다. 이 경우 소송비용에 산입되는 변호사보수는 통상의 경우의 1/2로 한다.

(2) 확정판결

청구의 포기·인낙을 변론조서 변론준비기일조서에 적은 때에는 그 조서는 확정판결과 같은 효력을 가진다(법 220조). 즉 조서가 무효인 경우를 제외하고는 포기조서는 원고패소의 확정판결, 인낙조서는 원고승소의 확정판결과 같은 효력이 있다. 포기·인낙조서는 기판력이 발생하며 나아가 이행청구에 관한 인낙조서는 집행력이, 형성청구에 관한 인낙조서는 형성력이 발생한다. 그러나 포기조서는 기판력만 발생할 뿐 집행력이나 형성력이 발생하지 않는다.

(3) 손해배상청구 여부

관련판례

인낙은 소송행위로서 이를 조서에 기재할 때에는 확정판결과 동일한 효력이 발생되어 소송을 종료시키는 효력이 있을 뿐이요 실체법상 채권채무 발생원인이 되는 법률행위라고 볼 수 없고 따라서 그의 불이행 또는 이행불능의 이유로써 손해배상청구권이 발생하는 것이 아니다(대판 1957. 3. 14. 56민상439).

Ⅳ. 재판상 화해

1. 개 설

재판상 화해는 법관 앞에서 양 당사자가 다툼이 있는 법률관계에 관하여 상호 양보하여 합의한 결과를 진술하는 행위이다. 재판상 화해를 하면 법원이 화해조서를 작성하는데 이 조서는 확정판결과 동일한 효력이 있다. 따라서 법원 밖에서 당사자가 상호 양보하면 민법상 화해를 하는 것과 구별된다. 민법상 화해에는 기판력과 집행력이 인정되지 않아서 이행하지 않는 경우에 다시 소를 제기해야 한다. 분쟁을 판결로 해결하는 것보다 화해로 해결하는 것이 감정대립을 막고 신속하고 평화로운 해결에 도움이 된다. 재판상 화해에는 소송 중에 하는 소송상 화해와 제소전에 하는 제소전 화해가 있다.

2. 소송상 화해

(1) 의 의

소송상 화해는 법원에서 소송계속 중에 당사자 양쪽이 소송물인 권리관계에 관하여 서로 양보하여 합의결과를 법원에 진술하면서 소송을 종료시키는 행위이다. 소송물에 관하여 화해할 경우에 소송물 이외의 권리관계도 같이 화해할 수 있다(대판 1981. 12. 22. 78다2278). 법원에서 하는 것이므로 민법상 화해계약과 다르고 소송계속 중에 이루어진다는 점에서 제소전 화해와 다르다. 또한 소송물인 권리관계에 관하여 서로 양보한다는 점에서 일방적으로 권리를 포기하거나 상대방의 권리를 인정하는 포기, 인낙과 다르다.

(2) 요 건

1) 당 사 자

소송행위의 유효요건인 당사자 능력, 소송능력을 갖추어야 하고 대리인이 대리할 경우에는 소송법상 대리권이 필요하다. 필수적 공동소송에서는 공동소송인 전원이 같이 화해하지 않으면 무효이고 독립당사자참가소송에서는 참가인이 반대하지 않아야 유효하다.

2) 소 송 물

화해의대상인 권리관계가 사적 이익에 관한 것이고 당사자가 자유롭게 처분할 수 있는 것이어야 한다. 직권탐지주의에 의하는 가사, 행정소송에서는 기판력이 제3자에게 확장되므로 당사자의 자유로운 의사로 법률관계를 확정하게 해서는 안되기 때문에 화해가 성립되지 않는다.

3) 상호의 양보

양보의 방법 및 범위에 대해서는 넓게 해석하고 있다. 즉 당사자가 화해에 있어서 양보의 방법으로서 계쟁물에 관계없는 물건 또는 금전의 지급을 약속하거나 제3자와의 권리관계를 포함시켜도 되고, 소송물의 전부를 인정 또는 포기하더라도 소송비용의 부담에 관하여만 양보 할 수 있다.

(3) 절 차

1) 시 기

소송상 화해는 소송계속 중이면 변론기일이든 준비기일이든 상고심이든 아무 때나 할 수 있다. 변론종결 후 혹은 판결이 선고되어 그 정본이 송달된 이후라도 아직 확정전이라면 소송상 화해를 위한 화해기일지정신청을 한 뒤에 지정된 기일에서 화해할 수 있다.

2) 방 식

단독행위인 포기, 인낙과 달리 화해는 당사자의 합의를 요하는데 소송상 화해는 기일에 출석하여 당사자가 말로 하는(구술화해) 것이 원칙이지만 2002년 개정법에서 당사자가 진술한 것으로 보는 답변서, 그 밖의 준비서면에 화해의 의사표시가 적혀 있고 공증사무소의 인증을 받은 경우에 상대방 당사자가 변론기일에 출석하여 그 화해의 의사표시를 받아들인 대에는 화해가 성립된 것으로 본다고 하여 서면화해를 인정하였다(법 148조 3항).

3) 화해성립후의 사무처리

화해가 요건을 갖추면 화해조서를 따로 작성하여야 하고(규칙 31조), 1주안에 그 조서의 정본을 당사자에게 송달하여야 한다(규칙 56조).

(4) 효 과

1) 소송종료

소송상 청구에서 화해가 된 부분은 소송이 종료된다. 화해를 간과하고 심리가 속행된 경우에는 당사자의 신청 또는 직권으로 소송종료선언을 한다.

2) 확정판결

화해를 변론조서, 변론준비기일조서에 적은 때에는 그 조서는 확정판결과 같은 효력을 가진다(법 220조). 화해조서가 이행의무를 내용으로 할 경우에는 집행력을 갖는다.

[서식 77] 화해조서

○ ○ 지 방 법 원
제 ○ 민 사 부
화 해 조 서

사 건	20○○가단1234호 매매대금		
원 고	장 ○ ○		
	서울 ○○구 ○○동 ○○		
피 고	문 ○ ○		
	서울 ○○구 ○○동 ○○		
재판장	판사 ○ ○ ○	기 일	20○○. ○. ○. ○○:○○
	판사 ○ ○ ○	장 소	제○○호 법정
	판사 ○ ○ ○	공개여부	공개
법원사무관	○ ○ ○		
원고대리인	○ ○ ○		
피고대리인	○ ○ ○		

위 당사자는 다음과 같이 화해 하였다.

청구의 표시

청구취지 :

피고는 원고에게 서울 ○○구 ○○동 ○○지상 목조 기와지붕단독 주택 1동 건명 ○○㎡를 인도하고. 20○○. ○. ○.부터 인도 완료시까지 월 금 ○○만원의 비율에 의한 금원을 지급하라.

청구원인 :

원고는 20○○. ○. ○. 피고에게 청구취지 기재의 건물을 기간 1년, 차임 ○○만원을 매월 말일에 지급받기로 약정하고 임대하였는데, 피고가 20○○. ○. ○. 이후 차임을 지급하지 아니하므로 원고는 20○○. ○. ○. 피고에게 위 임대차계약을 해지한다는 의사표시를 내용증명으로 발송하여 그 다음날 피고에게 도달하였다.
위 임대차 계약은 종료되었으므로 원고는 위 건물의 인도와 함께 20○○. ○. ○.부터 인도 완료시까지 월 ○○만원의 비율에 의한 차임 및 차임 상당 손해금의 지급을 구한다.

화 해 조 항

1, 피고는 원고에게 서울 ○○구 ○○동 ○○지상 목조 기와지붕단독 주택 1동 건평 ○○㎡를 인도하고. 20○○. ○. ○.까지 인도한다.
2. 피고는 원고에게 20○○. ○. ○.까지 금○○만원을 지급하고 20○○. ○. ○.부터 인도 완료시까지 월 금○○만원의 비율에 의한 금원을 지급한다.
3. 피고가 제2항 기재의 의무를 1회라도 해태할 경우에는 기한의 이익을 상실하고 위 건물을 즉시 인도한다.
4. 소송비용은 각자의 부담으로 한다.

법원사무관 ○ ○ ○

재판장판사 ○ ○ ○

(5) 화해권고결정

1) 의 의

법원, 수명법관 또는 수탁판사는 소송에 계속 중인 사건에 대하여 직권으로 당사자의 이익, 그 밖의 모든 사정을 참작하여 청구의 취지에 어긋나지 아니하는 범위 안에서 사건의 공평한 해결을 위한 화해권고결정을 할 수 있다(법 225조 1항).

2) 수소법원 조정제도와의 관계

	화해권고결정	조정제도
절차	소송절차 중이면 언제라도 가능	수수법원이 조정회부결정을 하여 소송

		절차를 중지해야 가능
주체	수소법원, 수명법관 가능하나, 위원회 방식으로 할 수 없다.	수소법원, 수명법관 가능하고, 위원회 방식으로 할 수 있다.
전문가 참여	전문가 참여 불가	전문가 참여 가능
대상	소송물 이외의 사항을 대상으로 할 수 있는지 견해 대립	다른 권리관계나 다른 곳에서 계속중인 소송물도 대상이 됨
제3자 참여	제3자 강제참가제도 없다.	이해관계인을 강제로 조정절차에 참가시킬 수 있고 효력도 미친다.
원용 제한	당사자의 진술을 다시 소송절차에서 제한 없이 원용가능	당사자 또는 이해관계인의 진술은 소송절차에서 원용하지 못한다.

3) 요 건

소송중이면 할 수 있으며 변론준비절차에서도 할 수 있다. 상고심법원도 할 수 있다. 법원의 소송의 정도와 관계없이 화해를 권고하거나 수명법관 또는 수탁판사로 하여금 권고하게 할 수 있다(법 145조 1항). 그러나 화해권고가 화해권고결정의 요건은 아니다. 화해권고결정은 청구의 취지에 어긋나지 아니하는 범위 안에서 할 수 있다.

4) 절 차

직권으로 하는 것이므로 당사자가 권고결정을 해달라고 신청해도 직권발동을 촉구하는 위미 밖에 없다. 법원사무관등은 화해권고결정내용을 적은 조서 또는 결정서의 정본을 당사자에게 송달하여야 한다. 정본을 송달받은 날부터 2주 안에 이의를 신청하지 아니하면 화해권고결정이 재판상 화해와 같은 효력을 가지게 된다는 취지를 고지하여야 한다.

5) 효 과

가. 당사자가 이의를 신청한 경우

정본을 송달 받은 날부터 2주내에 이의를 신청할 수 있다. 이간은 불변기간으로 한다(법 226조). 따라서 책임질 수 없는 사유로 기간을 도과한 경우에는 추후보완이의신청을 할 수 있다. 이의신청은 이의신청서를 화해권고결정을 한 법원에 제출함으로써 한다(법 227조 1항). 다만 이의신청을 한 당사자는 그 심급의 판결이 선고될 때까지 상대방의 동의를 얻어 이의신청을 취하 할 수 있다(법 228조). 이렇게 이의신청이 적법하게 취하되면 화해권고결정은 재판상 화해와 같은 효력을 가지게 되므로(법 231조 3호) 화해권고결정은 이의신청기간 만료시에 소급하여 확정된다. 반면에. 이의신청이 적법한 때에는 소송은 화해권고결정 이전의 상태로 돌아간다. 이 경우 소송복귀를 위한 특별한 조치가 필요 없고 그 이전에 행한 소송행위는 모두 그대로 효력을 가지게 된다(법 232조 1항).

나. 당사자가 이의를 신청하지 않은 경우

2주의 기간 이내에 이의신청이 없는 때에는 재판상 화해와 같은 효력을 가진다(법 231조). 따라서 확정판결과 동일한 효력을 갖는다. 즉 기판력, 집행력, 형성력이 생긴다. 여러 당사자 중 일부만이 이의신청을 한 경우에 이의신청을 하지 아니한 당사자 사이에서는 이의신청기간이 경과함으로써 화해권고결정이 확정된다.

[서식 78] 화해권고결정문

수원지방법원 성남지원
화 해 권 고 결 정

사 건 21○○가단36 보험금 등 지급

원 고 천 ○ ○ (780514-2160000)
성남시 ○○구 ○○로 123 ○○빌딩 102호
소송대리인 변호사 강 ○ ○

피 고 교보생명보험 주식회사
서울시 종로구 종로 1
대표이사 신 ○ ○
소송대리인 법무법인 담당변호사 주○○

위 사건의 공평한 해결을 위하여 당사자의 이익, 그 밖의 모든 사정을 참작하여 다음과 같이 결정한다.

결 정 사 항

1. 원고는 이 사건 청구를 포기한다.
2. 소송비용은 각자 부담한다.

청구의 표시

청 구 취 지

피고는 원고에게 71,057,600원과 그 중 64,000,000원에 대하여는 20○○. ○.○.부터 사건 소장 부본 송달일까지 연 5%, 그 다음날부터 다 갚는 날까지 연 20%의 각 비율로 계산한 돈을 71,057,600원에 대하여는 이 사건 소장 부본 송달 다음날부터 다 갚는 날까지 연 20%의 비율로 계산한 돈을 지급하라.

Ⅴ. 종국판결에 의한 종료

1. 개 설

(1) 의 의

재판이란 재판기관의 판단 또는 의사표시로서 소송법상 일정한 효과가 발생하는 법원의 소송행위이다. 법원사무관 등의 행위와 구별되고 사실행위(변론의 청취, 증거조사)와도 구별된다.

(2) 재판의 종류

1) 판결, 결정, 명령

	판 결	결 정	명 령
주체	법 원		법관(재판장, 수명법관, 수탁판사 등)
대상	중요사항, 즉 소송에 대한 종국적 중간적 판단을 할 때		소송절차에 관한 부수적 사항·강제집행사항·비송사건을 판단할 경우에 함
절차	① 신중을 위해 필요적 변론을 거침 ② 판결서를 작성해 판결서로 선고 ③ 판결서에 이유기재 후 법관이 서명날인		① 간이·신속을 위해 임의적 변론 ② 재판서를 작성할 필요없고 적당한 방법으로 고지하면 족함 ③ 결정서에는 이유기재 생략할 수 있고 기명날인으로 족함
효력	① 확정되어야 효력 발생 ② 법원은 자기의 판결에 기속된다		① 고지서 발송하면 효력발생 ② 기속력 없음
불복	항소·상고로 불복		항고·재항고·이의로 불복

2) 종국재판과 중간재판

① 종국재판은 사건에 대하여 종국적 판단을 하면서 그 심급을 종료시키는 재판이다. 예를 들면 소장·상소장 각하명령, 소·상소 각하판결, 청구기각·청구인용판결 등이 있다.

② 중간재판은 심리 중에 문제된 사항을 처리하는 재판으로서 심급을 종료시키지 않은 재판이다. 예를 들면 보정명령, 실기한 공격방어방법각하결정, 소변경허가결정 등이 있다. 중간재판은 별도의 규정이 없는 한 불복하지 못한다. 그 내용이 종국재판에 흡수되므로 종국재판에 대하여 불복하면 족하기 때문이다.

2. 판결의 성립

판결은 ① 판결내용이 확정된 다음 ② 판결서를 작성하고 ③ 판결을 선고함으로써 성립된다. 이렇게 성립된 판결은 당사자에게 송달된다.

3. 판결의 선고

(1) 판결선고기일

판결은 변론이 종결된 날부터 2주 이내에 선고하여야 하며 복잡한 사건이나 그 밖의 특별한 사정이 있는 때에는 변론이 종결된 날부터 4주를 넘겨서는 아니된다(법 207조 1항). 판결은 소가 제기된 날부터 5월 이내에 선고한다. 다만 항소심 및 상고심에서는 기록을 받은 날부터 5월 이내에 선고한다(법 199조). 그러나 소액사건의 경우에는 변론종결 후 즉시 판결을 선고할 수 있다(소액사건심판법 11조의2).[41]

(2) 판결선고방법

판결은 재판장이 판결원본에 따라 주문을 읽어 선고하며 필요한 때에는 이유를 간략히 설명할 수 있다(법 206조). 판결의 선고는 공개법정에서 하며, 판결은 당사자가 출석하지 아니하여도 선고할 수 있다(법 207조 2항).

4. 판결의 효력

판결이 선고 또는 확정되면 선고한 법원을 구속하는 자기구속력, 당사자가 더 이상 확정판결의 취소를 요구할 수 없게 하는 형식적 확정력, 후소의 법원과 당사자가 확정판결의 내용을 다툴 수 없게 하는 실질적 확정력(기판력), 기타 집행력(판결로 명한 이행의무를 강제집행절차로 실현할 수 있는 효력), 형성력(형성판결의 확정에 의해 법률관계가 발생·변경·소멸되는 효력) 등의 효력이 발생한다.

41) 제11조의2 (판결에 관한 특례) ① 판결의 선고는 변론종결후 즉시 할 수 있다.

[서식 79] 판 결 문

서 울 중 앙 지 방 법 원

판 결

사 건	2017가단5039 소유권이전등기
원 고	박 ○○
	서울 성동구 동호로 ○○, ○○○-○○○ (금호동3가, 두산아파트)
	소송대리인 법무법인 ○○ 담당변호사 고○○
피 고	대한민국
	법률상 대표자 법무부장관
	소송수행자 장 ○○
변 론 종 결	2017. 9. 7.
판 결 선 고	2017. 9. 28.

주 문

1. 피고는 원고에게 별지 부동산 목록 기재 각 토지에 관하여 진정명의회복을 원인으로 하는 소유권이전등기절차를 이행하라.
2. 소송비용은 피고가 부담한다.

청 구 취 지

주문과 같다.

- 1 -

제5절 종국판결의 부수적 재판

판결 주문에는 부수적으로 가집행선고와 소송비용에 관한 재판도 있다.

Ⅰ. 가집행선고

1. 의 의

판결이 확정되어야 집행력이 발생하는 것이 원칙이다. 가집행선고는 미확정의 종국판결에 대하여 미리 집행력을 부여하는 형성적 재판이다. 판결확정 전에 미리 집행할 수 있게 하여 승소자의 신속한 권리실현에 이바지하면서 소송지연을 목적으로 상소를 남용하는 것을 막는 기능을 한다.

2. 요 건

(1) 대 상

1) 재산권의 청구에 관한 판결일 것

재산권의 청구이어야 가집행선고가 붙은 판결로 집행한 후 상소심에서 그 판결이 취소·변경되었을 경우에 원상회복이 용이하기 때문이다. 따라서 이혼청구와 같은 비재산권의 청구에는 가집행을 붙일 수 없다.

관련판례

법원이 이혼과 동시에 재산분할을 명하는 판결을 하는 경우 재산분할청구에 대하여 가집행선고를 할 수 없다(대판 1998. 11. 13. 98므1193).

2) 종국판결일 것

종국판결이 아닌 중간판결에는 가집행선고를 붙일 수 없고 판결이 아닌 결정명령은 원칙적으로 즉시 집행력이 발생하므로 가집행선고를 붙일 필요가 없다.

3) 집행할 수 있는 판결일 것

이행판결은 집행할 수 있는 판결로서 가집행선고를 붙일 수 있다. 확인판결이나 형성판결에 가집행선고를 붙일 수 있는지에 관하여 판례는 명문규정이 있거나 성질상 허용되는 경우 이외에는 붙일 수 없다고 한다(대판 1966. 1. 25. 65다2374).

(2) 가집행선고를 붙이지 아니할 상당한 이유가 없을 것(법 213조 1항)

붙이지 아니할 상당한 이유란 가집행을 사면 패소자에게 회복할 수 없는 손해를 주는 경우를 말한다. 즉 건물철거청구나 영업을 중단하면 고객을 많이 잃게 되는 경우의 점포인도 청구를 가집행하면 나중에 가집행이 취소되더라도 그 손해는 회복할 수 없기 때문에 가집행선고를 붙여서는 안 된다. 법원은 상당한 이유가 없는 한 가집행을 선고하여야 하므로 그 필요성 판단은 법원의 기속재량에 해당한다.

3. 절 차

(1) 직권선고

가집행선고는 직권으로 하는 것이므로 당사자의 신청은 직권발동을 촉구하는 의미를 가질 뿐이다. 당사자의 신청에 대해 허부 재판을 하지 않았어도 추가판결을 구할 수 없다.

(2) 담보제공

법원은 재량에 의하여 담보를 제공하거나 제공하지 아니할 것을 조건으로 할 수 있다. 다만 어음금·수표금 청구에 대한 판결에는 담보를 제공하게 하지 아니하고 가집행의 선고를 하여야 한다(법 213조 1항).

(3) 가집행면제선고

원고를 위해 가집행선고제도를 두고, 피고를 위해 법원은 직권으로 또는 당사자의 신청에 따라 채권전액을 담보로 제공하고 가집행을 면제받을 수 있다는 것을 선고할 수 있다(법 213조 2항).

4. 효 력

(1) 즉시 집행력

가집행선고가 붙은 판결은 선고에 의하여 즉시 집행력이 발생한다. 이행판결인 경우 바로 집행권이 된다. 피고가 상소해도 집행력에 의한 강제집행이 정지되지 않는다. 따라서 강제집행을 정지하려면 피고가 별도로 강제집행정지결정을 받아야 한다(법 501조, 502조).

(2) 본집행의 효력

가집행은 확정판결과 마찬가지로 권리의 종국적 만족에까지 이르는 본집행이다. 가압류·가처분과 같이 집행보전에 그치는 것이 아니다. 다만 확정판결과 달리 장래 상급심에서 가집행선고가 붙은 본안판결이 취소되는 것을 해제조건으로 허용되는 것이다. 이렇게 가집행으로 인한 변제의 효력은 확정적인 것이 아니므로 가집행선고가 붙은 제1심 판결에 기하여 피고가 그 가집행선고 금액을 지급하였더라도 항소심은 가집행 효력을 참작함이 없이 당해 청구의 당부를 판단하여야 한다(대판 1993. 10. 8. 93다26175).

(3) 불 복

가집행에 관한 재판에 대하여는 독립하여 항소를 제기하지 못한다(법 391조 425조). 따라서 본안판결과 함께 불복해야 한다.

5. 가집행선고의 실효와 원상회복

(1) 가집행선고의 실효

가집행의 선고는 그 선고 또는 본안판결을 바꾸는 판결의 선고로 바뀌는 한도에서 그 효력을 잃는다(법 215조 1항). 이 경우에 더 이상 가집행을 할 수 없고 개시된 가집행이라도 판결정본을 제출하여 집행의 정지, 취소를 구할 수 있다.

(2) 원상회복 및 손해배상청구

본안판결을 바꾸는 경우에는 법원은 피고의 신청에 따라 그 판결에서 가집행의 선고에 따라 지급한 물건을 돌려줄 것과 가집행으로 말미암은 손해 또는 그 면제를 받기 위하여 입은 손해를 배상할 것을 원고에게 명하여야 한다(법 215조 2항).

관련판례

① 원상회복과 배상의무는 본래부터 가집행이 없었던 것과 같은 원상으로 회복시키려는 공평원칙에 입각한 일종의 무과실 책임이다(대판 1979. 9. 11. 79다1123).

② 가집행채권자는 지급된 금원과 그 금원에 대하여 지급된 날 이후부터 법정이율에 의한 지연손해금을 지급하여야 하지만 가집행선고의 실효에 따른 원상회복의무는 상행위로 인한 채무라고 할 수는 없으므로 지연손해금에 대하여는 민법상 법정이율에 의하여야 하고 상법상 법정이율을 적용할 것은 아니다(대판 2004. 2. 27. 2003다52944).

[서식 80] 부당이득반환청구의 소(가집행으로 인한 부당이득)

소 장

원 고 ○○주식회사
○○시 ○○구 ○○로 ○○(우편번호 ○○○-○○○)
대표이사 ◉◉◉
전화·휴대폰번호 :
팩스번호, 전자우편(e-mail)주소 :

피 고 1. 김◇◇ (주민등록번호)
○○시 ○○구 ○○로 ○○(우편번호 ○○○-○○○)
전화·휴대폰번호 :
팩스번호, 전자우편(e-mail)주소 :
2. 이◇◇ (주민등록번호)

○○시 ○○구 ○○로 ○○(우편번호 ○○○-○○○)
전화·휴대폰번호 :
팩스번호, 전자우편(e-mail)주소 :

부당이득반환청구의 소

청 구 취 지

1. 원고에게 피고 김◇◇는 ○○만원, 피고 이◇◇는 ○○만원 및 위 각 돈에 대하여 20○○. ○○. ○○.부터 이 사건 소장부본 송달일까지는 연 5%의, 그 다음날부터 다 갚을 때까지는 연 15%의 각 비율에 의한 돈을 각 지급하라.
2. 소송비용은 피고들의 부담으로 한다.
3. 위 제1항은 가집행 할 수 있다.

라는 재판을 구합니다.

청 구 원 인

1. 원고는 피고들의 피상속인인 소외 망 이◈◈의 사망을 원인으로 피고들이 제소하여 ○○지방법원(20○○가합○○호), ○○고등법원(20○○나○○호) 및 대법원(20○○다○○호)에서 심리한 일이 있는 손해배상청구사건의 피고였고, 이 사건 피고들은 위 사건의 원고였습니다.

2. 그런데 위 사건의 제1심인 ○○지방법원에서 "가집행 할 수 있다"라는 승소판결을 선고함에 따라 20○○. ○. ○. 원고로부터 피고 김◇◇는 가집행 선고금액인 금 ○○○만원을, 피고 이◇◇는 금 ○○○만원을 각 수령해간 일이 있으나 그 뒤 위 사건은 제2심인 ○○고등법원에서 피고 김◇◇의 승소금액이 금 ○○만원으로, 피고 이◇◇는 금 ○○만원으로 각 감축된 바 있고 상고심에도 제2심 판결대로 확정이 된 것입니다.

3. 그러므로 원고는 위 사건의 가집행 선고로 인하여 판결확정액보다 피고 김◇◇에게 금 ○○만원을, 피고 이◇◇에게 금 ○○만원을 더 지급하였고 피고들은 법률상 원인 없이 위 돈을 각 부당이득하였다 할 것입니다.

4. 따라서 원고는 피고 김◇◇로부터 ○○만원, 피고 이◇◇로부터 ○○만원 및 위 각 돈에 대하여 위 사건의 상고심판결이 확정된 20○○. ○○. ○○.부터 이 사건 소장부본 송달일까지는 민법에서 정한 연 5%의, 그 다음날부터 다 갚을 때까지는 소송촉진등에관한특례법에서 정한 연 15%의 각 비율에 의한 돈을 지급 받기 위하여 이 사건 청구에 이른 것입니다.

입 증 방 법

1. 갑 제1호증의 1 내지 3 각 판결문정본
1. 갑 제2호증 가집행조서

첨 부 서 류

1. 위 입증방법 각 3통
1. 소장부본 2통
1. 송달료납부서 1통

20○○. ○. ○.

위 원고 ○ ○ ○ (서명 또는 날인)

○○지방법원 귀중

Ⅱ. 소송비용의 재판

1. 의 의

1) 민사소송비용법은 당사자의 부담으로 할 소송비용의 종류를 열거하고 그

한도를 소송행위에 필요한 한도의 비용으로 제한하고 있으며, 각개의 경우 구체적인 비용액 및 그 산출방법은 민사소송 등 인지법 및 다수의 대법원규칙에 규정되어 있다.

2) 좁은 의미의 소송비용이란 당사자가 특정한 소송절차를 수행함에 있어서 발생한 모든 비용인데 여기에는 소송계속 중의 비용 뿐 아니라 소제기 전의 준비행위를 위한 비용과 소송의 부수절차에서 발생함 비용이 모두 포함된다. 따라서 증거보전절차비용, 제소전 화해비용, 독촉절차비용 등은 본안의 소송비용의 일부가 되고(법 383조, 389조, 473조) 청구이의의 소, 집행문부여에 대한 이의의 소, 제3자이의의 소에서 잠정처분을 명한 경우의 잠정처분비용, 가집행선고부 판결에 대한 상소 또는 재심사건에서 명한 강제집행저지비용도 모두 본안의 소송비용에 포함된다.

2. 소송비용의 범위

(1) 재판비용

재판비용이란 당사자 등이 소송 기타 절차를 수행하기 위하여 법원에 납부하는 비용으로서 크게 나누어 인지액 및 민사예납금(송달·증거조사 등 개개의 절차행위를 행함에 소요되는 비용으로서 법원에 납부하여야 하는 비용)으로 분류된다. 재판비용은 그 비용을 요하는 행위를 구한 사람 또는 그 행위에 의해 이익을 받는 당사자가 법원에 일응 출현하지만(인지첩부 또는 예납) 종국적으로는 비용부담의 재판을 받은 사람으로부터 상환 받는다.

(2) 당사자 비용

당사자비용이란 당사자가 소송수행을 위하여 법원에 납부하는 것이 아니라 직접 제3자에게 지출한 비용을 의미하며 재판 외의 비용이라고도 한다. 예를 들면 법원에 제출하는 서류나 도면을 작성하기 위하여 소요된 서기료 및 그 제출비용, 당사자 또는 대리인이 기일에 출석하기 위하여 지출한 비용(여비, 수당, 숙박료)과 변호사비용이 이에 해당한다. 당사자가 소송수행을 위해서 지출하는 구체적인 비용의 항목이나 그 액수는 경우에 따라 달라질 수 있는데 민사소송비용법과 민사소송비용규칙은 소송비용으로 상환 받을 수 있는 당사자 비용의 항목과 액수를 구체적으로 정하고 있다. 이 비용은 법원의 관여 없이 지출되는 것이므로 법원에 소송비용액 확정결정신청을 하는 때에 그 비용의 지출에 관한 증빙자료를 제출하여야만 이를 상환 받을 수 있다. 법무사에게 지급한 서기료, 대행수수료는 대한법무사협회의 회칙이 정하는 법무사의보수에관한규정에 정한 금액으로 한다.

법무사보수(법무사협회회칙 제76조 별표)

<table>
<tr><th>구 분</th><th>기본보수</th><th colspan="2">가 산 액</th></tr>
<tr><td rowspan="6">1. 소장, 준비서면, 답변서, 증거신청, 화해신청, 항소·상고이유서, 가압류·가처분 신청서, 집행신청서</td><td rowspan="6">난이도에 따라 30만원까지</td><td>1천만원 초과~5천만원</td><td>1천만원 초과액 × 0.0009</td></tr>
<tr><td>5천만원 초과~2억원</td><td>36,000원 +
5천만원 초과액 × 0.0008</td></tr>
<tr><td>2억원 초과~5억원</td><td>156,000원 +
2억원 초과액 × 0.0007</td></tr>
<tr><td>5억원 초과~10억원</td><td>366,000원 +
5억원 초과액 × 0.0006</td></tr>
<tr><td>10억원 초과~20억원</td><td>666,000원 +
10억원 초과액 × 0.0002</td></tr>
<tr><td>20억원 초과</td><td>866,000원 +
20억원 초과액 × 0.0001</td></tr>
<tr><td rowspan="5">2. 항소장·상고장, 지급명령신청서, 조정신청서, 공시최고신청서</td><td rowspan="5">난이도에 따라 10만원까지</td><td>1천만원 초과~5천만원</td><td>1천만원 초과액 × 0.0007</td></tr>
<tr><td>5천만원 초과~2억원</td><td>28,000원 +
5천만원 초과액 × 0.0006</td></tr>
<tr><td>2억원 초과~5억원</td><td>118,000원 +
2억원 초과액 × 0.0005</td></tr>
<tr><td>5억원 초과~10억원</td><td>268,000원 +
5억원 초과액 × 0.0004</td></tr>
<tr><td>10억원 초과</td><td>468,000원 +
10억원 초과액 × 0.0001</td></tr>
</table>

주) 법무사보수는 기본보수에 가산액을 합하여 산정한다.

(3) 변호사의 보수

1) 소송비용산입제

소송을 대리한 변호사에게 당사자가 지급하였거나 지급할 보수는 대법원 규칙이 정하는 금액의 범위 안에서 소송비용으로 인정된다(법 109조 1항). 당사자가 임의로 변호사를 소송대리인으로 선임한 경우뿐 아니라 법원이 선임을 명한 경우에도 모두 소송비용으로 인정된다.

2) 소송비용산입방법

① 소송비용에 산입할 변호사의 보수는 변호사에게 지급한 보수전액이 아니라 소송비용에 산입되는 변호사의 보수는 당사자가 보수계약에 의하여 지급한 또는 지급할 보수액의 범위 내에서 각 심급단위로 소송목적의 값에 따라 별표의 기준에 의하여 산정된다(변호사보수의 소송비용산입에 관한 규칙 3조).

② 여러 변호사가 소송을 대리하였더라도 한 변호사가 대리한 것으로 본다(법 109조 2항). 한편 공동으로 변호사를 선임한 여러 사람의 당사자 중 한 사람이 변호사보수를 전액 지급하였다면 동 규칙에서 정한 기준에 의하여 계산한 범위 내에서 그 전액이 소송비용에 산입되는 것이지 이를 균분할 것은 아니다(대결 1992. 12. 28. 92두62). 반면에 여러 사람의 공동소송인이 공동으로 변호사를 선임하여 소송을 수행하게 한 경우에 변호사보수를 산정함에 있어서는 특별한 사정이 없는 한 동일한 변호사를 선임한 공동소송인들의 각 소송목적의 값을 모두 합산한 총액을 기준으로 변호사 보수를 계산한다(대결 2000. 11. 30. 2000마5563).

③ 피고의 전부 자백 또는 자백간주에 의한 판결이나 무변론 판결의 경우 소송비용에 산입할 변호사의 보수는 산정기준에 따라 산정한 금액의 1/2로 한다(동규칙 5조).

변호사보수(변호사보수의 소송비용 산입에 관한 규칙, 2008. 1. 1. 시행)

소송목적의 값	소송비용에 산입되는 비율
1,000만원까지 부분	소가 × 0.08
1,000만원 초과~2,000만원까지 부분	[80만원 + (소가 − 1,000만원) × 0.07]
2,000만원 초과~3,000만원까지 부분	[150만원 + (소가 − 2,000만원) × 0.06]

3,000만원 초과 ~ 5,000만원까지 부분	[210만원 + (소가 − 3,000만원) × 0.05]
5,000만원 초과 ~ 7,000만원까지 부분	[310만원 + (소가 − 5,000만원) × 0.04]
7,000만원 초과 ~ 1억원까지 부분	[390만원 + (소가 − 7,000만원) × 0.03]
1억원 초과 ~ 2억원까지 부분	[480만원 + (소가 − 1억원) × 0.02]
2억원 초과 ~ 5억원까지 부분	[680만원 + (소가 − 2억원) × 0.01]
5억원 초과하는 부분	[980만원 + (소가 − 5억원) × 0.005]

주) 변호사를 선임할 때 변호사보수(착수금)는 선임계약에 따라 서로 합의하에 정하지만 보통 소송의 난이도에 따라 착수금으로 2백만원~5백만원 정도로 하고 소송에서 승소하였을 경우 성공보수금으로 승소가액의 10%~20%의 선에서 체결하는 것이 일반적이다. 그러나 소송비용으로 상대방에게 청구할 수 있는 변호사보수는 실제로 변호사에게 지급한 변호사보수를 기준으로 청구하는 것이 아니라 위 「변호사보수의 소송비용 산입에 관한 규칙」에 의하여 산정된 변호사보수만을 청구할 수 있음을 주의하여야 한다.

3. 소송비용의 부담

(1) 패소자부담원칙

소송비용은 패소한 당사자가 부담한다(법 98조). 패소이유, 패소자의 고의, 과실을 묻지 않는 일종의 결과 책임이다. 주문에 소송비용은 피고가 부담한다라는 식으로 기재한다(원고가 승소한 경우).

(2) 구체적 내용

1) 일부패소의 경우

일부 패소한 경우 소송비용은 각 당사자가 분담하는 것이 원칙이고 분담방법은 보통 부대청구를 제외한 청구액과 인용액의 비율에 따라 부담시키지만, 소송 전 과정을 통한 당사자의 소송활동을 참작하여 법원이 재량으로 적정하게 정하고 있다(법 101조). 따라서 반드시 청구액과 인용액의 비율에 따라 정하여야 하는 것은 아니다(대판 2000. 1. 18. 98다18506). 주문은 '소송비용 중 1/3은 원고가, 나머지는 피고가 부담한다'라는 식으로 한다. 다만 사정에 따라 한 쪽 당사자에게 전부를 부담하게 할 수 있는데(법 101조) 예를 들면 일방의 패소부분이 극히 근소한 경우가 이에 해당한다.

2) 공동소송의 경우

공동소송인은 소송비용을 균등하게 부담한다. 다만 법원은 사정에 따라 공동소송인에게 소송비용을 연대하여 부담하게 하거나 다른 방법으로 부담하게 할 수 있다(법 102조 1항). 예를 들면 필수적 공동소송에서 항소하지 않은 당사자에게는 비용을 부담시킬 것이 아니고 실제 항소한 자에게만 비용을 부담시키는 것이 타당하다.

3) 독립당사자참가의 경우

승패에 따라 소송비용을 부담한다. 따라서 주문은 원고승소, 참가인 패소의 경우라면 '소송비용 중 본소로 인한 부분은 피고가 부담하고, 참가로 인한 부분은 독립당사자 참가인이 부담한다'라는 식으로 한다.

(3) 예 외

법원은 사정에 따라 승소한 당사자로 하여금 다음과 같이 발생한 소송비용의 전부나 일부를 전담하게 할 수 있다. 법원은 사정에 따라 승소한 당사자로 하여금 그 권리를 늘리거나 지키는 데 필요하지 아니한 행위로 말미암은 소송비용 또는 상대방의 권리를 늘리거나 지키는 데 필요한 행위로 말미암은 소송비용의 전부나 일부를 부담하게 할 수 있다(법 99조).

4. 소송비용액 확정절차

(1) 의 의

실무상 소송비용 부담의 재판은 이를 부담할 당사자 및 그 부담의 비율만을 정할 뿐 구체적인 비용액까지 확정하는 예는 거의 없다. 소송비용액 확정결정은 이와 같이 소송비용 부담의 재판에 의하여 정하여진 소송비용액 상환청구권의 액수를 구체적으로 확정하여 강제집행이 가능하도록 하는 절차이다.

(2) 신 청

소송비용의 부담을 정하는 재판에서 그 액수가 정하여지지 아니한 경우에 제1심 법원은 그 재판이 확정되거나 소송비용부담의 재판이 집행력을 갖게된 후에 당사자의 신청을 받아 결정으로 그 소송비용액을 확정한다(법 110조 1항). 2002년 개정법은 소송비용부담의 재판이 집행력을 갖게 된 후 즉 소송비용에 대하여 가집행선고된 경우에도 확정신청을 할 수 있도록 하였다.

(3) 상대방의 의견서 제출

법원은 소송비용액을 결정하기 전에 상대방에 대하여 비용계산서 등본을 교부하고 이에 대한 진술을 할 것과 일정한 기간 내에 비용계산서와 비용액이 소명에 필요한 서면을 제출할 것을 최고한다(법 111조). 이러한 의견서의 제시는 비용에 대한 적절성을 확보하기 위한 기회를 주는 것이지만 비용액 결정은 법원의 재량으로 결정된다. 따라서 소송비용액 확정결정신청서를 송달받은 당사자(예, 패소한 당사자)가 이에 대하여 이의가 있는 경우에는 '소송비용계산에 대한 진술서'나 '의견서'를 제출함으로써 다투어야 할 것이다.

(4) 결 정

소송비용확정 신청이 있는 때에는 법원은 법원사무관등에게 소송비용액을 계산하게 하여야 한다(법 115조). 소송이 재판에 의하지 않고 취하, 포기, 인낙 등에 의하여 종료된 경우에 법원은 당사자의 신청에 따라 결정으로 소송비용의 액수를 정하고 이를 부담하도록 명하여야 한다. 다만 재판상의 화해의 경우 화해에서 비용부담의 약정까지 하는 경우가 대부분이고 그 약정이 없으면 화해비용과 소송비용은 당사자들이 각자 부담한다(법 106조). 따라서 소송비용확정절차가 필요 없다.

[결정문] 소송비용액확정 결정문

서 울 중 앙 지 방 법 원

결 정

사 건 2017카확336ㅇㅇ 소송비용액확정

신 청 인 김ㅇㅇ
서울 서초구 사평대로 ㅇㅇ (반포동)
송달장소 : 서울 서초구 반포대로 ㅇㅇ, 3층(서초동, 서초S.R Tower)
소송대리인 법무법인 ㅇㅇ 담당변호사 고ㅇㅇ

피 신 청 인 권ㅇㅇ
서울특별시 서초구 ㅇㅇ로 ㅇㅇ, 101동 802호(방배동, 방배동부센트레빌)

주 문

신청인과 피신청인 사이의 서울중앙지방법원 2016나77ㅇㅇ 건물명도 사건의 판결에 의하여 피신청인이 신청인에게 상환하여야 할 소송비용액은 금 442,770원 임을 확정한다.

이 유

주문 기재의 위 사건에 관하여 피신청인이 신청인에게 상환하여야 할 소송비용액은 별지 계산서와 같이 인정되므로 민사소송법 제110조 제1항을 적용하여 주문과 같이 결정한다.

2017. 9. 26.

사 법 보 좌 관 금동근 

(5) 즉시항고

법원으로부터 소송비용액확정결정을 송달받은 상대방은 7일이내에 즉시항고 할 수 있으며[42] 만약 7일 이내에 즉시항고를 하지 않으면 사건은 확정된다.

---

42) 항고장에는 인지 2,000원과 송달료 5회분을 납부하고 상대방수에 해당하는 부본을 제출한다.

(6) 집 행

위와 같이 확정된 후에는 결정문은 집행권원이 되므로 집행문 부여 및 송달·확정증명을 받아 상대방을 상대로 집행을 할 수 있다.

[서식 81] 소송비용액확정결정신청서

소송비용액확정결정신청서

신 청 인(원 고) 정 ○ ○(76○○○○-123○○○○)
서울시 ○○구 ○○동 ○○

피신청인(피 고) 박 ○ ○(75○○○○-123○○○○)
서울시 ○○ ○○동 12-971

신 청 취 지

피신청인은 서울중앙지방법원 20○○. ○. ○. 선고 20○○가단 1234(서울중앙지방법원 2011. 9. 23. 선고 2011나5678) 약정금 청구사건의 판결에 의하여 신청인에게 상환하여야 할 소송비용액은 금 6,520,600원임을 확정한다.

신 청 이 유

위 당사자간 서울중앙지방법원 2010가단1234 약정금 청구사건에 관하여 2011. 2. 22. 신청인의 승소판결이 있었고, 이에 피신청인이 항소를 제기하였으나(서울중앙지방법원 2011나5678), 2011. 9. 23. 항소가 기각되어 2011. 10. 15. 위 판결은 확정되었던바, 피신청인이 부담하여야 할 소송비용액의 확정을 신청하오니 결정하여 주시기 바랍니다.

첨 부 서 류

1. 비용계산서 1통

1. 영수증 사본 3통
1. 판결문 3통
1. 확정증명원 3통

20○○. ○. ○.

위 신청인 정 ○ ○ (인)

서울중앙지방법원 귀중

[첨부서류] 소송비용계산서

소송비용계산서

1. 제1심 금 3,420,600원
   인지대 금 230,000원
   송달료 금 90,600원
   변호사 보수 금 3,100,000원[210만원+(5,000만원-3,000만원)× $\frac{5}{100}$]
2. 제2심 금 3,100,000원
   변호사 보수 금 3,100,000원[210만원+(5,000만원-3,000만원)× $\frac{5}{100}$]
3. 합계 금 6,520,600원

- 이 상 -

■ 작성·접수방법

1. 실무상 소송비용 부담의 재판은 이를 부담할 당사자 및 그 부담의 비율만을 정할 뿐 구체적인 비용액까지 확정하는 예는 거의 없다. 따라서 사건이 확정된 이후에 소송비용확정결정신청서 1부를 작성하여 제1심 법원에 제출한다.
2. 신청서에는 소명자료로 판결문, 확정증명원을 첨부해야 하고, 비용계산서는 별지로 2~3부를 제출한다.
3. 인지는 1,000원과 송달료 2회분 14,800원(=2회분×3,700×당사자2명)을 납부한다.

[서식 82] 피고의 소송비용계산서 등본에 대한 진술서

소송비용계산서등본에 대한 진술서

신 청 인(원 고) 정 ○ ○(761014-1012345)
서울시 ○○구 ○○동 ○○

피신청인(피 고) 박 ○ ○(750905-1012345)
서울시 ○○구 ○○동 12-971

위 당사자간 귀원 20○○카기 1234 소송비용액확정결정 신청사건에 관하여 피신청인(피고)은 다음과 같이 소송비용계산서 등본에 대하여 진술을 합니다.

다 음

1. 소송비용계산서 등본에 대한 의견 진술

금 5,000,000원	변호사보수	부인합니다(변호사보수의소송비용산입에관한규칙 3조에 의한 금액의 범위 내에서만 인정합니다).
금 500,000원	인지대	인정합니다.
금 150,000원	신체감정비	인정합니다.

금 90,000원	송달료	인정합니다.

2. 피고의 소송비용계산서
   1) 금 1,500,000원(변호사선임비)
   2) 금 35,000원(증인여비)

   이상과 같이 소송비용계산서에 대한 의견진술과 피고의 소송비용계산서 및 소명자료를 제출합니다.

첨 부 서 류

1. 소송비용계산서 등본 1통
1. 영수증 사본 3통

20○○. ○. ○.

위 피신청인(피고) 정 ○ ○ (인)

서울중앙지방법원 귀중

[서식 83] 소송비용액확정결정신청에 대한 의견서

소송비용액확정결정신청에 대한 의견서

사 건 20○○카기 123호 소송비용액확정
신 청 인(원 고) 정 ○ ○ 외 1
피신청인(피 고) 박 ○ ○

위 당사자간 귀원 20○○카기 123호 소송비용액확정 사건에 관하여 피신청인(피고)은 다음과 같이 의견서를 제출합니다.

다 음

1. 피신청인들은 위 당사자간 ○○지방원 20○○가합 1234 대여금 청구 사건에 관한 변호사 보수를 신청인 정○○과 신청인 박○○이 각각 산정하여 신청인 정○○은 ○○만원, 신청인 박○○은 ○○만원을 청구하고 있습니다.

2. 그러나 피신청인들은 위 대여금 청구 사건에서 변호사 ○○○를 공동으로 선임한 공동소송인들로서 변호사 보수를 산정할 때 각각 산정하는 것이 아니라 총 소가를 기준으로 신청인들의 변호사 보수를 신청하여야 하므로 신청인들의 소송비용은 모두 ○○만원이라 할 것입니다.

3. 이와 같이 신청인들의 청구 변호사 비용은 과다하므로 적정한 금액으로 산출하는 것이 타당하다 할 것입니다.

첨 부 서 류

1. 소송비용계산서 등본 1통

20○○. ○. ○.

위 피신청인(피고) 박 ○ ○ (인)

서울중앙지방법원 귀중

■ 작성·접수방법

1. 소송비용에 대한 신청인의 신청액이 과다하거나 잘못된 경우 피신청인은 이에 대한 의견서를

소송비용액확정 사건을 담당하는 재판부에 제출할 수 있다.
2. 인지등 첩부비용은 없다.

Ⅲ. 판결의 경정

1. 의 의

판결의 경정이란 판결을 실질적으로 변경하지 않는 범위 내에서 판결에 잘못된 계산이나 기재, 그 밖에 이와 비슷한 잘못이 있음이 분명한 때에 법원이 직권으로 또는 당사자의 신청에 따라 결정으로 잘못을 바로 잡는 것을 말한다(법 211조 1항).

2. 요 건

(1) 표현상 잘못

판결에 잘못된 계산, 잘못된 당사자의 표시(예를 들어 성명, 주소, 주민번호 등) 기재 그 밖에 이와 비슷한 표현상 잘못이 있어야 한다. 따라서 판결의 판단내용의 잘못이나 판단누락은 경정의 대상이 아니다. 예를 들면 청구취지에서 지급을 구하는 금원 중 원금 부분의 표시를 누락하여 그대로 판결된 경우에는 판결경정으로 원금 부분의 표시를 추가하는 것은 주문의 내용을 실질적으로 변경하는 경우에 해당하여 경정할 수 없다(대결 1995. 4. 26. 94그26).

(2) 잘못이 분명해야 한다

법원의 과실이 아니고 당사자의 과실로 인하여 생긴 오류, 예컨대 당사자가 제소시에 소송목적물의 지번, 지적 등을 잘못 표시하여 판결에 그대로 기재된 경우도 경정할 수 있다(대결 1990. 5. 23. 90그17).

3. 경정의 절차

(1) 직권경정과 신청권

법원은 직권으로 또는 당사자의 신청에 따라 결정으로 언제든 할 수 있다(법 211조 1항). 따라서 상소제기 또는 판결확정의 전후를 불문하므로 강제집행 단계에서 비로써 표현상 잘못을 발견하였더라도 이때 경정신청을 할 수 있다.

관련판례

판결경정결정은 원칙적으로 당해 판결을 한 법원이 하는 것이고 상소의 제기로 상소심에 계속된 경우에는 판결 원본이 상소기록에 편철되어 상소심 법원으로 송부되므로 상소심 법원도 결정결정을 할 수 있지만 통상의 공동소송인이었던 다른 당사자 간의 소송이 상소 제기로 상소심에 계속된 경우라도 상소심 법원이 심판대상이 되지도 않은 '상소를 하지 않은 당사자의 확정된 원심판결부분'에 관한 판결을 결정할 권한을 가지는 것은 아니다(대결 1992. 1. 29. 91마748).

판결경정신청서에는 1,000원의 인지를 첩부하여야 하며, 결정정본의 송달에 필요한 비용을 예납하여야 한다.

(2) 경정결정

경정은 결정으로 한다(법 211조 1항). 경정결정은 판결의 정본에 덧붙여 적어야 한다. 다만 정본에 덧붙여 적을 수 없을 때에는 결정의 정본을 작성하여 당사자에게 송달하여야 한다(법 211조 2항).

(3) 불 복

경정결정에 대하여는 즉시항고를 할 수 있다. 다만 판결에 대하여 적법한 항소가 있는 때에는 그러하지 아니하다(법 211조 3항). 판결에 대하여 항소한 경우에는 항소심에서 원판결의 당부를 심사할 때 경정결정도 함께 심시를 받게 되기 때문에 즉시항고를 할 수 없게 한 것이다. 결정신청기각결정에 대하여는 즉시항고할 수 없다.

관련판례

판결 또는 화해조서결정의 신청을 이유없다 하여 기각한 결정에 대하여는 제211조 제3항의 반대해석상 즉시항고할 수 없고 제449조의 특별항고가 허용될 뿐이다(대결 1986. 11. 7. 86마895).

[서식 84] 판결경정신청서

판결경정 신청서

사　　건　　20○○가단 1234호　손해배상(기)
신 청 인　　김 ○ ○
피신청인　　이 ○ ○

위 당사자간 귀원 20○○가단 1234호 손해배상(기) 청구사건에 관하여 신청인은 다음과 같이 판결경정을 신청합니다.

신 청 취 지

귀원 20○○가단 1234호 손해배상(기) 청구사건에 관하여 20○○. ○. ○. 선고된 판결문의 당사자 표시 중 "원고 김○○ 서울 강남구 ○○동 78-1 ○○아파트 110동 201호"를 "원고 김○○ 서울 강남구 ○○동 78-1 ○○아파트 101동 201호"로 경정한다.
라는 결정을 구합니다.

신 청 이 유

원고가 피고를 상대로 제소할 당시에 소장에 원고의 주소를 착오로 잘못 기재하였기에 신청취지와 같은 경정을 구합니다.

첨 부 서 류

1. 원고 주민등록등본　　　　1통

20○○. ○. ○.

위 원고 김 ○ ○ (인)

○○지방법원 귀중

■ 작성·접수방법

1. 신청서 1부를 현재 기록이 있는 법원에 신청한다
2. 신청에는 인지대 1,000원, 송달료 14,800원(3,700원×2회×당사자 수 2인)을 납부하여야 한다.

제 4 장
병합소송

제1절 복수청구

Ⅰ. 총 설

1. 의 의

1) 하나의 소송절차에서 여러 개의 청구가 병합심리하는 소송을 복수청구소송이라고 한다. 원시적 병합은 원고가 소제기 할 때부터 여러 개의 청구를 병합하는 경우로서 여기에는 단순병합, 선택적 병합, 예비적 병합이 있다. 후발적 병합은 소송계속 중에 새로운 청구를 병합하는 경우로서 여기에는 소의 변경, 반소, 중간확인의 소가 있다.

2) 원시적 병합과 후발적 병합 모두 그 요건으로서 병합된 청구가 동종 소송절차에서 심판될 수 있어야 하고(동종절차), 수소법원에 공통의 관할권이 필요하다(공통관할). 후발적 병합에는 본청구와 관련성이 있을 것(소의 변경, 반소, 중간확인의 소에 특유한 관련성 요건이 있다), 병합되는 청구로 인하여 소송절차가 현저히 지연되지 않을 것, 사실심 계속중일 것이라는 요건이 추가된다.

2. 구 별

	원시적 병합	후발적 병합		
	청구의 병합	청구의 변경	반 소	중간확인의 소
의 의	원고가 하나의 소송절차에서 여러 개의 청구를 하는 것	법원과 당사자의 동일성을 유지하면서 청구를 변	소송계속 중에 피고가 원고를 상대로 소를 제기하	소송계속 중에 그 본소 소송절차에 병합하여 제기하

			경하는 것	는 것	는 확인의 소
요 건		①동종절차 ②공동관할	①청구기초동일성 ②절자지연× ③사실심계속 ④동종절차 ⑤공동관할	①청구또는방어방법과 상호관련성 ②절자지연× ③사실심계속 ④동종절차 ⑤공동관할	①선결적법률관계확인 ②절자지연× ③사실심계속 ④동종절차 ⑤공동관할
심판	요건심리	①병합요건심사, 흠결시 변론을 분리하여 별소로 분리심판 ②각 청구의 일반소송요건 조사, 흠결시 소각하	①소의 변경요건 조사, 흠결시 불허결정 ②변경된 청구가 일반소송요건 흠결시 소 각하	①반소요건 조사, 흠결시 독립한 소로 심리될 수 있으면 분리심판 ②반소의 일반소송요건 흠결시 소 각하	①중간확인 소요건조사, 흠결시 독립한 소로 심리될 수 있으면 분리심판 ②일반소송요건 흠결시 소 각하
	본안심리	①변론, 증거조사 동일기일에 여러 청구에 대해 공통으로 한다. ②변론의 분리는 단순병합에서만 가능	①교환적 변경은 신청구에 대해 심판하고, 구청구의 소송자료는 신청구의 자료가 된다. ②추가적 변경은 구청구와 신청구가 단순병합인지 선택적 병합인지 예비적 병합인지에 따라 원시적 병합과 같이 처리	①한 청구의 자료는 다른 청구의 자료가 된다. ②변론의 분리가능	원고의 중간확인 소는 청구의 추가적 변경으로, 피고의 중간확인 소는 반소로 심리한다.
	판결	①단순병합은 청구 모두 판단, 선택적 병합은 하나만 판결하면 되고, 예비적 병합은 1차청구부터 판단. ②단순병합에서만 일부판결가능, 나머지병합에서는 일부판결 불가(多·判)		①본소청구와 반소청구 모두 판단해야 ②일부판결 가능	

Ⅱ. 청구의 병합(객관적 병합)

1. 의 의

청구의 병합은 원고가 하나의 소송절차에서 여러 개의 청구를 하는 것이다. 이를 인정하면 동일 당사자 사이의 여러 분쟁을 한 절차로 처리할 수 있어서 소송경제와 재판의 통일을 도모할 수 있다.

2. 병합의 종류

(1) 단순병합

단순병합은 양립하는 여러 개의 청구를 병렬적으로 병합하여 전부에 대해 판결을 구하는 형태의 병합이다. 예를 들어 원고가 피고를 상대로 매도한 물건의 매매대금과 대여해준 대여금에 빌려준 물건의 인도를 동시에 구하는 소를 제기하 경우처럼 아무 관계도 없는 청구도 병합할 수 있다.

(2) 선택적 병합

선택적 병합은 양립하는 여러 개의 청구를 택일적으로 병합하여 어느 하나의 인용을 해제조건으로 하여 다른 청구에 대해 심판을 구하는 형태의 병합이다. 이는 같은 목적의 양립할 수 있는 청구권·형성권의 경합의 경우에 경합하는 여러 개의 권리를 청구하는 때에 인정된다. 따라서 청구권·형성권의 경합이 아닌 법조경합관계에 있는 여러 개의 권리를 청구하거나 선택채권에 기한 청구는 하나의 실체법상 권리를 바탕으로 한 청구이므로 선택적 병합이 아니다.

(3) 예비적 병합

예비적 병합은 양립할 수 없는 여러 개의 청구를 순차적으로 병합해 주위적 청구의 인용을 해제조건으로 예비적 청구에 관해 심판을 구하는 형태의 병합이다. 주위적 청구에 대해 증거가 부족하거나 법률판단이 불리하게 날 것 같은 경우에 예비적 병합을 하면 별소 제기보다 소송경제를 도모 할 수 있다

3. 객관적 병합의 요건

(1) 동종절차

여러 청구는 같은 종류의 소송절차에 따르는 경우에만 하나의 소로 제기할 수 있으므로 소송사건과 비송사건처럼 다른 종류의 절차에 따르는 청구끼리는 병합이 허용되지 않으며, 민사본안사건과 가압류·가처분사건도 병합할 수

없다. 그러나 예외적으로 ① 가사소송사건과 가사비송사건의 청구의 원인이 동일한 사실관계에 기초하거나 1개의 청구의 당부가 다른 청구의 당부의 전제가 되는 때에는 이를 1개의 소로 제기할 수 있으며(가사소송법 14조), ② 취소소송과 당해 처분등과 관련되는 손해배상, 부당이득반환, 원상회복 등 청구소송은 이를 취소소송이 계속된 법원으로 이송할 수 있다(행정소송법 10조)고 하여 행정소송과 관련 민사청구의 병합을 인정한다.

(2) 공통관할

각 청구에 대해 수소법원이 공통의 관할권이 있어야 한다. 따라서 한 청구에 대해 다른 법원에 전속관할이 있을 경우에는 병합할 수 없다. 그러나 그 외에는 수소법원이 병합된 청구 가운데 한 청구에 대하여 토지관할이 있으면 다른 청구에 대하여도 관련재판적에 의해 관할권을 갖게 되므로 대부분 이 요건을 충족한다.

(3) 관련성 여부

매매대금청구와 대여금청구, 소유물반환청구를 병합하는 경우처럼 아무 관계가 없는 청구도 병합할 수 있다. 다만 선택적 병합과 예비적 병합의 경우는 관련성이 있어야 하므로, 인도청구와 전혀 관련성 없는 대여금청구, 서로 관련성 없는 여러 개의 손해배상청구는 단순병합만 가능하다.

관련판례

논리적으로 전혀 관계가 없어 단순병합 아여야 할 수개의 청구를 선택적 또는 예비적 청구로 병합하여 청구하는 것은 허용되지 않는다(대판 2008. 12. 11. 2005다51495).

4. 병합청구의 절차

1) 병합청구를 할 경우에 소장의 청구취지에 병합된 소송물을 밝힌다. 단 선택적 병합은 목적이 같으므로 청구원인을 통해 청구권 경합 또는 형성권 경합임을 밝힌다.

2) 하나의 소로 여러 개의 청구를 하는 경우에는 그 여러 청구의 값을 모두

합하여 소송목적의 값을 정한다(법 27조 1항). 다만 병합되는 수개의 청구의 가액을 합산하기 위해서는 여러 개의 청구의 경제적 이익이 독립한 별개의 것일 것을 요하므로(규칙 19조), 청구의 병합에서도 중복청구, 수단청구, 부대청구는 합산하지 않는다. 따라서 단순병합은 합산하는 것이 원칙이고, 선택적, 예비적 병합은 중복청구로서 합산하는 것이 아니고 가장 다액의 청구에 흡수된다. 다만 단순병합 중에서 대상청구와 같은 중복청구의 경우에는 흡수된다.

5. 병합청구의 심판

(1) 직권조사

병합요건(병합에 특유한 소송요건)의 흠결이 있을 경우에는 변론을 분리하여 심판하여야 한다. 다만 병합된 청구 중 하나가 다른 법원의 전속관할에 속하는 경우에는 결정으로 이송하여야 한다. 일반소송요건의 흠결이 있으면 당해 청구에 대한 소를 각하한다.

(2) 심 리

변론과 증거조사는 동일기일에 여러 개의 청구에 대하여 공통으로 행하며 여기에 나타난 증거자료나 사실자료는 모든 청구에 대한 판단의 자료가 된다. 어떤 형태의 병합이든 변론의 제한은 허용되나, 변론의 분리는 단순병합에서만 허용된다.

(3) 판 결

1) 단순병합에서는 병합된 청구 전체에 대해 판결한다. 선택적 병합에서는 한 청구를 인용하면 나머지 청구는 심판을 하지 않는다. 예비적 병합에서는 주위적 청구가 기각된 경우에 한해 예비적 청구를 심판한다.

2) 선택적 병합에서 한 청구를 인용한 경우 또는 예비적 병합에서 주위청구를 인용한 경우에, 피고가 항소하면 다른 청구도 모두 이심되므로 나머지 청구 또는 예비적 청구에 대하여 심판할 수 있다.

[서식 85] 사해행위취소 등 청구의 소(사해행위취소 및 원상회복, 채무병합청구)

소 장

원 고 ○○○ (주민등록번호)
○○시 ○○구 ○○로 ○○(우편번호 ○○○-○○○)
전화·휴대폰번호 :
팩스번호, 전자우편(e-mail)주소 :

피 고 1. 김◇◇ (주민등록번호)
○○시 ○○구 ○○로 ○○(우편번호 ○○○-○○○)
전화·휴대폰번호 :
팩스번호, 전자우편(e-mail)주소 :
2. 이◇◇ (주민등록번호)
○○시 ○○구 ○○로 ○○(우편번호 ○○○-○○○)
전화·휴대폰번호 :
팩스번호, 전자우편(e-mail)주소 :

사해행위취소 등 청구의 소

청 구 취 지

1. 피고 김◇◇와 피고 이◇◇ 사이에 별지 목록 기재 부동산에 관하여 20○○. ○. ○. 체결한 매매계약을 취소한다.
2. 피고 이◇◇는 원고에 대하여 위 부동산에 관하여 ○○지방법원 ○○○등기소 20○○. ○. ○○. 접수 제○○○○호로 마친 소유권이전등기의 말소등기절차를 이행하라.
3. 피고 김◇◇는 원고에게 금 15,000,000원 및 이에 대한 이 사건 소장 부본 송달일 다음날부터 다 갚는 날까지 연 15%의 비율로 계산한 돈을 지급하라.
4. 소송비용은 피고들의 부담으로 한다.
5. 위 제3항은 가집행 할 수 있다.

라는 판결을 구합니다.

청 구 원 인

1. 원고는 20○○. ○. ○. 피고 김◇◇에게 금 15,000,000원을 변제기 20○○. ○○. ○.로 정하여 빌려 준 사실이 있습니다. 한편, 피고 김◇◇는 ○○시 ○○구 ○○동 ○○ 대 762㎡(다음부터 위 부동산이라 함)외에 별다른 재산이 없고 오히려 채무가 많은 상태이면서 20○○. ○. ○. 피고 이◇◇에게 시가 금 83,000,000원 상당의 위 부동산을 매매대금 50,000,000원에 매도하고 20○○. ○. ○. ○○지방법원 ○○○등기소 20○○. ○. ○. 접수 제○○○○호로 소유권이전등기를 해주었습니다. 그렇다면 피고 김◇◇와 피고 이◇◇ 사이의 위 매매계약은 채권자인 원고를 해함을 알고 한 법률행위로서 사해행위에 해당한다고 할 것입니다.

2. 따라서 피고 김◇◇와 피고 이◇◇ 사이의 위 부동산에 관한 매매계약은 사행행위로서 취소되어야 할 것이고, 이에 따른 원상회복으로, 피고 이◇◇는 위 부동산에 관하여 자신 명의의 위 소유권이전등기의 말소등기절차를 이행하여야 할 것입니다. 또한 피고 김◇◇는 원고에게 위 대여금 15,000,000원 및 이에 대하여 이 사건 소장 부본 송달일 다음날부터 다 갚는 날까지 소송촉진 등에 관한 특례법이 정한 연 15%의 비율로 계산한 돈을 지급할 의무가 있다고 할 것입니다.

입 증 방 법

1. 갑 제1호증 차용증서
1. 갑 제2호증 부동산등기사항전부증명서
1. 갑 제3호증 토지대장등본

첨 부 서 류

1. 위 입증방법 각 1통
1. 소장부본 2통
1. 송달료납부서 1통

20○○. ○. ○.

위 원고 ○○○ (인)

○○지방법원 귀중

[서식 86] 양수금 등 청구의 소(대위인도청구소송과 병합청구하는 경우)

소 장

원 고 ○○○ (주민등록번호)
○○시 ○○구 ○○길 ○○(우편번호 ○○○-○○○)
전화·휴대폰번호 :
팩스번호, 전자우편(e-mail)주소 :

피 고 1. 김◇◇ (주민등록번호)
○○시 ○○구 ○○길 ○○(우편번호 ○○○-○○○)
전화·휴대폰번호 :
팩스번호, 전자우편(e-mail)주소 :
2. 이◇◇ (주민등록번호)
○○시 ○○구 ○○길 ○○(우편번호 ○○○-○○○)
전화·휴대폰번호 :
팩스번호, 전자우편(e-mail)주소 :

양수금 등 청구의 소

청 구 취 지

1. 피고 김◇◇는 피고 이◇◇에게 별지목록 기재 건물을 인도하라.
2. 피고 이◇◇는 피고 김◇◇로부터 별지목록 기재 건물을 인도 받음과 동시에 원고에게 금 ○○○원 및 이에 대하여 별지목록 기재 건물 인도 다음날부터 다 갚는 날까지 연 15%의 비율에 의한 돈을 지급하라.

3. 소송비용은 피고들의 부담으로 한다.
4. 위 제1, 2항은 가집행 할 수 있다.
라는 판결을 구합니다.

청 구 원 인

1. 원고는 피고 김◇◇에 대하여 금 ○○○원의 대여금채권을 가지고 있습니다. 그리고 피고 김◇◇는 피고 이◇◇에게 금 ○○○○원의 임차보증금채권이 있어 20○○. ○. ○. 피고 김◇◇는 원고에게 위 임차보증금채권 금 ○○○○원 중 금 ○○○원을 양도하였고, 20○○. ○. ○. 피고 김◇◇는 피고 이◇◇에게 채권양도사실을 내용증명우편으로 통지하였습니다.

2. 그런데 피고 김◇◇는 피고 이◇◇와 별지목록 기재 건물을 20○○. ○. ○. 임차보증금 ○○○○원, 계약기간은 2년으로 임차하였고, 20○○. ○. ○. ○.자로 계약기간이 종료하였는데, 위 임차보증금채권에 대하여 위 채권양도 이후로 다수의 채권가압류가 되었고, 피고 이◇◇는 피고 김◇◇가 별지목록 기재 건물의 인도의무를 이행하지 않는 관계로 원고에 대한 양수금채무를 이행하지 않을 뿐만 아니라 피고 김◇◇에 대하여도 적극적으로 인도의무이행을 촉구하지 않고 있습니다.

3. 따라서 원고는 피고 이◇◇의 채권자로서 민법 제404조 채권자대위권에 기하여 피고 김◇◇에 대하여 피고 김◇◇가 점유하고 있는 별지목록 기재 건물을 피고 이◇◇에게 인도할 것을 청구함과 아울러 피고 이◇◇에 대하여 피고 김◇◇로부터 별지목록 기재 건물을 인도 받음과 동시에 원고에게 위 양수금 ○○○원 및 이에 대하여 별지목록 기재 건물 인도 다음날부터 다 갚는 날까지 소송촉진등에관한특례법에서 정한 연 15%의 비율에 의한 지연손해금을 지급할 것을 청구하기 위하여 이 사건 소제기에 이르렀습니다.

입 증 방 법

1. 갑 제1호증	채권양도양수계약서
1. 갑 제2호증	채권양도사실통지서

1. 갑 제3호증 우편물배달증명서
1. 갑 제4호증 부동산등기사항증명서

첨 부 서 류

1. 위 입증방법	각 1통
1. 토지대장등본	1통
1. 건축물대장등본	1통
1. 소장부본	2통
1. 송달료납부서	1통

20○○. ○. ○.

위 원고 ○○○ (인)

○○지방법원 귀중

Ⅲ. 청구의 변경(소의 변경)

1. 개 설

(1) 의 의

소송은 그 절차가 진행됨에 따라 새로운 주장 또는 자료가 나타나거나 소장 기재내용 중 잘못된 부분이 발견됨에 따라 이에 맞추어 소송의 목적이나 주체를 변경할 필요가 생길 수 있다. 그러나 그 변경을 광범위하게 인정할 경우 절차의 안전성을 해하므로 민사소송법은 일정한 범위 내에서만 이를 인정하고 있다. 즉 청구의 변경 또는 소의 변경[43] 이란 법원과 당사자의 동일성을 유지하면서 청구(소송물)를 변경하는 것을 말한다(법 262조). 따라서 법원의 변경인 소송의 이송, 당사자의 변경인 임의적 당사자변경과 구별된다. 소송물이 변경되려면 청구취지 또는 청구원인을 변경하여야 한다.

(2) 청구취지의 변경

청구취지에 소송물이 기재되므로 청구취지변경은 청구의 변경이다. 예를들어 인도청구 또는 말소청구에서 소유권확인청구로 취지를 바꾸는 것, A토지의 인도를 청구하다가 B토지의 인도를 청구하는 것 등이 청구의 변경이다. 그러나 청구취지에 불명확하게 기재되어 있던 건물의 구조, 평수, 지번 따위를 정정하는 것, 청구원인에 비추어 보아서 청구취지가 정확히 기재되지 않은 경우에 청구원인에 맞게 청구취지를 정정하는 것 등은 소 변경이 아니다 (대판 1982. 9. 28. 81누106).

(3) 청구원인의 변경

1) 법적 관점의 변경

청구권경합이나 형성권 경합의 경우에 어느 한 청구에서 다른 청구로 바꾸는 경우 예컨대 손해배상청구를 하면서 원인을 불법행위에서 계약불이행으로 바꾸거나 이혼청구를 하면서 부정행위에서 혼인을 계속하기 어려운 중대사유로 바꾸는 경우이다. 구이론에 의하면 소의 변경이지만 신이론에 의하면 단순한 공격방법의 변경에 불과하다.

2) 사실관계의 변경

동일목적의 사실관계 변경(1억을 청구하면서 청구원인을 매매에서 시효로변경)은 구이론, 이지설에 의하면 소변경이 되나 일지설에 의하면 단순한 공격방법의 변경에 그치는 반면, 다른 목적의 사실관계 변경(1억을 청구하면서 청구원인을 1월1일 대여에서 2월2일 대여로 변경)은 소의 변경에 해당한다.

---

43) 일반적으로 소의 변경이라 하면 청구의 변경을 의미하기도 한다.

2. 변경의 요건

(1) 청구의 기초가 동일

청구의 기초에 동일성이 있다고 한 경우를 보면 ① 청구원인이 동일한데 청구취지만 변경한 경우[44] ② 청구취지는 동일한데 법적 구성만 달리하는 경우[45] ③ 한 청구가 타 청구의 변형물인 경우[46] ④ 동일한 생활사실 또는 경제적 이익에 관한 분쟁에 있어서 해결 방법에 차이가 있음에 불과한 경우[47]가 있다. 청구의 기초의 동일성 요건에 관한 규정은 공익적 강행규정이라는 설도 있으나 판례는 방어하는 입장에 있는 피고의 이익을 보호하기 위한 요건(사익적요건설)으로 소송절차에 관한 이의권의 대상으로 본다.

관련판례

청구의 변경에 대하여 상대방이 지체 없이 이의하지 아니하고 변경된 청구에 관한 본안의 변론을 한 때에는 상대방은 더 이상 그 청구 변경의 적법 여부에 대하여 다투지 못한다(대판 2011. 2. 24. 2009다33655).

(2) 소송절차를 현저히 지연시키지 않을 것

판례는 신청구의 심리를 위해 종전 소송자료를 대부분 이용할 수 있는 경우는 절차지연에 해당하지 않으나(대판 1998. 4. 28. 97다44416). 2회에 걸쳐 상고심으로부터 환송 된 후 항소심 변론종결시에 비로서 소의 변경을 하는 것은 현저히 지연시키는 것이라고 보았다(대판 1964. 12. 29. 64다1025).

(3) 사실심 변론종결전

소장 송달 전에는 자유롭게 소장의 기재를 고쳐 청구를 변경할 수 있다. 항

---

44) 토지인도에 추가하여 그 토지상의 가건물철거를 구한 경우(대판 1969. 12. 23. 69다1867).
45) 불법경작을 원인으로 손해배상을 청구하였다가 법률상 원인 없이 경작하였음을 이유로 부당이득반환청구로 변경한 경우(대판 1965. 4. 6. 65다139).
46) 소유권이전등기를 청구하다가 그 이전등기의무가 이행불능임을 전제로 손해배상청구로 바꾼 경우(대판 1969. 7. 22. 69다413).
47) 동일 부동산에 관한 원인무효로 인한 말소등기청구에서 명의신탁해지로 인한 이전등기청구 또는 말소등기청구로 변경한 경우(대판 2001. 3. 13. 99다11328).

소심에서도 소의 변경이 가능한데, 상대방의 동의도 필요하지 않다. 다만 교환적 변경은 상대방의 동의가 필요하다는 견해도 있다. 다만 항소심에서 교환적 변경을 한 경우에는 종래의 청구는 종국판결 후에 취하한 것이 되어 재소금지의 제재를 받을 수 있다. 그러나 상고심에서는 소의 변경이 허용되지 않는다(대판 1992. 2. 11. 91누4126).

(4) 소의 병합 요건

신구청구가 동종의 소송절차에서 심판될 수 있는 것이어야 하고(동종절차), 다른 법원의 전속관할에 속하면 안 된다(공통관할).

3. 절 차

1) 청구취지의 변경은 서면으로 신청하여야 하고, 서면은 상대방에게 송달하여야 한다(법 262조 2항, 3항). 서면에 의하지 아니(구두로)한 청구취지의 변경은 잘못이나 이에 대하여 상대방이 지체 없이 이의하지 않았다면 이의권의 상실로 그 잘못은 치유된다(대판 1990. 12. 26. 90다4686). 다만 청구원인의 변경은 반드시 서면에 의할 필요는 없고 말로 변경해도 된다는 것이 판례의 입장이다(대판 1961. 10. 19. 4293민상531).

2) 청구의 감축은 원칙적으로 소의 일부 취하이므로 반드시 서면에 의할 필요는 없다(법 266조). 청구취지를 보충·정정함에 그치는 경우도 청구의 변경에 해당하지 않으므로 반드시 서면에 의할 필요는 없다. 구술에 의하여 소의 제기가 허용되는 소액사건의 경우에는 청구의 변경도 구술에 의할 수 있다.

3) 신청은 일반소장의 양식에 의하여 작성하면 된다. 다만, 청구취지가 변경된 경우라면 청구취지란을 「변경된 청구취지」라 기재하고, 청구원인이 변경된 경우라면 청구원인란을 「변경된 청구원인」이라 기재하여 작성하는 점이 다를 뿐이다.

4) 청구취지를 변경하여 소가가 증가한 경우에는 그 차액에 해당하는 인지를 더 첩부하여야 한다.

[서식 87] 청구취지 및 청구원인변경신청서

청구취지 및 청구원인변경신청

사　　건　20○○ 가단1234　대여금
원　　고　김 ○ ○
피　　고　이 ○ ○

위 사건에 관하여 원고의 소송대리인은 아래와 같이 청구취지 및 원인을 변경합니다.

변경된 청구취지

1. 피고는 원고에게 금 10,000,000원 및 위 금원에 대하여 20○○. ○. ○.부터 이 소장부본송달일까지 연 15%, 그 다음날부터 완제일까지 연 15%의 비율에 의한 금원을 지급하라.
2. 소송비용은 피고의 부담으로 한다.
3. 제1항은 가집행할 수 있다. 라는 판결을 구합니다.

변경된 청구원인

1. 원고는 피고에게 20○○. ○. ○. 금 10,000,000원을 대여해 준 사실이 있었고, 이에 대하여 피고는 20○○. ○. ○. 각서를 써주면서 20○○. ○. ○.까지 금 10,000,000원 전액을 변제하여 주겠다고 약정한 사실이 있었습니다. 그리고 피고는 확인서를 작성해 주면서 만약 위 기일까지 갚지 못하면 연 15%의 비율에 의한 지연이자도 내겠다고 약정한 사실도 있었습니다.

2. 그런데 피고는 위 지급기일이 지난 뒤 원고의 수차례에 걸친 변제독촉에도 불구하고 차일피일 미루면서 아직까지 이를 이행하지 않고 있어 부득이 이 건 소에 이르게 된 것입니다.

입 증 방 법

1. 갑제1호증 차용증 사본
1. 갑제2호증 확인서

첨 부 서 류

1. 위 입증방법 1통
1. 납부서 1통
1. 소장부본 3통

20○○. ○. ○.

위 원고 김 ○ ○ (인)

○○지방법원 귀중

■ 작성·접수방법

1. 청구취지가 변경된 경우라면 청구취지란을 「변경된 청구취지」라 기재하고, 청구원인이 변경된 경우라면 청구원인란을 「변경된 청구원인」이라 기재하여 작성한다.
2. 청구취지를 변경하여 소가가 증가한 경우에는 그 차액에 해당하는 인지를 더 첩부하여야 한다. 사례에서는 지연이자 부분을 종전 5%에서 15%로 변경한 경우에 불과하고 소가의 변동이 있는 것은 아니기 때문에 인지를 추납할 필요는 없다.

Ⅳ. 반 소

1. 개 설

(1) 의 의

1) 반소라 함은 소송계속 중에 피고가 그 소송절차를 이용하여 원고를 상대로 제기하는 소를 말한다(법 269조). 따라서 본소원고는 반소피고가 되고, 본소피고는 반소원고가 된다. 반소는 피고가 제기하는 소송 중의 소로서 이에 의해 청구의 추가적 병합의 형태가 된다. 관련성 있는 분쟁을 동일 소송절차를 이용하여 한꺼번에 해결하는 것이 별소에 의한 심판보다도 소송경제·재판통일에 도움이 되기 때문에 인정된다. 왜냐하면 반소로 청구하는 경우에는 본소와 병합되어 증거를 공통으로 사용할 수 있지만, 반소가 아닌 별소로 제기하는 경우에는 원·피고가 반대로 되어 있어 변론을 통합할 수 없게 되어 병행진행을 한다 하더라도 각각 주장과 입증을 하여야 하기 때문이다. 우리나라에서 반소는 피고의 자유이며, 강제반소는 인정되지 않는다.

2) 공동피고 중의 1인이 원고에 대하여, 피고가 공동원고 중 1인에 대하여, 또는 원고나 피고가 독립당사자참가인에 대하여 각 반소를 제기할 수 있으나, 보조참가인은 당사자가 아니므로 반소를 제기하거나 보조참가인을 상대로 반소를 제기할 수는 없다.

(2) 종 류

1) 단순반소와 예비적 반소

① 단순반소는 본소청구가 인용되든 기각되든 각하되든 관계없이 심판을 요구하는 반소이다. 예컨대 원고가 소유권에 기하여 건물인도를 구한데 대하여 피고가 그 가옥은 피고가 소유자임을 전제로 하여 원고의 등기말소를 구하는 것이다.

② 반소는 예비적으로 제기하는 것도 허용된다(예비적 반소). 이는 본소청구가 '인용'되거나 '기각'될 것에 대비하여 조건부로 제기하는 반소이다. 예컨대 토지의 임차권이 존속한다고하는 피고의 주장이 받아들여지지 아니하고 임대차가

종료한 것으로 인정되는 경우에 대비하여 예비적 반소로써 공작물 매수청구권의 행사에 따른 대금을 청구하는 것도 가능하다. 본소청구가 '**배척**'될 경우에 대비하여 제기하는 예비적 반소도 상정할 수 있으나 이런 형태의 반소는 실무상으로는 매우 드물다(예컨대 원고가 매매가 유효하다고 주장하면서 이전등기를 청구한 경우에 피고가 원고의 청구가 인용되면 매매대금을 지급할 것을 청구하는 경우).

관련판례

피고가 원고의 본소청구가 인용될 경우를 대비하여 조건부로 반소를 제기한 경우 원고의 본소청구를 기각한 이상 반소청구에 관하여 판단할 필요가 없다(대판 1991. 6. 25. 91다1651).

2) 재 반 소

재반소는 피고의 반소에 대한 원고의 반소이다. 예컨대 원고가 매매대금청구의 본소를 제기하고 피고가 상계의 항변을 하면서 항변이 배척될 것을 대비하여 반대채권의 지급을 청구하는 반소를 제기한 경우에 원고가 반대채권 발생 원인이 되는 계약의 무효확인을 구하는 재반소를 구하는 것이다. 그 허용 여부에 대하여 절차를 복잡하게 한다는 이유로 허용되지 않는다는 견해가 있지만 금지규정도 없고 관련분쟁을 한번에 처리할 수 있는 장점이 있으므로 허용하는 것이 다수설이다.

2. 반소의 요건

(1) 상호관련성

반소청구는 본소의 청구 또는 방어의 방법과 서로 관련이 있어야 한다(법 269조 1항). 이는 소의 변경에서 청구의 기초와 동일성에 대응하는 요건으로서 서로 관련성이 있어야 변론과 증거조사를 함께 실시하여 심리의 중복과 재판의 저촉을 피할 수 있기 때문이다.

본소청구와 관련된다고 하는 것은 권리관계의 내용 또는 그 발생원인이 법률상 또는 사실상 공통되는 경우로 ① 이혼소송에 반소로 이혼을 구하는 등 본소청구와 동일한 법률관계의 형성을 목적으로 하는 경우 ② 원고가 매매로 인한 소유권이전등기를 구함에 대하여 피고가 매매 대금을 청구하는 등 청구원인이 동일한 경우 ③ 원고의 토지인도 청구에 대하여 피고가 반소로 그 부동산에 대한 임차권의 확인을 구하는 것처럼 소송 목적물인 법률관계의 대상이나 발생원인의 주된 부분이 공통되는 경우 등이 있다.

(2) 본소절차를 현저히 지연시키지 않을 것

시기에 늦게 반소를 제기함으로써 본소의 소송지연책으로 악용되는 것을 막으려는 것이다. 따라서 반소청구의 심리를 위하여 본소절차가 지연되게 되어 별소에 의하는 것이 오히려 적절한 경우에는 반소를 허용하지 않을 수 있다. 특히 변론준비기일까지 마치고 쟁점정리가 끝나 변론에 상정된 뒤라면 새삼 피고가 반소를 제기하는 것은 1회변론기일원칙과 집중심리원칙에도 반하므로 특별한 사정이 없는 한 본소 절차를 현저히 지연시키는 경우로 보아야 한다. 위 요건은 공익적 요건으로서 직권조사사항이므로 이의권의 포기나 상실의 대상이 될 수 없다.

(3) 본소가 사실심에 계속되고 변론종결 전일 것

1) 본소가 소제기 전이나 변론종결 이후인 경우에는 반소를 제기할 수 없다. 통설은 본소의 계속은 반소제기의 요건이고 그 존속요건은 아니므로 반소제기 후에 본소가 각하, 취하되어도 예비적 반소가 아닌 한 반소에 영향이 없다고 보며, 판례도 반소가 적법하게 제기된 이상 그 후 본소가 취하되어도 반소의 소송계속에는 아무런 영향이 없다고 한다(대판 1970. 9. 22. 69다446).

2) 항소심에서도 반소를 제기할 수 있다. 다만 항소심에서의 반소는 상대방의 심급의 이익을 해할 우려가 없는 경우 또는 상대방의 동의를 받은 경우에만 제기할 수 있다(법 412조 1항). 원고가 이의를 제기하지 않거나 반소의 본안에 관하여 변론을 할 때에 반소제기에 동의한 것으로 본다.

3) 변론을 종결할 때까지 즉 사실심변론종결시까지 반소를 제기할 수 있으므로 원칙적으로 상고심에서는 반소를 제기할 수 없다.

(4) 동종절차

반소도 소송중에 발생하는 청구의 병합의 일종이므로 객관적 병합의 요건을 갖추어야 한다. 따라서 반소는 본소와 동일한 절차에 의하여 심리될 수 있어야 한다.

(5) 공통관할

반소가 다른 법원의 전속관할에 속하지 안하야 한다. 따라서 반소청구가 다른 법원의 전속관할에 속하면 본소가 계속된 법원에 제기할 수 없다(법 269조 1항).

(6) 소송요건

반소도 하나의 소이므로 그 소(반소)에 관한 소송요건을 구비하여야 한다. 원고가 임차권존재확인 청구의 소를 제기한 데 대하여 피고가 반소로써 동일 임차권의 부존재확인을 청구하는 것은 확인의 이익이 없어 부적법하다.

관련판례

원고가 피고에 대하여 손해배상채무의 부존재확인을 구할 이익이 있어 본소로 그 확인을 구하였다면 피고가 그 손해배상채무의 이행을 구하는 반소를 제기하였나 하더라도 그러한 사정만으로 본소청구에 대한 확인의 이익이 소멸하여 본소가 부적법하게 되는 것은 아니다(대판 1999. 6. 8. 99다17401).

3. 반소의 절차

(1) 반소의 제기

1) 반소는 본소에 관한 규정을 따른다(법 270조). 성질상으로도 반소는 소의 일종이므로 그 제기는 반드시 서면(반소장)에 의하여야 하며, 소장의 필요적 기재사항, 즉 반소청구취지와 원인이 기재되어야 한다. 다만, 반소장에 본소의 사건번호를 명기하여 주어야 하고, 당사자의 호칭은 반소원고, 반소피고로 하고 원고(반소피고), 피고(반소원고)의 식으로 표시한다.

2) 반소의 제기는 소송대리인의 특별수권사항에 속한다(법 90조 2항). 따라서 답변서를 제출할 때에 받은 위임장에 특별수권을 받아 두지 않았다면 반소를 제기할 때에 새로이 그 수권을 받은 위임장을 제출하여 하나. 실무상 변호사들이 통상 사용하는 소송대리인 위임장 약식에는 위의 특별수권 문구가 부동문자로 인쇄되어 있는 것이 대부분 이므로 별도의 수권없이 반소장 제출

이 가능하다.

3) 반소장이 접수되면 별도의 사건부호가 부여되므로 이후 제출하는 준비서면 등에는 본소사건번호와 반소사건번호를 병기하여 제출한다.

(2) 인지 및 송달료

1) 원 칙

반소도 소이기 때문에 그 인지액의 계산도 통상의 소와 마찬가지로 반소제기의 때를 기준으로 반소 자체의 소송목적의 값을 별개로 계산하므로 제1심에서의 반소장에 붙일 인지액은 소장의 경우와 같은 방법으로 산출하고 항소심에서의 반소 인지액은 1.5배액으로 한다(인지법 4조).

구 분	소 송	소 가	인 지 액
제1심	반소장	1천만원 미만	소가×0.005
		1천만원 이상~1억원 미만	(소가×0.0045) + 5,000원
		1억원 이상~10억원 미만	(소가×0.004) + 55,000원
		10억원 이상	(소가×0.0035) + 555,000원

■ 전액인지(소송물이 동일하지 않는 경우) ■

1. 본소가 보증금반환 청구이고 반소가 임료 청구일 경우
2. 본소가 건물명도 청구이고 반소가 비용상환 청구일 경우
3. 본소가 건물철거 청구이고 반소가 건물매수 청구일 경우
4. 본소가 매매대금 청구이고 반소가 계약해제에 따른 대금반환청구일 경우
5. 본소가 매매목적물인도 청구이고 반소가 대금지급 청구일 경우
6. 본소가 점포명도 청구이고 반소가 보증금반환청구일 경우

2) 예 외

가. 본소와 반소의 소송물이 동일할 경우[48]에는 원래 붙여야 할 인지액에

48) 목적이 동일한 소송목적이란 강학상 의미의 소송목적(청구원인에 의하여 특정되는 실체법상의 권리 또는 법률관계)이 같은 경우(예:채무부존재확인 청구의 본소와 채무이행 청

서 본소의 소가에 대한 인지액(항소심에서는 그 1.5배액)을 뺀 나머지 액수의 인지를 붙이면 된다(인지법 4조 2항).

■ 차액인지(반소의 소가가 더 큰 경우) ■

1. 본소가 소유권에 기한 명도청구이고 반소가 동일목적물에 대하여 소유권확인청구일 경우
   소유권에 기한 명도청구 : 목적물가액의1/2, 소유권확인청구 : 목적물가액
2. 본소가 지역권확인청구이고 반소가 동일목적물에 대하여 소유권에기한 방해배제청구일 경우
   지역권 : 승역지가액의1/3, 소유권에 기한 방해배제청구 : 목적물가액의 1/2
3. 본소가 채무부존재확인청구이고 반소가 동일채권에 기한 금원청구일 경우
   채무부존재확인 : 제시된 금액, 금전청구 : 청구금액
4. 본소가 공정증서무효를 이유로 하는 청구이의이고 반소가 기본채권에 기한 청구일 경우
   청구이의 : 집행권원에서 인정된 권리의 가액, 채권청구 : 청구금액

나. 본소와 목적이 동일한 소송물이지만 반소의 소가가 같거나 또는 반소의 소가가 작을 경우에는 인지를 붙이지 않아도 된다.

■ 인지없는(반소의 소가가 작거나 같은 경우) ■

1. 본소가 소유권에 기한 명도청구이고 반소가 동일목적물에 대한 임차권확인 청구일 경우
2. 본소가 소유권확인청구이고 반소가 동일목적물에 대한 점유권에 기한청구일 경우
3. 본소가 소유권확인 청구이고 반소가 동일목적물에 대한 소유권이전등기이행 청구일 경우
4. 본소가 근로관계존재확인청구이고 반소가 근로관계부존재확인청구일 경우(동일한 소송물)

구의 반소)뿐만 아니라 계쟁 물건이 같은 경우(예: 동일건물에 대한 인도의 본소와 소유권확인의 반소)까지 포함하는 넓은 의미라고 설명된다.

4. 심 판

1) 반소도 소이므로 일반소송요건을 갖추어야 한다. 이것이 흠결되면 보정되지 않는 한 분리하여 심판할 수도 없으므로 각하하여야 한다.

2) 본소와 반소는 소송경제와 재판의 통일을 위하여 원칙적으로 병합심리하고 한 개의 판결에서 모두 판단한다. 한 개의 전부판결을 하는 경우에도 주문은 본소와 반소에 대해 각각 따로 낸다. 그러나 절차가 번잡해지거나 소송지연의 우려가 있으면 본소와 반소의 변론을 분리하여 일부판결을 하는 것도 허용된다. 병합심리를 하는 이상 이미 본소에 제출되어 있는 소송자료가 그대로 반소의 소송자료로 됨은 물론이다.

5. 취 하

1) 반소를 제기한 후에 본소가 취하·포기·인낙 등에 의하여 종료되더라도 그 반소의 운명에는 영향이 없고 그대로 심리판단을 받을 수 있다.

2) 본소의 취하에 준하므로 반소를 취하하기 위해서는 원칙적으로 원고의 동의가 필요하다. 다만 본소가 취하 된 때에는 원고의 동의없이 반소를 취하할 수 있을 뿐만 아니라 소취하서가 송달된 2주 이내에 상대방이 이의를 제기하지 아니한 경우에는 소취하에 동의한 것으로 본다(법 266조 6항).

관련판례

본소가 원고의 의사와 관계없이 부적법하다 하여 각하됨으로써 종료된 경우에는 원고의 동의가 있어야만 반소를 취하할 수 있다(대판 1984. 7. 10. 84다카298).

[서식 88] 반소장(원고의 건물명도 청구에 대해 매매대금청구를 구한 경우)

반 소 장

원 고 김 ○ ○
피 고 이 ○ ○

매매대금 청구의 반소

소송물가액	금 25,000,000원
첨부할 인지액	금 117,400원
첨부한 인지액	금 117,400원
송 달 료	금 111,000원
비 고	

서울중앙지방법원 귀중

반 소 장

사 건(본소) 2009가소 14844 건물명도
반소원고(피고) 김 ○ ○(720408-1012345)
서울 ○○구 ○○동 123-971(T.010-1234-5678)
반소피고(원고) 이 ○ ○(750214-1234567)
서울시 ○○구 ○○동 567-89

위 사건에 관하여, 반소원고(피고)는 다음과 같이 반소를 제기합니다.

매매대금 청구의 반소

반소청구취지

1. 반소피고(원고)는 반소원고(피고)에게 금 25,000,000원을 지급하라.
2. 반소로 인한 소송비용은 반소피고(원고)의 부담으로 한다.
3. 제1항은 가집행할 수 있다.

라는 판결을 구합니다.

반소청구원인

1. 반소원고(피고)는 20○○. 5. 4. 반소피고(원고) 소유의 서울시 ○○구 ○○동 567-89 대 300㎡에 대하여, 기간 2년, 월 임차료 금 500,000원으로 하는 임대차계약을 체결하였고, 이후 반소피고(원고)의 동의하에 단층주택을 건축하여 거주해 오고 있습니다.

2. 반소원고(피고)는 위 임대차기간의 만료일이 다가오자 반소피고(원고)에게 위 임대차기간을 2년 더 연장하여 달라고 사정하였지만 반소피고(원고)는 더 이상 연장하여 줄 수 없다면서, 20○○. 5. 9. 위 주택을 철거하고 건물을 명도하라는 소송을 제기하였습니다.

3. 현재 반소원고(피고)가 건축하여 거주하고 있는 별지목록 기재의 단층주택은 시가 25,000,000원 상당에 이르고 있으며, 위와 같은 사정으로 인하여 반소원고(피고)는 부득이 반소피고(원고)에게 내용증명을 발송하여 건물을 매수할 것을 청구하였습니다.

4. 따라서 반소원고(피고)는 반소피고(원고)로부터 별지목록 기재의 주택에 대한 매매대금 금 25,000,000원을 지급받기 위하여 이 사건 반소에 이르게 된 것입니다.

입 증 방 법

1. 을제1호증　　　　　　　　　　　　임대차계약서
1. 을제2호증　　　　　　　　　　　　내용증명우편

1. 을제3호증 등기부등본

첨 부 서 류

1. 위 입증방법 1통
1. 반소장 부본 1통
1. 납부서 1통

20○○. ○. ○.

위 반소원고(피고) 김 ○ ○ (인)

서울중앙지방법원 귀중

■ 작성·접수방법

1. 반소장은 법원용 1부, 상대방 수 부본(1부) 합계 2부를 제출하는데 이때 부본은 소장에서와 같이 반소장원본과 입증자료만 제출하고 표지 및 첨부서류는 첨부하지 않는다.
2. 현재 본소가 계속되고 있는 법원의 종합접수실에 접수한다.
3. 반소장에는 각 심급에 맞는 인지대와 송달료를 납부해야 한다.
4. 원심인 경우 소가가 2,500만원이므로 인지는 117,400원[=(2500만원×0.0045)+5,000]이 된다.

[서식 89] 반소장(원고의 소유권이전등기 청구에 대해 위약금을 구한 경우)

반 소 장

원 고 김 ○ ○
피 고 이 ○ ○

매매대금 청구의 반소

소송물가액	금 30,000,000원
첨부할 인지액	금 140,000원
첨부한 인지액	금 140,000원
송 달 료	금 111,000원
비 고	

서울중앙지방법원 귀중

반 소 장

사 건(본소) 20○○가합 123 소유권이전등기
반소원고(피고) 김 ○ ○(720408-1012345)
서울 ○○구 ○○동 123-971(T.010-1234-5678)
반소피고(원고) 이 ○ ○(750214-1234567)
서울시 ○○구 ○○동 567-89

위 사건에 관하여, 반소원고(피고)는 다음과 같이 반소를 제기합니다.

위약금 청구의 소

반소청구취지

1. 반소피고(원고)는 반소원고(피고)에게 금 30,000,000원 및 이에 대한 이 사건 반소장 부본 송달 다음날부터 다 갚는 날까지 연 15%의 비율에 의한 금원을 지급하라.
2. 반소로 인한 소송비용은 반소피고(원고)의 부담으로 한다.
3. 제1항은 가집행할 수 있다.

라는 판결을 구합니다.

반소청구원인

1. 원고(반소피고, 이하 '원고'라고 합니다)가 20○○. 9. 15. 피고(반소원고, 이하 '피고'라고 합니다)로부터 이 사건 토지를 대금 3억원에 매수하여 20○○. 12. 15.까지 소유권이전등기에 필요한 서류의 교부와 상환으로 대금을 지급하기로 계약한 사실은 인정합니다.

2. 원고와 피고는 위 매매계약을 체결하면서 상호 간에 위약을 한 경우에는 3,000만원을 상대방에게 지급하기로 약정하였습니다.

3. 피고는 20○○. 12. 15. 소유권이전등기에 필요한 서류를 완비하여 이행의 제공을 하며 원고에게 대금을 지급해 달라고 요청하였으나 원고가 대금 3억원을 지급하지 아니하므로 20○○. 1. 20. 원고에게 계약을 해제한다는 통지를 하였습니다.

4. 그렇다면 위 매매계약은 원고의 위약으로 해제되었다 할 것이고 원고는 피고에게 위약금 3,000만원 및 이에 대한 반소장 부본 송달 다음날부터 다 갚는 날까지 소송촉등에 관한 특례법이 정한 연 15%의 비율에 의한 지연손해금을 지급할 의무가 있습니다.

첨 부 서 류

1. 위 입증방법 1통
1. 반소장 부본 1통
1. 송달료납부서 1통
1. 영수필확인서 1통

20○○. ○. ○.

위 반소원고(피고) 김 ○ ○ (인)

서울중앙지방법원 ○○민사부 귀중

■ 작성·접수방법

1. 반소장은 법원용 1부, 상대방 수 부본(1부) 합계 2부를 제출하는데 이때 부본은 소장에서와 같이 반소장원본과 입증자료만 제출하고 표지 및 첨부서류는 첨부하지 않는다.
2. 현재 본소가 계속되고 있는 법원의 종합접수실에 접수한다.
3. 반소장에는 각 심급에 맞는 인지대와 송달료를 납부해야 한다.
4. 원심인 경우 소가가 3,000만원이므로 인지는 140,000원[=(2500만원×0.0045)+5,000]이 된다.

Ⅴ. 중간확인의 소

1. 의 의

중간확인의 소는 소송계속 중 본소 청구의 판단에 대해 선결관계에 있는 법률관계에 관하여 기판력을 얻기 위하여 그 본소 소송절차에 병합하여 제기하는 확인의 소이다(법 264조). 원래 선결적 법률관계(예컨대 건물인도청구소송에서 그 건물의 소유권의 존부)에 대하여는 판결의 이유에서만 판단될 뿐 주문에 표시되지 않기 때문에 기판력이 생기지 않는데 그에 관하여 기판력 있는 판단을 얻기 위해서는 별소를 제기할 수도 있으나 기존의 소송절차를 이용할 수 있도록 하여 소송경제와 재판의 통일을 꾀하려는 것이다.

2 요 건

(1) 본소의 다툼있는 선결적 법률관계에 대한 확인청구일 것

1) 법률관계에 대한 확인청구

법률관계가 아닌 증서진부확인 등 사실관계 확인은 중간확인의 소로 제기할 수 없으며, 확인청구가 아닌 경계확정의 소와 같은 형성청구를 중간확인의 소로 청구할 수도 없다.

2) 본소청구와 선결적 법률관계에 있을 것

중간확인의 소의 대상에 관한 판단이 본래의 청구에 관한 결론을 좌우할 수 있는 선결적 관계가 있어야 한다. 예를 들어 소유권이전등기말소청구 소송에 있어서 소유권의 존부 등이 이에 속한다.

3) 당사자 사이에 다툼이 있는 법률관계일 것

선결적 법률관계에 관하여 사실상, 법률상 다툼이 있거나 다툴 것으로 기대되면 확인의 이익은 충족되면 그 밖에 별도의 확인의 이익이 필요 없다.

(2) 소송계속 이후 사실심 변론종결 이전에 제기할 것

소유권이전등기청구 소송을 진행하다가 소유권의 존부에 대한 기판력을 얻기 위해 소유권확인청구를 추가하는 소 변경은 제2심에서도 유효하게 할 수 있다(대판 1973. 9. 12. 72다1436). 항소심에서 제기하는 경우에도 상대방의 동의를 얻을 필요는 없다는 것이 통설이다.

(3) 동종절차

본래의 청구와 중간확인청구는 같은 종유의 소송절차에 의해 심리할 수 있을 것이어야 한다.

(4) 공통관할

중간확인청구가 다른 법원의 전속관할에 속하지 않을 것이어야 한다.

3. 절 차

1) 중간확인의 소도 소의 일종이므로 반드시 서면에 의하여야 한다(법 264조 2항). 소장의 필요적 기재사항(법 249조)을 명시하여야 한다. 이 서면의 송달시에 중간확인의 소의 소송계속이 생기며, 서면 제출시에 시효중단, 기간준수의 효력이 생기는 것도 일반소와 같다(법 265조).

2) 중간확인의 소를 피고가 제기하는 경우 당사자는 실무적으로 원고(중간확인피

고), 피고(중간확인원고) 등으로 기재된다. 피고가 제기하는 중간확인의 소는 반소의 일종이므로 피고의 소송대리인은 특별수권을 받은 경우에만 중간확인의 소를 제기할 수 있다. 그러나 원고가 제기하는 경우에는 청구의 변경(추가적변경)이므로 본소의 대리권에 포함된다. 이는 우리 법에서 반소의 제기는 특별수권사항으로 하였으나 소의 변경은 특별수권사항으로 하고 있지 않은 결과이다(법 90조 2항).

4. 심 판

1) 중간확인의 소의 요건 구비 여부를 심리한 후 그 흠이 있으면 독립한 소로서 취급될 수 없는 한 소 각하의 판결을 한다. 이때 그 소가 독립한 확인의 소로서 요건을 갖추고 있을 때에는 바로 각하할 것이 아니라 별도의 사건으로 다루어야 한다.

2) 소제기 요건이 갖추어졌으면 병합심리를 하여 1개의 종국판결에 의하여 한꺼번에 선고하는 것이 원칙이다. 본래의 청구와 중간확인의 소는 단순병합관계에 있지만 통상의 단순병합과는 달리 본래의 청구와 선결관계에 있어 일체로서 처리 될 것을 예정하고 있기 때문이다.

[서식 90] 중간확인의 소(원고제출)

소 장

원 고(중간확인 원고) ○○○ (주민등록번호)
○○시 ○○구 ○○로 ○○
전화·휴대폰번호 :
팩스번호, 전자우편(e-mail)주소 :

피 고(중간확인 피고) ◇◇◇ (주민등록번호)
○○시 ○○구 ○○로 ○○
전화·휴대폰번호 :
팩스번호, 전자우편(e-mail)주소 :

위 당사자간의 귀원 20○○가단○○○ 이자금청구사건에 관하여 원고(중간확인 원고)는 다음과 같이 중간확인의 소를 제기합니다.

채권확인(중간확인)의 소

청 구 취 지

1. 원고와 피고 사이의 20○○. ○. ○. 금전소비대차계약에 의한 원고의 피고에 대한 대여금 ○○○만원의 채권이 존재함을 확인한다.
2. 소송비용은 피고의 부담으로 한다.

라는 판결을 구합니다.

청 구 원 인

1. 원고는 피고와 20○○. ○. ○. 금전소비대차계약을 체결하고 금 ○○○만원을 대여하면서, 이자는 월 2%로 하여 매월 말일에 지급하기로 하고, 갚을 날짜는 20○○. ○. ○.부터 1년 뒤로 정하였습니다.

2. 그런데 피고는 위 대여금채권에 대하여 20○○. ○. ○.부터 20○○. ○. ○.까지의 월 2%의 비율에 의한 이자 금 ○○○원을 지급하지 않고 있습니다.

3. 이에 원고는 귀원에 이자금청구소송을 제기하여 현재 20○○가단○○○ 이자금청구사건이 계속중이나, 피고는 위 소송에 있어서 이자채권을 부인할 뿐만 아니라 이의 근거가 된 기본채권도 부인하므로 그 확인을 구하지 아니하면 원고의 이자청구를 유지하기 곤란하기 때문에 민사소송법 제264조에 의하여 청구취지 기재와 같이 이 사건 소제기에 이르렀습니다.

입 증 방 법

1. 갑 제1호증 금전소비대차계약서

첨 부 서 류

1. 위 입증방법 1통
1. 소장부본 1통
1. 송달료납부서 1통

20○○. ○. ○.

위 원고(중간확인 원고) ○○○ (인)

○○지방법원 귀중

제2절 다수당사자(주관적 병합)

Ⅰ. 총 설

1. 개 념

당사자의 복수 즉 다수당사자소송이라 함은 하나의 소송절차에 여러 사람이 동시 또는 때를 달리하여 관여하는 소송형태를 말한다. 1개의 소로서 여러 개의 청구를 하는 경우를 소의 객관적 병합이라 함에 반해 다수당사자의 소송은 주관적 병합이라 한다.

2. 종 류

다수당사자소송형태는 원시적으로 2인 이상의 당사자가 원고 또는 피고 측에 공동으로 소송에 관여하는 공동소송과, 후발적으로 종전의 소송에 3자가 적극적으로 가입하는 제3자의 소송참가, 그리고 여러 사람 중 모두를 위해 소송을 수행할 선정당사자, 당사자의 변경 등이 있다. 이중 공동소송은 다시 공동소송인간의 합일 확정을 필요로 하는가에 따라 통상공동소송과 필수적 공동소송으로 분류되고 특수한 형태의 공동소송으로 예비적 선택적 공동소송이 있다.

[서식 91] 대여금청구의 소(지급담보의 가계수표부도, 주위적청구원인 대여금, 예비적 수표금)

소 장

원 고 ○○○ (주민등록번호)
○○시 ○○구 ○○로 ○○(우편번호 ○○○○○)
전화·휴대폰번호 :
팩스번호, 전자우편(e-mail)주소 :

피 고 1. 이◇◇ (주민등록번호)
○○시 ○○구 ○○로 ○○(우편번호 ○○○○○)
전화·휴대폰번호 :
팩스번호, 전자우편(e-mail)주소 :

2. 장◇◇ (주민등록번호)
○○시 ○○구 ○○로 ○○(우편번호 ○○○○○)
전화·휴대폰번호 :
팩스번호, 전자우편(e-mail)주소 :

대여금청구의 소

청 구 취 지

(주위적 청구취지)

1. 피고 이◇◇는 원고에게 ○○○원 및 이에 대한 20○○. ○. ○.부터 이

사건 소장부본 송달일까지는 연 15%, 그 다음날부터 다 갚는 날까지는 연 15%의 각 비율로 계산한 돈을 지급하라.
2. 소송비용은 피고가 부담한다.
3. 위 제1항은 가집행 할 수 있다.
라는 판결을 주위적으로 청구하고,

(예비적 청구취지)

1. 피고 이◇◇와 장◇◇는 합동하여 원고에게 ○○○원 및 이에 대한 20○○. ○. ○.부터 이 사건 소장부본 송달일까지는 연 6%, 그 다음날부터 다 갚는 날까지는 연 15%의 각 비율로 계산한 돈을 지급하라.
2. 소송비용은 피고들이 부담한다.
3. 위 제1항은 가집행 할 수 있다.

라는 판결을 예비적으로 청구합니다.

청 구 원 인

(주위적 청구원인)

1. 원고는 피고에게 20○○. ○. ○. ○○○원을 다음과 같은 약정으로 대여하였습니다.
   (1) 변 제 기 20○○. ○. ○.
   (2) 이 율 연 15%
2. 원고는 피고에 대하여 위 대여금 ○○○원 및 이에 대한 20○○. ○. ○.부터 이 사건 소장부본 송달일까지는 연 15%, 그 다음날부터 다 갚는 날까지는 연 15%의 각 비율로 계산한 돈의 지급을 구하기 위하여 이 사건 청구에 이른 것입니다.

(예비적 청구원인)

1. 피고 장◇◇는 피고 이◇◇에게 다음의 가계수표를 발행하였습니다.
   (1) 금 액 ○○○원
   (2) 지급인 ○○은행 ○○지점
   (3) 지급지 ○○시
   (4) 발행일 20○○. ○. ○.

(5) 발행지 ○○시

(6) 수취인 이◇◇(피고)

2. 피고 이◇◇는 위 가계수표를 20○○. ○. ○. 지급담보를 위해 원고에게 배서양도 했습니다.

3. 원고는 위 가계수표의 지급을 위하여 제시했으나, 지급을 거절당했습니다.

(1) 제시시기 20○○. ○. ○.

(2) 제시장소 ○○은행 ○○지점

(3) 지급거절증명 시기, 방식 지급거절증서 작성의무 면제

4. 이에 수표소지인인 원고는 발행인인 피고 장◇◇ 및 배서인인 피고 이◇◇에게 합동하여 다음의 돈을 지급할 것을 구합니다.

(1) 수 표 금 ○○○원

(2) 위 돈에 내한 20○○. ○. ○.부터 이 사건 소장부본 송달일까시는 연 6%, 그 다음날부터 다 갚는 날까지는 연 15%의 각 비율로 계산한 지연손해금의 지급을 구하기 위하여 이 사건 청구에 이른 것입니다.

입 증 방 법

1. 갑 제1호증 차용금증서
2. 갑 제2호증 가계수표
3. 갑 제3호증 경찰서사고신고접수증

첨 부 서 류

1. 위 입증방법 각 1통
1. 소장부본 2통
1. 송달료납부서 1통

20○○. ○. ○.

위 원고 ○○○ (인)

○○지방법원 귀중

Ⅱ. 공동소송

1. 통상 공동소송

(1) 의 의

통상공동소송이란 원래 개별적 상대적으로 해결하여야 할 여러 개의 사건이 편의상 하나의 소송절차에 병합된 것을 의미한다.

(2) 공동소송인 독립의 원칙

편의상 하나의 소송절차에 병합된 소송이기 때문에 ① 공동소송인 가운데 한 사람의 소송행위 또는 이에 대한 상대방의 소송행위(청구의 포기, 인낙, 화해, 자백, 상소 등)와 ② 공동소송인 가운데 한사람에 관한 사항(중단·중지사유발생, 기일해태, 상소기간 등)은 다른 공동소송인에게는 영향을 미치지 아니한다. 이 같이 각 공동소송인이 다른 공동소송인에 의한 제한이나 간섭을 받지 않고 각각 독립하여 소송수행권을 가지는 것을 공동소송인 독립의 원칙이라 한다.

(3) 증거공통의 원칙

공동소송인 가운데 한 사람이 제출한 증거는 다른 공동소송인에 관련된 다툼이 있는 사실에 대해서 그의 원용에 관계없이 공통된 사실인정의 자료로 할 수 있다는 증거공통의 원칙을 긍정하는 것이 통설이지만 판례는 공동소송에서 입증 기타 행위가 행위자를 구속할 뿐 다른 당사자에게는 영향을 주지 않는 것이 원칙이라고 하여 증거공통원칙을 부정한다(대결 1959. 2. 19. 4291민항231).

2. 고유필수적 공동소송

(1) 의 의

소송의 공동이 법률상 강제되고 또 공동소송인 모두에게 합일확정의 필요가 있는 공동소송을 말한다. 따라서 단독소송이 허용되지 아니하고 반드시 전원이 공동소송을 하여야 당사자적격이 인정된다.

(2) 고유필수적공동소송에 해당하는 경우

1) 형성권의 공동귀속

형성권이 여러 사람에게 공동귀속 되어 있는 경우에는 이를 소송으로 행사하는 경우(공유물분할청구, 경계확정소송, 혼인무효·취소소송)에도 여러 사람 전원이 원고 또는 피고가 되어야 하고 합일확정이 필요하다.

2) 합유관계

합유물의 처분변경, 합유물의 지분의 변경에는 합유자 전원의 동의가 필요하므로 고유필수적 공동소송으로 본다. 다만 보존행위에 관한 소송은 고유필수적 공동소송이 아니라고 한다(민 273조).

3) 총유관계

총유재산(예를 들어 종중재산)에 대한 소송은 보존행위에 관한 소송도 불문하고 고유필요적 공동소송이다.

4) 공유관계

원칙적으로 통상공동소송이지만 예외적으로 공유물전체에 대한 소유권확인, 공동상속인이 다른 공동상속인을 상대로 어떤 재산이 상속재산임의 확인청구, 보수채권자의 가등기에 기한 본등기청구, 공유의 경계확정청구는 고유필수적 공동소송으로 본다.

3. 유사필수적 공동소송

(1) 의 의

공동소송인들이 반드시 공동으로 소송을 수행할 필요는 없으나 일단 공동소송으로 된 이상 합일확정이 법률상 필수적으로 요구되는 소송이다.

(2) 유사필수적 공동소송에 해당하는 경우

1) 확정판결의 기판력이 제3자에게 확장되는 경우

여러 사람이 제기하는 혼인무효·취소의 소(가소법 23조, 21조), 여러 사람이 제기하는 회사설립무효·취소의 소(상법 184조), 회사합병무효의 소(상법 236조),

주주총회결의의 취소·무효의 소(상법 376조), 부당결의의 취소의 소(상법 381조), 여러 사람이 제기하는 이사회결의무효확인의소(대판 1963. 12. 12. 63다449) 등이 해당한다.

2) 반사효가 제3자에게 확장되는 경우

여러 사람의 채권자들이 대위소송을 하는 경우, 여러 사람의 주주들이 대표소송을 하는 경우 등이 이에 해당한다.

4. 주관적 예비적 선택적 병합

(1) 의 의

예비적·선택적 공동소송이란 공동소송인 가운데 일부의 청구가 다른 공동소송인의 청구와 법률상 양립할 수 없거나(원고측이 공동소송인 경우), 공동소송인 가운데 일부에 대한 청구가 다른 공동소송인에 대한 청구와 법률상 양립할 수 없는 경우(피고측이 공동소송인 경우)의 공동소송을 말한다. 원고측에서 공동소송인 사이에 주위적·예비적 관계를 정하여 즉 심판의 순서를 정하여 청구하는 형태가 예비적 공동소송이고, 이러한 순서를 붙이지 아니하고 법원이 선택하여 그 중 하나를 인용해 줄 것을 구하는 형태가 선택적 공동소송이다.

(2) 요 건

1) 공동소송의 일반요건

공동소송의 특수한 형태이므로 공동소송의 일반 요건을 갖추어야 한다.

2) 청구의 법률상 양립불가능

공동소송인의 청구 또는 이들에 대한 청구가 법률상 양립할 수 없어야 한다(법 70조 1항). 즉 공동소송인 가운데 일부가 권리자나 의무자이며 나머지 공동소송인은 권리자나 의무자가 될 수 없는 경우를 의미한다.

사실상의 원인에 의해 양립 불가능한 청구도 포함하는가에 대해 견해대립이 있지만 부정하는 것이 타당할 것이다.

(3) 구체적으로 인정되는 경우

① 갑의 대리인 을을 통해 계약 했으나 을에게 대리권이 있는지 여부가 분명하지 않아 갑에 대해서는 계약상의 청구를, 을에게는 무권대리인에 대한 손해배상청구를 하는 경우, ② 갑이 을에게 채권(채무자는 병)을 양도하였으나 채권양도가 분명하지 않은 경우 갑은 병을 상대로 본래의 청구를 하고, 을은 병을 상대로 양수금 청구를 하는 경우 등을 들 수 있다.

Ⅲ. 선정당사자

1. 의 의

공동의 이해관계를 가진 여러 사람이 그 가운데 모두를 위해 당사자가 될 한사람 또는 여러 사람을 선정한 경우에 총원을 위해 소송을 수행할 당사자로 선출된 자를 선정당사자라 한다(법 53조 1항).

2. 선정의 요건

(1) 공동소송을 할 여러 사람이 있을 것

원고든 피고든 두 사람 이상이 있으면 된다.

(2) 공동의 이해관계를 가지 여러 사람일 것

공동의 이해관계란 다수자 상호간에 공동소송인이 될 관계에 있고 또 주요한 공격방어방법을 공통으로 하는 것을 의미한다.

(3) 공동의 이해관계에 있는 여러 사람 가운데에서 선정할 것

3. 선정의 효과

(1) 당사자 본인으로서의 소송상 지위

선정자의 대리인이 아니라 당사자 본인이므로 소송대리인에 관한 제한을 받지 않는다. 따라서 취하, 포기, 인낙, 화해, 상소의 제기 등을 할 수 있다.

(2) 판결효력의 확장

선정당사자가 받은 판결의 효력은 선정자에게도 미친다(법 218조 3항). 그러므로 판결이 확정된 후 선정자가 동일한 소를 제기하면 기판력에 저촉되어 각하된다. 집행력도 선정자에게 미치므로 승계집행문을 받아 강제집행을 할 수 있다.

[서식 92] 당사자선정서

당 사 자 선 정

원　　고　1. ○ ○ ○
　　　　　　○○시○○구○○동○○번지
　　　　　2. ○ ○ ○
　　　　　　○○시○○구○○동○○번지
　　　　　3. ○ ○ ○
　　　　　　○○시○○구○○동○○번지
피　　고　○ ○ ○
　　　　　○○시○○구○○동○○번지

위 당사자간 ○○지방법원 20○○고단 ○○○호 손해배상(자) 사건의 제1심 소송절차에 관하여 민사소송법 제53조 제1항에 의하여 원고들 가운데 아래의 사람을 소송절차에 대한 당사자로 선정합니다.

1. 선정당사자의 표시
　피신청인(피고) ○ ○ ○

ㅇㅇ시ㅇㅇ구ㅇㅇ동ㅇㅇ번지

20ㅇㅇ. ㅇ. ㅇ.

위 선정인(원고) 1. ㅇ ㅇ ㅇ (인)
ㅇㅇ시ㅇㅇ구ㅇㅇ동ㅇㅇ번지
2. ㅇ ㅇ ㅇ (인)
ㅇㅇ시ㅇㅇ구ㅇㅇ동ㅇㅇ번지
3. ㅇ ㅇ ㅇ (인)
ㅇㅇ시ㅇㅇ구ㅇㅇ동ㅇㅇ번지

ㅇㅇ지방법원 귀중

■ 작성·접수방법

1. 선정당사자는 선정자들 가운데 한 명 또는 여러 명을 선정자들 모두를 위한 당사자로 선정하는 제도이므로, 당사자로 선정될 사람도 반드시 선정자란에 그 이름을 함께 기재하여야 합니다.
2. 선정자가 많은 경우에는 선정자란에 "별지 목록 기재와 같음" 등으로 기재하고 선정자 목록을 별도로 작성하여 별지로 첨부한다.

Ⅳ. 제3자의 소송참가

1. 의 의

소송참가라 함은 타인 간에 계속 중인 소송에 제3자가 자신의 이익을 위하여 당사자로서 또는 당사자에 준하는 지위에서 관여하는 것을 말한다.

2. 보조참가

(1) 의 의

소송결과에 이해관계인이 있는 제3자가 한쪽 당사자를 돕기 위해 법원에 계속 중인 소송에 참가하는 것을 말한다. 예를 들어 채권자가 보증인을 상대로 채무이행을 구하는 소를 제기하는 경우에 보증인이 패소하면 주채무자에게 구상할 것이므로 주채무자가 보증인이 승소하도록 보증인에게 보조 참가하는 것을 들 수 있다. 보조참가는 소가 아니며, 보조참가인은 피참가인인 당사자의 승소를 위한 보조자일 뿐 당사자가 아니므로 자신의 이름으로 판결을 받지 않지만 자신의 이름으로 소송을 하기에 대리인과는 다르다.

(2) 요 건

1) 타인간의 소송이 계속 중일 것

보조참가는 타인간의 소송에 한하여 허용된다. 따라서 자기소송의 상대방에 참가할 수는 없다.

2) 소송결과에 이해관계가 있을 것

소송 결과에 의해 직접적으로 보조참가를 하려는 자의 법률상의 지위가 결정되는 관계에 있을 때에 한하여 참가의 이익이 있다고 한다(대판 2007. 4. 26. 2005다19156). 예를 들어 보증인이 패소하면 주채무자는 구상의무를 지므로 보증인에게 보조 참가할 수 있는 것이다.

3) 소송절차를 현저하게 지연시키는 경우가 아닐 것

소송 중에 많은 제3자들이 재판진행을 방해하는 수단으로 이용되는 것을 막기 위해 2002년 개정법이 추가한 요건이다.

4) 소송행위의 유효요건 구비

당사자능력, 소송능력, 대리권 등이 존재해야 한다.

(3) 참가신청

보조참가에는 소에 관한 규정이 적용되지 않으므로 참가신청은 서면 또는 말로 어느 쪽으로든 할 수 있다(법 161조). 보조참가신청서에는 참가의 취지(누구를 위하여 보조참가 하는지)와 이유(소송의 결과에 대한 이해관계의 내용)를 명시하여야 한다(법 72조 1항). 당사자의 이의신청이나 법원의 소명요구가 없는 한 참가이유를 소명할 필요는 없다. 보조참가신청은 참가인으로서 할 수 있는 소송행위와 동시에 할 수도 있다(법 72조 3항).

(4) 보조참가인의 소송행위

1) 보조참가인은 원칙적으로 모든 소송행위를 할 수 있다. 사실을 주장하거나 다툴 수 있고, 증거신청, 상소제기, 이의신청 등에 제한이 없는 것이 원칙이다(법 76조 1항).

2) 참가인의 상소는 피참가인의 상소기간에만 할 수 있다(대판 2001. 2. 9. 99두5030). 그러나 ① 소송진행의 정도에 따라 피참가인도 할 수 없는 행위 ② 피참가인의 행위와 어긋나는 행위 ③ 피참가인에게 불이익한 행위 ④ 소의 변경이나 반소, 중간확인의 소 등의 제기 ⑤ 사법상의 권리행사는 할 수 없다.

(5) 참가인에 대한 판결의 효력

판결의 효력(기판력이나 집행력)은 당사자에게만 미치고 보조참가인에게는 미치지 않는다. 문제는 법 77조에서 "재판은 참가인에 대해서도 그 효력이 있다"고 한 규정에 대해 견해의 대립이 있는데 판례는 "보조참가인이 피참가인을 보조하여 소송했으나 피참가인이 패소한 사건에서 형평의 원칙상 보조참가인이 피참가인에게 그 패소 판결이 부당하다고 주장할 수 없도록 구속력을 미치게 하는 참가적 효력이 있다(대판 1988. 12. 13. 86다카2289)고 보고있다(참가적 효력설).

➢ **참가적효력과 기판력의 비교**

	기 판 력	참가적효력
근거	법적안정성	금반언
성실	승패를 불무하고 생기며 후소법원의 직권조사사항	피참가인 패소시만 문제되며 후소 당사자의 원용이 요구됨

효력	① 주관적범위 : 당사자간에 미침이 원칙 ② 객관적범위 : 판결주문에만 발생 ③ 배제사유 : 없음	① 주관적 범위 : 피참가인과 보조참가인 사이에 효력 ② 객관적범위 : 주문이외에도 이유중의 사실인정·법률판단에도 발생 ③ 배제사유 : 패소에 대해 피참가인의 책임으로 돌릴 사정이 있으면 배제

[서식 93] 보조참가신청서

보 조 참 가 신 청 서

사　　건　　20○○가단 1234호 대여금
원　　고　　김 ○ ○
피　　고　　박 ○ ○
보조참가인　　이 ○ ○
서울시 ○○구 ○○동 ○○

참 가 취 지

보조참가인은 위 귀원 20○○가단 1234호 대여금 청구사건에 관하여 피고를 보조하기 위해 당해 소송에 참가하고자 하니 허락하여 주시기 바랍니다.

참 가 이 유

보조참가인은 위 대여금 청구사건의 피고의 연대보증인으로서 위 소송의 결과에 이해관계가 있으므로 피고를 보조하기 위해 이 신청을 합니다.

소 명 방 법

1. 연대보증 확인서　　　　1통

첨 부 서 류

1. 위 소명자료 1통
1. 신청서부본 2통

20○○. ○. ○.

위 참가인 이 ○ ○ (인)

○○지방법원 귀중

■ 작성·접수방법

1. 신청서 1부와 부본 2부(양족 당사자에게 송달해야 하므로)를 담당 재판부에 제출한다.

3. 공동소송적 보조참가

(1) 의 의

판결의 효력이 제3자에게 미치는 경우 그 제3자가 보조참가 하는 경우이다(판례에 의해 해석상 인정되다가 2002년 개정법이 명문화 하였다). 제3자의 소송담당의 경우에 피담당자가 보조참가 하는 경우가 정형적이다. 예컨대 파산관재인이 파산재단에 관한 소송에서의 파산자, 선정당사자에 의한 소송에 있어서의 선정자, 채권자대위소송에 있어서의 채무자, 추심채권자의 추심의 소송에 있어서의 집행채무자, 채권질권자의 민법 제353조에 의한 소송에 있어서의 채권자, 추심위임배서인이 하는 소송에서의 배서인 등이 보조참가 하는 경우가 이에 해당한다. 이 같은 경우 소송이 이미 제기되어 있는 이상 채무자나 선정자 등이 당사자참가에 의하여 소를 제기하는 것은 중복제소의 금지에 저촉되기 때문에 공동소송참가는 허용되지 않고 공동소송적 보조참가만이 가능하다(다만 유사필수적 공동소송참가를 할 수 있는 자라도 공동소송적 보조참가를 할 수 있음은 물론이다).

(2) 요 건

1) 타인의 소송 계속 중

보조참가와 마찬가지로 타인간의 소송계속 중에 제3자가 참가하는 것이다.

2) 공동소송적 보조참가가 성립되는 경우

본소판결의 효력이 참가인에게 미치는 경우이지만 ① 당사자적격이 없거나, ② 당사자적격이 있더라도 당사자가 되는 것이 중복소제기가 되는 경우, ③ 제소기간을 경과한 경우에는 공동소송적 보조참가를 하게 된다.

4. 소송고지

(1) 의 의

소송고지는 소송이 법원에 계속된 때 당사자가 참가할 수 있는 제3자에게 일정한 방식에 의하여 소송이 계속된 사실을 통지하는 것을 말한다(법 84조). 이는 제3자에게 소송계속의 사실을 알려서 피고지자에게 소송에 참가할 수 있는 기회를 줌과 동시에 고지에 의하여 피고지자에게 그 소송의 판결의 효력(참가적 효력)을 미치게 하려는 제도이다. 예를 들어 보증인이 채권자로부터 이행을 소구당한 경우 주채무자에게 소송고지하면 후에 보증인이 패소하고 주채무자에게 구상권을 행사할 경우 주채무자는 주채무부존재의 항변을 할 수 없다.

(2) 요 건

1) 소송이 계속 중일 것

2) 고 지 자

소송고지를 할 수 있는 사람은 계속중인 소송의 당사자인 원고·피고(당사자참가인, 참가·인수승계당사자 포함), 보조참가인 및 이들로부터 고지를 받은 사람이다.

공동소송인으로 참가하는 것이므로 ① 당사자적격을 구비하여야 하고 ② 당사자로 참가하는 것이 중복소제기에 해당하지 않아야 하며 ③ 제소기간을 준수하여야 한다.

3) 피고지자

피고지자가 될 수 있는 사람은 당사자 아닌 사람으로서 그 소송에 참가할 수 있는 제3자이다. 보조참가를 할 수 있는 사람, 공동소송적 보조참가를 할 수 있는 사람, 독립당사자참가, 공동소송참가 또는 권리승계참가를 할 수 있는 제3자도 포함된다.

(3) 소송고지 신청

소송고지를 하고자 하는 경우 소송고지신청서와 함께 소송고지서를 필요한 통수만큼 첨부하여 제출하어야 한다. 소송고지신청서에는 사건번호와 당사자의 성명과 함께 '소송고지의 이유' 및 '소송의 진행정도'를 기재하고 기명날인 또는 서명한다.

(4) 효 과

1) 법원의 고지

법원은 소송고지를 할 경우가 아님이 명백한 경우가 아니면 일응 신청에 따라 고지를 행하고 그 요건 해당 여부는 후에 피고지자가 참가한 경우 그 허부를 결정할 때 또는 고지자와 피고지자 사이에 고지의 효과가 문제될 때 판단한다.

2) 참가적 효력

피고지자가 참가하지 아니한 경우라도 제77조[49]의 규정을 적용할 때에는 참가할 수 있었을 때에 참가한 것으로 본다(법 86조).

---

49) 제77조(참가인에 대한 재판의 효력) 재판은 다음 각호 가운데 어느 하나에 해당하지 아니하면 참가인에게도 그 효력이 미친다. 1. 제76조의 규정에 따라 참가인이 소송행위를 할 수 없거나, 그 소송행위가 효력을 가지지 아니하는 때 2. 피참가인이 참가인의 소송행위를 방해한 때 3. 피참가인이 참가인이 할 수 없는 소송행위를 고의나 과실로 하지 아니한 때

3) 기판력의 확장

채권자가 대위소송 중에 채무자에게 소송고지를 하면 채무자는 대위소송에 참가할 수 있고 참가하지 않은 경우라도 후에 채무자가 제3채무자를 상대로 제소하는 경우에 기판력이 확장된다. 통설과 판례는 이렇게 채무자가 대위소송계속 사실을 안 경우에만 기판력이 채무자에게 확장된다고 하여 채무자의 절차보장을 도모한다(대판 1975. 5. 13. 75다1664).

[서식 94] 소송고지신청서

소 송 고 지 신 청 서

사　　건　20○○가단1234호 대여금
원　　고　김 ○ ○
피　　고　이 ○ ○

이 사건에 관하여 피고는 민사소송법 제84조 제1항에 따라 피고지인 박○○에게 별첨 소송고지서와 같은 소송고지를 신청합니다.

1. 피고지인 : 박○○ (주민등록번호 또는 한자)
   서울 서초구 서초동 300-1 (우편번호 : ○○○-○○○)
   전화번호·휴대전화번호 :
   팩시밀리번호 또는 전자우편주소 :
2. 고지할 사건의 표시 : 20○○가단1234호 대여금
3. 고지의 이유 : 소송의 결과에 관하여 피고지자가 이해관계를 갖는 이유를 구체적으로 표시함(예시 가. 피고지자는 원고에 대한 채무자로서 제3채무자인 피고의 채권자임, 나. 피고지자는 주주대표소송을 제기당한 회사임)
4. 소송의 진행정도 : 소장 부본 송달 중(또는 제1회 변론기일 지정 등)

첨 부 서 류

1. 위 소명자료 1통
1. 송달료납부서 1통
1. 신청서부본 3통

20○○. ○. ○.

위 피고 이 ○ ○ (인)

○○지방법원 귀중

■ 작성·접수방법

1. 신청서 1부와 부본 3부(양쪽 당사자 및 피고지자에게 송달해야 하므로)를 담당 재판부에 제출한다.

5. 공동소송참가

(1) 의 의

소송계속 중에 소송목적이 한쪽 당사자와 제3자에게 합일적으로 확정되어야 할 경우(즉 당사자간의 판결의 효력을 받는 경우) 그 제3자가 공동소송인으로 소송에 참가하는 것을 말한다. 예를 들어 주주가 회사를 상대로 주총결의부존재확인의 소를 제기한 경우 그 판결의 효력을 받는 다른 주주가 공동원고로 소송에 참가하는 경우 등이 이에 해당한다.

(2) 요 건

1) 타인간의 소송이 계속 중일 것

2) 당사자적격등의 소송요건 구비

공동소송인으로 참가하는 것이므로 ① 당사자적격을 구비하여야 하고

② 당사자로 참가하는 것이 중복소제기에 해당하지 않아야 하며 ③ 제소기간을 준수하여야 한다.

3) 합일적으로 확정되어야 할 경우

공동소송참가는 타인간의 소송의 목적이 당사자 일방과 제3자에 대해 합일적으로 확정되어야 할 경우 즉 판결의 효력이 제3자에게도 미치게 되는 경우에 한하여 그 제3자에게도 허용된다(대판 1986. 7. 22. 85다620).

(3) 신 청

1) 참가신청의 방식은 보조참가신청에 관한 규정이 준용된다(법 83조 2항). 반드시 서면으로 해야 하고 신청서에는 참가의 취지와 이유를 명시하여야 하고, 원고 측 공동소송참가신청서에는 심급에 따라 소장 또는 항소장에 준하는 액수의 인지를 붙여야 한다.

2) 공동소송참가에 대하여는 기존 당사자가 이의를 할 수 없다고 함이 통설이다. 법원은 직권으로 참가의 적부를 심사하고 요건의 흠이 있는 때에는 종국판결로 참가신청을 각하한다. 다만 요건에 흠이 있는 참가신청이 있더라도 보조참가신청 또는 공동소송적 보조참가신청의 요건에 해당된다고 인정할 때에는 그러한 참가신청으로 취급할 수도 있다.

(4) 공동소송참가인의 지위

1) 공동소송인과 피참가인의 관계는 필수적 공동소송인이 되므로 법 제67조가 적용된다.

2) 공동소송인중 1인의 소송행위는 모두의 이익을 위해서만 효력을 갖는 반면, 공동소송인중 1인에 대한 상대방의 소송행위는 유·불리를 불문하고 전원에 대해 효력이 발생한다.

3) 1인에게 생긴 중단 사유 등은 모두에게 효력이 미치고, 1인이 출석하거나 기간을 준수하면 기일, 기간의 해태의 효과가 발생하지 않는다. 판결의 모순을 막기 위해 변론의 분리는 허용되지 않으며, 일부판결도 허용되지 않는다.

4) 상소기간은 각 공동소송인에게 개별적으로 진행되나 공동소송인 전원에 대해 상소기간이 만료되기까지는 확정되지 않는다.

[서식 95] 공동소송참가신청서

공동소송참가신청서

사　　　　건　　20○○가단1234호 공유물분할
원　　　　고　　김 ○ ○
피　　　　고　　박 ○ ○
공동소송참가인　　이 ○ ○
　　　　　　　　서울시 ○○구 ○○동 ○○

참 가 취 지

위 당사자간 귀원 20○○가단1234호 공유물분할 청구사건에 관하여 참가인은 다음의 청구취지기재와 같은 청구를 하고자, 민소법 제83조에 의해 원고 측 공동소송인으로 참가함.

참 가 이 유

원고는 피고에 대하여 본 목적물이 공유물분할청구를 하고 있는 바, 본건 목적물은 원·피고와 참가인이 20○○. ○. ○. 공동으로 매수하여 서울중앙지방법원 중부등기소 접수 제1234호로 소유권이전등기를 필한 공동소유물로서 본건 공유물분할을 하기 위하여서는 3당사자가 공동으로 소송하여야만 하는데 원고의 착오로 참가인을 원고로 가입시키지 아니하였기에 본 소송에 참가 신청하고자 합니다.

청 구 취 지

1. 별지목록 기재의 부동산을 경매하여 그 대금의 경매절차 비용을 공제한 금액을 각 3분의 1의 비율로 분할한다.
2. 소송비용은 피고의 부담으로 한다.

라는 판결을 구합니다.

청 구 원 인

1. 원고와 참가인, 피고는 별지목록 기재의 부동산을 소외 ○○○로부터 매수하고 대금은 3분의 1씩 지급한 후 각자 3분의 1의 지분으로 공유해 왔습니다.

2. 분할금지의 특약도 하지 않았음에도 불구하고 피고는 정당한 이유도 없이 원고와 참가인의 분할 요구에 응하지 않고 있습니다.

3. 따라서 참가인은 원고 측 공동소송인으로 본소에 참가하고자 이에 신청합니다.

첨 부 서 류

1. 등기사항증명서 1통
1. 신청서부본 2통

20○○. ○. ○.

위 참가인 이 ○ ○ (인)

○○지방법원 귀중

■ 작성·접수방법

1. 신청서 1부와 부본 2부(양족 당사자에게 송달해야 하므로)를 담당 재판부에 제출한다.
2. 소장에 준하는 액수의 인지를 붙여야 한다.

6. 독립당사자참가

(1) 의 의

타인간의 소송 중에 소송목적의 전부나 일부가 자기의 권리라고 주장하거나 소송결과에 따라 권리가 침해된다고 주장하는 제3자가 당사자의 한쪽 또는 양쪽을 상대방으로 하여 당사자로서 소송에 참가하여 원·피고간의 청구와 관련된 자기의 청구에 대해 함께 심판을 구하는 것이다(법 79조).

(2) 요 건

1) 타인간의 소송이 계속 중일 것

2) 일반소송요건 및 병합요건 구비

독립당사자참가는 실질적으로 소제기의 성질을 갖기 때문에 일반소송요건도 구비해야 하고, 본소청구에 참가인의 청구를 병합하려는 것이므로 양 청구가 같은 종류의 소송절차에 의해 심판될 수 있는 것이어야 하며(동종절차 253조), 공통관할이어야 한다.

3) 참가이유로서 양립불가능성

소송목적의 전부 또는 일부가 자기의 권리임을 주장할 것을 요하므로(법 79조 1항), 원고의 권리와 참가인의 권리가 논리적으로 양립하지 않는 관계여야 한다. 예를 들어 원고가 물권적 청구권을 행사하는데 대해 참가인이 자신이 물권적 청구권자라고 주장하는 경우에 참가를 허용하지만(대판 1992. 12. 8. 92다26772). 이중매매에서 제2매수인의 소유권이전등기청구소송 계속 중 제1매수인이 피고에게 매매를 원인으로 소유권이전등기를 청구하면서 독립당사자참가를 신청한 경우에는 원고의 청구와 참가인의 청구가 양립할 수 있으므로 부적법하다고 한다(대판 1982. 12. 14. 80다1872).

4) 사해방지 참가

소송결과에 따라 권리가 침해된다고 주장하는 제3자가 소송에 참가하여 사해판결을 방지하려는 것으로 이 경우 참가인의 청구와 원고의 청구가 양립할 수 있어도 참가를 할 수 있다.

(3) 참가신청

1) 참가신청은 소의 일종이므로 소액사건을 제외하고는 반드시 서면에 의하여야 하고, 그 서면에는 소장의 필수적 기재사항을 기재하여야 하며, 심급

에 따라 소장이나 항소장에 준하는 인지를 붙여야 한다.

2) 법원은 참가신청이 있으면 참가의 요건이 구비되지 않은 때에만 본소의 종국판결과 함께 각하의 판결을 한다.

(4) 심 판

1) 법원은 참가신청이 있으면 참가의 요건이 구비되지 않은 때에만 본소의 종국판결과 함께 각하의 판결을 한다. 심리에 있어서 당사자 3인 중 2인 간의 소송행위가 다른 1인에게 불이익이 될 때에는 효력이 생기지 않는다(법 79조 2항). 이에 반하여 유리한 소송행위는 나머지 1인에 대하여도 효력이 생긴다(법 79조 2항).

2) 본소가 취하[50] 또는 부적법 각하되는 경우 참가인의 원고 및 피고에 대한 공동소송이 남게 되거나, 참가인의 원고 또는 피고에 대한 단일 소송만이 남게 된다. 참가인은 소의 취하에 준하여 참가신청을 취하 할 수 있고 원고나 피고가 본안에 관하여 응소한 경우에는 참가의 상대방 당사자의 동의를 필요로 한다.

➢ 구 별

		보조참가	공동소송참가	독립당사자참가
적법요건	참가취지	원·피고를 보조하기 위해	원·피고의 공동소송인으로	쌍방 또는 원·피고에 대하여
	참가이유	소송결과에 이해관계가 있는 이유	합일확정의 필요가 있는 이유	자기권리라고 주장 또는 소송결과에 따라 권리침해 됨
본안요건	청구취지	없음	있음 (소송물에 관한 내용)	있음 (소송물에 관한 내용)
	청구원인	없음	있음 (소송물의 요건사실)	있음 (소송물의 요건사실)

50) 본소의 취하에는 피고는 물론 참가인의 동의가 필요하다.

[서식 96] 독립당사자참가신청서

독립당사자참가신청서

사 건	20○○가단1234호 부동산인도
원 고	김 ○ ○
피 고	박 ○ ○
독립당사자참가인	이 ○ ○
	서울시 ○○구 ○○동 ○○

참 가 취 지

위 당사자간 귀원 20○○가단1234호 부동산인도 청구사건에 관하여 참가인은 당사자 쌍방을 상대방으로 소송에 참가하기 위해 신청합니다.

참 가 이 유

원고는 ○○부동산이 참가인의 소유임을 주장하고 피고에게 인도를 구하고 있으나 부동산은 원고 소유가 아니고 참가인의 소유이므로 이 신청을 합니다.

청 구 취 지

1. 원고는 ○○부동산이 참가인의 소유임을 확인한다.
2. 피고는 참가인에게 별지목록 기재 부동산을 인도하라
3. 당사자참가로 인한 소송비용은 원고 및 피고의 부담으로 한다.

라는 판결을 구합니다.

청 구 원 인

별지목록 기재 부동산은 참가인 소유로서 참가인은 피고에게 19○○. ○. ○. 명의신탁 하였던 바, 피고는 반환기일 후에도 반환하지 않고 있는

반면, 원고는 피고로부터 매수하였다고 하여 인도를 구하고 있으나, 위 물건은 참가인 소유이므로 위 청구취지의 판결을 구하기 위해 신청합니다.

입 증 방 법

1. 병 제1호증 명의신탁계약서

첨 부 서 류

1. 위 소명자료 1통
1. 신청서부본 2통

20○○. ○. ○.

위 참가인 이 ○ ○ (인)

○○지방법원 귀중

■ 작성·접수방법

1. 신청서 1부와 부본 2부(양족 당사자에게 송달해야 하므로)를 담당 재판부에 제출한다.
2. 소장에 준하는 액수의 인지를 붙여야 한다.

Ⅴ. 당사자의 변경

1. 의 의

당사자의 변경이란 함은 소송계속 중에 종래의 당사자에 대신하여(교환) 또는 추가로 새로운 당사자가 소송에 가입하는 것을 말한다.

2. 소송승계

(1) 의 의

소송의 승계라 함은 소송계속 중에 당사자의 사망이나 소송목적물의 양도 등으로 소송물인 권리 또는 법률관계의 변동이 생긴 결과 당사자적격이 제3자에게 이전되는 경우 그 제3자가 새 당사자로서 전 당사자의 소송상 지위를 승계하는 것을 말한다.

(2) 당연승계

1) 의 의

사망이나 합병등 실체법상 포괄승계 원인으로 본안적격이 제3자에게 이전된 경우에 제3자가 전 당사자의 지위를 당연히 승계하는 것을 당연승계라 한다.

2) 당연승계의 원인

① 당사자가 죽은 때(법 233조) : 이 경우 상속인, 수증자, 유언집행자, 상속재산관리인 등이 승계인이 된다.

② 당사자 법인이 합병으로 소멸된 때(법 234조) : 신설합병의 경우 설립된 새로운 법인이 흡수합병의 경우 존속하는 법인 등이 승계인이 된다.

③ 수탁자의 위탁임무가 끝날 때(법 236조) : 새로운 수탁자 또는 신탁재산의 귀속자가 승계인이 된다.

④ 일정한 자격에 의하여 자기 이름으로 남을 위하여 소송당사자가 된 사람이 그 자격을 잃거나 죽은 때(법 237조 1항) : 새로 자격을 취득한자 또는 적격을 회복한자가 승계인이 된다.

⑤ 선정당사자 모두가 자격을 잃거나 죽은 때(법 237조 2항) : 선정자 또는 신선정당사자가 승계인이 된다.

⑥ 파산선고 또는 파산절차의 해지(법 239조)

3) 당연승계의 효과

당연승계의 사유가 발생한 경우 소송은 중단되고 승계인 또는 상대방에 의한 수계신청[51]이나 법원의 속행명령에 의하여 비로써 소송절차가 속행된다. 당사자가 승계인으로 바뀌고 소송은 승계인에게 법률상 당연히 넘어간다. 종전의 변론과 증거조사의 효력 기간준수 시효중단의 효력이 신당사자에게 미친다.

(3) 특정승계

1) 의 의

소송계속 중에 소송물인 권리관계에 관한 당사자적격이 특정적으로 제3자에게 이전됨으로써 소송을 인계받는 경우를 말한다. 당사자적격의 승계가 없이 본안적격을 혼동하거나 당사자가 누락된 경우에 하는 임의적 당사자변경과 구별된다.

소송목적의 양도에 의한 승계는 양도와 동시에 당연히 당사자가 변경되는 것이 아니고 ① 승계인 스스로 자발적으로 소송에 들어오는 '참가승계'가 있거나 ② 당사자가 승계인을 강제로 소송에 끌어들이는 '인수승계'가 있어야함 당사자가 변경된다.

2) 참가승계

소송이 법원에 계속되고 있는 동안에 제3자가 소송목적인 권리 또는 의무의 전부나 일부를 승계한다고 주장하며 독립당사자참가신청의 방식에 의하여 제3자가 스스로 소송에 참가하는 것을 말한다(법 81조). 참가승계를 하면 참가시기에 관계없이 소송이 법원에 처음 계속된 때에 소급하여 시효의 중단 또는 법률상 기간준수의 효력이 생기고, 독립당사자참가와 달리 전주의 소송상 지위를 승계하므로 참가할 때까지 전주가 한 소송수행의 결과에 구속된다.

3) 인수승계

소송이 법원에 계속되어 있는 동안에 제3자가 소송목적인 권리 또는 의무의 전부나 일부를 승계한 때에 당사자의 신청에 따라 승계인인 제3자를 새로운 당사자로 강제로 소송에 끌어들이는 것이다(법 82조). 인수승계를 하면 참가시기에 관계없이 그 참가는 소송이 법원에 처음 계속된 때에 소급하여 시효의 중단 또는 법률상 기간준수의 효력이 생기며, 전주의 소송상 지위를 승

51) 민사소송규칙 제60조(소송절차 수계신청의 방식) ① 소송절차의 수계신청은 서면으로 하여야 한다. ② 제1항의 신청서에는 소송절차의 중단사유와 수계할 사람의 자격을 소명하는 자료를 붙여야 한다.

계하므로 참가할 때까지 전주가 한 소송수행의 결과를 승계하고 다만 추가적 인수의 경우에는 전주의 행위와 모순되는 승계인의 독자적인 소송행위를 넓게 인정할 필요가 있다.

4) 승계의 효과

소송의 승계가 있으면 구 당사자는 소송에서 탈퇴하며, 신당사자는 구 당사자가 수행한 소송의 결과를 그대로 승계하고 이를 전제로 하여 승계인과 상대방 사이에 소송이 진행된다(법 81조).

[서식 97] 소송절차수계신청서(피고 사망에 따른 상속인의 수계신청)

소 송 절 차 수 계 신 청 서

사 건 20○○가합 1234호 소유권이전등기
원 고 김 ○ ○
피 고 이 ○ ○
피신청인 이 △ △(680123-2085698)
서울시 ○○구 ○○동 ○○

위 사건에 관하여 피고가 20○○. ○. ○. 사망하여 소송절차가 중단되었으나, 피신청인이 피고의 재산을 단독으로 상속하였으므로 피신청인으로 하여금 소송절차를 수계하도록 하여 주시기 바랍니다.

첨부서류(소명자료)

1. 기본증명서 1통
1. 가족관계증명서 1통
1. 친양자입양관계증명서 1통
1. 제적등본 1통

20○○. ○. ○.

원고의 소송대리인
변호사 ○ ○ ○

서울○○지방법원 제○○민사부 귀중

■ 작성·접수방법

1. 당사자가 사망한 때(법 233조) 상속인, 수증자, 유언집행자, 상속재산관리인 등이 승계인이 된다.
2. 신청서 1부와 상대방 수 부본을 사건 재판부에 제출하고 신청인이 당사자의 상속인 등 이라는 사실을 입증하는 자료를 첨부서류로 같이 제출한다.
3. 인지등 별도의 비용을 첨부하지 않는다.

[서식 98] 소송승계참가신청서(특정승계에 따른 양수인의 참가신청)

소 송 승 계 참 가 신 청 서

사 건 20○ ○가합 1234호 건물철거
원 고(피참가인) 박 ○ ○
신 청 인 김 ○ ○(751108-1040000)
서울시 ○○구 ○○동 ○○
소송대리인 법무법인 ○○
담당변호사 ○○○
피 고 이 △ △

위 사건에 관하여 신청인 소송대리인은 아래와 같이 소송의 승계참가를 신청합니다.

신 청 취 지

신청인은 원고로서 이 사건 소송에 참가한다.
라는 재판을 구합니다.

신 청 원 인

신청인은 이 사건 소송 계속 후 원고로부터 별지목록 기재 대지의 소유권을 취득하여 그 지위를 승계하였습니다.

청 구 취 지

1. 피고는 신청인에게 별지 목록 기재 건물을 철거하고 같은 목록 기재 대지를 인도하라.
2. 소송비용은 피고가 부담한다.
3. 제1항은 가집행할 수 있다.

라는 재판을 구합니다.

청 구 원 인

1. 신청인은 2012. 12. 25. 원고로부터 별지 목록 기재 대지를 매수하여 같은 달 27. 그 소유권이전등기를 마쳤고 피고는 아무런 권원 없이 위 지상에 별지 목록 기재 건물을 소유하며 위 대지를 점유하고 있습니다.

2. 따라서 피고는 신청인에게 위 건물을 철거하고 위 대지를 인도할 의무가 있습니다.

입 증 방 법

1. 갑 제5호증 등기사항전부증명서

첨 부 서 류

1. 위 입증방법 1통

1. 소송위임장 1통
1. 신청서 부본 2통

20○○. ○. ○.

원고의 소송대리인
법무법인 ○○
담당 변호사 ○○○

서울○○지방법원 제○○민사부 귀중

■ 작성·접수방법

1. 소송계속중에 소송물인 권리관계에 관한 당사자적격이 특정적으로 제3자에게 이전된 경우(특정승계), 보통 양도인은 소송에 무관심하게 되므로 양수인이 참가신청을 하게 된다.
2. 신청서 1부와 당사자수(2) 부본을 사건 재판부에 제출한다. 이때 신청인이 승계인 이라는 사실을 입증하는 서류도 같이 제출한다.

[서식 99] 소송인수참가신청서(특정승계시 양도인의 인수참가신청)

소 송 인 수 참 가 신 청 서

사 건 20○○가합 1234호 건물철거
원 고(신청인) 김 ○ ○
피 고 이 △ △
신청인 이 ○ ○(751108-1040000)
서울시 ○○구 ○○동 ○○

위 사건에 관하여 원고의 소송대리인은 아래와 같이 피신청인에 대한 소송의인수참가를 신청합니다.

신 청 취 지

피신청인은 피고를 위하여 이 사건 소송을 인수한다.
라는 재판을 구합니다.

신 청 원 인

1. 피고는 이 사건 소송 계속 후인 20○○. ○. ○. 피신청인에게 이 사건 철거 대상 건물을 매도하고 이에 관하여 피신청인 앞으로 소유권이전등기 및 인도를 마쳤습니다.

2. 그렇다면 피신청인은 이 사건 계쟁 목적물에 관하여 피고의 지위를 승계하였으므로 이 사건 소송절차를 인수할 의무가 있습니다.

입 증 방 법

1. 갑 제5호증　　등기사항전부증명서

첨 부 서 류

1. 위 입증방법　　1통
1. 등기사항전부증명서　　1통
1. 주민등록표 등본　　1통
1. 신청서 부본　　2통

20○○. ○. ○.

원고(신청인)의 소송대리인
법무법인 ○○
담당 변호사 ○○○

서울○○지방법원 제○○민사부 귀중

■ 작성·접수방법

1. 소송 계속 중에 소송물인 권리관계에 관한 당사자적격이 특정적으로 제3자에게 이전된 경우(특정승계), 보통 양도인은 소송에 무관심하게 되므로 양수인이 참가신청을 하게 된다.
2. 신청서 1부와 당사자수(2) 부본을 사건 재판부에 제출한다. 이때 신청인이 승계인 이라는 사실을 입증하는 서류도 같이 제출한다.

3. 임의적 당사자변경

(1) 의 의

임의적 당사자변경은 당사자적격자를 혼동하였기 때문에 당초의 목적을 관철시키기 위하여 종전의 원고나 피고에 갈음 또는 추가하여 제3자를 이미 계속된 소송절차에 가입시키는 것을 말한다. 예를 들어 원고가 실체 의무자가 A인줄 알고 잘못 제소하였다가 실제의무자인 B로 바꾸는 경우와, 고유필수적 공동소송에서 일부를 누락하였다가 누락자를 추가하는 경우 등이 있다.

(2) 피고의 경정

1) 의 의

원고가 피고를 잘못 지정한 것이 분명한 경우에는 제1심 법원은 변론을 종결할 때까지 원고의 신청에 따라 결정으로 피고를 경정하도록 허가 할 수 있다. 가사소송이나 행정소송에서와 같이 민사소송에서도 피고나 피신청인의 경정만이 가능하며 소제기자인 원고나 신청인의 경정은 허용되지 않는다. 피고를 경정하기 위해서는 ① 원고의 신청에 의하여만 가능하고, ② 원고가 피고를 잘못 지정한 것이 분명한 경우라야 하며, ③ 교체 전후를 통하여 소송물이 동일하여야 하며, ④ 피고가 본안에 관하여 준비서면을 제출하거나 변론준비기일에 진술하거나 변론을 한 뒤에는 피고의 동의를 요하며, ⑤ 제1심 법원이 변론을 종결할 때까지만 가능하다.

2) 피고경정신청의 방식

피고의 경정은 신소의 제기와 구소의 취하의 실질을 가지므로 신청권자인 원고가 서면으로 신청하여야 한다. 피고의 경정 신청서에는 새로 피고가 될 사람의 이름, 주소와 경전신청의 이유를 적어야 한다(규칙 66조). 피고가 경정 신청서를 송달받은 날부터 2주일 내에 이의하지 않으면 동의한 것으로 본다(법 260조 4항).

3) 피고경정 허가결정의 효력

허가결정에 대해 신청인인 원고는 불복할 수 없으며, 종전 피고 또한 경정에 부동의 하였음을 이유로만 즉시항고 할 수 있다. 기각결정에 대해서는 원고는 통상항고를 제기할 수 있다 따라서 특별항고를 제기할 수는 없다.

[서식 100] 피고경정신청서

피 고 경 정 신 청 서

사 건 　20○○가합 1234호 건물철거
원 고 　김 ○ ○
피 고 　○○ 협동조합 중앙회

위 사건에 관하여 원고의 소송대리인은 아래와 같이 피고 경정을 신청합니다.

신 청 취 지

피고 ○○ 협동조합 중앙회를 피고 △△ 협동조합(○○시 ○○로 123. 대표자 조합장 이○○)으로 경성한다.
라는 재판을 구합니다.

신 청 원 인

원고는 피고 ○○ 협동조합 중앙회를 이 사건 건물의 소유자로 알고 동인을 상대로 이 사건 소를 제기하였으나, 위 건물의 소유자는 피고가 아니라 피고 산하 별도 법인인 △△ 협동조합으로서, 이는 원고가 △△ 협동조합이 피고와는 별도의 법인임을 모르고 착오를 일으켜 피고를 잘못 지정한 것이므로, 이 사건 신청에 이르렀습니다.

첨 부 서 류

1. 위 입증방법 1통
1. 등기사항전부증명서 1통
1. 동의서 1통
1. 신청서 부본 1통

20○○. ○. ○.

원고의 소송대리인
법무법인 ○○
담당 변호사 ○○○

서울○○지방법원 제○○민사부 귀중

■ 작성·접수방법

1. 신청서 1부와 당사자수(1) 부본을 사건 재판부에 제출한다. 이때 입증하는 서류도 같이 제출한다.
2. 경정한 피고가 복수일 경우 청구취지 및 청구원인도 변경할 필요가 있을 수 있다.

(3) 필수적 공동소송인의 추가

1) 의 의

소송목적이 공동소송인 모두에게 합일적으로 확정되어야 할 필수적 공동소송인의 가운데 일부가 누락된 경우에는 제1심의 변론을 종결할 때 까지 원고의 신청에 따라 결정으로 원고 또는 피고를 추가하는 것이다(법 68조).

2) 요 건

① 필수적 공동소송인 중 일부가 누락된 경우일 것을 요하고 ② 추가된 신당사자가 종전의 당사자와의 관계에서 공동소송인이 되므로 공동소송의 요건을 갖추어야 하며, ③ 원고측을 추가하는 경우에는 피고측 추가와 달리 추가될 신당사자의 동의가 있어야 한다.

3) 신청절차

① 공동소송인의 추가는 추가된 당사자와의 사이에 신소의 제기이므로 추가신청은 서면에 의하여야 하고 ② 신청서에는 추가될 당사자의 이름, 주소와 추가신청이유를 적어야 한다.

4) 효 과

① 추가결정이 있는 때에는 처음 소가 제기된 때에 추가된 당사자와의 사이에 소가 제기된 것으로 보기 때문에 시효중단, 기간준수의 효과는 처음 제소시에 소급한다.

② 허가결정에 대해 불복할 수 없으며 추가될 원고가 부동의 했다는 사유로 이해관계인의 즉시항고가 허용된다(법 68조 4항). 기각결정에 대해서는 피고경정신청과 달리 즉시항고할 수 있다(68조 6항).

(4) 예비적·선택적 공동소송인의 추가에 준용

복수의 원고가 동일 피고를 상대로 또는 동일 원고가 복수의 피고를 상대로 제기하는 소의 청구가 법률상 양립할 수 없는 경우[52]에는 주관적으로도 예비적 또는 선택적 청구가 가능하다. 이 경우 소 제기 시 부터 이 같은 병합청구를 하는 것이 일반적 모습이나, 제1심의 변론을 종결할 때까지 당사자를

52) 법률상 양립할 수 없다는 것은 공동소송인 가운데 일부가 권리자나 의무자이며 나머지 공동소송인은 권리자나 의무자가 될 수 없음을 뜻한다. 실제로도 양립할 수 없는 경우는 물론, 법인이나 비법인 사단 등 단체에 관한 소송에서 그 대표자 또는 단체 어느 쪽에게 당사자적격이 있는지 불문명한 경우 등과 같이 소송법적으로 양립 불가능한 경우도 포함된다(대결 2007. 6. 26. 2007마515).

추가하는 방식에 의하여도 이 같은 공동소송을 할 수 있다.[53]

〈기재례 1〉 주위적 예비적 병합의 경우

〈피고의 병합〉

원고에게, 주위적으로 피고 갑, 예비적으로 피고 을은, 1,000만원을 지급하라.

〈원고의 병합〉

피고는 주위적으로 원고 갑에게, 예비적으로 원고 을에게 1,000만원을 지급하라.

〈기재례 2〉 선택적 병합의 경우

〈피고의 병합〉

원고에게, 피고 갑 또는 을은 1,000만원을 지급하라.

〈원고의 병합〉

피고는 원고 갑 또는 을에게 1,000만원을 지급하라.

[서식 101] 필수적 공동소송인 추가신청서

필수적 공동소송인 추가신청서

사 건 20○○가단 1234호 공유물분할

원 고 김 ○ ○

53) 선택적 공동소송을 할 수 있을 것으로 생각되는 사례로는 ① 갑의 대리인을 통해 계약을 했으나 을에게 대리권이 있는지 여부가 분명하지 않아 갑에 대하여는 계약상의 청구를, 을에 대하여는 무권대리인에 대한 손해배상청구를 하는 경우 ② 갑이 을에게 채권(채무자는 병)을 양도하였으나 채권양도 효력발생이 분명하지 않은 경우에 갑은 병을 상대로 본래의 청구를 하고, 을은 병을 상대로 양수금 청구를 하는 경우 등을 들 수 있다. 예비적 공동소송을 할 수 있는 것으로 생각되는 사례로는 ① 공작물의 설치, 보존에 하자가 있음을 이유로 점유자를 주위적 피고로, 그것이 인용되지 아니할 경우를 대비하여 소유자를 예비적 피고로 하여 청구하는 경우 ② 원고가 을과 계약을 했으나 을이 갑의 대리인인지 아니면 독립한 자인지 분명치 않아 주위적으로는 갑에게 예비적으로는 을에게 의무이행을 구하는 경우(대판 2004. 11. 12. 2004다21572)를 들 수 있다.

피 고 이△△

이 사건에 관하여 원고는 다음과 같이 필수적 공동소송인 추가 신청을 합니다.

신 청 취 지

이 사건 피고의 필수적 공동소송인으로 박○○(721108-1047236, 서울 서초구 ○○동 ○○)를 추가하는 것을 허가한다.

신 청 이 유

1. 원고는 피고를 상대로 20○○. ○. ○. 공유물 분할 청구를 제기하였습니다.

2. 그러나 공유물분할청구에서 분할을 청구하는 공유자는 다른 공유자 전원을 상대로 하여 분할을 청구하여야 하므로 공유자 박○○을 필수적공동소송인으로 추가하고자 이 사건 신청에 이른 것입니다.

20○○. ○. ○.

원고 ○○○ (날인 또는 서명)

○○지방법원 (○○지원) 제 ○민사부(단독) 귀중

■ 작성·접수방법

1. 신청이유는 민사소송법 제68조제1항(법원은 제67조제1항의 규정에 따른 공동소송인 가운데 일부가 누락된 경우에는 제1심의 변론을 종결할 때까지 원고의 신청에 따라 결정으로 원고 또는 피고를 추가하도록 허가할 수 있다. 다만, 원고의 추가는 추가될 사람의 동의를 받은 경우에만 허가할 수 있으므로 주의해야 한다.
2. 신청서 1부와 송달에 필요한 수(추가하는 공동소송인의 수)의 부본을 해당 법원에 제출한다(민사소송법 제68조제2항, 민사소송규칙 제48조제1항).

제 5 장 상소심 절차

Ⅰ. 상소에 관한 총설

1. 상소의 개념

	1심	2심	3심
상소법원	지단 지합	▶ 지합 ▶ 고등	▶ 대 ▶ 대
송달료	15	12	8
인지대	1	1.5	2
항소기간		▶ 14일 (2주)	▶ 14일 (2주)
상소장 제출	2심을 표시하여 1심에	3심을 표시하여 2심에	
사건번호	가소 가단 가합	나	다
성격	사실심	사실심	법률심

(1) 의 의

1) 상소는 당사자 또는 소송관계인이 하급심의 미확정종국재판에 대하여 그 취소, 변경을 상급법원에 요구하는 불복신청이다.

2) 상소에는 제1심 종국재판에 대한 불복신청인 항소, 제2심 종국판결에 대한 불복신청인 상고, 결정·명령에 대한 불복신청인 항고, 항고법원의 결정에 대한 불복으로 재항고가 있다. 항고에는 항소에 관한 규정이, 재항고에는 상고에 관한 규정이 준용된다(법 443조).

3) 제1심의 법원의 종국판결에 대하여 당사자가 상고할 권리를 유보하고 항소를 하지 아니하기로 합의한 때(비약상고합의)에는(법 390조 1항) 제1심 판결 후에 바로 상고심 법원에 상고할 수 있다.

<table>
<tr><td rowspan="2">구분</td><td>판결에 대한 불복</td><td colspan="3">결정·명령에 대한 불복</td></tr>
<tr><td>항소와 상고</td><td colspan="2">일반항고</td><td>특별항고</td></tr>
<tr><td>의의</td><td>대법원
↑상고(상고이유有)
제2심
↑항소(부당하면가능)
제1심판결</td><td colspan="2">대법원
↑재항고
제2심
↑최초항고
제1심판결</td><td>대법원
↑
불복할 수 없는 결정·명령(=확정)</td></tr>
<tr><td rowspan="2">대상</td><td>판결에 대한 불복</td><td colspan="2">불복할 수 있는 결정과 명령</td><td>불복할 수 없는 결정명령</td></tr>
<tr><td>1. 청구기각·인용
2. 소각하</td><td>소장각하명령, 이송명령이송신청기각결정, 보조참가신청허부결정</td><td>기일지정신청기각결정, 수계신청기각결정, 특별대리인선임신청기각결정</td><td>1. 명문상 불복할 수 없는 것 : 기피결정
2. 해석상 불복할 수 없는 것 : 부재자재산관리인선임결정</td></tr>
<tr><td>기간</td><td>판결송달부터 2주일 내</td><td>재판고지 후 1주일</td><td>항고이익이 있는 한</td><td>재판고지 후 1주일</td></tr>
<tr><td>이유</td><td>일반적 상고이유
절대적 상고이유
재심사유</td><td colspan="2"></td><td>재판에 영향이 있는 헌법위반등을 이유로 한다</td></tr>
</table>

(2) 구 별

상소는 미확정재판에 대한 불복이므로 확정재판에 대한 비상적 불복방법인 재심(법 451조)이나 준재심의 소(법 461조), 불복할 수 없는 결정·명령에 대한 특별항고(법 449조)와 다르다. 또한 상소는 상급법원에 불복하는 것이므로 동일 심급 안에서의 불복신청인 각종 이의, 예를 들면 재판장·수명법관의 재판에 대한 이의(법 138조), 화해권고결정에 대한 이의(법 226조), 지급명령에 대한 이의(법 469조 2항), 가압류·가처분에 대한 이의(민집법 283조, 301조) 등과 다르다.

2. 상소의 요건

(1) 상소의 대상적격이 있을 것

법원이 '선고'한 '종국판결'이어야 한다. 따라서 재판이 '선고'되어야 상소권이 발생하므로 선고 전에는 상소할 수 없으며, 또한 종국판결이어야 하므로 중간 판결 등 중간재판은 종국판결과 함께 상소심에서 판단 받으므로 독립하여 상소할 수 없다.

(2) 법정방식에 따른 상소제기

상소는 ① 상소장이란 서면에 ② 당사자와 법정대리인, 원재판의 표시와 그 재판에 대한 상소의 취지를 기재하여 ③ 상소기간내에 ④ 원심법원에 제출하여야 한다. 따라서 원심법원 접수과에 상소장을 제출한 날을 기준으로 하여 상수기간준수 여부를 가려야 한다(대결 1996. 10. 25. 96마1590).

(3) 상소기간의 준수

상소는 판결서 송달 전에도 할 수 있다(법 396조 1항). 그러나 다음의 기간 내에 제기하여야 한다. 항소와 상고는 판결정본의 유효한 송달을 받은 날부터 2주일이고, 즉시항고는 재판의 고지 있은 날부터 1주일이며, 통상항고는 재판의 취소를 구할 이익이 있는 한 언제든지 제기할 수 있다. 이러한 상소제기 기간은 불변기간이므로 기간이 지나 제기된 상소는 부적법하게 되므로 주의해야 한다.

관련판례

당사자에게 여러 소송대리인이 있는 경우 항소기간은 소송대리인 중 1인에게 최초로 판결정본이 송달되었을 때부터 기산한다(대결 2011. 9. 29. 2011마1335).

(4) 상소이익이 있을 것

1) 상소이익이란 하급심의 종국판결에 대하여 불복신청을 함으로써 그 취소, 변경을 구할 수 있는 당사자의 법적 지위를 말한다. 이러한 상소이익을 상소의 적법요건으로 하는 이유는 무익한 상소권 행사를 배제하여 남상소를

방지하고 법원의 업무를 경감하려는 것이다.

2) 이러한 상소이익의 판단기준은 원칙적으로 당사자의 신청보다 재판주문에 받아들여진 것이 불리한가에 따르는 형식적 불복설이 통설·판례의 입장이다. 이에 따르면 제1심에서 전부 승소한 경우 항소심에서 청구취지 확장을 하기 위한 항소도 할 수 없는 것이 되나(대판 1983. 10. 25. 83다515), 별 소로 청구할 수 없는 경우는 예외적으로 항소가 허용된다(대판 1994. 6. 28. 94다3063).

(5) 상소의 당사자적격

불이익한 하급심 재판을 받은 자, 즉 상소할 이익이 있는 당사자 또는 당사자로 참가할 수 있는 제3자가 상소의 당사자적격을 갖는다. 예컨대 제1심의 원·피고가 항소당사자이고 제2심의 항소인, 피항소인이 상고당사자이다. 항고당사자도 원칙적으로 본소 당사자이다. 항고에 관하여는 이해관계 있는 자는 제3자라도 상소적격자가 되는 수가 있다.[54] 보조참가인, 독립당사자참가인, 공동소송참가인 등도 상소자격이 있다. 다만 보조참가인은 피참가인의 상소기간 내에 상소를 제기하여야 하므로 피참가인이 항소권을 포기하지 않는 한 항소할 수 있지만 당사자는 아니므로 항소인은 될 수 없다. 통상의 공동소송에서 상소의 효력은 상소한 당사자에게 미치나 필수적 공동소송에 있어서 공동소송인 중 1인의 상소 효력은 전원에게 미친다(대판 1991. 12. 27. 91다23486).

(6) 상소권 포기가 없을 것

당사자는 상대방의 동의 없이 상소권을 포기할 수 있으므로(법 394조) 상소권을 포기한 당사자는 상소권을 상실하므로 법원은 포기 여부를 직권조사하여 포기가 확인되면 제기된 상소를 부적법 각하 한다. 또한 항소를 한 뒤의 항소권의 포기는 항소취하의 효력도 가진다(법 395조 3항).

(7) 불상소의 합의가 없을 것

불상소의 합의란 상소를 하지 않기로 하는 소송법상의 계약으로서 구체적

---

54) 증인으로서의 의무위반이 있다 하여 제재를 받은 증인, 비용상환을 명령받은 대리인, 문서의 제출을 명령받은 제3자등이 있다.

인 사건의 심급을 제1심에 한정해 제1심으로 끝내기로 하는 당사자 쌍방의 합의를 말하는데 적법한 불상소의 합의가 판결 선고 전에 있으면 소송은 그로서 완결되고 판결은 선고와 동시에 확정되며, 판결 선고 후의 합의는 상소권 및 부대상소권의 포기를 합의한 것이므로 그 성립과 동시에 판결을 확정시킨다. 합의를 어기고 항소를 제기하면 상소이익의 흠결로 부적법각하 된다.

3. 상소의 제기방법

상소는 상소장(항소장, 상고장, 항고장 등)을 작성하여 상소기간 내에 원심법원에 접수하여야 한다. 상소장을 다른 법원이나 기관 또는 상소심 법원에 잘못 접수한 경우 그것이 최종적으로 원심법원에 접수된 시기를 기준으로 상소기간의 준수여부를 결정하게 되고 다른 법원에 접수된 시기를 기준으로 기간 준수 여부를 판단 할 수는 없는 것이므로 주의하여야 한다.

4. 상소의 효력

(1) 확정차단의 효력

판결은 상소기간 이내에 적법한 상소제기가 있을 때에는 확정되지 아니한다(법 498조). 이를 확정차단의 효력이라고 한다. 따라서 상소를 제기하면 확정판결의 효력인 기판력, 형성력은 물론 집행력도 발생하지 않는다(그러나 가집행선고시에는 예외). 즉시항고도 집행을 정지시키는 효력을 가진다(법 447조). 그러나 통상항고는 확정차단효력이 없으므로 통상항고가 제기된 결정명령에 대해 집행력을 저지하기 위해서는 별도의 집행정지의 조치가 필요하다(법 448조).

(2) 이심의 효력

상소가 제기되면 그 소송사건 전체가 원심법원을 떠나 상급심 법원으로 옮겨 가는 이심효력이 발생한다. 따라서 상소가 제기되면 상소가 부적법하지 않는 한 원심법원의 법원사무관 등은 항소장이 제출된 날부터 2주 이내에 항소기록에 항소장을 붙여 항소법원으로 보내야 한다(법 400조 1항).

5. 상소의 제한

1) 우리현행법은 남상소를 제한한다는 명목으로 상고심절차에 관한 특례법(4조)으로 심리불속행제도를 채택하여 "대법원은 상고이유에 관한 주장이 원심판결에 헌법 위반 등 중대한 법령위반에 관한 사항이 있는 때를 포함하지 아니한다고 인정되는 때에는 더 나아가 심리를 하지 아니하고 판결로 상고를 기각한다"라고 규정하여 상고를 제한하고 있다.

2) 소액사건에서는 상고이유가 더욱 제한되는데 '소액사건에 대한 지방법원 본원 합의부의 제2심판결이나 결정·명령에 대하여는 법률·명령·규칙 또는 처분의 헌법위반여부와 명령·규칙 또는 처분의 법률위반여부에 대한 판단이 부당한 때와 대법원의 판례에 상반되는 판단을 한 때에 한하여 대법원에 상고 또는 재항고를 할 수 있다'(소액심판법 3조).

[서식 102] 불항소합의서

불 항 소 합 의 서

사　건　　20○○가합 1234호 손해배상
원　고　　김 ○ ○
피　고　　이 ○ ○

위 당사자간 귀원 20○○가합 1234호 손해배상 청구사건에 관하여 양 당사자는 위 사건의 제1심 판결에 대해 항소하지 않을 것을 합의 합니다.

20○○. ○. ○.

원　고　김 ○ ○
피　고　이 ○ ○

서울○○지방법원 제○○민사부 귀중

Ⅱ. 항 소

1. 의 의

항소란 지방법원 단독판사 또는 합의부의 제1심 종국판결에 대하여 사실인정의 부당이나 법령위반을 이유로 하여 제2심 법원(항소법원)[55]에 하는 불복신청이다(법 390조). 이점에서 법령위반만을 상고이유로 하는 상고와 구별된다. 불복신청인은 항소인, 상대방은 피항소인이라고 한다.

제1심	제2심	제3심
소 액 사 건	지방법원 본원 항소부[56]	대법원
시군법원사건		
2억 이하 단독사건		
2억 초과 합의부 사건[57]	고등법원[58]	

① 소액사건, 시군법원사건 지방법원 단독사건(2억원이하 소가)은 지방법원 본원 항소부를 2심 관할로 하는 반면 ② 지방법원 합의부 및 지원합의부 사건은 고등법원을 2심관할로 한다.

2. 항소의 요건

항소요건이란 항소의 적법요건으로서 항소가 본안심리를 받기위해 갖추어야 할 요건이다. 항소요건으로는 ① 항소의 대상적격이 있을 것 ② 법원의 항소제기

55) 단독사건은 항소부가 합의사건은 고등법원이 항소법원이다. 2010. 1. 25. 법원조직법 개정으로 인하여 지방법원 소재지마다 고등법원지부를 두어 국민의 항소심 재판에 대한 접근성을 향상시키고 항소심의 기능을 효율화 하였다.

56) 지방법원 지원에는 항소부가 없다.

57) 제2조(지방법원 및 그 지원 합의부의 심판범위) 지방법원 및 지방법원지원의 합의부는 소송목적의 값이 2억원을 초과하는 민사사건 및 민사소송등인지법 제2조제1항의 규정에 해당하는 민사사건을 제1심으로 심판한다.

58) 지방법원 1심재판에 대한 고등법원의 항소심 재판을 원외재판부(① 서울고등법원 춘천재판부, ② 대전고등법원 청주재판부, ③ 광주고등법원 제주재판부, ④ 광주고등법원 전주재판부, ⑤ 부산지방법원 창원재판부)를 두어 재판을 할 수 있다.

방식을 갖추고 항소기간을 준수 했을 것 ③ 항소이익이 있을 것 ④ 항소의 당사자 적격이 있을 것 ⑤ 항소권포기, 불항소의 합의가 없을 것 등이 필요하다(Ⅰ. 2. 상소의 요건 참조).

3. 항소의 제기

(1) 항소제기 방식

1) 항소장 제출

① 항소는 판결서가 송달된 날부터 2주 이내에 하여야 하지만 판결서가 송달되기 전에도 가능하다(법 396조). 2주 기간은 불변기간이다. 따라서 법원이 임의로 기간을 늘이거나 줄일 수는 없고 다만 주소나 거소가 멀리 떨어진 곳에 있는 사람을 위하여 부가기간을 정할 수 있을 뿐이다(법 172조 2항). 그러나 당사자가 책임질 수 없는 사유로 항소기간을 준수할 수 없었을 경우에는 항소의 추후보완 신청이 가능하다(법 173조). 위 2주의 기간은 제1심 판결이 송달된 다음날부터 기산하여 기간의 말일의 종료(그날 24:00)로써 만료된다.[59)] 기간의 말일이 일요일 기타의 휴일 등 공휴일에 해당하는 경우에는 그 다음날의 종료로써 만료된다(법 170조).

관련판례

① 기간의 말일이 추석공휴일과 같은 연휴의 초일이나 중간에 해당하는 경우에는 그 연휴기간의 종료 다음날의 종료로써 만료된다(대결 1967. 10. 23. 67다1985).

② 법원공무원주5일근무제시험실시운영지침에 의한 토요휴무제에 따른 토효휴무일은 민법 161조 소정의 공휴일에 해당되지 않는다(대결 2004. 3. 29. 2003마1765).

③ 항소장이 제1심법원이 아닌 항소심법원에 접수되었다가 제1심법원으로 송부된 경우에는 항소심 법원 접수시가 아니라 제1심 법원 도착시를 기준으로 하여 기간의 준수 여부를 가리게 된다(대판 1981. 10. 13. 81누230).

② 공동소송에 있어서 항소기간은 통상의 공동소송은 각 당사자 별로 항소기간(2주)의 도과 여부를 판단하지만, 필요적 공동소송 및 공동소송참가에서

---

59) 보통 오후 6시가 지나면 법원업무가 종료한다. 따라서 기간 말일에 법원의 업무가 종료되었다면 야간 당직실에 문건접수가 가능하므로 이곳에 항소장을 제출하면 된다.

는 공동소송인은 전원의 항소기간이 도과하여야 하기 때문에 공동소송인 중 가장 나중에 판결문을 송달 받은 자를 기준으로 항소기간을 정한다.

③ 청구의 일부에 관한 재판을 유탈한 때에 하는 추가판결의 경우에는 최초의 판결과 추가판결의 항소기간은 각별로 진행한다.

④ 판결의 경정이 있더라도 항소기간은 판결이 송달된 때로부터 기산하고 경정 결정의 송달 시로부터 기산하는 것은 아니다(대판 1982. 10. 12. 82다498).

⑤ 항소는 항소장을 제출함으로서 한다(법 397조 1항). 우편제출 및 전자문서로도 가능하다. 다만 그 항소장에는 소정의 인지를 첩부하여야 하고 상대방 수의 부본을 제출하여야 한다.

2) 원심법원제출주의

항소는 항소장을 제1심 법원에 제출함으로써 한다(법 397조 1항).

관련판례

지원은 각급법원의 설치와 관할 구역에 관한 법률이 정하는 바에 따라 독립된 토지관할을 가지므로 그 본원의 일부라고 할 수 없고 따라서 항소장은 제1심 판결이 있었던 당해 본원이나 지원에 제출하여야 한다(대결 1992. 4. 15. 92마146).

3) 항소심의 인지

항소심의 인지액은 제1심 소장의 1.5배이다. 항소장에 붙일 인지액의 산정은 불복신청한 부분의 소송물가액을 표준으로 하여 정한다(예를 들어 1심에서 3억을 청구 했지만 2억만 인정되고 1억은 기각되어 원고가 1억에 대해 항소를 하는 경우 1억을 기준으로 인지액을 산정한다). 즉 1심에서 일부 패소한 경우 그 패소 부분에 대한 항소 또는 전부 패소한 경우 그 중 일부에 대한 항소에 있어 항소장에 붙일 인지액의 산정은 항소에 의하여 불복을 신청한 부분을 표준으로 한다.

4) 항소심의 송달료

항소장을 제출할 때 송달료 88,800원(=당사자수×12회×3,700원)를 납부하고 그 송달료 납부서를 항소장에 첨부하여 원심법원에 제출한다.

(2) 항소장의 기재상항

1) 필요적 기재사항

가. 당사자와 법정대리인

항소장에는 당사자와 그 상대방인 피항소인의 이름과 법정대리인을 적어야 한다. 원고가 항소를 하는 경우에는 원고가 '항소인', 피고가 '피항소인'이 되지만, 피고가 항소를 하는 경우에는 피고가 '항소인' 원고가 '피항소인'이 된다. 다만 이 경우 누가 항소를 하든지 원·피고인의 지위에는 변동이 없다. 항소장의 송달을 위해 주소도 표시하여야 하고 주소가 변경된 경우에는 변경된 주소도 기재하여야 한다.

나. 제1심판결의 표시

제1심판결의 표시는 어떤 판결에 대하여 항소를 하는가를 명백히 하기 위한 것이므로 다른 판결과 구별할 수 있을 정도로 표시하면 된다. 보통 1심 법원명, 사건번호, 사건명, 선고일자, 주문 등을 기재하고 있다.

다. 판결에 대한 항소의 취지

항소장에는 제1심 판결의 표시뿐만 아니라 그 판결에 대한 항소의 취지를 적어야 한다(법 397조 2항). 이러한 불복신청의 범위는 명확히 기재할 필요는 없고 다만 어떤 항소 취지인지를 인식할 수 있는 정도면 충분하다(대판 88다카30214).[60)]

2) 임의적 기재사항

① 항소장에는 항소이유를 기재하여도 좋지만 항소이유가 항소장의 필요적 기재사항은 아니므로 즉 항소이유(불복이유)는 임의적 기재사항이다, 나중에 준비서면으로 항소이유서를 제출하여도 무방하다. 다만 항소이유서 제출기간에 대하여는 별도의 제한이 없지만, 항소이유도 기재하지 아니한 채 항소장만 제출하여 놓고 제때에 항소이유서를 제출하지 아니하면 항소가 기각되는 불이익이 따를 수 있다.

② 항소장에는 준비서면에 관한 규정을 준용하므로(법 398조),항소이유를

---

60) 실무에서는 인지액 등을 납부해야 하므로 항소장에 불복하는 범위를 명확하게 기재 하도록 하고 있다.

기재하면 준비서면을 겸하게 된다. 따라서 항소장에 새로운 공격 또는 방어의 방법을 주장할 수도 있고 제1심에서의 상대방의 공격 또는 방어의 방법에 대한 진술을 기재하여 제출할 수도 있다. 보총 이러한 것들을 항소이유라고 기재하고 있으나 이것은 항소장의 필수적 기재사항은 아니므로 소송의 진행 중에 준비서면으로 제출하여도 무방하다.

③ 항소인은 항소의 취지를 분명하게 하기 위하여 항소장 또는 항소심에서 처음 제출하는 준비서면에 ㉠ 제1심 판결 중 사실을 잘못 인정한 부분 또는 법리를 잘못 적용한 부분 ㉡ 항소심에서 새롭게 주장할 사항 ㉢ 항소심에서 새롭게 신청할 증거와 그 입증취지 ㉣ 제2호와 제3호에 따른 주장과 증거를 제1심에서 제출하지 못한 이유를 적어야 한다(규칙 126조의2). 다만 이러한 임의적 기재상항은 기재하지 않아도 항소를 각하해서는 안된다.

④ 1심에서 제출하였던 증거 등은 항소심에서 그대로 인정되므로 새로운 서증을 제출하는 경우에는 1심 호증 번호를 그대로 이어서 작성하여 제출하면 된다(예를 들어 피고가 을제10호증 까지 제출 하였다면 항소심에서 새로운 서증을 제출할 경우 을제11호증으로 이어서 제출하면 된다).

[항소취지 사례] 원고가 전부패소한 후, 원고가 항소하는 경우

1. 원심판결을 취소한다.
2. 피고는 원고에게 금 300,000,000원 및 이에 대한 이 사건 소장 부본 송달일 다음 날부터 다 갚는 날까지 연 15%의 비율에 의한 금원을 지급하라.
3. 소송비용은 제1, 2심 모두 피고의 부담으로 한다.
4. 위 제2항은 가집행할 수 있다.

라는 판결을 구합니다.

☞ 유의사항

1. 원고는 전부패소 하였으므로 '원심판결을 취소한다'라는 항소취지를 기재한다.
2. 원고가 불복하려는 부분, 전부 패소하였으므로 보통 제1심에서 청구한 금액(3억원)을 다시 청구한다. 이때 보통 1심에서와 같이 소장 송달다음날부터 소송촉진등례법상 15%의 비율에 의한 금원을 지급하라고 기재한다
3. 인지는 원고가 불복하는 3억원을 기준으로 산정한다.

[항소취지 사례] 원고가 전부승소한 후, 피고가 전부 항소하는 경우

> 1. 원심판결을 취소한다.
> 2. 원고의 청구를 기각한다.
> 3. 소송비용은 제1심, 제2심 모두 원고의 부담으로 한다.
>
> 라는 판결을 구합니다.

☞ 유의사항

1. 피고는 전부 패소하였으므로 '원심판결을 취소한다'라는 항소취지를 기재한다.
2. 피고는 원심에서 인정된 '원고의 청구를 기각한다'는 항소취지를 기재한다.
3. 인지는 원심에서 인정된 원고의 청구액을 기준으로 산정한다.

[항소취지 사례] 원고가 일부승소한 후, 원고가 항소하는 경우

> 1. 원심판결 중 원고 패소 부분을 취소한다.
> 2. 피고는 원고에게 금 200,000,000원 및 이에 대하여 20○○. ○. ○.부터 다 갚는 날까지 연 15%의 비율에 의한 금원을 지급하라.
> 3. 소송비용은 제1심, 제2심 모두 피고의 부담으로 한다.
> 4. 제2항은 가집행할 수 있다.
>
> 라는 판결을 구합니다.

☞ 유의사항

1. 원고는 일부패소 하였으므로 '원심판결 중 원고 패소부분을 취소한다'라는 항소취지를 기재한다.
2. 원고는 원심에서 기각된 액수(원심에서 3억원을 청구 했는데 1억만 인정된 경우 2억원)를 청구한다. 보통 1심 청구취지와 같이 소장 송달 다음날부터 소송촉진특례법상 15%의 금원을 청구하지만 원심에서 별도의 기산일이나 이자율을 선고한 경우에는 그 기간일이나 이자액을 기준으로 청구하기도 한다. 보통 실무상 판결선고시를 소송촉진특례법상 15%의 기산일로 선고하는 경우가 많아서 이 경우에는 그 날부터 기산하여 연 15%를 청구하기도 한다(예를 들어 선고일이 2014. 1. 10.인 원심 판결서에서 "피고는 원고에게 금 100,000,000원 및 이에 대하여 2014. 1. 10.부터 다 갚는 날까지 연15%의 비율에 의한 금원을 지급하라"라고 선고하면 원고는 불복액인 2억원에 대해 항소장에 "피고는 원고에게 금 200,000,000원 및 이에 대하여 2014. 1. 10부터 다 갚는 날까지 연 15%의 비율에 의한 금원을 지급하라"라고 기재하기도 한다).
3. 인지는 피고가 불복하는 금액(2억원)을 기준으로 산정한다.

[항소취지 사례] 원고가 일부승소한 후, 피고가 항소하는 경우

1. 원심판결 중 피고 패소 부분을 취소한다. 2. 취소부분의 원고의 청구를 기각한다. 3. 소송비용은 제1심, 제2심 모두 원고의 부담으로 한다. 라는 판결을 구합니다.

☞ 유의사항

1. 피고는 일부패소 하였으므로 '원심판결 중 피고 패소부분을 취소한다'라는 항소취지를 기재한다.
2. 피고는 원심에서 인정된 '원고의 청구를 기각한다'는 항소취지를 기재한다.
3. 인지는 피고가 불복하려는 금액을 기준으로 산정한다.

[서식 103] 항 소 장

항 소 장

원고(항 소 인) 김 ○ ○(761011-1231567)
서울시 ○○구 ○○동 1234-567

피고(피항소인) 정 ○ ○(540631-1627813)
서울 ○○구 ○○동 679-21(T.010-1234-5678)

위 당사자간 서울중앙지방법원 20○○가합1234 소유권이전등기 청구사건에 관하여 동 법원에서 2014. 1. 10. 원고 패소판결을 선고 하였는 바, 원고는 이에 불복이므로 다음과 같이 항소를 제기합니다(판결 정본은 20○○. ○. ○. 송달 받았습니다).

제1심판결의 표시

1. 원고의 청구를 기각한다.
2. 소송비용은 원고가 부담한다.

항 소 취 지

1. 제1심판결을 취소한다.
2. 피고는 원고에게 서울 ○○구 ○○동 123 대 320㎡에 관하여 20○○. ○. ○. 매매를 원인으로 한 소유권이전등기절차를 이행하라.
3. 소송비용은 피고가 부담 한다.

라는 판결을 구합니다.

항 소 이 유

추후에 준비서면으로 제출하겠습니다.

첨 부 서 류

1. 영수필확인서 1통
1. 송달료납부서 1통
1. 항소장 부본 1통

20○○. ○. ○.

위 원고(항소인) 김 ○ ○ (인)

서울중앙지방법원 귀중

■ 작성·접수방법

1. 판결문 송달 다음날부터 2주 이내에(오후 12시까지) 항소장과 상대방수 만큼의 부본을 1심 법원에 제출한다. 다만 기간만료일이 공휴일인 경우에는 그 다음날까지 제출하면 된다. 실무상 실수로 2심 법원에 제출하는 실수를 하는 경우가 많으므로 주의해야 한다.
2. 인지액은 불복하는 금액을 기준으로 해서 1심 인지액의 1.5배이다.
3. 송달료는 88,800원이다(=12회분×3,700×당사자수(2))이다.
4. 항소가 제기되면 제1심 판결의 확정이 차단되고 사건이 제2심으로 이심되는 효력이 발생한다. 항소심법원은 항소장에 항소이유가 구체적으로 기제 되어 있으면 이는 준비서면에 해당하므로

준비명령을 피항소인에게 송달하면서 반박 준비서면을 제출하도록 최고하지만 항소장에 항소이유가 기재되어 있지 않으면 기록을 접수 받은 후 지체 없이 항소인에게 석명준비명령을 송달하여 준비서면(항소이유서)를 기한 내 제출하도록 최고한다.

[서식 104] 항소장(피고인중 일부에 대해서만 항소하는 경우)

항 소 장

원고(항 소 인) 김 ○ ○(761011-1230000)
서울시 ○○구 ○○동 1234-567

피고(피항소인) 이 ○ ○(540631-1620000)
서울시 ○○구 ○○동 679-21(T. 010-1234-5678)

위 당사자간 서울중앙지방법원 20○○가합1234 소유권이전등기 청구사건에 관하여 동 법원에서 20○○. ○. ○. 원고 일부 패소판결을 선고 하였는바, 원고는 이에 불복이므로 다음과 같이 피고 이○○수에 대하여 항소를 제기합니다(판결 정본은 20○○. ○. ○. 송달 받았습니다).

제1심판결의 표시

1. 피고 이△△는 원고에게 서울 ○○구 ○○동 123 대 320㎡에 관하여 20○○. ○. ○. 매매를 원인으로 한 소유권이전등기절차를 이행하라.
2. 원고의 피고 이○○에 대한 청구를 기각한다.
3. 소송비용중 원고와 피고 이△△ 사이에 생긴 부분은 위 피고가, 원고와 피고 이○○ 사이에 생긴 부분은 원고가 각 부담한다.

항 소 취 지

1. 제1심판결 중 피고 이○○에 대한 부분을 취소한다.
2. 피고 이○○는 원고에게 30,000,000원 및 이에 대한 20○○. ○. ○.부터

다 갚는 날까지 연 15%의 비율에 의한 금원을 지급하라.
3. 원고와 피고 이○○ 사이의 소송총비용은 피고 이○○가 부담한다.
라는 판결을 구합니다.

항 소 이 유

추후에 준비서면으로 제출하겠습니다.

첨 부 서 류

1. 영수필확인서	1통
1. 송달료납부서	1통
1. 항소장 부본	1통

20○○. ○. ○.

위 원고(항소인) 김 ○ ○ (인)

서울○○법원 귀중

■ 작성·접수방법

1. 판결문 송달 다음날부터 2주 이내에(오후 12시까지) 항소장과 상대방수 만큼의 부본을 1심 법원에 제출한다. 다만 기간만료일이 공휴일인 경우에는 그 다음날까지 제출하면 된다. 실무상 실수로 2심 법원에 제출하는 실수를 하는 경우가 많으므로 주의해야 한다.
2. 인지액은 불복하는 금액을 기준으로 해서 1심 인지액의 1.5배이다.
3. 송달료는 88,800원이다(=12회분×3,700×당사자수(2))이다.
4. 항소가 제기되면 제1심 판결의 확정이 차단되고 사건이 제2심으로 이심되는 효력이 발생한다. 항소심법원은 항소장에 항소이유가 구체적으로 기제 되어 있으면 이는 준비서면에 해당하므로 준비명령을 피항소인에게 송달하면서 반박 준비서면을 제출하도록 최고하지만 항소장에 항소이유가 기재되어 있지 않으면 기록을 접수 받은 후 지체 없이 항소인에게 석명준비명령을 송달하여 준비서면(항소이유서)를 기한 내 제출하도록 최고한다.

[서식 105] 항 소 장

항 소 장

항 소 인(피고) 정 ○ ○(761011-1230000)
서울시 ○○구 ○○동 1234-567

피항소인(원고) 박 ○ ○(750631-1620000)
서울시 ○○구 ○○동 679-21(T. 010-1234-5678)

위 당사자간 서울중앙지방법원 20○○가소1234 대여금청구사건에 관하여 동 법원에서 20○○. ○. ○. 판결을 선고 하였는 바, 피고는 위 판결에 모두 불복하므로 다음과 같이 항소를 제기합니다.

원판결의 표시

1. 피고는 원고에게 금 100,000,000원 및 이에 대하여 20○○. ○. ○.부터 20○○. ○. ○.까지 연 5%, 그 다음날부터 완제일까지 연 15%의 비율에 의한 금원을 지급하라.
2. 소송비용은 피고의 부담으로 한다.
3. 제1항은 가집행할 수 있다.

항 소 취 지

1. 원심 판결 중 원고 패소부분을 취소한다.
2. 피고는 원고에게 금 200,000,000원 및 이에 대하여 20○○. ○. ○.부터 20○○. ○. ○.까지 연 5%, 그 다음날부터 완제일까지 연 15%의 비율에 의한 금원을 지급하라.
3. 소송비용은 제1, 2심 모두 피고의 부담으로 한다.
4. 제2항은 가집행할 수 있다.

라는 판결을 구합니다.

항 소 이 유

추후에 제출하겠습니다.

첨 부 서 류

1. 영수필확인서	1통
1. 송달료납부서	1통
1. 항소장 부본	1통

20○○. ○. ○.

위 항소인(피고) 정 ○ ○ (인)

서울중앙지방법원 귀중

■ 작성·접수방법

1. 판결문 송달 다음날부터 2주 이내에(오후 12시까지) 항소장과 상대방수 만큼의 부본을 1심 법원에 제출한다. 다만 기간만료일이 공휴일인 경우에는 그 다음날까지 제출하면 된다. 실무상 실수로 2심 법원에 제출하는 실수를 하는 경우가 많으므로 주의해야 한다.
2. 사안은 원심에서 대여금 3억원과 기산일인 20○○. ○. ○.부터 소장 송달일까지 약정이자(5%)와 그 다음날부터 소송촉진특례법상 이자 15%를 청구했지만, 1심 판결에서 대여금은 1천만원만 인정하면서 이자는 기산일인 20○ㅍ. ○. ○.부터 판결선고일인 20○○. ○. ○.까지 약정이자(5%)를 인정하고 그 다음날부터 소송촉진특례법상 이자 15%를 인정한 경우(보통 실무상 소장 송달 다음날부터 15%를 청구하더라도 판결서에는 보통 선고일 다음날부터 15%를 인정하는 경우가 많다)로서 원고는 불복액인 2억원에 대해 "피고는 원고에게 금 200,000,000원 및 이에 대하여 20○○. ○. ○.부터 다 갚는 날까지 연 15%의 비율에 의한 금원을 지급하라"라고 청구한 것이다.
3. 인지액은 불복하는 금액을 기준으로 해서 1심 인지액의 1.5배이다. 따라서 사안에서 2억이 불복금액이므로 인지액은 1,282,500원[=(2억원×0.004+55,000)×1.5]이다.
4. 송달료는 88,800원이다(=12회분×3,700×당사자수2)이다.
5. 항소가 제기되면 제1심 판결의 확정이 차단되고 사건이 제2심으로 이심되는 효력이 발생한다. 항소심법원은 항소장에 항소이유가 구체적으로 기제 되어 있으면 이는 준비서면에 해당하므로 준비명령을 피항소인에게 송달하면서 반박 준비서면을 제출하도록 최고하지만 항소장에 항소이유가 기재되어 있지 않으면 기록을 접수 받은 후 지체 없이 항소인에게 석명준비명령을 송달하여 준비서면(항소이유서)를 기한 내 제출하도록 최고한다.

[서식 106] 항소이유서

항 소 이 유 서

항 소 인(피고) 조 ○ ○(761011-1230000)
서울시 ○○구 ○○동 1234-567

피항소인(원고) 선 ○ ○(750631-1620000)
서울 ○○구 ○○동 679-21(T. 010-1234-5678)

위 당사자간 서울지방법원 20○○가합 1234 손해배상 청구사건에 관하여 피고(항소인)는 다음과 같이 변론을 준비합니다.

다 음

1. 원심 판결의 요지

원심은, ① 피고가 이 사건 체육관 신축공사와 관련하여 홍○○을 피고의 현장소장으로 근무하게 하고 위 홍○○으로 하여금 '○○산업 기술영업부장 홍○○'이라고 기재된 명함을 사용하도록 허락한 점, ② 위 홍○○은 위 명함을 원고에게 교부한 다음 원고에게 이 사건 체육관 공사와 관련하여 건설기계의 대여를 요청하였고 이에 원고가 건설기계를 피고의 공사에 대여 하여 피고는 원고에게 그 대여금액을 지급하여을 뿐만 아니라 피고의 사업자 등록증까지 원고에게 보낸 점을 고려하면 이 사건 체육관 신축공사 현장에서 이 사건 건설기계의 대여를 요청하는 홍○○이 피고를 대리할 권한이 없다는 사실을 원고가 알지 못했거나 알 수 없었다고 봄이 상당하므로 피고는 원고에 대해 민법 제125조에서 정한 대리권 수여의 표시에 의한 표현대리 책임을 부담하여야 하고, 원고가 피고에게 건설기계 대여 여부를 확인하지 않은 과실이 있다는 피고의 주장에 대해 과실이 있다고 할 수 없기 때문에, 피고는 원고에게 이 사건 건설기계 대여에 따른 사용료 40,590,000원을 지급하라고 판결하었습니다.

2 원심판단에 대하여.

가. 홍○○이 20○○. ○. ○.부터 20○○. ○. ○.까지 원고로부터 대여받아 사용한 건설기계(스카이) 사용료를 피고가 책임져야 한다는 원심의 판단에 대하여.

원심은 피고가 이 사건에서 건설기계의 대여를 요청하였다는 원고의 주장에 대해서는 이를 인정할 수는 없고 오히려 피고로부터 하도급을 받은 홍○○이 원고에게 이 사건 건설기계의 대여를 요청하였다고 판단하였지만, 피고는 이 사건 공사와 관련하여 홍○○을 피고의 현장소장으로 근무하게 하고 "이경산업 기술영업부장 홍○○"이라고 기재된 명함을 사용케 함에 따라 위 홍○○이 원고에게 건설기계(크레인) 대여 하였는데 이후 피고가 대여금 4백4십만원과 사업자등록증을 원고에게 교부한 사정을 고려하면 피고는 원고에게 홍○○에 대한 대리권 수여의 표시가 있는 것으로 볼 수 있는 것이며 원고로서는 홍성진이 이 사건 건설기계(스카이) 대여를 요청한 것으로 알았다고 봄이 상당하기 때문에 건설기계(스카이)와 관련하여 피고를 대리할 권한이 없다는 사실을 알지 못했거나 알 수 없었다고 봄이 상당하기에 피고는 표현대리 책임을 져야 한다고 판단하고 있습니다.

원심은 20○○. ○. ○.자 변론조서에 기재된 피고 진술 중 "1. 갑제3호증 '○○산업 기술영업부장 홍○○'이라는 명함은 홍○○이 영업상 필요하다고 하여 피고가 사용하게 한 것이다"라고 진술되어 있는 것을 전제로 하여 피고가 이 사건 공사와 관련하여 홍○○을 피고의 현장소장으로 근무하게 하였을 뿐만 아니라 이 사건 명함을 사용하도록 허락하였다고 인정하고 있지만, 피고는 20○○. ○. ○.자 변론조서상에 기재되어 있는 것처럼 "이 사건 명함은 홍○○이 영업상 필요하다 하여 피고가 사용하게 한 것이다"라고 진술 한 사실이 없을 뿐만 아니라, 이후 재판 과정 중에서도 준비서면등을 통해 홍○○은 피고 회사 직원도 아니기 때문에 이 사건 명함의 사용을 허락한 사실이 없으며, 홍○○이 피고 공사의 현장소장으로 일한적도 없다고 일관되게 주장을 하였는바, 피고는 법정에서 변론조서에 기재된 대로 진술한 바도 없지만 가사 그와 같이 진술하였다 하더라도 그것은 사실과 다르기 때문에 20○○. ○. ○.자 변론조서 상의 피고의 이 부분 진술 내용은 착오에 의한 것으로 취소 하는 바, 원심이 잘못 기재된 위 변론조서상의 피고 진술을 근거로 하여 피고가 홍○○에게 이 사건 명함을 사용하도록 허락하였다고 기초사실로 인정하고 이 사건에서 피고가 원고에게 민법 제125조의 대리권 수여 표시를 하였다고 판단 한 것은 그 전제가 되는 기초사실 자체가 착오에 의한 것이므로 부당한 판단이라 할 것입니다.

나. 피고가 원고에게 민법 제125조의 대리권 수여 표시를 하였다는 원심 판단에 대하여.

원심은 이 사건 건설기계 대여 요청을 피고가 하지 않았다는 것을 인정하면서도 위 홍○○이 피고회사의 명함을 사용하였다는 사실과 피고가 피고 공사에 사용 된 건설기계의 사용료 440만원(20○○. 3. 31.부터 4. 28.까지)을 원고에게 지급한 사실 등을 갖고서는 민법 제125조의 표현대리 책임을 인정하고 있지만, 앞서 설명한 바와 같이 피고는 이 사건에서 홍○○에게 이 사건 명함을 사용하도록 허락한 사실도, 현장소장으로 근무하게 한 사실도 없는데도 원심이 잘못된 기초사실을 전제로 해서 피고가 원고에게 대리권 수여 표시를 하였다고 인정한 것은 그 전제가 된 사실 자체가 잘못된 것이기 때문에 정당한 판단이라 할 수 없으며, 가사 원심이 오인한 기초 사실처럼 피고가 원고에게 명함을 사용하도록 허락한 사실이 있었다 가정 하더라도 민법 제125조가 규정하는 대리권 수여의 표시에 의한 표현대리는 본인과 대리행위를 한 자 사이의 기본적인 법률관계의 성질이나 그 효력의 유무와는 직접적인 관계가 없이 어떤 자가 본인을 대리하여 제3자와 법률행위를 함에 있어 본인이 그 자에게 대리권을 수여하였다는 표시를 제3자에게 한 경우에는 성립될 수가 있고, 또 본인에 의한 대리권 수여의 표시는 반드시 대리권 또는 대리인이라는 말을 사용하여야 하는 것이 아니라 사회통념상 대리권을 추단할 수 있는 직함이나 명칭 등의 사용을 승낙 또는 묵인한 경우에도 대리권 수여의 표시가 있은 것으로 볼 수가 있는 바(대판 1998. 6. 12. 97다53762 참조), 이 사건에서 홍○○이 원고에게 명함을 준 경위는 자신이 피고의 대리인이라거나, 자신 외에 다른 사용자가 건설기계를 요청할 경우 이를 승인할 권한이 있다는 것을 보여주기 위해 원고에게 명함을 제시해 준것이 아니라 처음 원고측이 건설기계(크레인) 대여를 위해 왔을때 연락처 명함을 달라고 해서 단순히 연락처를 확인하는 용도로 주었던 것이므로(20○○. 6. 27 홍○○ 증인신문조서 8쪽 참조) 원심이 이 같은 홍성진의 명함 제시 행위로 인해 이 사건에서 문제가 되고 있는 건설기계 대여에 관한 대리권을 사회통념상 추단 할 수 있었는냐에 대한 구체적인 판단 없이 피고가 원고에게 대리권 수여의 표시를 하였다고 단정한 것은 부당하며, 더구나 피고가 원고에게 건설기계(크레인) 사용(20○○. 3. 31.부터 4. 28.까지)에 대한 사용료 4백4십만원을 지급한 것은 홍○○ 등이 피고의 대리인이라는 전제하에 원고에게 사용료를 지급하였던 것이 아니라 원고로부터 대여한 건설기계(크레인)가 지붕자재 공사를 하는 주로 하는 피고의 공사에 사용된 것을 확인하고는 그 사용료로 지급하였던 것이므로 이 같은 사실만을 근거로 피고에게 민법 제125조의 표현대리 책임을 물을 수는 없다 할 것입니다.

3. 결 론

이상과 같이 원심이 피고가 건설기계(크레인) 대여료 4백4십만원(20○○. 3. 31.~4. 28.까지)을 원고에게 지급한 사실과 홍○○이 피고 회사의 명함을 사용한 사실을 근거로 민법 제125조의 표현대리를 인정하면서, 대여료 40,590,000원(20○○. 5. 3.~20○○. 7. 1.) 까지 피고에게 부담케 한 것은 사실오인에 근거한 판단 일뿐만 아니라 민법 제125조의 표현대리에 관한 법리를 오해하여 한 부당한 판결이므로 원심 판결의 취소를 바라와 본 항소 이유를 개진하는 바입니다.

입 증 방 법

1. 을제11호증 확인서

첨 부 서 류

1. 항소장 부본 1통

20○○. ○. ○.

위 항소인(피고) 조 ○ ○ (인)

서울고등법원 귀중

■ 작성·접수방법

1. 항소이유서도 준비서면이므로 법원용 1부와 상대방 수에 맞는 부본을 항소심 재판부에 제출한다.
2. 항소이유서는 원심 판결에 대해 잘못된 점을 지적하고 이를 입증하는 증거자료를 제출하는 방법으로 작성한다. 이때 증거자료에 호증번호는 원심번호에 이어서 붙이면 된다.
3. 항소장에 항소이유가 기재되어 있지 않으면 기록을 접수 받은 후 지체 없이 항소인에게 석명준비명령을 송달하여 준비서면(항소이유서)를 기한 내 제출하도록 최고하지만 형사재판과 달리 그 기한을 해태하더라도 바로 기각 판결을 받지는 않는다. 다만 실무상 기한을 지키는 것이 보통이다.

4. 항소장 심사

원심재판부에 항소장이 제출되면 원심재판장은 항소장에 필요적 기재사항과 인지 납부여부를 심사하고 흠결이 있을 경우 상당한 기간을 정하여 흠을 보정하도록 명한다(법 399조 1항). 항소인이 보정기간 내에 흠을 보정하지 않거나 항소기간을 넘긴 것이 분명한 때에는 원심재판장은 항소장을 각하 하여야 한다(동조 2항).

5. 항소심 재판

(1) 항소제기의 효력

항소가 제기되면 제1심 판결의 확정이 차단되고 사건이 제2심으로 이심되는 효력이 발생한다(Ⅰ. 3. 상소의 효력 참조). 제1심을 단독판사가 재판한 사건의 항소심은 모두 지방법원 항소부에서, 제1심을 합의부에서 재판한 사건의 항소심은 모두 고등법원에서 심판한다. 춘천지방법원 강릉지원의 합의부도 단독판사가 한 제1심 판결에 대한 항소사건을 심판한다.

(2) 항소심절차

1) 서면공방

항소장에 항소이유가 구체적으로 기제 되어 있으면 이는 준비서면에 해당하므로 법원 사무관은 준비명령을 피항소인에게 송달하면서 반박 준비서면을 제출하도록 최고한다. 그러나 항소장에 항소이유가 기재되어 있지 않으면(보통 실무상 '추후 제출 하겠습니다'라고 기재함), 사무관은 1심법원으로부터 기록을 접수 받은 후 지체 없이 항소인에게 석명준비명령을 송달하여 준비서면(항소이유서)을 기한 내 제출하도록 최고한다.

서 울 서 부 지 방 법 원

석명준비명령

사　　건　　2017가단223○○　손해배상(기)
[원고　주식회사 한국 ○○ / 피고　박○○]

원고 소송대리인　법무법인 ○○　담당변호사 고 ○ ○ (귀하)

소송관계를 분명하게 하기 위하여 다음 사항에 대한 보완을 명합니다. 이에 대한 답변을 적은 준비서면과 필요한 증거를 제출기한까지 제출하시기 바랍니다.
이 명령에 따르지 아니하는 경우에는 주장이나 증거신청이 각하되는 등 불이익을 받을 수 있습니다(민사소송법 제149조 제2항 참조).　제출기한 : 2017. 9. 21.

석명준비사항

원고에게,
1. 피고의 불법행위의 내용을 가급적 6하 원칙을 지켜 구체적으로 기재하고 입증할 것.
2. 피고의 불법행위와 원고의 손해 발생에 상당인과관계가 있다는 주장을 구체적으로 하고 입증할 것.
3. 손해의 범위에 관해 법리적 타당성을 갖춰 주장하고 입증할 것. 끝.

2017. 8. 31.

판사　　김 명 한

※문의사항 연락처 : 서울서부지방법원　민사10단독　법원주사　박성환
직 통 전 화 : 02-3271-1270
팩　　　스 :

서울고등법원 종합접수실

2) 법정공방

항소인의 항소이유에 관한 준비서면과 피항소인의 반박 준비서면이 모두 제출되면 법원 사무관은 재판장에게 기록을 인계하면 제1회 변론기일 등이 지정되어 법정공방을 하게 된다.

3) 제1심소송절차의 준용

항소심의 절차에는 제1심 소송절차가 준용되지만 항소심절차에서 쌍방불출석으로 인한 취하간주(법 268조 2항)는 소의 취하가 아니라 항소 취하가 되며, 항소심에서는 임의관할위반 주장을 하지 못하고 반소를 제기 함에는 상대방의 동의가 필요한 경우도 있다(법 412조)는 점에 주의 하여야 한다. 또한 소송기록이 원심법원에 있는 때에는 항소의 취하는 원심법원에 하여야 한다(규칙 126조).

4) 항소심에서의 변론

항소심은 원판결에 대한 불복을 구하는 것이므로 항소심에서의 변론은 항소취지에서 제1심판결의 변경을 구하는 범위 내에서만 이루어진다. 다만 이러한 항소취지의 내용은 항소심 변론 전까지 변경이 가능하므로 불복의 범위를 변경 할 수 있다.

관련판례

객관적 병합소송에서 제1심법원이 원고의 주위적 청구와 예비적 청구를 병합 심리한 끝에 주위적 청구는 기각하고 예비적 청구만을 인용하는 판결을 선고한 데 대하여 피고만이 항소한 경우 항소심의 심판 범위는 예비적 청구를 인용한 제1심 판결의 당부에 그치고 주위적 청구는 심판대상이 될 수 없다(대판 2001. 12. 24. 2001다62213).

6. 항소심의 종료

(1) 소의 취하

소는 판결이 확정될 때까지 취하할 수 있으므로(법 266조 1항), 원고는 항소심에서는 물론 상고심에서도 소를 취하할 수 있다. 상대방이 본안에 관하여 준비서면을 제출하거나 변론준비기일에서 진술하거나 변론을 한 뒤에 소를 취하함에는 상대방의 동의를 받아야 하므로 항소심에 있어서는 상대방의 동의를 필요로 하는 경우가 대부분이다. 항소심에서 소가 취하되면 제1심의 소송행위, 제1심종국판결, 항소심에 있어서 취하 전까지의 소송행위는 모두 실효된다.

(2) 항소의 취하

1) 의 의

항소의 취하는 항소인이 제1심 판결에 대한 불복신청을 철회하는 것을 말하고 항소심의 종국판결이 선고되기 전까지는 언제든지 취하할 수 있다(법 393조 1항). 항소의 취하는 상대방의 동의 없이 일방적으로 할 수 있으며, 상대방이 부대항소를 하였더라도 상관없이 취하 할 수 있다.

항소의 취하는 즉시 효력이 발생하여 항소심의 소송절차가 종료하고 항고기간 경과 후의 항소취하라면 항소기간의 만료시에 소급하여 제1심 판결이 확정된다.

항소취하서는 소송기록이 1심 법원에 있을 때에는 1심법원에 소송기록이 항소법원으로 이미 송부된 경우에는 항소법원에 제출한다. 소 자체를 철회하는 소취하와 구별되고 항소할 권리를 소멸시키는 항소권포기와 구별된다.

관련판례

항소심의 종국판결이 있은 후라도 그 종국판결이 상고심에서 파기되어 사건이 다시 항소심에 환송된 경우에는 새로운 종국판결이 있기까지는 항소인은 피항소인이 부대항소를 제기하였는지 여부에 관계없이 항소를 취하할 수 있다(대판 1995. 3. 10. 94다51543).

2) 요 건

가. 인적요건

항소의 취하는 소송행위이기 때문에 항소인이 항소를 취하하려면 당사자능력과 소송능력이 필요하며 대리인이 대리할 경우에는 소송법상 대리권이 필요하다. 통상공동소송에서는 1인의 또는 1인에 대한 항소취하가 가능하지만, 필수적 공동소송에서는 전원이 항소취하를 하지 않으면 효력이 없다. 보조참가인은 피참가인이 제기한 항소를 취하할 수 없다고 할 것이나 보조참가인이 제기한 항소는 피참가인의 동의하에 취하할 수 있다고 할 것이다.

나. 조건부취하 불가

항소취하는 소송행위이므로 기한이나, 정지조건이든 해제조건이든 조건을 붙여서는 안된다. 예를 들어 피항소인이 소송비용을 부담하는 조건하에 항소를 취하하는 것은 불가능하다.

다. 시 기

항소취하는 항소제기 후 항소심의 종국판결이 있기 전 까지 할 수 있다(법 393조 1항). 다만 일단 항소심의 종국판결이 있은 후라도 그 종국판결이 상고심에서 파기되어 사건이 다시 항소심에 환송된 경우에는 새로운 종국판결이 있기까지는 항소인은 피항소인이 부대항소를 제기하였는지 여부에 관계없이 항소를 취소할 수 있다(대판 1995. 3. 10. 94다51543).

라. 상대방의 동의 여부

소취하와 달리 항소의 취하는 상대방의 동의 없이 일방적으로 할 수 있으며 상대방이 부대항소를 하더라도 상관없이 취하할 수 있다. 또한 부대항소 자체도 동의 없이 취하할 수 있다.

3) 효 력

소취하의 효력을 준용하므로 항소는 소급적으로 효력을 잃고 항소심절차는 종료된다. 다만 소취하와 달리(소취하는 원심판결의 효력을 상실되게 한다) 원판결에 영향을 주지 않고 원판결은 확정된다. 또 소취하와 달리(소취하는 재소금지의 제재가 있다) 항소취하 후에 항소기간 도과전이라면 다시 항소할 수 있다.

관련판례

피고의 항소 후에 항소심에서의 소의 교환적 변경이 이루어진 뒤에 한 피고의 항소취하는 그 대상이 없어져 아무런 효력이 없다(대판 1995. 1. 24. 93다25875).

(3) 항소의 취하간주

양쪽 당사자가 출석하지 않은 경우에 관한 민사소송법 268조는 상소심에서도 준용되고 다만 상소심에서는 상소를 취하한 것으로 본다(법 268조 4항). 따라서 항소심에서 양쪽 당사자가 2회 기일을 해태한 후 1월 이내에 기일지정신청을 하지 아니하거나 기일지정신청에 따라 정한 기일 또는 그 뒤의 기일을 해태한 경우에는 항소를 취한 것으로 본다.

(4) 종국판결

종국판결에 의하여 항소심 절차가 종료한다.

7. 부대항소

사 례

① 원고 갑이 을에 대해 대여금 1천만원의 지급을 청구하여 600만원이 인용되었는데 갑은 패소부분인 400만원에 대해 상소기간 안에 상소하였으나 을은 상소기간을 도과한 경우 자신의 패소부분인 600만원에 대해 항소할 수 있는지 여부?

② 을이 600만원에 대해 부대항소한 이후 갑이 항소를 취하한 경우에는?

(1) 의 의

부대항소는 피항소인이 상대방의 항소에 의하여 개시된 항소심절차에 편승해서 원판결에 대한 불복을 주장하여 항소심의 심판범위를 자기에게 유리하게 확장시키는 신청을 말한다. 이를 인정하는 이유는 항소인의 항소심에서의 항소범위의 확장에 대응하여 항소권이 소멸된 피항소인에게도 부대항소를 허용함이 공평의 원칙에 부합하고, 소송경제를 도모하기 위해서 이다.

(2) 요 건

1) 주된 항소의 적법한 계속

부대항소가 제기되려면 상대방과의 사이에 주된 항소가 적법하게 계속되어 있어야 한다.

2) 부대항소의 당사자

부대항소는 주된 항소의 피항소인으로부터 항소인에 대하여 제기되는 것이 원칙이므로 주된 항소의 피항소인 또는 보조참가인이 항소인을 상대로 제기하여야 한다(법 403조).

3) 부대항소의 이익

주된 항소의상대방도 역시 항소를 제기하였을 경우에는 부대항소의 이익이 없다. 이 경우에는 불복신청의 범위를 확장하여 그 목적을 달상할 수 있으므로 당사자 쌍방이 모두 주된 항소를 제기한 경우에는 그 일방은 상대방의 항소에 대해 부대항소를 할 수 없다.

4) 시 기

부대항소는 항소기간(판결문 송달일로부터 14일)의 제한을 받지 않으므로 주된 항소심 변론종결전이면 제기가 가능하다.

5) 부대항소권의 포기가 없을 것

피항소인은 부대항소권을 포기하지 아닌 한 자기의 항소권을 포기하거나 항소기간의 도과로 소멸된 경우에도 부대항소를 제기할 수 있다. 부대항소를 취하하였더라도 변론종결에 이르기까지 거듭 부대항소를 할 수 있다.

(3) 부대항소의 제기 방식

1) 부대항소장의 제출

방식은 항소에 관한 규정에 의한다(법 405조). 부대항소장은 항소기록이 항소법원에 송부되기 전에는 제1심 법원에 그 후에는 항소법원에 제출하여야 한다. 원칙적으로 부대항소장을 제출하여야 하지만 그 신청을 변론에서 구술로 진술하여도 상대방이 이의권을 포기하면 적법한 제기로 볼 수 있다.

2) 부대항소장의 기재사항

부대항소장에는 제397조 제2항에 따라 당사자와 법정대리인 그리고 제1심 판결의 표시 및 그 판결에 대한 항소에 부대하여 항소하는 취지를 기재하여야 하고 항소장에 준하는 인지를 붙여야 한다. 판례는 부대항소장을 제출하지 않고 청구취지확장서, 반소장을 제출한 때에도 그것이 상대방에게 불리하게 되는 한도에서 부대항소를 한 것으로 의제하여야 한다고 판시하고 있다(대판 1979. 8. 31. 79다892).

(4) 효 력

부대항소에 의하여 항소심법원의 심판범위가 확장되면 피항소인의 불복의 당부도 심판되게 된다. 따라서 사례 ①에서 원고만이 자신의 패소부분인 400만원에 대해 항소하고 피고 을은 항소제기 기간이 도과하여 더 이상 항소제기를 하지 못하더라도 부대항소로서 을의 패소부분인 600만원에 대해 청구기각으로의 변경을 요구하면 항소심법원은 600만원에 대한 당부도 심판하게 된다.

[서식 107] 부대항소장

부 대 항 소 장

사 건 20○○가단 1234 보증금
부 대 항 소 인 이 ○ ○
(피항소인, 원고) 서울 ○○구 ○○동 123

부대 피항소인 ○○해상화재보험 주식회사
(항소인, 피고) 서울 ○○구 ○동 1456
대표이사 김 ○ ○

위 당사자간 서울고등법원 2005나1195 손해배상(자)청구 항소사건에 관하여 원고(피항소인겸 부대항소인)는 위 항소에 부대하여 동 항소사건의 제1심(서울중앙지방법원 2003가단258207)에서 2004. 12. 8. 선고된 판결 중 원고(피항소인겸 부대항소인)의 패소부분은 불복이므로 항소를 제기합니다.

부대항소취지

1. 원판결 중 부대항소인(피항소인, 원고) 패소부분을 취소한다.
2. 부대피항소인은 부대항소인에 대하여 금 71,756,404원 및 이에 대한 2003. 2. 17.부터 2004. 12. 8.까지는 연 5%의, 그 다음날부터 완제일까지는 연 15%의 각 비율에 의한 금원을 지급하라.
3. 소송비용은 부대피항소인의 부담으로 한다.
4. 위 제2항은 가집행할 수 있다.

라는 판결을 구합니다.

부대항소이유

1. 원심에서 적용한 원고 이○○의 후유장해 및 가동능력 상실률

원심에서는 원고 이○○의 후유장해 및 가동능력 상실률을 적용함에 있어 요추부 통증 등으로 인한 5년간 32%의 한시 장해로 평가하였습니다. 그러나 위 원고의 후유장해 및 가동능력 상실률의 평가는 원심에서 최초의 감정기관인 순천향대학교 의과대학 부속병원의 신경외과 전문의 최○○의 감정결과와 재감정기관인 이대목동병원 신경외과 전문의 조○○의 감정결과가 모두 영구장해로 평가되었음에도 불구하고, 위 두 전문기관의 평가를 모두 무시한 원심의 임의적인 적용이었으므로, 원심 판결은 부당하다 하겠습니다.

원심에서 위와 같이 판단한 주요인은, 원고 이○○이 과잉진료로 인하여 병세가 악화된 것이라는 피고측의 주장을 인정한 것이라 할 것입니다. 그러나 상식적으로 보더라도 의학적인 시견을 갖추고 있지 않은 일반 환자가 불필요한 진료를 전문의에게 강권할 수는 없는 것이며, 사고부위의 고통이 격심한 원고에게 전문의가 수술을 권유하였고 원고는 조금이라도 고통으로부터 벗어나기 위하여 수술을 받았던 것인 바, 비록 원고 이○○의 후유장해 및 가동능력 상실률에 있어 병세가 악화되는데 과잉진료가 결정적인 역할을 하였다고 하여도 이는 피고와 위 전문의간의 구상에 관한 문제인 것이지 결코 원고 이○○에게 이에 대한 과실을 전가시킬 수는 없는 것입니다.

2. 원고 이○○의 손해배상책임의 범위

가. 일실수익

(1) 기초사실

① 성별 : 남자

② 생년월일 : 1960. 11. 21.

③ 사고발생일 : 2003. 2. 17.

④ 연령(사고당시) : 42세 2개월 27일

⑤ 기대여명 : 32.94년

⑥ 직업 및 경력 : 5~9년차 자동차운전사(갑제14호증 국민연금정보자료 통지서 참조)

(2) 기초소득 및 정년

위 원고가 사고일인 2003. 2. 17.부터 60세가 될 때까지 17년 9개월(213개월)간 위 원고의 거주지에서 택시기사로 근무하였을 것인 바, 2002년 노동부 발행 임금구조기본통계조사보고서상의 자동차운전사 5~9년의 수입인 매월 금 1,605,306원을 가득할 수 있었다 할 것입니다.

(3) 후유장애 및 가동능력상실률

위 원고는 이 사건 사고로 인하여 사고일인 2003. 2. 17.부터 동년 3. 26.까지(38일간) 서울 관악구 신림○○동 ○○의 ○○ 소재 ○○의원에서, 2003. 3. 26.부터 동년 6. 17.까지(84일간) 서울 ○○구 ○○동 소재 ○○정형외과의원에서, 2003. 6. 17.부터 동년 7. 14.까지(27일간) 서울 ○○구 ○○동 ○○의 2 ○○빌딩 5, 6층 소재 ○○신경외과의원에서, 2003. 7. 14.부터 2004. 2. 14.까지(216일간) 서울 ○○구 ○○동 706의 2 소재 ○○정형외과의원에서 각 입원치료를 받았습니다.

또한 ○○병원 신경외과 전문의 ○○재의 위 원고에 대한 최종신체감정서에 의하면, 위 원고는 사고시부터 32%만큼의 가동능력상실이 있다고 하므로 그에 상응한 가동능력상실률은 아래와 같습니다.

① 사고일인 2003. 2. 17.부터 입원치료기간중인 2004. 2. 14.까지는 100%

② 그 이후부터 가동 종료일인 2020. 11. 20.까지는 32%

(4) 기간 및 계산

① 2003. 2. 17.부터 동년 2004. 2. 14.까지
1,605,306원 × 11.6858×100% = 18,759,284원

② 2004. 2. 14.부터 2020. 11. 20.까지
1,605,306원 × (152.2259 - 11.6858) × 32% = 72,195,157원

③ 합계(① + ②) : 90,954,441원

나. 기왕치료비

원심에서 인정한 금 18,988,470원을 그대로 인용합니다.

다. 향후치료비

원심에서 인정한 반흔교정술비용 금 3,322,615원, 금속제거술비용 금 699,504원, 합계 금 4,022,119원을 그대로 인용합니다.

라. 위 자 료

이 사건 사고로 직접적인 피해자인 원고 이○○은 육체적 고통 이외에도 상당한 정신적 고통을 받았을 것이므로, 이 사건에 나타난 제반사정을 고려하면 위자료로 피고는 원고 이○○에게 금 10,000,000원을 지급함이 상당하다 할 것입니다.

마. 소 결 론

그렇다면 피고는 원고 이○○에게 금 123,965,030원(일실수익 금 90,954,441원 + 기왕치료비 금 18,988,470원 + 향후치료비 금 4,022,119원 + 위자료 금 10,000,000원)을 지급할 의무가 있다할 것입니다.

3. 원고 이○○에 대하여 원심에서 인정한 금액

원심에서는 원고 이○○에 대한 손해배상금으로 금 52,208,626원만을 인정하였습니다.

4. 항소의 범위

그러므로 원 판결중 부대항소인(피항소인겸 원고)의 패부부분을 취소하고, 부대피항소인은 부대항소인에게 금 71,756,404원(123,965,030원 - 52,208,626원) 및 이에 대한 2003. 2. 17.부터 2004. 12. 8.까지는 민법 소정의 연 5%, 그 다음날부터 갚는 날까지는 소송촉진등에관한특례법 소정의 연 15%의 각 비율에 의한 지연손해금을 지급할 의무가 있다 할 것입니다.

첨 부 서 류

1. 부대항소장부본	1 통
1. 납부서	1 통

20○○. ○. ○.

위 부대항소인(피고) 이 ○ ○ (인)

수원지방법원 귀중

■ 작성·접수방법

1. 방식은 항소에 관한 규정에 의한다(법 405조). 원칙적으로 부대항소장을 제출하여야 하지만 그 신청을 변론에서 구술로 진술하여도 상대방이 이의권을 포기하면 적법한 제기로 볼 수 있다.따라서 부대항소장과 상대방수 만큼의 부본을 법원에 제출한다.
2. 인지액은 불복하는 금액을 기준으로 해서 1심 인지액의 1.5배이다.
3. 송달료는 88,800원이다(=12회분×3,700×당사자수(2))이다.

8. 추완항소

원래 제1심 판결문을 송달받으면 그로부터 2주 이내에 항소를 제기하지 아니하면 그 판결은 확정되어 더 이상 다툴 수 없게 되는 것이 원칙이다. 그런데, 당사자가 외국에 나가 있었다든가, 천재지변의 발생 또는 상대방이 허위의 주소를 기재하여 판결을 편취하는 등으로 말미암아 본인이 책임질 수 없는 사유로 이러한 불변기간을 지키지 못한 경우가 있을 수 있다. 이러한 경우에는 그 사유가 없어진 날부터 2주(외국에 있었던 당사자는 30일)이내에 항소를 제기할 수 있는데, 이를 추완항소라고 한다(민소법 173조).[61]

[서식 108] 추완항소장

추 완 항 소 장

사 건	20○○가단 1234 보증금
항 소 인(피고)	배 ○ ○(760431-1234567) 서울시 ○○구 ○○동 1234-56
피항소인(원고)	전 ○ ○(740631-1234567) 34비 네일로드 필라델피아 펜실베니아주 5678 미국 거소지, 서울 ○○구 ○○동 90-16 (501호)

위 당사자간 수원지방법원 안산지원 20○○가단 1234 보증금 청구사건에 관하여, 동 법원이 20○○. 1. 24. 선고한 판결에 대하여 모두 불복하고, 피고는 다음과 같이 책임질 수 없는 부득이한 사유로 항소기간을 도과하였으므로 추완항소를 제기합니다.

원판결의 표시

1. 피고는 원고에게 금 14,000,000원 및 위 금원에 대하여 20○○. 9. 22.부터 다 갚는 날까지 연 15%의 비율에 의한 금원을 지급하라.

61) 제173조(소송행위의 추후보완) ① 당사자가 책임질 수 없는 사유로 말미암아 불변기간을 지킬 수 없었던 경우에는 그 사유가 없어진 날부터 2주 이내에 게을리 한 소송행위를 보완할 수 있다. 다만, 그 사유가 없어질 당시 외국에 있던 당사자에 대하여는 이 기간을 30일로 한다.
② 제1항의 기간에 대하여는 제172조의 규정을 적용하지 아니한다.

2. 소송비용은 피고의 부담으로 한다.
3. 제1항은 가집행할 수 있다.

항 소 취 지

1. 원심판결을 취소한다.
2. 원고의 청구를 기각한다.
3. 소송비용은 제1, 2심 모두 원고의 부담으로 한다.

라는 판결을 구합니다.

추 완 사 유

1. 이 사건에 있어서, 피고 전○○는 미국 영주권자로서 이 사건 소 제기전부터 현재까지 미국 주소지에서 거주하고 있습니다.

2. 원고는 피고를 상대로 20○○. 5. 10. 수원지방법원 안산지원에 소를 제기하였고, 동 법원은 국외 이주로 인하여 말소된 피고의 최후 주소지인 서울 ○○구 ○○동 1234로 피고에 대한 소장 부본 및 기타서류를 송달함으로써, 송달불능되자 원고의 신청에 의하여 공시송달의 방법으로 위 서류를 송달하고, 소송절차를 진행하여 20○○. 10. 24. 판결을 선고하고 20○○. 11. 9. 역시 공시송달로 피고에게 판결정본을 송달하였는 바, 피고는 국외에 거주한 관계로 이 사건의 소 제기사실이나 판결선고 사실을 전혀 모르고 있었습니다.

3. 그런데 피고 소유의 다가구주택인 시흥시 ○○동 1234(이하 '이 사건 다가구 주택'이라 한다.)의 임대차관계 정리 및 월세 등을 수령하기 위하여 국내에 입국하여 이 사건 다가구주택의 부동산등기부등본을 발급받았다가 원고가 가압류를 한 후 이 사건 소송을 제기하여 피고 모르게 확정판결까지 받아 강제경매를 신청하였음을 비로소 알게 되었습니다.

4. 한편, 원고의 모 최○○는 부동산공인중개사사무실에서 근무하면서 피고를 대신하여 이 사건 다가구주택의 임차인들과 임대차계약을 체결하고 보증금과 월세를 수령하여 피고에게 송금해 주던 자이며 원고의 보증금 반

환 채권도 이 사건 다가구주택의 보증금이어서 피고의 연락처를 몰랐을리 없으나 고의로 피고의 주소를 소재불명으로 하여 법원을 기망함으로써 공시송달로 피고에게 소장 부본 및 판결정본을 송달하게 하여 피고로 하여금 불변기간인 항소기간을 준수할 수 없게 하였던 것입니다.

5. 따라서 항소기간을 도과한 것은 피고가 책임질 수 없는 사유로 인한 것이 명백하므로 추완항소를 제기합니다.

항 소 이 유

1. 전제사실

피고 소유의 시흥시 ○○동 1234 지상건물(이하 '이 사건 건물'이라 한다.)은 다가구 주택인 바, 피고는 미국 영주권자 이므로 대부분은 미국 주소지에서 거주하였기 때문에 일 년에 몇 회 정도만 국내로 입국하여 잠시간 머물며 이 사건 건물의 임대차관계를 정리한 후 다시금 미국으로 출국하여야 했습니다.

따라서 피고는 국내에서 이 사건 건물의 임대차 계약 및 임대료를 수령하여 줄 사람이 필요했던 바, 원고의 모인 최○○는 이 사건 건물 주변에서 공인중개사 사무실의 직원으로 있었기 때문에 가장 적합하다 생각되어 이 사건 건물의 모든 임대차계약 및 임대료 수령에 대하여 피고를 대리할 수 있도록 하였던 것입니다.

2. 임대차계약의 체결 및 보증금 반환

위 최○○는 20○○.경 이 사건 건물 중 304호를 자신의 딸인 원고 배○○ 명의로 임대차계약을 체결하였다며 작성된 임대차계약서와 20○○. 7.경 보증금 14,000,000원 중 일부인 11,000,000원을 피고에게 송금하였습니다. 이후 만기에 이를 때까지 위 최○○는 위 보증금 잔액 3,000,000원을 송금하지 아니하였습니다. 이에 피고는 연체된 관리비 363,000원을 공제하고 합계금 10,637,000원(20○○. 11. 6. 금 5,000,000원, 20○○. 11. 8. 금 5,637,000원을 송금함)을 위 최○○에게 송금하여 주었습니다.

3. 원고의 친권자인 위 최○○의 기망행위에 의한 승소판결

그런데 위 최○○는 20○○. 12. 31. 남편인 배○○과 협의이혼을 하면서 원고의 단독 친권자가 되었기 때문에 원고의 법정대리인은 위 최○○가 되어야 함에도 위 배○○을 원고의 법정대리인으로 내세워 피고가 국내에 없는 틈을 타 신고된 거소지(임대차계약서상 주소지임)도 아닌 최후 주소지(국외 이주로 인하여 말소된 주소지)로 이 사건 소를 제기하였고, 이 점을 모르던 법원은 공시송달에 의하여 원고의 승소판결을 하였던 것입니다.

위 최○○는 피고를 대리하여 왔기 때문에 모든 관리비와 월세, 보증금에 대하여 피고를 대신하여 수령할 수 있어서 피고가 보증금을 반환하지 않으려 했다고 하더라도 원고의 보증금을 받아내지 못했을 리도 없고, 피고가 보증금을 반환할 때도 전화 통화로 연체된 관리비를 공제하고 나머지금 10,637,000원만 반환하기로 협의한 후 송금하였던 것입니다.

따라서 원고는 피고로부터 보증금 전액을 반환받았으므로 피고에 대한 이 사건 청구채권은 존재하지 않는다 할 것입니다.

첨 부 서 류

1. 추완항소장 부본	1 통
1. 미국 자동차운전면허증 사본	1 통
1. 국내거소신고사실증명	1 통
1. 주민등록초본	1 통
1. 호적등본	1 통
1. 납부서	1 통
1. 입금증	2 통
1. 위임장	1 통

20○○. ○. ○.

위 항소인(피고) 배 ○ ○ (인)

수원지방법원 귀중

■ 작성·접수방법

1. 당사자가 외국에 나가 있었다든가, 천재지변의 발생 또는 상대방이 허위의 주소를 기재하여 판결을 편취하는 등으로 말미암아 본인이 책임질 수 없는 사유로 불변기간을 지키지 못한 경우 그 사유가 없어진 날부터 2주(외국에 있었던 당사자는 30일)이내에 항소를 제기한다.
2. 추완항소장과 상대방수 만큼의 부본을 1심 법원에 제출한다.
3. 인지액은 불복하는 금액을 기준으로 해서 1심 인지액의 1.5배이다. 따라서 사안에서 1,400만원이 불복금액이므로 인지액은 102,000원[=(1,400만원×0.0045+5,000)×1.5]이다.
4. 송달료는 88,800원이다(=12회분×3,700×당사자수(2))이다.

Ⅲ. 상 고

대법원

1. 의 의

상고는 고등법원이 선고한 종국판결과 지방법원 합의부가 제2심으로서 선고한 종국판결에 대하여 법령의 위반이 있음을 주장하여 그 판결의 당부에 관하여 심판을 구하는 상소이다(법 422조 1항). 따라서 고등법원이 제1심으로 한 종국판결에 대하여도 바로 상고할 수 있다. 당사자 사이에 제1심의 종국판결에 대하여

비약적 상고의 합의가 있는 경우에도 항소심을 거치지 아니하고 직접 상고할 수 있다(법 422조 2항).[62]

■ **비약상고의 합의** ■

1. 개 설

(1) 의 의

비약상고합의란 종국판결 뒤에 양쪽 당사자가 상고할 권리를 유보하고 항소를 하지 아니하기로 합의 하는 것이다. 불항소의 합의라고도 한다.

(2) 법적성질

이는 요건과 방식 효과가 법률에 규정된 소송행위(그 중에서 계약)이다.

2. 요 건

(1) 소송능력이 있어야 한다.

(2) 일정한 법률관계로 말미암아 소, 즉 특정한 소송물 또는 청구에 관한 것이어야 한다.

(3) 관할합의와 마찬가지로 소송외의 계약이므로 민법상 하자가 있을 경우에는 민법상 그 무효, 취소가 인정된다.

3. 방 식

관할합의처럼 서면으로 하여야 한다(법 390조 2항). 따라서 제1심판결에 대하여 상고를 하는 경우에 합의에 관한 서면을 제출한 바 없다면 상고는 부적법한 것이다.

4. 효 과

판결을 받은 당사자 쌍방이 항소하지 아니하기로 합의한 경우에는 상소권이 없게 된다. 항소심에서 합의가 발견되면 항소를 부적법각하 하여야 한다.

2. 상고심의 절차

(1) 상고의 제기

1) 상고장의 제출

상고와 상소심의 소송절차는 특별한 규정이 없는 한 항소심에 관한 규정이

62) 제422조(상고의 대상) ① 상고는 고등법원이 선고한 종국판결과 지방법원 합의부가 제2심으로서 선고한 종국판결에 대하여 할 수 있다.
② 제390조제1항 단서의 경우에는 제1심의 종국판결에 대하여 상고할 수 있다.

적용되므로,[63] 상고장은 판결이 송달된 날부터 2주 내에 원심법원(즉 제2심법원 단, 비약적상고의 경우에는 제1심법원)에 제출하여야 하며 상고법원에 직접 제출하면 그 효력이 없다.

2) 상고장의 기재사항

상고장에는 상고한다는 취지의 기재가 있으면 족하고 불복신청의 범위가 명확하지 않더라도 상고가 부적법한 것은 아니지만 상고법원의 심리범위 및 상고장에 붙일 인지액을 확정하기 위해서도 그 불복신청의 범위를 명확히 할 필요가 있으므로 상고장에 불복신청의 범위가 적혀 있지 아니하면 일단 보정을 권고하여야 할 것이나(규칙 5조 3항), 그에 불응하여도 상고장의 각하 사유는 아니다. 이러한 경우에는 상고인이 패소한 부분 전부에 관하여 불복하는 것으로 보아 인지를 붙여야 한다.

3) 상고이유서의 제출

상고장을 처음 제출할 때에는 상고이유를 기재하지 아니하여도 되지만, 상고장에 상고의 이유서를 적지 아니한 때에는 상고인은 소송기록접수의 통지를 받은 날부터 20일 이내에 상고이유서를 제출하여야 하고 위 기간내에 상고이유서를 제출하지 아니한 때에는 변론 없이 판결로 상고를 기각한다(법 429조).[64] 상고이유서는 상대방 당사자수에 6을 더한 수의 부본을[65] 첨부하여야 하며, 상고인이 상고이유를 적었더라도 위 20일 이내에는 상고이유서를 추가로 제출할 수 있다.

4) 송달료 및 인지액

상고장에 붙일 인지액은 소장에 붙일 인지액의 2배이다. 상고인은 상고장을 제출할 때 원심법원의 수납은행에 송달료(당사자 1인에 대하여 각 8회분에 해당하는 금액, 즉 당사자가 2인 경우 59,200원(=2인×3,700원×8회분))를 납부해야 한다.

---

63) 제425조(항소심절차의 준용) 상고와 상고심의 소송절차에는 특별한 규정이 없으면 제1장의 규정을 준용한다.

64) 제429조(상고이유서를 제출하지 아니함으로 말미암은 상고기각) 상고인이 제427조의 규정을 어기어 상고이유서를 제출하지 아니한 때에는 상고법원은 변론 없이 판결로 상고를 기각하여야 한다. 다만, 직권으로 조사하여야 할 사유가 있는 때에는 그러하지 아니하다.

65) 재판부를 구성하는 대법관용 2통(재판장 및 주심 각 1통), 담당 재판연구관용 1통, 보존용 1통, 판례편찬용 1통, 예비용 1통 모두 6통이다.

5) 부대상고

부대항소에 관한 규정도 상고심에 준용되므로 피상고인은 상고권이 소멸된 후에도 부대상고를 할 수 있고 부대상고의 방식이나 상고에 대한 종속성도 부대항소의 경우와 같다.

[서식 109] 상 고 장

상 고 장

상 고 인(원고) ○○건설 주식회사
서울 ○○구 ○○동 123 ○○빌딩 601호
대표이사 김○○

피상고인(피고) ○○공제회

위 당사자간의 서울고등법원 20○○나21292 공동관리계좌인출금반환 청구사건에 관하여 동 법원에서 20○○. ○. ○. 선고한 판결에 대하여 원고(상고인)는 이에 불복이므로 다음과 같이 상고를 제기합니다.

항소심 판결의 표시

1. 원고의 항소를 기각한다.
2. 항소비용은 원고가 부담한다.

(원고는 위 판결 정본을 20○○. ○. ○. 송달받았습니다.)

불복의 정도 및 상고범위

원고(상고인)는 원판결의 전부에 대하여 불복이므로 상고를 제기합니다.

상 고 취 지

1. 원 판결을 취소한다.

2. 피고는 원고에게 80,000,000원 및 이에 대한 20○○. ○. ○.부터 이 사건 소장부본 송달일까지는 연 5%, 그 다음날부터 다 갚는 날까지는 연 15%의 각비율에 의한 금원을 지급하라.
3. 소송 총비용은 모두 피고의 부담으로 한다.

라는 판결을 구합니다.

상 고 이 유

추후 제출하고자 합니다.

첨 부 서 류

1. 상고장 부본	1 통
1. 납부서	1 통
1. 위임장	2 통

20○○. ○. ○.

위 상고인(원고) ○○건설 주식회사
대표이사 김○○

대법원 귀중

■ 작성·접수방법

1. 상고장은 판결이 송달된 날부터 2주 내에 원심법원(즉 제2심법원 단, 비약적상고의 경우에는 제1심법원)에 제출하여야 하며 상고법원에 직접 제출하면 그 효력이 없으므로 주의해야 한다. 다만 마지막 날이 공휴일인 경우에는 그 다음날 까지 제출하면 된다.
2. 상고장에 붙일 인지액은 소장에 붙일 인지액의 2배이다. 따라서 사안에서 8,000만원이 불복금액이므로 인지액은 730,000원[=(8,000만원×0.0045+5,000)×2]이다.
3. 상고인은 상고장을 제출할 때 원심법원의 수납은행에 송달료(당사자 1인에 대하여 각 8회분에 해당하는 금액, 즉 당사자가 2인 경우 59,200원=(2인×3,700원×8회분)를 납부해야 한다.
4. 상고장이 제출되면 2심법원은 흠결사항이 있는지 여부를 검토한 후 인지액 등 흠결이 있다면 보정명령등을 통해 이를 보완한 다음 대법원에 송부한다.

6) 소송기록의 접수통지, 상고장의 부본송달

원심 재판장의 상고장 심사 후 상고장이 적식이면 원심법원사무관은 소송기록을 상고법원에 송부하여야 한다(법 425조). 상고법원사무관은 소송기록의 송부를 받은 때에는 바로 그 사유를 당사자에게 통지하여야 한다(법 426조).

[서식 110] 상고기록접수통지서

대 법 원

상고기록접수통지서

상고인 정○○귀하

사 건 20○○다123 손해배상
원고(상 고 인) 정 ○ ○
피고(피상고인) 박 ○ ○

위 사건에 관한 소송기록을 원심법원으로부터 송달받았으므로 이를 통지합니다.

20○○. ○. ○.

법원사무관 정○○ (인)

※ 주 의

1. 상고이유서를 제출하지 아니한 상고인은 이 통지서를 받은 날로부터 20일 안에 상고이유서 1부와 그 부본은 상대방 수에 5부를 더한 수를 이 법원에 제출하셔야 합니다. 만약 이 기간 안에 상고이유서를 제출하지 않으면 상고가 기각될 수 있습니다
2. 이 사건에 관하여 법원에 제출하는 서류에는 사건번호를 기재하시기 바랍니다.

법원 소재지	서울 서초구 서초동 967	담당	제1부	전화	대표전화 3480-1234

(2) 심리불속행제도

1) 의 의

심리불속행제도는 당사자가 주장한 상고이유에 중대한 법령 위반에 관한 사항 등의 심리속행사유가 포함되어 있지 않으면 더 나아가 상고이유의 당부에 관하여 심리를 하지 아니하고 판결로 상고를 기각하는 제도이다(상고심절차에 관한 특례법 4조 1항).

2) 심리속행요건으로서 심리속행사유

가. 원심판결(原審判決)이 헌법에 위반되거나, 헌법을 부당하게 해석한 경우
나. 원심판결이 명령·규칙 또는 처분의 법률위반 여부에 대해 부당하게 판단한 때
다. 원심판결이 법률·명령·규칙 또는 처분에 대하여 대법원 판례와 상반되게 해석한 경우
라. 법률·명령·규칙 또는 처분에 대한 해석에 관하여 대법원 판례가 없거나 대법원 판례를 변경할 필요가 있는 경우
마. 그 외에 중대한 법령위반에 관한 사항이 있는 경우
바. 민사소송법 제424조(절대적 상고이유)의 사유가 있는 때
사. 가압류 및 가처분에 관한 판결에 대하여는 상고이유에 관한 주장이 위 가, 나, 다의 사유를 포함하지 아니한다고 인정되는 경우

3) 심리불속행 기각판결

상고이유에 심리속행사유가 있는지는 남상소 방지라는 공익적 요청에서 나온 것이므로 소송요건이나 상소요건처럼 직권조사항이다. 상고심법원은 상고이유에 관한 주장이 심리속행 사유를 포함하지 아니한다고 인정하면 더 나아가 심리(審理)를 하지 아니하고 판결로 상고를 기각(棄却)한다(동법 4조 1항).

3. 상고이유

(1) 법령위반

1) 일반적 상고이유

상고심은 법률심이므로 상고는 판결에 영향을 미친 헌법·법률·명령 또는 규칙의 위반이 있다는 것을 이유로 드는 때에만 할 수 있다(법 423조). 즉 사실인정의 잘못은 상고이유가 되지 않는다. 판결에 영향을 미친 헌법·법률·명령 또는 규칙의 위반이 있다는 것을 이유로 하는 상고의 경우에는 상고이유에 해당하는 법령의 조항 또는 내용과 이에 위반하는 사유를 밝혀서 적어야 한다(규칙 129조). 그 법령이 소송절차에 관한 것인 때에는 그에 위반하는 사실을 적어야 한다.

2) 법 령

헌법·법률·명령 또는 규칙(법 423조)이라고 규정하고 있지만 지방자치단체의 조례, 비준가입한 국제조약, 협정 등을 포함한다. 성문법뿐만 아니라 관습법도, 국내법뿐만 아니라 외국법도 포함한다. 경험칙도 법규에 준하는 것이므로 여기에 포함한다는 것이 판례이며, 또한 대법원판례 위반은 직접적으로 법령위반이 아니지만 법령해석을 잘못한 것이 되어 결국 법령위반이 될 수 있다.

3) 위 반

가. 법령해석의 과오

법령해석의 과오란 법령의 취지·내용·효력에 관한 잘못을 말하며 상고이유가 된다.

나. 법령적용의 과오

법령적용의 과오란 법령해석은 잘못이 없는데 사건이 법령의 구성요건에 해당하지 않는데 적용하거나 또는 해당하는데 적용하지 않은 잘못을 말하며 모두 상고이유가 된다.

다. 판단상 과오

원심판결이 실체법을 부당하게 해석하여 청구의 당부를 잘못 판단한 것을 말한다. 실체법의 올바른 적용은 법원의 직책이므로 법원은 당사자의 상고이유에 구속됨이 없이 실체법의 부당적용 여부를 직권으로 조사하여야 한다.

라. 절차상 과오

원심판결이 절차법을 부당하게 해석하여 청구의 당부를 잘못 판단한 것을 말한다. 예를 들어 변론주의 위반, 적법한 기일통지 없이 한 변론 등이다.

4) 판결에 영향을 미친 법령위반

이러한 법령위반과 원심판결주문 사이에 인과관계가 있어야 한다.

(2) 절대적 상고이유

절대적 상고이유란 중대한 절차법규 위반으로서 판결주문에 영향을 주었는지를 묻지 않고 상고이유로 삼을 수 있는 것을 말한다. 즉 424조에 열거된 절차법규 위반은 판결주문에 영향을 미쳤는지의 판단이 어렵기에 주문에 영향을 주었는지를 불문하고 상고이유로 하였다.[66]

1) 법률에 따라 판결법원을 구성하지 아니한 때

판결법원이 법원조직법과 민사소송법에 따르지 않고 구성된 것(합의부구성법관이 2명인 경우, 변론에 관여하지 않은 법관이 관여한 경우 등)을 말한다.

2) 법률에 따라 판결에 관여할 수 없는 판사가 판결에 기여할 때

제척이유 있는 법관, 기피결정이 선고된 법관 등이 관여한 것을 말한다. 여기에서 관여란 판결의 합의 및 판결원본 작성에 관여한 것을 말하며 판결의 선고에만 관여한 경우에는 여기에 해당하지 않는다(대판 1962. 5. 24. 4294민상251)

3) 전속관할규정에 어긋난 때

전속관할이 없는 법원이 판결한 경우를 말한다. 따라서 임의관할은 상고이

---

66) 제424조(절대적 상고이유) ① 판결에 다음 각호 가운데 어느 하나의 사유가 있는 때에는 상고에 정당한 이유가 있는 것으로 한다.
1. 법률에 따라 판결법원을 구성하지 아니한 때
2. 법률에 따라 판결에 관여할 수 없는 판사가 판결에 관여한 때
3. 전속관할에 관한 규정에 어긋난 때
4. 법정대리권·소송대리권 또는 대리인의 소송행위에 대한 특별한 권한의 수여에 흠이 있는 때
5. 변론을 공개하는 규정에 어긋난 때
6. 판결의 이유를 밝히지 아니하거나 이유에 모순이 있는 때

유가 되지 않는다(법 411조).

4) 법정대리권 등에 흠이 있는 때

대리인으로 소송을 수행했지만 대리권이 없는 경우 내지 대리인의 특별한 권한의 흠이 있는 경우를 말한다.

5) 변론을 공개하는 규정에 어긋난 때

헌법이나 법률의 규정에 위반하여 변론 또는 판결의 선고를 공개법정에서 하지 않은 경우를 말한다.

6) 이유불비, 이유모순이 있는 때

이유불비는 판결이유를 전혀 밝히지 않은 것 또는 그와 같은 정도를 말하는 것인데 이러한 사유가 있는지는 직권조사사항이다(대판 2005. 1. 28. 2004다66469).

이유모순은 이유를 기재하였으나 이유 자체에 모순이 있어서 판결주문에 이르는 논리의 전개가 명확하지 않은 경우를 말한다.

[서식 111] 상고이유서

상 고 이 유 서

사　　　　건　　20○○다123　손해배상
상 고 인(피고)　　조 ○ ○
피상고인(원고)　　선 ○ ○

위 사건에 관하여 피고(상고인)은 다음과 같이 상고이유를 제출합니다.

다　　　음

1. 원심 판결의 요지

원심은, 피고가 이 사건 구매계약에 따라 20○○. ○. ○.경 원고의 세탁

소에 이 사건 와이셔츠프레스와 회수건조기를 설치하였는데 솔벤트 회수방식에 의한 이 사건 회수건조기의 폭발방지를 위해 필요한 안전장치인 냉각배수시설과 접지공사를 해 주지 않은 채 임시방편으로 회수건조기와 수도를 연결하여 사용하도록 하였고 회수건조기의 작동에 관한 주의사항 및 사용방법에 관한 설명을 제대로 하지 않은 채 간단한 작동법만 알려주었으며, 원고가 이 사건 회수건조기를 사용하여 드라이 크리닝한 세탁물들을 회수 건조하려 하였으나 기름이 회수되지 않고 건조기 자체에서 열이 많이 나오자 피고에게 연락하여 수리를 받고 그 뒤로도 기름의 회수가 제대로 되지 않고 열이 식지 않아 피고가 알려 준 일반 건조 기능만을 사용하였고 20○○. ○. ○. 이 사건 회수건조기로 냉풍건조를 하던 중 이 사건 회수건조기가 폭발하는 사고가 발생했으며, 원고는 또한 이 사건 와이셔츠프레스를 작동하여 와이셔츠를 다리려 하였으나 상당히 노후화된 관계로 일부기능은 아예 작동되지 않고 와이셔츠의 절반 가까이 깨지는 결함이 있어 이를 전혀 사용하지 못했다면서 위 인정사실에 의하면 피고가 공급한 회수건조기와 이 사건 와이셔츠프레스에는 중대한 하자가 있고 그로 인하여 원고가 이 사건 구매계약의 목적을 달성할 수 없다고 봄이 상당하여 원고는 위 하자를 이유로 이 사건 구매계약을 해제할 수 있다고 하면서 피고는 원고에 원상회복으로 이 사건 각 기계대금으로 2,000만원을 반환할 의무가 있고, 손해배상(이 사건 사고가 솔벤트 회수기능이 제대로 작동되지 않은 회수건조기 자체의 하자와 안전장치인 냉각배수시설과 접지공사를 하지 않은 설치상의 하자 및 작동법이나 주의사항을 제대로 알려주지 않은 피고의 설명의무위반이 경합되어 발생한 것으로 봄이 상당하다고 하면서)으로 세탁물 훼손금 2,044,100원과 점포유리창 파손비 390,000원, 이○○ 치료비 30,290원 등 2,464,390원 및 이에 대한 지연손해금을 지급할 의무가 있다고 판단한바 있습니다.

2. 상고이유

가. 하자담보책임에 관한 법리오해(제1점)

원고는 당초 이 사건 회수건조기와 와이셔츠프레스에 대하여 20○○. ○. ○. 구매계약과 동시에 계약금 500만원을 지급하고 같은 달 21. 중도금 1,300만원을 지급한 상태에서 20○○. ○. ○. 위 기계를 원고의 영업장에 설치한 후 같은 달 ○.까지 1주일간의 시운전을 거쳐 기계의 성능을 확인 한 후 같은 달 ○.부터 원고가 기계를 작동시켰으며 같은 달 ○. 잔금 200만원을 지급하였는데 20○○. ○. ○. 회수건조기 작업 도중 폭발사고가 발생한 점과 와이셔츠프레스의 경우 단추가 깨지는 결함이 발견되었다면서 이 사건 소를 제기하여 원·피고 간에 제품의 하자와 사용상 부주의에 대하여 공방이 있어서 1심 및 원심 재판부에서 사고의 원인 규명을 위한 감정을 실시할 것을 요구하였지만 원고는 비용상의 문제를 들어 이를 시행하지 않게 됨에 따라 1심에서는 금 250만원으로, 원심에서는 금 800만원으로 강제조정까지 한바 있었는데 원심 강제조정에 대하여 피고가 이의를 하게 되자 원고측의 일방적 증언을 받아 들여 제품의 하자가 있고 그것이 계약의 목적을 달성할 수 없을 정도의 중대한 하자라면서 하자담보책임의 법리에 따라 계약해제를 인정하고 원상회복 및 손해배상책임을 인정하고 말았는바, 위에서 본 바와 같이 적어도 시운전을 통하여 제품을 구매하였다면 구매 당시 제품 본래적 기능은 충분히 발휘되고 있었다고 보아야 하기 때문에 그 이후의 사고에 대하여는 사고의 원인에 대하여 기술적 규명이 필요한 것이지만 원고가 절차를 제대로 이행하지 못하게 되자 제품설명 부족부분에 초점을 맞추면서 사고 난 결과 부분을 가미하여 마치 제품에 중대한 하자가 있었던 것으로 판단한 것은 이 사건 기계들이 중고품이었다는 것을 감안하고 민법 제580조에서 구매자에게 과실이 있는 경우에는 매도인의 하자담보책임에 따른 계약해제를 인정할 수 없다는 점을 고려하면 원심이 제품 사용설명 미진과 매매목적물의 하자를 혼동한 것으로 이는 매도인의 하자담보책임에 관한 명백한 법리오해가 있는 경우라 할 것입니다.

나. 채증법칙 위배 및 심리미진(제2점)

이 사건은 당초부터 제품 자체의 하자와 사용상 부주의에 대하여 공방이 있었고 제품 자체의 하자에 대하여는 원고가 객관적 입증을 하지 못하게 되자 이 사건 1심은 원고의 청구를 기각하였던 것이었는데 원심은 원고가 역시 이 사건 사고의 원인 및 제품 자체의 하자에 대하여 기술적 입증(전문가의 감정을 통한 입증)을 하지 못하게 되자 피고에게 800만원을 지급하라는 강제조정을 했던 것인데 이후 사고원인 및 제품 하자에 대하여는 전혀 입증을 하지 못하고 단지 사고경위에 대한 증언을 했던 것뿐인데 이 사건에 대하여 피고가 공급한 제품에 중대한 하자가 있었고 그에 따라 계약해제를 할 수 있다면서 공급한 제품의 공급가와 손해배상책임을 인정한 것은 기계의 하자인정에 대한 명백한 채증법칙 위배이고 분명한 심리미진이라 할 것입니다.

3. 결 론

이상에서 본 바와 같이 원심은 매도인의 하자담보책임에 관한 법리오해와 기계의 하자를 인정함에 있어서의 채증법칙위배 및 심리미진의 위법을 범하였다 할 것인바, 더욱이 원고가 비용절감을 위해 기계의 설치는 피고가 아닌 다른 업체에 맡겼다는 점(따라서 적어도 피고에게 설치상의 하자에 대한 책임을 묻기는 어려울 것임, 이 점은 원고가 명시적으로 다툰 바도 없음), 와이셔츠프레스기는 원고가 타에 처분하여 피고에게 반환할 수 없다는 점 등을 고려하면 원심판결의 위법은 결론에 영향이 있는 경우이기 때문에 원심판결의 파기를 바라와 본 상고이유를 개진하는 바입니다.

20○○. ○. ○.

위 항소인(피고) 조 ○ ○ (인)

대법원 민사 제1부 귀중

■ 작성·접수방법

1. 상고이유서는 상대방 당사자수에 6을 더한 수의 부본을 첨부하여 대법원에 제출한다. 따라서 상대방이 1인인 경우 합계 7부가 필요하다.
2. 상고장에 상고의 이유서를 적지 아니한 때에는 상고인은 소송기록접수의 통지를 받은 날부터 20일 이내에 상고이유서를 제출하여야 하고 위 기간 내에 상고이유서를 제출하지 아니한 때에는 변론 없이 판결로 상고를 기각하므로 주의하여야 한다.
3. 상고이유서를 제출할 때 인지나 송달료등 별도의 비용을 첨부하지 않는다.
4. 상고이유서가 제출되면 법원은 지체 없이 그 부본을 상대방에게 송달하며 부본을 송달받은 피상고인은 10일 이내에 답변서를 제출한다.

4. 상고심의 심리

(1) 심리절차

① 상고장이 제출되어 상고심이 소송기록을 송부 받으면 ② 소송기록접수통지를 하고 ③ 상고법원은 상고이유서를 송달하여야 하고 ④ 송달받은 피상고인은 10일 이내에 답변서를 제출할 수 있으며 답변서가 제출되면 사무관은 그 부본을 상고인에게 송달하여야 한다. ⑤ 상고인이 상고장에 상고이유를 기재하지 아니하고 또 상고기록 접수통지서의 송달을 받은 날부터 20일 이내에 상고이유서를 제출하여야 한다. 제출하지 않은 때에는 변론 없이 판결로 상고를 기각한다. 이 경우 판결이유를 기재하지 아니할 수 있고 그 판결은 선고를 요하지 아니하며 상고인에게 송달됨으로써 그 효력이 생긴다. ⑥ 상고법원은 상고요건심리, 심리속행사유심리, 사옥이유심리의 순서로 심리한다.

(2) 심리의 방식

상고심은 직권조사사항을 제외하고 상고이유에 따라 불복신청의 한도 안에서 심리한다(법 431조). 상고법원은 상고이유가 적법하다고 인정되더라도 상고장·상고이유서·답변서, 그 밖의 소송기록에 의하여 변론없이 판결할 수 있다(법 430조 1항). 법률심인 상고심에서는 서면심리만으로 충분하기 때문에 특칙을 둔 것이다.

[서식 112] 답 변 서

답　변　서

사　　　건　20○○다1234 회수결정무효확인
상 고 인(원고)　김 ○ ○
피상고인(피고)　학교법인 ○○학원

위 사건에 관하여 피상고인(피고)은 아래와 같이 상고이유에 대한 답변을 제출합니다.

상고취지에 대한 답변

1. 원고의 상고를 기각한다.
2. 상고비용은 원고가 부담한다.

라는 판결을 구합니다.

상고이유에 대한 답변

1. 심리미진 주장에 대하여

1) 원고(상고인, 이하 원고라 합니다)는 항소심에서 ○○교육청의 민원조사가 민원인의 허위와 불법자료에 근거한 부실조사였음을 증명하는 증거자료를 항소심에 제출하였음에도 불구하고, 항소심은 ○○교육청의 행정처분이 당연히 무효이거나 위법하여 취소되었다고 볼 아무런 증거가 없으므로 심리미진의 위법이 있다고 주장합니다.

2) 그러나 원고가 들고 있는 심리미진의 상고이유는 판결에 영향을 미친 헌법·법률·명령 또는 규칙의 위반이 있다는 주장에 해당하지 않으므로 적법한 상고이유라고 할 수 없습니다.

2. 사실오인 주장에 대하여

1) 원고는 항소심에서, 원고가 방과후학교 운영방침과 ○○고등학교가 정한 강좌운영계획에 따라 정상적이고 충실하게 방과후 학교를 성공적으로 운영하였고, 반 편성 원칙은 ○○교육청의 방과후 학교 운영방침에 존재하지도 않으며 세○○고등학교 학운위의 결정사항에도 존재하지 않음을 확인하고 증명하였다고 합니다.

   그럼에도 원심이 '○○교육감이 정한 방과 후 학교 운영방침에 따라 결정된 ○○고등학교가 정한 강좌운영계획에 따른 방과후학교의 강의를 하였을 때 강사비를 지급받을 수 있는 권리가 생긴다고 할 것이다.'라고 하면서 원고가 상기의 원칙 중 반 편성원칙을 위배하였다는 취지로 판단하였는데, 이는 존재하지 않는 반 편성 원칙이 존재하는 것을 전제로 판단한 것이므로 사실오인에 해당한다고 합니다.

2) 그러나 원고가 들고 있는 위의 사실오인이라는 상고이유도 판결에 영향을 미친 헌법·법률·명령 또는 규칙의 위반이 있다는 주장에 해당하지 않으므로 적법한 상고이유라고 할 수 없습니다.

3. 결 론

원고가 주장하는 상고이유는 심리미진과 사실오인입니다. 그러나 원심판결은 심리미진이나 사실오인이 없는 적법한 판결입니다. 그러므로 원고의 상고를 기각하여 주시기 바랍니다.

첨 부 서 류

1. 답변 부본 6 통

20○○. ○. ○.

위 피상고인(피고) 학교법인 ○○학원

대법원 귀중

■ 작성·접수방법

1. 상고이유서를 송달받은 피상고인은 10일 이내에 답변서를 제출할 수 있으며 답변서가 제출되면 사무관은 그 부본을 상고인에게 송달 한다.
2. 답변서는 상대방 당사자수에 6을 더한 수의 부본을 첨부하여 대법원에 제출한다. 따라서 상대방이 1인인 경우 합계 7부가 필요하다.
3. 인지, 송달료등 첨부 비용은 없다.

5. 상고심의 재판

(1) 상고 각하 및 기각 판결

상고요건이 흠결되어 상고가 부적법하면 판결로 상고를 각하하고, 본안을 심리한 결과 상고이유가 없다고 인정하면 판결로 상고를 기각한다. 원심판결의 판단이유와 상고심의 판단 이유가 일치하지 않더라도 결과에 있어 원심판결이 정당하다고 인정하면 상고를 기각한다.

(2) 상고인용판결(원판결의 파기)

1) 환송 또는 이송판결

가. 원 칙

상고법원은 상고에 정당한 이유가 있다고 인정할 때에는 원심판결을 파기하는데 이 경우에 새롭게 사실과 증거를 조사할 필요가 있기 때문에 자판하지 않고 사건을 원심법원에 환송하거나, 동등한 다른 법원에 이송함이 원칙이다(법 436조). 이러한 점이 항소인용시 자판함이 원칙인 항소심과 비교된다. 비약적 상고인 경우에는 제1심 법원에 환송한다. 이송판결은 원심법원이 제척등의 사유로 환송심 법원을 구성할 수 없을 때 동등한 다른 법원으로 보내는 것이다.

나. 환송 후 심리절차

① 사건을 환송받거나 이송받은 법원은 다시 변론을 거쳐 재판하여야 한다(법 436조 2항). 환송 전 원심판결에 관하여 판사는 환송 후의 재판에 관여하지 못하므로(법 436조 3항) 변론의 갱신절차를 밟아야 한다. 즉 법관이 바뀐 경우에 당사자는 종전의 변론결과를 진술하여야 하고(법 204조 2항), 이렇게 변론의 갱신절차를 밟은 경우에만 환송 전 소송자료가 환송 후 재판의 소송자료가 될 수 있다.

② 환송받은 항소심의 변론은 실질적으로 종전 변론의 재개속행에 지나지 않으며 환송 전 판결에 대하여 불복한 범위 내에서만 심리 재판하는 것은 아니다(대판 1969. 12. 23. 67다1644). 따라서 당해 심급에 허용되는 모든 행위 예를 들어 새로운 공격방어 방법의 제출, 수의 변경, 반소 등을 할 수 있으며(대판 1984. 3. 27. 83다카1135) 그 결과 환송 전 원심판결보다 환송 후 판결주문이 더 불리하게 되는 것도 가능하다(즉 불이익변경금지원칙이 적용되지 않는다).

다. 환송판결의 기판력

상고법원이 파기의 이유로 삼은 사실상 법률상 판단에 기속된다(법 436조 2항).

2) 자 판

상고법원은 원심판결이 부당하다고 인정한 때에는 이를 파기하여야 하나 상고심은 법률심이고 사실심이 아니므로 다시 심리를 한 다음에 판결을 하도록 사건을 원심법원에 환송하는 것이 원칙이지만 다음과 같이 ① 확정된 사실에 대하여 법령 적용이 어긋난다 하여 판결을 파기하는 경우에 사건이 그 사실을 바탕으로 재판하기 충분한 때나 ② 사건이 법원의 권한에 속하지 아니한다 하여 판결을 파기한 때에 해당하면 상고법원은 사건에 대하여 종국판결을 하여야 한다(법 437조).

Ⅳ. 항 고

1. 의 의

항고는 재판 중 판결을 제외한 결정과 명령에 대한 불복신청이다. 원재판의 당부에 대하여 심판을 구하는 점은 상소·상고와 같지만 엄격한 판결절차에 의하지 않고 간이·신속한 결정절차에 의하는 점에서 다르다.

2. 항고의 종류

(1) 통상항고와 즉시항고

통상항고란 불복신청의 기간을 따로 정함이 없이 원재판의 취소를 구할 이익이 있는 한 언제든지 제기할 수 있는 항고이다(법 439조). 즉시항고란 재판의 성질상 특히 신속히 확정지을 필요가 있어 불변기간으로서의 항고기간의 제한을 두는 대신 그 제기에 의하여 집행정지의 효력이 있는 항고를 말한다(법 444조). 즉시항고는 특히 즉시항고를 할 수 있다고 규정된 경우에 한하여 허용되고 그러한 규정이 없는 경우에 하는 항고는 통상의 항고이다. 예를 들어 판결경정결정[67]이나 법관기피신청의 기각결정이나,[68] 문서제출명령,[69] 증인에 대한 과태료 결정[70]에 대해서는 즉시항고를 할 수 있다.

그러나 민사소송법의 즉시항고와 달리 민사집행법상의 즉시항고는 집행정지의 효력이 없고 민사소송법에서도 증인에 대한 과태료·감치결정에 대한 즉시항고에는 집행정지의 효력이 없다(법 311조 8항).

(2) 최초의 항고와 재항고

심급에 의한 구별로 제1심 법원의 결정·명령에 대한 항고가 최초의 항고이고, 그 항고심의 결정에 대하여 하는 항고 및 고등법원이나 지방법원 항소부가 제1심으로서 한 결정·명령에 대하여 하는 항고가 재항고이다(법 442조).

(3) 일반항고와 특별항고

불복할 수 없는 결정이나 명령에 대하여는 재판에 영향을 미친 헌법위반이 있거나 재판의 전제가 된 명령·규칙·처분의 헌법 또는 법률의 위반 여부에 대한 판단이 부당하다는 것을 이유로 하는 때에 한하여 대법원에 항고할 수 있는 바, 이 항고를 특별항고라고 한다(법 449조 1항). 이에 반해 특별항고가 아닌 항고를 일반항고라 한다.

(4) 준 항 고

수명법관이나 수탁판사의 재판에 대하여 불복하는 당사자는 바로 항고할 수 없고 수소법원에 이의를 신청할 수밖에 없기 때문에 이의의 재판에 대해서만 항고할 수 있으므로 이러한 항고를 준항고라 한다.[71]

---

67) 제211조(판결의 경정) ① 판결에 잘못된 계산이나 기재, 그 밖에 이와 비슷한 잘못이 있음이 분명한 때에 법원은 직권으로 또는 당사자의 신청에 따라 경정결정(更正決定)을 할 수 있다. ③경정결정에 대하여는 즉시항고를 할 수 있다.

68) 제47조(불복신청) ① 제척 또는 기피신청에 정당한 이유가 있다는 결정에 대하여는 불복할 수 없다. ② 제45조제1항의 각하결정(却下決定) 또는 제척이나 기피신청이 이유 없다는 결정에 대하여는 즉시항고를 할 수 있다.

69) 제348조(불복신청) 문서제출의 신청에 관한 결정에 대하여는 즉시항고를 할 수 있다.

70) 제311조(증인이 출석하지 아니한 경우의 과태료 등) ① 증인이 정당한 사유 없이 출석하지 아니한 때에 법원은 결정으로 증인에게 이로 말미암은 소송비용을 부담하도록 명하고 500만원 이하의 과태료에 처한다. ⑧제1항과 제2항의 결정에 대하여는 즉시항고를 할 수 있다

71) 제441조(준항고) ① 수명법관이나 수탁판사의 재판에 대하여 불복하는 당사자는 수소법원

3. 항고의 적법요건

(1) 항고의 대상

항고는 모든 결정·명령에 대하여 할 수 있는 것은 아니고 성질상 불복할 수 있고 법률이 인정하는 경우에 허용된다.

1) 소송절차에 관한 신청을 기각한 결정이나 명령

항고의 대상이 되는 겻은 소송절차에 관한 신청을 기각한 결정이나 명령이다(법 439조).

2) 방식을 어긴 결정이나 명령

결정이나 명령으로 재판할 수 없는 사항에 대하여 결정 또는 명령을 한때에는 항고할 수 있다(법 440조).

3) 집행절차에 대한 집행법원의 재판

집행절차에 관한 집행법원의 재판에 대하여는 특별한 규정이 있어야만 즉시항고를 할 수 있으므로(민사집행법 71조) 민사집행법에서 특별히 불복을 허용하는 규정을 두고 있지 않고 집행이의의 요건에도 해당하지 않는 경우에는 불복이 허용되지 않는다고 해석하는 것이 원칙일 것이다.

4) 그 밖에 법률상 개별적으로 항고가 허용된 것

이 경우는 거의가 즉시항고이다.

5) 가압류·가처분에 대한 이의·취소

가압류·가처분의 이의신청과 가압류·가처분취소신청에 대하여 결정으로 재판하도록 되었고 이러한 결정에 대하여는 즉시항고를 할 수 있다(민사집행법 286조 7항).

에 이의를 신청할 수 있다. 다만, 그 재판이 수소법원의 재판인 경우로서 항고할 수 있는 것인 때에 한한다. ② 제1항의 이의신청에 대한 재판에 대하여는 항고할 수 있다. ③ 상고심이나 제2심에 계속된 사건에 대한 수명법관이나 수탁판사의 재판에는 제1항의 규정을 준용한다.

(2) 항고기간

통상항고는 기간의 제한이 없고 언제든지 할 수 있지만 즉시항고는 재판의 고지를 받은 날부터 1주의 불변기간 이내에 제기하여야 한다(법 444조). 항고기간 준수 여부는 항고장이 접수된 때가 기준이다. 불변기간이므로 당사자가 책임질 수 없는 사유로 그 기간을 지킬 수 없었던 경우에는 그 사유가 없어진 날부터 2주 이내에 추후보완 항고를 할 수 있다(법 173조 1항).

(3) 당사자적격

항고를 제기할 수 있는 당사자는 원판결에 의하여 불이익을 받은 자로서 소송당사자 보조참가인 또는 제3자이다. 증인으로서의 의무 위반이 있다하여 제재를 받은 증인, 비용상환을 명받은 대리인, 문서의 제출을 명받은 제3자등이 항고할 수 있는 제3자이다.

(4) 항고권포기가 없을 것, 신의칙에 반하지 않을 것

항고권을 포기한 경우에도 항고가 부적법하다. 통상항고는 기간 정함이 없지만 장기간 행사하지 않았고 이에 상대방도 행사하지 않으리라는 정당한 기대를 한 경우에는 실효 될 수 있는데 이 경우에도 항고하면 항고가 부적법 각하된다.

4. 항고제기

(1) 항고장의 제출

1) 제1심법원에 항고장을 제출함으로서 한다(법 445조). 따라서 항고를 제기하려면 항고대상인 결정을 한 제1심 법원 또는 명령을 한 재판장이 소속하는 법원에 대하여 항고장을 제출하여야 하며 재항고의 경우에는 항고법원 또는 고등법원에 재항고장을 제출하여야 한다(원심법원제출주의).

2) 항고법원의 소송절차에는 항소에 관한 규정이 준용되므로 항고장에는 ① 항고인 및 법정대리인 ② 항고로써 불복을 신청한 결정 또는 명령의 표시와 그 결정 또는 명령에 대하여 항고를 한다는 취지를 기재하고 소정의 인지

를 붙여야 한다. 인지액은 항고의 대상이 되는 결정이나 명령이 민사소송 등 인지법 제9조,[72] 제10조의 신청에 관한 재판인 경우에는 당해 신청서에 붙여진 인지액의 배액이고 그 밖의 결정이나 명령에 대한 항고의 경우에는 2,000원이다(동법 11조).

(2) 항고의 상대방

항고절차는 편면적인 불복절차로서 판결절차에 있어서와 같은 대립되는 당사자를 예상하고 있지 않으므로 엄격한 의미에서 상대방은 없다. 따라서 표지의 상대방 난은 공란으로 두는 것이 보통이다.

---

72) 제9조(그 밖의 신청서) ① 다음 각 호의 신청을 위한 신청서에는 3만원의 인지를 붙여야 한다.

1. 채권자가 하는 파산의 신청 2. 회생절차 개시의 신청 3. 개인회생절차 개시의 신청 4. 그 밖에 제1호부터 제3호까지의 신청에 준하는 신청으로서 대법원규칙으로 정하는 신청

② 「민사집행법」에 따른 가압류·가처분의 신청이나 가압류·가처분 결정에 대한 이의 또는 취소의 신청을 위한 신청서에는 1만원의 인지를 붙여야 한다. 다만, 임시의 지위를 정하기 위한 가처분의 신청 및 그에 대한 이의 또는 취소의 신청은 그 본안의 소에 따른 인지액의 2분의 1에 해당하는 인지를 붙여야 한다. 이 경우 인지액의 상한액은 50만원으로 한다. <신설 2011.7.18>

③ 다음 각 호의 신청을 위한 신청서에는 5천원의 인지를 붙여야 한다. <개정 2011.7.18>

1. 부동산의 강제경매의 신청, 담보권 실행을 위한 경매의 신청, 그 밖에 법원에 의한 경매의 신청
2. 강제관리의 신청이나 강제관리 방법으로 하는 가압류 집행의 신청
3. 그 밖에 제1호 또는 제2호의 신청에 준하는 신청으로서 대법원규칙으로 정하는 신청

④ 다음 각 호의 신청을 위한 신청서에는 2천원의 인지를 붙여야 한다.

1. 채권의 압류명령의 신청, 그 밖에 법원에 의한 강제집행의 신청(제2항에 따른 신청은 제외한다)
2. 「행정소송법」에 따른 집행정지의 신청
3. 「부동산등기법」 제90조제1항에 따른 가처분명령의 신청, 그 밖에 등기 또는 등록에 관한 법령에 따른 가등기 또는 가등록의 가처분명령의 신청
4. 즉시항고로 불복을 신청할 수 있는 결정 또는 명령이 확정된 경우에 하는 준재심의 신청
5. 그 밖에 제1호부터 제4호까지의 신청에 준하는 신청으로서 대법원규칙으로 정하는 신청

⑤ 다음 각 호의 신청을 위한 신청서에는 1천원의 인지를 붙여야 한다. <개정 2011.7.18>

1. 「민사소송법」 제475조에 따른 공시최고(公示催告)의 신청
2. 「비송사건절차법」에 따라 재판을 구하는 신청
3. 재산명시신청이나 채무불이행자명부 등재(登載)신청 또는 그 말소(抹消)신청
4. 그 밖에 대법원규칙으로 정하는 각종 사건부에 등재할 신청(제1항부터 제3항까지의 신청은 제외한다)

5. 항고심의 심판

(1) 심판의 범위

항소에 관한 규정이 준용된다(법 443조). 따라서 항고법원의 심판은 불복신청의 한도 안에서 한다. 불복의 신청범위는 항고법원 재판 전까지 확장할 수 있다.

(2) 심리의 특이성

항소와 달리 항고사건은 결정으로 완결할 사건이므로 변론을 열어서 심리할 것인가의 여부는 법원의 재량이다. 따라서 증인, 감정인 등은 변론을 열어 증인, 감정인으로서 신문할 수도 있고, 변론을 열지 않고 참고인으로 심문할 수도 있다.

(3) 심판의 내용

심리 결과 항고가 부적법하다고 인정한 때에는 항고를 각하한다(법 443조). 원재판이 정당하다고 인정하거나 원재판이 그 이유는 부당하더라도 다른 이유에 따라 그 재판이 정당하다고 인정하는 때에는 항고를 기각하여야 한다. 반면에 원재판이 정당하지 아니하다고 인정한 때에는 원재판을 취소하여야 하는데 그 취소결정만으로 목적을 이루고 달리 특별한 재판을 할 필요가 없는 경우가 아니라면 원칙적으로 원재판의 취소와 더불어 항고심으로서 스스로 재판을 하여야 한다. 다만 당사자의 신청을 부적법하다 하여 각하한 원재판을 취소한 경우에는 원칙적으로 제1심 법원에 환송하여야 할 것이다.

[서식 113] 즉시항고상

즉 시 항 고 장

사 건 20○○가합 1234 청구이의

항 고 인　　○○건설 주식회사
　　　　　　인천 ○○구 ○○동 123 ○○타워 236
피항고인　　고○○
　　　　　　인천 ○○구 ○○동 123 현대아파트 101동 101호

위 당사자간 서울중앙지방법원 20○○가합 1234호 청구이의 사건에 관하여 위 법원이 20○○. ○. ○.자로 한 이송결정에 불복이므로 항고를 제기합니다.

항 고 취 지

원결정을 취소한다.

항 고 이 유

서울중앙지방법원은 위 사건에 관하여 집행증서에 관한 청구이의 사건이 전속 관할임을 전제로 이 사건이 서울중앙지방법원의 관할에 속하지 않는다면서 인천지방법원으로 이송한다는 결정을 한 바 있으나 집행증서에 관한 청구이의 소의 관할을 정한 민사집행법 제59조 제4항은 채무자의 보통재판적 있는 곳의 법원이 관할한다, 다만 그러한 법원이 없는 때에는 민사소송법 제11조에 따라 채무자에 대하여 소를 제기할 수 있는 법원이 관할한다고 되어 있고, 이 사건에 있어서 채무자인 ○○건설 주식회사의 경우 본점은 인천으로 되어있지만 주된 영업소는 여의도로서 서울남부지방법원에도 관할이 있는 바, 분명한 것은 집행증서에 관한 청구이의의 관할이 전속관할은 아니기 때문에 민사소송법 제30조에 의거 변론 관할이 성립될 수도 있는 것인데 귀원이 피고의 변론에 관한 태도도 보지 않고 단지 서울중앙지방법원(채무자인 ○○건설 주식회사의 경우 ○○동등에도 재산이 있어 서울중앙지방법원에도 관할이 있다 할 것임.)의 관할에 속하지 않는다면서 인천지방법원으로 이송결정 한 것은 부당한 것이므로 원결정의 취소를 구하고자 민사소송법 제39조에 의하여 본 항고에 이른 것입니다.

소 명 자 료

1. 등기사항일부증명서 1통

20○○. ○. ○.

위 항고인 ○○건설 주식회사
대표이사 김○○

서울고등법원 귀중

■ 작성·접수방법

1. 제1심법원에 항고장을 제출함으로서 한다(법 445조). 따라서 항고를 제기하려면 항고대상인 결정을 한 제1심 법원 또는 명령을 한 재판장이 소속하는 법원에 대하여 항고장을 제출하여야 한다. 통상항고는 기간의 제한이 없고 언제든지 할 수 있지만 즉시항고는 재판의 고지를 받은 날부터 1주의 불변기간 이내에 제기하여야 한다(법 444조). 항고기간 준수 여부는 항고장이 접수된 때가 기준이다. 불변기간이므로 당사자가 책임질 수 없는 사유로 그 기간을 지킬 수 없었던 경우에는 그 사유가 없어진 날부터 2주 이내에 추후보완 항고를 할 수 있다.
2. 항고법원의 소송절차에는 항소에 관한 규정이 준용되므로 항고장에는 ① 항고인 및 법정대리인 ② 항고로써 불복을 신청한 결정 또는 명령의 표시와 그 결정 또는 명령에 대하여 항고를 한다는 취지를 기재하고 소정의 인지를 붙여야 한다. 인지액은 항고의 대상이 되는 결정이나 명령이 민사소송 등 인지법 제9조, 제10조의 신청에 관한 재판인 경우에는 당해 신청서에 붙여진 인지액의 배액이고 그 밖의 결정이나 명령에 대한 항고의 경우에는 2,000원이다
3. 송달료는 5회분이다. 따라서 당사자가 2명인 경우에는 37,000원(=5회×3,700원×2명)이다.

[서식 114] 즉시항고장

즉 시 항 고 장

항 고 인(신청인)	○○ 주식회사
	서울 강남구 ○○동 123 ○○ 543호
	대표이사 구 ○ ○
피항고인(피신청인)	에스에이치공사
	서울 강남구 개포로 621
	대표자 사장 이 ○ ○
제 3 채 무 자	중소기업은행
	서울 중구 을지로2가 50
	대표자 은행장 조 ○ ○

위 당사자 간 서울중앙지방법원 20○○카합123호 계약이행보증금지급금지가처분 신청사건에 관하여 20○○. ○. ○. 동원의 가처분 기각결정에 대하여 항고인은 전부 불복하므로 이에 항고를 제기합니다.

원결정의 표시

1. 이 사건 신청을 기각한다.
2. 소송비용은 신청인이 부담으로 한다.

(항고인은 동결정을 20○○. ○. ○.자로 송달받았습니다.)

항 고 취 지

1. 원결정을 취소한다.
2. 피항고인은 제3채무자가 발행한 별지목록 지급보증서에 기하여 제3채무자에게 보증금 청구를 하거나 보증금을 수령해서는 안된다.
3. 제3채무자는 피항고인에게 위 지급보증서에 기한 보증금을 지급해서는 아니된다.

4. 소송비용은 피항고인의 부담으로 한다.
라는 재판을 구합니다.

항 고 이 유

1. 원심결정의 요지

원심은 제3채무자가 계약보증금 지급사유가 발생하였다고 보아 그 보증금을 지급할 것인지 여부는 원칙적으로 제3채무자가 스스로 결정할 문제이고, 설령 제3채무자가 계약보증금을 지급하더라도 신청인으로서는 여전히 지급사유가 발생하지 않았음을 다툴 수 있으며, 제3채무자가 신청인에 대하여 구상권을 행사하더라도 신청인에게 손해가 발생하는 것은 아니고 설령 신청인 주장과 같이 향후 계약보증서를 발급 받을 수 없게 되는 불이익이 예상되더라도 그 같은 사정만으로는 신청인에게 회복하기 곤란한 현저한 손해가 발생할 것이라고 보기 어려워 신청인이 제출한 자료들만으로는 보전의 필요성에 대한 소명이 부족하므로 피신청인의 계약 해지가 적법한지 여부 등 피보전권리의 존부에 대해 살필 필요 없이 이유 없어 이 사건 가처분 신청을 기각 하였습니다.

2. 원심결정의 부당성(회복하기 곤란한 현저한 손해가 발생할 것이라고 보기 어려워 보전의 필요성이 없다는 판단에 대하여)

원심은, 신청인에게 회복하기 곤란한 현저한 손해가 발생할 것이라고 보기 어려워 이를 방지할 필요가 없다고 판단하였으나, 대법원은 이 사건과 같은 기업 손해의 경우 당사자가 그 처분 등이나 그 집행 또는 절차의 속행으로 인하여 재산상의 손해를 입거나 기업이미지 및 신용이 훼손당하여 그 손해가 금전적으로 보상될 수 없어 회복하기 어려운 손해에 해당하기 위해서는 그 경제적 손실이나 기업이미지 및 신용의 훼손으로 인하여 사업자의 자금사정이나 경영전반에 미치는 파급효과가 매우 중대하여 사업 자체를 계속할 수 없거나 중대한 경영상의 위기를 맞게 될 것으로 보이는 등의 사정이 존재하여야 한다고 하고 있는바(대판 2003. 10. 9. 2003무23 호 참고), 만약 본안 판결선고시 까지 이 사건에서 가처분이 받아들여지지 않는다면 지급보증서의 보증인인 기업은행이 보증금 전액을 지급하고 항고인에게 구상청구를 하게 될 것은 분명하고(기업은행 질의회신 내용 참조) 이에 항고인이 구상청구에 대해 다투게 되면 그 자체로 기한이익 상실 및 연체에 따른 법적 신용상의 불이익으로 인해 다시 지급보증서를 발급받지 못하게 되어, 현실적으로 자금력이 부족한 항고인과 같은 영세분양대행업체로서는 매일 소요되는 막대한 운영비 대비 향후 추가대행계약에 대한 입찰이 원천적으로 봉쇄되어(입찰참가 자격에 대부분 지급보증서를 필수적으로 요구함) 이와 같은 운영비를 상쇄할 수 있는 실적 및 경영상 이익을 누릴 기반이 통째로 사라져 운영자금난으로 도산할 확률이 높아질 수밖에 없는 것이고, 더군다나 지금 체결진행중인 타 분양대행 계약들마저 자격요건 결여로 수주하지 못함은 물론 이로 인한 분쟁 등으로 정상적인 영업이 불가능해질 것이고, 나아가 더 이상의 입찰기회를 가질 수 없게 될 것은 명백하다 할 것인바, 항고인이 원심에 제출한 소명자료 및 이와 같은 전반적인 사정을 감안해보면, 이 사건 기업은행 보증금 지급으로 인해 도저히 사업 자체를 계속할 수 없을 정도로 경영전반에 미치는 효과가 매우 중대하거나 중대한 경영상 위기에 봉착할 것이 분명한 사실인 바, 이와 같은 손해는 도저히 사후에 금전으로 보상할 수 없고 누구도 보상해줄 수 없는 손해라는 점에서 항고인의 입장에서는 이와 같은 손해를 방지할 긴급한 사정이 존재한다 할 것입니다.

3. 결 론

이상에서 본바와 같이 회복하기 곤란한 현저한 손해가 발생할 것이라고 보기 어려워 보전의 필요성이 없다고 판단한 원심결정은 항고인과 같은 분양대행 업계의 현실을 도외시한 것으로 부당하다 할 것이므로 원심결정의 취소를 바라와 본 항고이유를 개진하는 바입니다.

첨 부 서 류

1. 항고장 부본	1통
1. 납부서	1통

20○○. ○. ○.

위 항고인 ○○ 주식회사
대표이사 구○○

서울고등법원 귀중

■ 작성·접수방법

1. 제1심법원에 항고장을 제출함으로서 한다(법 445조). 따라서 항고를 제기하려면 항고대상인 결정을 한 제1심 법원 또는 명령을 한 재판장이 소속하는 법원에 대하여 항고장을 제출하여야 한다. 통상항고는 기간의 제한이 없고 언제든지 할 수 있지만 즉시항고는 재판의 고지를 받은 날부터 1주의 불변기간 이내에 제기하여야 한다(법 444조). 항고기간 준수 여부는 항고장이 접수된 때가 기준이다. 불변기간이므로 당사자가 책임질 수 없는 사유로 그 기간을 지킬 수 없었던 경우에는 그 사유가 없어진 날부터 2주 이내에 추후보완 항고를 할 수 있다.
2. 항고법원의 소송절차에는 항소에 관한 규정이 준용되므로 항고장에는 ① 항고인 및 법정대리인 ② 항고로써 불복을 신청한 결정 또는 명령의 표시와 그 결정 또는 명령에 대하여 항고를 한다는 취지를 기재하고 소정의 인지를 붙여야 한다. 인지액은 항고의 대상이 되는 결정이나 명령이 민사소송 등 인지법 제9조, 제10조의 신청에 관한 재판인 경우에는 당해 신청서에 붙여진 인지액의 배액이고 그 밖의 결정이나 명령에 대한 항고의 경우에는 2,000원이다. 사안에서 항고의 대상이 되는 가처분(임시의 지위를 정하기 위한 가처분)의 인지액이 50만원이므로[※계약이행보증금(10억원)×0.0035×555,000×1/2=2,027,500원, 그러나 상한액 50만원][73] 항고장의 인지액은 그 배액인 100만원이 된다.
3. 송달료는 5회분이다. 따라서 당사자가 3명인 경우에는 37,000원(=5회×3,700원×2명)이다.

73) 제9조 ② 「민사집행법」에 따른 가압류·가처분의 신청이나 가압류·가처분 결정에 대한 이의 또는 취소의 신청을 위한 신청서에는 1만원의 인지를 붙여야 한다. 다만, 임시의 지위를 정하기 위한 가처분의 신청 및 그에 대한 이의 또는 취소의 신청은 그 본안의 소에 따른 인지액의 2분의 1에 해당하는 인지를 붙여야 한다. 이 경우 **인지액의 상한액은 50만원으로 한다.**

V. 재 항 고

1. 개 설

(1) 의 의

재항고는 항고법원의 결정명령 고등법원 또는 항소법원의 제1심으로서 한 결정 명령에 대하여 재판에 영향을 미친 헌법·법률·명령 또는 규칙의 위반이 있음을 이유로 대법원에 하는 불복신청이다(법 442조). 절대적 상고이유도 재항고 이유가 된다고 할 것이다.

(2) 유 형

재항고도 항고와 마찬가지로 통상하고와 즉시항고로 나누어지나 그 구분은 원래의 항고 자체가 통상항고인가 즉시항고인가에 의하는 것이 아니라 재항고의 대상이 되는 재판의 내용에 따른다.

2. 재항고 요건

(1) 재항고의 대상

① 항고법원의 결정·명령 ② 고등법원이 제1심으로서 한 결정·명령 ③ 항소법원이 제1심으로서 한 결정·명령이 대상이다

(2) 재항고의 가부

재항고 할 수 있는지는 항고법원의 결정 내용에 의한다. 항고를 각하하거나 기각한 결정명령에 대하여 재항고할 수 있다(법 439조). 항고인용결정은 그 내용이 항고에 적합해야 재항고도 할 수 있다.

(3) 재항고기간과 재항고의 당사자적격

최초 항고에 준한다.

3. 재항고의 제기

재항고와 이에 관한 소송절차에는 상고에 관한 규정이 준용되므로 재항고장은 원결정 법원에 제출하여야 하며 재항고인이 재항고장에 재항고의 이유를 기재하지 아니한 때에는 재항고기록의 접수통지를 받은 날부터 20일 이내에 재항고이유서를 제출하여야 한다(법 427조). 재항고장에 첨부할 인지액은 전술한 항고장의 그것과 같다. 다만 민사집행법상의 재항고는 민사집행법상 즉시항고의 성질을 가지므로 민사집행법상의 재항고인이 재항고장에 재항고의 이유를 기재하지 아니한 때에는 재항고장을 제출한 날부터 10일 이내에 항고이유서를 원심법원에 제출하여야 하고 위 기간 안에 항고이유서가 제출되지 아니한 경우 원심법원은 그 재항고를 각하한다.

4. 심리불속행

상고심절차에 관한 특례법은 재항고의 경우에도 준용되므로 재항고이유에 관한 주장이 원심결정·명령이 헌법에 위반하거나 헌법을 부당하게 해석한 때, 원심결정·명령이 명령규칙처분의 법률위반 여부에 대하여 부당하게 판단한 때, 원심결정·명령이 법률·규칙·처분에 대하여 대법원 판례와 상반되게 해석한 때 등의 사유를 포함하지 아니한다고 인정되는 경우에는 대법원은 심리불속행결정으로 재항고를 기각하여야 한다.

Ⅵ. 특별항고

1. 의 의

불복할 수 없는 결정이나 명령에 대하여는 재판에 영향을 미친 헌법위반이 있거나 재판의 전제가 된 명령·규칙·처분의 헌법 또는 법률의 위반여부에 대한 판단이 부당하다는 것을 이유로 하는 때에만 대법원에 특별항고를 할 수 있다(법 449조 1항).

2. 특별항고 요건

(1) 재항고의 대상

1) 명문으로 불복을 신청할 수 없도록 한 것

예를 들면 관할지정의 결정(법 28조), 제척 또는 기피신청이 이유 있다는 결정(법 337조 3항), 재심상소의 추후보완신청이 있는 경우에 한 집행정지(법 500조), 가집행선고가 붙은 판결에 대한 상소 또는 정기금의 지급을 명한 확정판결에 대한 변경의 소를 제기한 경우에 한 집행정지(법 501조)가 있다.

2) 성질상 불복을 인정할 수 없는 것

예를 들면 재판장의 소송지휘에 관한 명령 등에 대한 이의의 재판(법 138조), 증인신문에 관한 재판장의 명령 등에 관한 이의에 관한 재판(규칙 97조), 판결이나 화해조서의 경정신청을 기각하는 결정(대결 1995. 7. 12. 95마531), 집행문부여에 대한 이의에 관한 재판(대결 1997. 6. 20. 97마520) 등이 있다.

(2) 특별항고의 이유

재판에 영향을 미친 헌법위반이 있거나 재판의 전제가 된 명령·규칙·처분의 헌법 또는 법률의 위반여부에 대한 판단이 부당하다는 것을 이유로 하는 것이어야 한다. 대법원 판례위반은 특별항고이유가 되지 않는다.

(3) 특별항고의 기간

재판이 고지된 날부터 1주일이며 그 기간은 불변기간이다(법 449조 2항, 3항).

3. 특별항고의 제기

특별항고와 이에 관한 소송절차에는 상고에 관한 규정이 준용되므로 특별항고장은 원심 법원에 제출하여야 하며 특별항고를 제기한 당사자는 소송기록의 접수통지를 받은 날부터 20일 이내에 특별항고이유서를 제출하여야 하며(법 427조), 그 이유서를 제출하지 아니하면 특별항고가 기각된다(법 429조). 특별항고장에도 인지를 첨부하여야 하는데 그 액수는 전술한 항고장의 그것과 같다.

4. 심리불속행

상고심절차에 관한 특례법은 특별항고의 경우에도 준용되므로 특별항고이유에 관한 주장이 원심결정·명령이 헌법에 위반하거나 헌법을 부당하게 해석한 때, 원심결정·명령이 명령규칙처분의 법률위반 여부에 대하여 부당하게 판단한 때, 원심결정·명령이 법률·규칙·처분에 대하여 대법원 판례와 상반되게 해석한 때 등의 사유를 포함하지 아니한다고 인정되는 경우에는 대법원은 심리불속행결정으로 특별항고를 기각하여야 한다.

5. 심리와 재판

상대방이 있는 경우라도 특별항고이유서를 상대방에 송달할 필요는 없다. 대법원은 원심법원이 적법하게 확정한 사실관계에 기속되며(법 432조), 직권조사 사항 이외에는 특별항고이유에 의하여 불복신청의 한도에서 조사한다. 그리고 대법원의 재판은 상고의 경우에 준한다.

6. 효 력

(1) 경정결정 불가

특별한고가 있는 경우 원심법원은 경정결정을 할 수 없고 기록을 그대로 대법원에 송부하여야 한다(대결 2001. 2. 28. 2001그4).

(2) 집행정지

특별항고장이 원심법원에 제출되면 원심법원은 특별항고에 대한 결정이 있을 때까지 원심재판의 집행을 정지하거나 기타 필요한 처분을 명할 수 있고 기록이 대법원에 송부된 후 대법원이 집행정지에 관한 처분을 명할 수도 있다.

[서식 115] 재항고장

재 항 고 장

재 항 고 인(신 청 인) 홍 길 동 (OOOOOO-OOOOOOO)
○○시 ○○구 ○○동 ○○○
소송대리인 변호사 ○ ○ ○
○○시 ○○구 ○○동 ○○○

피재항고인(피신청인) ○○구청장

위 당사자간 ○○고등법원 20○○부 18호 집행정지결정취소신청사건에 관하여 같은 법원이 20○○. ○. ○. 한 결정에 대하여 재항고인은 전부 불복이므로 재항고를 제기합니다.

결정의 표시(주문)

1. 이 신청을 기각한다.
2. 소송비용은 신청인의 부담으로 한다.
(재항고인은 위 결정문을 20○○. ○. ○. 송달받았음).

재 항 고 취 지

원 결정을 파기하고 다시 상당한 재판을 구합니다.

재 항 고 이 유

추후 제출하겠습니다.

첨 부 서 류

1. 위임장 1통

20○○. ○. ○.

재항고인(신청인) 대리인

변호사 ○ ○ ○ (인)

대법원 귀중

제 6 장
재심절차

Ⅰ. 의 의

재심은 확정된 종국판결에 대하여 판결절차 또는 소송자료에 중대한 흠이 있음을 이유로 소의 형식으로 확정판결의 취소와 아울러 소송을 흠있는 판결전의 상태로 복구시켜 다시 변론과 재판을 해줄 것을 구하는 불복신청방법이다.

Ⅱ. 재심절차

1. 재심의 적법요건

(1) 재심의 대상적격

1) 확정판결

대상은 확정된 종국판결이고 미확정판결은 대상이 아니다. 상대방의주소를 허위로 신고하여 다른 사람으로 하여금 송달받게 하여 승소판결을 편취한 경우에는 상대방에 대한 유효한 송달이 없으므로 판결이 확정되지 않고 따라서 이에 대해 상소에 의해 불복할 것이지 재심의 소를 제기할 수 없다는 것이 판례이다(대판 1978. 5. 9. 75다634).

2) 종국판결

종국판결이 아닌 중간판결 기타 중간적 재판에는 기판력이 없고 이를 취소하여도 종국판결이 당연히 실효되는 것이 아닐 뿐 아니라 그에 재심사유가 있어 종국판결에 영향을 미친 때에는 이를 이유로 하여 종국판결에 대한 재심의 소를 제기할 수 있으므로 이에 대하여는 독립하여 재심의 소를 제기할 수 없다.

3) 유효한 판결

제소전 사망을 간과한 판결처럼 형식적으로 확정되었지만 내용상 확정력이 없는 무효의 판결에 대해서도 재심의 소를 제기할 수 없다(통설, 대판 1994. 12. 9. 94다16564).

(2) 재심의 이익

재심이익은 상소이익에 준한다. 따라서 전부승소한 자는 재심의 소를 제기할 수 없다(대판 1993. 4. 27. 92다24608).

(3) 재심의 당사자적격

재심원고는 확정판결의 효력을 받고 또 취소를 구할 이익이 있는 자이어야 한다. 그러므로 재심당사자적격자는 원칙적으로 확정판결의 당사자로서 전·일부 패소한 자이다

(4) 재심사유

재심사유는 아래와 같이 제451조 제1항 제1호 내지 제11호에 열거되어 있는데 그 하나하나마다 각기 독립한 청구원인이 된다.

1) 법률에 따라 판결법원을 구성하지 아니한 때

2) 법률상 그 재판에 관여할 수 없는 법관이 관여한 때

3) 법정대리권·소송대리권 또는 대리인이 소송행위를 하는 데에 필요한 권한의 수여에 흠이 있는 때. 다만, 제60조 또는 제97조의 규정에 따라 추인한 때에는 그러하지 아니하다.

4) 재판에 관여한 법관이 그 사건에 관하여 직무에 관한 죄를 범한 때

5) 형사상 처벌을 받을 다른 사람의 행위로 말미암아 자백을 하였거나 판결에 영향을 미칠 공격 또는 방어방법의 제출에 방해를 받은 때

6) 판결의 증거가 된 문서, 그 밖의 물건이 위조되거나 변조된 것인 때

7) 증인·감정인·통역인의 거짓 진술 또는 당사자신문에 따른 당사자나 법

정대리인의 거짓 진술이 판결의 증거가 된 때

8) 판결의 기초가 된 민사나 형사의 판결, 그 밖의 재판 또는 행정처분이 다른 재판이나 행정처분에 따라 바뀐 때

9) 판결에 영향을 미칠 중요한 사항에 관하여 판단을 누락한 때

10) 재심을 제기할 판결이 전에 선고한 확정판결에 어긋나는 때

11) 당사자가 상대방의 주소 또는 거소를 알고 있었음에도 있는 곳을 잘 모른다고 하거나 주소나 거소를 거짓으로 하여 소를 제기한 때

(5) 재심의 보충성

당사자가 상소에 의하여 그 사유를 주장하였거나 이를 알고도 주장하지 아니한 때에는 재심의 소를 제기 할 수 없다(법 451조 1항).

(6) 재심기간

1) 재심의 사유를 안날로부터 30일

재심의 소는 당사자가 판결이 확정된 뒤 재심의 사유를 안 날부터 30일 이내에 제기하여야 한다(법 456조 1항). 이 기간은 불변기간으로 한다. 수개의 재심사유를 주장하여 재심의 소를 제기한 경우에 재심기간은 각각의 재심사유에 따라 이를 안 날부터 기산된다(대판 1990. 12. 26. 90재다19).

2) 판결확정 후 5년

당사자가 재심사유의 존재를 알지 못하였더라도 판결 확정 후 5년을 경과한 때에는 재심의 소를 제기하지 못한다(이와는 달리, 형사판결에 대한 재심의 소를 제기함에 있어서는 기간의 제한이 없다). 이 기간은 불변기간이 아니여서 당사자가 책임질 수 없는 사유로 그 기간을 준수하지 못하였더라도 추후보완재심의 소는 부정된다(대판 1992. 5. 26. 92다4079).

2. 재심의 소제기

(1) 관할법원

재심은 재심을 제기할 판결을 한 법원의 전속관할로 한다(법 453조 1항).

(2) 재심의 소장제출

1) 필수적 기재사항

재심의 소는 재심을 관할할 법원에 재심소장을 제출하여 제기한다. 재심소장에는 ① 당사자와 법정대리인 ② 재심할 판결의 표시와 그 판결에 대하여 재심을 청구하는 취지 ③ 재심의 이유를 기재하여야 한다(법 458조).

2) 인 지 액

재심소장에는 이를 제출하는 법원의 심급에 따라 각각 소장, 항소장 또는 상고장에 붙어야 할 인지액의 금액과 같은 인지를 붙여야 한다(인지법 8조).

3) 첨부서류

① 재심소장에는 재심의 대상이 되는 판결의 사본을 붙여 관할법원에 제출하여야 한다(규칙 139조). ② 실무상 소송대리인이 있는 경우에는 재심의 소에도 위임장을 제출하고 있다.

3. 심 판

(1) 재심의 적법여부

법원은 먼저 일반소송요건과 재심의 적법요건을 조사하여 흠이 있으면 보정을 명하여 그에 불응하면 재심의 소를 각하하고, 제소기간의 도과 등 보정이 불가능하면 판결로써 재심의 소를 각하한다.

(2) 재심사유의 존부

재심의 소가 적법하면 재심사유의 존부에 관하여 심리한다. 재심사유가 존재하지 않으면 종국판결로 기각하여야 하고 존재가 인정되면 본안에 대한 심리와 재판을 하게 되는데, 재심사유의 존부에 대한 심판을 본안에 관한 심판과 분리하여 먼저 한 경우에는 법원은 재심사유가 있다고 인정한 때에는 그 취지의 중간판결을 한 뒤 본안에 관하여 심리·재판한다(법 454조 2항).

(3) 본안의 재판

본안의 변론과 재판은 재심청구이유의 범위 안에서 하여야 한다(법 459조

1항). 심리한 결과 재심사유가 있고 재심대상판결이 부당한 것으로 인정되는 때에는 불복의 한도 안에서 재심대상판결을 취소하고 취소한 부분에 대하여 다시 종국판결을 한다. 그러나 재심의 사유가 있는 경우에도 재심대상판결이 정당하다고 인정한 때에는 법원은 재심의 청구를 기각하여야 한다 (법 460조).

[서식 116] 재심소장

재 심 소 장

재심원고(피고) 정 ○ ○(71○○○○-1234567)
서울시 ○○구 ○○동 567

재심피고(원고) 박 ○ ○(75○○○○-1234567)
서울시 ○○구 ○○동 129

위 당사자간의 서울중앙지방법원 20○○가단1234 대여금 청구 사건에 관하여 2014. 1. 10. 선고한 아래의 확정판결에 대하여 재심원고(피고)는 다음과 같이 재심의 소를 제기합니다.

재심을 구하는 판결의 표시

1. 피고는 원고에게 금 100,000,000원 및 이에 대한 2011. 3. 9.부터 2011. 12. 22.까지는 연 5%의, 그 다음날부터 다 갚는 날까지는 연 15%의 각 비율에 의한 금원을 지급하라.
2. 소송비용은 피고의 부담으로 한다.

재심청구취지

1. 서울중앙지방법원 20○○가단1234 대여금 청구 사건에 관하여 2014. 1.

10. 선고한 판결은 이를 취소한다.
2. 원고청구를 기각한다.
3. 본안 및 재심소송비용은 모두 재심피고의 부담으로 한다.

재심청구원인

1. 재심피고(원고)는 소를 제기하기 전부터 재심원고(피고)의 주소를 알고 있으면서도, 고의로 피고의 주소를 허위의 주소로 기재하고, 소장을 위 허위주소로 송달하게 한 다음, 위 주소지에 거주하는 소외 박○○라는 사람으로 하여금 마치 피고인인 것처럼 행세하게 하여 위 소장을 송달받았고 이에 따라 재심원고(피고)도 모르는 사이에 원판결이 확정된 것입니다.

2. 재심원고(피고)는 위와 같은 재심사유를 2014. ○. ○. 우연히 등기부등본을 열람하여 보고 뒤늦게야 알게 되었고, 이에 부득이 이 건 재심의 소를 제기하게 된 것입니다.

첨 부 서 류

1. 판결등본 1통
1. 내용증명통지서 1통

2014. ○. ○.

위 재심원고(피고) 정 ○ ○ (인)

서울중앙지방법원 귀중

■ 작성·접수방법

1. 재심은 재심을 제기할 판결을 한 법원의 전속관할로 한다(법 453조 1항). 따라서 재심소장은 판결을 한 법원에 제출한다.

2. 재심소장에는 이를 제출하는 법원의 심급에 따라 각각 소장, 항소장 또는 상고장에 붙어야 할 인지액의 금액과 같은 인지를 붙여야 한다(인지법 8조). 사례는 1심에 대한 재심소장이므로 인지액은 455,000원(=1억원×0.004+55,000원)이다.
3. 송달료는 88,800원(=12회×3,700원×2명)이다.

[서식 117] 재심소장

재 심 소 장

재심원고(피고) 정 ○ ○(710510-1234567)
서울시 ○○구 ○○동 567

재신피고(원고) 박 ○ ○(750910 1234567)
서울시 ○○구 ○○동 129

위 당사자간의 서울중앙지방법원 20○○가단12345 토지소유권이전등기 청구 사건에 관하여 20○○. 5. 10. 선고한 아래의 확정판결에 대하여 재심원고(피고)는 다음과 같이 재심의 소를 제기합니다.

재심을 구하는 판결의 표시

주문 : 1. 피고는 원고에게 서울 ○○구 ○○동 123 대지 100㎡에 관하여 20○○. 9. 10. 매매를 원인으로 한 소유권이전등기절차를 이행하라.
2. 소송비용은 피고의 부담으로 한다.

재심청구취지

1. 원판결을 취소한다.
2. 원고청구를 기각한다.
3. 본안 및 재심소송비용은 모두 재심피고의 부담으로 한다.

재심청구원인

재심원고는 위 서울중앙지방법원 20○○가단99887 토지소유권이전등기청구 사건 판결에는 민사소송법 제451조 제 1항에 해당하는 재심사유가 있어 이에 본 재심의 소를 제기하기에 이른 것입니다.

첨 부 서 류

1. 판결등본 1통
1. 내용증명통지서 1통

20○○. ○. ○.

위 재심원고(피고) 정 길 상 (인)

광주지방법원 귀중

■ 작성·접수방법

1. 재심은 재심을 제기할 판결을 한 법원의 전속관할로 한다(법 453조 1항). 따라서 재심소장은 판결을 한 법원에 제출한다.
2. 재심소장에는 이를 제출하는 법원의 심급에 따라 각각 소장, 항소장 또는 상고장에 붙어야 할 인지액과 송달료를 납부하여야 한다.

4. 준재심의 소와 준재심의 신청

(1) 의 의

확정판결과 동일한 효력이 있는 포기, 인낙, 화해조서 또는 즉시항고로 불복할 수 있는 결정이나 명령이 확정된 경우에 재심사유가 있는 때에는 확정판결에 관한 재심규정에 준하여 재심을 제기할 수 있다(법 461조). 이를 준재심의 소라 한다.

(2) 요 건

1) 확정판결과 동일한 효력이 있는 포기·인낙·화해조서

화해조서에는 제소전화해조서도 포함되고(대판 1992. 11. 27. 92다8521), 재판상 화해와 동일한 효력이 있는 화해권고결정과 조정에 갈음하는 결정도 포함된다.

2) 즉시항고로 불복할 수 있는 결정이나 명령

소장각하명령, 소송비용에 관한 결정, 과태료결정, 매각허부결정 등이 있다.

(3) 준재심의 절차

1) 조서에 대한 준재심의 소

재심법원, 재신기간, 심판의 범위 등 재심의 소의 소송질차가 준용된다. 재심사유는 확정판결의 하자를 문제 삼는 것이 아니고 조서의 하자를 문제 삼는 것이므로 제451조 제1항의 2호, 3호 4호 5호 등 일부만 준용될 것이다. 준재심의 소의 절차는 판결절차와 같이 하여야 하므로 이는 신청이아니라 소의 방식으로 제기하여야 하며 결정이 아니라 판결을 선고하여야 한다.

2) 결정·명령에 대한 준재심의 신청

재심사유, 재심법원, 재심기간, 심판의 범위 등 재심의 소의 소송절차가 준용된다 준재심신청은 소가 아니라 신청의 방식으로 하며 판결이 아니라 결정으로 심판한다. 그 심리는 그 준재심의 대상이 된 결정·명령을 한 절차와 같은 절차로서 행한다.

[서식 118] 준재심소장

준 재 심 소 장

준재심원고(피고)　　정 ○ ○(760510-1234567)
　　　　　　　　　　서울시 ○○구 ○○동 ○○(T.010-1234-456)

준재심피고(원고)　　박 길 동(750905-1234567)
　　　　　　　　　　서울시 ○○구 ○○동 679-971

위 당사자간의 귀원 20○○가단1234 손해배상 청구 사건에 관하여 동 법원의 20○○. ○. ○. 1호법정에서 행한 화해에 대해 준재심의 소를 제기합니다(화해조서정본은 20○○. ○. ○. 송달받았습니다).

화해조항의 표시

1. 피고는 원고에게 손해배상금 및 위자료로서 금 100,000,000원을 20○○. ○. ○.까지 지급한다.
2. 원고는 위 금액을 초과하는 피고에 대한 청구를 포기한다.
3. 원고는 이 사건에 대하여 이 후 어떠한 이의도 제기하지 않는다.
4. 소송비용은 각자의 부담으로 한다.

준재심 청구취지

화해를 취소하고 다시 상당한 재판을 구합니다.

준재심 청구원인

1. 소외 ○○○는 준재심 원고와 이 사건 소송대리관계가 소멸되었음에도 불구하고 대리인 자격으로 법정에 출석하여 준재심피고(피고)사이에 위 화해조서와 같은 내용의 화해를 하였습니다.

2. 그러므로 이러한 사유는 민사소송법 제451조 제3호에 규정된 대리권에 흠이 있는 경우로서 원고는 청구취지와 같은 판결을 구하고자 이 사건 재심청구에 이른 것입니다.

첨 부 서 류

1. 준재심소장 부본 1통
1. 송달료납부서 1통

20○○. ○. ○.

위 재심원고(피고) 정 ○ ○ (인)

○○지방법원 귀중

■ 작성·접수방법

1. 준재심은 재심사유, 재심법원, 재심기간, 심판의 범위 등 재심의 소의 소송절차가 준용된다. 따라서 준재심은 준재심의 대상이 되는 결정, 명령등을 한 법원의 전속관할로 한다.
2. 준재심 제기시 이를 제출하는 법원의 원래 결정, 명령, 제소전화해조서에 붙어야 할 인지액과 송달료를 납부하여야 한다.

제7장 간이소송절차

Ⅰ. 총 설

간이 한 소송절차로써 소액사건 심판절차와 독촉절차 두 가지가 있는데 소액사건 심판절차는 독촉절차와 함께 통상의 소송절차에 비하여 간이 한 소송절차로서 두 가지 모두 금전 그 밖의 대체물의 지급을 목적으로 하는 채권을 대상으로 하는 점에서는 공통적이나 전자는 ① 쌍방심리주의에 의하고 ② 판결절차의 일종임에 대하여, 후자는 ① 일방심문주의(채권자)에 의하고 ② 판결절차에 선행하는 그 대용절차라는 점에서 주요한 차이가 있다.

Ⅱ. 소액사건 심판절차

사 례

① 갑이 자신의 상가점포에 대하여 을과 보증금 1천만원에 월 50만원으로 하는 임대차계약을 체결하였지만 이후 을이 월세를 3개월 이상 연체함에 따라 계약을 해지하고 부동산명도 소송을 제기하였는데 당시 부동산 시가는 1천 800만원 이었다.

② 갑은 을에게 대여금 1천만원을 빌려 주었지만 을이 이를 변제하지 않으므로 그 이행을 청구하였지만 을은 오히려 갑에게 1천만원의 채무가 존재하지 않는다는 채무부존재확인의 소를 제기하였다.

1. 의 의

소액사건이란 단독판사가 담당하는 소송물가액이 3천만원 이하의 금전, 그 밖의 대체물 또는 유가증권의 일정수량의 지급을 구하는 제1심의 민사사건을 말하는 것으로 소액사건심판법은 지방법원 및 지방법원지원에서 소액의 민사사건을 간이한 절차에 따라 신속히 처리하기 위하여 민사소송법에 대한 특례를 규정하고 있다(소액사건심판법 1조). 이는 제1심에만 적용되는 제1심의 특별소송절차로서 이법에 특별한 규정이 있는 경우를 제외하고는 민사소송법의 규정을 적용한다(동법 2조 2항).

2. 요 건

(1) 적용대상

1) 동 법이 적용되는 소액사건이란 제소한 때의 3,000만원을 초과하지 아니하는 금전 기타 대체물이나 유가증권의 일정한 수량의 지급을 목적으로 하는 제1심의 민사사건으로 한다. 다만, 소의 변경으로 본문의 경우에 해당하지 아니하게 된 사건과 당사자참가, 중간확인의 소 또는 반소의 제기 및 변론의 병합으로 인하여 본문의 경우에 해당하지 않는 사건과 병합심리하게 된 사건은 제외한다(소액사건심판규칙 1조의2). 이 경우에는 사물관할에 따라 일반 단독사건으로 재배당하거나 합의부로이송하는 등의 조치를 취하여야 한다.

2) 여기에서의 금전이라 함은 대여금 청구, 물품대금청구, 전세보증금반환청구, 퇴직금 청구 등 일정한 금액을 의미하고, 유가증권의 일정수량지급이라 함은 약속어음금의 청구, 수표금의 청구들을 의미한다. 따라서 소송물가액이 3천만원 이하라고 해서 무조건 소액사건이 되는 것은 아니며 사례처럼 부동산 등 특정물의 청구나 채무부본재의 확인을 구하는 소는 그 특정물의 시가나 부존재확인의 채무가 2천만원 미만이라 하더라도 소액사건인 것은 아니다.

(2) 소액사건의 판단시기

소액사건인지의 판단여부는 제소한 때를 기준으로 한다. 따라서 소액사건으로 제소되어 소액사건심판법에 따라 심리해야 할 여러 개의 소액사건을 병합함으로써 그 소가의 합산액이 2천만원을 초과하게 된 경우라도 여전히 소액사건임에는 변함이 없다(대판 1992. 7. 24. 91다43176).

(3) 분할청구 여부

소액사건심판법의 적용을 받을 목적으로 소액사건심판법 제5조의2에 의하여 다액의 채권을 분할하여 일부만 청구하는 것은 허용되지 않으며 이를 위반한 경우에는 소 각하된다.

3. 관 할

소액사건은 지방법원의 관할구역 안에서는 지방법원 단독판사가 관할하고 시·군법원의 관할구역 안에서는 시·군법원판사의 전속적 사물관할에 속한다. 따라서 소의 변경이나 병합으로 소송목적의 값이 2천만원을 초과하면 시·군법원은 관할권이 없으므로 지방법원에 이송해야 한다(법 34조 1항).

소액사건은 고유의 사물관할이 있는 것은 아니고 민사단독사건 중에서 소가에 따라 특례로 처리하는 것뿐이므로 사안의 성질로 보아 간이한 절차로 빠르게 처리될 수 없는 사건은 민사소송법 34조 2항에 의하여 그 사건을 지방법원 및 지원의 합의부에 이송할 수 있다(대결 1974. 7. 23. 74마71). 이송된 이후에는 소액사건심판절차에 의하지 않고 통상의 소송절차에 의해 처리된다.

4. 적용심급과 관련법규

소액사건은 상고제한 규정을 제외하고 제1심의 특별소송절차이므로 제2심 이상의 심급에서는 적용되지 않는다. 또한 민사소송법상 특례를 규정한 것이므로 소액사건심판법과 소액사건심판규칙에 특별한 규정이 있는 경우를 제외하고는 민사소송법의 규율을 받는다.

[서식 119] 대여금청구소장

소 장

원 고 박 ○ ○

피 고 정 ○ ○

대여금 청구의 소

소송물가액	금 3,000,000원
첨부할 인지액	금 15,000원
첨부한 인지액	금 15,000원
송 달 료	금 74,000원
비 고	

서울중앙지방법원 귀중

소 장

원 고 박 ○ ○(7520608-1012345)
서울 ○○구 ○○동 123(T.010-1234-5678)

피 고 정 ○ ○(750421-1012345)
○○도 ○○구 ○○동 345

대여금 청구의 소

청 구 취 지

1. 피고는 원고에게 금 3,000,000원 및 이에 대한 소장부본 송달 다음날부터 완제일까지 연 15%의 비율에 의한 금원을 지급하라.
2. 소송비용은 피고의 부담으로 한다.
3. 제1항은 가집행할 수 있다.

라는 판결을 구합니다.

청 구 원 인

1. 원고는 피고에게 20○○. ○. ○ 금 3,000,000원을 대여하여 준 사실이 있었고, 이에 대하여 피고는 20○○. ○. ○. 각서를 써주면서 20○○. ○. ○.까지 금 3,000,000원 전액을 변제하여 주겠다고 약정한 사실이 있었습니다.

2. 그런데 피고는 위 지급기일이 지난 뒤, 원고의 수차례에 걸친 변제독촉에도 불구하고 차일피일 미루면서 아직까지 이를 이행하지 않고 있어 부득이 이 건 소에 이르게 된 것입니다.

입 증 방 법

1. 갑제1호증	차용증 사본
1. 갑제2호증	사실확인서(김○○)

첨 부 서 류

1. 위 입증방법	1통
1. 납부서	1통
1. 소장부본	3통

20○○. ○. ○.

위 원고 박 ○ ○ (인)

서울중앙지방법원 귀중

■ 작성·접수방법

1. 소액사건은 법원용 1부, 당사자수 수(2명)+1의 부본(3부) 합계 4부를 제출하는데 부본은 법원용과 달리 표지(납부서) 및 입증자료를 제외한 첨부서류를 첨부하지 않는다. 소액사건의 경우에는 이행권고결정제도가 시행되고 있기 때문에 일반 소장과 달리 이행권고결정용의 용도로 사용하기 위해 부본 1부를 더 제출토록 하고 있는 것이다.
2. 관할 : 지방법원의 관할구역 안에서는 지방법원 단독판사가 관할하고 시·군법원의 관할구역 안에서는 시·군법원판사의 전속적 사물관할에 속한다.
3. 소가에 맞는 인지대와 송달료를 납부한다. 소가가 300만원이므로 인지는 15,000원[=(300만원×0.005)]이며 송달료는 10회분 74,000원[=3,700원×당사자수(2)×10회분]이다.
4. 소장은 대부분 관할법원 종합접수실에 접수를 하는데 서울중앙지방법원은 단독, 합의, 소액 사건을 구분하여 각각 별도로 접수를 받고 있다. 단독과 합의는 동관 1층에 있는 종합민원실에,소액사건은 2별관 1층 소액사건접수실에 소장을 제출 하여야 한다.

민사소액 사건 접수실(서울중앙지방법원 2별관)

5. 이행권고제도

(1) 의 의

법원은 소가 제기된 경우에 결정으로 소장부본이나 제소조서등본을 첨부하여 피고에게 청구취지대로 이행할 것을 '**권고**'할 수 있다(동법 5조의3). 변론에 의한 소액사건소송절차의 회부에 앞서 행하는 임의적 전치절차이다. 이는 지급명령의 개념과 2002년 개정민사소송법에 도입된 화해권고결정제도의 개념을 함께 방영하여 소액사건심판법에 도입한 것으로서 소액사건의 간이한 처리와 당사자의 법정출석의 불편을 덜어 주고자 하는 입법목적에서 신설된

제도이다. 직권으로 이행권고결정을 한 후 이에 대하여 피고가 이의하지 않으면 곧바로 변론 없이 원고에게 집행권원을 부여하자는 것이며 이행권고결정이 확정된 때에는 원칙적으로 별도의 집행문 부여없이 그리고 송달증명이나 확정증명을 받지 않고도(정본에 이미 송달일자, 확정일자가 확인되어 있으므로) 이행권고결정서 정본으로 강제집행을 할 수 있도록 강제집행상의 특례도 규정하였다.

(2) 이행권고결정을 할 수 없는 경우

1) 전부승소할 수 없는 사건

이행권고결정은 원고 전부 승소판결을 할 수 있는 사건에 한하여 할 수 있다. 따라서 청구취지 등 지연손해금의 일부를 기각하여야 하는 경우에 종래 지급명령의 경우처럼 일부 각하를 할 수 없다. 이는 원고에게 집행문 없이 집행할 수 있도록 한 제도의 취지 때문에 부득이 원고가 전부승소할 수 있는 사건에 한하여 이행권고결정을 할 수 있게 한 것이다.

2) 지급명령이의 또는 조정이의 사건

독촉절차 또는 조정절차에서 이의신청이 있는 경우에는 원·피고간에 다툼이 있는 경우이므로 이행권고결정을 하지 않고 바로 변론기일을 지정하여 심리를 하게 된다.

3) 청구취지나 청구원인이 불명

청구취지나 청구원인이 불명확한 경우에는 변론을 거쳐 청구취지나 청구원인을 보정하고 이에 대한 심리를 할 필요가 있기 때문에 이행권고결정을 할 수 없다.

4) 피고가 현재 소재불명인 경우

이행권고결정은 우편송달, 공시송달에 의한 방법으로 송달할 수 없으므로 피고가 현재 행방불명이어서 공시송달로 진행하여야 할 필요가 있는 경우에는 이행권고결정을 하더라도 피고에게 송달할 수 없으므로 바로 변론기일을 지정하게 된다.

(3) 절 차

1) 이행권고결정

법원은 소액사건의 소가 제기된 때에 결정으로 소장부본을 첨부하여 피고에게 원고가 구하는 청구취지의 이행을 권고할 수 있다. 이러한 이행권고결정에는 당사자, 법정대리인, 청구의 취지와 원인, 이행조항을 기재하고, 피고가 이의신청을 할 수 있음과 이행권고결정의 효력의 취지를 부기하여야 한다. 또한 이행권고결정은 피고가 다투지 아니하는 의제자백사건을 변론없이 원고승소판결하는 것과 같은 효과를 부여하는 것이기 때문에 소송비용은 피고가 부담하도록 한다.

2) 이행권고결정등본의 송달

가. 이행결정등본

이행권고결정이 있으면 지체없이 그 등본을 피고에게 송달하는데 정본이 아닌 등본을 송달하도록 한 것은 출력양식에 사무관 직인만으로 가능한 등본과 달리 정본은 말지를 붙이고 법원 관인을 날인하는 등 까다롭기 때문에 업무의 경감을 위해서 등본을 송달한다.

나. 소장부본첨부

이행권고결정에는 소장부본을 첨부해야 하므로 원고는 소장 제출시 당사자수에 1을 더한 수의 부본을 제출하여야 한다(소액사건심판규칙 3조의2). 그러나 등본에는 소장에 첨부된 증거서류 기타 첨부서류를 첨부할 필요는 없다.

다. 송 달

법원사무관등은 이행권고결정서의 등본을 피고에게 송달하여야 한다. 다만 피고의 이의신청권 행사기회를 현저히 침해할 가능성이 있는 민사소송법상 우편송달(법 187조)이나 공시송달(법 194조)의 방법으로는 피고에게 송달할 수 없다(동법 5조의3 3항).[74]

라. 주소보정 또는 변론기일지정신청

피고에 대한 송달이 불능이 되면 원고에게 피고의 주소를 보정할 것을 명

---

74) 민사조정법상 조정에 갈음하는 결정도 우편송달 또는 발송송달로 할 수 없는 것도 같은 이유 때문이다.

하는데 원고는 피고의 주소를 파악하여 주소보정을 하거나, 보정할 길이 없어 공시송달절차를 밟을 목적으로 변론지정신청을 하여 소액심판절차로 이행할 수 있다. 그러나 원고가 주소보정도 변론기일신청도 하지 않은 경우에는 법원은 신청을 각하한다.

3) 이행권고결정서 정본의 송달

이행권고결정서의 등본이 피고에게 송달되어 확정되면 그 결정서 정본을 원고에게 송달한다. 이때 정본 표지의 피고 성명 옆에 이행권고결정의 송달일자와 확정일자를 부기하여 날인한 후 원고에게 그 정본을 송달한다. 송달일자와 확정일자를 기재하는 것은 이행권고결정에 기한 강제집행이 집행문을 부여받을 필요없이 이행권고결정서 정본에 의하여 행하기 때문이다.

[서식 120] 이행권고결정

○ ○ 법 원

이행권고결정사건

20○○. ○. ○.송달, 20○○. ○. ○확정	(인)

사 건 20○○가소 12345호 손해배상

원 고 김 ○ ○

주소 별지기재와 같다

피 고 이 ○ ○○

주소 별지기재와 같다

청구취지와 원인 별지기재와 같다.

소액사건심판법 제5조의 3 제1항에 따라 다음과 같이 이행할 것을 권고한다.

이 유

1. 피고는 원고에게 별지 청구취지 제1항의 금액을 지급하라.
2. 소송비용은 피고가 부담한다.

20○○. ○. ○.

판사 ○ ○ ○ (인)

※ 1. 피고는 위 이행조항의 내용에 의의가 있으면 이 결정을 송달받은 날부터 2주일 안에 이의 신청서를 법원에 제출하여야 합니다. 위 기간 안에 이의신청서를 제출하지 않으면 이 결정은 확정판결과 같은 효력을 가집니다.
2. 피고가 이의신청을 하는 경우에는 이의신청서와 별도로, 답변서를 작성하여 함께 제출하거나 늦어도 이행권고결정을 송달받은 날부터 30일 이내에 답변서를 제출하여야 합니다.

☞ 참고사항

1. 소액사건을 담당하는 판사는 이행권고결정을 할 요건이 갖추어 졌다고 판단되면 즉시 이행권고결정을 한다.
2. 이행할 것을 권고하는 것이므로 결정서에는 주문이라고 하지 않고 이행조항이라고 표시하고 있다.
3. 피고가 다투지 아니하는 의제자백사건과 같은 효과를 부여하는 것이기 때문에 소송비용은 피고가 부담하도록 한다.

[서식 121] 변론기일지정신청서

변론기일지정신청서

사 건 20○○가소 1234호 손해배상
원 고 김 ○ ○

피 고 이 ○ ○

위 당사자간 귀원 20○ ○가소 1234호 손해배상 청구사건에 관하여 원고의 소장이 송달되지 않아 주소보정명령이 있었지만 원고로서는 이를 보정할 길이 없어 공시송달절차를 밟고자 하오니 귀원에서는 본안의 변론기일을 진행하여 주시기 바랍니다.

20○ ○. ○. ○.

위 원고 김 ○ ○ (인)

서울중앙지방법원 귀중

■ 작성·접수방법

1. 신청서 1부를 민사접수실에 접수한다(서울중앙지법원은 민사소액접수실을 별도로 두고 있다)
2. 인지 등 비용은 없다.

(4) 이의신청[75)]

1) 피고의 이의신청

피고는 이행권고결정서의 등본을 송달받은 날부터 2주일 내에 서면으로 이의신청을 할 수 있다. 다만 피고는 이행권고결정등본이 송달되기 전에도 이의신청을 할 수 있으며, 이의신청을 하면 법원은 지체 없이 변론기일을 지정

75) 소액심판법 제5조의4 (이행권고결정에 대한 이의신청) ① 피고는 이행권고결정서의 등본을 송달받은 날부터 2주일 내에 서면으로 이의신청을 할 수 있다. 다만, 그 등본이 송달되기 전에도 이의신청을 할 수 있다. ② 제1항의 기간은 불변기간으로 한다. ③ 법원은 제1항의 이의신정이 있는 때에는 지체없이 변론기일을 지정하여야 한다. ④ 이의신청을 한 피고는 제1심 판결이 선고되기 전까지 이의신청을 취하할 수 있다. ⑤ 피고가 이의신청을 한 때에는 원고가 주장한 사실을 다툰 것으로 본다.

한다. 또한 피고가 이의신청을 한때에는 구체적 이의사유를 기재하지 않더라도 원고의 주장사실을 다툰 것으로 보기 때문에[76] 피고가 별도의 답변서를 제출하지 않더라도 의제자백에 의한 원고승소판결이 되지 않는다. 반면에 지급명령에 대한 이의신청을 한 후 별도의 답변서를 제출하지 않고 기일에 출석하지 않으면 의제자백을 이유로 원고승소 판결이 될 수 있으므로 주의하여야 한다.

2) 추후보완 이의신청제도

가. 추후보완

이의신청을 할 수 있는 2주의 기간은 불변기간이므로 부득이한 사유로 기간 내에 이의신청을 할 수 없었던 경우에는 그 사유가 없어진 후 2주일 내에 이의신청을 추후보완할 수 있다. 다만 그 사유가 없어질 당시 외국에 있는 피고에 대해서는 이 기간을 30일로 한다. 이와 같이 이행권고결정에 대한 추후보완 이의신청제도를 둔 까닭은 변론을 거치지 않은 채 송달된 지 2주만에 확정되고, 항소할 수도 없게 되므로 이행권고결정이 확정판결과 같은 효력으로써 불복방법이 없다고 하면 지급명령대한 청구이의의 소나 외국의 궐석재판제도에 대한 불복절차와 비교해 볼 때 지나치게 강하다는 비판이 있을 수 있기 때문이다.

나. 부득이한 사유[77]

일반적인 추완사유에 대하여 민사소송법 173조의 당사자가 '책임질 수 없

---

76) 화해권고결정에 대해 이의신청을 할 경우 그 취지까지 기재하게 하고 신청서 부본을 상대방에게 송달하게 하면서 준비서면에 관한 규정을 준용하도록 하는 것에 반하여 이행권고결정에서는 구체적 이의사유를 기재하지 않더라도 주정사실을 다툰 것으로 보는 것은 이행권고결정등본의 송달을 받은 피고는 이때 비로소 소가제기된 것을 알게 되고 이후 2주라는 짧은 기간 안에 이의신청을 해야 하기 때문에 화해권고처럼 답변취지까지 기재할 의무를 부담시키는 것은 피고에게 너무 가혹하기 때문이다.

77) 소액심판법 제5조의6 (이의신청의 추후보완) ① 피고는 **부득이한 사유로** 제5조의4제1항의 기간 내에 이의신청을 할 수 없었던 경우에는 그 사유가 없어진 후 2주일내에 이의신청을 추후보완할 수 있다. 다만, 그 사유가 없어질 당시 외국에 있는 피고에 대하여는 그 기간을 30일로 한다. ② 피고는 이의신청과 동시에 서면으로 그 추후보완사유를 소명하여야 한다. ③ 법원은 추후보완사유가 이유 없다고 인정되는 때에는 결정으로 이의신청을 각하하여야 한다. ④ 제3항의 결정에 대하여는 즉시항고를 할 수 있다. ⑤ 이의신청의 추후보완이 있는 때에는 민사소송법 제500조를 준용한다.
민사소송법 제173조(소송행위의 추후보완) ① 당사자가 **책임질 수 없는 사유로** 말미암아

는 사유'라함은 당사자가 그 소송행위를 하기 위하여 일반적으로 하여야 할 주의를 다하였음에도 불구하고 그 기간을 준수할 수 없었던 사유를 가리키는 것으로 엄격하게 해석하고 있는 반면(대판 1999. 6. 11. 99다9622), 이행권고결정은 피고가 결정정본을 받은 날부터 2주일 내에 이의신청을 하지 않으면 확정판결과 같은 효력을 인정하여 항소까지 할 수 없도록 하고 있으므로 추완사유를 민사소송법상의 추완사유인 '책임질 수 없는 사유'로 준수할 수 없었던 경우보다 그 범위를 확대하여 '부득이한 사유'로 기간을 준수하지 못한 경우로 규정하고 있다.

다. 집행정지제도

적법한 추완 이의신청이 있는 때에는 집행정지제도를 준용하도록 함으로써 이행권고결정제도의 취지를 모르는 피고가 입을 불측의 손해를 방지할 수 있도록 하였다. 그러나 추완사유가 없다고 인정되는 경우에는 결정으로 이를 각하하도록 하고 그 각하결정에 대해서는 즉시항고를 할 수 있다.

[서식 122] 이행권고결정에 대한 이의신청서

이행권고결정에 대한 이의신청서

사　건　　20○○가소 1234호 손해배상
원　고　　김 ○ ○
피　고　　이 ○ ○

위 당사자간 귀원 20○○가소 1234호 손해배상 청구사건에 관하여 피고는 20○○. ○. ○. 이행권고결정문을 송달 받았으나 피고는 원고의 주장에 하등 이유 없으므로 이에 이의신청합니다.

물변기간을 지킬 수 없었던 경우에는 그 사유가 없어진 날부터 2주 이내에 게을리 한 소송행위를 보완할 수 있다. 다만, 그 사유가 없어질 당시 외국에 있던 당사자에 대하여는 이 기간을 30일로 한다.

20○○. ○. ○.

피 고 이 ○ ○ (인)

서울남부지방법원 귀중

■ 작성·접수방법

1. 인지 등 비용을 첨부하지 않는다.
2. 신청서 2부를 이행권고결정을 한 법원에 제출한다.

(5) 이행권고결정의 확정

1) 확정사유

피고가 이행권고결정등본을 받은 날부터 2주 이내에 적법한 이의신청을 하지 않거나, 이의신청에 대한 각하결정이 확정될 때, 이의신청이 취하될 때에는 이행권고결정은 확정된다.

가. 2주기간의 도과

피고가 이행권고결정서의 등본을 송달을 받고서도 2주일 내에 서면으로 이의신청을 하지 않은 경우 확정된다.

나. 이의신청의 각하

법원은 이의신청이 적법하지 않다고 인정하는 때에 그 흠을 보정할 수 없으면 결정으로 이를 각하하여야 한다(동법 5조의5 1항). 피고는 각하결정에 대해 즉시항고 할 수 있다.

다. 이의신청의 취하

이행조항은 원고의 청구취지와 동일하기 때문에 이의신청을 한 피고는 제1심판결이 선고되기 전까지 원고의 동의 없이도 이의신청을 취하할 수 있다.

2) 이행권고결정정본의 송달

법원사무관등은 이행권고결정이 피고에게 송달된 후 위와 같은 사유로 확정이 되면 이행권고결정의 원본과 정본표지의 피고 성명 앞에 이행권고결정의 송달일자와 확정일자를 부기하여 날인 한 후 이행권고결정 정본을 원고에게 송달한다.

3) 효 력

가. 이행권고결정은 확정판결과 같은 효력을 가진다(동법 5조의7). 따라서 확정판결처럼 집행력이 있으며, 강제집행상 특례가 인정된다.

나. 강제집행법상 특례[78]

① 집 행 문

이행권고결정에 기한 강제집행은 집행문을 부여받을 필요 없이 결정서의 정본에 의하여 행한다(동법 5조의8). 또한 정본에 이미 송달일자와 확정일자가 확인되어 있으므로 별도의 송달증명이나 확정증명을 받을 필요도 없다. 이행권고결정의 경우 피고에게는 정본을 송달하도록 하고 있으므로(동법 5조의7) 집행문부여를 받을 필요 없이 이행권고결정서 정본에 의하여 강제집행을 실시하도록 하더라도 집행기관이 오해할 여지가 없기 때문에 정본에 의하여 강제집행을 함으로써 신속하고 간이하게 강제집행을 할 수 있게 한 것이다. 그러나 조건이 있는 채권인 경우와 승계집행문이 필요한 경우에는 재판장의 명을 받아 집행문을 부여받아야 한다(동조5조의8 1항).

② 재도부여, 수통부여 신청

원고가 이행권고결정서의 정본을 다시 신청하거나(재도부여), 여러 통의 정본을 신청(수통부여) 한 때에는 법원사무관등이 이를 부여하고 재판장의 허가

---

78) 제5조의8 (이행권고결정에 기한 강제집행의 특례) ① 이행권고결정에 기한 강제집행은 집행문을 부여받을 필요 없이 제5조의7제2항의 결정서의 정본에 의하여 행한다. 다만, 다음 각호 가운데 어느 하나에 해당하는 경우에는 그러하지 아니하다.
1. 이행권고결정의 집행에 조건을 붙인 경우
2. 당사자의 승계인을 위하여 강제집행을 하는 경우
3. 당사자의 승계인에 대하여 강제집행을 하는 경우
② 원고가 여러 통의 이행권고결정서의 정본을 신청하거나, 전에 내어준 이행권고결정서 정본을 돌려주지 아니하고 다시 이행권고결정서 정본을 신청한 때에는 법원사무관등이 이를 부여한다. 이 경우 그 사유를 원본과 정본에 적어야 한다.
③ 청구에 관한 이의의 주장에 관하여는 민사집행법 제44조제2항의 규정에 의한 제한을 받지 아니한다.

를 받을 필요는 없을 뿐만 아니라 집행문도 필요 없다.

③ 청구이의의 사유

이행권고결정은 변론을 거치지 않고 확정판결과 같은 효력을 부여하는 것으로 변론종결일의 개념이 없을 뿐만 아니라 청구에 관한 이의의 소송규정인 민사집행법 제44조제2항[79]의 규정에 따른 제한을 받지 않기 때문에(동법 5조의8 3항) 피고는 이행권고결정이 확정되기 전에 채무소멸의 원인이 있었다 하더라도 청구이의 소송사유로 삼을 수 있다.

(6) 이행권고결정의 효력상실

이행권고결정은 제1심법원에서 판결이 선고된 때에는 그 효력을 잃는다. 이는 민사소송법의 화해권고결정이 그 심급에서 판결이 선고된 때에 효력을 잃게 되도록 한 것과 그 취지가 같다(법 232조 1항).

6. 소액사건소송절차 회부

(1) 의 의

소액사건에 관한 제소가 있는 경우에 이행권고절차에 회부하는 것이 부적절하거나 이행권고결정을 하였지만 피고가 이의하여 결정이 실효된 경우에는 소액사건소송절차로 회부된다. 다만 소액사건절차의 간이 신속성을 위해 일반 민사소송과 다른 특칙이 규정되어 있다

(2) 상고 및 재항고의 특칙

소액사건에 대한 지방법원 본원 합의부의 제2심판결이나 결정·명령에 대하여는 법률·명령·규칙 또는 처분의 헌법위반여부와 명령·규칙 또는 처분의 법률위반여부에 대한 판단이 부당한 때와 대법원의 판례에 상반되는 판단을 한 때에 한하여 대법원에 상고 또는 재항고를 할 수 있다(동법 3조). 이처럼

---

79) 민사집행법 제44조(청구에 관한 이의의 소) ① 채무자가 판결에 따라 확정된 청구에 관하여 이의하려면 제1심 판결법원에 청구에 관한 이의의 소를 제기하여야 한다. ② 제1항의 이의는 그 이유가 변론이 종결된 뒤(변론 없이 한 판결의 경우에는 판결이 선고된 뒤)에 생긴 것이어야 한다.

소액사건에서는 사실상 2심제를 채택하고 있으며 일반민사소송과 달리 상고이유로서 법령위반은 상고이유가 될 수 없다.

(3) 구술에 의한 소의 제기

소는 구술로써 이를 제기할 수 있다. 이 경우에 법원사무관등은 제소조서를 작성하고 이에 기명날인하여야 한다(동법 4조).

(4) 지체없는 소장의 송달

소장부본이나 제소조서등본은 지체없이 피고에게 송달하여야 한다. 다만, 피고에게 이행권고결정서의 등본이 송달된 때에는 소장부본이나 제소조서등본이 송달된 것으로 본다(동법 6조).

(5) 신속한 기일지정, 1회 변론기일원칙, 기일전 증거조사

소의 제기가 있는 경우에 판사는 피고의 답변서를 기다리지 않고 바로 변론기일을 정할 수 있다. 이 경우에 판사는 되도록 1회의 변론기일로 심리를 마치도록 하여야 한다. 이를 위하여 판사는 변론기일전이라도 당사자로 하여금 증거신청을 하게 하는 등 필요한 조치를 취할 수 있다(동법 7조).

(6) 심리절차상의 특칙

1) 야간공휴일 개정

판사는 필요한 경우 근무시간외 또는 공휴일에도 개정할 수 있다(동법 7조의2).

2) 무변론청구기각제도

법원은 소장·준비서면 기타 소송기록에 의하여 청구가 이유없음이 명백한 때에는 변론없이 청구를 기각할 수 있다(동법 9조 1항).

3) 조서의 기재 생략

조서는 당사자의 이의가 있는 경우를 제외하고 판사의 허가가 있는 때에는 이에 기재할 사항을 생략할 수 있다(동법 11조 1항).

4) 원격영상재판

판사가 상주하지 않는 군법원에 주민편의를 위하여 소액사건 등을 원격영상재판할 수 있게 하였다.

(7) 증거조사의 특칙

1) 직권증거조사원칙

판사는 필요하다고 인정한 때에는 직권으로 증거조사를 할 수 있다. 그러나 그 증거조사의 결과에 관하여는 당사자의 의견을 들어야 한다(동법 10조 1항). 원칙적 직권증거조사를 채택하였다.

2) 교호신문제도 불채택

증인은 판사가 신문한다. 그러나 당사자는 판사에게 고하고 신문할 수 있다(동법 10조 2항). 판사가 주신문하고 당사자가 보충신문을 하는 직권신문제를 채택하였다.

3) 증인, 감정인의 서면신문

판사는 상당하다고 인정한 때에는 증인 또는 감정인의 신문에 갈음하여 서면을 제출하게 할 수 있다(동법 10조 3항). 실무상 이 경우 증인진술서 또는 공증받은 진술서를 제출하도록 하고 있다.

(8) 판결에 관한 특례

판결의 선고는 변론종결후 즉시 할 수 있다(법 11조의2 1항). 변론종결 후 즉시 판결선고의 목적을 당성하게 하기 위해 판결을 선고함에는 주문을 낭독하고 주문이 정당함을 인정할 수 있는 범위 안에서 그 이유의 요지를 구술로 설명하도록 했고 판결서에 이유를 기재하지 아니할 수 있도록 했다.

(9) 소송대리에 관한 특칙

당사자의 배우자·직계혈족 또는 형제자매는 법원의 허가없이 소송대리인이 될 수 있다(동법 8조 1항). 이 경우 신분관계를 증명할 수 있는 가족관계증명서 또는 주민등록등본 등으로 신분관계를 증명하고 소송위임장으로 수권관계를 증명하여야 한다.

Ⅲ. 독촉절차

1. 개 설

(1) 의 의

독촉절차란 금전, 그 밖에 대체물(代替物)이나 유가증권의 일정한 수량의 지급을 목적으로 하는 청구에 대하여 채권자로 하여금 간이·신속하게 집행권원을 얻을 수 있도록 하기 위한 특별소송절차이다(법 462조). 원칙적인 방법으로서 통상의 소의 제기에 의할 수 도 있음은 물론이나 상대방이 채권의 존부를 다투지 않을 것으로 예상되는 사건에 있어서 간단한 절차와 소액의 비용으로 신속히 집행권원을 얻을 수 있는 길을 열어주려는 제도이다.

독촉설차는 지급명령이라는 형식의 재판을 함으로써 진행되며 이 재판은 채무자의 참여 없이 채권자의 일방적인 주장 만에 의하여 하게 된다. 지급명령이 송달된 후 채무자는 이의신청을 할 수 있으며 이때는 통상의 소송절차로 바뀌게 된다.

(2) 구 별

일반소장의 경우에도 소액사건(3,000만원 이하의 금전이나 대체물의 지급을 구하는 사건)의 경우에는 법원이 직권으로 서면재판의 일종인 이행권고결정을 하기도 하지만, 소액사건의 범주를 벗어난 경우에는 이러한 서면재판을 할 수 없다. 그러나 지급명령의 경우에는 소액사건의 범주를 벗어난 경우라도 서류심사만으로 재판을 할 수 있는 것이다. 인지대도 일반 소송의 1/10만 부담하면 되고, 송달료도 4회분(2인 기준 29,600원, 3,700원×4회×2인)만 내면 된다. 또한 지급명령이 확정되면 확정판결과 동일한 효력이 인정되고(민소법 474조), 별도로 집행문을 부여받지 아니하여도 강제집행을 실시할 수 있다. 확정증명이나 송달증명도 요하지 아니한다(지급명령에 기재되어 있음).

2. 관할법원

독촉사건은 청구액에 관계없이 단독판사가 담당하고 시·군법원에서도 처리한다. 독촉절차는 채무자의 보통재판적(주소지)이 있는 곳의 지방법원이나 근무지, 거소지 또는 의무이행지, 어음수표의 경우 지급지, 영업소재지, 불법행위지의 관할법원을 전속관할로 한다(법 463조). 금전채권은 대부분 지참채무이므로, 채권자로서는 당해 채권의 의무이행지인 채권자의 주소지를 관할하는 법원에 제출하면 될 것이다.

3. 요 건

(1) 금전 그 밖의 대체물이나 유가증권의 일정수량의 지급을 목적

청구금액의 많고 적음을 불문하지만 현재 이행기가 도래하여 즉시 지급을 청구할 수 있는 것이어야 하므로 조건부·기한미도래의 채권의 이행을 구하거나 예비적 청구를 구하는 신청은 허용되지 않는다. 그러나 채권자의 반대급부와 상환이행을 명할 것을 구하는 신청은 가능하다.

(2) 대한민국에서 공시송달외의 방법으로 송달할 수 있는 경우에 한함

따라서 보충송달 될 수 있는 경우는 신청이 가능하다. 송달불능이 되면 법원은 주소 보정을 명할 수 있으나 채권자는 법원으로부터 채무자의 주소를 보정하라는 명령을 받은 경우에 소제기신청을 할 수 있다(법 466조 1항).

4. 신청절차

(1) 지급명령신청

1) 지급명령의 신청에는 그 성질에 어긋나지 아니하면 소에 관한 규정을 준용한다(법 464조). 다만 일반신청과 마찬가지로 서면이나 말로 할 수 있다(법 160조 1항).

2) 지급명령신청에는 소장의 기재사항에 준하여(법 249조), 당사자인 채권자·채무자의 주소·성명, 법정대리인이 있으면 그 주소·성명, 청구취지와 청구원인을 표시하여야 한다.

3) 지급명령신청서에는 「당사자표시」의 서류도 함께 제출하여야 한다(4부 제출, 날인하지 아니하고 제출). 「당사자표시」 작성방법은 지급명령신청서 중 당

사자표시 부분부터 ~ 신청원인까지만을 기재한 서류를 말한다.

(2) 인지 및 송달료

지급명령신청서에는 소장에 붙여야 할 인지의 10분의 1의 액수에 해당하는 인지를 붙여야 한다. 또한 송달료는 4회분(2인 기준 29,600원, 3,700원×4회×2인)만 내면 된다.

[서식 123] 지급명령신청서

지 급 명 령 신 청

채 권 자　류 ○ ○(75○○○○-104○○○○)
경기도 ○○구 ○○동 ○○○(T.010-123-456)

채 무 자　1. 임 ○ (76○○○○-112○○○○)
경기도 ○○구 ○○동 ○가 ○○○
2. 이 ○ ○(76○○○○-112○○○○)
경기도 ○○구 ○○동 ○가 ○○○
3. 천 ○ ○(76○○○○-112○○○○)
서울시 ○○구 ○○동 ○가 ○○○

위약금 독촉 사건

신 청 취 지

채무자들은 각자 채권자에게 금 6,000,000원 및 이에 대한 이 사건 지급명령 송달일 다음날부터 다 갚는 날까지 연 15%의 비율에 의한 금원 및 다음의 독촉절차 비용을 지급하라.
라는 명령을 구합니다.

- 다　　　음 -

* 독촉절차비용　　금 55,000원
내역 1) 인지대　　금 3,000원
　　　2) 송달료　　금 59,200원

신 청 원 인

1. 채권자와 채무자들간의 임대차계약 체결

임차인인 채권자 류○○은 20○○. ○. ○. 경기도 ○○시 ○○동 ○○신도시 NB-1 ○○프라자 4층 403호(이하 '이 사건 부동산'이라 합니다)에 대하여 임대보증금 30,000,000원, 월세 1,450,000원, 계약금 6,000,000원으로 하는 임대차 계약(이하 '이 사건 부동산 임대차 계약'이라 합니다)을 채무자 천○○의 알선하에 임대인인 채무자 임○ 및 이○○과 체결하였습니다.

2. 채무자들의 이 사건 임대차계약에 대한 해지요구

채권자는 20○○. ○. ○. 이 사건 부동산에 대한 임대차계약을 채무자들과 체결하면서 계약금 600만원을 모두 교부하였으나 이후 채무자들은 채권자와 체결한 이 사건 임대차계약의 조건이 너무 열악하여 계약을 유지하기 어렵다면서 계약해지를 요구였습니다.

3. ○○프라자 303호에 대한 임대차 계약이행을 해지조건으로 한 이 사건 부동산 임대차계약 약정

채무자들은 채권자에게 계약해지를 요구하면서도 채권자에게 단지 계약금 600만원만 돌려주고 해지에 따른 위약금 600만원에 대해서는 이 사건 부동산인 ○○프라자 403호 대신 경기도 ○○○시 ○○동 ○○신도시 NB-2 ○○프라자 303호에 새로운 임대차 계약(이하 '○○프라자 303호 임대차계약'이라 합니다)을 체결해 주는 것으로 대체하되, 특약사항으로 ○○프라자 303호 임대차 계약을 ○○프라자 403호 임대차 계약의 해지조건부로 정하고 이후 ○○프라자 303호 임대차계약이 채권자에게 이행되면 그와 동시에 ○○프라자 403호 임대차계약에 따른 채권자의 모든 청구권도 자동으로 소멸되는 것으로 약정하였습니다.

4. 이 사건 부동산 임대차계약에 대한 해지조건의 미성취

이 사건 부동산 임대차 계약의 해지조건으로 정한 ○○프라자 303호 임대차 계약의 임대인인 김○○은 20○○. ○. ○. ○○프라자의 차후 사업 일정 및 개발 방향이 불투명하여 20○○. ○. ○. 체결한 ○○프라자 303호의 매매 및 임대차계약의 이행이 불가능하다면서 계약해지를 통보함에 따라, ○○프라자 303호의 임대차계약의 이행을 해지조건으로 한 이 사건 부동산 임대차 계약은 해지조건의 미성취로 인하여(○○프라자 303호의 임대차계약이 이행되기 전에 해지되었으므로) 해지되지 않고 그대로 존속하게 되었습니다.

5. 채무자들의 이 사건 부동산 임대차 계약 불이행

채권자는 이 사건 부동산 임대차 계약이 위와 같이 해지조건의 미성취로 인하여 유효하게 존속하게 됨에 따라 채무자들에게 20○○. ○. ○.과 20○○. ○. ○. 두 차례에 걸쳐 이 사건 임대차 계약이 이행될 수 있도록 일정을 알려달라고 요구하면서 만약 계약 이행이 불가능하다면 위약금 600만원을 지불해달라고 통보하였지만(소갑제1호증1내지3 부동산임대차계약이행등통보 참조) 채무자들은 현재까지 계약이행이나 위약금 상환에 관한 어떤 답변도 하고 있지 않는 바, 이에 채권자는 이 사건 위약금 청구에 이르게 된 것입니다.

6. 결 론

그렇다면 채무자들은 각자 채권자에게 금 60,000,000원 및 이에 대한 이 사건 지급명령 송달일 다음날부터 다 갚는 날까지 연 15%의 비율에 의한 지연손해금을 지급할 의무가 있다 할 것입니다.

소 명 방 법

1. 소갑제1호증 1 내지 3 부동산임대차계약이행등통보
1. 소갑제2호증 내용증명
1. 소갑제3호증 집합건축물대장

첨 부 서 류

1. 위 소명자료 각 1 통
1. 납부서 1 통

20○○. ○. ○.

위 채권자 류 ○ ○ (인)

○○지방법원 ○○지원 귀중

■ 작성·접수방법

1. 독촉절차는 채무자의 보통재판적(주소지)이 있는 곳의 지방법원이나 근무지, 거소지 또는 의무이행지, 어음수표의 경우 지급지, 영업소재지, 불법행위지의 관할법원을 전속관할로 한다(법 463조). 금전채권은 대부분 지참채무이므로, 채권자로서는 당해 채권의 의무이행지인 채권자의 주소지를 관할하는 법원에 지급명령신청서 1부와 부본 6부(채무자가 1명인 경우 4부)를 제출한다. 다만 독촉사건은 청구액에 관계없이 단독판사가 담당하고 시·군법원에서도 처리하므로 청구금액이 소액인지 상관없이 접수할 곳에 시군법원이 있다면 시군법원이 관할이다.
2. 인지는 일반 소송인지액의 1/10이므로 3,000원(=6백만원×0.005×0.1)이고, 송달료는 59,200원(=3,700×4회분×당사자수4명)이다

[첨부서면] 당사자표시

당 사 자 표 시

채 권 자 류 ○ ○(75○○○○-104○○○○)
경기도 ○○구 ○○동 ○○○(T.010-1234-5678)

채 무 자 1. 임 ○ ○(76○○○○-112○○○○)
경기도 ○○구 ○○동 ○가 ○○○
2. 이 ○ ○(76○○○○-112○○○○)
경기도 ○○구 ○○동 ○가 ○○○
3. 천 ○ ○(76○○○○-112○○○○)
서울시 ○○구 ○○동 ○가 ○○○

위약금 독촉 사건

신 청 취 지

채무자들은 각자 채권자에게 금 6,000,000원 및 이에 대한 이 사건 지급명령 송달일 다음날부터 다 갚는 날까지 연 15%의 비율에 의한 금원 및 다음의 독촉절차 비용을 지급하라.
라는 명령을 구합니다.

- 다 음 -

* 독촉절차비용 금 55,000원
내역 1) 인지대 금 3,000원
2) 송달료 금 59,200원

신 청 원 인

1. 채권자와 채무자들간의 임대차계약 체결

임차인인 채권자 류○○은 20○○. ○. ○. 경기도 ○○시 ○○동 ○○신도시 NB 1 ○○프라자 4층 403호(이하 '이 사건 부동산'이라 합니다)에 대하여 임대보증금 30,000,000원, 월세 1,450,000원, 계약금 6,000,000원으로 하는 임대차 계약(이하 '이 사건 부동산 임대차 계약'이라 합니다)을 채무자 천○○의 알선하에 임대인인 채무자 임○ 및 이○○과 체결하였습니다.

2. 채무자들의 이 사건 임대차계약에 대한 해지요구

채권자는 20○○. ○. ○. 이 사건 부동산에 대한 임대차계약을 채무자들과 체결하면서 계약금 600만원을 모두 교부하였으나 이후 채무자들은 채권자와 체결한 이 사건 임대차계약의 조건이 너무 열악하여 계약을 유지하기 어렵다면서 계약해지를 요구였습니다.

3. ○○프라자 303호에 대한 임대차 계약이행을 해지조건으로 한 이 사건 부동산 임대차계약 약정

채무자들은 채권자에게 계약해지를 요구하면서도 채권자에게 단지 계약금 600만원만 돌려주고 해지에 따른 위약금 600만원에 대해서는 이 사건 부동산인 ○○프라자 403호 대신 경기도 ○○주시 ○○동 ○○신도시 NB-2 ○○프라자 303호에 새로운 임대차 계약(이하 '○○프라자 303호 임대차계약'이라 합니다)을 체결해 주는 것으로 대체하되, 특약사항으로 ○○프라자 303호 임대차 계약을 ○○프라자 403호 임대차 계약의 해지조건부로 정하고 이후 ○○람프라자 303호 임대차계약이 채권자에게 이행되면 그와 동시에 ○○프라자 403호 임대차계약에 따른 채권자의 모든 청구권도 자동으로 소멸 되는 것으로 약정하였습니다.

4. 이 사건 부동산 임대차계약에 대한 해지조건의 미성취

이 사건 부동산 임대차 계약의 해지조건으로 정한 ○○프라자 303호 임대차 계약의 임대인인 김○○은 20○○. ○. ○. ○○프라자의 차후 사업일정 및 개발 방향이 불투명하여 20○○. ○. ○. 체결한 ○○프라자 303호의 매매 및 임대차계약의 이행이 불가능하다면서 계약해지를 통보함에 따라, ○○프라자 303호의 임대차계약의 이행을 해지조건으로 한 이 사건 부동산 임대차 계약은 해지조건의 미성취로 인하여(○○프라자 303호의 임대차계약이 이행되기 전에 해지되었으므로) 해지되지 않고 그대로 존속하게 되었습니다.

5. 채무자들의 이 사건 부동산 임대차 계약 불이행

채권자는 이 사건 부동산 임대차 계약이 위와 같이 해지조건의 미성취로 인하여 유효하게 존속하게 됨에 따라 채무자들에게 20○○. ○. ○.과 20○○. ○. ○. 두 차례에 걸쳐 이 사건 임대차 계약이 이행될 수 있도록 일정을 알려달라고 요구하면서 만약 계약 이행이 불가능하다면 위약금

600만원을 지불해달라고 통보하였지만(소갑제1호증1내지3 부동산임대차 계약이행등통보 참조) 채무자들은 현재까지 계약이행이나 위약금 상환에 관한 어떤 답변도 하고 있지 않는 바, 이에 채권자는 이 사건 위약금 청구에 이르게 된 것입니다.

6. 결 론

그렇다면 채무자들은 각자 채권자에게 금 60,000,000원 및 이에 대한 이 사건 지급명령 송달일 다음날부터 다 갚는 날까지 연 15%의 비율에 의한 지연손해금을 지급할 의무가 있다 할 것입니다.

■ 작성·접수방법

1. 부본 6부(채무자가 1명인 경우 4부)를 지급명령신청시 첨부한다.
2. 지급명령신청서에 첨부하는 첨부서류를 부본에는 첨부하지 않는다.

5. 재 판

(1) 서면심리절차

지급명령은 채무자를 심문하거나 진술의 기회를 주지 않고 즉 채무자의 참여 없이 채권자의 주장만을 근거로 하여 결정으로 재판한다(법 467조). 또 채권자의 소명도 필요 없다. 간혹 신청서에 계약서나 약속어음 등 소명자료가 첨부되는 경우가 있는데 신청내용이 이들 서면의 기재와 부합하지 않는다 하여도 이를 문제 삼을 필요가 전혀 없고 법원으로서는 신청에 표시된 청구취지와 청구원인만에 의하여 지급명령을 발하면 된다.

(2) 지급명령과 송달

지급명령신청서가 제출되면, 법원에서는 일단 지급명령을 발령하여 채무자에게 송달하는데 지급명령에는 당사자, 법정대리인, 청구의 취지와 원인을 적고, 채무자가 지급명령이 송달된 날부터 2주 이내에 이의신청을 할 수 있다는 것을 덧붙여 적어야 한다(법 468조). 지급명령을 송달하면서 이의신청안내서를 보내주는 것이 실무이다. 만약 송달이 되지 아니하면 채권자는 주소보정을 하든지, 아니면 소제기신청[80)]을 하여 일반 소송절차에 따라서 재판을 받아야 한다.

[서식 124] 독촉절차안내서

독촉절차안내서

1. 이 지급명령은 민사소송법 제467조에 따라 채권자가 제출한 신청서에 기재된 주장만을 근거로 하여 발령한 것입니다. 채권자가 귀하에게 청구하는 금액은 지급명령에 첨부된 지급명령신청서의 「청구취지」란에 기재된 것과 같고, 그와 같이 청구하는 근거는 「청구원인」란에 기재되어 있습니다.
2. 귀하가 이 지급명령에 따를 수 없는 경우에는 이 지급명령정본을 송달받은 날부터 2주 안(예컨대 9월 2일 지급명령 정본을 송달받았으면 9월 16일 24:00까지)에 이 법원에 「이의신청서」를 제출하면 지급명령은 효력을 잃고 사건은 일반 민사소송으로 이행하게 됩니다. 민사소송절차에서는 채무자가 구체적 이유를 기재한 답변서를 제출하는 등의 방법으로 채권자의 주장에 대하여 적극적으로 다툴수 있으며, 지급명령을 송달받은 날부터 30일 이내에 답변서를 제출하지 않으면 법원은 변론을 거치지 않고 채권자가 주장하는 대로 원고승소판결을 할 수 있습니다(민사소송법 제255조 내지 제257조). 따라서 이의신청을 하는 채무자는 이의신청서와 함께 또는 이의신청서와 별도로 지급명령의 신청원인에 대한 구체적인 진술을 적은 답변서를 늦어도 지급명령정본을 송달받은 날부터 30일이내에 제출하여야 합니다.
3. 만일 귀하가 위 2주의 기간 안에 이의신청을 하지 아니하면 이 지급명령은 확정판결과 같은 효력이 있어 채권자의 신청에 의하여 귀하의 재산에 대한 강제집행이 가능해집니다.
4. 그 밖에 이의신청등 독촉절차에 관하여 궁금한 사항이 있으면 아래 문의처로 연락하거나, 인터넷 대법원 홈페이지(http:www.scourt.go.kr)에 접속하여 독촉절차를 안내하는 내용을 참고하시기 바랍니다. 이의신청서 양식은 위 홈페이지 알기쉬운 소송 - 민사재판양식에서 내려받으실 수 있습니다.

법원소재지		담 당	제 단독	전 화	대표전화 구 내

---

80) 이 경우에는 일반 소송절차에 의할 경우 산출되는 인지대와 송달료에서 지급명령신청시 납부한 인지대와 송달료를 공제한 금원을 추가로 납부하여야 한다.

(3) 채권자의 소제기 신청

1) 의 의

채권자는 법원으로부터 주소보정명령을 받은 경우 소제기 신청을 할 수 있다(법 466조 1항). 지급명령이 채무자에게 송달도지 아니하는 경우 지급명령신청을 각하 하여야만 한다면 채권자로서는 다시 처음부터 통상의 소를 제기할 수 밖에 없으므로 이중의 소송비용과 시간적 손실을 볼 우려가 있어 이러한 문제점을 해결하기 위해 제소신청제도를 법으로 정한 것이다. 채권자로부터 소제기 신청이 있으면 지급명령을 신청한 때에 소가 제기된 것으로 보므로 바로 소송절차로 옮겨진다.

2) 신청기간

법원이 보정명령에서 정한 기간 안에는 물론이고 그 기간이 지난 경우에도 법원이 지급명령신청서 각하명령을 하기 전까지는 소제기신청을 할 수 있다.

3) 신 청

소제기 신청에 관해서는 특별한 규정이 없으므로 서면으로 할 수도 있고 말로도 할 수 있다 신청에는 소를 제기하는 경우 소장에 붙여야 할 인지액에서 지급명령신청시에 붙힌 인지액의 1/10을 공제한 나머지에 해당하는 인지액을 붙여야 하고 송달료도 납부하여야 한다.

4) 효 과

소제기신청에 의하여 독촉절차는 당연히 통상소송절차로 이행하게 되어 지급명령을 신청한 때에 소가 제기된 것으로 본다(법 472조 1항).

[서식 125] 소제기 신청시

소 제 기 신 청 서

사　　건　　20○○차 1234　임차보증금반환

채 권 자　　김 ○ ○
채 무 자　　이 ○ ○

위 당사자간 사건에 관하여 귀원으로부터 보정명령이 발하였는 바, 이에 채권자는 민사소송법 제466조 제1항에 따라 이 사건 소제기신청을 합니다.

소　　　가 : 18,000,000원
인　지　대 :　86,000원 (=18,000,000×0.0045+5,000)
납부 인지대 :　8,600원 (=86,000×0.1)
추납 인지대 :　77,400원 (=86,000-8,600)
추납 송달료 :　74,000원 (=3,700×10회분×당사자 2명)

20○○.　○.　○.

위 채권자　이 ○ ○　(인)

서울중앙지방법원 독촉계　귀중

■ 작성·접수방법

1. 소제기신청서 1부를 제출한다.
2. 법원이 보정명령에서 정한 기간 안에는 물론이고 그 기간이 지난 경우에도 지급명령 각하 결정을 받기 전까지지는 소제기 신청을 할 수 있다.
3. 인지는 이미 납부한 인지액(1심소가의 1/10)을 제외한 나머지 금액을 납부하고 송달료는 소액사건은 10회분, 단독과 합의는 15회분을 납부하여야 한다.

6. 채무자의 이의신청

(1) 의　의

지급명령은 채권자의 주장만에 의하여 편면적인 심리만으로 발하여지는 것이므로 상대방인 채무자에게 다툴 수 있는 길을 열어주는 것이 필요하므로 채무자에게 이의신청을 할 수 있는 권리를 인정하고 있다. 채무자가 지급명령을 송달받은 후 이의가 있으면, 그로부터 2주일 이내에 이의신청을 하면 지급명령은 그 범위 안에서 실효되고 이의 있는 청구목적의 값에 관하여 지급명령을 신청한 때에 소가 제기된 것으로 보게 되어 바로 소송절차로 옮겨진다(법 472조 2항).

(2) 방 법

1) 특별한 규정이 없으므로 서면 또는 말로 할 수도 있다(법 161조 1항).이의신청에는 지급명령에 응할 수 없다는 취지만 명시하면 족하고 불복의 이유나 방어방법까지 표시할 필요는 없다.

2) 이의는 지급명령의 일부에 대해서도 할 수 있으나 그 경우에는 이의 있는 부분을 명확히 하여야 한다.

3) 이의신청은 지급명령송달 후 2주 이내에 할 수 있다. 2주의 기간은 불변기간이므로 채무자가 책임질 수 없는 사유로 말미암아 그 기간을 지킬 수 없었던 경우에는 그 사유가 없어진 날부터 2주 이내에 추후보완이의를 할 수 있다(법 173조).

4) 이의신청서에는 인지를 붙이지 아니하며, 송달료도 납부할 필요가 없다.

[서식 126] 지급명령에 대한 이의신청서

지급명령에 대한 이의신청

사　　건　20○○차 1234 임차보증금반환

채 권 자　류 ○ ○(75○○○○-104○○○○)
경기도 ○○구 ○○동 ○○○(T.010-123-456)

채 무 자　임 ○ (76○○○○-112○○○○)

경기도 ○○구 ○○동 ○가 ○○○

위 독촉사건에 관하여 채무자는 20○○. ○. ○. 지급명령정본을 송달받았으나, 이에 불복하므로 이의신청을 합니다.

20○○. ○. ○.

위 채무자 임 ○ (인)

의정부지방법원 고양지원 귀중

■ 작성·접수방법

1. 지급명령신청서를 법원으로 송달받은 채무자는 송달받은 날로부터 2주 즉 14일 이내에 이의신청서 2부를 지급명령을 한 법원에 제출한다.
2. 인지등 비용을 첨부하지 않는다.

(3) 법원의 처리

1) 부적법한 이의신청

법원은 이의신청기간 도과 등으로 이의신청이 부적법하다고인정한 때에는 결정으로 이의신청을 각하하여야 한다(법 471조 1항). 이에 대하여 이의신청인은 즉시항고를 할 수 있다(동조 2항). 각하결정이 확정되면 당초부터 이의신청이 없었던 것으로 된다.

2) 적법한 이의신청

지급명령은 이의의 범위 안에서 효력을 잃게 되고 독촉절차는 당연히 통상소송절차로 이행하게 되어 지급명령신청 당시로 돌아가 소를 제기한 것으로 본다(법 472조 2항). 이 경우 독촉법원은 채권자에게 인지보정명령을 하고 채권자가 인지를 보정하지 아니하는 경우에는 지급명령신청서를 각하하여야 하고 채권자가 인지를 보정하면 독촉법원의 법원사무관등은 바로 소송기록을 관할 법원에 보내야 함은 채권자의 소제기신청이 있었던 경우와 같다(법 473조).

[서식 127] 이의신청통지서

지급명령에 대한 이의신청

채권자 귀하

1. 귀하의 신청에 의하여 이 법원에서 20○○. ○. ○. 발령한 지급명령에 대하여 채무자가 20○○. ○. ○. 이의신청을 제기하였습니다.
2. 채무자가 이의신청을 하면 지급명령은 그 효력을 상실하고 통상의 소송절차로 옮겨져서 그 이후에는 청구금액에 따라 3,000만원 이하의 경우에는 소액사건, 2억원 이하인 경우에는 중액사건, 2억원을 초과하는 경우에는 합의사건으로 일반 민사 소송절차가 진행되게 됩니다.
3. 그 밖에 이의신청 등 절차진행에 관하여 궁금한 사항이 있으면 아래 문의처로 연락하거나 인터넷 대법원 홈페이지(www.scourt.go.kr)에 접속하여 독촉절차를 안내하는 내용을 검색하시기 바랍니다.

의정부지방법원 고양지원

[서식 128] 보정명령

보 정 명 령

사　　건　20○○차1234 임차보증금반환
채 권 자　류 ○ ○
채 무 자　임 ○ 외 2명

위 사건은 채무자 임○가 20○○. ○. ○. 이의신청을 하여 통상의 소송절차에 의하여 재판하게 되었으므로 채권자는 이 명령을 받은 날로부터 7일 이내에 다음 사항을 보정하시 바랍니다.

보 정 사 항

1. 추가 납부하여야 할 인지액 금○○○원
2. 송달료 금 ○○○원

20○○. ○. ○.

판사 ○ ○ ○

주의사항 : 만일 부족한 인지액과 송달료를 위 기간 내에 납부하지 않으면 지급명령신청이 각하 될 수 있음을 유의하시기 바랍니다.

법원 소재지	○○○○	담당	민사○단독	전화	○○○○○○○○○

■ 작성·접수방법

1. 지급명령신청서를 법원으로 송달받은 채무자는 송달받은 날로부터 2주 즉 14일 이내에 이의신청서 2부를 지급명령을 한 법원에 제출한다.
2. 인지등 비용을 첨부하지 않는다.

3) 이의신청의 취하

지급명령에 대한 이의신청은 이의신청 각하결정 또는 그에 기한 소송으로 이행하기까지는 채무자가 어느 경우나 임의로 취하할 수 있다 그러나 법원의 인지보정명령에 따라 채권자가 인지를 보정하면 지급명령의 실효가 확정적인 것이 되고 독촉절차가 소멸되었다 할 것이므로 이의신청의 취하가 허용될 수 없다.

7. 지급명령 확정의 효력

지급명령에 대하여 이의신청이 없거나 이의신청을 취하하거나 각하결정이 확정된 때에는 지급명령은 확정판결과 같은 효력이 있다(법 474조). 확정판결과 동일한 효력이 있으므로 지급명령으로 확정된 채권은 단기소멸시효에 해당하는 것이라도 그 소멸시효는 10년으로 된다. 또한 확정된 지급명령에 기한 강제집행은 집행문을 부여받을 필요 없이 지급명령 정본에 의하여 행한다(민집법 58조 1항). 그러나 집행력이 생길 뿐 기판력이 발생하지는 않는다.

제 8 장 기타소송절차

Ⅰ. 민사조정절차

1. 의 의

민사조정제도란 민사에 관한 분쟁에 있어서 중립적인 제3자가 당사자의 동의를 얻어 쉽게 협상할 수 있도록 도와주는 분쟁해결방법을 말하는 것으로써 당사자의 신청에 의하여 또는 소송사건의 조정회부에 의하여 조정담당판사나 수소법원, 또는 법원에 설치된 조정위원회가 간이 한 절차에 따라 분쟁당사자들로부터 각자의 주장을 듣고 관계자료를 검토한 후 여러 사정을 고려하여 그들에게 상호 양보하게 합의하도록 권유·주선함으로써 화해에 이르게 하는 제도를 말한다.

2. 관할 및 이송

(1) 관할법원

조정사건은 ① 피신청인에 대한「민사소송법」제3조부터 제6조까지의 규정에 따른 보통재판적 소재지 ② 피신청인의 사무소 또는 영업소 소재지 ③ 피신청인의 근무지 ④ 분쟁의 목적물 소재지 ⑤ 손해 발생지등을 관할하는 지방법원, 지방법원 지원 또는 시·군법원의 관할로 한다. 그러나 조정사건은 그에 상응하는 소송사건의 전속관할법원(專屬管轄法院)이나 당사자 사이에 합의로 정한 법원에서 관할할 수 있다(민조 3조).[81]

81) 제3조(관할법원) ① 조정사건은 다음 각 호의 어느 하나에 해당하는 곳을 관할하는 지방법원, 지방법원지원(地方法院支院), 시법원(市法院) 또는 군법원(郡法院)(이하 "시·군법원"이라 한다)이 관할한다.
1. 피신청인에 대한「민사소송법」제3조부터 제6조까지의 규정에 따른 보통재판적(普通

(2) 이 송

조정담당판사는 사건이 그 관할에 속하지 아니함을 인정하는 때에는 결정으로 사건을 관할법원으로 이송한다. 그러나 피신청인이 관할위반의 항변을 하지 아니하고 조정절차에서 진술하거나 사건의 해결을 위하여 특히 필요하다고 인정하는 때에는 그러하지 아니하다(민조 4조). 조정담당 판사는 사건이 그 관할에 속하는 경우라도 상당하다고 인정하는 때에는 직권 또는 당사자의 신청에 의한 결정으로 이를 다른 관할 법원에 이송할 수 있고 위 이송결정에 대해서는 불복하지 못한다.

(3) 관할법원의 지정

수개법원의 토지 관할에 관하여 의문이 있을 경우에는 관할법원의 지정은 관계법원에 공통되는 직근 상급법원이 신청에 의하여 결정으로 한다. 이에 대해서는 불복신청이 금지된다(민조 39조).

3. 조정기관

(1) 조정담당판사

조정사건은 조정담당판사가 이를 처리한다(민조 7조). 그러나 조정담당판사는 스스로 조정을 할 수 있고 또 조정위원회로 하여금 이를 하게 할 수도 있다. 다만 당사자가 조정위원회에서 조정하여 줄 것을 신청한 때에는 조정위원회로 하여금 이를 하게 하여야 한다. 이와 같이 조정담당판사 혹은 조정위원회 어느 쪽이든 자유롭게 정하여 조정사건을 처리할 수 있게 되어 있다.

裁判籍) 소재지
2. 피신청인의 사무소 또는 영업소 소재지
3. 피신청인의 근무지
4. 분쟁의 목적물 소재지
5. 손해 발생지
② 제1항에도 불구하고 조정사건은 그에 상응하는 소송사건의 전속관할법원(專屬管轄法院)이나 당사자 사이에 합의로 정한 법원에서 관할할 수 있다.

(2) 조정위원회

1) 조정위원회는 조정장 1인과 조정위원 2인 이상으로 구성한다. 조정위원의 의결은 과반수의 의결에 의하나 가부 동수인 경우에는 조정장의 결정에 따른다. 조정위원회의 합의는 공개하지 아니한다.

2) 조정장은 고등법원장·지방법원장·또는 지방법원 지원장이 관할법원의 판사 중에서 지정한다. 조정장은 조정위원회의 조정절차를 지휘하며, 수수료 납부명령과 불응시의 신청서 각하명령, 방청허가, 조서의 일부 생략 기재 허가, 조정전 처분 위반자에 대한 과태료 결정 등의 직무권한을 가진다.

3) 조정위원은 학식과 덕망이 있는 자로서 고등법원장, 지방법원장 또는 지방법원 지원장이 미리 위촉한 자로 하여 그 임기는 2년으로 한다. 조정위원은 조정위원의 구성원의 1인의로서 조정위원회에서 행하는 조정에 관여하는 것이 그 기본 업무이나 그 밖에 조정상의 촉탁에 따라 분쟁의 해결을 위하여 사건관계인의 의견을 청취하거나 조정사건의 처리를 위하여 대법원규칙이 정하는 기타 사무를 행한다.

(3) 수소법원

수소법원은 특별한 사정이 없는 한 다툼 있는 사건에 대하여 소송절차의 어느 단계에서든 1회 이상 조정에 회부하는 것을 원칙으로 하며, 변론종결 후에도 사건을 조정에 회부할 수 있다. 수소법원이 조정에 회부한 사건을 스스로 처리하는 경우 수소법원은 조정담당판사와 동일한 권한을 가진다.

4. 조정절차

(1) 조정절차의 개시

1) 조정신청에 의한 개시

민사에 관한 분쟁의 당사자는 서면 또는 말로 법원에 조정을 신청할 수 있다. 조정신청시에는 당사자, 대리인, 신청취지, 분쟁의 내용을 명확히 기재하여야 하고 증서서류가 있을 경우 이를 제출하여야 하며 피신청인 수의 수에 상응하는 신청서 부본을 제출 한다. 이때 인지는 일반 소송절차에 비하여 적게 들고(일반소송의 1/5), 송달료도 5회분 37,000원(3,700원×5×2인)만 내면 되기 때문에, 비교적 저렴한 비용으로 소기의 목적을 달성할 수 있지만 만약 조정이 성립되지 아니하면 일반 소송절차로 이행하게 되므로 이 경우에는 절감된 인지대(일반소장의 4/5)와 송달료를 그 만큼 보정하여야 한다.

2) 조정회부에 의한 개시

법원은 특별한 사정이 없는 한 소송이 계속중인 사건을 조정에 회부하여 당사자 사이의 상호 이해와 양보를 바탕으로 분쟁이 원만하게 해결하게 할 수 있다.

(2) 조정기일의 통지

조정담당판사 또는 조정장은 미리 특정한 요일을 조정기일로 정하여 이를 당사자에게 통지하여야 하고,[82] 위 기일 통지를 받은 당사자는 기일에 본인이 출석하여야 하나, 특별한 사정이 있는 경우에는 대리인을 출석시키거나 보조인을 동반할 수 있다.

(3) 조정절차의 진행

1) 조정장소 및 공개여부

조정은 조정실, 심문실, 또는 분쟁에 관련된 현장 기타 적당한 장소에서 이를 할 수 있다. 조정절차는 공개하지 아니할 수 있고 다만 조정절차를 공개하지 아니하는 경우에도 조정담당판사는 적당하다고 인정하는 자에게 방청을 허가 할 수 있다(민조 20조).

2) 당사자 불출석

① 조정신청사건에서 신청인이 조정기일에 불출석 하는 경우에는 다시 기일을 정하고 이 새로운 기일에도 신청인이 다시 출석하지 아니한 때에는 조정신청은 취하된 것으로 본다(민조 31조 2항). 반면에 피신청인이 조정기일에

---

82) 민사조정법 제15조(조정기일) ① 조정기일은 당사자에게 통지하여야 한다.
② 조정기일의 통지는 소환장을 송달하는 방법이나 그 밖의 적절한 방법으로 할 수 있다.
③ 양쪽 당사자가 법원에 출석하여 조정신청을 하는 경우에는 특별한 사정이 없으면 그 신청일을 조정기일로 한다.

출석하지 아니한 경우에는 조정담당판사는 상당한 이유가 없는 한 직권으로 조정에 갈음하는 결정을 하여야 한다(민조 32조). ② 수소법원이 조정에 회부한 사건의 조정기일에 당사자 또는 일방이 출석하지 아니한 경우 조정담당판사는 상당하다고 인정하는 때에는 조정에 갈음하는 결정을 할 수 있다. 그러나 당사자가 출석하지 아니하여 조정기일을 2회 이상 진행하지 못한 경우 조정에 갈음하는 결정을 하지 아니하는 때에는 조정절차를 종결하고 사건을 수소법원에 다시 회부하여야 한다.

(4) 조정절차의 종료

1) 조정의 성립

조정은 당사자 사이에 합의된 사항을 조서에 기재함으로써 성립한다(민조 28조). 조정이 성립되고 나면 조정조서 정본을 당사자에게 송달하게 되며, 조정은 재판상 화해와 동일한 효력이 있다.

2) 조정에 갈음하는 결정

조정이 성립되지 아니한 사건에 대하여는 당사자가 이의신청할 것임이 명백한 경우를 제외하고는 조정에 갈음하는 결정을 함을 원칙으로 한다. 조정담당판사 또는 조정위원회는 당사자 사이에 합의가 성립되지 아니하였거나 성립된 합의의 내용이 상당하지 아니하다고 인정한 사건에 관하여 상당한 이유가 없는 한 당사자의 이익 기타 제반사정을 참작하여 신청인의 신청취지에 반하지 아니하는 한도 내에서 직권으로 사건의 공평한 해결을 위한 조정에 갈음하는 결정을 하여야 한다(민조 30조). 조정에 갈음하는 결정내용을 조서에 기재한 경우에는 당사자는 조서정본이 송달된 날로부터 2주일 이내에 이의를 신청할 수 있다. 이 기간은 불변기간이다. 다만 조서정본의 송달 전에도 이의를 신청할 수 있다.

3) 조정의 불성립

조정담당판사는 당사자 사이에 합의가 성립되지 아니하거나 성립된 합의의 내용이 상당하지 아니하다고 인정하는 경우에 조정에 갈음하는 결정을 하지 아니할 때에는 조정이 성립되지 아니한 것으로 사건을 종결시켜야 한다(민조 27조).

(5) 조정결정의 효력

위와 같이 조정결정에는 두 가지 유형으로 분류되는데 당사자 상호간의 양보와 합의로 인해 서로간 조정이 성립한 경우인 임의조정과, 당사자간에 조정이 성립되지는 않았지만 판사가 직권으로 신청인의 신청취지에 반하지 아니하는 한도 내에서 강제조정을 하는 경우인 강제조정과 조정에 갈음하는 결정이 있다.

임의조정은 조정조서가 작성되며 당사자는 더 이상 이에 불복할 수 없는데 반해, 강제조정과 조정에 갈음하는 결정은 경우에는 결정이 내려지고 송달된 날로부터 2주일 이내에 이의신청을 하면 소송절차로 이행하게 된다. 임의조정의 조정조서에는 재판상화해와 동일한 효력이 있어 확정판결과 같은 효력이 있는 것이다.

강제집행시에는 조정조서에 의한 강제집행은 송달증명과 집행문만 부여받으면 가능하지만, 조정에 갈음하는 결정의 경우에는 송달증명과 집행문 부여 이외에 확정증명도 필요하다.

(6) 소송으로의 이행

조정신청사건에 대하여 조정을 하지 아니하기로 하는 결정이 있었거나 조정이 성립되지 아니한 것으로 종결된 경우 또는 조정에 갈음하는 결정에 대하여 이의신청이 있는 경우에는 조정신청을 한 때에 소가 제기된 것으로 본다.

[서식 129] 조정신청서

민 사 조 정 신 청

신 청 인(원고) 박 ○ ○(751201-1234567)
서울시 ○○구 ○○동 ○○(T.010-1234-5678)

피신청인(피고) 김 ○ ○(750118-1234567)
서울시 ○○구 ○○동 ○○○

대여금에 대한 조정신청

신 청 취 지

1. 피신청인은 신청인에게 금 8,000,000원 및 위 금원에 대하여 20○○. ○. ○.부터 이 소장부본송달일까지 연 18%, 그 다음날부터 완제일까지 연 15%의 비율에 의한 금원을 각 지급하라. 라는 조정을 신청합니다.

조정의 내용

1. 신청인은 피신청인에게 20○○. ○. ○. 금 8,000,000원을 서로 가까운 사이라 차용증도 없이 대여해 준 사실이 있었고, 이에 대하여 피고는 20○○. ○. ○. 구두상으로 20○○. ○. ○.까지 금 8,000,000원 전액을 변제하여 주겠다고 약정한 사실이 있었습니다.

2. 또한 피신청인은 만약 위 기일까지도 갚지 않을 경우에는 연 18%의 비율에 의한 지연이자도 기꺼이 부담하겠다고도 약정한 사실도 있었습니다.

3. 그런데 피신청인은 위 지급기일이 지난 뒤 신청인의 수차례에 걸친 변제독촉에도 불구하고 금액이 틀리다느니 일부를 변제했다느니 하면서 시일만 차일피일 미루고 있어 이 건 조정신청에 이르게 된 것입니다.

첨 부 서 류

1. 구두약속사실확인서 1통

20○○. ○. ○.

위 신청인 박 ○ ○ (인)

서울중앙지방법원 귀중

[서식 130] 조정에 갈음한 결정

서 울 ○○○○ 법 원

13단독(**3**조정)

결 정

사 건 2017너307

2017너308 (반소)

원고(반소피고) 권 ○ ○

서울 강남구 ○○로 ○○, 101동 102호(논현동, 논현 e편한세상)

송달장소 서울 서초구 서초중앙로26길 ○○ (서초동)

소송대리인 법무법인 온세상 담당변호사 김○○

피고(반소원고) 김 ○ ○

서울 송파구 ○○로 ○○, 7동 701호(오금동, 상아아파트)

소송대리인 법무법인 ○○ 담당변호사 주○○

위 사건의 공평한 해결을 위하여 당사자의 이익 기타 모든 사정을 참작하여 다음과 같이 결정한다.

결정사항

1. 피고(반소원고, 이하 '피고'라 한다)는 원고(반소피고, 이하 '원고'라 한다)에게 합계

- 1 -

[서식 131] 조정에 갈음한 결정에 대한 이의신청

조정에 갈음한 결정에 대한 이의신청서

사　　건　　2013머 1234호 손해배상 조정
신 청 인　　장 ○ ○
피신청인　　문 ○ ○

위 당사자간 귀원 2013머 1234호 손해배상 조정 사건에 관하여 동 법원에서 한 조정에 갈음하는 결정을 201○. ○. ○. 송달 받았으나, 신청인은 이 결정에 불복이므로 이의신청합니다.

2013.　○.　○.

위 신청인　장 ○ ○

서울○○지방법원　귀중

■ 작성·접수방법

1. 조정에 갈음하는 결정, 즉 강제조정에 대하여 당사자는 송달받은 날부터 2주일 이내에 이의를 신청할 수 있다. 다만 결정정본의 송달 전에도 이의를 신청할 수 있다. 이 경우 다시 본안에서 계속하여 다투게 된다.
2. 이의신청서는 2부를 조정재판부에 제출한다.
3. 인지등 비용을 첨부하지 않는다.

Ⅱ. 제소전화해절차

1. 의 의

제소전화해라 함은 일반 민사분쟁이 소송으로 발전하는 것을 방지하기 위하여 소제기 전에 지방법원 단독판사 앞에서 화해를 성립시키는 절차를 말한다. 이는 소송 계속 전에 소송을 예방하기 위한 화해인 점에서 소송계속 후에 그 소송을 종료시키기 위한 화해인 소송상의 화해와는 구별되나 그 법적 성질, 요건 및 효력 등에 있어서는 소송상의 화해의 법리가 그대로 적용된다.

2. 관할법원

상대방의 보통재판적이 있는 곳의 지방법원의 토지관할에 속한다(법 385조 1항). 지방법원의 심판권은 법원조직법에서 합의부 심판사항으로 열거되지 아니한 이상 모두 단독판사가 행하므로 제소전화해사건은 단독판사가 담당하게 되어 있다. 그러나 실무상으로는 양 당사자간에 서로 관할합의를 해두는 것이 대부분이다.

3. 제소전화해의 절차

(1) 신 청

1) 신청서에는 청구의 취지, 청구원인과 다투는 사정을 기재하여야 한다. 이 중 청구의 취지와 청구의 원인은 필수적 명시사항으로 해석되고 있으나 다투는 사정은 임의적 명시사항, 즉 그 명시가 없다 해서 신청이 부적법한 것으로 되지는 않는 것으로 해석되고 있다. 다만 실무상 당사자 사이에서 이미 성립한 계약에 공증 및 집행력을 얻기 위해 대부분의 화해신청에 있어서는 청구의 취지에 신청인의 상대방에 대한 청구뿐만 아니라 신청인이 상대방에 대하여 하여야 하는 급여나 의무까지 함께 표시하는 경우가 일반적이다.

2) 성질에 어긋나지 않는 한 소에 관한 규정이 적용되므로 신청서에는 당

사자와 법정대리인의 성명, 주소를 명시하고 준비서면에 관한 규정에 따라 작성한 날짜와 법원을 표시하고 부속서류가 있으면 그것도 붙여야 한다.

3) 신청서에는 소장에 붙일 인지액의 1/5에 해당하는 인지를 붙여야 한다. 다만 청구취지에 신청인의 청구권 이외에 의무이행사항까지 함께 기재하는 경우에는 신청인이 자기 이익을 위하여 청구하는 부분에 대하여만 소가로 산정하고 피신청인의 이익을 위한 부분은 소가에 합산하지 않는다.

(2) 심 리

기일은 지정된 일시와 장소에서 양쪽 당사자가 출석 하는 것으로 개시된다. 제소전화해는 간이한 절차로 집행권원이 형성되므로 당사자의 확인이 중요하다. 당사자 본인이 신청하는 경우에는 실무상 주민등록증으로 확인한다. 그러나 채권자의 폭리나 탈법행위를 합법한 하는 수단으로 제소전화해가 악용되는 것을 방지할 목적으로 대리인의 선임을 상대방에게 위임할 수 없고, 법원은 필요한 경우 대리권의 유무를 조사하기 위하여 당사자 본인 또는 법정대리인의 출석을 명할 수 있도록 하고 있어 양쪽 당사자에게 대리인이 선임되어 있는 경우에는 일단 피신청인의 인감증명서를 제출하도록 하고 있으며, 필요한 경우에는 피신청인에게 기일통지를 하고 심문을 하여 진정한 위임여부를 확인하고 있다.

(3) 화해의 성립

제소전화해가 성립되면 법원사무관등은 조서에 당사자, 법정대리인, 청구의 취지와 원인, 화해조항, 날짜와 법원을 표시하고 판사와 법원사무관등이 기명날인한다(법 386조). 법원사무관등은 화해성립일로부터 7일 이내에 화해조서의 정본을 양쪽 당사자에게 송달하고(규칙 56조), 이러한 화해조서는 확정판결과 동일한 효력을 갖는다(법 220조).

(4) 화해의 불성립

1) 불성립조서의 송달

판사가 기일에 화해를 권고하였으나 불응하는 경우나, 당사자들이 기일에 불출석 하는 경우에는 화해 불성립으로 처리 될 수 있고 이 경우 당사자들에게 화해불성립조서를 송달하여야 한다.

2) 소제기 신청

가. 의 의

화해가 불성립한 경우에는 신청인은 물론 피신청인도 그 분쟁을 소송으로 해결하기 위하여 소제기신청을 할 수 있다(법 388조 1항). 적법한 소제기 신청이 있으면 화해신청시로 소급하여 신청인이 소를 제기한 것으로 보게 된다.

나. 신청기간

소제기신청은 화해불성립의 조서등을 송달받은 날부터 2주 이내에 하여야 한다(불변기간).

다. 신 청

소제기 신청에 관해서는 특별한 규정이 없으므로 서면으로 할 수도 있고 말로도 할 수 있다 신청에는 소를 제기하는 경우 소장에 붙여야 할 인지액에서 화해신청서에 붙힌 인지액의 1/5을 공제한 나머지에 해당하는 인지액을 붙여야 하나, 피신청인이 소제기신청을 한 때에는 인지를 붙이지 아니한다.

라. 효 과

소제기신청에 의하여 독촉절차는 당연히 통상소송절차로 이행하게 되어 화해신청시에 신청인이 소를 제기한 것으로 보게 된다.

4. 제소전화해조서의 효력

제소전화해가 성립되면 화해조서가 작성된다. 이러한 이 화해조서는 확정판결과 동일한 효력이 있고, 또한 집행력을 가진다. 따라서 신청인은 별도의 절차 없이도 제소전화해를 한 법원으로부터 집행문을 부여 받을 수 있고 이 집행문을 갖고서 바로 강제집행을 할 수 있다.

[서식 132] 제소전화해신청서

제 소 전 화 해 신 청

신 청 인(원고) 김 ○ ○(721108-1234567)
서울시 ○○구 ○○동 ○○(T.545-1234)

피신청인(피고) 이 ○ ○(700231-1234567)
서울시 ○○구 ○○동 ○○(T.366-1234)

건물명도의 화해

신 청 취 지

신청인 및 피신청인간의 별지기재 상가부동산에 대한 화해조항 기재 취지의 화해를 구합니다.

신 청 원 인

1. 신청인은 20○○. 1. 16. 피신청인과 신청인 소유의 별지기재 상가 부동산에 대하여 임차보증금으로 금 2,000만원, 월세 300만원, 기간은 1년으로 임대차 계약을 체결하였습니다.
2. 위 계약에 관해, 후일 분쟁을 방지하고 분쟁발생시 신속한 방법에 의해 건물 명도의 문제를 해결하고자 당사자 쌍방간에 아래 '화해조항'과 같은 내용으로 화해가 성립되어 이 건 신청에 이른 것입니다.

하 해 조 항

1. 피신청인은 신청인에 대하여 다음 아래 조항중 명도를 해야 할 사유가 발생시 별지기재 상가 부동산(이하 '이 사건 부동산' 이라 함)을 명도한다.
   가. 상기 임대차 계약기간은 20○○. 1. 16.부터 20○○. 1. 15.까지로 한다.

나. 재계약은 매 1년 단위로 한다. 단 기간만료 6개월 전부터 1개월 전까지 상호 계약갱신거절의 통지를 할 수 있으며 위 기간 동안 갱신거절 통지가 없으면 계약은 자동으로 갱신이 된다.

다. 신청인이 직접 상가를 운영하겠다고 피신청인에게 통지를 한 경우, 또는 상가를 타에 매도할 시에는 피신청인은 위 사유가 있는 때의 임차기간의 만료하는 때에 상가를 명도한다.

라. 피신청인은 임차권을 타인에게 양도, 전대, 담보제공할 수 없으며, 월차임을 3개월분 이상을 연체할 경우 임대차 기간이익이 상실되고, 신청인의 해지통지로 상가를 즉시 명도한다.

마. 상가명도시, 피신청인의 권리금, 유익비 등은 일체 인정하지 않으며 시설은 원상복구하기로 한다.

바. 이 건 화해조서의 유효기간은 20○○. 1. 16.부터 향후 5년간으로 한다.

2. 화해비용은 신청인(또는 각자)의 부담으로 한다.

첨 부 서 류

1. 임대차계약서	1 통
1. 집합건물등기부등본	1 통
1. 건축물대장등본	1 통
1. 토지대장등본	1 통
1. 관할합의서	1 통
1. 위임장	1 통

20○○. ○. ○.

신청인의 대리인
변호사 송 ○ ○

서울중앙지방법원 귀중

〈별지〉

1동건물의 표시 : 서울특별시 ○○구 ○○동 546-4 ○○마트 21

전유부분 건물의 표시

건물의 번호 : 6-501

구 조 : 철근콘크리트(구)조

면 적 : 제6층 제501호 11.07㎡

대지권의 표시 : 1. 서울특별시 ○○구 ○○동 546-4

대지권의 종류 : 1. 소유권대지권

대지권의 비율 : 25260.3 분의 2.93

끝.

소 가 계 산 서

1. 공시지가 : 4,600,000원
2. 구조번호 : 2
3. 용 도 : 2
4. 지 역 : 8
5. 건축년도 : 1992년
6. ㎡당가격 : 454,000원
7. 면 적 : 129.82㎡(공용 71.5㎡+전유 58.32㎡)
8. 계 산 : 454,000원×129.82㎡×30/100×1/2 = 8,840,742원

- 이 상 -

■ 작성·접수방법

1. 상대방의 보통재판적이 있는 곳의 지방법원의 토지관할에 속한다.

2. 신청서 1부와 상대방수에 맞는 부본을 관할 법원에 접수한다.
3. 인지는 1심 인지액의 1/5로서 8,800원(=8,840,724×0.005×1/5)이고, 송달료는 4회분 29,600원 (=3,700×4회분×당사자수2)이다.

Ⅲ. 소송구조절차

1. 소송구조란

소송구조란 소송비용을 지출할 자금능력이 부족한 사람을 위하여 국가가 구조조치를 취함으로써 헌법 제27조가 규정한 국민의 재판을 받을 권리와 헌법 제11조가 규정한 법 앞의 평등을 실질적으로 보장하기 위하여 인정된 소송법상의 제도이다. 민사소송의 본안사건이 기본적인 소송구조의 대상이고, 가압류, 가처분절차, 독촉절차 및 강제집행사건도 모두 구조대상이 된다.

관련판례

비송사건절차법에서 민사소송법의 개별 규정을 준용하고 있으나 소송구조에 관한 규정은 준용하지 않고 있으므로(비송사건절차법 제8조, 제10조 참조), 비송사건절차법이 적용 또는 준용되는 비송사건은 소송구조의 대상이 되지 아니하고, 이러한 비송사건을 대상으로 하는 소송구조 신청은 부적법하다(대결 2009. 9. 10. 2009스89).

2. 소송구조의 요건[83)]

법원은 소송비용을 지출할 자금능력이 부족한 사람의 신청에 따라 또는 직권

83) 제128조(구조의 요건)
① 법원은 소송비용을 지출할 자금능력이 부족한 사람의 신청에 따라 또는 직권으로 소송구조(訴訟救助)를 할 수 있다. 다만, 패소할 것이 분명한 경우에는 그러하지 아니하다.
② 제1항의 신청인은 구조의 사유를 소명하여야 한다.
③ 소송구조에 대한 재판은 소송기록을 보관하고 있는 법원이 한다.
④ 제1항에서 정한 소송구조요건의 구체적인 내용과 소송구조절차에 관하여 상세한 사항은 대법원규칙으로 정한다.

으로 소송구조(訴訟救助)를 할 수 있다. 다만, 패소할 것이 분명한 경우에는 그러하지 아니하다(법 128조 1항).

(1) 소송비용

소송비용을 제129조[84]에 규정된 소송비용으로 한정해야 한다는 견해도 있으나 제129조 비용은 물론이고 당사자가 소송을 수행하기 위하여 소제기 전 또는 소송계속 중에 지출하는 필요비를 모두 포함한다고 보는 견해가 다수설이다. 다수설에 따라 지출이 예상되는 소송비용에는 ① 인지액, 송달료, 증인·감정인 등에 지급할 여비·일당 등 재판비용 ② 소송제기 준비를 위한 조사연구비, 교통비, 서류작성비, 복사비 등의 비용 가운데 권리의 확장 또는 방어에 필요한 한도의 당사자 비용, ③ 당사자가 선임한 변호사에 지급한 비용 또는 보수 등을 포함하여 지출이 예상되는 소송비용을 판단하게 된다.

(2) 자금능력이 부족한 사람

무자력자나 극빈자에 한정되지 않고 경제적으로 빈곤하여 자기와 같이 사는 가족에게 필요한 생활을 하지 않고서는 소송비용을 지출하기에 부족한 사람을 의미한다. 법인 그 밖의 단체의 경우는 소송비용을 지출함에 따라 그 목적사업이 수행이 저해되는 경우를 의미한다. 공해소송등의 집단소송에서는 상대방이 충분한 조사능력과 비용부담능력을 갖춘 기업임을 고려하여 상대적으로 피해자인 원고들의 자금능력을 평가하여야

(3) 패소할 것이 분명한 경우가 아닐 것

신청인의 소송이 분명히 패소할 것으로 예측되는 때에 구조를 부여하는 것

---

84) 제129조(구조의 객관적 범위) ① 소송과 강제집행에 대한 소송구조의 범위는 다음 각호와 같다. 다만, 법원은 상당한 이유가 있는 때에는 다음 각호 가운데 일부에 대한 소송구조를 할 수 있다.
1. 재판비용의 납입유예
2. 변호사 및 집행관의 보수와 체당금(替當金)의 지급유예
3. 소송비용의 담보면제
4. 대법원규칙이 정하는 그 밖의 비용의 유예나 면제
② 제1항제2호의 경우에는 변호사나 집행관이 보수를 받지 못하면 국고에서 상당한 금액을 지급한다.

은 소송에 필요한 비용을 허비하는 것일 뿐만 아니라 상대방에게도 무익한 시간과 경비의 소비를 강요하는 결과가 되기 때문에 신청인의 소송이 분명히 패소할 것이 분명한 경우가 아니어야 한다. 법원이 신청당시까지 재판절차에서 나온 자료를 기초로 패소할 것이 분명하다고 판단할 수 있는 경우가 아니라면 그 요건은 구비되었다고 보아야 한다.

관련판례

① 제1심에서 패소하였다는 사실만으로 항소심에서도 패소할 것이 분명하다고 추정되는 것은 아니어서 제1심에서 패소한 당사자가 항소심에서 소송구조를 신청하는 경우에도 신청인이 적극적으로 항소심에서 승소할 가능성을 진술하고 소명하여야 하는 것은 아니고 법원은 신청인의 신청이유와 소명자료는 물론 본안소송에서의 소송자료 및 증거자료도 함께 종합하여 항소심에서 신청인이 패소할 것이 확실한지를 판단하여야 한다(대결 2001. 6. 9. 2001마1044).

② 패소할 것이 분명한 경우가 아닐 것이라는 요건은 구조제도를 이용하여 남소가 이루어지는 것을 방지하기 위한 것으로 헌법에 위반되지 않는다(헌재 2001. 2. 22. 99헌바74).

3. 소송구조의 절차

(1) 소송구조의 신청 또는 법원의 직권

자금능력이 부족한 사람의 신청에 따라 또는 직권으로 소송구조를 한다(법 128조 1항). 2002년 개정법에서 직권으로 구조를 할 수 있게 하여 제도의 활성화를 도모하였다. 신청인은 내외국인, 영리·비영리법인, 소송담당자를 불문하며, 구조를 신청한 신청인이 구조의 사유를 소명하여야 한다(법 128조 2항).

(2) 관 할

소송구조에 대한 재판은 소송기록을 보관하고 있는 법원이 한다(법 128조 3항). 따라서 소제기 전에는 소를 제기하려는 법원, 소제기 후에는 수소법원이 관할 법원이다. 가압류, 가처분 신청에 대한 구조신청은 목적물의 소재지를 관할하는 지방법원이나 본안의 관할법원, 강제집행에 대한 구조신청은 집행법원이 관할법원이 된다. 원심법원에 상소장 제출과 동시에 또는 상소제기 후 소송기록 송부 전에 구조신청을 하는 경우에는 소송기록이 있는 원심법원이 관할 법원이 된다.

관련판례

단독사건으로 소송 계속 중 사물관할의 변동을 가져오는 소 변경 신청을 하면서 소송구조 신청을 한 경우 이송 전의 단독판사가 관할한다(대판 1997. 12. 26. 97마1706).

(3) 신청방식

1) 구조신청은 서면으로 하여야하고 소송구조신청서와 소송구조재산관계 진술서를 작성하여 소를 제기하려는 법원 또는 소송이 진행 중인 법원의 접수계에 제출하면 된다. 신청시에는 1,000원의 인지대와 송달료 2회분(3,700원 ×2회×신청인수=7,400원)을 납부하여야 한다. 그리고 자력이 부족하다는 소명자료로 생활보호대상자증명서, 근로소득원천징수영수증, 재직증명서, 재산세과세증명서, 국민건강보험료부과내역서, 장애인증 사본, 진단서, 국민연금정산자료, 공과금영수증, 주택임대차계약서, 주민등록등·초본 등을 준비하여 첨부하여야 하고, 법인이나 단체의 경우에는 대차대조표, 재산목록, 영업보고서, 손익계산서 등을 첨부하여야 한다.

2) 인지대를 납부하지 아니한 채로 소장과 함께 소송구조신청서를 제출하여야 한다.[85] 실무상 이미 인지대를 납부한 경우에는 인지대 납부 능력이 있는 것으로 보아 인지대에 대한 소송구조가 인용되기 어려우며, 설령 인용된 경우라 하더라도 그 반환청구를 쉽게 받아들이지 않고 있다.

[서식 133] 소송구조신청서

소송구조신청서

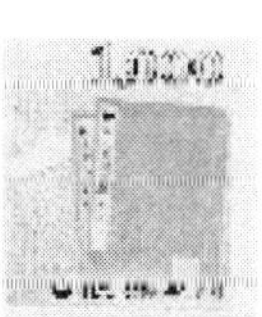

구조대상사건 20○○가단 1234 손해배상

85) 이 경우 재판장은 인지대를 납부하지 아니하였다고 하여 바로 소를 각하하지는 아니하며 인지대에 대한 소송구조결정 여부에 따라 다음 절차를 밟게 된다.

신청인(원고)　　정 ○ ○(760905-1234567)
　　　　　　　　서울시 ○○구 ○○동 ○○(T.010-1234-456)

상대방(피고)　　박 ○ ○(750612-1234567)
　　　　　　　　서울시 ○○구 ○○동 679-971

위 당사자간의 귀원 20○○가단1234 손해배상 청구 사건에 관하여 아래와 같은 사유로 소송구조를 신청합니다.

1. 구조를 신청하는 범위
   □ 인지대　[□ 소장　□상소장　□기타(　　　　)]
   □ 변호사비용
   □ 기타
   ☑ 위 각 사항 등을 포함한 소송비용 전부

2. 구조가 필요한 사유
   가. 사건내용 : 소장사본기재내용과 같습니다.
   나. 신청인의 자력
   신청인은 일용직 근로자로서 월 100여만원의 수입에 의해 현재 처와 자를 키우고 있습니다. 그런데 현재 위와 같은 사건으로 인해 현재 일을 하지 못하고 있으며 별다른 재산도 보유하고 있지 않고 있어 변호사 비용을 지출할 자력이 없습니다.

첨 부 서 류

1. 소갑제 1호증　　　주민등록증등본
1. 소갑제 2호증　　　근로소득원천징수영수증
1. 소갑제 3호증　　　재산관계진술서

20○○.　○.　○.

위 신청인 정 ○ ○ (인)

○○지방법원 귀중

■ 작성·접수방법

1. 소송기록을 보관하고 있는 법원을 관할로 한다(법 128조 3항). 따라서 소제기 전에는 소를 제기하려는 법원, 소제기 후에는 수소법원이 관할 법원이다. 가압류, 가처분 신청에 대한 구조신청은 목적물의 소재지를 관할하는 지방법원이나 본안의 관할법원, 강제집행에 대한 구조신청은 집행법원이 관할법원이다.
2. 아래의 재산간계진술서를 첨부하여 신청서 1부를 접수한다.
3. 인지는 1,000원, 송달료는 7,400원(=3,700×2회분×신청인수)이다

[서식 134] 소송구조재산관계진술서

소송구조재산관계진술서

신 청 인	이 름	정○○	주민등록번호		760123-1234567	
	직 업	일용직	주 소	서울시 ○○구 ○○동 ○○○		
가족관계	이 름	신청인과 관계	나 이	직 업	월수입	동거여부
신청인의 월 수 입	금 액	800,000원				
	내 역	일용노임				
수급권자	□ 국민기초생활보장법상의 수급권자임 □ 한부모가족지원법상의 보호대상자임					

여　　부	□ 기초노령연금법상의 수급권자임 ☑ 수급권자·보호대상자 아님	
신청인의 주　거	형　　태	아파트, 단독주택, 다가구주택, 연립주택, 다세대주택 기타(　　　　　　　　　　　　　　　)
	소유관계	신청인 또는 가족 소유 (소유자 :　　　　　　) 임대차(전세, 월세 : 보증금　　　　원, 월세　30만원원) 기타(　　　　　　　　　　　　　　　)
신청인과 가족들이 보유한 재산내역	부동산	없음
	예금	없음
	자동차	없음
	연금	없음
	기타	냉장고, TV, 자전거

신청인은 이상의 기재사항이 모두 사실과 다름이 없음을 확약하며 만일 다른 사실이 밝혀지는 때에는 구조결정이 취소되더라도 이의가 없습니다.

20○○.　○.　○.

신청인　정 ○ ○ (서명 또는 날인)

○○지방법원　귀중

■ 작성·접수방법

1. 가족관계 : 배우자, 부모, 동거 중인 형제자매
2. 재산내역
   ① 부동산 : 등기 여부에 관계없이 권리의 종류, 부동산의 소재지, 지목, 면적(㎡), 실거래가액을 기재
   (예시) 임차권, 서울 서초구 서초동 ○○번지 ○○아파트 ○동 ○호 50㎡, 임대차보증금 ○○○만원
   ② 예금 : 50만원 이상인 예금의 예금주, 예탁기관, 계좌번호, 예금의 종류를 기재
   (예시) 예금주 ○○○, △△은행 서초지점 계좌번호00-00-00, 보통예금, ○○○만원
   ③ 자동차 : 차종, 제작연도, 배기량, 차량등록번호, 거래가액을 기재

(예시) 캐피탈 1993년식, 1500cc, 서울○○두1234, ○○○만원
④ 연금 : 액수 관계없이 연금의 종류, 정기적으로 받는 연금 액수, 기간을 기재
(예시) 유족연금 매월 30만원, 20○○. . .부터 20○○. . .까지
⑤ 기타 : 소유하고 있는 건설기계, 선박 또는 50만원 이상의 유가증권, 회원권, 귀금속 등을 기재

※ 첨부서면
1. 가족관계를 알 수 있는 주민등록등본 또는 호적등본, 재산내역을 알 수 있는 등기부등본, 자동차 등록원부등본, 예금통장사본, 위탁잔고현황, 각종 회원증 사본
2. 다음에 해당하는 서류가 있는 경우에는 이를 제출하시기 바랍니다.
- 법률구조공단의 구조결정서 사본
- 근로자 및 상업 종사자 : 근로소득원천징수영수증 또는 보수지급명세서, 국민건강보험료부과내역서, 국민연금이력요약/가입증명서, 소득금액증명서
- 공무원 : 재직증명서 또는 공무원증 사본
- 국가보훈대상자 : 국가유공자임을 증명하는 서면
- 국민기초생활보장법상 기초생활 수급권자 : 기초생활수급권자 증명서
- 한부모가족지원법상의 보호대상자 : 한부모가족 증명서
- 기초노령연금법상의 수급권자 : 기초노령연금수급 증명서
- 소년·소녀가장 : 호적등본
장애인 : 시·군·구, 읍·면·동사무소 발행의 장애인 증명, 장애인 수첩 또는 의사가 발행하는 장애진단서
- 영세민 : 국민건강보험료부과내역서, 국민연금이력요약/가입증명서, 소득금액증명서, 지방세세목별과세증명서, 주택임대차계약서
- 외국인 : 여권사본 또는 외국인등록증사본
- 법인 : 대차대조표, 재산목록, 영업보고서, 손익계산서

(4) 구조결정

소송구조에 대한 재판은 결정으로 하는데 소송기록을 보관하고 있는 법원이 한다(법 128조 3항). 법원은 소송구조의 신청이 적법하고 이유가 있는 때에는 소송구조결정을 하고, 이유가 없는 때에는 기각결정을 한다.

관련판례

상소인이 인지첩부의 유예를 구하는 소송구조신청을 하면 원심 재판장은 상소장 각하명령을 하지 못하고 기록을 상소법원에 송부하고 상소법원이 구조신청에 대한 재판을 하는 결과 구조신청이 소송지연책으로 악용될 수 있기에 기록을 보관하는 원심이 구조에 대한 결정을 할 수 있게 한 것이다(대결 2013. 5. 13. 2003마219).

[서식 135] 소송구조결정문

서울행정법원
제 1 부
결 정

사 건 20○○아25 소송구조
신 청 인 ○ ○ ○
서울 ○○구 ○○동 25, 2층
상 대 방 법무부장관

주 문

이 법원 20○○구합242호 난민불인정처분취소 사건에 관하여, 신청인에게 소송비용 전부에 관하여 소송구조를 한다.

신 청 취 지

주문과 같다.

이 유

이 사건 신청은 이유 있으므로 주문과 같이 결정한다.

20○○. ○. ○.

서울행정법원
법원주사 양 ○ ○

(5) 결정에 대한 불복

신청인은 구조신청 기각 결정에 대해 즉시항고를 할 수 있다. 다만 상대방은 소송비용담보면제의 소송구조결정을 제외하고는 불복할 수 없다(법 133조).

4. 소송구조의 범위

(1) 소송과 강제집행에 대한 소송구조의 범위

1) 재판비용의 납입유예

소송비용은 당사자비용과 재판비용으로 구분되는데 ① 당사자비용 즉 당사자가 법원에 내지 않고 스스로 지출하는 소송서류 작성비용, 소송서류 제출비용, 변론기일 출석에 소요되는 비용 등은 소송구조의 대상이 아니다. ② 재판비용이란 함은 당사자가 소송을 수행하기 위하여 법원에 납입하여야 하는 비용으로 수수료(인지액)과 수수료 외의 비용(예납비용)이 있다. 수수료 외의 비용은 당사자가 법원에 미리 내야 하는 송달료, 증인, 감정인, 통역인에게 지급하여야 하는 여비 및 숙박료, 일당, 감정료, 통역료, 법관·법원 공무원의 증거조사·사실의 조사에 필요한 여비, 숙박료 등이다. 재판비용 중 수수료(인지액)는 소송구조결정을 받은 경우 그 납부가 유예되므로 국고대납 절차가 필요 없으나 수수료 외의 비용은 현실로 지출되어야 하므로 국고로부터 대납을 받아 지출하게 된다(규칙 25조).

2) 변호사 및 집행관의 보수와 체당금의 지급유예

① 변호사의 보수란 변호사가 소송구조결정에 따라 소송구조를 받을 사람을 위하여 소송을 수행한 대가를 말하고 변호사의 채당금이란 소송구조결정에 따라 소송구조를 받을 사람을 위한 소송수행을 위해 변호사가 먼저 지출하여 소요된 여비·숙박비 등의 비용을 말한다.

② 변호사비용에 대한 소송구조결정을 받은 당사자는 변호사에게 지급할 비용의 지급이 유예되므로 변호사는 우선 자신의 비용으로 소송구조를 받은 당사자의 소송사무를 처리할 수밖에 없고 당해 심급의 소송절차가 완료되면 국고에서 일정 금액의 보수를 받으며(법 129조 2항), 소송구조를 받을 사람이 승소하면 그 상대방이 소송비용의 부담자로 정해지면 그 집행권원에 기하여

상대방으로부터 보수 및 비용을 상환 받는다(법 132조 2항, 3항).

③ 당사자가 집행관에 소송 또는 강제집행의 신청을 하는 때에는 집행관의 수수료 또는 체당금을 납부하여야 하는데 소송구조를 받은 당사자는 이를 납부할 필요가 없다.

3) 소송비용의 담보면제

원고가 대한민국에 주소, 사무소와 영업소를 두지 아니한 경우, 원고가 소송구조의 결정을 받으면 소송비용의 담보를 제공할 의무가 면제된다. 담보제공의 결정 전에 구조결정이 있으면 담보제공명령을 할 수 없고 담보제공명령이 먼저 내려진 후 구조결정이 있는 경우에도 담보를 제공할 의무가 없다.

4) 대법원규칙이 정하는 그 밖의 비용의 유예나 면제

국가 예산이나 소송구조의 현실을 고려하여 위에 든 소송구조의 범위를 확장하여 소송구조를 현실화 할 수 있도록 규칙에 의해 소송구조 효력을 객관적 범위를 정하도록 하였다.

(2) 주관적 범위

소송구조는 이를 받은 사람에게만 효력이 미친다(법 130조 1항). 일신전속적인 것이므로 일반 승계·특정승계를 불문하고 소송승계인에 대하여는 그 효력이 미치지 않는다.

5. 변호사 비용에 대한 구조

(1) 변호사 비용의 구조결정

변호사 비용에 대한 구조는 쟁점이 복잡하거나 당사자의 소송수행능력이 현저히 부족한 경우 또는 소송의 내용이 공익적 성격을 지니고 있는 경우에 소송수행과정에서 변호사의 조력이 필요한 사건을 대상으로 한다.

(2) 변호사 선임절차

변호사가 소송구조를 받은 사람과 선임계약을 체결하는 경우 그 보수는 당사자와 협의하여 정할 수 있으나 실무상 소송구조 안내문에서 국가로부터 지급받는 보수와 변호사보수의 소송비용산입에관한규칙에 정해진 보수의 합계액을 기준으로 약정하도록 권장하고 있다.

(3) 변호사의 보수

구조결정에 따라 변호사의 보수와 체당금의 지급이 유예되면 구조를 받은 사람은 변호사에게 보수와 체당금을 지급할 필요가 없다. 따라서 변호사는 의뢰인으로부터 보수를 지급받지 못하고 국고로부터 일정한 금액을 지급받게 된다. 다만 구조결정의 취소와 같은 사유가 발생하게 되면 변호사는 구조를 받을 당사자로부터 보수를 지급받을 수 있다. 아울러 구조를 받은 당사자의 상대방이 소송비용 부담의 재판을 받은 때에는 구조를 받은 당사자의 집행권원으로 상대방에 대하여 변호사 보수 및 체당금에 관한 비용액의 확정결정을 받아 강제집행을 할 수 있다.

(4) 변호사 보수의 청구

1) 보수의 신청 및 보수액의 결정

국고에서 지급할 변호사의 보수는 구조결정을 한 법원이 보수를 받을 변호사의 신청에 따라 그 심급의 소송절차가 완결된 때에 지급하며 그 지급할 보수액은 변호사보수의소송비용산입에관한규칙을 참조하여 정한다. 신청서에는 보수계산서와 보수액을 소명하는 데 필요한 서면을 제출하여야 한다. 소송구조 변호사에게 지급할 기본보수액은 당해 사건의 심급마다 100만원으로 정해져 있는데 재판장은 사인의 난이, 당사자의 수, 소송구조 변호사가 수행한 직무의 내용, 사건처리에 걸린 시간, 기록의 복사 등에 지출한 비용 기타 사항을 참작하여 소송구조 변호사의 보수를 증액할 필요가 있다고 인정한 때에는 기본보수액의 50%의 범위 안에서 증액할 수 있다.

2) 보수지급절차

법원사무관등은 당해 변호사의 은행거래계좌가 등재되어 있지 않은 경우에는 전화 등 적당한 방법으로 변호사에게 계좌번호를 확인 한 후 소송구조 변호사 보수지급의뢰서를 회계담당공무원에게 교부하고 회계담당공무원은 의뢰서에 기재된 계좌로 지체없이 보수를 입금하게 한다.

[서식 136] 소송구조 변호사 보수 청구서

소송구조 변호사 보수 청구서

사　　건　　20○○아123　소송구조
원　　고　　김 ○ ○
피　　고　　이 ○○

원고의 소송대리인은 위 소송구조 사건에 관한 변호사 비용을 청구하는 바입니다.

첨 부 서 류

1. 소송구조결정문　　1통
1. 판결문 사본　　1통
1. 통장사본　　1통
1. 사업자등록증　　1통
1. 변호사신분증사본　　1통

20○○.　○.　○.

위 원고의 소송대리인
법무법인 ○○
담당변호사　○ ○ ○

서울○○법원　귀중

■ 작성·접수방법

1. 소송구조를 한 법원에 변호사보수 청구서를 제출한다.
2. 문건으로 접수하면 되고 별도의 인지, 송달료를 납부할 필요는 없다.
3. 청구서를 제출하면 법원에서 변호사 보수 청구서에 첨부했던 통장사본 상의 계좌로 정해진 보수를 입금해준다

[서식 137] 소송구조보수액 확정결정신청서

소송구조보수액 확정결정신청서

신 청 인　　법무법인 ○○
변호사 ○○○
서울시 서초구 서초중앙로 ○○ ○○빌딩 601호
전화 : 02-592-○○○○, 팩스 : 02-3481-○○○○
소송구조대상　박 ○ ○
(피　　고)　서울 ○○구 ○○로15길 28-17, ○○호(개봉동, ○○빌라)

신 청 취 지

신청인의 소송구조대상 피고를 위한 소송구조보수금을 금 130만원으로 확정한다.
라는 결정을 구합니다.

신 청 이 유

1. 위 소송구조대상 피고와 신청외 원고 이정훈(개명 전 : 이원기)간의 귀원 20○○드단12345 이혼 등 청구사건에 관하여, 귀원으로부터 20○○. 4. 5.에 20○○즈기123호로 피고를 위하여 변호사비용 소송구조결정이 내려졌는바, 이에 따라 신청인인 변호사가 소송대리를 하였습니다.

2. 위 사건은 20○○. 1. 17. 선고되어 소장 접수 후 13개월여 소요되었습니

다. 이 과정에서 피고를 위하여 사실조회신청서 1회, 준비서면 3회, 참고자료 1회, 변론조사기일 1회, 조정기일 2회, 변론기일 3회의 출석 등 노력을 하여 승소를 하게 된 것입니다. 이에 변호사비용 소송구조보수액을 위 승소에 따른 노력의 정도를 감안하여 신청취지와 같이 금 130만원으로 확정 받고자 이 신청에 이른 것입니다.

첨 부 서 류

1. 판결문 사본 1통
1. 송달증명원 1통
1. 통장사본 1통

20○○. ○. ○.

위 원고의 소송대리인
법무법인 ○○
담당변호사 ○ ○ ○

서울가정법원 가사2단독 귀중

■ 작성·접수방법

1. 소송구조를 한 법원에 신청서 1부를 제출한다.
2. 인지는 1,000원, 송달료는 14,800원(=3,700×2회분×당사자수2명)이다.

6. 비용의 납입과 추심

1) 구조결정은 원칙적으로 비용의 지급유예이지 지급면제가 아니므로 나중에 구조 받은 자가 패소하여 종국판결로 소송비용부담의 재판을 받으면 그가 지급해야 한다. 만일 구조자의 무자력으로 받아낼 수 없으면 국고부담이 된다.

2) 반면에 상대방이 패소하여 소송비용부담의 재판을 받으면 소송구조를 받은 사람에게 납입을 미루러 둔 비용은 재판을 받은 상대방으로부터 국가가 직접 지급받을 수 있다(법 132조 1항). 이 경우에 변호사 또는 집행관은 소송구조를 받은 사람의 집행권원으로 보수와 체당금에 관한 비용액의 확정결정신청과 강제집행을 할 수 있다(법 132조 2항). 변호사나 집행관이 보수를 받지 못하면 국고에서 상당한 금액을 지급한다(법 129조 2항).

7. 소송구조의 취소

소송구조를 받은 사람이 소송비용을 납입할 자금능력이 있다는 것이 판명되거나 자금능력이 있게 된 때에는 소송기록을 보관하고 있는 법원은 직권 또는 이해관계인의 신청에 따라 언제든지 구조를 취소하고 납입을 미루어 둔 소송비용을 지급하도록 명할 수 있다(법 131조). 이와 같이 소송구조결정이 취소되면 소송구조로 인한 지급유예의 효력이 상실되므로 변호사는 구조를 받은 사람으로부터 보수 등을 지급 받을 수 있다. 구조를 받은 사람이 임의로 부수를 지급하지 않는 경우 변호사는 통상의 소송에 의한 청구에 의하여 보수 및 체당금을 지급받아야 한다.

8. 특별법상의 소송구조(대한법률구조공단)

(1) 개 설

1987년 9월 1일 법률구조법에 의하여 법률구조공단에 의하여 설립된 '대한법률구조공단'은 민사, 가사, 행정, 형사, 헌법소원 사건을 대상으로 하여 국가유공자, 국민기초생활보장법에 의한 수급자, 아동, 장애인, 농어민 등의 구조를 목적으로 하고 있으며 전국적으로 18개 지부 및 37개 출장소와 15개 지소(시·군법원 소재)를 두고 있다.

공익법무관에관한법률에 의하여 공익법무관으로 하여금 법률구조취약지역의 주민 등에게 내실 있는 법률 구조를 제공하게 하는 제도를 마련하고 있다.

(2) 법률구조대상자

법률구조대상자로 인정받을 수 있는 범위가 무척 완화되어 있는데, 월평균 수입 260만원 이하의 국민, 농·어민, 위관급 장교 이하의 군인, 국가보훈대상자, 참전유공자, 소비자피해자, 생활보호수급자, 장애인, 소년·소녀가장, 한부모가족, 가정폭력피해여성, 법원으로부터 소송구조결정을 받은 자, 영세담배소매인(월평균 260만원 이하), 가정폭력피해여성, 한부모가족, 국내거주 북한이탈주민, 월평균 260만원 이하의 국내거주 외국인, 임금 및 퇴직금 체불로 인한 피해근로자, 범죄피해자, 소상공자영업자, 참전유공자 등이 그 대상자에 해당한다.

(3) 법률구조비용

법률구조시 전액 무료가 아니며, 소정의 비용(개략적으로 사선변호사의 1/3~1/5 수준)을 부담하여야 하지만, 농·어민, 국가보훈대상자, 생활보호수급자, 장애인, 소년·소녀가장, 가정폭력피해여성, 한부모가족, 임금 및 퇴직금 체불로 인한 피해근로자, 소상공자영업자(단, 변호사보수비용 100만원), 범죄피해자 등은 무료로 법률구조를 받을 수 있다.

(4) 공단이용방법

공단을 이용하려면, 공단에 직접 찾아가 면접상담을 하는 것이 가장 좋은 방법이고, 전화상담은 전국 어디서나 국번없이 『132』로, 인터넷 홈페이지를 통한 법률상담은 공단홈페이지(www.klac.or.kr 사이버상담실)에 접속하여 신청하면 된다.

Ⅳ. 공시최고절차

1. 총 설

(1) 의 의

공시최고라 함은 법원이 당사자의 신청에 의해 불특정 또는 불분명한 상대방에 대하여 권리 또는 청구의 신고를 최고하고 그 신고가 없을 때에는 실권의 효력이 생길 수 있다는 취지의 경고를 붙여 공고하는 재판상의 최고를 말한다. 이러한 최고에 의하여 경고한 실권을 제권판결로써 선고하는 절차가 공시최고절차이다.

(2) 종 류

1) 증서의 무효신고를 위한 공시최소

유가증권의 성질을 가진 대부분의 증권이 제권판결의 대상이 된다. 지시채권, 무기명채권, 지명소지인출급채권의 채권증서가 멸실되었거나 소지인의 점유를 이탈한 때에는 공시최고절차를 거쳐 그 채권증서를 무효로 할 수 있다. 그에 따라 약속어음, 수표 창고증권 화물상환증, 선하증권 등 유가증권의 성질을 가지는 대부분의 증권에 관하여 공시최고가 인정된다. 그러나 발행인의 기명날인 내지 서명이 없는 어음, 수표는 어음·수표용지에 불과하고 유가증권이라 할 수 없으므로 유가증권에 대한 공시최고신청이 있을 경우 적어도 발행인의 기명날인 내지 서명이 있었느냐의 여부를 조사하여야 하고 만약 발행인의 기명날인이 없다면 공시최고를 불허 하여야 한다.

2) 등기·등록의 말소를 위한 공시최고

등기권리자가 등기의무자의 행방불명으로 인하여 등기의무자와 공동으로 어느 등기의 말소를 신청할 수 없을 때에 공시최고절차를 거쳐 제권판결을 얻어 그 등본을 첨부하여 등기권리자 단독으로 그 말소등기신청을 하는 경우이다. 위와 같은 경우 등기권리자는 소를 제기하고 공시송달에 의하여 판결을 얻는 방법으로도 목적을 이룰 수 있으나 등기의 말소를 요하는 경우에는 보다 간편한 절차를 허용해 주기 위하여 규정된 제도이다. 부동산등기의 경우뿐만 아니라 선박등기, 자동차등록, 광업등록, 어업등록, 특허등록, 의장등록, 상표등록 등 각종 등기·등록에 관하여도 당해 법령에 유사한 규정이 있다.

2. 관할 법원

공시최고는 법률에 다른 규정이 있는 경우를 제외하고는 실권될 권리자의 보통재판적이 있는 곳의 지방법원이 관할한다(법 476조 1항). 그리고 등기 또는 등록을 말소하기 위한 공시최고는 그 의무자의 주소지 법원 외에 그 등기 또는 등록을 한 공공기관이 있는 곳의 지방법원에도 신청할 수 있다. 그러나 증권의 무효선고를 위한 공시최고의 경우에는 대체로 실권될 자를 전혀 알 수 없으므로 공시최고의 대상이 되는 증권이나 증서에 이행지의 표시가 있을 때에는 그 이행지의 지방법원, 그 표시가 없을 때에는 발행인의 보통재판적이 있는 지방법원, 그 법원이 없는 때에는 발행인의 발행 당시에 보통재판적이 있는 곳의 지방법원이 관할하며 이는 모두 전속관할이다. 전속관할 위반은 공시최고의 경우 제권판결에 대해 불복소송의 사유로 되어 있다.

3. 신청 및 접수

(1) 신청권자

등기·등록의 말소를 위한 공시최고의 경우 누가 신청권자인지는 별다른 문제가 없지만 증권이나 증서의 무효선언을 위한 공시최고의 경우 신청권자는 증권 또는 증서를 도난당하거나 증서가 분실·멸실된 사람이다. 즉 증권을 상실하지 아니 하였더라면 그 증권에 의하여 권리를 행사할 수 있는 최종 소지인이다(대결 1970. 11. 24. 70마694). 따라서 증서를 횡령 또는 사기당한 자는 공시최고를 신청할 수 없다. 도난, 분실, 멸실의 사실은 실무상 신문지상의 분실광고나 경찰관서에의 도난신고 증명서로써 이를 소명한다.

(2) 신청방식

신청은 서면으로 하여야 하며 말로 신청하는 허용되지 않는다. 신청서에는 신청의 이유와 제권판결을 구하는 취지를 명시하여야 한다. 소명은 일반원칙에 따라 신청인 또는 법정대리인으로 하여금 보증금을 공탁하게 하거나 진실함을 선서하게 하여 갈음할 수 있다.

1) 증서의 무효선고를 위한 공시최고

신청의 이유로서는 그 증서가 멸실 또는 점유이탈하였다는 사실을 적어야 한다. ① 증서의 등본을 제출하거나 증서의 존재 및 그 중요한 취지를 충분히 알리기에 필요한 사항을 적어서 제출하여야 하고 ② 증서가 없어지거나 점유이탈(도난, 분실 등)된 사실을 소명하여야 하는데 보통은 신문에 분실광고를 하고 이를 복사하여 제출하거나 경찰서에 도난 분실신고를 하여 그 도난 분시신고접수증을 제출하거나 또는 소방관서의 화재증명서를 제출한다. ③ 공시최고신청의 권리가 있는 사실 즉 신청인이 그 증서의 최종 소지인 기타 권리자임을 소명하여야 하는데 이 소명을 위해서 기명식증권의 경우에는 증서의 등본 또는 발행인의 증명서에 의하여 신청인이 수취인, 피배서인으로 기재된 사실을 소명하면 될 것이나 무기명식 증권의 경우에는 소명을 하기가 어려운 경우가 많아 막연히 발행증명서에 최종소지인을 신청인으로 기재하여 발행인의 증명을 받아 제출하고 있다.

2) 등기·등록의 말소를 위한 공시최고

신청의 이유로 그 등기·등록의 기초가 된 권리가 실체상로 소멸하였음에도 불구하고 등기부·등록부 상에 그대로 등재되어 있다는 것과 등기·등록의무자가 행방불명되어 함께 말소등기·등록을 신청할 수 없다는 사실을 적어야 한다. 신청의 이유를 소명하기 위해서는 당해 등기등록부 등본과 권리소명을 소명할 서류(임차권말소의 경우 임대차계약서와 해지통고서 등), 행방불명을 소명할 서류(주민등록표등본 등)를 제출하여야 한다.

3) 인지의 첩부 및 비용의 예납

신청서에는 1,000원의 인지를 첩부하여야 하고 절차의 진행에 필요한 비용인 송달료 1인 3회분(신문 공고촉탁을 위해 우송을 요하는 법원에서는 그 우편요금도 예납 한다)과 신문공고료 2회분을 예납한다.[86)]

[서식 138] 공시최고 신청서

공시최고 신청서

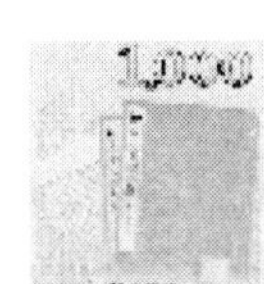

신 청 인 김 ○ ○

서울시 서초구 서초○○로 ○○빌딩 ○○호

전화 : 02-592-1234, 팩스 : 02-3481-1234

---

86) 일간신문에 공시최고를 1회, 제권판결을 1회 공고하도록 되어 있어서 2회분을 예납한다. 다만 500만원 이하의 소액증권은 그 제권판결 공고를 법원게시판에 게시하는 방법으로 하므로 공시최고 1회 공고료만 예납받는다.

증서의 표시 별지 목록 기재와 같음

신 청 취 지

별지 목록 기재 증서에 관하여 공시최고 및 제권판결을 구함.

신 청 이 유

신청인은 별지 목록 기재 증서의 최후소지인으로서 20○○. ○. ○. 10:50경 서울 ○○구 ○○동 ○○에서 분실하여 현재까지 회수하지 못하고 있으므로 공시최고 및 제권판결을 하여 주시기 바랍니다.

소 명 방 법

1. 분실공고 1통

20○○. ○. ○.

위 신청인 ○ ○ ○

서울○○법원 귀중

[서식 139] 별지목록

증서의 표시

종 류	자기앞수표

번　　호	나2331689
액　　면	금 5,000,000원
발 행 일	20○○. ○. ○.
발 행 인	○○은행 ○○지점

■ 작성·접수방법

1. 신청서 1부를 제출하고 부본은 필요 없으나 자기압수표인 경우에는 미지급증명원을 반드시 첨부해야 하고 약속어음일 경우에는 그 약속어음을 발행한 사실이 있다는 발행의 발행증명을 첨부해야하며, 발행증명이 불가할 경우 배서인의 배서증명이라도 첨부해야 한다.
2. 도난인 경우에는 도난신고 접수증을 신고한 경찰관서로부터 교부받아 첨부하면 되는데 위의 미지급증명, 발행증명, 배서증명 등은 사본을 첨부하고 원본은 후일 본안소송을 위하여 잘 보관해 두어야 한다.
3. 신청인은 증서를 표시하기 위하여 목록을 별도로 작성하여 첨부하는 대신에 해당 금융기관 등에서 발행한 미지급증명서, 미제시증명서, 미상환증명서 등의 증명서 6통을 제출할 수 있다.
4. 인지는 1,000원, 송달료는 11,100원(=1인×3회분×3,700원)의 송달료를 송달료수납은행에 예납하여야 한다. 다만, 송달료수납은행이 지정되지 아니한 시·군법원에 접수할 때에는 송달료를 우표로 예납한다.
5. 공시최고신청을 제출할 때에는 접수증명원을 교부받아 본안소송의 증거로도 활용할 수 있으므로 미리 받아 두는 것이 좋다 이때 별지목록과 접수증명원간에는 반드시 간인을 하여야 한다.

[서식 140] 공시최고신청서

공 시 최 고 신 청 서

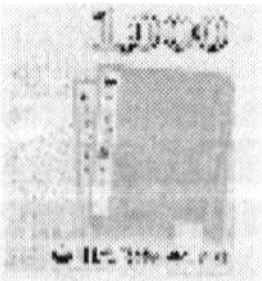

신 청 인　김 ○ ○
서울시 ○○구 ○○동 ○○ ○○호
전화 : 02-592-○○○○, 팩스 : 02-3481-○○○○

무효선고를 구하는 증서의 표시

별지 목록 기재와 같음.

신 청 취 지

별지 목록 기재 증서에 대하여 공시최고를 하고 기일 내에 권리신고가 없을 때는 무효 선언의 제권판결을 구함.

신 청 이 유

신청인은 위와 같은 자기앞 수표의 최후소지인 이었던 바, 20○○. ○. ○. 건양대병원에서 국민은행○○지점발행 100만원권 수표 3매를 분실한 후 급히 사방으로 수색을 하였으나, 현재까지 이를 발견치 못하고 있으므로 이를 공시최고 후 제권판결을 구하고자 이 신청을 합니다.

첨 부 서 류

1. 미지급 증명서 1 통
1. 분실신고접수증 1 통
1. 납부서 1 통

20○○. ○. ○.

위 신청인 김 ○ ○

서울중앙지방법원 귀중

[서식 141] 별지목록

별 지 목 록

증권의 중요한 취지

1. 수표종류　자기앞수표
1. 번　　호　1. 80932512,
　　　　　　2. 80932513,
　　　　　　3. 80932514
1. 금　　액　1. 2. 3. 각금 1,000,000원
1. 발 행 인　주식회사 국민은행 ○○지점
1. 발 행 일　20○○. ○. ○.
1. 최후소지인　왕 ○ ○

- 이　상 -

■ 작성·접수방법

1. 신청서 1부를 제출하고 부본은 필요 없으나 자기압수표인 경우에는 미지급증명원을 반드시 첨부해야 하고 약속어음일 경우에는 그 약속어음을 발행한 사실이 있다는 발행의 발행증명을 첨부해야하며, 발행증명이 불가할 경우 배서인의 배서증명이라도 첨부해야 한다
2. 도난인 경우에는 도난신고 접수증을 신고한 경찰관서로부터 교부받아 첨부하면 되는데 위의 미지급증명, 발행증명, 배서증명 등은 사본을 첨부하고 원본은 후일 본안소송을 위하여 잘 보관해 두어야 한다.
3. 신청인은 증서를 표시하기 위하여 목록을 별도로 작성하여 첨부하는 대신에 해당 금융기관 등에서 발행한 미지급증명서, 미제시증명서, 미상환증명서 등의 증명서 6통을 제출할 수 있다.
4. 인지는 1,000원, 송달료는 11,100원(=1인×3회분×3,700원)의 송달료를 송달료수납은행에 예납하여야 한다. 다만, 송달료수납은행이 지정되지 아니한 시·군법원에 접수할 때에는 송달료를 우표로 예납한다.
5. 공시최고신청을 제출할 때에는 접수증명원을 교부받아 본안소송의 증거로도 활용할 수 있으므로 미리 받아 두는 것이 좋다 이때 별지목록과 접수증명원간에는 반드시 간인을 하여야 한다.

4. 공시최고

(1) 공시최고 결정

법원은 직권으로 신청내용이 공시최고를 할 사유에 해당하는지 여부를 조사하여야 한다. 증권 등의 무효선고를 위한 공시최고의 경우 신청을 허용할 증권이나 증서일 것, 그 증권 등이 도난, 분실 또는 멸실된 것일 것, 신청인에게 신청권을 인정할 수 있을 것 등을 조사하며, 등기·등록의 말소를 위한 공시최고의 경우 말소될 등기 등록된 권리가 실체상 소멸되고 의무자가 행방불명된 것이 소명되었는가를 조사한다. 이러한 조사 결과 신청이 이유 없거나 부적법한 때에는 공시최고를 허가하지 아니한다는 결정을 하고, 신청이 적법하고 이유가 있다고 인정한 때에는 공시최고를 허가하는 결정을 한다.

(2) 공 고

공시최고는 공고하여야 한다. 공고 방법으로는 법원게시판 게시, 관보·공보 또는 신문 게재, 전자통신매체를 이용한 공고[87] 중 어느 하나의 방법으로 하되, 필요하다고 인정하는 때에는 적당한 방법으로 공고 사항의 요지를 공시하도록 규정하였다. 그런데 공고방법예규 3조 1항은 위 공시최고의 공고는 공시사항을 일간신문에 1회 게재하는 방법으로 하도록 정하고 있다.

87) 제142조(공시최고의 공고) ① 공시최고의 공고는 다음 각호 가운데 어느 하나의 방법으로 한다. 이 경우 필요하다고 인정하는 때에는 적당한 방법으로 공고사항의 요지를 공시할 수 있다.
1. 법원게시판 게시
2. 관보·공보 또는 신문 게재
3. 전자통신매체를 이용한 공고
② 법원사무관등은 공고한 날짜와 방법을 기록에 표시하여야 한다.

[서식 142] 증서의 무효선고를 위한 공시최고

○○법원
공시최고

사　　건　　20○○카공12 공시최고
신 청 인　　김 ○ ○
　　　　　　서울시 ○○구 ○○동 ○○ ○○호

신청인이 이 사건 공시최고신청을 허가하는 바, 별지 기재 증서의 소지인은 공시최고기일인 20○○. ○. ○. ○○:○○까지 이 법원에 권리 또는 청구의 신고를 하고 그 증서를 제출하기 바랍니다.

만일 이를 게을리 하면 권리를 상실하여 증서의 무효가 선고될 수 있습니다.

20○○. ○. ○.

판사 ○ ○ ○

〈별지 기재례〉

증서의 중요한 취지

종 류 : 자기앞 수표
번 호 : 나123456
액 면 : 금 3,000,000원
발행일: 20○○. ○. ○.
발행인: ○○은행 ○○지점

[서식 143] 등기·등록의 말소를 위한 공시최고

○○법원
공 시 최 고

사　　　건　　20○○ 카공 12　공시최고
신 청 인　　김 ○ ○(741102-1234567)
(등기권리자)　　서울시 ○○구 ○○동 ○○ ○○호
등기의무자　　박 ○ ○(750325-1234567)
　　현재 행방불명
　　등기부상 주소 서울시 ○○구 ○○동 ○○

신청인의 이 사건 공시최고신청을 허가하는 바, 위 등기의무자는 공시최고기일인 20○○. ○. ○. ○:○까지 이 법원에 다음 기재 등기의 말소등기에 관한 권리 또는 청구의 신고를 하기 바랍니다.

만일 이를 게을리 하면 위 말소등기에 관하여 실권이 선고되는 수가 있습니다.

[말소대상 등기의 표시]

서울 ○○구 ○○동 ○○ 지상
철근콘크리트조 슬래브지붕 2층 점포 1동
1층 ○○㎡
2층 ○○㎡에 관하여
○○지방법원 20○○. ○. ○. 접수 제○○○호로 경료한 저당권설정등기

20○○. ○. ○.

판사 ○ ○ ○

5. 권리 또는 청구의 신고

(1) 의 의

권리 또는 청구의 신고는 공시최고의 다음 단계로 행해지는 제권판결을 저지하기 위하여 당해 증서의 소지인 기타 이해관계인 또는 등기·등록의무자가 하는 절차적 행위이다. 전자의 경우에는 보통 신고인이 당해 증서를 소지하고 있다든가 증서에 관한 실질적 권리가 있다든가 공시최고의 요건이 흠결되었다든가 하는 사유를 주장하게 될 것이고, 후자의 경우에는 등기·등록의무자가 행방불명이 아니라 어느 특정 주소에 거주하고 있다는 사실을 주장하면 될 것이다.

(2) 방 식

신고에는 특별한 제한이 없으므로 서면 또는 말로 할 수 있다(법 161조). 권리 또는 청구의 신고서에는 인지의 첩부를 요하지 아니하고 어느 경우든 권리를 주장하면 족하고 증명할 필요까지는 없으며, 법원도 그 권리의 존부나 실체상의 이유 유무까지 나아가 조사할 필요가 없다. 다만 권리신고나 청구는 당해 공시최고절차 내에서 하여야 하며 가령 공시최고절차가 계속되어 있는 법원의 일반 재판부에 그 권리에 관한 소를 제기하였다 하여도 권리 또는 청구의 신고에 해당하지 않는다(대판 1976. 7. 13. 75다1009).

(3) 기 한

권리신고나 청구는 공시최고기일까지 하는 것이 원칙이지만 이를 경과하였더라도 제권판결이 선고되기 전까지만 하면 실권되지 않는다(법 482조). 실무상 신청인이 공시최고기일에 출석하면 그 기일에 제권판결을 선고하는 것이 보통인 바, 그 경우에는 동조 적용의 여지는 없고 신청인이 공시최고기일에 출석하지 아니하거나 기일변경신청을 하여 다시 지정된 새 기일에 제권판결을 한다든지 법원이 공시최고기일에 제권판결을 선고하지 아니하고 제권판결 선고기일을 달리 정한 경우에 동조가 적용될 여지가 있다.

6. 공시최고기일의 시행

공시최고의 공고가 다 마쳐지고 지정된 공시최고기일이 가까워지면 신청인에게 기일통지서를 송달하여 출석하게 하여야 한다. 그러나 권리신고인이나 등기·등록의무자는 출석을 요하지 아니한다. 신청인이 기일에 불출석하거나 기일변경신청을 하는 경우에는 1회에 한하여 새 기일을 정한다. 이 새 기일에도 신청인이 불출석하면 공시최고신청을 취하 한 것으로 간주된다. 그러나 신청인이 공시최고기일에 출석하면 제권판결을 구하는 취지 및 신청의 이유를 진술하게 되고 법원은 신청이 이유 있다고 인정하면 제권판결을 선고하고, 이유없다고 인정하면 신청각하의 결정을 한다.

7. 제권판결

(1) 의 의

제권판결이란 공시최고절차의 마지막 단계로서 신청 대상이 된 권리의 무효, 즉 실권의 효력을 발생시키는 형성적 재판이다. 증서의 무효선고를 위한 공시최고절차에서는 그 증서의 무효를 선고하게 되고, 등기·등록의 말소를 위한 공시최고절차에서는 말소등기의 대상이 될 등기등록에 관하여 등기의무자가 실권되었음을 선고하게 될 것이다.

(2) 공고 및 정본송달

공시최고의 공고에 관한 민사소송규칙 142조의 규정을 준용하도록 하고 있으므로 제권판결의 공고는 공시최고의 공고와 같이 법원게시판, 관보공보 노는 신문게재, 전자통신매체를 이용한 공고 중 하나의 방법으로 할 수 있다.

(3) 효 력

1) 증서의 무효선고를 위한 공시최고

제권판결에 의하여 소극적으로 그 증서가 무효로 되는 동시에 적극적으로 공시최고신청인이 그 증서에 의한 채무자에 대하여 권리를 행사할 수 있게 된다, 즉 그 증서대신에 제권판결이 증서 역할을 하게 된다.

2) 등기·등록의 말소를 위한 공시최고

제권판결에 의하여 신청인이 단독으로 말소등기·등록을 신청할 수 있게 된다. 즉 신청인은 등기신청서에 제권판결의 등본을 첨부하여 자기 혼자 이름으로 말소등기신청을 할 수 있다(부등법 167조 2항).

[서식 144] 제권판결

○ ○ 법 원

제 권 판 결

사 건 20○○카공 12 공시최고

신 청 인 김 ○ ○(741102-1234567)

서울시 ○○구 ○○동 ○○ ○○호

주 문

별지 목록 기재 증서의 무효를 선고한다.

이 유

별지목록 기재 증서에 대하여 20○○. ○. ○. 공시최고를 하였는바, 그 공시 최고에서 정한 20○○. ○. ○. 10:00까지 권리의 신고나 청구 및 증서를 제출한 자가 없으므로 신청에 의하여 주문과 같이 판결한다.

20○○. ○. ○.

판사 ○ ○ ○

8. 제권판결에 대한 불복의 소

제권판결에 대하여는 상소를 하지 못하므로 제권판결은 선고와 동시에 확정된다. 그러나 그 판결에 중대한 위법이 있는데도 시정의 수단을 부여하지 않는다는 것은 정의에 반하므로 민사소송법 제490조에서 ① 법률상 공시최고절차를 허가하지 아니할 경우일 때 ② 공시최고의 공고를 하지 아니하였거나, 법령이 정한 방법으로 공고를 하지 아니한 때 ③ 공시최고기간을 지키지 아니한 때 ④ 판결을 한 판사가 법률에 따라 직무집행에서 제척된 때 ⑤ 전속관할에 관한 규정에 어긋난 때 ⑥권리 또는 청구의 신고가 있음에도 법률에 어긋나는 판결을 한 때 ⑦ 거짓 또는 부정한 방법으로 제권판결을 받은 때 ⑧ 제451조제1항제4호 내지 제8호의 재심사유가 있는 때 한하여 불복의 소를 제기할 수 있도록 하고 있다.

제 9 장 강제집행

Ⅰ. 총 설

1. 강제집행이란

채권자의 신청에 의하여 국가의 집행기관이 채권자를 위하여 집행권원에 표시된 사법상의 이행청구권을 국가권력에 기하여 강제적으로 실현하는 법적 절차를 강제집행이라 한다. 즉 채무자가 재판에서 패소하였음에도 불구하고 채무를 변제하지 않는 경우에는 채권자는 채무자의 재산을 파악한 다음 이를 압류하고 국가권력에 의해 강제적으로 매각하거나 현금화하여 돈을 변제 받아야 한다.

2. 강제집행의 종류

강제집행은 분류의 방법에 따라 여러 가지로 나뉠 수 있는데 아래와 같이 일반적으로 분류할 수 있다.

(1) 금전채권의 집행

- ① 부동산 집행
  - 강제경매
    - 압 류 - 집행법원의 경매개시결정(83), 등기(94, 139①)
    - 현금화
      - 호가경매
      - 기일입찰
      - 기간입찰
    - 변제(배당) - 145 ~ 161
  - 강제관리
    - 압 류 - 집행법원의 강제관리개시결정(164), 등기(163)
    - 현금화 - 압류재산의 수익(166)
    - 변제(배당) - 169

- ② 선박집행
  - 압 류 – 부동산집행 준용(집행법원의 경매개시결정 등, 172), 단 선박국적증서의 제출·인도명령(174, 175), 정박명령과 운행허가결정(176), 감수·보존처분(178)
  - 현금화 – 부동산집행 준용(172)
  - 변제(배당) – 부동산집행 준용(172)

③ 항공기집행 – 부동산집행 준용(172)

④ 자동차, 건설기계 – 부동산집행의 예에 따라 실시(187, 규 108, 130), 단 인도명령(규 113)

- ① 동산집행
  - 유체동산에 대한 집행
    - 압 류 – 집행관의 압류(189~196)
    - 현금화
      - 집행관에 의한 현금화(197 ~ 214)
        - 입찰·호가경매
        - 임의매각(209, 210)
        - 특별현금화(214)
      - 집행관에 의하지 않은 특별현금화(214)
    - 변제(배당) – 217 ~ 222
  - 채권과 그 밖의 재산권에 대한 집행
    - 압 류
      - 배서금지된 지시식증권 —— 집행법원의 압류명령(223), 집행관의 증권점유(233)
      - 그 밖의 채권과 재산권 —— 집행법원의 압류명령(223, 251)
    - 현금화
      - 금전채권 —— 추심·전부명령(229 ~ 232), 특별현금화(241)
      - 유체물인도나 권리이전의 청구권 —— 242 내지 244
      - 기타 재산권(251) —— 추심·전부명령, 특별현금화
    - 변제(배당) – 252 ~ 256

(2) 비금전채권의 집행

- ① 물건인도청구권의 집행
  - 동산인도청구의 집행 – 집행관이 집행(257)
  - 부동산·선박의 인도청구권의 집행 – 집행관이 집행(258)
  - 제3자점유 물건의 인도집행 – 집행법원의 인도청구권 압류·이전(259)

- ② 작위채권의 집행
  - 대체적작위채권의 집행 – 수소법원의 대체집행명령(260, 민법 389②)
  - 비대체적작위채권의 집행 – 수소법원의 간접강제(261)

③ 부작위채권의 집행 – 수소법원이 위반상태의 제거와 적당한 처분을 명령(260, 민법 389③)

④ 의사의 진술을 명하는 재판의 집행 – 263

Ⅱ. 강제집행절차

1. 집행문, 송달증명원, 확정증명원 등 신청

원고가 본안 소송에서 승소하여 판결문을 받았다고 하여 바로 피고를 상대로 강제집행을 할 수 있는 것은 아니다. 강제집행을 하기 위해서는 판결문 이외에 판결문에 첨부되는 집행문, 판결문 정본이 당사자에게 송달되고 확정되었다는 송달·확정증명원이 필요하다.

(1) 집행문 부여

원고가 승소판결을 받고 소송이 종료되면 법원은 판결문을 당사자에게 송달한다. 이때 원고가 송달 받은 판결문[88](판결문 정본)을 가지고 제1심 법원에 가서(보통 종합민원실 제증명 발급처에 가서 신청한다) 집행문을 부여할 것을 인지 1,000원을 첨부하고 신청하면 법원에서는 원고가 강제집행신청을 하면 강제집행을 허용한다는 취지의 집행문을 판결문정본 끝에 덧붙여 되돌려 주는데 이를 통상 집행문이라 한다. 즉 집행문이라 하여 무슨 특별한 서면이 있는 것이 아니며, 법원사무관 등이 판결문 등 집행권원의 말미에 집행력이 있음을 덧붙여 주는 공증문언을 말한다(그러나 공정증서의 경우에는 공증을 한 곳에서 집행문을 부여받음). 다만, 집행권원 중에서 확정된 지급명령, 배상명령, 확정된 이행권고결정 등은 예외적으로 집행문을 부여받지 아니하여도 강제집행을 실시할 수 있다.

서울중앙지방법원 민원실 제증명 발급처

[기재례] 집 행 문

① 일반적인 경우

위 정본은 피고 김○○에 대한 강제집행을 실시하기 위하여 원고 문○○에게 내어 준다.

88) 이를 판결문 정본이라 하는데 이는 판결문 원본이 아니라 판결문 원본을 토대로 작성한 문서이기 때문이다.

20○○. ○. ○. ○○지방법원 법원사무관 장 ○ ○ (직인)

② 판결의 집행에 조건이 있는 경우

위 정본은 재판장의 명에 따라 피고 김○○에 대한 강제집행을 실시하기 위하여 원고 문○○에게 내어 준다.

③ 당사자(원고)에게 승계가 있는 경우

위 정본은 재판장의 명에 따라 피고 김○○에 대한 강제집행을 실시하기 위하여 원고 문○○의 승계인 정○○에게 내어 준다.

(2) 송달·확정증명원

송달증명·확정증명이란 판결 등 집행권원이 피고(채무자)에게 송달되었고, 이에 따라 당해 집행권원이 확정되었다는 사실에 대하여 법원으로부터 증명을 받은 것을 말한다. 판결 등 집행권원이 송달되지 아니하면 당해 집행권원이 확정되지도 아니하므로, 확정되지 아니한 집행권원에 의하여 함부로 강제집행이 이루어지는 것을 막기 위하여 확정증명을 요구하고 있는 것이다.

다만, 이행권고결정이나 지급명령의 경우에는 법원에서 이행권고결정이나 지급명령결정을 한 후, 그 결정문을 우선 피고(채무자)에게 송달하고, 피고(채무자)의 이의신청이 없는 경우에만 원고(채권자)에게 그 결정문을 송달하게 되므로, 원고(채권자)가 당해 결정문을 받아 볼 경우에는 이미 그 결정문이 송달되고 확정된 상태이다(즉, 송달증명이나 확정증명을 별도로 받을 필요가 없다).

[기재례] 이행권고결정·지급명령서상의 송달·확정증명 표시례

20○○. 3. 10. 송달,　　20○○. 3. 25. 확정

송달·확정증명원은 해당 법원 민원실 제증명 발급처에서 인지 1,000원(=각500×2개)을 첨부하고 신청하면 발급받을 수 있다.

[서식 145] 송달·확정증명원 신청서

① 신 청 서	신청인은 ●로 표시된 부분을 기재합니다
● 사　건	서울중앙지방법원 2014 가단 대여금
● 원　고	김 ○ ○
● 피　고	이 ○ ○

위 사건에(판결, 결정, 명령, 화해조서, 인낙조서, 조정조서, 결정조서 기타 :　　　)에 대한 아래의 신청에 따른 제증명을 발급하여 주시기 바랍니다.

20○○. ○. .

전화번호 : 02-○○○-○○○

● 신청인 : 원고(소송대리인) 법무법인 ○○ 변호사 ○○○(날인 또는 서명)

신청할 제증명 사항을 신청번호에 ○표하시고,
필요한 통수와 발급 대상자의 성명을 기재 합니다.

<table>
<tr><th>신청
번호</th><th>발급
통수</th><th>신청의 종류</th><th>발급 대상자의 성명
(※주) 재판서의 당사자 모두에 대하여 신청할 경우에는 기재하지 아니함)</th><td rowspan="7">인지 붙이는 곳

수수료: 각 1통당 500원
(단 ,재판서·조서의 정본·등본·초본은 1통당 1,000원)

사무실 내에 위치한 신한은행에서 구입</td></tr>
<tr><td>1</td><td></td><td>집행문 부여</td><td></td></tr>
<tr><td>2</td><td>1</td><td>송 달 증 명</td><td></td></tr>
<tr><td>3</td><td>1</td><td>확 정 증 명</td><td></td></tr>
<tr><td>4</td><td></td><td>승계송달증명</td><td></td></tr>
<tr><td>5</td><td></td><td>재판서·조서의 정본·등본·초본</td><td></td></tr>
<tr><td>6</td><td></td><td>소취하증명원</td><td></td></tr>
</table>

서울중앙지방지방법원 귀중		
위 증명 문서를 틀림없이 수령 하였습니다.	20○○. ○. .	● 수령인 성명 : 법무법인 ○○ 변호사 ○○○

[서식 146] 송달·확정증명원

송달/확정증명원

사 건 : 서울고등법원 2012나78 하자보수금
서울남부지방법원 2012가합16 하자보수금

원 고 : 서울특별시

피 고 : 주식회사

증명신청인 : 소송대리인 주

위 사건에 관하여 아래와 같이 송달 및 확정되었음을 증명합니다.

피고(항소인, 부대피항소인) 주식회사 2013. 10. 25.
송달, 2013. 11. 12. 확정
원고(피항소인, 부대항소인) 서울특별시 2013. 10. 28.
송달, 2013. 11. 12. 확정. 끝.

2013. 11. 12.

서울고등법원

법원주사보 김

본 증명(문서번호:통합제증명발급(종합접수실) 14088)에 관하여 문의할 사람이 있으시면 02-530- 로
문의하시기 바랍니다.

[서식 147] 원고의 승계인에 대한 승계집행문 부여신청서

승계집행문 부여신청서

원　　고　　　정 ○ ○
원고승계인　　정 ○ ○
피　　고　　　김 ○ ○

위 당사자간 20○○가소123 대여금 청구사건에 관하여 20○○. ○. ○. 선고한 판결의 집행력 있는 정본을 원고 정○○이 부여받았으나, 동인은 20○○. ○. ○. 사망하였으므로 동인의 승계인에게 집행력 있는 정본을 부여하여 줄 것을 별지 가족관계증명서를 첨부하여 이에 신청합니다.

소 명 방 법

1. 가족관계증명서(또는 제적등본) 1통

20○○.　○.　○.

위 원고(승계인)　정 ○ ○　(인)

○○지방법원　귀중

[서식 148] 피고의 승계인에 대한 승계집행문 부여신청서

승계집행문 부여신청서

원　　고　　　정 ○ ○

피　　고　　김 ○ ○
피고승계인　　김 △ △

위 당사자간 20○○가소1234 대여금 청구사건에 관하여 20○○. ○. ○. 선고한 판결에 표시된 피고 김○○는 20○○. ○. ○. 사망하였고, 그 상속인인 김△△가 상속을 받았으므로 동인에 대하여 집행문을 부여하여 주시기 바랍니다.

소 명 방 법

1. 피고의 승계를 증명하는 가족관계증명서(또는 제적등본)　　1통

20○○.　○.　○.

위 원고　정○ ○　(인)

○○지방법원　귀중

[서식 149] 집행력 있는 정본 수통 부여신청서

판결정본 수통 부여신청서

원　　고　　정 ○ ○
피　　고　　김 ○ ○

위 당사자간 20○○가소123 대여금 청구사건에 관하여 20○○. ○. ○. 선고한 판결정본 1통을 부여 받았으나, 피고는 여러 곳에 재산을 가지고 있어 동시에 집행을 할 필요가 있으므로, 집행력 있는 정본 2통을 더 부여하여 주

실 것을 신청합니다.

20○○. ○. ○.

위 원고 정 ○ ○ (인)

○○지방법원 귀중

2. 강제집행신청

강제집행을 할 대상의 물건이 부동산인가 유체동산인가 급여인가 임차보증금인가 기타 재산권인가에 따라 그 절차는 다르지만 강제집행의 신청은 서면으로 하여야 하고 신청인은 강제집행에 필요한 비용을 예납하여야 한다.

(1) 부동산강제경매신청서의 작성요령

1) 채권자와 채무자의 성명과 주소란

채권자의 성명과 주소는 신청서에 첨부된 「집행력 있는 정본」(예, 판결문)에 표시된 것과 일치하도록 작성한다. 만약 채권자의 주소가 변경되어 일치하지 아니한 경우에는 신·구 주소를 모두 병기하여야 한다(주민등록등·초본 첨부). 채무자의 성명과 주소는 집행력 있는 정본과 등기부등본에 기재된 것과 모두 일치하도록 작성한다. 만약 채무자의 주소가 변경되어 일치하지 아니한 경우에는 현재의 주소, 판결문상의 주소, 등기부등본상의 주소를 모두 병기하도록 한다(주민등록등·초본 첨부). 공유부동산의 지분에 대한 경매신청에 있어서는 채무자인 공유자 이외의 다른 공유자 전원의 성명과 주소 및 채무자가 가지는 지분을 적어야 한다.

2) 청구금액의 표시란

강제경매에 의하여 지급받고자 하는 청구금액(원금과 지연이자)과 어떠한 내용의 채권인지를 표시하면 된다(예, 금 10,000,000원, 대여금). 청구금액이 채권의 일부인 경우에는 그 내용을 표시하여 주면 된다(예, 금 5,000,000원, 대여금 금 10,000,000원의 청구채권 중 일부). 매각절차를 개시한 후에는 청구금액의 확장이 인정되지 아니하므로, 일부청구를 할 경우에는 조심하여야 하며, 이자부분도 빠뜨리지 않고 합산하여 기재하거나, 별도로 이자부분을 표시하여 주어야 한다. 청구금액을 확장하여 잔액청구를 한 경우에는 배당요구의 효력만 인정된다.

3) 집행권원의 표시란

판결 등의 집행권원을 받은 법원, 사건번호, 사건명 등을 기재하면 된다(예, 대전지방법원 논산지원 2005가소10987호 대여금 사건의 집행력있는 판결정본).

4) 경매할 부동산의 표시란

등기되어 있는 부동산인 경우에는 「등기부의 표제부」에 기재되어 있는 대로 기재하면 된다. 그러나 그 내용이 많기 때문에, 실무상으로는 보통 "별지목록의 기재와 같음"이라고 기재하고, 별지를 사용하여 표시한다(이러한 별지는 경매신청서의 첨부서면 중의 하나인 '부동산목록'의 대체서면으로도 가능함).

미등기부동산의 경우에는 그 부동산이 '채무자의 소유임을 증명하는 서류'의 표시와 부합하도록 적으면 된다. 또한 미등기부동산의 경우에는 집행법원의 촉탁에 의하여 등기관이 직권으로 소유권보존등기를 하여야 하므로 '미등기'라는 취지를 부기하여야 한다.

5) 신청취지란

강제경매절차를 개시하고, 압류를 구하는 취지를 기재하면 된다(예, "별지목록 기재 부동산에 대하여 강제경매절차를 개시하고 채권자를 위하여 이를 압류한다. 라는 재판을 구합니다.").

6) 신청이유란

강제경매를 신청하게 된 이유 등을 기재하면 된다(예, "채무자는 채권자에게 위 집행권원의 집행력있는 정본에 따라 위 청구금액을 변제하여야 하는데, 이를 이행하지 아니하므로 채무자 소유의 위 부동산에 대하여 강제경매를 신청합니다.").

7) 첨부서류란

강제경매신청서에 첨부할 서류를 기재하면 되며, 경매신청서와 첨부서류

사이에 간인을 찍어야 한다.

8) 연월일란

신청한 연월일을 기재하면 된다. 신청서의 작성일과 법원에의 제출일이 다소 차이가 발생할 수 있으므로, 일자는 공란으로 두었다가 신청서의 제출시에 기재하는 것이 편리하다(예, 2005. 1. .).

9) 신청채권자란(신청서 하단)

신청한 채권자의 성명을 적고, 날인하거나 서명을 하면 된다. 법정대리인이 신청하는 경우에는 채권자와 법정대리인을 표시하여 주면 된다(예, 박길동 위 채권자는 미성년자이므로 법정대리인 부 박몽룡, 모 문춘향).

10) 집행법원란

강제경매신청서를 제출할 법원을 기재한다(예, 대전지방법원 귀중). 지원의 경우에는 상급지방법원까지 기재하는 것이 좋다(예, 대전지방법원 논산지원 귀중).

(2) 부동산강제경매신청서를 제출하여야 할 법원

1) 부동산소재지의 지방법원에 제출한다.

부동산에 대한 강제경매는 당해 부동산이 소재하고 있는 곳의 지방법원이 관할한다. 소액소송과는 달리, 시·군법원에서는 부동산경매를 취급하지 아니한다.

2) 관할권 없는 법원에 경매를 신청한 경우

관할권 없는 법원에 경매를 신청한 경우에는 어떻게 되는가?

이 경우에는 법원이 직권으로 관할의 유무를 조사한 후 관할 지방법원으로 이송하게 되며, 당해 경매신청을 각하하지는 아니한다.

서울중앙지방법원 민사집행과

[서식 150] 부동산강제경매신청서

부동산강제경매신청

채 권 자 장 ○ ○(721108-1234567)
서울 ○○구 ○○동 ○○
채무자겸 문 ○ ○(691012-1234567)
소 유 자 서울시 ○○구 ○○동 ○○○
(등기부등본상의 주소 : 서울 ○○구 ○○동 ○○아파트 104-302)

청구금액의 표시

금 20,000,000원(대여금 원금)
위 금원에 대한 20○○. ○. ○.부터 완제일까지 연 15%의 비율에 의한 이자

집행권원의 표시

채권자의 채무자에 대한 ○○지방법원 20○○가단1234 대여금 청구사건의 집행력 있는 판결정본

매각할 부동산의 표시

별지 목록 기재와 같음

신 청 취 지

채무자 소유의 별지 목록 기재 부동산에 대하여 강제경매절차를 개시하고 채권자를 위하여 이를 압류한다.
라는 재판을 구합니다.

신 청 원 인

채권자는 채무자로부터 위 집행권원의 집행력있는 정본에 따라 위 청구금

액을 변제받아야 하는데, 채무자가 아직까지 이를 이행하지 아니하고 있으므로 채무자 소유의 별지 목록 기재 부동산에 대하여 강제경매를 신청합니다.

첨 부 서 류

1. 집행력 있는 판결정본	1통
1. 집행권원의 송달증명서	1통
1. 부동산등기부 등본	1통
1. 매각물건 목록(매각할 부동산의 표시)	10통

20○○. ○. ○.

위 채권자 장 ○ ○ (인)

○○지방법원 ○○지원 귀중

[별지] 매각할 부동산의 표시

매각할 부동산의 표시

1동의 건물의 표시

서울시 ○○구 ○○동 ○○ ○○아파트 제104동 철근콘크리트조 평스라브지붕 5층 아파트

1층 441.78 ㎡

2층 440.66 ㎡

3층 440.66 ㎡

4층 440.66 ㎡

5층 440.66 ㎡

지하1층 384.45 ㎡

대지권의 목적인 토지의 표시

1. 서울시 ○○구 ○○동 ○○-9 대 1,679 ㎡
2. 서울시 ○○구 ○○동 ○○-2 대 4,287 ㎡

전유부분의 건물의 표시

건물의 표시 : 제1층 제302호
구 조 : 철근콘크리트조
면 적 : 39.60㎡

대지권의 표시

대지권의 종류 : 1, 2 소유대지권
대지권의 비율 : 5,966분의 30.046 .끝.

제10장
전자소송

Ⅰ. 총 설

1. 의 의

전자소송이란 대한민국 법원이 운영하는 전자소송시스템을 이용하여 소를 제기하고 소송절차를 진행하는 재판방식을 말한다.

2. 전자소송의 도입

1) 민사소송등에서의 전자문서 이용 등에 관한 법률(법률 제10183호)[89]이 2010. 3. 24. 공포되고 시행되면서 2010. 4. 26. 특허법원에 제기되는 사건을 대상으로 한 특허전자소송서비스를 시작으로, 2011년에 시범법원의 민사사건, 2012년 민사사건 전부에 전자소송이 전면적으로 도입되기 시작했다.

전자소송 시행 경과와 계획

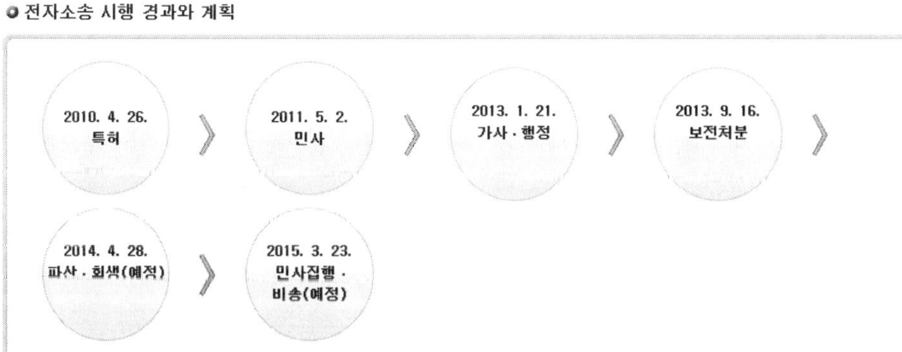

89) 동법의 시행을 위하여 2011. 3. 28. 규칙 제2332호로 민사소송 등에서의 전자문서 이용 등에 관한 규칙이 제정되었고 현재는 2013. 1. 8. 규칙 제2444호로 개정되어 시행되고 있다.

3. 전자소송의 장점

1.신속성 온라인을 통한 신속한 재판 가능	**1. 전자소송은 빠릅니다!** 전자문서에 의한 사건처리와 전자적 송달로 신속한 재판이 가능합니다.
2.편의성 법원 방문 필요 없는 온라인 소송시스템	**2. 전자소송은 편리합니다!** 법원을 방문할 필요 없이 인터넷으로 소송서류를 제출할 수 있습니다.
3.투명성 소송정보 공유로 재판절차 신뢰확보	**3. 전자소송은 투명합니다!** 소송정보를 인터넷으로 공유함으로써 재판절차를 신뢰할 수 있습니다.
4.안전성 첨단기술을 통한 정보유출 방지	**4. 전자소송은 안전합니다!** 개인정보와 전자문서가 첨단 기술로 보호되므로 안심할 수 있습니다.
5.친환경 종이 없는 소송으로 경제적 비용절감	**5. 전자소송은 친환경입니다!** 종이 없는 소송으로 사회 경제적 비용을 획기적으로 절감시킵니다.

4. 전자소송의 기준 설정

전자소송은 문서를 스캔하여 전자소송시스템을 통해 문서를 제출하거나 문서를 송달하는 등 일반소송과 그 절차나 형식을 달리하고 있어 전자소송이 되는 기준을 명확히 설정하여 둘 필요가 있다. 원칙적으로 ① 제1심 사건에서 제1회 변론기일의 다음날 까지 당사자 중 일방이이라도 전자소송 동의를 한 경우, ② 국가, 지방자치단체, 그 밖의 규칙이 정한 공공기관이 당사자 중 일방에 해당하는 경우 ③ 원심사건이 전자기록 사건이었던 상소심과 재심의 경우에는 전자기록 사건이 된다. 또한 ④ 재판장이 전자기록화를 명한 경우나 ⑤ 전자독촉사건에서 상대방의 이의신청 또는 송달불능에 의해 소송으로 이행된 경우 ⑥ 조정신청사건인 경우 ⑦ 병합사건에서 재판장이 모 사건을 기준으로 전자기록사건으로 지정한 경우 등이 있다.

Ⅱ. 전자소송 운영 준비

1. 전자소송 이용 여부의 선택

전자소송법은 이용자가 전자문서 활용 여부를 스스로 정할 수 있도록 선택권을 부여하고 있다. 그 결과 같은 사건인데도 한쪽 당사자는 전자문서로 다른 당사자는 종이문서로 소송을 수행하는 사례도 가능하다. 이 경우 법원은 종이문서를 이용하는 당사자가 제출하는 소송서류를 전자문서를 이용하는 당사자에게 전자적으로 송달해 주기 위하여 스캐너 등을 이용하여 전자문서로 변환하여야 하고 반대로 전자문서를 이용하는 당사자가 제출하는 소송서류는 종이로 출력하여 우편송달을 한다.

2. 공인인증서 발급

(1) 공인인증서란

전자서명 생성과 실명확인을 위하여 이용된 정보가 가입자에게 유일하게 속한다는 사실 등을 확인하고 이를 증명 하는 전자적 정보로서 공인인증기관이 발행한 인증서를 말한다. 공인인증서에는 가입자 이름, 가입자의 전자서명 검증정보, 전자서명 방식, 공인인증서 일련번호, 공인인증서의 유효기간, 발급 기관명 등이 포함되어 있다.

(2) 공인인증서의 활용

인터넷에서 전자문서에 공인인증서를 사용하면 실명확인, 제출 서류의 위·변조 방지, 거래사실의 부인 방지 등의 효과를 얻을 수 있기 때문에 전자소송에서는 전자소송 동의, 송달문서 확인, 서류제출 및 비용납부 등의 주요서비스를 이용할 경우에 공인인증서를 사용하도록 하고 있다.

(3) 사용자 유형에 따른 공인인증서 종류

1) 공인인증서가 필요한 사용자

개인용 인증서	법인용 인증서
개인회원 : 내국인, 재외국민 대리인회원 : 변호사, 변리사 법무사회원 : 법무사	법인회원 : 법인, 비법인(단체) 대리인회원 : 법무법인, 특허법인 법무사회원 : 법무사합동법인

☞ 유의사항

1. 해당법인의 소속사용자는 개인용 인증서를 사용해야 한다.
2. 은행, 증권사, 신용카드사 등에서 기존에 발급받은 공인인증서를 그대로 사용가능함.
3. 그 밖에 전자소송용 공인인증서를 발급받아 사용가능하다.

2) 행정전자서명 인증서가 필요한 사용자

개인용 인증서	기관인증(전자관인용)
대리인회원 : 소송수행자	법인회원 : 국가, 행정청, 지방자치단체

☞ 유의사항

1. 해당기관의 소속사용자는 개인용 인증서를 사용해야 한다.
2. 행정전자서명 인증서는 행정기관 및 그 보조기관과 보좌기관, 행정정보 공동이용기관, 각 그 소속공무원에게 발급된 인증서를 말한다.

(4) 공인인증서의 폐기

인증서를 더 이상 사용하지 않을 경우 인증서 유효기간이 만료되기 전에 강제적으로 인증서의 효력을 종료시키는 것을 인증서의 폐기라 한다. 폐기된 인증서는 다시 회복하여 사용할 수 없으며 인증서의 사용을 다시 원하는 경우에는 공인인증기관으로부터 인증서 신규발급 절차를 거쳐 전자소송 사이트에서 공인인증서 갱신처리를 하여야 한다.

■ 인증서 사용 시 유의 사항 ■

1. 인증서에는 유효기간이 존재하므로, 유효기간 만료 전에 반드시 인증서를 갱신하셔서 서비스 이용에 제한이 없도록 유의하여야 하고, 만약, 인증서 유효기간이 만료된 경우 인증서를 신규 발급 받아 사용하여야 한다.

2. 또한 인증서의 정보가 유출되지 않도록 관리에 유의하고, 제3자에게 이를 이용하게 하거나 관리소홀에 따른 책임은 이용자에게 있으므로 각별히 주의하여야 한다.
3. 인증서를 설치할 컴퓨터는 안정적인 작동을 보장 받을 수 있는 PC를 선택하여야 하며 인증서가 유출될 시 피해가 발생할 수도 있으므로 보안관리에 유의하여야 하며, 인증서가 손상됐거나 비밀번호를 분실한 경우에는 인증서를 공인인증기관으로부터 재발급 받아야 한다. 나아가 인증서 손상에 대비하여 반드시 이동식저장 매체(플로피디스크, 스마트카드, USB 메모리) 등에 백업을 받아두고 비밀번호는 분실하지 않도록 유의하여야 한다.
4. 만일 인증서를 분실(PC포맷, 삭제)한 경우에는 공인인증서의 신규 또는 재발급 절차에 따라 발급(폐기하실 필요 없음)하여 사용하여 하고, 인증서, 개인정보 유출에 가능성이 있는 포털사이트 메일함, P2P, 웹하드 등에 보관금지. 또한, 가급적 PC에 하드디스크 보다는 이동식 저장 매체에 따로 보관하는 것이 안전하다.

(5) 공인인증서 발급방법

1) 공인인증서 발급 사이트(http://scourt.signra.com)

아래와 같이 공인인증서 사이트에 방문한 다음 전자소송 개인용 또는 사업자용 중 하나를 선택하여 신청하기를 클릭한다.

2) 발급절차

발급절차

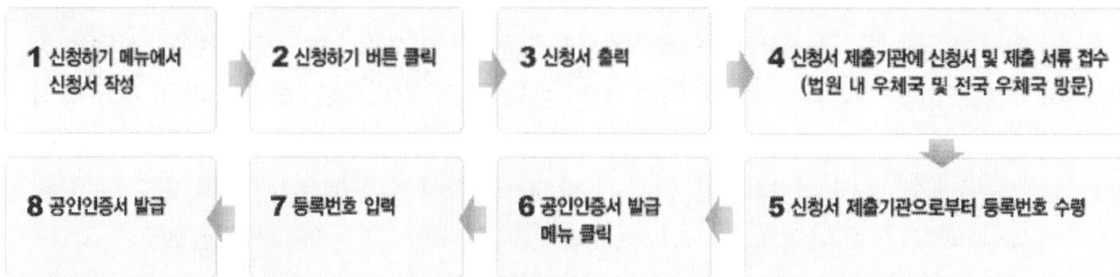

3) 약관에 동의한 후 신청하기 클릭한다.

4) 공인인증서 발급신청서를 작성한 다음 신청하기를 클릭한다.

01 신청정보 ✓ 표는 필수 입력 정보입니다.

정보입력 완료 신청정보보기

이름 ✓	김OO	주민등록번호 ✓	710203 - •••••••
발급용 임시번호 ✓	•••••••••• 영문/숫자 혼합하여 반드시 10자리로 입력해 주세요.		
전화번호 ✓	02 - 123 - 4567	휴대폰 ✓	010 - 1234 - 5678
주소 ✓	12345 우편번호 찾기 서울 OO구 OO로 OO		
E-mail ✓	OOOOOO @ naver.com naver.com(네이버)		

확인

02 서류제출방법 필히 선택한 서류접수처에 서류를 제출해 주시기 바랍니다.

제출방법선택 완료 서류제출방법보기

고객직접방문

○ 본사방문 ○ 기업은행 지점 ◉ 우체국 지점

시/도	서울특별시
시/군/구	강남구
제출기관	서울강남우체국 위치

· 고객님께서 가까운 서류제출기관을 직접 방문하여 신원을 확인하고 서류를 제출 (고객님이 이메일을 확인하여 직접 공인인증서를 발급받습니다)
· 발급소요기간 : 당일발급

확인

03 결제정보

결제상품		
전자소송 개인용	1개	2,200 원

총 결제 금액 = 2,200 원

✓ 신청하기

5) 공인인증서 발급신청서를 발급받는다.

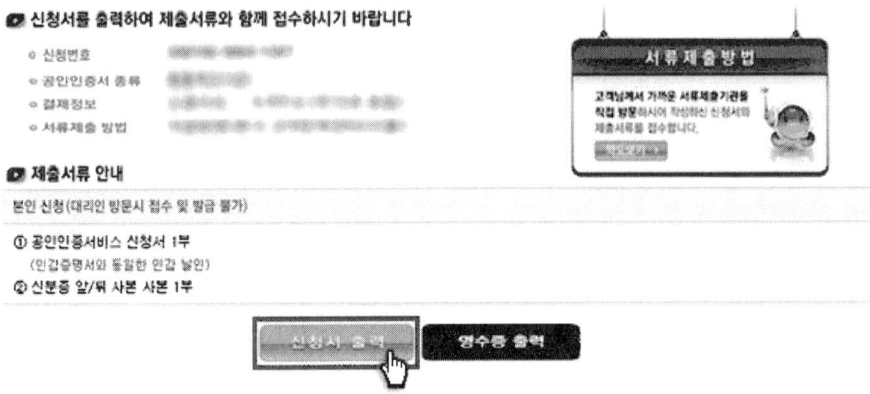

6) 등록대행기관인 우체국에서 등록번호를 받는다.

공인인증서비스 신청 접수증(고객용)

<발급 정보>--

○ 신청코드:

○ 업체명/성명:

○ 사업자번호/주민등록번호:

○ 인증서발급용 비밀번호:

○ 등록번호:

○ 등록대행기관명: 우체국

○ 등록(접수)일자: 20 년 월 일

7) 등록번호 입력하여 인증서를 발급받는다.

3. 회원가입

(1) 대법원 전자소송 홈페이지

대한민국 법원 전자소송 홈페이지(ecfs.scourt.go.kr) 사이트를 방문한 다음 본인이 해당하는 회원유형에 맞게 회원가입을 한다.

(2) 회원가입 절차

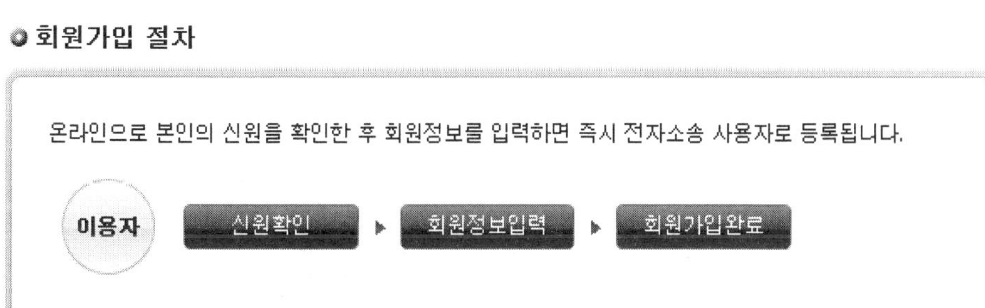

1) 아래와 같이 전자소송 홈페이지에 방문한 다음 회원가입을 클릭합니다.

2) 본인에게 해당하는 회원유형을 선택하여 가입하기를 클릭합니다.

3) 약관에 동의를 합니다.

4) 실명확인을 위한 성명과 주민번호를 입력합니다.

5) 본인의 회원정보를 입력하고 회원가입을 완료합니다.

6) 회원의 중복가입

회원 유형별로 중복 가입이 가능하지만, 동일한 유형으로는 중복 가입이 불가하며, 회원 유형별로 가입하는 경우, 각 유형에 맞는 인증서를 사용해야 합니다.

예를 들어 변호사 회원이 소송의 당사자인 경우 개인 회원으로 가입이 가능하고, 법인 회원으로 가입한 법인이 국가를 당사자로 하는 소송의 수행을 위하여 행정청으로 가입이 가능합니다.

(3) 회원 유형

1) 일반회원

가. 개 인

유 형	
개인(내국인)	만 19세 이상의 자연인으로서 국내에 거주하는 대한민국 국민
외국인	출입국관리법에 의해 외국인등록을 완료하거나 여권으로 실명확인이 가능한 외국인
재외국민	해외에 거주하는 재외국민

나. 법 인

유 형	
법 인	법인등기를 완료한 법인

비법인(단체)	권리능력이 없는 사단이나 재단으로 사업자등록을 완료하고 공인인증서를 발급받은 단체
국 가	국가가 소송의 당사자인 경우
행정청	법령에 따라 행정권한의 위임 또는 위탁을 받은 행정기관, 공공단체 및 그 기관 또는 사인
지자체단체	특별시, 광역시, 도, 특별자치도, 시, 군, 구 등 지방자치단체가 소송의 당사자인 경우

2) 자격자 회원

가. 대 리 인

유 형	
변호사	대한변호사협회에 등록된 변호사로서 변호사 자격이 유효한 회원
변리사	특허청에 변리사 등록을 완료한 회원으로서 변리사 자격이 유효한 회원
법무법인	법무법인, 법무조합 등이 해당되면, 합동법률사무소는 해당되지 않는다.
특허법인	특허소송의 소송대리인으로 자격이 인정되는 특허법인
소송수행자	국가나 행정청을 상대로 하는 소송을 수행할 소송수행자를 말함
합동 법률사무소	대법원 소재지에서 5인 이상, 기타 법원 소재지에서 3인 이상의 변호사가 합동으로 세운 법률 사무소

나. 법 무 사

유 형	
법무사	대한법무사협회에 등록된 법무사로서 법무사 자격이 유효한 회원
법무사 합동법인	법무사법에 의한 법무사합동법인을 의미하며, 법무사합동사무소는 해당되지 않는다.

4. 소속사용자 등록

(1) 소속사용자

대한민국 법원 전자소송 홈페이지는 법인, 대리인, 법무사 회원의 실무를 고려하여 해당 법인, 대리인, 법무사 사무실의 소속직원을 등록할 수 있게 하여 소속직원이 해당 법인 등의 전자소송사건을 처리할 수 있도록 하고 있다.

(2) 소속사용자 등록이 가능한 회원 유형

1) 법 인

<table>
<tr><th>유 형</th><th>소속사용자</th><th></th></tr>
<tr><td>법 인</td><td>법률상대리인, 지배인, 전무, 상무, 소속직원</td><td>법인의 법률상 대리인, 지배인, 상무 지위를 갖는 사용자는 해당 법인의 소속사용자로 등록하여 대리인 자격으로 소장 제출이 가능하다. 해당법인에서 소송업무를 담당하는 소속직원을 등록할 수 있다.</td></tr>
<tr><td>비법인 (단체)</td><td rowspan="4">소속직원</td><td rowspan="4">소속직원으로 등록된 사용자는 해당 기관 아이디로 전자송달 된 문서의 조회가 가능하며, 전자제출, 사건기록조회, 전자납부 업무를 처리할 수 있다. 소속직원의 등록 및 업무에 대한 개별 권한 설정은 기관아이디로 가능하다.</td></tr>
<tr><td>국 가</td></tr>
<tr><td>행정청</td></tr>
<tr><td>지자체 단체</td></tr>
</table>

2) 대 리 인

<table>
<tr><th>유 형</th><th>소속사용자</th><th></th></tr>
<tr><td>변호사</td><td rowspan="2">소속직원</td><td rowspan="2">변호사 또는 변리사는 송무업무를 담당하는 소속직원을 등록할 수 있으며, 등록된 소속직원은 변호사 또는 변리사가 수행하는 사건에 대해 전자송달 확인, 전자제출, 사건기록조회, 전자납부 업무처리가 가능하다</td></tr>
<tr><td>변리사</td></tr>
<tr><td>법무법인</td><td rowspan="2">변호사, 변리사소속직원</td><td rowspan="2">법무법인, 특허법인의 소속 변호사와 변리사는 소속사용자로 등록된 경우에 한하여 개별 아이디를 부여받아 전자소송절차 진행이 가능하다. 송달업무를 담당하는 소속직원은 보조사용자로서 전자송달 확인, 전자제출, 사건기록조회, 전자납부 업무처리가 가능하다.</td></tr>
<tr><td>특허법인</td></tr>
<tr><td>합동법률 사무소</td><td>변호사 소속직원</td><td>합동법률사무소의 소속 변호사는 소속사용자로 등록된 경우에 한하여 개별아이디를 부여 받아 전자소송절차 진행이 가능하다. 송무업무를 담당하는 소속직원은 보조사용자로서 전자송달 확인, 전자제출, 사건기록조회, 전자납부 업무처리가 가능하다.</td></tr>
</table>

3) 법 무 사

유 형	소속사용자	
법무사	소속직원	법무사는 사무를 보조하는 소속직원을 등록할 수 있다
법무사 합동법인		법무사합동법인의 소속법무사와 송무업무를 담당하는 소속직원을 소속사용자로 등록 할 수 있다.

(3) 소속사용자의 권한

소속사용자 중 법인의 법률상 대리인, 지배인, 전무, 상무, 법무법인 또는 특허법인의 변호사, 변리사는 소송대리인으로서 해당 사건에 대한 송달, 제출(전자서명), 기록조회 등 모든 사용권한을 갖는다. 반면 소송대리인 자격이 없는 소속직원의 경우에는 송무 업무를 보조하는데 불과하며, 전자제출 시 전자서명 권한이 없으므로 대리인이나 당사자에게 전자서명을 요청한다.

(4) 소속사용자 정보관리

소속사용자 등록이 가능한 회원 유형은 회원가입 완료 이후에 [나의정보관리>소속사용자 관리] 메뉴를 통해 소속사용자 정보를 등록, 변경 및 삭제할 수 있다. 소속사용자 본인은 자신의 개인정보를 변경할 수 있지만 따로 본인의 회원아이디를 발급받을 수 없다.

(5) 소속사용자 등록절차

1) 나의정보관리를 누릅니다.

2) 소속사용자관리

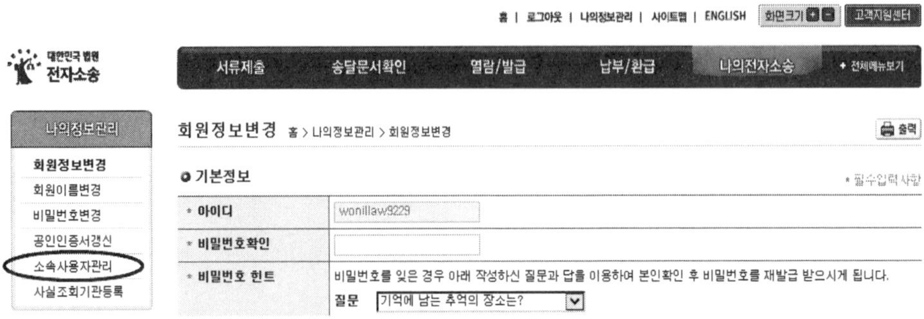

3) 사용자 추가

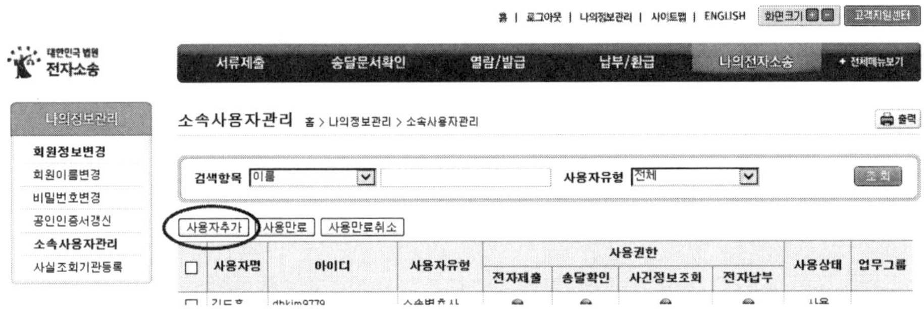

4) 소속 사용자 정보를 입력 합니다.

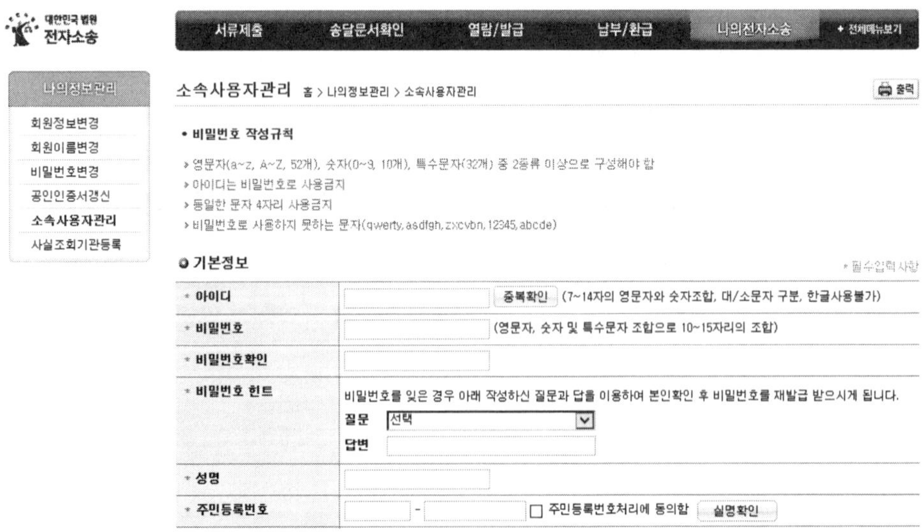

5. 사용자 등록 및 전자소송 동의

1) 전자소송시스템은 법원행정처장이 설치·운영하며(동법 4조) 이를 이용하려면 사용자등록을 하여야 한다(동법 6조). 사용자등록을 한자 즉 전자소송시스템을 이용한 민사소송 등의 진행에 동의한 자는 원칙적으로 법원에 제출할 서류를 전자소송시스템을 이용하여 전자문서로 제출하여야 한다.

2) 전자소송시스템을 이용하여 제출된 전자문서로 제출된 전자문서는 시스템에 전자적으로 기록된 때에 접수된 것으로 본다(동법 9조).

3) 등록사용자는 소송비용과 전자소송시스템 이용수수료도 전자적으로 납부할 수 있다(동법 15조).

4) 전자소송 동의에는 전자서명까지 요구하지는 않는다. 등록사용자의 자격은 회원으로 가입되어 있는 이상 말소·효력 상실 사유에 해당하지 않는 한 계속 존속하나, 전자소송 동의는 당해 사건의 확정과 더불어 효력이 상실되고 소송대리인의 전자소송 동의는 심급대리의 원칙상 당해 심급에서만 효력이 유지된다(위 규칙 10조). 다만 원심과 상소심의 소송대리인이 동일인 때에는 예외이다.

5) 전자소송 동의까지 마친 등록사용자는 전자적 송달·열람의 혜택을 누릴 수 있게 된다.

6) 전자소송의 동의방식은 사건별로 전자소송 동의 여부를 선택하거나 1년 이내의 기간을 정하여 사전에 포괄동의가 가능하다. 전자소송홈페이지에 회원가입을 한 후 공인인증서로 로그인 한 다음 ㉠ 소장(민사)을 제출하려는 당사자 또는 대리인은 [전자소송>민사서류>소장] 메뉴에서 해당 사건에 대한 전자소송동의 절차를 수행하고, ㉡ 소장 부본을 송달받은 피고나 소송 진행 중에 전자소송절차로 변경하고자 하는 원고 또는 소제기 이후 선임된 대리인의 경우에는 [나의전자소송>전자소송사건등록] 메뉴에서 해당 사건에 대한 전자소송 동의 절차를 수행하다. 이때 인증번호가 있는 경우에는 법원, 사건번호, 소송관계인유형, 전자소송 인증번호를 입력 후 등록하면 되고, 인증번호가 없는 경우에는 법원, 사건번호, 소송관계인유형, 당사자명을 입력 후 등록하면 된다.

① 로그인(공인인증 통해 로그인을 한다)

② 공인인증

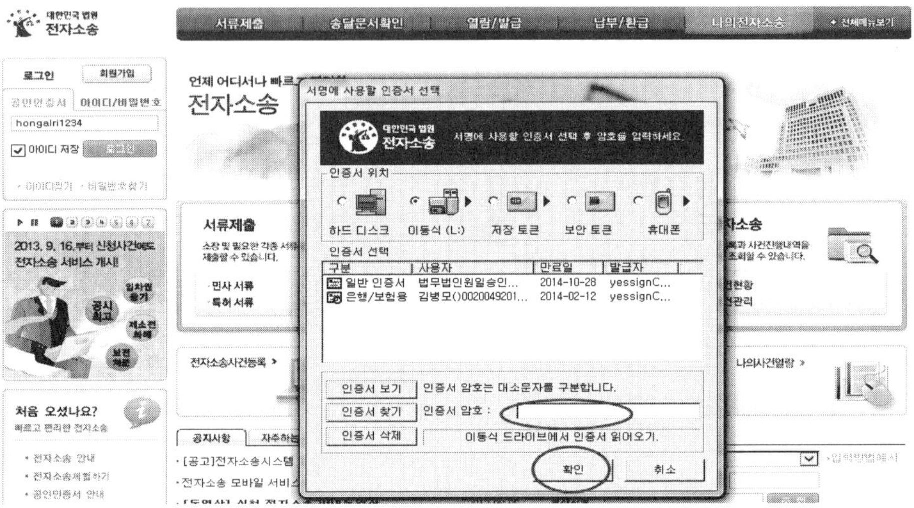

③ 로그인을 하면 아래와 같은 화면이 나타나는데 화면 중 우측 상단에 있는 나의전자소송 항목에 마우스를 대면 나의사건현황, 나의사건관리, 작성중서류, 전자사건등록 등 여러 항목이 뜨고 그중 전자사건등록 항목을 클릭한다.

④ 아래와 같이 전자사건 등록과 전자소송 동의화면이 나오는데 전자소송인증번호가 있는 경우와 전자소송인증번호가 없는 경우로 구분되어 있으므로 인증번호 유무에 따라 각각 작성하고 등록하면 된다.

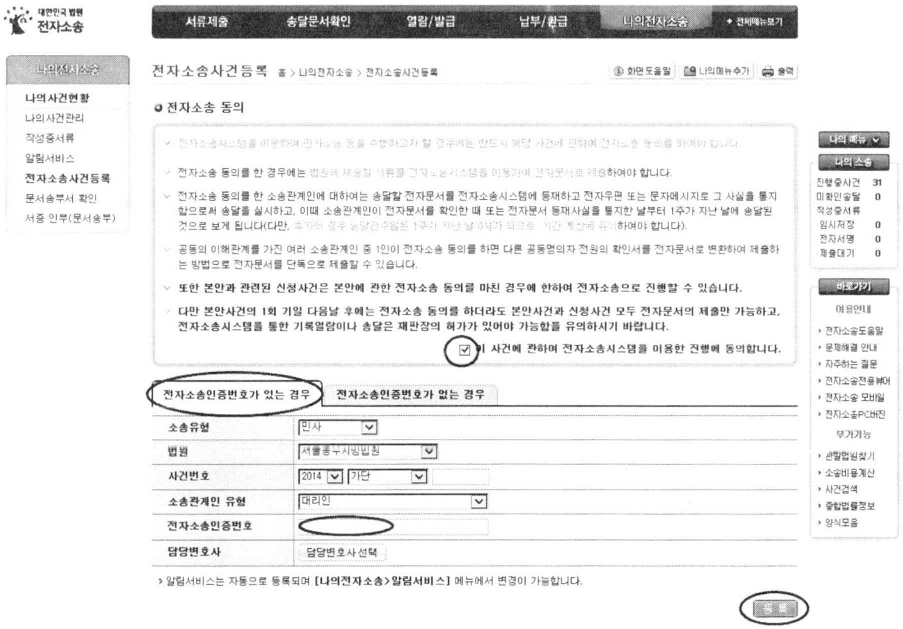

Ⅲ. 전자소송시스템을 이용한 전자문서 제출

1. 전자문서

1) 당사자·소송대리인 그 밖에 대법원규칙으로 정하는 자는 민사소송 등에서 법원에 제출할 서류를 전자소송시스템을 이용하여 전자소송법이 정하는 바에 따라 전자문서로 제출할 수 있다. 이 법에 따라 작성·제출·송달·보전하는 전자문서는 민사소송법 등에서 정한 요건과 절차에 따른 문서로 본다(동법 5조).

2) 전자문서의 개념은 그 동안 법률마다 차이가 있었는데[90] 전자소송법에서는 '컴퓨터 등 정보처리능력을 갖춘 장치에 의하여 전자적인 형태로 작성되거나 변환되어 송수신 또는 저장된 정보'로 규정하고 있다(동법 2조 1항). 이는 처음부터 전자적인 방법으로 작성된 문서와 원래 종이로 작성되었다가 전자적인 형태로 변환된 문서(전자화문서)[91]를 모두 포함하며, 문자·기호 뿐 아니라 이미지나 동영상 파일까지 포괄하는 넓은 개념이다.

2. 전자적 제출 방법

1) 전자소송시스템을 통하여 전자문서를 제출하는 방법은 두 가지가 있다. 처음부터 한글 등에서 전자적으로 작성한 문서를 첨부하거나 전자소송 홈페이지의 해당란에서 빈칸 채우기 방식으로 완성한 문서를 제출하는 방법[92](전자적으로 작성·제출하는 방식)과, 당초 종이서류인데 스캐너를 이용하여 전자화 문서로 변환한 후 이를 첨부하여 제출하는 방법(전자문서로 변환·제출하는 방식)이 그것이다(위 규칙 11조, 12조) 후자의 경우에는 변환 전 원본을 소송절차가 확정될 때까지 보관하여야 한다(위 규칙 12조). 판독이 곤란 할 경우 등에는 재판장이 원본 또는 해당 전자문서를 다시 제출

90) 전자문서의 개념에 관한 규정을 둔 법률은 '산업기술 기반 조성에 관한 법률', '공업 및 에너지기술 기반조성에 관한 법률' '전자서명법' '전자거래기본법' 등이다.

91) 전자정부법 2조 8항에서는 '전자화 문서'란 조이문서와 그 밖에 전자적 형태로 작성되지 아니한 문서를 정보시스템이 처리할 수 있는 형태로 변화한 문서를 말한다고 규정하고 있다.

92) 소장, 항소장, 상고장, 주소보정서 등의 서류는 직접 작성한 전자문서를 첨부하는 방식이 아니라 각 서류제출 메뉴에서 필요한 항목을 입력하면 자동으로 PDF문서가 생성되는 방식이다.

하도록 명할 수 있고(위 규칙 18조), 증거인 경우에는 상대방의 이의가 있으면 변환 전 원본을 제시하야 하기 때문이다(위 규칙 32조 2항).

2) 전자문서 제출에 있어서는 법원행정처장이 정하여 전자소송홈페이지에 공고하는 전자문서의 파일형식, 구성방식 그 밖의 사항을 준수하여야 한다(위 규칙 8조). 전자소송예규 제3조에 의하면 전자소송시스템을 통하여 제출되는 전자문서의 1파일 당 용량은 10MB를 초과하여서는 안 되고 이를 초과할 경우 10MB 이하 크기의 파일로 나누어서 제출하여야 하며(다만 멀티미디어 자료는 1파일 당 50MB까지 제출할 수 있다), 전자문서 1건에 첨부하여 제출한 전체 파일의 용량 합계가 50MB를 초과하여서는 아니 된다. 또한 HWP 파일로 제출하는 경우에는 글자크기 12포인트, 줄 간격 200% 이상, DOC 파일로 제출하는 경우에는 글자 크기 12포인트, 줄 간격 1.5줄 이상으로 작성하도록 되어 있다.

3) 일단 전자문서가 제출되어 시스템에 보관되고 나면 제출자가 임의로 보관된 소송자료를 변경·삭제할 수 있다(위 규칙 18조 3항).

4) 전자소송법이 정하는 전자적 제출의 방법은 전자소송시스템을 이용하여 전자문서로 제출하는 것이지만 일정한 경우에는 그에 대한 예외가 있다. ① 대법원이 운영하는 전자소송시스템에 장애가 있는 경우 또는 외부에서 운영하는 정보통신망에 장애가 있는 경우에는 자기디스크 등에 담아 제출하거나 전자문서가 아닌 형태로 제출할 수 있다(동법 8조). ② 서적·영업비밀 등 전자문서로 제출하는 것이 현저히 곤란하거나 부적합한 경우에도 전자문서가 아닌 형태로 제출할 수 있다(동법 8조). ③ 전자소송 동의를 한 등록사용자라고 하더라도 법정에서 부득이한 사정이 있어 재판장이 허가한다면 자기디스크 등으로 전자문서를 제출할 수 있다(동법 규칙 16조).

5) 전자문서를 전자서명 없이 자기디스크 등에 담아 제출하는 경우에는 작성자의 의사에 따라 작성된 것이라는 취지를 밝혀야 한다(위 규칙 14조). 원본이 전자문서인데 영업비밀 등에 해당한다는 이유로 전자문서가 아닌 형태로 제출하는 경우에는 원본이 종이문서인데 전자문서로 변환하여 제출하는 경우와 마찬가지로 그 원본을 소송절차가 확정될 때까지 보관하여야 한다(위 규칙 15조).

3. 멀티미어 자료의 제출

멀티미디어 자료는 재판장이 허가를 한 때에만 사건기록에 편입시키고 기일에 진술할 수 있으며 일단 허가가 이루어지면 상대방에게도 미리 적당한 방법으로 송달하여야 한다. 멀티미디어 자료는 상대방이 이를 검토하고 반박자료를 준비할 수 있도록 민사소송규칙 제 69조의3이 정하는 적당한 시기에 즉 7일 전까지 제출되어야 하고 재판장의 허가가 신속하게 이루어지도록 하기 위하여 전자소송홈페이지에서 따로 정한 메뉴를 통해서만 제출할 수 있다. 타인의 명예나 생활의 평온을 해할 우려가 있는 자료는 민사소송법 제162조 1항에 따른 복사를 제한할 수 있다.

4. 제출변환된 전자문서에 대한 확인의무

전자기록사건에 있어서 전자문서는 변조방지를 위하여 PDF파일로 변환되어 보관된다. 제출되는 전자문서가 다른 형식의 파일인 경우에는 전자소송시스템이 해당 전자문서를 PDF방식으로 변환한 후 제출자의 화면으로 보여주어 동일성을 확인하도록 한다. 그 후 제출자는 언제라도 전자소송시스템에 다시 접속하여 자신이 제출한 전자문서를 확인하여 볼 수 있다. 변론기일 또는 변론준비기일에서 진술한 때에는 제출된 전자문서와 제출하려 한 전자문서 사이의 동일성에 관한 이의를 신청할 권리를 잃는다(위 규칙 17조 1항).

5. 서명·날인을 대체하는 전자서명

1) 전자서명은 일반적으로 서명자 확인 및 서명자가 서명하였음을 나타내는데 이용하기 위하여 전자문서에 첨부되거나 논리적으로 결합되는 전자적 형태의 정보를 말한다(전자서명법 2조). 그런데 전자소송법은 이를 전자서명법 제2조 3호에 따른 공인전자서명과 전자정부법 제2조 9호에 따른 행정전자서명으로 한정하고 있다(동법 2조). 따라서 행정기관·공공기관이 아닌 법원 외부의 당사자나 소송대리인 등이 전자소송을 이용하기 위해서는 원칙적으로 공인전자서명을 하야야 하고 이를 위해서는 공인인증서가[93] 필요하다. 다만 예외적으로 재판장이 신원

---

93) 행정안전부장관은 금융결제원 등 5개 기관을 공인인증기관으로 지정, 고시하고 있다.

을 확인하여 허가한 경우에는 공인전자서명이 아닌 전자서명을 하거나 전자서명 없이 제출할 수 있다(동법 규칙 7조).

2) 공동명의 전자문서는 원칙적으로 이해관계를 갖는 여러 당사자·대리인의 경우에는 최초의 제출자가 다른 공동명의자 전원의 공인전자서명이 아닌 전자서명을 포함시켜 제출하거나 다른 공동명의자 전원의 서명 또는 날인이 이루어진 확인서를 전자문서로 변환하여 함께 제출하는 방식도 가능하다(위 규칙 11조 2항).

3) 전자소송법 5조에 따라 법원에 전자문서를 제출하려는 자는 대법원 규칙으로 정하는 경우 이외에는 제출하는 전자문서에 전자서명을 하여야 하고 그에 따른 전자서명은 민사소송법 등에서 정하는 서명, 서명날인 또는 기명날인으로 본다(동법 7조).

6. 구체적 제출 방법

(1) 소제기(원고) 절차

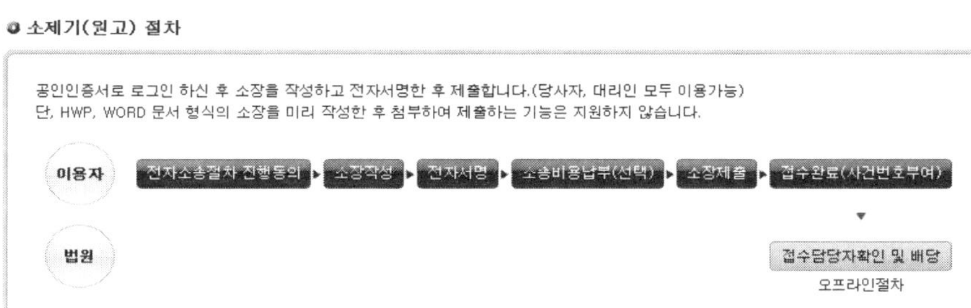

1) 공인인증으로 로그인 한 다음 아래와 같이 서류제출항목에서 제출하려는 서류종류(민사서류)를 클릭한다.

2) 민사서류 중 민사본안을 선택한 다음 소장을 누릅니다.

3) 전자소송 동의를 하고 대리인이 작성하는 경우에는 대리인 작성을 누릅니다.

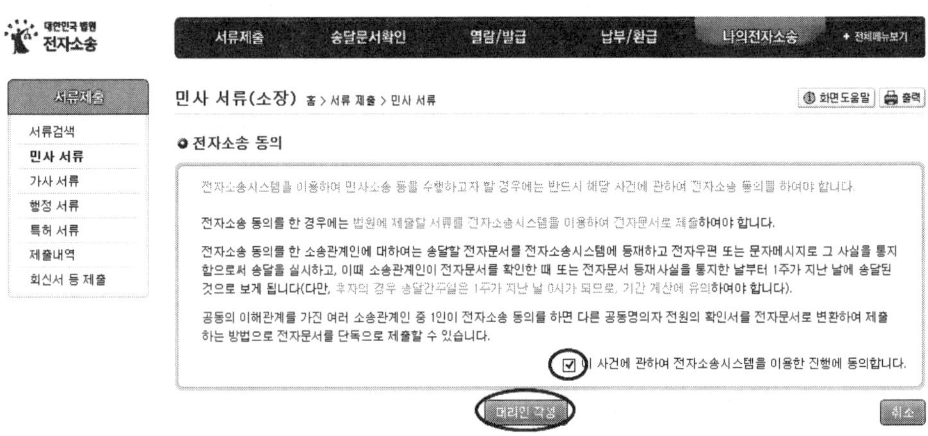

4) 사건명, 당사자, 관할법원, 소가, 청구취지, 청구원인 등 서류를 항목에 맞게 작성 합니다.

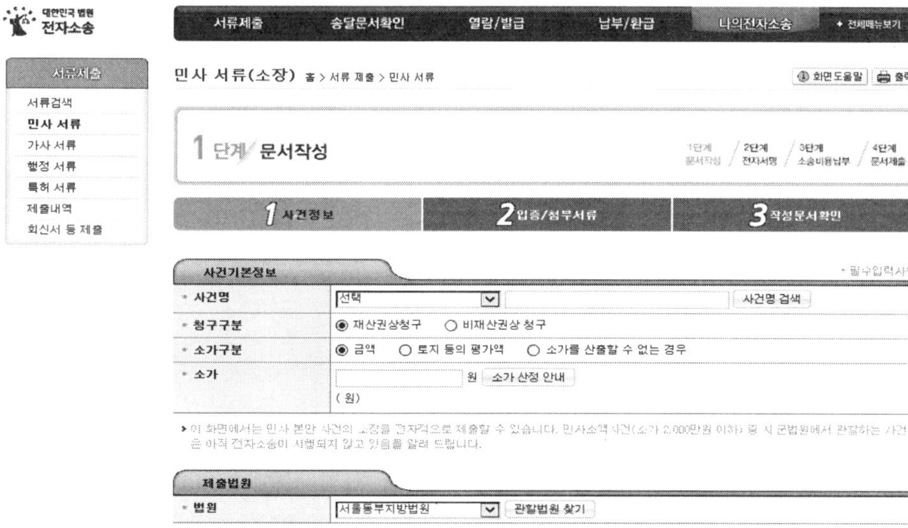

5) 입증서류를 등록합니다.

서증을 등록 할 경우에는 종이 서증과 달리 따로 목록을 작성하지 않아도 되며(전자 양식이라서 나중에 목록이 생성됨으로 그때 기입하면 됩니다) 서증을 스캔하여 파일을 첨부하는 방식으로 하는데 아래와 같이 파일첨부 버튼을 눌러 첨부 할 파일을 선택한 후 등록 버튼을 누릅니다. 이때 스캔 한 서증 파일의 크기가 10MB가 넘을(보통 칼라스캔인 경우 15매~20매 이상) 경우 등록이 안되기 때문에 주의를 해야 합니다. 이런 경우에는 같은 서증이라도 나눠서 스캔(예를들어 서증이 30매인 경우 15매, 15매 2개의 파일로)을 한 다음 등록해야 합니다.

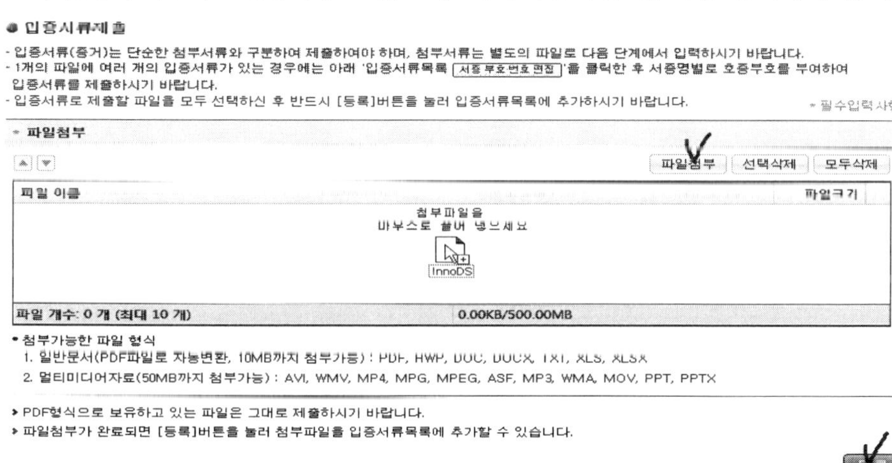

6) 서증번호 및 서류명 입력

등록이 된 경우 서증번호를 입력해야합니다. 다음과 같이 서증이 1개일 경우는 서증 부호·번호 편집 버튼을 누르지 않아도 됩니다(하지만 호증 번호가 다르게 뜨는 경우에는 수정을 위해 서증 부호·번호 편집 버튼을 클릭합니다). 호증 번호가 맞는다면 서류명 부분에 서증명을 입력 후 임시저장버튼을 누른 뒤 다음 버튼을 클릭합니다.

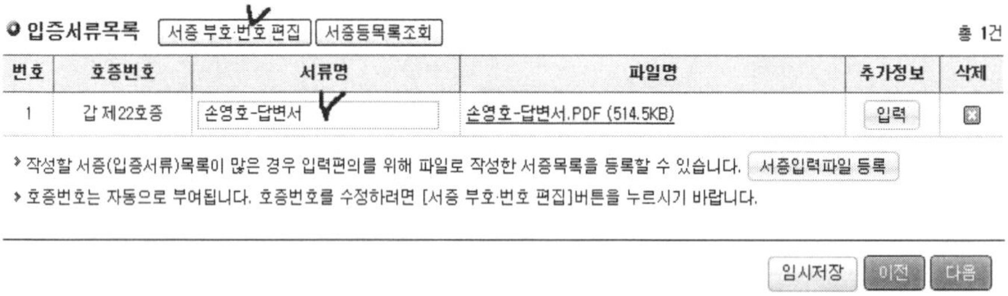

그러나 서증이 여러 개일 경우에는 서증 부호·번호 편집 버튼을 클릭합니다. 클릭하면 아래와 같이 호증번호편집 팝업창이 새로 나타납니다.

서증을 스캔한 파일은 1개이나 그 1개의 파일 안에 서증이 여러 개일 경우 첫 번째 네모 칸(서류삭제라는 글씨 밑 네모 칸)에 체크를 한 후 분리대상서류개수 옆 칸에 서증의 개수를 입력하고 입증서류분리 버튼을 클릭합니다(서증의 개수가 5개라면 5를 입력하고 입증서류분리 버튼을 클릭).

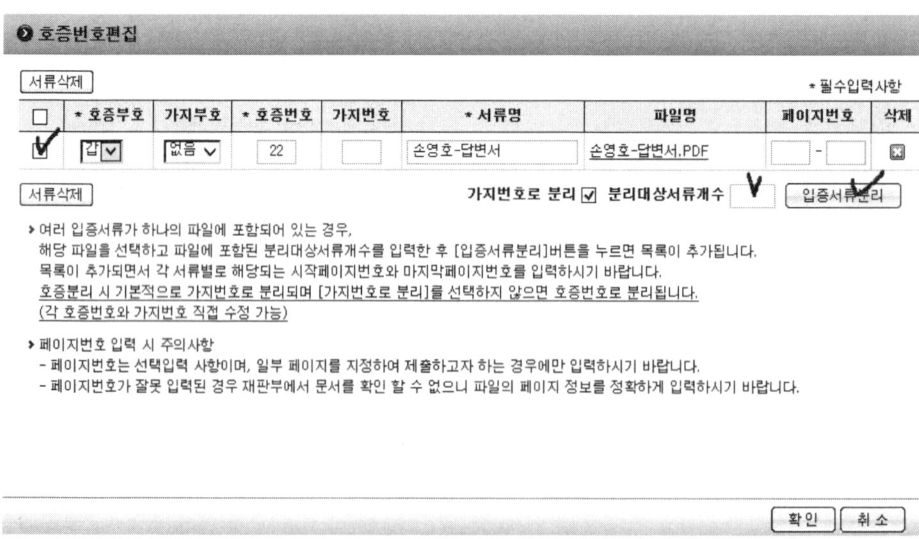

아래와 같이 5개로 나뉜 ① 호증번호와 ② 가지번호에 각각 해당하는 호증번호와 가지번호를 입력하고 그에 따른 각 서증명을 ③ 서류명에 입력합니다.

④ 가지부호는 갑'가', 갑'나' 같은 상황에서 사용하는 것으로 보통의 경우 선택하지 않습니다. ⑤ 페이지 번호는 **스캔 한 파일**의 페이지 번호를 입력합니다. 예를 들어 위와 같은 경우 22호증의 1의 서류가 스캔 한 파일에 1페이지부터 3페이지까지면 페이지 번호에 1부터 3페이지까지로 입력한 뒤 22호증의 2는 4페이지부터 5페이지 이런 식으로 순서대로 페이지 번호를 입력합니다. 모두 입력한 후에는 확인 버튼을 클릭합니다.

7) 첨부서류(판례, 개별공시지가 등)입력.

서류명 옆 직접입력란을 누르면 4개 항목(법인등기사항증명원, 주민등록등본, 소송위임장, 담당변호사지정서)은 제목이 구비되어있으나 그 외의 첨부서류들명은 옆에 칸에 직접 입력하여야 합니다. 아래와 같이 직접입력란을 누르면 4가지 항목만이 목록에 구비되어있으니 여기서 선택이 가능하면 선택을 하고 없는 것들은 직접 입력합니다. 첨부서류명을 입력하여야만 파일 첨부가 가능하니 명칭부터 입력 후 첨부서류를 등록합니다.

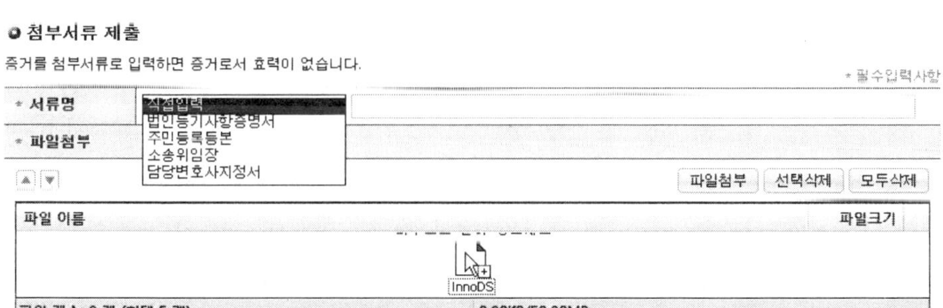

서류명을 입력한 뒤 파일 첨부 버튼을 눌러 등록하고자 하는 첨부서류를 첨부하고 등록 버튼을 누르면 아래와 같이 첨부서류목록에 첨부한 서류 목록이 뜹니다. 확인하시고 작성 완료 버튼을 누릅니다.

첨부서류목록 총 1건

번호	서류명	파일명	등록일	삭제
1	등기사항전부증명서	등기.pdf (1.72MB)	2013.06.20	☒

임시저장 | 이전 | 작성완료

이후 작성완료중이라는 화면이 뜹니다(이때 서류 양이 많을 경우 로딩 속도가 느리나 너무 오랫동안 화면이 넘어가지 않는 경우 F5(새로고침)버튼을 눌러주시면 됩니다).

이후 작성된 서류가 뜨는데 왼편에 서류목록에 뜨는 서류들을 하나씩 눌러보고 제대로 서류가 올라갔는지 확인 한 뒤 서류목록글씨 옆 프린터 그림 모양을 눌러 출력할 수 있습니다. '모든 문서에 이상이 없음을 확인합니다.'라는 글씨 옆 네모칸에 체크한 뒤 밑에 연두색버튼의 확인을 누릅니다.

(2) 등록사건 문서제출 절차

1) 로그인 하고 진행 중인 사건 글씨 옆 숫자 부분을 클릭합니다.

2) 아래와 같이 현재 전자소송으로 등록되어 진행 중인 사건들 목록이 나타납니다. 법원, 사건명, 재판부, 접수일자, 원고, 피고 기일시간, 기일장소, 메뉴 항목이 나오는데 사건번호를 클릭하면 기존 대법원 사건검색으로 연결되어 각 사건의 내용을 구체적으로 확인할 수 있습니다. 자신이 제출하려고 사건을 사건번호로 확인한 다음 그 사건 우측 메뉴>이동을 부분을 클릭합니다.

3) 제출하고자 하는 사건의 메뉴 부분의 이동 버튼을 누르면 아래와 같은 메뉴가 나타납니다. 이동 버튼을 누르면 사건기록열람·**서송서류제출**·비용납부·알림써비스·제출송달내역·기록목록 조회 메뉴가 뜨는데 그 중 소송서류제출을 클릭합니다(소송서류 제출 이외에 기록열람이나 비용납부 제출송달내역 확인도 같은 방법으로 진행하면 됩니다).

4) 아래와 같이 일반적으로 법원에 제출 하는 구체적인 서류 항목들이 나열되어 있는 화면이 나타납니다. 그러면 그 중 자신이 제출하려고 하는 서류명을 찾아 클릭하면 되는데 원하는 소송 서류 이름이 없다면 위 화면 중간에 연두색으로 되어있는 '소송서류 검색하기'를 클릭해서 서류를 검색할 수 있지

만 모든 서류 항목을 갖추고 있는 것은 아니므로 검색 등을 통해서도 찾을 수 없는 서류명은 기타 항목을 클릭하여 제출하면 됩니다.

5) 전자문서를 제출하는 방법은 두 가지가 있습니다. 처음부터 한글 등에서 전자적으로 작성한 문서를 첨부하거나 전자소송 홈페이지의 해당란에서 빈칸 채우기 방식으로 완성한 문서를 제출하는 방법(전자적으로 작성·제출하는 방식)과, 당초 종이서류인데 스캐너를 이용하여 전자화 문서로 변환한 후 이를 첨부하여 제출하는 방법(전자문서로 변환·제출하는 방식)이 있는데 소송 서류명 옆의 노란색 e라고 표시되어있는 것들은 전자 소송 양식이 따로 지정되어 있는 서류를 말합니다. 양식 틀이 고정되어있어 양식에 입력하는 방식으로만 가능합니다. 예를 들어 청구취지변경신청(e표시가 된 전자 양식)을 하는 경우 아래와 같은 입력양식이 화면에 나타 납니다. 신청 취지 부분과 변경된 청구취지 부분에 입력을 하는데 만약 입력하려는 청구취지 부분의 글자 수가 2000자 이상일 경우 입력이 되지 않기 때문에 이럴 경우에는 변경된 청구취지만 따로 한글파일로 만들어서는 청구취지 별지 첨부하기 버튼을 눌러 파일을 첨

부하는 방식으로 하면 됩니다.

그리고 소가가 증액이 된 경우 소가증액 항목을 선택을 한 다음 기존 소가와 변경된 소가를 기입합니다.

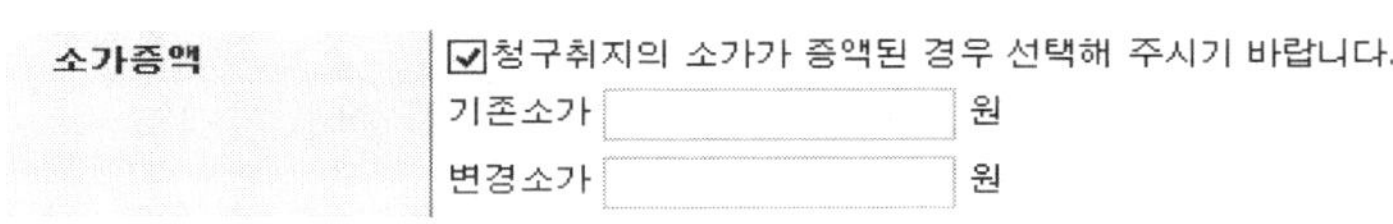

6) 소송 서류명 옆에 노란색 e라고 표시되어있지 않은 것들은 전자 소송 양식이 따로 지정되어 있지 않은 서류를 말합니다. 예를 들어 소 취하를 하는 경우 아래와 같은 입력양식이 화면에 나타납니다. 그러면 소 취하를 하려는 사건이 맞는지 확인을 하고 확인 버튼을 누릅니다.

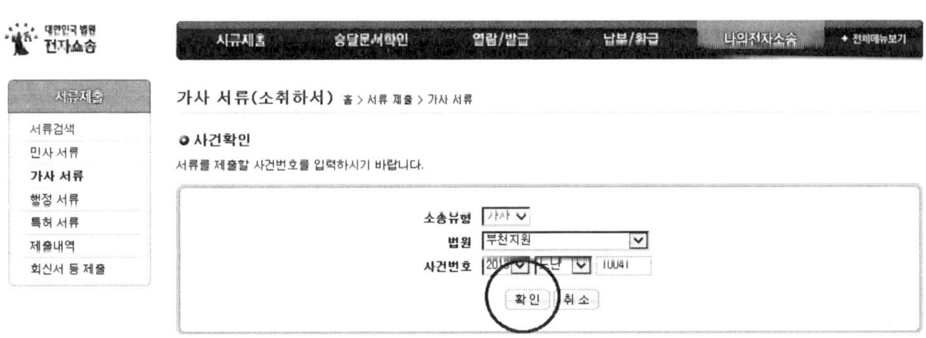

7) 아래와 같이 문서작성 화면이 나오는데 입력하는 양식이 아니기 때문에 제출하려는 서류를 한글 파일등으로 작성한 다음 이를 파일 첨부하기로 첨부합니다.

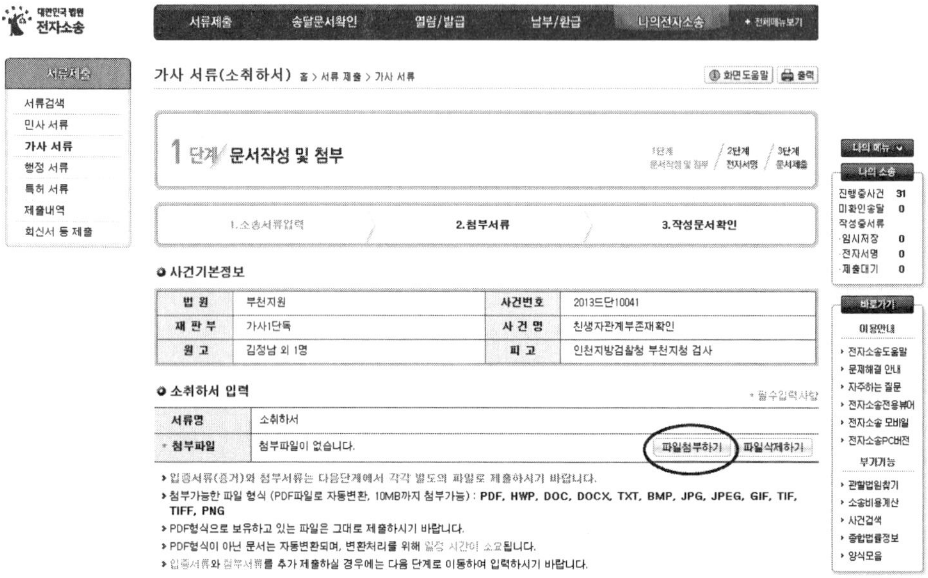

8) 그럼 다음과 같이 PDF 파일로 변환되어 저장이 됩니다.

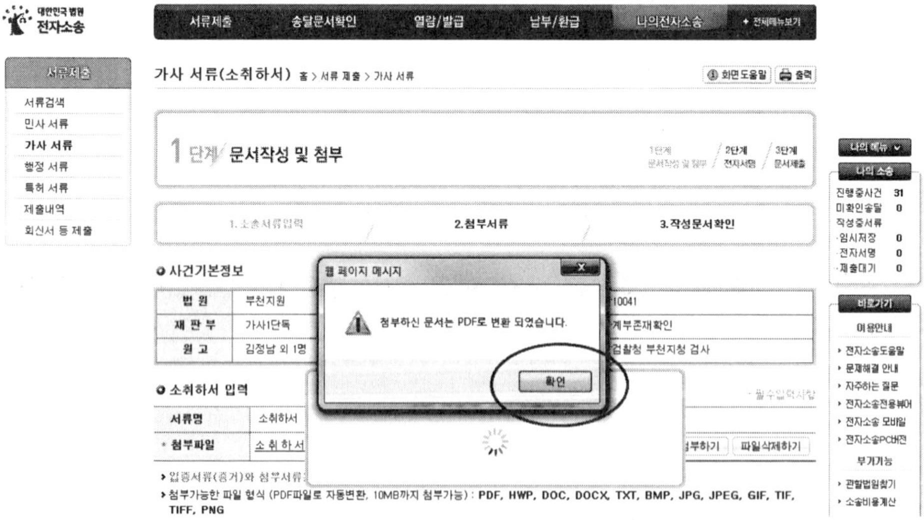

9) 입력된 첨부파일과 서류인 명의를 확인한 후 다음을 누르면 됩니다.

10) 첨부할 서류가 있으면 첨부할 서류명을 입력하고 파일을 등록합니다. 그러나 첨부할 서류가 없으면 바로 작성완료를 누르면 됩니다.

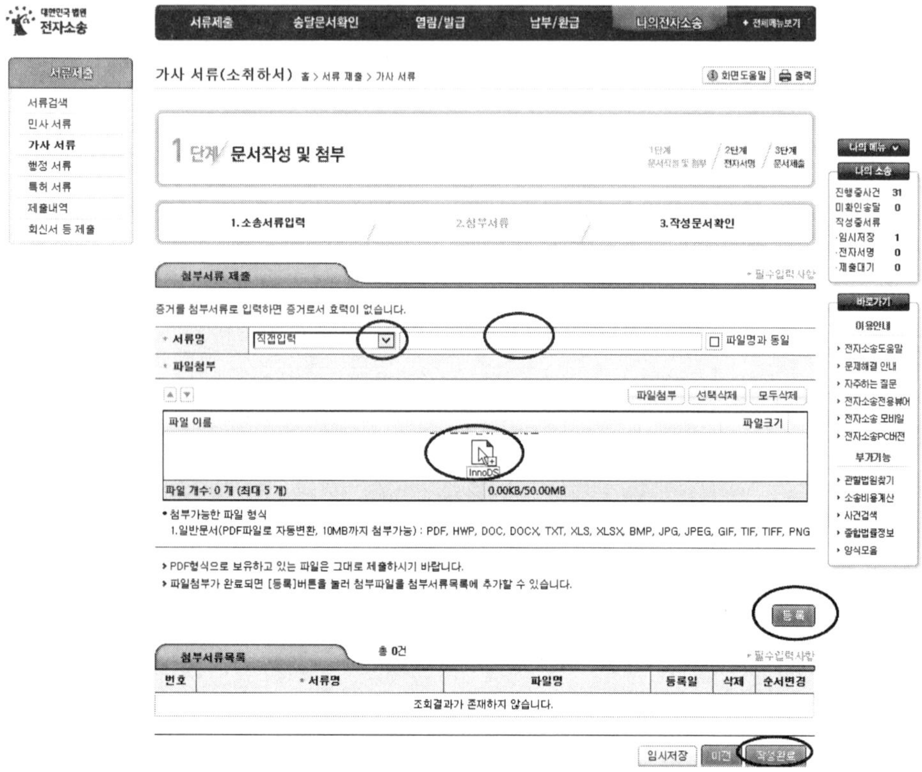

11) 최종적으로 작성된 서류가 이상이 없는지 검토한 다음 이상이 없으면 확인을 누릅니다.

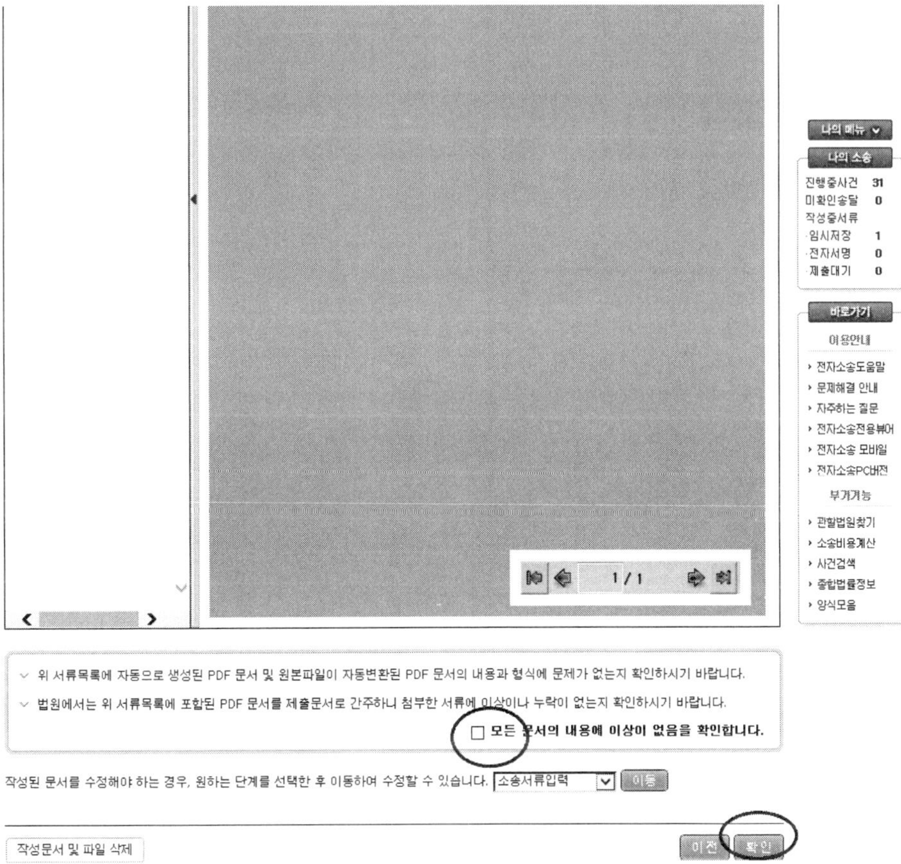

(3) 답변서(피고) 제출 절차

답변서 제출도 위와 같은 방식으로 제출하면 됩니다.

◉ 답변서제출(피고) 절차

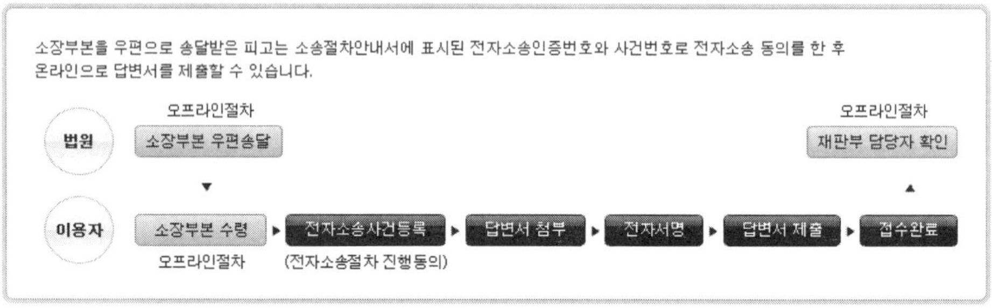

Ⅳ. 전자적 송달·통지

1. 전자적 송달·통지의 대상

1) 전자적 송달·통지는 전자소송 동의를 한 등록사용자에 대하여만 하는 것이 원칙이다. 전자소송법 제11조는 미리 전자소송 동의를 한 등록사용자, 일단 종이로 서류를 송달받은 후 전자소송 동의를 한 등록사용자를 전자적 송달·통지를 받을 자로 규정하고 있다. 전자소송규칙은 1호에 따른 사전 동의를 받을 개별동의와 포괄동의로 나누어, 금융기관 등과 같이 잦은 소송이 예상되는 당사자 등의 경우에는 1년 이내의 기간으로 범위를 정하여 포괄적으로 사전 동의를 할 수 있도록 하였다(동 규칙 24조 1항).

2) 국가 지방자치단체 그 밖에 그에 준하는 자로서 대법원규칙으로 정한 자는 전자소송 동의가 없어도 전자적 송달·통지를 받을 수 있도록 미리 사용자등록을 하여야 한다(동 규칙 25조 2항). 여기서 그에 준하는 자는 민사소송 등과 관련된 행정청과 공공기관의 운영에 관한 법률에 따라 지정된 공공기관, 지방공기업법에 따라 설립된 지방공사 중 법원행정처장이 지정하여 전자소송홈페이지에 공고하는 기관이다. 전자소송예규 제4조와 별표는 연간 소송빈도 등을 고려하여 전자적 송달 또는 통지를 받을 공공기관 및 지방공사를 열거하고 있다.

2. 전자적 송달·통지의 방법

1) 전자적 송달을 위하여 전자소송시스템에 해당 전자문서가 등재되어 있다는 사실을 전자적으로 통지하는 방법은 전자우편과 휴대폰 문자메시지를 병행하는 것이 원칙이다. 따라서 원칙적으로 두 가지 방법에 의한 통지가 모두 이루어져야 적법하게 송달 절차가 이루어진 것으로 된다.

2) 송달이 이루어진 시점은 송달 받을 자가 전자소송시스템에 접속하여 등재된 전자문서를 확인하는 때이지만 확인을 하지 않은 경우에는 통지한 날부터 1주일 경과로 송달이 간주된다. 만일 등록사용자가 책임질 수 없는 사유로 1주일의 기간 안에 해당 전자문서를 확인 하지 못함으로 인하여 소송행위를 하지 못한 때에는 소송행위의 추후보완이 가능하다(동규칙 26조 2항).

3) 전자소송시스템의 장애로 인하여 전자문서를 확인할 수 없는 기간이 1일당 1시간을 초과하는 경우 해당 일 전체를 전자소송법 제11조 4항 단서 소정의 송달간주기간에 산입하지 아니하며 기간의 마지막 날 오전 9시 이후에 전자소송시스템의 장애로 전자문서를 확인하지 못하였다면 시간의 장단을 묻지 않고 1일을 위 기간에 산입하지 아니한다. 다만 전자소송시스템의 유지·보수를 위하여 법원행정처장이 사전에 공지한 경우에는 위와 같은 기간연장의 특례를 인정하지 아니한다.

4) 전자적 송달물은 전자소송시스템에서 그 내용을 확인하거나 출력할 수 있으며 전자문서 정본에 의하여 출력한 서면은 정본으로서의 효력이 있다(동법 규칙 26조).

3. 전자적 송달·통지의 예외

1) 전자소송시스템에 의하여 제출된 소송서류를 법정에서 법 제11조 제1항의 등록사용자에게 송달할 필요가 있을 때에는 민사소송법 제177조에 의한 방법 이외에 그 제출자로 하여금 해당 전자문서의 요지를 설명하게 하고 송달받을 자의 요청에 따라 컴퓨터 등 정보처리능력을 갖춘 장치에 의하여 전자문서를 현출한 화면을 이용하여 주요 부분을 즉석에서 열람하는 방법으로 할 수 있다.

2) 전자문서가 아니라 이를 출력한 서면으로 송달을 하여야 할 경우도 있다.

전자소송법 제12조 제1항은 송달받을 자가 수감된 사람이거나 군 관계자인 경우, 송달받을 자가 전자적 송달·통지를 받을 자가 아닌 경우, 대법원규칙으로 정하는 전자소송시스템의 장애나 그 밖의 사유가 있는 경우를 규정하였다. 전자소송규칙 제29조 제1항은 위 3가지 사유로서 전자소송시스템 또는 정보통신망의 장애가 있는 경우, 책임 없는 사유로 전자문서를 확인할 수 없다는 점을 소명하여 출력서면의 송달을 신청한 경우, 그 밖에 재판장이 필요하다고 인정하는 경우를 규정하고 있다. 출력할 서면의 분량 또는 송달받을 상대방의 수가 상당히 많거나 A4용지보다 큰 문서 또는 컬러인쇄가 필요한 문서를 송달하여야 하는 경우에는 법원사무관등이 그 제출자로 하여금 송달할 출력서면을 제출하게 할 수 있다.

4. 구체적 송달문서 출력방법

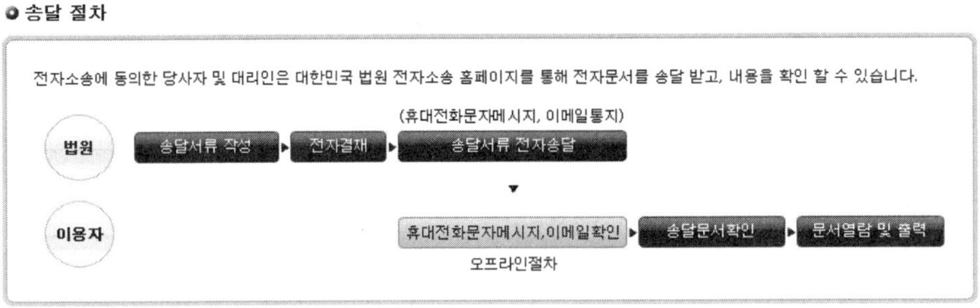

Ⅴ. 변론과 증거조사

1. 전자소송에서의 변론

전자문서를 이용한 변론도 당사자가 말로 진술하거나 재판부가 말로 확인한다는 점에서 근본적으로는 변론기일에서의 변론과 다를 바 없다(동법 규칙 30조 1항). 전자소송의 전면적 시행과 더불어 전국의 법정에 전자적 장비가 확충되었을 뿐 아니라 전자기록사건에 있어서는 기록 확인을 위하여 스크린·모니터를 활용할 수밖에 없으므로 이를 이용하여 효과적이고 생동감 있는 변론이나 심리를 시도할 수 있게 되었다(전자소송규칙 30조 2항). 나아가 멀티미디어 자료를 이용한 변론은 재생되는 영상이나 음성을 청취, 시청하는 방식으로 하게 되고 향후로는 대형 법무법인 등을 중심으로 이것이 더욱 활성화될 것으로 예상된다. 따라서 전자소송 환경에서의 구술심리 방식에 관하여 충분히 대비할 필요가 있다.

그러나 법정스크린에 지나치게 시선이 매몰되어 오히려 재판부와 당사자 사이의 소통에 장애물이 되는 현상은 경계할 필요가 있다. 시각적 자료를 활용하더라도 한 장의 도면이나 사진, 개요도나 관계도 등으로 충분히 효과적인 변론이 가능하다.

2. 전자적 증서조사

(1) 증거조사의 법적 성질

민사소송법 제374조는 도면·사진·녹음테이프·비디오테이프·컴퓨터용 자기디스크, 그 밖에 정보를 담기위하여 만들어진 물건으로서 문서가 아닌 증거의 조사에 관한 사항은 제3절 내지 제5절의 규정에 준하여 대법원규칙으로 정한다고 규정하였는데 전자소송법 제13조는 전자문서 자체를 증거방법으로 하는 증거조사 방식에 대하여 규정을 두고 있다. 전자소송법과 전자소송규칙은 전자문서에 대한 증거조사 방법을 구체적으로 규정하면서도 그 법적 성질을 서증이나 검증으로 한정하지 않고 있다. 이는 향후의 기술발전이나 민사소송법 전반에 대비하여 해석상의 가능성을 열어놓기 위한 것으로 보인다.

(2) 증거조사의 신청

1) 전자소송법상 전자적 제출은 기일 전에 미리 전자소송시스템을 이용하여 전자문서로 제출하는 것이 원칙이고 다만 예외적으로 자기디스크 등을 이용하여 전자문서로 제출할 수 있다. 그러므로 전자소송에서는 ① 이미 전자소송시스템에 등재되어 있는 경우에는 그 취지를 진술하는 방식으로 ② 전자문서가 자기디스크 등에 담긴 경우에는 이를 제출하는 방식으로 ③ 다른 사람이 전자문서를 가지고 있을 경우에는 그것을 제출하도록 명할 것을 신청하

는 방식으로 증거신청이 이루어진다.

2) 증거조사를 신청함에 있어서는 종이문서와 마찬가지로 전자문서의 명칭과 작성자·작성일을 밝히되 음성·영상정보인 전자문서의 경우에는 녹음·녹화된 사람, 녹음·녹화한 사람, 녹음·녹화의 일시·장소 및 주요내용과 파일용량 등을 명시하여야 한다. 특히 음성·영상정보인 전자문서에 있어서는 '입증할 사항과의 적합한 관련성'도 밝혀야 한다.

(3) 증거조사의 방법

1) 전자소송법 제13조 제1항 제1호는 문자·기호 등 정보에 대한 증거조사는 전자문서를 모니터스크린으로 열람하는 방법에 의할 수 있다고 규정하였다. 전자소송규칙에서는 필요한 경우 검증 또는 감정의 방법으로도 증거조사를 할 수 있다고 정하고, 전자화 문서에 대하여 원본의 존재나 내용에 대하여 이의가 있으면 변환 전 원본을 열람하도록 하였으며, 모니터 등을 통한 열람이 곤란한 경우에는 출력문서로도 증거조사를 할 수 있도록 하였다(32조).

2) 한편 전자소송법 제13조 제1항 제2호는 음성·영상 등 정보에 대한 증거조사는 전자문서를 청취 시청하는 방법에 의할 수 있다고 규정하였다. 전자소송규칙에서는 필요한 경우 다른 방법으로 검증하거나 감정의 방법으로 증거조사를 할 수 있다고 규정하였는데 이는 음성·영상 등 정보를 담은 전자문서에 대한 증거조사는 검증으로서의 성격이 더 강하다는 의미를 표현하는 것으로 볼 수 있다. 신청인은 법원의 명령 또는 상대방이 요구하는 경우 녹취서나 설명문을 제출하여야 하고 법원사무관등은 조서를 작성할 때 재판장의 허가를 받아 이를 인용할 수 있다(33조).

3) 이와 같은 방식으로 증거조사를 하여야 한다고 하더라도 기일에 법정에서 해당 전자문서 전체를 일일이 열람하거나 청취·시청하여야 하는 것은 아님은 물론이다.

(4) 증인신문 관련 규정

1) 전자문서에 대한 증거조사와 별도로 증인신문 과정에서도 전자문서를 활용하게 되는 경우가 있다. 우선 증인신청인은 민사소송규칙 제79조의 증인진술서를 전자적으로 제출할 수 있는데 전자문서로 변환하여 제출한 경우 재

판장이 명하거나 상대방이 신청한 때에는 변환 전 원본을 제출하여야 한다(전자소송규칙 35조).

2) 다음 증인신문 과정에서 멀티미디어 자료 등 전자문서를 이용하여 증인을 신문할 수 있고 이는 감정인신문 등에도 준용되나 이 경우 재판장의 허가를 받아야 하고 아직 증거조사를 하지 아니한 것인 때에는 신문에 앞서 상대방에게 열람할 기회를 주어야 한다. 증인신문 과정에서 제시되는 컴퓨터 애니메이션 등 전자문서가 재판부에게 부당한 선입견을 줄 우려가 있음을 감안한 조항으로서 전자소송규칙 제13조나 제31조 제3항 2호 등과 취지를 같이하는 것으로 볼 수 있다.

(5) 문서송부촉탁 등의 특칙

전자기록사건에 있어서 사실조회·문서송부촉탁을 받은 자 감정인·감정증인·전문심리위원 등 사건관계인 그룹에 속하는 기관 등이 법원에 송부할 문서를 전자적인 데이터 또는 전자문서로 보관하고 있다면 이를 전자소송시스템을 통하여 송부하여야 한다(전자소송규칙 37조 1항). 반면 위와 같은 사건관계인이 송부촉탁 대상인 문서를 전자데이터 또는 전자문서가 아닌 형태로 보관하고 있다면 법원은 이를 전자문서로 변환하여 전송하여 줄 것을 요청할 수 있다.

Ⅵ. 전자적 열람

1. 열람방식

일반적으로 소송기록의 열람복사는 당사자 이해관계를 소명한 제3자가 법원사무관 등에게 이를 신청하는 방식에 의한다(법 162조). 그러나 전자기록사건의 경우 전자소송 동의를 한 등록사용자는 언제 어디서나 전자소송시스템에 접속하여 이를 열람하거나 종이로 출력하고 해당 전자문서를 복제할 수 있다(전자소송규칙 38조 1항). 전자기록 열람을 위한 전자소송시스템 접속에 있어서 전자서명에 의한 로그인을 요구할 것인지에 대하여는 송달물 확인의 경우와 동일한 논의가 가능하고 규칙은 그 방법을 명시적으로 제한하지는 않고 있다.

민사소송법 제162조 제1항에 의한 경우로서 전자소송 동의를 한 등록사용자가 아닌 경우 또는 같은 조 제2항(권리규제·학술연구 또는 공익적 목적으로 하는 열람)에 의한 경우 등에는 법원에 비치된 컴퓨터 등을 이용하여 전자기록을 열람하게 할 수 있다.

2. 열람제한

전자소송규칙 제3조 각 호에서 전자문서를 제출할 수 있다고 규정된 자 중 이른 바 사건관계인 그룹에 해당하는 증인·감정인·전문심리위원 등은 준당사자 그룹과 달리 사건에 1회적으로 관여하는 것이므로 전지기록 전부를 열람할 필요는 없다. 따라서 이들은 재판장이 허가하는 범위에서 전자기록을 열람·출력·복제할 수 있다.

3. 기록열람 수수료

1) 기록열람 등에 따른 수수료에 대하여는 '재판기록 열람·등사규칙'을 따라야 할 것이지만 전자기록의 경우 그 특성을 반영하여 금액을 별도로 정하였다. 당사자 대리인이 소송계속 중인 자신의 사건기록에 관하여 자신의 컴퓨터·프린터 등을 이용하여 열람·출력·복제하거나 법원 구내에서 열람만 하는 경우에는 법원이 지출하는 비용이 없으므로 수수료 납부를 면제한다.

2) 전자기록사건에서 심급 사이 또는 이송결정에 따른 기록송부는 전자적인 방법으로 한다. 물론 기록전자화의 예외가 되는 문서들은 따로 송부하여야 하는데 이 경우 심리불속행이 가능한 기간의 기산점이 도는 원심법원으로부터 상고기록을 받은 날은 대법원이 마지막으로 기록을 받은 날이 된다. 등록사용자는 인지액 등 민사소송 등에 필요한 비용과 전자소송시스템 이용수수료를 대법원규칙으로 정하는 방식에 따라 전자적인 방법으로 낼 수 있고 전자소송시스템 이용수수료의 범위와 액수는 대법원 규칙으로 정한다. 전자소송시스템 이용수수료는 법원행정처장이 소송해위에 필요한 비용 상당액의 3.5% 금액범위 안에서 전자

소송 홈페이지에 공고하면 위 이용수수료는 전액을 소송비용으로 본다.

3) 등록사용자인 당사자는 전자소송 이용수수료를 포함한 소송비용을 신용카드 또는 계좌이체의 방법으로 납부할 수 있다. 소송비용의 전자적 납부는 은행 등과의 연계가 필요하므로 법원행정처장은 필요한 범위 안에서 전자소송시스템 이용시간을 제한할 수 있다. 또한 법원행정처장은 전자소송시스템의 점검을 위하여 필요한 경우 이용시간을 일시 제한할 수 있고 전자소송시스템에 장애가 발생한 경우 등에는 그에 관한 사실을 대법원 홈페이지와 전자소송 홈페이지에 게시 하여야 한다.

사건기록열람 절차

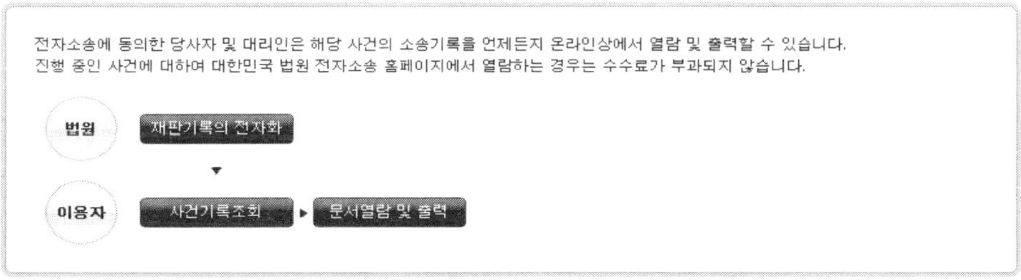

4. 구체적인 기록열람 방법

1) 앞서 설명한 방법대로 등록된 사건에서 현재진행 중인 사건을 확인한 다음 그 중 열람하려는 사건 목록에서 '이동' 칸에 마우스를 대면 사건기록 열람 항목이 나타나니 그 곳을 클릭 합니다.

2) 그러면 다음과 같이 기록창이 뜨는데 우측 상단에 위치한 목록보이기를 누릅니다.

3) 그러면 다음과 같이 기록목록들이 보이니 열람하고자 하는 항목들을 누르면 열람하고자 하는 기록들을 볼 수 있습니다

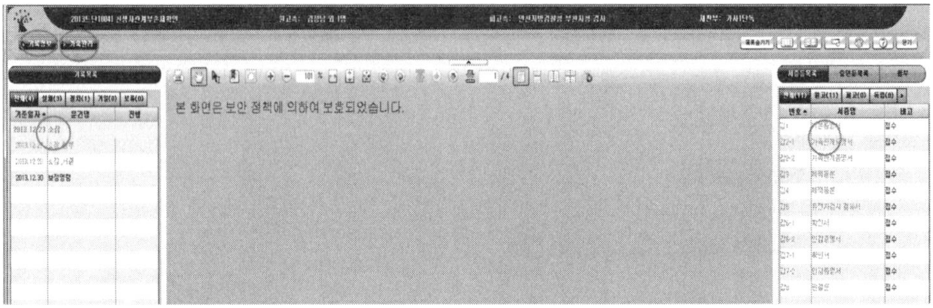

4) 열람한 기록을 파일로 저장 받고 싶으면 좌측 상단에 위치한 기록관리를 누릅니다.

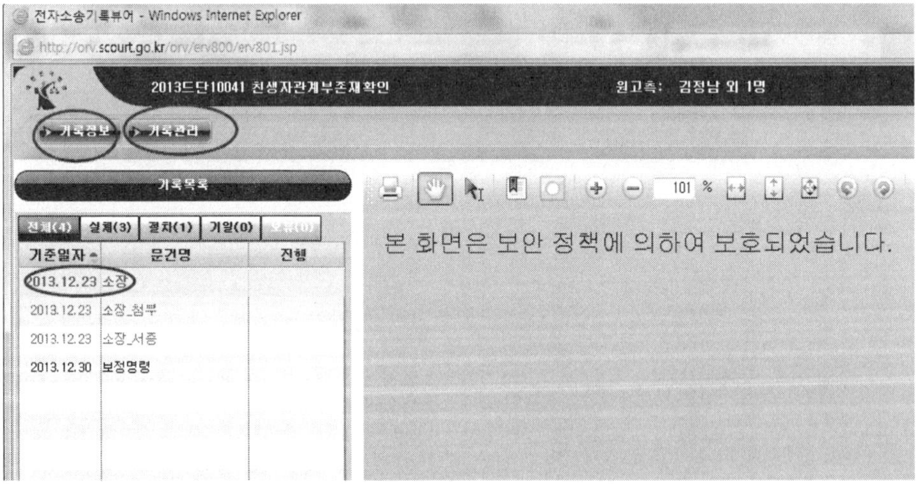

5) 기록다운로드 창이 뜨면 다운 받으려는 파일과 파일 형식을 선택하고,

다운로드를 누릅니다.

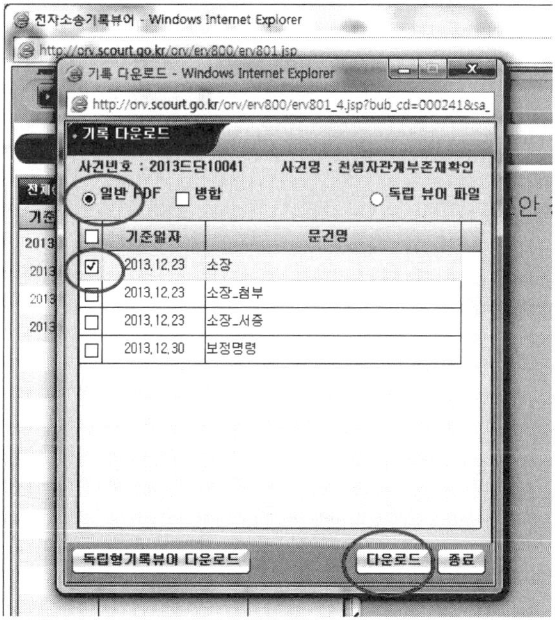

6) 저장경로를 확인하고 다운로드를 누르면 됩니다.

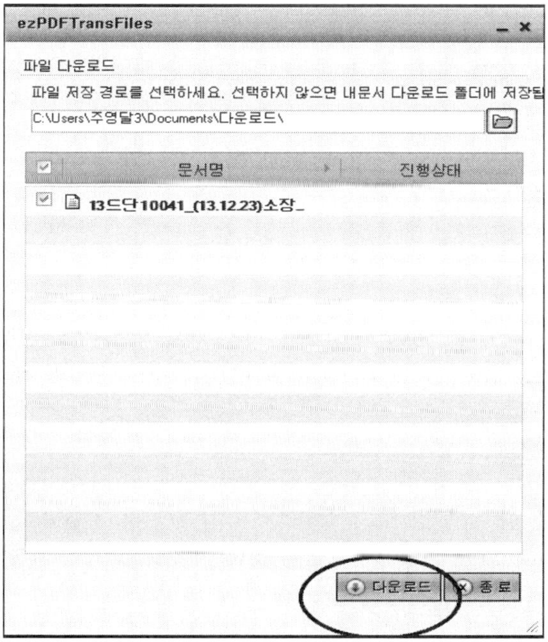

Ⅶ. 전자적 비용납부

1. 납부방식

납부방식

전자소송 사건의 인지액, 송달료 등 소송비용과 법원보관금을 온라인으로 직접 납부할 수 있습니다.

- **신용카드** : 개인카드, 법인카드, 해외에서 발급받은 카드(VISA, MASTER, JCB)로 결제가 가능합니다.
- **계좌이체** : 개인계좌 (주민등록번호), 법인계좌 (사업자등록번호)로 계좌이체가 가능합니다.
- **가상계좌** : 가상계좌 납부 시 별도의 가상계좌번호가 부여되며, 직접 해당계좌로 송금 해야 합니다.

신용카드결제 및 계좌이체 시에는 전자결제수수료 부과됩니다. (소송비용 x 2.6%, 최저수수료 200원)

2. 구체적 납부절차

1) 비용을 납부하려는 사건을 확인한 다음 이동메뉴에서 소송비용납부를 누릅니다.

2) 본인한테 편한 납부방식, 납부하려는 항목(인지, 송달료, 보관금)을 선택하고 납부하려는 금액과 환급계좌를 각각 입력한 다음 납부를 누릅니다. 그리고 나서 선택한 은행에 비용을 가상계좌등으로 입금하면 됩니다.

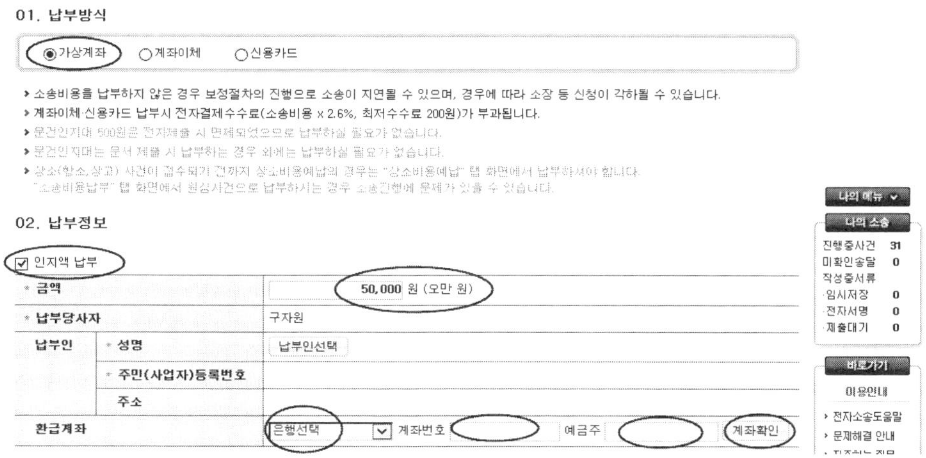

3) 은행에 납부한 후 납부확인서를 출력해서 확인할 수 있습니다.

납 부 확 인 서

결제 확인정보

법 원	수원지법	사건번호	2017드단510
원고	이	피고	배
사 용 자	고 07 - *******)		
결제구분	가상계좌		
납부은행	신한은행	가상계좌번호	56212582778299
납부금액	294,300원	가상계좌발급일자	2017.09.29
납부상태	미납	납부일자	

소송등인지 납부정보

금 액	238,800원	
납부사유	접수시	
납 부 인	성 명	이
	주민(사업자) 등록번호	910217 - *******
	주 소	(18487) 화성시 동탄면 동탄기흥로 302호 (방교리)
납부당사자	성 명	이
환급계좌	환급은행	신한은행(구 조흥)
	계좌번호	100031270
	예금주	법무법인

송달료 납부정보

금 액	55,500원	
납부당사자	성 명	이
	주 소	(18487) 화성시 동탄면 동탄기흥로 (방교리)
환급계좌	환급은행	신한은행(구 조흥)
	계좌번호	100031270
	예금주	법무법인

2017.09.29

3. 인지 송달료 계산방법

(1) 인지액 계산방법

인지액 계산방법

2011.07.15 부터 전자소송으로 소장을 제출하는 경우에는 종이소송에 비하여 10% 할인된 인지액을 납부하시면 됩니다.

• 소장

소송목적의 값	인지액 계산방법
1,000만원 미만	소송목적 가액 x 0.50% x 0.9
1,000만원 이상 ~ 1억원 미만	(소송목적 가액 x 0.45% + 5,000원) x 0.9
1억원 이상 ~ 10억원 미만	(소송목적 가액 x 0.40% + 55,000원) x 0.9
10억원 이상	(소송목적 가액 x 0.35% + 555,000원) x 0.9

예시) 소송목적의 값이 3,000만원인 경우, **(3,000만원 x 0.45% + 5,000원) x 0.9 = 126,000원** 입니다.

☞ 유의사항

1. 항소장 : 종이소장 인지액의 1.5배의 0.9액
2. 상고장 : 종이소장 인지액의 2배의 0.9액

(2) 송달료 계산방법

1. 전자소송시스템을 이용한 소송의 진행에 동의한 등록사용자의 경우 자신을 제외한 나머지 당사자 수를 기준으로 송달료를 납부하시면 되고 그 계산 방식은 아래와 같습니다. 단, 1인당 송달료가 6회분 이하인 경우 전체 당사자 수를 기준으로 납부합니다.

사건	송달료 계산법
민사 제1심 소액사건	피고수 X 송달료 10회분
민사 제1심 단독/합의사건	피고수 X 송달료 15회분
민사 항소사건	피항소인수 X 송달료 12회분
민사 상고사건	피상고인수 X 송달료 8회분
민사 조정사건	(신청인수 + 피신청인수) X 송달료 5회분
가사 제1심 소송사건	피고수 X 송달료 15회분
가사 제1심 비송(라류)사건	청구인수 X 송달료 6~10회분
가사 제1심 비송(마류)사건	상대방수 X 송달료 12회분
가사 항소사건	피항소인수 X 송달료 12회분
가사 상고사건	피상고인수 X 송달료 8회분
가사 조정사건	(신청인수 + 피신청인수) X 송달료 5회분
행정 제1심 소송사건	피고수 X 송달료 10회분
행정 항소사건	피항소인수 X 송달료 10회분
행정 상고사건	피상고인수 X 송달료 8회분
특허1심사건	피고수 X 송달료 10회분
특허상고심사건	피상고인수 X 송달료 8회분

* 1회분 송달료(3,700원)

(3) 조정수수료 계산방법

조정신청 금액	조정수수료 계산법
1,000만원 미만	(조정신청 금액 x 0.05%) x 0.9
1,000만원 이상 ~ 1억원 미만	(조정신청 금액 x 0.045% + 500원) x 0.9
1억원 이상~ 10억원 미만	(조정신청 금액 x 0.04% + 5,500원) x 0.9

(4) (재)항고장·신청 계산방법

* (재)항고장일 경우 2,000원을 인지액으로 납부하셔야 합니다.
단, 신청사건에 대한 (재)항고장일 경우는 신청사건 인지액의 **2배**의 금액을 인지액으로 납부하셔야 합니다.

* 신청사건일 경우 1,000원을 인지액으로 납부하셔야 합니다.
단, 권리행사최고 및 담보취소는 2,000원이며, 위헌법률 심판제청 신청서는 인지액이 없습니다.

Ⅷ. 사건기록의 전자문서화

1. 법원 작성 서류

1) 전자소송법은 법원에서 작성하는 재판서·조서 등에 대하여는 예외 없이 전자문서로 작성하거나 법원사무관 등이 전자문서로 변환하여 사법전자서명을 한 후 등재하도록 하였다(동법 10조). 이와 같은 취지에 따라 대법원은 2011. 5. 2. 민사전자소송 시행과 더불어 사건의 종국을 가져오는 재판서·조서에 대하여는 전자기록사건이 아닌 경우에도 모두 전자문서에 전자서명을 하는 방식으로 작성하도록 하였다. 그에 따라 작성되는 재판서·조서에 대하여는 전자소송을 동의를 하지 아니한 등록사용자라도 전자적 방법에 의한 송달을 하여 줄 것을 신청할 있다(동법 규칙 24조).

2) 이와 같이 전자문서로 작성되는 재판서·조서는 모두 PDF파일로 보관되므로 오기나 누락이 있더라도 종이문서에서와 같이 삭선과 정정인 등을 이용한 수정·변경이 어려워진다. 그러므로 전자소송규칙에서는 이를 전자소송시스템에서

전자적인 방법으로 수정할 수 있도록 근거규정을 두면서, 이의를 신청하는 자에게 정전 전의 상태를 확인 할 수 있도록 하였다(동법 규칙 21조).

2. 당사자 작성 서류

1) 전자소송법 제10조 2항은 대법원규칙으로 정하는 사유가 없는 한 당사자가 종이로 제출하는 소송서류도 전부 전자화 하도록 정하고 있다. 그러나 기록전자화의 범위는 전자소송사건의 접수추이와 법원의 예산·인력상황 등을 고려하여 탄력적으로 결정할 수밖에 없다. 전자소송규칙은 이와 같은 운영이 가능하도록 하기 위하여 우선 상소·재심사건의 경우에는 원심사건이나 재심대상사건이 전자기록사건인지 여부에 따라 기록전자화를 결정하도록 하고 나머지 사건에 있어서 기록전자화의 구체적인 기준은 법원행정처장이 정하여 전자소송 홈페이지에 공고하도록 하되 어느 경우에나 재판장이 특별히 명하는 경우에는 기록을 전자화 하도록 하였다(규칙 19조).

2) 전자소송예규 제3조 제2항은 제1회 기일이 진행된 다음날 까지 어느 한쪽이라도 당사자·대리인 또는 제출대리권이 있는 법무사 등이 전자소송 동의를 한 사건에 한하여 기록을 전자화 하되 전자독촉 이의 사건이나 조정신청사건 등의 경우에는 전면적으로 전자화 하도록 정하였다. 여기서 제1회 기일은 기록의 분량이 과다한지 또는 재판장이 기일에 전자소송 방식으로 진행할 것을 당사자에게 권고할 것인지 등을 판단하기 위한 기본적 사항을 정한 것이다.

3. 기 타

1) 전자기록사건의 범주에 해당한다고 하더라도 일부 서류는 전자문서로 제출하지 않을 수 있다. 전자소송시스템 또는 정보통신망의 장애로 인한 경우에는 장애가 해소된 후 전자문서로 제출할 것을 명할 수 있도록 규정되어 있으므로(동 규칙 14조 4항), 기록전자화에 문제가 없다. 그러나 서적 등과 같이 전자문서로 제출하는 것이 현저히 곤란하거나 부적합한 경우에는 별도의 종이 기록으로 관리·보존하고 그 사실을 전자소송시스템이 입력하여야 한다(동규칙 20조).

2) 법원은 진술되지 아니하였거나 불필요한 전자문서는 증거가 아니라도 반

환·폐기 할 수 있다(동 규칙 22조). 또한 법원사무관등은 전자기록사건에서 종이문서로 소송을 수행하는 당사자가 전자문서를 출력한 서면을 제출하는 경우에는 그 전자문서를 제출받아 기록전자화에 활용할 수 있는 데(동 규칙 19조 2항) 이때 원래 제출받았던 출력문서도 제출자에게 반환하거나 폐기한다(동규칙 20조 2항).

Ⅸ. 전자소송에서 자주하는 질문과 답변

1. 전자소송이용 안내

문 의	회원가입과 별도로 전자소송절차에 동의를 해야하는 이유는 무엇입니까?
답 변	전자소송에서는 회원가입을 완료하였더라도 전자소송 진행에 대하여 동의를 하지 않은 경우에는 기존 소송절차대로 소송을 진행하게 되며, 전자소송 절차 진행에 동의한 사건에 한하여 전자제출, 전자송달 방식으로 소송절차 진행이 가능합니다. 개별 사건에 대하여 전자소송 절차에 동의하는 방법은 아래와 같습니다. - 전자소송동의방법 1. 소제기 전자소송 홈페이지에서 소장 등 소제기 서류제출 메뉴에 접속하면 전자소송에 동의해야 서류작성 또는 제출이 가능합니다. 2. 소송 진행 중 소송이 진행 중에 해당 사건을 전자소송으로 진행하고자 할 경우에는‘나의전자소송>전자소송사건등록’에서 전자소송에 동의해야 합니다.

문 의	알림서비스를 신청하면 어떤 서비스를 받게 되고, 비용은 얼마나 드나요?
답 변	알림서비스란 제출서류가 접수되었거나 법원에서 서류를 송달한 경우 이메일과 휴대전화메시지(SMS)로 해당 내용을 즉시 알려드리는 서비스입니다. 1. 알림서비스 신청방법 : 서류제출 메뉴에서 소장을 제출한 경우나 ‘나의전자소송>전자소송사건등록’ 메뉴에서 전자소송으로 진행할 사건번호를 등록한 경우에는 자동으로 알림서비스가 신청되며 별도의 신청절차는 없습니다. 2. 알림서비스 변경방법 : 사건별 알림서비스 신청내역을 변경하려면 ‘나의전자소송>알림서비스’ 메뉴에서 변경 가능합니다.

	3. 알림서비스 비용 : 휴대전화단문메시지(SMS)는 발송 건당 17원의 비용이 발생하며, 납부하신 송달료에서 차감됩니다. 이메일은 별도의 비용이 부과되지 않습니다.

문 의	전자소송 인증번호란 무엇이고 어떻게 사용합니까?
답 변	1. 전자소송 인증번호는 전자소송 이용 시에 본인이 해당 사건의 당사자 또는 대리인인지를 식별하는 고유번호입니다. 2. 전자소송 인증번호 확인방법 전자소송 인증번호는 소장부본(피고)과 답변서부본(원고)을 송달하는 시점에 함께 송달하는 전자소송에 관한 안내서에 사건번호와 함께 기재되어 있으니 확인하시기 바랍니다. 만약 송달받은 문서를 분실하는 등의 사유로 전자소송인증번호를 확인할 수 없는 경우에는 재판부에 문의하시기 바랍니다. 3. 전자소송 인증번호 이용방법 전자소송을 진행하기 위해서는 '나의전자소송>전자소송사건등록' 메뉴에서 전자소송 절차진행에 대한 동의와 사건을 등록이 필요하며, 이때 사건번호와 전자소송 인증번호를 입력해야 합니다.

문 의	사전 포괄동의신청이란 무엇입니까?
답 변	1. 사전 포괄동의는 개별 사건에 대하여 전자소송절차 진행에 동의하는 것이 아니라, 1년의 범위 내에서 일정 기간을 정하여 그 기간 안에 민사소송 등의 당사자가 될 경우 전자소송을 진행하는 것에 대하여 사전에 동의하는 것을 의미합니다. 2. 사전 포괄동의'의 효력 사전 포괄동의를 신청하면 유효기간 동안 본인이 당사자가 되는 모든 소송에서 최초의 송달(소장부본 등)부터 전자송달로 받을 수 있으며, 전자제출 시 개별 사건에 대하여 전자소송동의를 수행할 필요가 없습니다. 사전포괄동의를 신청한 이후에 제기되는 모든 소송은 전자소송으로 진행하게 되며, 특정 사건을 종이 소송절차로 변경하기 위해서는 재판장의 허가가 필요합니다. 3. 사전 포괄동의'가 가능한 회원유형 사전 포괄동의가 가능한 회원유형은 개인회원과 법인회원이며, 본인이 당사자인 소송에 대해서만 적용됩니다. 사전 포괄동의 신청과 신청내역의 변경은'나의정보관리>사전포괄동의신청' 메뉴에서 가능합니다. 국가, 지방자치단체 회원의 경우는 전자소송 의무 대상이므로 사전 포괄동의가 적용되지 않습니다.

문 의	법원에서 전자소송 인증번호를 부여받지 못한 원고나 피고가 전자소송을 진행하려면 어떻게 해야 하나요?
답 변	소장에 주민등록번호를 작성하여 법원에 당사자의 주민등록번호가 등록되어 있는 경우에는'나의전자소송>전자소송사건등록'에서 전자소송 인증번호가 없어도 전자소송사건등록이 가능합니다. 만약 전자소송 인증번호를 안내받지 못하였거나 분실한 경우에는 법원에 방문하여 전자소송사건등록에 필요한 절차를 수행하시기 바랍니다.

문 의	전자소송을 진행하고 있는데 종이소송으로 변경하고 싶습니다.
답 변	[민사소송]의 경우 전자소송 홈페이지의 '서류제출>민사서류' 메뉴에 접속하거나 법원에 방문하여 '전자소송동의철회신청서'를 제출합니다. 신청에 대하여 재판장의 허가가 있는 경우에 기존 종이소송 절차로 전환되며, 전자소송동의가 철회되면 송달방식이 우편송달로 변경되며 홈페이지에서 해당 사건을 조회할 수 없습니다. [특허소송]의 경우 사정에 의해 종이소송으로 변경하고자 하는 경우에는 법원의 허가명령이 필요합니다. 우선 '서류제출>특허서류' 메뉴에서 전자소송절차변경신청서를 제출해야 합니다. 전자소송절차변경신청서를 제출하면 법원에서는 변경사유를 확인하고 허가명령을 한 후 전자소송방식변경(불)허가명령등본을 송달합니다. '송달문서확인>미확인송달문서' 메뉴에서 전자소송방식변경허가 명령등본을 열람하게 되면 해당 사건이 종이소송으로 자동 변경됩니다. 종이소송으로 변경되면 '나의전자소송>나의사건관리' 메뉴에서 해당 사건을 조회할 수 없습니다. 또한 해당 사건에 대해 전자송달은 우편송달로 변경되고, 전자제출, 전자납부, 기록열람 등 전자소송 홈페이지에서 이용하던 기능은 사용할 수 없습니다.

문 의	사건접수 이후에 대리인으로 위임받아 전자소송을 진행하고 싶습니다. 어떤 절차가 필요하나요?
답 변	1. 회원가입 먼저 전자소송 홈페이지에서 회원가입을 해야 합니다. 회원유형은 변호사, 변리사, 소송수행자 등은 대리인회원을 선택하시고, 일반 개인이 대리인이 되는 경우에는 개인회원으로 가입하시기 바랍니다. 2. 전자소송사건등록 회원가입을 완료한 대리인의 경우에는 '나의전자소송>전자소송사건등록'

	메뉴에서 먼저 전자소송에 대한 진행 동의를 한 후에 사건번호를 등록해야 합니다. 사건접수 후에 위임받은 대리인의 경우에는 전자소송 인증번호가 없으므로, 화면에서 ‘전자소송 인증번호가 없는 경우’를 선택합니다. 사건등록을 완료하면 서류제출이 가능하지만, 소송위임장(담당변호사/변리사지정서 또는 소송수행자지정서 포함)을 제출하여 재판부 확인을 받기 전에는 전자송달과 기록열람 서비스는 받을 수 없습니다.

문 의	소송 진행 중에 제출 위임을 받은 법무사입니다. 전자소송을 진행하고 싶은데 어떤 절차가 필요하나요?
답 변	1. 먼저 전자소송 홈페이지에서 회원가입을 해야 합니다. 회원유형은 법무사회원으로 가입하시기 바랍니다. 2. 위임인의 회원가입 : 사건의 당사자 또는 대리인인 위임인이 전자소송 홈페이지에 회원가입을 해야 합니다. 위임인은 개인회원으로 가입하셔야 합니다. 3. 전자소송사건등록 : 법무사가 사건을 전자적으로 진행하려면‘나의전자소송>전자소송사건등록’메뉴에서 먼저 전자소송에 대한 진행 동의를 한 후에 사건번호를 등록해야 합니다. 법무사가 전자소송에 대한 진행 동의를 하면 위임인이 동의한 것으로 간주합니다. 사건등록을 완료하면 서류제출이 가능합니다. 제출 시 첨부서류로 제출위임장을 첨부하셔야 합니다. 또한 법무사 본인이 서명을 하신 경우에는 법무사법 제25조에 따른 확인을 이행하였다는 취지의 서약서를 첨부하셔야 합니다.

문 의	법인회원의 소속사용자 중 지배인, 법률상대리인과 소속직원의 차이점은 무엇인가요?
답 변	법인회원의 경우 소속사용자로 지배인, 법률상대리인, 전무, 상무, 소속직원을 등록할 수 있습니다. 1. 지배인, 법률상대리인, 전무, 상무 법인이 진행하는 소송의 대리인 자격이 있는 소속사용자 유형입니다. 예를 들어 지점에 근무하는 지배인이 법인의 소송대리인이 되는 경우 지배인 유형으로 등록합니다. 이 유형의 소속사용자는 본인이 대리인으로 진행하고 있는 사건에 대해서만 열람과 송달확인이 가능하며, 지배인 등이 전자소송을 진행하고 있는 경우에 법인 아이디와 다른 소속직원 아이디로는 송달확인이 불가능합니다. 2. 소속직원 법인이 대리인 선임 없이 당사자 소송을 수행하는 경우 소송 업무를 담당하기 위한 직원 유형입니다. 이 유형은 소송대리인이 될 수 없으며, 법인이 진행하는 사건의 열람과 송달확인이 가능합니다(지배인, 법률상대리인 등

	이 진행하는 사건에 대해서는 권한이 없습니다). 법인 아이디와 소속직원의 아이디는 동일한 사건을 조회할 수 있습니다.

문 의	법률상대리인을 보조하면서 소송비용납부, 송달문서확인 등 업무를 하는 소속직원들을 해당직원이 담당하는 법률상대리인 또는 지배인의 하위로 사용자등록을 할 수 있습니까?
답 변	법인회원의 소속직원은 법인의 하위사용자 개념이며, 법률상대리인의 업무를 담당하는 소속직원을 지정할 수는 없습니다. 이러한 경우 법률상대리인의 보조이메일을 소속직원의 메일주소로 입력하면 소속직원도 송달통지를 받을 수 있습니다.

문 의	공인인증서로 로그인하는 것과, 아이디/비밀번호로 로그인 하는 경우 차이는 무엇인가요?
답 변	전자소송 홈페이지에서 서류제출, 송달확인, 기록열람 서비스를 이용하기 위해서는 반드시 공인인증서로 로그인해야 합니다. 아이디/비밀번호 로그인은 공인인증서를 갱신하였거나 신규 발급 받았을 때 새로운 인증서를 등록하기 위해 필요합니다. 아이디/비밀번호로 로그인하면 나의정보관리, 전자납부, 내역조회 등 업무처리가 가능합니다.

문 의	소송대리인인데 사건 당사자의 전자소송인증번호를 가지고 전자소송등록을 하려고 합니다. 가능한가요?
답 변	전자소송인증번호가 당사자에게 부여되었다면 대리인은 그 번호를 사용할 수 없습니다. 변호사나 소송수행자의 경우는 전자소송인증번호 없는 경우로 들어가 전자소송사건 등록을 할 수 있고 서류의 제출은 가능하니 재판부에서 대리인으로 등록하는 절차를 거치기 전 까지는 미확인 대리인으로 취급되어 기록열람 등의 행위에 제한이 있습니다.

2. 회원가입

문 의	기존 범용 공인인증서를 대법원 전자소송용 공인인증서로 어떻게 갱신하나요?
답 변	대법원 전자소송 홈페이지에서 사용가능한 공인인증서는 범용 공인인증서와 전자소송용 공인인증서입니다. 범용 공인인증서와 전자소송용 공인인증서 중 편리한 인증서를 대법원 전자소송 홈페이지 공인인증서갱신 페이지에서 등록

	하여 사용하시면 됩니다. 전자소송용 공인인증서는 한국정보인증(주)의 전자소송용 공인인증서 발급 사이트(http://scourt.signra.com/)에서 발급을 받은 후 대법원 전자소송 홈페이지(http://ecfs.scourt.go.kr/)에서 아이디와 비밀번호로 로그인하여“홈>나의전자소송>회원정보관리>공인인증서갱신”페이지에서 회원명과 회원가입 시 입력한 주민등록번호, 사업자등록번호 등의 고유번호를 입력하고 확인 버튼을 클릭하면 범용 공인인증서에서 전자소송용 공인인증서로 등록 됩니다. 범용 공인인증서와 전자소송용 공인인증서 중 가장 최근에 등록된 공인인증서로만 사용이 가능 합니다.

문 의	대법원 전자소송용 공인인증서는 어디에서 발급 받나요?
답 변	대법원 전자소송용 공인인증서는 한국정보인증(주)의 전자소송용 공인인증서 발급 사이트(http://scourt.signra.com/)에서 인증서 신청서 작성과 수수료 결제 후 신청서를 출력하여 가까운 서류제출기관(전국 우체국)을 직접 방문하여 신청서와 제출서류를 접수하고, 발급안내 이메일의 첨부파일을 통한 전자소송용 공인인증서를 발급 받을 수 있습니다. 전자소송 전용 공인인증서는 개인이 사용하는 “전자소송 개인용”과 사업자(법인)가 사용하는 “전자소송 사업자용”두 가지가 있으며, 법원의 전자소송 서비스를 이용하는 용도로만 사용할 수 있습니다. * 전자소송용 공인인증서 발급기관 - 전국 우체국 * 한국정보인증(주)의 전자소송용 공인인증서 발급 사이트(http://scourt.signra.com/)

문 의	행정전자서명(GPKI) 인증서가 필요한 회원유형은 무엇입니까?
답 변	· 아래 회원유형은 회원가입 시 행정전자서명인증서를 등록해야 합니다. - 국가, 지방자치단체, 행정청 (전자관인용 기관인증서) - 소송수행자 (개인인증서) 국가, 지방자치단체, 행정청의 소속사용자는 행정전자서명 개인인증서를 사용합니다. 행정전자서명 인증서 발급과 관련된 상세 문의는 각 소속기관의 인증담당자 또는 행정전자서명인증관리센터(www.gpki.go.kr)에 문의하시기 바랍니다.

문 의	법인인증서가 없는 합동법률사무소의 경우 대리인 회원으로 가입할 수 없나요?
답 변	합동법률사무소의 경우 ‘전자소송 관리계정 등록신청서’를 작성하신 후 관련 첨부서류와 함께 아래 주소로 우편으로 보내주시기 바랍니다(신청서는 회원가입 메뉴에서 다운로드 가능). 신청서가 접수되면 서류 심사 후 전자소송 홈페이지 회원가입에 필요한 등록정보와 ‘접속인증번호’를 이메일로 발송해 드리도록 하겠습니다.

	■ 주소 경기도 성남시 분당구 야탑동 346번지 법원전산정보센터 전산정보관리국 [전자소송 담당자] 앞(우편번호 : 463 - 828) 전화번호 : 02-3480-1715 ■ 주의사항 등록신청서의 신청인은 합동법률사무소의 변호사 등 관리계정 등록을 승인한 분이 기명날인 하셔야 합니다.

문 의	공인인증서는 어디에서 발급받나요?
답 변	공인인증서는 전자서명법에 따라 엄격한 심사를 거쳐 국가에서 지정한 공인인증기관에서 발급되며 법에 의거 일상생활의 서명, 서명날인 또는 기명날인과 동일한 법적효력을 갖습니다. 현재 인터넷뱅킹, 사이버증권거래, 전자민원, 전자입찰 등 광범위한 거래에서 필수적으로 사용되고 있습니다. 범용 공인인증서가 없는 경우에는 은행, 증권사 등의 금융기관이나, 국내 공인인증기관에서 인증서 신청과 발급을 받으시면 됩니다. 공인인증서의 유효기간이 만료된 경우에도 인증서를 발급받은 금융기관, 공인인증기관의 홈페이지에서 인증서를 재발급 받으시거나 유효기간을 연장해야 합니다. - 국내 공인인증기관 - 각 금융기관은 발급대행 기관입니다. * 한국정보인증 http://www.signgate.com * 한국증권전산 http://www.signkorea.com * 한국전자인증 http://www.crosscent.com * 한국무역정보통신 http://www.tradesign.com * 금융결제원 http://www.yessign.com 전자소송용 공인인증서는 개인이 사용하는“전자소송 개인용”과 사업자(법인)가 사용하는 “전자소송 사업자용”두 가지가 있으며, 법원의 전자소송 서비스를 이용하는 용도로만 사용할 수 있습니다. 한국정보인증(주)의 전자소송용 공인인증서 발급 사이트(http://scourt.signra.com/)에서 인증서 신청서 작성과 수수료 결제 후 신청서를 출력하여 가까운 서류제출기관(전국 우체국)을 직접 방문하여 신청서와 제출서류를 접수하고, 발급안내 이메일의 첨부파일을 통한 인증서를 발급 받으시면 됩니다. - 전자소송용 공인인증서 발급기관 - 전국 우체국 * 한국정보인증(주)의 전자소송용 공인인증서 발급 사이트(http://scourt.signra.com/)

문 의	법정대리인으로 소송을 진행하려고 합니다. 어떤 회원유형으로 가입해야 하나요?
답 변	전자소송 홈페이지의 대리인 회원은 변호사, 변리사 등의 자격을 가진 대리인을 의미합니다. 법정대리인의 경우 소송의 대리인이기는 하지만, 개인회원으

	로 가입해야 합니다. 단, 소장을 제출하는 경우에는‘서류제출’메뉴에서 소장을 선택하시고 ‘대리인 작성’ 버튼을 클릭합니다. 소장 작성단계 중 대리인입력 화면에서 본인의 정보를 등록하시기 바랍니다.

3. 서류작성 및 제출, 발급

문 의	전자소송에서 전자제출안내서를 받은 증인, 감정인, 전문심리위원, 촉탁을 받은 기관 등의 경우 어떻게 전자문서를 제출하나요?
답 변	법원에서 송달된 문서에 전자제출안내서가 포함된 증인, 감정인, 전문심리위원, 피촉탁기관 등도 법원 방문 없이 전자소송 홈페이지에서 관련 서류의 제출이 가능합니다. 다음의 절차에 따라 서류를 제출하시기 바랍니다. 1. 서류제출을 위해서는 반드시 사전에 회원가입이 필요하며, 회원유형은 개인 자격인 경우에는 개인회원으로, 법인(행정청 포함) 자격인 경우에는 법인회원으로 회원가입을 하실 수 있습니다. 2. 회원가입을 완료하고 홈페이지에 공인인증서로 로그인하신 후, ‘서류제출>특허서류’ 메뉴에 접속합니다. 3. 특허서류 화면에서 ‘특허 소송서류 전체보기’를 클릭한 후 본인이 제출할 서류명을 선택합니다. 제출할 서류명이 없는 경우에는 ‘기타’를 선택합니다. 4. 법원, 사건번호, 등기번호(전자제출안내서 참고)를 입력하고 확인 버튼을 클릭합니다. 5. 사건기본정보를 확인한 후 미리 준비한 전자문서 파일을 첨부합니다. 서류제출을 누구의 명의로 할지 ‘서류명의인’을 입력하고, 다음 버튼을 누릅니다. 6. 다음 화면으로 이동하여 작성완료 버튼을 누른 후 다시 다음 화면에서 본인이 첨부한 문서를 확인합니다. 7. 문서확인을 완료하면 다음 단계로 이동하여 제출 버튼을 클릭하고 공인인증서로 전자서명을 합니다.

문 의	동영상이나 음성자료를 제출하려면 어떻게 해야 하나요?
답 변	1. 제출 가능한 파일형식과 용량은 다음의 파일 형식으로만 제출 가능합니다. - 파일형식 : AVI, WMV, MP4, MPG, MPEG, ASF, MOV, PPT, MP3, WMA - 파일용량 : 50 Mbyte 이하 위의 파일형식과 다르고 용량이 큰 파일은 부득이하게 법원에 직접 방문

	하셔서 제출해야 합니다. 2. 제출방법 [민사소송] 증거자료 : 소장, 준비서면, 답변서, 서증 메뉴에서 파일을 첨부하여 제출합니다. 주장자료 : ‘서류제출>민사서류’ 메뉴에서 ‘멀티미디어 주장자료’를 선택하고 제출합니다. 멀티미디어 자료를 주장자료로 제출하는 경우에는 법원의 허가를 받아야 주장자료로 인정됩니다. [특허소송] 서류제출 메뉴의 각 서류 작성 단계 중 첨부파일 단계에서 제출할 파일을 첨부하여 등록 후 제출합니다.

문 의	PDF 형식이 아닌 문서 파일은 제출이 불가능한가요?
답 변	PDF 형식이 아닌 문서 파일의 경우에도 원본 그대로 제출이 가능합니다. 제출 가능한 파일형식은 PDF, HWP, DOC, DOCX, XLS, XLSX, TXT입니다. 만약, PDF형식이 아닌 HWP, DOC 등을 첨부한 경우에는 자동으로 PDF파일로 변환되며, 이러한 경우에는 변환시간이 길어질 수도 있으므로 빠른 처리를 위해서는 사용자 PC에서 직접 변환하여 첨부하는 것이 좋습니다. PDF변환프로그램이 본인의 컴퓨터에 설치가 되어 있는 경우에는 그대로 사용가능하고, 해당 프로그램이 없는 경우에는 ‘이용안내>프로그램설치’ 메뉴에서 ‘PDF변환프로그램’을 다운로드 받으시고 설치하여 사용할 수 있습니다. ※ 전자소송 홈페이지에서 제공하는 PDF변환프로그램을 사용하여 변환된 PDF파일은 일반 Acrobat Reader 프로그램 등에서는 보이지 않으며, 변환프로그램의 파일보기 기능을 사용해야 합니다.

문 의	종이서류로 되어 있는 서증이나 첨부서류는 어떻게 제출해야 하나요?
답 변	종이서류는 컴퓨터와 연결된 스캐너(또는 스캔기능이 있는 복합기)를 사용하여 스캔한 후 제출 가능합니다. 스캔한 파일이 JPG, TIFF, GIF, BMP 등의 이미지 파일인 경우에는 PDF변환프로그램을 이용하여 PDF파일로 변환한 후 제출해야 합니다. 2페이지 이상의 서류를 스캔하여 페이지별로 이미지 파일이 생성된 경우에는 PDF변환프로그램의 PDF병합 기능을 이용하여, 하나의 PDF서류로 변환하신 후 제출해야 합니다(하나의 서류는 하나의 파일이어야 합니다). ※ 파일 하나의 크기는 10메가바이트(MB)를 초과할 수 없고, 10MB를 초과하는 경우에는 여러 개의 파일로 분리하여 제출할 수 있으나 첨부파일의 총용량은 50M 이하로 제한됩니다.

문 의	소송위임장에도 당사자의 전자서명이 필요한가요?
답 변	대리인이 첨부서류로 제출해야하는 소송위임장에는 당사자의 전자서명이 필요하지 않습니다. 단, 당사자가 작성한 소송위임장을 스캔할 때에는 반드시 당사자의 인장 이미지가 포함된 상태이어야 하며, PDF파일로 변환하여 제출해야 합니다. 소송위임장에도 다른 서류 제출 시와 마찬가지로 대리인의 전자서명은 필요합니다.

문 의	소장 제출을 위임받은 법무사입니다. 전자소송을 진행하고 싶은데 어떤 절차가 필요하나요?
답 변	1. 회원가입 먼저 전자소송 홈페이지에서 회원가입을 해야 합니다. 회원유형은 법무사회원으로 가입하시기 바랍니다. 2. 위임인의 회원가입 사건의 당사자 또는 대리인인 위임인이 전자소송 홈페이지에 회원가입을 해야 합니다. 위임인은 개인회원으로 가입하셔야 합니다. 3. 소장제출 위임인이 사건의 당사자이면 당사자소송으로, 대리인이면 대리인소송으로 소장을 작성하시면 됩니다. 전자서명은 위임인에게 요청하여 받거나 위임인의 전자서명이 불가한 경우에는 법무사법 제25조에 따른 확인을 이행하였다는 취지의 서약서를 첨부하고 법무사의 전자서명으로 제출 가능합니다.

문 의	소속사용자 중에서 소속직원의 경우 본인의 전자서명으로 문서를 제출할 수 있나요?
답 변	소속직원의 경우 '전자제출' 권한을 부여한 경우 서류 작성 및 제출이 가능합니다. 하지만, 해당 서류에 본인이 직접 전자서명하는 것은 불가능하므로, 전자서명 단계에서 반드시 법인의 전자서명을 요청해야 합니다. 법인 아이디로 전자서명이 완료된 상태에서만 서류 제출이 가능합니다.

문 의	소송비용 결정신청, 제증명(집행문, 송달증명, 확정증명) 신청도 전자소송으로 가능한가요?
답 변	신청사건과 제증명 신청은 2011. 5. 2 시행범위에 포함되지 않습니다. 추후 시행범위를 단계적으로 확대할 예정입니다.

문 의	전자송달된 송달문서를 열람하지 않으면 계속 송달이 되지 않은 것으로 처리되나요?

답 변	전자소송에서는 법원에서 문서를 송달하고 그 송달사실을 통지 받은지 7일이 지나면 자동으로 송달문서를 확인한 것으로 간주합니다. 송달 통지를 받고도 3일 동안 송달문서를 확인하지 않은 경우에는 송달문서의 확인을 안내하는 이메일과 휴대전화단문메시지(SMS)가 한 번 더 전송되므로 참고하시기 바랍니다. 알림서비스 제공은 신청인에 한하여 제공됩니다.

문 의	종이소송을 진행 중입니다. 전자소송에 동의하지 않고 판결문만을 전자송달로 받을 수 있습니까?
답 변	전자소송 홈페이지의 '송달문서확인>판결문전자송달신청' 메뉴에서 사건번호를 입력하고 판결문 전자송달을 신청하시면 판결문(판결에 갈음하는 결정, 조서 포함)을 전자송달 받을 수 있습니다. 전자소송 진행에 동의한 사건이거나 송달 대상자가 아닌 경우에는 신청이 불가능합니다.

문 의	전자소송에서 전자송달 받을 송달영수인을 지정할 수 있나요?
답 변	전자소송에서도 송달영수인 지정이 가능하며, 송달영수인으로 지정할 대상은 사전에 전자소송 홈페이지에 회원가입이 되어 있어야 합니다. 송달영수인이 지정된 이후에 모든 전자송달과 통지는 송달영수인에게만 발송됩니다. 송달영수인의 지정 방법은 '서류제출>민사서류' 메뉴에서 '민사 소송서류 전체보기'를 클릭한 후 '송달장소 및 송달영수인 신고서'를 선택하여 작성 제출합니다. 이때 송달영수인의 회원 아이디 입력이 필요합니다.

문 의	전자소송 의무자로 지정된 공공기관이 피고가 되는 경우 원고가 소장을 종이로 제출한 경우에도 송달은 전자송달로 받게 되나요?
답 변	국가, 지방자치단체, 전자소송 의무대상 공공기관이 피고가 되는 경우 원고가 종이로 소장을 제출한 경우에도 해당 사건의 기록을 전자기록으로 관리되며, 피고에 대한 송달은 원고의 동의여부와 관계없이 전자송달로 이루어집니다.

문 의	대리인이 전자소송을 진행하고 있습니다. 당사자도 사건기록을 열람할 수 있나요?
답 변	대리인이 전자소송을 진행 중인 사건에 대해서는 당사자도 기록열람을 하실 수 있습니다. 단, 소장제출 시에 당사자의 주민등록번호나 사업자등록번호가 법원에 접수되어 해당 사건의 당사자로 신원이 확인되는 경우에만 기록열람이 가능합니다. 사건기록열람은 '열람/발급>나의사건열람' 메뉴에서 이용 가능합니다.

<table>
<tr><td>문 의</td><td>정[등]본 문서를 발급받는 도중 프린터 오류가 발생하였습니다. 이 경우 재발급이 가능한가요?</td></tr>
<tr><td>답 변</td><td>일반적으로 정(등)본 문서의 발급은 제한 없이 가능하지만, 판결에 갈음하는 정(등)본의 경우에는 1회에 한하여 발급이 허용됩니다. 만약, 1회 발급 제한이 있는 문서의 재발급이 필요한 경우에는 ‘열람/발급>정(등)본발급’ 화면에서 조회된 문서의 [재발급요청] 버튼을 누르시고, 재발급 사유를 입력하여 신청하면 재판부 담당자의 승인절차를 거쳐 재발급을 받을 수 있습니다.
■ 발급 회수가 1회로 제한되는 문서
- 판결정본
- 항소취하서부본 - 민사
- 상고취하서부본
- 이의신청취하서부본
- 변론조서등본(소취하)
- 소취하서부본
- 화해조서정본 - 민사
- 인낙조서정본 - 민사
- 포기조서정본
- 조정조서정본(조정성립) - 민사
- 조정을갈음하는결정조서정본(강제조정) - 민사
- 조정불성립조서등본(조정불성립) - 민사
- 조서등본(조정하지아니하는 결정) - 민사
- 조서등본 - 특허
- 화해권고결정조서정본 - 민사
- 화해권고결정정본 - 민사
- 항소장각하명령정본
- 상고장각하명령정본
- 판결경정결정정본
- 이송결정정본 - 민사
- 조정을갈음하는결정정본(강제조정) - 민사
- 소장각하명령정본
- 결정경정정본(종국에갈음하는)
- 소장부본/소송안내서/화해권고결정정본 - 민사
- 조정기일조서등본(소취하) - 민사
- 이행권고결정정본 - 민사</td></tr>
</table>

4. 소송비용 납부 및 환급

문 의	계좌이체 선택하고 들어가면 전자지갑 팝업창이 뜨기 전에'요청하신 페이지와 연결할 수 없습니다.'라는 메시지가 나타납니다.
답 변	위와 같은 메시지가 나오는 경우 다음과 같이 수행하여 주시기 바랍니다. 1. 도구 → 인터넷 옵션 → 종료할 때 검색 기록 삭제 체크 → 삭제 후 설정에서 페이지를 열때마다로 체크 2. 인터넷 옵션 → 보안 → 신뢰할 수 있는 사이트 → 최소로 설정 3. https://ucesspay.lgcns.com:9443 에 접속되는지 확인 4. 위와 같이(1, 2) 수행한 후 접속(3)이 불가능한 경우 네트워크 담당자에게 https 프로토콜과 9443포트를 열어달라고 요청

문 의	계좌이체 보안프로그램 설치가 되지 않습니다. 어떤 방법으로 설치하는가요?
답 변	계좌이체를 위한 보안프로그램이 정상적으로 설치되지 않을 경우 '고객지원센터>프로그램설치'메뉴를 이용하여 프로그램을 다운받으신 후 실행시켜 주시기 바랍니다. 계좌이체 결제중 지속적으로 문제가 발생하는 경우 금융결제원(1577-5500)으로 문의하시기 바랍니다. 1. '고객지원센터>프로그램설치'를 선택합니다. 2. 'Bank Pay 전자지갑 다운로드'를 클릭한 후 '실행' 혹은 '저장'하는 창에서 '저장'을 누릅니다. 3. 저장위치는 임의로 선택가능하나 '바탕화면'에 저장할 것을 권장합니다. 4. 저장이 완료되면 실행중인 모든 인터넷브라우저를 닫습니다. 5. 바탕화면(혹은 저장위치)에서 저장한 파일(BankPayEFT.exe)을 더블클릭합니다. 6. '다음' 혹은 '계속'을 누르면서 설치를 진행하고 설치가 끝나면 컴퓨터를 재부팅합니다. 7. 재부팅 후 전자소송 시스템 홈페이지의 '고객지원센터>프로그램설치'를 선택합니다. 8. 'Yessign 인증모듈 다운로드'를 누른 후'실행'버튼을 누릅니다. 9. '다음' 혹은 '계속'을 누르면서 설치를 진행하고 설치가 끝나면 컴퓨터를 재부팅합니다.

문 의	정상적으로 계좌이체 결제가 되지 않고 오류코드가 발생합니다.
답 변	전자지갑 창의 '결제' 버튼을 누른 뒤 결과 창에 결제요청에 대한 응답메시지가 출력되므로 정상적으로 출금되지 않은 경우에는 메시지에 따른 조치를 취하실 수 있습니다. 개인이 해결할 수 없는 오류에 대해서는 결과 응답 창에

	나타나는 PG서비스거래번호(오류코드), 거래은행을 확인하신 후에 대법원 전자소송 사용자지원센터(02-3480-1715)로 문의해 주시기 바랍니다.

문 의	납부취소가 실패되었다는 메시지가 나옵니다. 어떻게 처리하여야 하는가요?
답 변	인터넷 브라우저를 종료하시고 잠시 후 다시 납부취소를 시도해 주시기 바랍니다. 계속해서 실패될 경우 사용자지원센터(02-3480-1715)로 연락 주시기 바랍니다.

문 의	전자납부 시 신용카드 유효기간이 틀렸다고 나옵니다.
답 변	유효기간의 연과 월의 순서를 확인하시기 바랍니다.[예 : 03/14 : 2014년 3월]

문 의	계좌이체를 선택하고 들어가면 전자지갑 창 뜨기 전에 오류 메시지가 나타납니다. [자바스크립트 오류. '클래스가 등록되지 않았습니다']
답 변	위와 같은 메시지가 나오는 경우 다음과 같이 수행하여 주시기 바랍니다. 1. 도구 → 인터넷옵션 → 일반 → (검색기록)설정에서 '페이지를 열 때마다' 선택합니다. 2. 도구 → 인터넷옵션 → 일반에서 '삭제'버튼을 클릭한다. '모두삭제' 버튼을 누릅니다. 3. 도구 → 인터넷옵션 → 고급에서 '원래대로' 버튼을 클릭합니다. 4. http://www.bankpay.or.kr/customer/page01.do 에 접속합니다. 5. 프로그램 수동설치 메뉴의 프로그램들을 모두 다운로드 한 후 웹브라우저를 모두 종료한 다음 설치합니다. 6. 컴퓨터를 재부팅한 후 다시 전자소송 홈페이지에 접속하여 계좌이체를 결제를 합니다.

문 의	현재카드가 사용하지 않는 카드라고 나옵니다.
답 변	1. 카드유효기간 입력오류 : '년도'와 '월'을 바꾸어 입력하시기 바랍니다. 2. 카드번호 입력오류 : 카드에 표기된 번호를 확인하여 주시기 바랍니다. 3. 사용정지 혹은 연체카드인지 확인하여 주시기 바랍니다.

문 의	사업자등록번호 3회 입력오류로 인하여 신용카드 결제가 되지 않습니다.
답 변	잘못된 사업자번호를 입력하셔서 해당카드가 사용불가능한 상태가 된 경우로 해당 카드사에 직접 문의하여 카드를 사용가능한 상태가 되도록 요청하시기 바랍니다.

문 의	계좌이체 납부를 하는데 보안경고창 "현재 Web 사이트에서 해당사이트를 열도록 허용하겠습니까?"라고 표시되고 '예'를 선택해도 결제창이 뜨지 않고 오류가 발생합니다.
답 변	윈도우 업데이트와 관련하여 신뢰할 수 있는 사이트 등록이 되지 않는 현상입니다. 1. 인터넷창의 상단에 메뉴 중 '도구'를 선택 2. '도구' 메뉴 중에 '인터넷옵션'을 선택 3. 인터넷옵션에서 '보안'탭을 선택 4. 상단의 그림 중에 '신뢰할 수 있는 사이트'를 선택 5. 그림 아래 '사이트'버튼을 누름 6. 웹 사이트 항목에 보시면 여러 개의 사이트 주소가 보입니다. 아래 두개의 주소가 있는지 확인해 주시고 없는 것을 추가해주십시오. http://ucesspay.lgcns.com http://ecfs.scourt.go.kr 7. 추가 방법은 웹 사이트 위에 '영역에 웹 사이트 추가'란에 위 주소 중 없는 것을 기재하여 오른쪽에 '추가'버튼을 누름 8. 추가가 되었으면 '확인'버튼을 계속 눌러 나옴. 이후 반드시 브라우저를 종료하시고 다시 실행하여 전자소송 홈페이지에 접속한 후 계좌이체 결제를 다시 이용하실 수 있습니다.

문 의	소송서류가 정상적으로 접수되지 않았는데, 결제가 되었다는 메시지[신용카드사, 은행 등의 핸드폰 SMS서비스 사용]가 왔습니다.
답 변	전자납부는 정상처리 되었으나 소송서류 제출이 정상적으로 처리되지 않은 경우입니다. 이러한 경우 '납부/환급>전자납부내역' 메뉴의 '납부미처리' 탭 화면에서 미처리내역을 조회하여 결제 당일 전자납부 이용시간까지는 직접 납부취소 처리를 하실 수 있습니다. 식섭 납부취소를 하지 않더라도 납부당일 전자납부 이용시간 종료 후 자동으로 납부취소가 처리되고 있으니 참고하시기 바랍니다.

문 의	법인카드를 사용하고 있는데 법인번호를 입력해도 등록번호가 상이하다고 나타납니다.
답 변	법인카드를 사용하실 경우 카드유형을 법인으로 선택하신 후 등록번호는 카드를 발급받으실 때 등록하신 '사업자등록번호'를 입력하셔야 합니다. 납부를 위해 입력한 사업자등록번호와 해당 카드사에 입력된 사업자등록번호가 일치하는지 카드사에 문의하시기 바랍니다. 또한 일부 지점성격의 사업장에서는 발급받은 법인카드의 사업자등록번호가 본점의 사업자 등록번호로 등록되는

	경우도 있으니 먼저 주 사업장의 담당 부서로 문의하시기 바랍니다.

문 의	주민등록번호를 정확하게 입력을 해도 입력된 주민등록번호와 일치하지 않는다고 합니다.
답 변	먼저 카드의 유형이 공용법인카드인지 지정법인 혹은 개인카드인지 확인해 보셔야 합니다. ◈ 공용법인카드의 경우 카드 유형에 법인 항목을 선택하고 사업자등록번호 입력란에 사업자등록번호 10자리를 입력 하시고 납부하시기 바랍니다. ◈ 개인 혹은 지정법인의 경우 카드 유형에 개인 항목을 선택하고 주민등록번호 입력란에 주민등록번호 뒤 7자리를 입력하시고 비밀번호 앞 2자리 입력 후 결제하시기 바랍니다. 위와 같이 입력하시고도 주민번호 상이 오류가 발생하면 카드사에 연락하셔서 사용 중인 카드가 발급될 당시 등록된 등록번호를 확인하셔야 합니다. (예 : 법인 - 본점의 사업자등록번호인지 지점의 사업자 등록번호인지 확인)

문 의	전자납부 수단은 어떤 것들이 허용되나요?
답 변	대법원 전자소송에서는 전자납부 수단으로 신용카드, 은행 계좌이체, 가상계좌번호납부 방식을 이용하실 수 있습니다(가상계좌번호납부는 민사소송만 사용가능). 신용카드와 계좌이체는 반드시 로그인 사용자의 신용카드나 계좌가 아니어도 사용가능합니다. 이때에는 결제에 필요한 신용카드정보나 계좌 정보를 사전에 파악하셔야 합니다. ■ 신용카드유형 : 개인카드, 법인카드, 해외에서 발행한 카드(VISA, MASTER, JCB) ■ 금융계좌유형 : 개인계좌(주민등록번호), 법인계좌(사업자등록번호)

문 의	가상계좌납부란 무엇인가요?
답 변	민사소송에 대한 비용(송달료, 인지액, 보관금) 납부 수단으로 가상계좌 납부가 가능합니다. 1. 가상계좌납부란 사용자가 거래하는 은행의 입금계좌를 요청하고, 해당 계좌번호로 비용을 납부하면 자동으로 소송비용납부가 처리되는 방식의 서비스 입니다. 2. 가상계좌를 이용한 비용납부 방법 1) 비용납부 화면에서 납부방식을 '가상계좌'로 선택합니다. 2) 결제정보 및 수수료 항목에서 입금은행을 선택하고 납부버튼을 누릅니다(본인 거래은행을 선택하시면 이체수수료를 절약할 수 있습니다).

	3) 서류제출이 완료되면 접수내역과 함께 가상계좌번호와 납부금액이 고지됩니다. 4) 즉시 본인의 거래은행을 통하여 가상계좌번호로 해당 금액을 납부합니다. ※ 가상계좌번호가 고지된 상태에서는 소송비용을 납부하지 않은 것으로 간주되니 반드시 서류접수 즉시 거래은행을 통하여 비용을 납부하시기 바랍니다. 3. 이용수수료 다른 납부수단(신용카드, 계좌이체)에 적용되는 전자납부수수료가 별도로 부과되지 않습니다. 단, 타 은행 이체거래 시에 발생하는 이체수수료는 발생할 수 있습니다.

문 의	보관금도 전자납부가 가능한가요?
답 변	보관금(민사예납금)의 경우 현재 민사소송의 경우에만 전자납부가 가능합니다(특허소송은 추후지원 예정). 또한, 납부방식은 가상계좌 납부만 지원되므로 참고하시기 바랍니다(신용카드, 계좌이체 방식은 추후 지원 예정).

문 의	전자납부[신용카드, 계좌이체]한 결제내역을 취소 가능한가요?
답 변	대법원 전자소송에서는 전자납부가 성공한 결제내역에 대해서는 취소가 불가능하니, 납부 시에 반드시 납부금액 등을 정확히 확인하시고 납부하셔야 합니다. 단, 시스템의 오류 발생으로 인하여, 납부금액에 대한 결제가 완료된 상태에서 해당 내역이 법원에 정상적으로 접수되지 않은 경우에는 해당 결제내역을 미처리 건으로 간주하여 취소가 가능합니다. 이러한 미처리 결제 건에 대한 취소는 '납부/환급>전자납부내역' 메뉴에서 납부미처리 탭을 선택하시고 해당 내역을 조회한 후에 납부취소를 처리할 수 있습니다. ※ 미처리 건을 취소하지 않은 경우에는, 당일 전자납부 운영시간 이후에 결제가 자동으로 취소되니 참고하시기 바랍니다.

문 의	소송비용 납부영수증을 발급 받을 수 있나요?
답 변	대법원 전자소송에서는 납부영수증 대신 납부내역을 확인할 수 있는 '납부확인증'을 출력할 수 있습니다. 납부확인증은 '납부/환급>전자납부내역' 메뉴 또는 '서류제출>제출내역' 메뉴에서 출력할 수 있습니다. 출력되는 납부확인증은 법적인 효력이 없는 확인용입니다. 가상계좌번호로 비용을 납부한 경우에도 전자소송 홈페이지에서 납부확인증을 출력할 수 있도록 지원예정입니다.

부 록

1. 전국법원관할구역표

고등	본원	지원	시군	관할구역
서울고등법원	중앙			강남구, 관악구, 동작구, 서초구, 종로구, 중구
	동부			성동구, 광진구, 강동구, 송파구
	남부			영등포구, 강서구, 양천구, 구로구, 금천구
	북부			동대문구, 중랑구, 도봉구, 강북구, 노원구, 노원구, 성북구
	서부			서대문구, 마포구, 은평구, 용산구
	의정부		포천시	포천시
			가평군	가평군
			남양주시	남양주시
			연천군	연천군
			철원군	철원군
			동두천시	동두천시
		고양		고양시
			파주시	파주시
	인천			인천광역시
			강화군	강화군
		부천	김포시	김포시
				부천시
	수원지방법원			수원시, 오산시, 용인시, 화성시
			오산시	오산시, 화성시
			용인시	용인시
		안양		안양시, 과천시, 의왕시, 군포시
		성남		성남시, 하남시, 광주군
			광주군	광주군, 하남시
		여주		여주시, 이천시, 양평군
			양평군	양평군
			이천시	이천시

		평택		평택시, 안성군
			안성시	안성시
		안산		안산시, 시흥시
			광명시	광명시
	춘천 지방 법원			춘천시, 화천군, 양구군, 인제군, 홍천군
			인제군	인제군
			홍천군	홍천군
			양구군	양구군
			화천군	화천군
		강릉		강릉시, 동해시, 삼척시
			삼척시	삼척시
			동해시	동해시
			강릉지원 합의부 : 강릉시, 동해시, 삼척시, 속초시, 양양군, 고성군	
		원주		원주시, 횡성군
			횡성군	횡성군
		속초		속초시, 양양군, 고성군
			고성군	고성군
			양양군	양양군
		영월		태백시, 영월군, 정성군, 평창군
			정성군	정성군
			태백시	태백시
			평창군	평창군
대전 고등 법원	대전 지방 법원			대전광역시, 세종특별자치시, 금산군
			세종	세종특별자치시
			금산군	금산군
		홍성		보령시, 홍성군, 예산군, 서천군
			서천군	서천군
			보령시	보령시
			예산군	예산군

고등법원	지방법원	지원	시·군법원	관할구역
		공주		공주시, 청양군
			청양군	청양군
		논산		논산시, 부여군, 계룡시
			부여군	부여군
		서산		서산시, 태안군, 당진군
			태안군	태안군
			당진시	당진군
		천안		천안시, 아산시
			아산시	아산시
	청주지방법원 · 대전고등 청주재판부			청주시, 청원군, 진천군, 보은군, 괴산군
			괴산군	괴산군
			진천군	진천군
			보은군	보은군
		충주		충주시, 음성군
			음성군	음성군
		제천		제천시, 단양군
			단양군	단양군
		영동		영동군, 옥천군
			옥천군	옥천군
대구고등법원	대구지방법원			대구광역시, 중구, 동구, 남구, 북구, 수성구, 영천시, 경산시, 칠곡군, 청도군
			인제군	연천시
			칠곡군	칠곡군
			경상시	경상시
			청도군	청도군
		서부		대구광역시 : 서구, 달서구, 달성군, 고령군, 성주군
			고령군	고령군
			성주군	성주군

		안동		안동시, 영주시, 봉화군
			영주시	영주시
			봉화군	봉화군
		경주		경주시
		포항		포항시, 울릉군
		김천		김천시, 구미시
			구미시	구미시
		상주		상주시, 문경시, 예천군
			문경시	문경시
			예천군	예천군
		의성		의성군, 군위군, 청송군
			군위군	군위군
			청송군	청송군
		영덕		영덕군, 영양군, 울진군
			영양군	영양군
			울진군	울진군
부산고등법원	부산지방법원			부산광역시 : 중구, 동구, 서구, 북구, 사상구, 강서구, 하하구, 영도구, 부산진구, 금정구, 연제구, 금정구
		동부		남구, 수영구, 기장군, 해운대구
		서부		서구, 북구, 사상구, 사하구, 강서구
	울산지방			울산광역시, 양산시
			양산시	양산시
	창원지방법원 · 부산고등창원재판			창원시, 진해시, 김해시, 마산시, 함안군, 의령군
			김해시	김해시
			진해시	진해시
		마산		마산시
			함안군	함안군

	부		의령군	의령군
		진주		진주시, 사천시, 남해군, 하동군, 산청군
			사천시	사천시
			남해군	남해군
			하동군	하동군
			산천군	산천군
		통영		통영시, 거제시, 고성군
			거제시	거제시
			고성군	고성군
		밀양		밀양시, 창녕군
			창녕군	창녕군
		거창		거창군, 함양군, 합천군
			함양군	함양군
			합천군	합천군
광주 고등 법원	광주 지방 법원			광주광역시, 나주시, 화순군, 장성군, 담양군, 곡성군, 영광군
			나주시	나주시
			화순군	화순군
			장성군	장성군
			담양군	담양군
			곡성군	곡성군
			영광군	영광군
		목포		목포시, 무안군, 신안군, 함평군, 영암군
			무안군	무안군
			함평군	함평군
			영암군	영암군
		장흥		장흥군, 강진군
			강진군	강진군
		순천		순천시, 여수시, 여천시, 광양시, 여천군, 구례군,

				공홍군, 보성군
			보성군	보성군
			고흥군	고흥군
			여수시	여수시
			구례군	구례군
			광양시	광양시
		해남		해남군, 완도군, 진도군
			완도군	완도군
			진도군	진도군
	전주 지방 법원 · 광주 고등 법원 전주 재판부			전주시, 김제시, 완주군, 임실군, 진안군, 무주군
			김제시	김제시
			임실군	임실군
			진안군	진안군
			무주군	무주군
		군산		군산시, 익산시
			익산시	익산시
		정읍		정읍시, 부안군, 고창군
			부안군	부안군
			고창군	고창군
		남원		남원시, 장수군, 순창군
			장수군	장수군
			순창군	순창군
	제주 지방			제주시, 서귀포시, 남제주군, 북제주군
			서귀포	서귀포시

2. 법원 송달료 조견표(2016. 2. 26. 기준) 송달료 1회분 3,700원

구분	사건내용 및 사건기호	납부기준 (당사자 2인 기준)	납부 금액
민사	민사소액(가소) : 3천만원 미만	당사자수×10회분	74,000
	민사단독사건(가단) : 2억미만	당사자수×15회분	111,000
	민사합의사건(가합) : 2억원이상	당사자수×15회분	111,000
	민사항소사건(나) : 2심소장제출	당사자수×12회분	88,800
	민사상고사건(다) : 3심소장제출	당사자수×8회분	59,200
	민사항고사건(라)	당사자수×5회분	37,000
	민사재항고사건(마)	당사자수×5회분	37,000
	민사특별항고사건(그)	당사자수×3회분	22,200
	민사준항고사건(바)	당사자수×3회분	22,200
	화해사건(자)	당사자수×4회분	29,600
	지급명령신청사건(차) : 독촉사건	당사자수×4회분	29,600
	민사조정사건(머) : 합의, 조정관련	당사자수×5회분	37,000
	부동산등 경매사건(타경)	(이해관계인+3)×37,000(10회)	
	기타집행사건(타기) : 추심, 전부, 인도명령	당사자수×2회분	14,800
	부동산가압류·가처분신청(카단, 카합)	당사자수×3회분	22,200
	임시의 지위를 정하는 가처분(카합, 카단)	당사자수×8회분	59,200
	부동산가압류·가처분이의신청, 경정취소(카단, 카합)	당사자수×8회분	59,200
	채권, 동산 가압류·가처분 신청(카단, 카합)	당사자수×3회분	22,200
	공시최고 신청사건(카공) : 어음, 수표 분실관련	당사자수×3회분	22,200
	담보권리행사 최고사건(카담)	당사자수×3회분	22,200
	담보취소, 담보물제공, 담보변경(카담)	당사자수×2회분	14,800

	담보권리행사최고사건	당사자수×3회분	22,200
	화해사건(자) : 계약에 관해미리판결을 받아둠	당사자수×4회분	29,600
	재산관계명시 신청(카명) : 재산공개사건	당사자수×5회분	37,000
	재산조회(카조)	당사자수×2회분(단 조회대상수 가산함)	14,800
	판결결정,정정, 제소명령, 강제집행정지사건 특별대리인선임사건, 증거보전, 해방공탁(카기)	당사자수×2회분	14,800
	소송구조사건(카구)	신청인수×2회분	
	채권등 집행(타채), 기타집행(타기)	당사자수×2회분	14,800
	비송사건(비합, 비단)	당사자수×2회분	14,800
가사	이혼관련사건(드단, 드합, 느단, 느합, 즈단, 즈합)	당사자수×12회분	88,800
	가사항소사건(르)	당사자수×10회분	74,000
	가사상고(므)	당사자수×8회분	59,200
	가사항고(브)	당사자수×3회분	22,200
	가사재항고(스)	당사자수×5회분	37,000
	상속포기사건(호파)	기족인원×14,800(4회분)	
	호적정정, 개명사건(호파)	당사자수×5회분	37,000
	가사조정사건(너) : 당사자간 합의조정관련	당사자수×5회분	37,000
	가사신청사건(즈합, 즈단, 즈기)	당사자수×3회분	22,200

3. 사건별부호문자의부여에관한예규 별표

민 사 사 건		형 사 사 건		가사·행정·선거사건	
민사1심(합의)	가합	형사1심(합의)	고합	가사1심(합의)	드합
민사1심(단독)	가단	형사1심(단독)	고단	가사1심(단독)	드단
민사소액사건	가소	약식정재청구1심(단독)	고정	가사항소사건	르
민사항소사건	나	약식사건	고약	가사상고사건	므
민사상고사건	다	형사항소사건	노	가사항고사건	브
민사항고	라	형사상고사건	도	가사재항고사건	스
민사조정	머	형사항고사건	로	가사특별항고사건	으
화해사건	자	형사재항고사건	모	가사조정사건	너
독촉사건	차	비상상고사건	오	가압류·가처분(합의)	즈합
가압류·가처분(합의)	카합	형사준항고사건	보	가압류·가처분(단독)	즈단
가압류·가처분(단독)	카단	형사보상청구사건	코	기타 가사신청사건	즈기
공시최고사건	카공	즉결심판사건	조	가사비송(합의)	느합
담보취소 등 사건	카담	체포·구속적부심사건	초적	가사비송(단독)	느단
재산명시 등 사건	카명	보석사건	초보	가족관계등록비송사건	호파
재산조회사건	카조	기타 형사신청사건	초기	행정1심	구합
소송구조등사건	카구	감호1심	감고	행정1심재정(단독)	구단
기타 민사신청사건	카기	감호항소사건	감노	행정항소사건	누
부동산 등 경매사건	타경	감호상고사건	감도	행정상고사건	두
채권 등 집행사건	타채	감호항고사건	감로	행정항고사건	루
기타 집행사건	타기	감호재항고사건	감모	행정신청사건	아
비송사건(합의)	비합	감호비상상고사건	감오	특허1심	허
비송사건(단독)	비단	감호신청사건	감초	특허상고사건	후
파산사건(합의)	하합	소년보호사건	푸	특허신청사건	카허
파산사건(단독)	하단	소년보호항고사건	크	선거소송사건	수
면책사건	하면	소년보호신청사건	푸초	선거상고사건	우
화의사건	화	가정보호사건	버	선거항고사건	수흐
회사정리사건	회	가정보호항고사건	서	선거신청사건	주
개인회생사건	개회	가정보호신청사건	저	특수소송사건	추
과태료사건	과	성매매관련보호사건	성	의무불이행자감치	정드
채무자감치사건	정명	성매매관련 보호신청사건	성초	의무불이행자 감치항고	정브

4. 민사접수서류에 붙일 인지액 일람표[재민 91-1]

[민사소송법]		
서류의 종류	조 문	인지액
관할법원지정신청서	민소 28	1,000원
관할합의서	민소 29	-
소송이송신청서	민소 34①	-
소송이송신청서	민소 34②, 35, 36	1,000원
합의부재판신청서	민소 34③	-
법원직원의 제척 또는 기피신청서	민소 42,43,50	1,000원
당사자선정서, 변경서, 취소서	민소 53	-
법정대리권 등의 증명서	민소 58	-
소송능력보정서	민소 59,61	-
소송행위추인서	민소 60	-
특별대리인선임신청서	민소 62,64	1,000원
대리권의 소멸 또는 변경통지송달신청서	민소 63	-
필수적 공동소송인 추가신청서	민소 68	500원
예비적·선택적 공동소송인 추가신청서	민소 70,68	500원
보조참가신청서	민소 71	500원
보조참가에 대한 이의신청서	민소 73	500원
공동소송적 보조참가신청서	민소 78	500원
독립당사자 참가신청서	민소 79	민소인지법* 2조, 6조 소정액
소송탈퇴서, 동의서	민소 80	-
권리승계인의 소송참가신청서	민소 81	500원 단, 피신청인이 승계를 다투는 경우는 민소인지법 2조, 6조 소정액

의무승계인의 소송참가신청서	민소 81	500원
승계인의 소송인수신청서	민소 82	500원
원고측 공동소송참가신청서	민소 83	민소인지법 2조, 6조 소정액
피고측 공동소송참가신청서	민소 83	500원
소송고지신청서	민소 85	500원
소송대리인 허가신청서	민소 88	500원
소송대리권의 증명서(위임장, 지정서)	민소 89	-
소송대리인 해임(사임)신고서	민소 89	-
제3자에 대한 소송비용액 상환신청서	민소 107	1,000원
소송비용액 확정신청서	민소 110, 113, 114	1,000원
소송비용담보제공신청서	민소 117①, 규칙 22	1,000원
지급보증위탁계약체결문서의 제출에 의한 담보제공허가신청서	민소 122, 규칙 22	500원
담보취소신청서	민소 125, 127	1,000원
담보권리자동의서	민소 125②	-
담보권리행사최고신청서	민소 125③	1,000원
담보취소결정확정증명원	민소 162	500원
담보물 변경신청서	민소 126	1,000원
소송구조 신청서	민소 128	1,000원
소송구조 취소신청서	민소 131	1,000원
변호사(또는 집행관)의 보수지급신청서	규칙 26①	-
변호사(또는 집행관)의 보수와 체당금의 비용액확정신청서	민소 132②, ③	1,000원
구석명신청서	민소 136	-
재판장(또는 합의부원)의 처치에 대한 이의	민소 138	-

법원의 석명처분(당사자본인 또는 법정대리인 출석 명령, 당사자가 소지하는 문서 또는 물건제출명령)신청서	민소 140①	-
변론의 제한, 분리, 병합 또는 재개를 구하는 신청서	민소 141, 142	-
실기한 공격방어방법의 각하신청서	민소 149	-
소송절차에 관한 이의권에 기한 이의	민소 151	-
조서기재 생략에 대한 이의	민소 155	-
변론의 속기(또는 녹음)신청서	민소 159①	500원
녹음테이프(또는 속기록) 요지의 조서기재 신청서	민소 159③	500원
녹음테이프(또는 속기록)폐지에 대한 이의	민소 159④	-
소송기록의 열람·복사신청서	민소 162①	500원
재판서, 조서의 정본, 등본, 초본 교부 신청서	민소 162	1,000원 (5장을 초과하면 1장당 50원 추가)
비밀보호를 위한 열람 등의 제한 신청서	민소 163①	500원
열람 등 제한 결정 취소신청서	민소 163③	500원
조서의 기재에 대한 이의	민소 164	-
기일지정(또는 연기, 속행, 변경)신청서	민소 165①	-
기간 신장 또는 단축신청, 부가기간의 신청서	민소 172	-
재송달신청서	민소 174	-
집행관송달신청서(특별송달신청)	민소 176①	-
송달영수인신고서	민소 184	-
송달장소변경신고서	민소 185	-

휴일(또는 야간) 송달신청서	민소 190	-
공시송달신청서	민소 194	-
판결(또는 화해, 인낙, 포기 등의 조서, 지급명령 기타 결정명령)경정신청서	민소 211	1,000원
추가재판신청서	민소 212	-
가집행선고신청서	민소 213①	-
	민소 406, 435	500원
가집행선고 면제신청서	민소 213②	-
가집행선고 실효로 인한 원상회복(또는 손해배상)신청서	민소 215②, ③	500원
법원사무관 등의 처분에 대한 이의신청서	민소 223	1,000원
화해권고결정에 대한 이의신청서	민소 226	-
화해권고결정에 대한 이의신청의 취하서	민소 228	
화해권고결정에 대한 이의신청의 취하에 대한 부동의서	민소 228	-
화해권고결정 취소 신청서	규칙 59①	-
소송절차수계신청서	민소 233부터 241(238제외)	-
당사자의 장애로 인한 중지신청 및 그 취소신청서	민소 246	-
소장	민소 248	민소인지법 2조 소정액
정기금판결에 대한 변경의 소장	민소 252	민소인지법 2조 소정액
인지·주소보정서	민소 254①	-
피고경정신청서	민소 260	500원
청구취지(또는 청구원인) 변경신청서	민소 262	민소인지법 5조소정액
청구취지(또는 청구원인) 변경불허신청서	민소 263	-

중간확인의 소	민소 264	민소인지법 5조(원고가 제기한 경우) 또는 4조②(피고가제기한 경우) 소정액
소(상소)취하서	민소 266①, 393①, 425	-
소취하에 대한 이의(또는 부동의서)	민소 266⑥	-
기일지정신청서	민소 268②	-
소취하 효력을 다투는 기일지정 신청서	규칙 67	500원
반소장	민소 269	민소인지법 2조 소정액
준비서면, 답변서	민소 272, 256	-
사실조사촉탁신청서	민소 294	-
증인신문신청서	민소 308	-
촉탁신문신청서	민소 313	-
증인불출석신청서	규칙 83	-
증인구인신청서	민소 312	-
증언거부신청서	민소 314, 315	-
증인대질신청서	민소 329	-
감정신청서	민소 333	-
감정인 기피신청서	민소 336	500원
감정증인 신문신청서	민소 340	-
문서제출명령신청서	민소 343	-
서증의 신청서	민소 343, 360	-
문서송부촉탁신청서	민소 352	-
법원외 서증조사신청서	규칙 112	-
검증신청서	민소 364	-
당사자본인(또는 법정대리인) 신문신청서	민소 367, 372	-

증거보전신청서	민소 375	1,000원
제소전화해신청서	민소 385	민소인지법 7조①, ④ 소정액
화해불성립으로 인한 소제기신청서	민소 388	민소인지법 7조③ 소정액
항소장	민소 397	민소인지법 3조 소정액
항소취지확장신청서	민소 390, 397, 408	민소인지법 2조, 3조 소정액
불항소합의서	민소 390단서	-
상소취하서	민소 393①, 425, 443	-
상소권포기서	민소 394, 425, 443	-
부대상소장	민소 403, 425, 443	민소인지법 3조 소정액
상고장(비약상고장 포함)	민소 422	민소인지법 3조 소정액
상고이유서	민소 427	-
상고이유에 대한 답변서	민소 428②	-
추완항소(상고)장	민소 173, 397, 422	민소인지법 3조 소정액
항고장(보통항고장, 즉시항고장, 재항고장, 준항고장), 추완항고장	민소 439, 441②, 442, 443, 444	민소인지법 11조 소정액
수명법관, 수탁판사의 재판에 대한 이의신청	민소 441①	500원
특별항고장	민소 449	민소인지법 11조 소정액
재심소장(준재심소장)	민소 451	민소인지법 8조 소정액
지급명령신청서	민소 462	민소인지법 7조②④ 소정액

소제기신청서	민소 466①	민소인지법 2조 소정액에서 지급명령신청서에 붙인 인지액을 뺀 금액
지급명령에 대한 이의신청서	민소 469②	-
공시최고 신청서	민소 477	1,000원
관리 또는 청구의 신고서	민소 482, 485	-
제권판결에 대한 불복의 소장	민소 490②	민소인지법 2조 소정액
판결확정증명 신청서	민소 499	500원
강제집행정지 등의 신청서	민소 500, 501	1,000원
[민사집행법]		
야간(휴일)집행허가 신청서	민집 8	1,000원
즉시항고장	민집 15	민소인지법 11조 소정액
집행에 관한 이의신청서	민집 16①	1,000원
집행에 관한 이의신청에 기한 잠정처분신청서	민집 16②	-
집행관의 집행위임거부 등에 대한 이의신청서	민집 16③	1,000원
집행판결을 구하는 소장	민집 26	민소인지법 2조 소정액
집행(승계집행)문 부여신청	민집 28, 31, 58, 292	500원
집행문 부여의 소장	민집 33, 59④	민소인지법 2조 소정액
집행문 부여에 대한 이의신청서	민집 34	1,000원
집행문부여에 대한 이의신청에 기한 잠정처분신청서	민집 34②	-
집행문 수통(또는 재도)부여신청서	민집 35	500원
판결등 집행권원 정본의 송달증명원	민집 39	500원

청구에 관한 이의의 소장	민집 44	민소인지법 2조 소정액
집행문부여에 대한 이의의 소장	민집 45	민소인지법 2조 소정액
잠정처분신청서	민집 46②, 48③	1,000원
제3자 이의의 소장	민집 48	민소인지법 2조 소정액
경매절차 정지 신청서	민집 49	-
채무자 유산의 강제집행을 위한 특별대리인 선임신청서	민집 52	1,000원
집행비용액 확정결정신청	민집 53, 규칙 24	1,000원
군인, 군무원에 대한 집행의 촉탁신청서	민집 54	1,000원
외국에서 할 강제집행에 대한 촉탁신청서	민집 55	1,000원
공증인의 집행문부여에 대한 이의신청서	민집 59②	1,000원
재산명시 신청서	민집 61	1,000원
명시명령에 대한 이의신청서	민집 63	1,000원
재산목록 정정허가 신청서	민집 66	-
재산목록의 열람·복사신청서	민집 67	500원
명시명령 이행신청서	민집 68⑤	-
채무불이행자명부 등재신청서	민집 70	1,000원
채무불이행자명부 열람·복사신청서	민집 72④	500원
명부등재말소 신청서	민집 73	1,000원
재산조회 신청서	민집 74	1,000원
재산조회결과의 열람·복사·출력신청서	민집 75	500원
부동산경매신청서	민집 80, 264	5,000원

매각기일연기(변경)신청서		-
미등기 부동산에 대한 집행관조사신청서	민집 81③	500원
부동산에 대한 침해행위방지 조치신청서	민집 83③	-
채권계산서	민집 253, 84	-
경매개시결정에 대한 이의신청서	민집 86, 265	1,000원
경매개사결정에 대한 이의신청에 기한 잠정처분신청서	민집 86②	-
후행 경매개시결정에 의한 절차속행신청서	민집 87③	-
채권자의 배당요구신청서	민집 247, 88	500원
경매신청취하서	민집 93	-
부동산의 멸실 등에 의한 경매취소신청서	민집 96	-
부동산재평가 신청서	민집 97	-
부동산일괄매각 신청서	민집 98	-
채권자의 매수신청서	민집 102②	-
합의에 의한 매각조건 변경신청서	민집 110	-
최고가(차순위) 매수신고인의 송달영수인 신고서	민집 118	-
매각허가결정에 관한 이의신청서	민집 120	-
매각부동산 지정서	민집 124②	-
부동산훼손등에 의한 매각불허가 신청서	민집 127①	1,000원
부동산훼손등에 의한 매각허가결정의 취소신청서	민집 127①	1,000원
매각허가여부에 대한 항고장, 재항고장	민집 129	2,000원
매각부동산 인도명령신청서	민집 136①	1,000원

매각부동산 관리명령신청서	민집 136②	1,000원
공유자의 우선매수신고서	민집 140	-
매수대금과 배당액의 상계신청서	민집 143②	-
매수인의 채무인수 신청서	민집 143①	-
매수인의 채무인수 또는 상계에 대한 이의신청서	민집 143③	-
배당표에 대한 이의신청서	민집 151②	-
배당이의의 소장	민집 154	민소인지법 2조 소정액
집행력있는 정본의 환부신청서	민집 159③, 172	-
배당액 계좌입금 신청서	민집 160②, 규칙 82②	-
부동산강제관리 신청서	민집 163	5,000원
관리인 해임신청서	민집 167③	-
강제관리에 대한 제3자이의의 소장	민집 168	민소인지법 2조 소정액
배당협의 불성립사유신고서	민집 169③	-
수익처리신고서	규칙 91⑥	-
관리인의 계산에 대한 이의신청서	민집 170②	500원
선박에 대한 강제집행신청서	민집 172	5,000원
선박국적증서 인도명령신청서	민집 175	1,000원
선박국적증서등 수취불능신고서	규칙 97	-
선박국적증서등의 재수취명령신청서	규칙 101	500원
압류선박의 항행허가신청서	민집 176②	500원
선박등기부초본 또는 등본의 송부청구신청서	민집 177②	500원
선박감수보존처분	민집 178	1,000원
보증의 제공에 의한 선박강제경매절차의 취소신청서	민집 181	1,000원

자동차인도명령신청서	규칙 113①	1,000원
자동차양도명령신청서	규칙 124①	5,000원
자동차매각 및 양도명령신청서	규칙 124①	10,000원
자동차 운행허가 신청서	규칙 117, 210③	500원
선박지분에 대한 강제집행신청서	민집 185	2,000원
제3자 점유물인도명령신청서	민집 193①	1,000원
압류금지물의 범위변경신청서	민집 196	1,000원
유체동산 특별현금화 명령신청서	민집 214	1,000원
집행관에 대한 매각실시명령신청서	민집 216	1,000원
공유부인의 소장	민집 221③	민소인지법 2조 소정액
매각대금의 공탁사유신고서	민집 222③	-
가압류를 본압류로 이전하는 신청서	민집 225	2,000원
채권압류명령신청서	민집 225	2,000원
저당권있는 채권압류명령의 등기부기입신청서	민집 228①	500원
전부명령신청서	민집 229	2,000원
채권압류 및 전부(추심)명령신청서	민집 229	4,000원
추심명령신청서	민집 229	2,000원
저당권있는 채권전부명령의 등기부기입신청서	민집 230	500원
압류액의 제한(또는 초과액처분)허가신청서	민집 232	500원
압류채권자의 추심신고서	민집 236①	-
추심금액 공탁사유신고서	민집 236②	-
제3채무자에 대한 진술최고신청서	민집 237	500원
추심권포기신고서	민집 240	-

채권 기타 재산권특별 현금화명령신청서	민집 241	2,000원
유체동산 인도나 권리이전청구권에 대한 압류명령신청서	민집 242, 243	2,000원
유체물인도청구권에 대한 추심명령 신청서	민집 243②	2,000원
부동산 인도나 권리이전 청구권에 대한 압류명령신청서	민집 244①②	2,000원
부동산 청구권에 대한 추심명령신청서	민집 244④	2,000원
압류금지채권의 범위변경신청서	민집 246②③	1,000원
제3채무자의 채무액공탁사유신고서	민집 248④	-
추심의 소장	민집 249①	민소인지법 2조 소정액
제3채무자의 배당요구채권자 참가명령신청서	민집 249③	500원
배당요구채권자의 압류채권추심허가신청서	민집 250	1,000원
그 밖의 재산권의 압류명령신청서	민집 251	2,000원
제3자가 점유하는 물건에 대한 인도청구권의 이부명령신청서	민집 259	2,000원
대체집행신청서	민집 260①	2,000원
대체집행비용 선지급결정신청서	민집 260②	1,000원
간접강제신청서	민집 261	2,000원
가압류신청서	민집 276	2,000원
가압류결정에 대한 이의신청서	민집 283	2,000원
가압류이의신청 사건의 이송신청서	민집 284	1,000원
가압류 신청취하서	민집 285	-
가압류이의에 관한 판결에 대한 항소장, 상고장		4,000원

제소명령신청서	민집 287①	1,000원
제소기간도과에 의한 가압류취소 신청서	민집 287③	2,000원
사정변경등에 의한 가압류취소 신청서	민집 288	2,000원
가압류취소 재판의 효력정지 신청서	민집 289	1,000원
강제관리의 방법에 의한 가압류 집행신청서	민집 294	5,000원
채권자의 가압류(가처분) 집행해제 신청서		-
채권자의 가압류(가처분) 신청취하를 이유로 하는 채무자의 집행취소신청서		-
가압류취소재판의 취소재판에 의한 가압류집행신청서	민집 298②	-
해방공탁에 의한 가압류집행의 취소신청서	민집 299	1,000원
가처분신청서	민집 300	2,000원
가처분신청 취하서		-
가처분결정에 대한 이의신청서	민집 301, 283	2,000원
가처분이의에 관한 종국판결에 대한 항소장, 상고장		4,000원
사정변경등에 의한 가처분취소 신청서	민집 301, 288	2,000원
특별사정에 의한 가처분취소 신청서	민집 307	2,000원
가처분 원상회복 신청서	민집 308	500원
가처분 집행정지 신청서	민집 309	1,000원
[소액사건심판법]		
변론기일 지정신청서	소액사건심판규칙 3조의3	-
이행권고결정에 대한 이의신청서	소액사건심판규칙 5조의4	-

[민사조종법]		
민사조정 신청서	민사조정법 2	민사조정규칙 3조① 소정액
조정사건 이송신청서	민사조정법 4①	-
조정사건 이송신청서	민사조정법 4②	1,000원
조정회부 신청서	민사조정법 7②	500원
조정위원 선정합의서	민사조정법 10조의2	-
피신청인 경정신청서	민사조정법 17①	500원
대표당사자 선정신고서	민사조정법18①	-
조정에 갈음하는 결정에 대한 이의신청서	민사조정법 34①	-
[비송사건절차법]		
과태료 재판에 대한 이의신청서	비송사건절차법 250②	500원
검사인 선임신청서	비송사건절차법 35	1,000원
[채무자회생 및 파산에 관한 법률]		
재산조회	채무자회생및파산에 관한법률 29①	1,000원
회생절차개시의 신청서	회파법 34①	30,000원
보전처분(회생절차)	회파법 43①	2,000원
중지 또는 금지명령신청서(회생)	회파법 44①	2,000원
포괄적 금지명령신청서(회생)	회파법 45①	2,000원
포괄적 금지명령배제신청서(회생)	회파법 47①	2,000원
중지된 절차 또는 처분의 속행 또는 취소신청서(회생)	회파법 44④, 45⑤, 58⑤	2,000원
부인의 청구서(회생)	회파법 105①	1,000원
부인의 청구인용결정에 대한 이의의 소(회생)	회파법 107①	민소인지법 2조 소정액
이사등의 재산에 대한 보전처분신청서(회생)	회파법 114①, ③	2,000원

손해배상청구권등의 조사확정재판신청서(회생)	회파법 115①	1,000원
손해배상청구권 등의 조사확정재판에 대한 이의의 소(회생)	회파법 116①	민소인지법 2조 소정액
회생채권, 회생담보권 조사확정재판신청서	회파법 170①	1,000원
회생채권, 회생담보권 조사확정재판에 대한 이의의 소	회파법 171①	민소인지법 2조 소정액
파산신청서	회파법 294①	30,000원 (단 채무자(법인포함) 가 신청하면1,000원)
보전처분신청서(파산)	회파법 323①	2,000원
이사 등의 재산에 대한 보전처분신청서(파산)	회파법 351①	2,000원
손해배상청구권등의 조사확정재판신청서(파산)	회파법 352①	1,000원
손해배상청구권등의 조사확정재판에 대한 이의의 소(파산)	회파법 353①	민소인지법 2조 소정액
면제재산 결정신청서(파산)	회파법 383②	-
부인의 청구서	회파법 396①	1,000원
부인의 청구인용결정에 대한 이의의 소(파산)	회파법 396④, 107①	민소인지법 2조 소정액
파산채권 조사확정재판신청서	회파법 462①	1,000원
파산채권 조사확정재판에 대한 이의의 소	회파법 463①	민소인지법 2조 소정액
배당표에 대한 이의신청서	회파법 514①	-
면책신청서(파산)	회파법 556	1,000원
면책의 취소신청서	회파법 569	1,000원
복권신청서	회파법 575	1,000원
면제재산 결정신청서(개인회생절차)	회파법 580, 383	-

부인의 청구서(개인회생)	회파법 584, 396	1,000원
부인의 청구인용결정에 대한 이의의 소(개인회생)	회파법 584, 396, 107	민소인지법 2조 소정액
개인회생절차 개시신청서	회파법 588	30,000원
보전처분신청서(개인회생)	회파법 592	2,000원
중지 또는 금지명령신청서(개인회생)	회파법 593	2,000원
중지 또는 금지명령의 취소 또는 변경신청서(개인회생)	회파법 593	2,000원
포괄적 금지명령신청서(개인회생)	회파법 593, 45	2,000원
포괄적 금지명령의 적용 배제신청서(개인회생)	회파법 593, 47	2,0000원
중지된 절차 또는 처분의 속행 또는 취소신청서(개인회생)	회파법 593, 45, 600	2,000원
개인회생채권 조사확정 신청서	회파법 604	1,000원
개인회생채권 조사확정재판에 대한 이의의 소	회파법 605	민소인지법 2조 소정액
면책신청서(개인회생)	회파법 624	-
면책취소신청서(개인회생)	회파법 626	1,000원
사건이송신청서(국제도산)	회파법 630	1,000원
외국도산절차의 승인신청서	회파법 631	1,000원
승인전 명령신청서	회파법 635, 636	2,000원
외국도산절차에 대한 지원신청서	회파법 636	2,000원
외국도산절차의 지원결정의 변경 또는 취소신청서	회파법 636	2,000원
중지된 절차의 취소신청서(국제도산)	회파법 636	2,000원

* 민사소송 등 인지법.

서식색인

[ㄱ]

[ㄷ]

[ㅁ]

[ㅂ]

[ㅅ]

[ㅇ]

[ㅈ]

[ㅊ]

[ㅌ]

[ㅍ]

[ㅎ]

사항색인

[ㄱ]

[ㅅ]

[ㅇ]

[ㅊ]

저자약력

■ 공저자

법학박사
행 정 사 **김동근**

숭실대학교 법학과 졸업

숭실대학교 대학원 법학과 졸업(법학박사)

현, 숭실대학교 초빙교수

공인행정사협회 법제이사

중앙법률사무교육원 교수

YMCA병설 월남시민문화연구소 연구위원

대한부동산학회 이사

한국시민문화학회 이사

한국법무보호복지학회 이사

내외일보·내외경제신문 논설위원

법무법인 현명 부설 건설부동산연구소 소장

【저 서】

- 핵심재개발·재건축분쟁실무(진원사)
- 부동산소송(진원사)
- 건축분쟁실무(진원사)
- 건축법 이론 및 실무(진원사)
- 주택법 이론 및 실무(진원사)
- 국토계획법 이론 및 실무(진원사)
- 도시개발법 이론 및 실무(진원사)
- 주택상가임대차보호법 분쟁실무(법률출판사)
- 민사소송준비부터 가압류·강제집행까지(법률출판사)
- 민법총칙(진원사)
- 요건사실론(진원사)
- 답변서·준시서면 총서(진원사)
- 신종합법률실무대전 I II III(진원사)
- 민법의 이해와 실무(개정판) (중앙법률사무교육원)
- 이혼소송에서 위자료 재산분할까지(진원사)
- 유형별 가사분쟁실무(진원사)
- 사건유형별 가사소송 이론 및 실무(진원사)
- 이혼소송준비부터 가압류 강제집행까지(법률출판사)
- 가사소송법실무(진원사)
- 가사소송실무 I II(진원사)
- 상속분할과 유류분청구(진원사)
- 미성년·성년후견소송(진원사)
- 조문별 핵심판례 도시및주거환경정비법(상,하)(진원사)
- 유형별 민사집행법 판례정리집(상,하)(진원사)
- 누구나 쉽게할 수 있는 민사소송(진원사)
- 나홀로 하는 민사소송실무(진원사)
- 나홀로 하는 형사소송실무(진원사)
- 나홀로 하는 가사소송실무(진원사)
- 나홀로 하는 보전소송실무(진원사)
- 나홀로 하는 민사집행실무(진원사)
- 나홀로 하는 어음수표소송(진원사)
- 나홀로 하는 교통사고 손해배상소송(진원사)
- 나홀로 하는 부동산소송실무(진원사)
- 나홀로 하는 소장작성례(진원사)
- 나홀로 하는 가족관계사건등록절차(진원사)
- 한권으로 끝내는 가사소송실무(법률출판사)
- 한권으로 끝내는 운전면허취소정지구제 행정심판(법률출판사)
- 한권으로 끝내는 영업정지취소구제 행정심판(법률출판사)
- 사건유형별 행정소송 이론 및 실무(법률출판사)
- 한권으로 끝내는 주택상가임대차보호법 분쟁실무(법률출판사)
- 증거수집 및 증거신청절차(진원사)

김 병 무

한양대학교 법학과 졸업

전 유림제학원 원장

【저 서】

- 가사소송실무(진원사)
- 나홀로 하는 보전소송실무(진원사) 외 다수

■ 감 수

정동근

서울대학교 경제학과, 법학과
서울대학교 대학원 법학과(민법전공)
사법연수원 40기
현, 법무법인 조율 구성원 변호사

【저 서】
‣ 부동산소송(진원사) 외 다수

[제2판] 나홀로 하는 민사소송실무

저 자	김 동 근 · 김 병 모	2014년 4월 10일 초 판 발행
발행인	양 진 수	2017년 11월 2일 제2판 인쇄
발행처	진 원 사	2017년 11월 10일 제2판 발행

서울시 서초구 법원로2길 17-6(서초3동, 형덕빌딩 1층)
전화 : 02)916-1850 / 팩스 : 02)916-3442
신고번호 제321-2512007002호
http://www.jinwonsa.co.kr
http://www.lawbookstore.co.kr
e-mail: hhansin@hanmail.net

ISBN : 978-89-6346-511-1 93360 **정가 44,000원**